열린사회와 그 적들 I

*The Open Society and
Its Enemies*

THE OPEN SOCIETY AND ITS ENEMIES
by Karl Raimund Popper

열린사회와 그 적들 I

칼 포퍼

이한구 옮김

민음사

예술·정치가는 현존하는 제도와 관습을 뿌리째 뽑아버려야 한다. 그는 사람들을 정화하고, 숙청하고, 쫓아내고, 추방하고, 죽여버려야 한다.

플라톤과 유토피아

우리는 금수로 돌아갈 수 있다. 그러나 우리가
인간으로 남고자 한다면, 오직 하나의 길, 열린
사회로의 길이 있을 뿐이다.

열린사회를 지지하며(기원전 430년경)

비록 소수의 사람만이 정책을 발의할 수 있다 해도, 우리 모두는 그것을 비판할 수 있다.

——아테네의 페리클레스

열린사회를 반대하며(약 80년 후)

무엇보다 가장 으뜸가는 원칙은 여자든 남자든 아무도 지도자 없이는 안 된다는 것이다. 어느 누구의 마음도 전적으로 자기 스스로 무언가를 하게끔 습관화되어서는 안 된다. 그것은 열성적으로 하는 것이든 장난삼아 하는 것이든 마찬가지이다. 오히려 사람들은 전쟁 때나 한창 평화로운 때에 그의 지도자에게 눈을 돌려 그를 따라야 한다. 그리고 사소한 일까지도 지휘를 받아야 할 것이다. 예컨대 그렇게 하라는 명령이 떨어졌을 때만 잠자리에서 일어나거나 움직이거나 씻거나 먹거나 해야 할 것이다. 한마디로 말하면 사람들은 오랜 습관에 의해 결코 독립적 행동을 꿈꾸지 않고 전혀 그런 짓을 할 수 없게 되도록 자신의 영혼을 길들여야만 한다.

——아테네의 플라톤

개정판 역자 시문

지난 이십여 년간 이 책에 대한 수요는 꾸준히 계속되어 왔고 그 열기도 결코 줄어들지 않았다. 놀라운 일이다. 1980년대 이후 전개된 우리 사회의 민주화 과정과 맞물려 이 책의 독자층이 더욱 넓어진 것으로 판단된다.

그간 매년 몇 쇄씩 찍었지만 판을 바꾸지는 못하고 있다가 이번에 완전히 새로운 판을 내게 되었다. 1판에서 미뤄두었던 각주를 모두 완역했고, 오자와 탈자 및 몇 군데 잘못된 부분들을 모두 손질했다.

어떤 사람은 다음과 같은 질문을 던지기도 한다. "열린사회의 적이 사라진 지금에도 열린사회에 대한 뜨거운 관심이 상존하는 것은 어떤 이유 때문인가?" 이에 대해 나는 다음과 같이 대답하고자 한다. 열린사회의 적들은 완전히 사라진 것이 아니라 잠복했다고 봐야 한다. 그리고 과거의 적들이 사라지면 또 다시 새로운 적들이 나타날 수 있다. 배타적 원리주의, 닫힌 민족주의, 집단 열광주의, 독단적 교조주의 등이 모두 열린사회의 잠재적 적들이다. 인류의 역사는 닫힌사회와 열린사회의 오랜 투쟁의 과정이라고 할 수 있다. 그러므로 일시적으로 열린사회가 승리한 것처럼 보인다 해도 그 적들에 대한 경계심을 늦추지 않고, 열린사회에 대해 지속적으로 관심을 보이며 이를 추구하는 것이 바람직하다.

열린사회를 부정하는 자들은 항상 열린사회가 정체성의 위험이 있으며 불안정하고 불평등한 사회라고 비난해 왔다. 그들은 거의 언제나 새로운 문명의 긴장에 지친 사람들과 자유의 행사에 두려움을 느끼는 마음 여린 사람들을 설득하는 데 성공해 왔다. 이런 상황에서 열린사회는 사실 우리가 추구하는 영원한 이상일 뿐, 현실적으로 완전한 실현은 불가능할지도 모른다. 그리고 시대가 달라짐에 따라 열린사회의 구체적 내용은 부분적으로 달라질 수도 있다. 그럼에도 불구하고 칼 포퍼가 제시한 열린사회는 이런 모든 논의에서 하나의 범형으로 기능할 것으로 판단된다.

열린사회에 대한 논의가 한 단계 더 성숙되기를 기대하며, 열린사회에 대해 관심을 함께하는 이름 모를 모든 분들께 깊은 감사와 격려의 인사를 드린다.

2006년 3월

이한구

1판 역자 서문

이 책은 포퍼 K. R. Popper의 『열린사회와 그 적들 1권: 플라톤의 주문 *The Open Society and Its Enemies, volume I : The Spell of Plato*』을 번역한 것이다. 포퍼의 이 책은 1945년도에 초판이(London : George Routledge & Sons, Ltd.) 나온 후, 1950년, 1952년, 1957년, 1962년, 1966년도에 각각 수정 증보판이 나왔다. 이 번역은 1966년도에 나온 5차 수정 증보판을 대본으로 삼았다.

이 책은 또한 이미 각국어로 번역되었다. 1950년에 네덜란드어 번역판이 나온 것을 필두로 하여, 1957년에 스페인어 번역판, 1957년에 독일어 번역판, 1959년에 포르투갈어 번역판, 1963년에 일본어 번역판, 1967년 터키어 번역판, 1970년 이탈리아어 번역판이 각각 나왔다. 나는 이번에 파이어아벤트 P. K. Feyerabend가 번역한 독일어판 *Die offene Gesellschaft und ihre Feinde, I : Der Zauber Platons*(München : Francke Verlag, 1977, 5 Auflage)을 함께 이용했다.

내가 이 책과 맺은 인연의 역사는 십여 년이 넘는다. 대학원에서 역사 철학 분야를 전공하던 때 이 책과 처음 만난 것으로 기억된다. 이 책은 나에게 가장 깊은 인상을 준 책 중의 하나였다. 나는 이 책과 이 책에서 논의된 여러 사상들에 매료되어 이 책의 주제에 관한 연구로 학위 논문을 썼다. 이러한 연유로 나는 이 책의 번역을 나의 학문적 의무의 하나로 생각하고 몇 년 전부터 번역에 착수했었지만 여러 사정상 결국 이제야 햇빛을 보게 되었다.

이 책은 너무나 유명한 책이기에 나의 사족이 필요 없을 것으로 믿는다. 물론 나는 포퍼의 사회철학이 모든 사회에 무차별적으로 타당하리라고는 생각하지 않는다. 그러나 어떤 사회에서든 그의 이론이 적어도 한 번쯤은 철저히 검토되고 음미되어야 한다는 생각에는 변함이 없다.

한 가지 아쉬운 점은 원저의 방대한 주를 완역하지 못한 점이다. 이 책에는 특이하게 본문의 분량에 맞먹는 방대한 주석이 붙어 있다. 이것은 포퍼가 자신의 견해를 대중화하려는 의도와 아울러 학문적으로 논증하려는 의도를 동시에 갖고 이 책을 저술했기 때문이다. 그러므로 저자가 서론에서 밝혀두었듯이 일반 독자들에게는 주석이 거의 필요 없으며 뒤에 붙은 방대한 주석은 이론의 타당성을 학문적으로 논증하고자 하는 전문가에게나 필요한 것이다. 이러한 점을 고려하여 이번에는 원저의 인용 부분에 관한 주만 번역하고, 나머지 해설주는 주의 번호만 표시하는 것으로 그쳤다. 보다 더 깊은 탐구를 요하는 독자는 그 자리에서 원저의 주석을 참고하기 바란다. 그렇지만 그것에 대한 번역의 요구가 있다면 재판 때에는 주까지도 완역을 하고자 한다.

그 외 독자들의 편의를 위해 각 장마다 앞부분에 간단한 요약을 붙였고, 원저에는 없는 각 절의 제목을 달았다. 또한 포퍼의 철학에 대한 전체적 조감을 위해 「포퍼의 생애와 철학」이라는 해설을 붙였다.

번역에는 최대한 신중을 기했다. 교정을 보면서 군데군데 만족스럽지 못한 부분들을 발견한 것은 사실이지만, 이 위대한 고전적 작품의 의미를 조금이라도 손상시키지 않기 위해, 부사 하나 구두점 하나의 의미까지도 완전하게 살리고자 애썼다. 귀중한 시간을 할애하여 많은 조언을 해주신 이영호, 박종현 두 선배 선생님께 심심한 감사를 드린다.

이 책이 우리 모두가 열망하는 열린사회의 창조에 조금이라도 도움이
되었으면 하는 생가 간절하다.

1982년 3월

이한구

2판 서문

이 책의 많은 부분들은 훨씬 이전에 구상되었지만, 이 책을 쓰겠다는 최종 결단을 내린 것은 1938년 3월 히틀러의 오스트리아 침공 소식을 듣던 날이었다. 집필은 1943년까지 계속되었다. 이 책의 대부분이 전쟁의 결과가 불확실하던 우울한 시기에 쓰인 관계로, 지금 와서 보니 몇몇 비판은 나의 의도보다 더 감정적이고 더 거칠게 느껴진다. 그러나 조심스럽게 말할 시기가 아니었다. 적어도 그때 나는 그렇게 느꼈다. 전쟁도 다른 현대적 사건도 이 책에는 분명하게 언급되어 있지 않다. 그러나 이 책은 이런 사건들과 그 배경을 이해하려는 시도였고, 전쟁이 끝난 후에 발생할 것 같았던 몇몇 문제를 이해하려는 시도였다. 마르크스주의가 주요한 문제로 등장할 것이라고 예상하고, 그것을 약간 길게 다루었다.

오늘날 세계가 당면한 어두운 상황에서 볼 때, 이 책이 시도한 마르크스주의에 대한 비판은 자칫하면 이 책의 중심 부분으로 보일 수도 있을 것이다. 이 책에 대한 이러한 견해는 전적으로 잘못된 것은 아니며 어쩌면 불가피할지도 모르지만, 이 책의 목적은 그보다 훨씬 큰 것이다. 마르크스주의는 단지 하나의 삽화에 불과하다. 말하자면 그것은 보다 훌륭하고 보다 자유로운 세계를 건설하기 위한 영구적이고 위험스러운 투쟁 과정에서 우리가 범한 많은 과오 중의 하나이다.

예기치 않았던 것은 아니지만, 몇몇 사람들이 마르크스를 너무 심하게 다루었다고 나를 비난했다. 그러는가 하면 또 어떤 사람들은 플라톤에 대한 나의 격렬한 공격과 대비시켜 마르크스에 대한 나의 관용을 이야기 했다. 그러나 나는 지금도 플라톤에 대해서는 아주 비판적인 눈으로 볼 필요가 있다고 생각한다. 왜냐하면 '신과 같은 철학자'에 대한 일반적인 숭배란 바로 플라톤의 압도적인 지적 업적에 근거하고 있기 때문이다. 반면에 마르크스는 개인적이고 도덕적인 근거에서 너무나 자주 공격받아 왔다. 그러므로 여기서는 오히려 그의 이론이 갖고 있는 놀랄 만한 도덕 적, 지적 호소력에 대한 공감적 이해와 함께 그의 이론에 대한 냉엄한 합리적 비판이 필요하다. 옳든 그르든, 나는 나의 비판이 철저하다고 생 각했고, 그러므로 나는 마르크스의 참된 공헌을 알아낼 수 있고 그의 동 기에 대해 제기되었던 의심들을 풀어버릴 수 있다고 생각했다. 어느 경 우든, 우리가 적들과 싸워 이기고자 한다면 적의 힘을 평가하지 않으면 안 된다는 것은 명백하다.(나는 1965년 이 문제에 관한 새로운 주를 2권에 부록 II로 붙였다.)

어떤 책도 결코 완결될 수는 없다. 책을 계속 손질하는 동안, 우리는 책에서 손을 떼는 순간 그것이 미완성으로 끝날 것이라는 것을 충분히 알게 된다. 플라톤과 마르크스에 관한 나의 비판에 있어서도 이런 불가 피한 경험은 마찬가지였다. 그러나 나의 대다수의 긍정적 제안과 무엇보 다 이 책 전체를 일관하는 강한 낙관주의가 세계대전이 끝나고 몇 년이 지나면서부터 점점 더 소박한 것으로 느껴졌다. 내 자신의 목소리가 먼 과거로부터 들려오는 것같이 느껴지기 시작했다. 흡사 18세기나 심지어 17세기의 희망적인 사회개혁자의 목소리처럼.

그러나 나의 좌절의 기분은 미국 방문 후 대체로 사라졌다. 이 책을 수정하면서, 새로운 자료를 추가하고 주제와 문체를 바로잡고, 그 취지를 누그러뜨리고 싶은 유혹을 견뎌낸 것을 이제 나는 기쁘게 생각한다. 왜냐하면 오늘날 세계의 정세에도 불구하고 나는 과거와 똑같이 낙관적으로 생각하고 있기 때문이다.

이제 나는 우리의 가장 큰 불행까지도 위험스러우면서 동시에 찬탄할 만하고 건전한 어떤 것에서, 즉 동료들의 운명을 개선코자 하는 우리의 조급함에서 연유되었다는 것을 과거보다도 더욱더 분명하게 알게 되었다. 왜냐하면 이런 불행들은 아마도 삼 세기 전부터 시작된 운동인, 역사상 존재했던 모든 도덕적 정신적 혁명 중에서 가장 위대한 혁명이 낳은 부산물이기 때문이다. 자신들과 그들의 정신을 권위와 편견의 감독에서 해방시키고자 하는 것은 헤아릴 수 없이 많은 이름 모를 사람들의 소망이다. 그들은, 오래된 전통이든 새로운 전통이든, 자유와 인간다움과 합리적 비판의 기준에 맞는 전통은 보존하고 발전시키고 확립하려고 노력하면서도, 단지 확립된 것이거나 그저 전통적이기만 한 절대적 권위는 거부하는 열린사회를 건설하고자 한다. 그들은 팔짱을 끼고 앉아서, 통치의 책임을 인간적 권위나 초인간적 권위에 전적으로 지워버리려고 하지는 않으며, 피할 수 있는 고통에 대한 책임을 분담하고 고통을 없애기 위해 일할 각오가 되어 있다. 이 혁명은 무서운 파괴력을 야기했다. 그렇지만 이 파괴력 역시 극복될 수 있을 것이다.

1950년

칼 포퍼

1판 서문

이 책 속에 인류의 지적 지도자 가운데서 가장 위대한 몇 사람에 관해 비난하는 말들이 있다 하더라도 독자들은 나의 의도가 그들을 헐뜯고자 함이 아니라는 것을 이해하기 바란다. 오히려 그것은 우리의 문명이 살아남으려면 위대한 인물에 맹종하는 습관을 타파해야 한다는 나의 확신에서 나온 것이다. 위대한 인물들은 엄청난 큰 실수를 저지를 수 있다. 그리고 이 책이 나타내고자 하는 바와 같이, 과거의 몇몇 위대한 지도자들은 자유와 이성에 대해 끊임없이 가해지는 공격을 지지했다. 거의 도전받은 적 없는 그들의 영향력은 문명의 성쇠를 걸머진 자들을 계속 오도하고 또 그들을 분열시켜 왔다. 우리가 명백히 우리의 지적 유산의 중요한 부분인 이것들에 대한 솔직한 비판을 주저한다면 이런 비극적이고 거의 치명적인 분열은 우리가 책임져야 한다. 그중 몇 가지에 관해 비판하기를 꺼려해서 그들 전부를 파괴하게 될지도 모른다.

이 책은 정치철학 및 역사철학에 대한 비판적 입문서이며 사회적 재구성의 몇 가지 원리에 대한 탐구서이다. 그 목적과 접근 방법은 서론에 나타나 있다. 이 책에서 과거가 고찰되는 경우에도, 그것은 우리가 처한 현대의 문제들이다. 나는 우리 모두에게 관련된 문제들을 분명히 하기 위해 가능한 한 그것들을 평이하게 진술하고자 노력했다.

비록 이 책은 독자의 열린 정신만을 전제로 삼고 있지만, 이 책의 목적은 여기서 다룬 문제들을 대중화하려는 것보다는 그 문제들을 해결하고자 하는 데 있다. 그렇지만 이 두 가지 목적을 동시에 달성하기 위해서, 보다 전문적인 관심의 대상이 되는 모든 문제들은 책 뒤에 모아서 주 notes로 수록했다.

1943년

칼 포퍼

서론

나는 요즘 유행하는 부류의 통찰들로 채워진 이런 모든 책들의 거만한 꼴을 볼 때마다 불쾌감이 솟구친다는 사실을 숨기고 싶지 않다. 왜냐하면 나는 그런 유행하는 방법은 어리석음과 실수를 끝없이 증대시키고 만다는 것과, 이 모든 공상적 성과들을 완전히 없애버리는 것이 저주받을 정도로 널리 영향력을 끼치는 이런 허구적 과학보다는 차라리 덜 해로우리라는 것을 확신하고 있기 때문이다.

―― 칸트

이 책은 목차에는 아마 뚜렷이 나타나 있지 않을지도 모르는 많은 문제들을 제기한다. 이 책은 우리의 문명, 즉 인간다움과 합리성, 평등과 자유를 목표로 한다고 기술될 수 있는 문명, 사실은 아직 유아기 상태이지만 인류의 수많은 지적 지도자들에 의해 그렇게도 자주 버림받아 왔음에도 불구하고 계속 성장하고 있는 문명이 직면한 몇 가지 어려움을 묘사하고 있다. 이 책은 우리의 문명이 탄생의 충격으로부터, 즉 마술적인 위력에 순종하는 부족적인 사회나 '닫힌사회'에서, 인간의 비판력을 자유롭게 허용하는 '열린사회'로의 이행의 충격에서부터 아직은 완전히 회복되지 못했음을 보이고자 한다. 이 책은 이런 이행의 충격이 문명을 전복시켜 부족주의로 되돌아가고자 애써왔고 그리고 지금도 여전히 그러고자 애쓰고 있는 여러 반동적 운동을 야기시킬 수 있었던 한 요인이라는 것을 보여주고자 한다. 그리고 이 책은 요즘 우리가 전체주의라 부르는 이념이 바로 우리의 문명 자체만큼 오래되었다고 할 수도 있고, 혹은 새롭다고 할 수도 있는 어떤 전통에 속한다는 것을 제시하고자 한다.

이렇게 함으로써 이 책이 전체주의와 전체주의에 대한 줄기찬 투쟁의 의미를 이해하는 데 도움이 되었으면 한다.

나아가 이 책은 열린사회의 여러 문제들에 대한 비판적이고 합리적인 과학적 방법의 적용을 검토해 보려고 시도할 것이다. (9장에서 설명되는 것과 같이) 내가 '유토피아적 사회공학 utopian social engineering'에 반대되는 의미로서 '점진적 사회공학 piecemeal social engineering'* 이라 부른 민주적인 사회 재구성의 원리들을 분석하며, 사회적 재구성의 문제에 대한 합리적 접근을 방해하는 몇몇 장애물들을 제거하고자 한다. 이러한 목표는 사회의 민주적 개혁이 불가능하다는 널리 퍼진 편견에 대해 책임져야 할 사회철학들을 비판함으로써 달성될 것이다. 이러한 철학 중에서도 가장 강력한 것이 내가 역사주의라 부르는 철학이다. 몇몇 중요한 역사주의의 발생과 영향에 대한 이야기가 이 책의 주된 논제의 하나이다. 그러므로 이 책은 어떤 역사주의 철학들의 발전에 관한 방주(傍註)의 집합이라고도 할 수 있을 것이다. 이 책을 쓰게 된 동기에 관한 약간의 설명이 역사주의가 무엇을 의미하며, 그것이 위에서 언급한 다른 문제들과 어떻게 연관되는지를 밝혀줄 것이다.

나는 주로 물리학의 방법론에 관심을 갖고 있지만(따라서 이 책에서 다룬 문제들과는 거리가 먼 종류의 문제에 관심을 갖고 있지만) 또한 몇몇 사회과학과 특히 사회철학의 다소 불만족스러운 상태에도 여러 해 동안 관심을 기울여 왔다. 물론 이것은 사회과학 및 사회철학의 방법론의 문

---

* piecemeal은 원래 '단편적'이라는 의미이다. 그러나 이 책의 기본적인 정신을 살려 '점진적'이라고 번역했다.

제를 제기한다. 이런 문제에 관한 나의 관심은 전체주의의 출현과 그것을 합리화하려는 여러 사회과학과 사회철학의 실패로 인해 크게 자극되었다.

이런 연관에서 볼 때 한 가지 점이 나에게 특별한 관심의 대상이 되었다. 우리는 전체주의의 이런저런 형태가 불가피하다는 주장을 너무 자주 듣는다. 지성과 수양을 쌓았기 때문에 자신의 말에 책임을 져야 할 많은 사람들이 전체주의는 피할 수 없다는 공언을 하고 있다. 그들은 우리에게 다음과 같은 질문을 던진다. 우리는 정말 민주주의가 영원하리라고 믿을 정도로 순진한가? 민주주의란 역사의 과정에서 나타났다가 사라지는 여러 정부형태 중의 하나일 뿐이라는 것을 모르는가? 그들은 전체주의와 투쟁하기 위해서는 민주주의가 전체주의의 방법을 그대로 본떠야 하며, 그 자체가 전체주의적으로 되어야 한다고 주장한다. 혹은 그들은 우리의 산업체제는 집단주의의 계획방법을 채택하지 않고서는 그 기능을 계속 발휘할 수 없다고 단언하며, 집단주의의 경제체제가 불가피하다는 데서 전체주의적 사회생활의 채택이 또한 불가피하다고 추론한다.

이런 논쟁은 충분히 그럴듯하게 여겨질 수도 있다. 그러나 그럴듯하다는 것은 이런 문제에 있어서 믿을 만한 지침이 못 된다. 사실상 우리는 이런 포괄적인 역사적 예언을 하는 것이 도대체 어떤 사회과학의 능력에 속하는 것인가와 같은 방법론적 질문을 고려해 보지도 않고 이런 그럴듯한 논쟁에 끼어들어서는 안 된다. 만약 우리가 어떤 사람에게 인류에게 어떤 미래가 닥쳐올 것인지를 묻는다면 무책임한 점쟁이의 대답보다 더 나은 것을 기대할 수 있겠는가?

이것은 사회과학의 방법론에 관한 물음이다. 그것은 분명 어떤 역사적 예언을 지지하는 특정한 주장에 대한 어느 비판보다도 더욱더 근원적인 물음이다.

이런 물음을 세심하게 조사해 본 후, 나는 그런 포괄적인 역사적 예언은 과학적 방법의 범위를 완전히 넘어서는 것이라는 확신을 갖게 되었다. 미래는 우리 자신에 의해 좌우되는 것이며, 어떤 역사적 필연성에 달려 있는 것은 아니다. 그러나 이와 반대되는 의견을 견지하는 영향력 있는 사회철학들이 있다. 그들은 닥쳐올 사건을 예견하기 위해 모든 사람들이 자신의 머리를 써야 한다고 주장한다. 즉 그들은 전략가가 전쟁의 결과를 예견하려고 애쓰는 것은 확실히 타당성을 가지며, 이런 예측과 보다 포괄적인 역사적 예언 사이의 경계는 정확히 그어질 수 없다고 주장한다. 그들은 예측하거나 오히려 매일매일의 예측을 보다 낫게 하거나, 또는 예측을 보다 확실한 기반 위에 확립하는 것이 과학 일반의 과제이며, 특히 장기적인 역사적 예언을 제공하는 것이 사회과학의 과제라고 주장한다. 그들은 역사적 사건들의 진행 과정을 예언할 수 있게 하는 역사의 법칙을 발견했다고 믿고 있다. 나는 이런 종류의 주장들을 제시하는 여러 사회철학들을 역사주의 historicism* 란 이름으로 한데 묶었다. 『역사주의의 빈곤 *The Poverty of Historicism*』에서 나는 이런 주장들을 논박했으며, 그런 주장들이 그럴듯하다 해도 과학적 방법에 대한 지독한 오해에 기초하고 있다는 것과, 특히 과학적 예측 scientific prediction과 역사적 예언 historical prophecy을 구별하지 않은 데서 발생했다는 것을 제시하고자 했다. 역사주의의 주장을 체계적으로 분석하고 비판하면서 나는 또한 역사주의의 발전을 보여주는 여러 자료들을 수집하고자 애썼다. 그런 목적으로 모은 기록들이 이 책의 기초가 되었다.

역사주의에 대한 체계적 분석은 과학성을 목표로 할 것이다. 그러나

---

* 포퍼가 말하는 역사주의는 딜타이나 마이네케 등이 주장하는 전통적 역사주의와는 일단 구별되어야 한다. 전통적 역사주의는 발전과 개성의 원리 및 인식의 상대주의를 그 핵심 내용으로 하는 반면, 포퍼의 역사주의는 역사의 법칙이나 예측을 주장하는 역사의 결정론을 주내용으로 한다. 참조: 이한구, 『역사주의와 역사철학』(문학과 지성사, 1986)

이 책은 그렇지 않다. 이 책 속에 표현된 견해의 많은 부분은 개인적인 것들이다. 이 책이 과학적 방법에 힘입은 것은 주로 과학적 방법의 한계에 대한 자각이다. 즉 이 책은 증명될 수 없는 데서는 증명하려고 하지 않으며, 개인적 관점일 수밖에 없는 데서는 과학적인 체하지 않는다. 이 책은 낡은 철학체계를 새로운 체계로 대체코자 하지 않는다. 이 책은 요즘 유행하는 지혜로 채워진 모든 책들, 즉 역사와 운명의 형이상학에다 무언가를 더 첨가하려 하지 않는다. 차라리 이 책은 이런 예언적 지혜가 해롭다는 것을, 역사의 형이상학은 과학의 점진적 방법론을 사회개혁의 문제에 적용시키는 데 방해가 된다는 것을 보여주고자 한다. 한 걸음 나아가서 이 책은 우리가 예언자와 같은 태도를 취하지 않을 때, 우리 운명의 주인공이 될 수도 있음을 보여주고자 한다.

역사주의의 발전 과정을 더듬어가면서 나는 우리의 지적 지도자들에게 상당히 널리 퍼져 있는 역사적 예언이라는 위험한 관습이 여러 가지 기능을 갖고 있다는 것을 알게 되었다. 비밀에 정통한 사람들의 집단에 속하고, 역사의 과정을 예측할 특이한 능력을 갖는다는 것은 항상 기분 좋은 일이다. 그 외에도 지적 지도자들에게는 그런 능력이 부여되었고 그런 능력이 없으면 그 신분을 상실할 수도 있는 전통이 있다. 반면에 그들이 허풍선이임이 드러날 위험은 매우 적다. 왜냐하면 그들은 덜 포괄적인 예측을 하는 것은 확실히 가능하다는 것을 항상 보여줄 수 있기 때문이다. 그리고 이러한 덜 포괄적인 예측과 점치는 것과의 경계선은 항상 유동적이기 때문이다.

그러나 역사주의의 신념을 견지하는 데는 때로는 더 오래되고 아마도 더 심원한 동기들이 있다. 천년왕국의 도래를 예언하는 예언자들은 뿌리 깊은 불만의 감정을 표현할 수도 있다. 그들의 꿈은 실제로 꿈 없이는 거의 아무것도 하기 어려운 자들에게 희망과 용기를 줄 수도 있다. 그러나 그런 예언자들의 영향은 사회생활의 매일매일의 일을 처리하는 데 자칫하면 방해가 되기 쉽다는 것을 또한 인식해야 한다. 그리고 전체주의에로의(또는 어쩌면 '관리주의'에로의) 타락과 같은 어떤 사건이 불가피하게 일어날 것임을 선언하는 소수의 예언자들은 그들이 좋아하든 싫어하든 간에 이런 사건의 초래를 도울 수도 있을 것이다. 그들은 민주주의란 영원히 계속될 수 없다고 이야기한다. 비폭력적 개혁을 허용하고 정치적 문제를 이성으로 해결하게 하는 제도적 장치를 제공하는 것은 오직 민주주의뿐이므로, 민주주의가 영원히 계속될 수 없다는 그들의 이야기는 이성이 영원히 계속될 수 없다는 이야기나 같은 것이다. 그러나 그들의 이야기는 전체주의에 투쟁하는 자들을 낙심시키기 쉬우며 그 동기가 문명에 대한 반역을 지지하는 것이다. 역사주의의 형이상학이 사람들로 하여금 책임감의 긴장을 풀어버리게 할 경향이 있음을 고려한다면, 우리는 그 이상의 동기를 알 수 있으리라 생각한다. 만약 무슨 짓을 하든 간에 일은 일어나고야 만다는 것을 당신이 알고 있다면, 그때 당신은 그 일과 싸울 것을 포기하고 자유를 느낄 수도 있을 것이다. 특히 우리는 대다수 사람들이 사회악이라고 생각하는 전쟁과 같은 것을 억제한다든가, 또는 말단 관리의 횡포같이 사소하지만 그럼에도 불구하고 중요한 일에 관하여 언급하는 것을 포기할 수도 있을 것이다.

나는 역사주의가 언제나 이런 결과를 초래한다는 것을 제시하려는 것은 아니다. 특히 마르크스주의자들같이 책임감에 대한 긴장을 풀지 않으려 하는 역사주의자들도 있다. 다른 한편에는 역사주의적이건 아니건 사회생활에 있어서 이성의 무력을 설교하며 이런 반이성주의에 입각해서 '위대한 정치가인 지도자를 따르든지, 스스로 지도자가 되든지 하라'는 태도를 선전하는 몇몇 사회철학자들이 있다. 이러한 태도는 대부분의 사람들에게 사회를 통치하는 개인이나 익명의 힘에 대한 수동적인 굴복을 의미한다.

이성을 비하하고 심지어는 이성을 우리 시대의 사회적 악이라고까지 비난하는 자들이 있다는 사실은 흥미로운 일이다. 그들의 이성에 대한 비난은 한편으로는 그들이 이성은 역사적 예언을 할 수 없다는 사실을 인식했기 때문이고, 다른 한편으로는 역사적 예언의 기능이 아닌 다른 기능을 갖고 있는 사회과학이나 사회에서의 이성에 대해 생각할 수 없기 때문이다. 다시 말해 그들은 실망한 역사주의자들이다. 그들은 역사주의의 빈곤을 인식하면서도 근본적인 역사주의적 편견, 즉 사회과학이 도대체 쓸모 있는 것이 되려면 예언적이어야 한다는 원리에 여전히 얽매여 있다는 사실을 깨닫지 못하고 있는 자들이다. 이런 태도가 사회생활의 문제에 과학이나 이성을 적용하지 못하게 하고, 궁극적으로는 힘의 원리, 즉 지배와 복종의 원리에로 이끌어간다는 것은 명백하다.

왜 이 모든 사회철학자들은 문명에 대한 반역을 지지하고 있는가? 그들의 인기 비결은 무엇인가? 그들은 왜 많은 지식인들을 사로잡고 오도하는가? 나는 그들이 우리의 도덕적 이상이나 완전에 대한 꿈과는 조화되지 않고 조화될 수도 없는 이 세계에 대한 깊은 불만을 표시하기 때문이라고 생각한다. 문명에 대한 반역을 지지하는 역사주의의(그리고 이와 관련된 견해의) 경향은 역사주의 자체가 대체로 개인적 책임감을 요구하는 내적 긴장에 대한 반동이라는 사실에서 기인하는 것인지도 모른다.

이 마지막 비유들은 약간 막연하나 이 서론으로는 충분하다고 생각한다. 그것들은 나중에, 특히 10장 「열린사회와 그 적들」에서 역사적 자료를 통해 구체화될 것이다. 나는 10장을 이 책의 첫머리에 두려고 했다. 그 주된 관심 때문에 그렇게 하는 것이 아마도 좀 더 매력적인 입문이 되리라 여겼기 때문이다. 그러나 나는 이 책의 앞부분에서 논한 자료가 선행되지 않고는 이 역사적 해석의 완전한 의미가 충분히 파악될 수 없다고 생각했다. 먼저 정의에 대한 플라톤적인 이론과 현대의 전체주의적 이론이나 실천이 얼마나 유사한지 혼란을 겪어본 후라야 이런 문제들을 해석하는 것이 얼마나 절박한 일인지를 느낄 수 있을 것 같다.

기원과 운명의 신화

1 역사주의와 운명의 신화

개요

　많은 사람들이 정치 및 사회생활에 대한 깊은 이해는 인간 역사에 대한 고찰과 해석에 근거해야 한다고 믿고 있다. 말하자면 사회과학자나 철학자는 일반인들보다는 높은 위치에서 사물들을 개관해야 한다고들 한다. 이러한 입장에 서는 사회과학자나 철학자는 개인을 인류 역사의 발전에서 별로 중요하지 않은 도구로 간주하며, 역사의 무대에서 정말로 중요한 배우들이란 위대한 민족이거나 그 민족들의 위대한 지도자이거나, 위대한 계급이나 위대한 이념이라고 생각한다. 이리하여 그들은 역사의 무대에서 공연되는 연극의 의미를 이해하기 위해, 역사의 법칙을 발견하려고 한다.

　이것이 역사주의라 불리는 태도에 대한 간략한 설명이다. 역사주의의 핵심적 원리란, 역사는 특수한 역사적 법칙이나 진화적 법칙에 의해서 지배되며, 우리가 이 법칙을 발견한다면 우리는 인간의 운명을 예언할 수 있다는 것이다.

　역사주의의 가장 오래되고 가장 단순한 형태는 선민사상에 의해 잘 설명될 수 있을 것이다. 이 사상은 유신론적 해석, 즉 신을 역사의 무대에서 공연되는 연극의 작가로 해석함으로써 역사를 이해하려는 시도의 하나이다. 이런 사상에서는 역사적 발전의 법칙이 신의 의지에 의해서 세워진다. 이것이 유신론적 역사주의와 다른 형태의 역사주의를 구별 짓는 차이점이다. 자연주의적 역사주의는 역사발전의 법칙을 자연의 법칙으로 취급하며, 정신적 역사주의는 역사발전의 법칙을 정신적 발전의 법칙으로 취급하고, 경제적 역사주의는 다시 경제적 발전의 법칙으로 취급한다. 즉 역사발전의 법칙을 무엇으로 보느냐에 따라 여러 종류의 역사주의가 분류될 수 있을 것이다.

선민사상이 사회생활의 부족적인 형태에서 성장해 나왔다는 것은 의심의 여지가 없다. 부족이 존재하지 않는다면 개인은 아무것도 아니라는, 부족의 절대적 중요성에 대한 강조라고 할 수 있는 부족주의는, 많은 형태의 역사주의 이론에서 발견되는 한 요소이다. 이제는 부족주의라고 할수 없는 근대적 역사주의도 여전히 집단주의의 요소를 유지하고 있다. 선민사상이 갖는 또 하나의 요소는 역사의 궁극적 결과에 대한 확신이다. 그러나 이 목적은 먼 미래에 놓여 있는 것이므로, 이런 역사의 목적이 어느 정도 단정적으로 설명된다 할지라도 우리가 그곳에 도달하기 위해서는 먼 길을 가야만 한다. 그리고 그 길은 멀 뿐만 아니라 구부러지고 상하좌우로 왔다 갔다 하는 길이다. 따라서 생각할 수 있는 모든 역사적 사건을 해석의 도식 아래 집어넣을 수가 있게 된다.

유신론적 역사주의인 선민사상은 종교를 비판하기 위해서가 아니라 역사주의의 한 예증으로 제시된 것이다. 이 사상을 하나의 예증으로 삼은 이유는 이 사상의 중요 특성을 현대의 가장 중요한 두 역사주의 이론인, 파시즘의 역사철학과 마르크스의 역사철학이 공유하고 있기 때문이다. 인종주의에서는 선택된 민족이 선택된 인종으로 대체되며, 마르크스의 역사철학에서는 선민이 선택된 계급으로 대체된다. 두 이론 모두 역사적 예측의 기초를 역사적 해석에 두고 있다.

1
역사주의와 운명의 신화

정치에 대한 진실로 과학적이거나 철학적인 태도와 사회생활 일반에 관한 보다 깊은 이해는 인간 역사에 대한 고찰과 해석에 근거해야 한다고 사람들은 믿고 있다. 일반 사람들은 생활환경과 개인적 경험의 중요성과 사소한 다툼 등을 당연한 것으로 받아들이지만, 사회과학자나 철학자는 보다 높은 경지에서 사물들을 개관해야 한다고들 한다. 사회과학자나 철학자는 개인을 하나의 졸마(卒馬)로, 인류의 전반적 발전에서 별로 중요하지 않은 도구로 본다. 그리고 그는 역사의 무대에서 정말로 중요한 배우들이란 위대한 민족들이거나 그 민족들의 위대한 지도자이거나, 어쩌면 위대한 계급이나 위대한 이념이라는 것을 발견한다. 그렇다 하더라도, 사회과학자나 철학자는 역사의 무대에서 공연되는 연극의 의미를 이해하려고 하며, 역사의 법칙을 이해하려고 할 것이다. 그가 만약 이것에 성공한다면, 그는 물론 미래의 발전을 예측할 수 있을 것이다. 그때 그는 정치를 견고한 기초 위에서 확립하고 어떤 정치적 행위가 성공하겠는지 또는 실패하겠는지에 대한 실제적 충고를 할 수 있을 것이다.

이것이 내가 역사주의라고 부르는 태도에 대한 간략한 설명이다. 이것은 하나의 낡은 관념이거나, 차라리 엉성하게 얽혀 있는 관념들의 한 집합인데, 불행하게도 우리의 정신적 분위기의 한 부분이 되어 통상 당연한 것으로 받아들여지고 여태껏 거의 의문이 제기되지 않았다.

나는 사회과학에 대한 역사주의적 접근법이 빈약한 결과를 초래한다는 것을 다른 곳에서 지적했다. 또한 나는 더 나은 결과를 가져다주리라 믿는 방법론에 대해서도 개괄적으로 설명했다.

그러나 역사주의가 쓸모없는 결과를 낳는 그릇된 방법론이라면 역사주의가 어떻게 발생했으며, 어떻게 그렇게 잘 견디어냈는지를 알아보는 것이 유익할 것이다. 이러한 목적에서 이루어진 역사적 개관은 동시에 핵심적인 역사주의의 원리 주변으로 서서히 모인 여러 다양한 관념을 분석하는 데 도움이 될 것이다. 역사주의의 핵심적인 원리란, 역사는 특수한 역사적 법칙이나 진화적 법칙에 의해서 지배되며, 우리가 이 법칙을 발견한다면 우리는 인간의 운명을 예언할 수 있다는 것이다.

지금까지 내가 다소 추상적 방법으로만 특징지은 역사주의는 가장 단순하고 가장 오래된 형태의 역사주의인 선민사상에 의해서 잘 설명될 수 있을 것이다. 이 사상은 유신론적 해석, 즉 신을 역사적 무대에서 공연되는 연극의 작가로 해석함으로써 역사를 이해하려는 시도의 하나이다. 더욱 구체적으로 말한다면, 선민사상은 신이 그의 의지를 실현시킬 수 있는 선택된 도구로 기능할 하나의 민족을 선택하였으며, 그 민족이 이 세상을 다스려갈 것이라고 가정하는 이론이다.

이런 원리에서는 역사적 발전의 법칙은 신의 의지에 따라서 세워진다. 이것이 역사주의의 유신론적 형태와 다른 형태를 구별 짓는 특수한 차이점이다. 예컨대 자연주의적 역사주의는 발전의 법칙을 자연의 법칙으로 취급할 것이고, 정신적 역사주의는 발전의 법칙을 정신적 발전의 법칙으로 취급할 것이며, 경제적 역사주의는 다시 발전의 법칙을 경제적 발전의 법칙으로 취급할 것이다. 유신론적 역사주의는 우리가 발견할 수 있는 특수한 역사적 법칙이 있고, 이 법칙을 근거로 인류의 미래에 대한 예언이 가능하다는 원리를 다른 형태의 역사주의와 함께 공유하고 있다.

선민사상이 사회생활의 부족적인 형태에서 성장해 나왔다는 것은 의심의 여지가 없다. 부족이 존재하지 않으면 개인은 전혀 아무것도 아니라는 부족의 절대적 중요성에 대한 강조라고 할 수 있는 부족주의는 많은 형태의 역사주의 이론에서 발견되는 한 요소이다. 이제는 부족주의라고 할 수 없는 다른 형태들도 여전히 집단주의collectivism의 요소를 유지해 나갈 수 있다.[1] 그들은 여전히 단체나 집단, 예컨대 계급의 중요성을 강조하여, 그것 없이는 개인은 전혀 아무것도 아니라고 주장할 수 있다. 선민사상의 다른 측면은 역사의 목적으로 제시된 것이 아주 먼 미래에 놓여 있다는 것이다. 이런 역사의 목적이 어느 정도 단정적으로 설명된다 하더라도, 우리가 그곳에 도달하기 위해서는 먼 길을 가야만 한다. 그리고 그 길은 멀 뿐만 아니라 구부러지고 상하좌우로 왔다 갔다 하는 길이다. 따라서 생각할 수 있는 모든 역사적 사건을 해석의 도식 아래 집어넣을 수가 있게 된다. 생각할 수 있는 경험은 어느 것도 이 해석을 논박할 수 없다.[2] 그러나 이 해석은 그것을 믿는 자들에게는 인간 역사의 궁극적 결과에 대한 확신certainty을 준다.

역사에 관한 유신론적 해석에 대한 비판은 이 책의 마지막 장에서 행해질 것이며, 그곳에서 몇몇 위대한 기독교 사상가들이 이 이론을 우상 숭배라고 거부한 사실도 밝혀질 것이다. 그러므로 역사주의의 이런 형태에 대한 공격이 종교에 대한 공격으로 해석되어서는 안 된다. 이 장에서 선민사상은 하나의 예증으로만 논의된다. 이 사상을 하나의 예증으로 삼는 이유는 이 사상의 주요 특성을[3] 현대의 가장 중요한 두 역사주의 이론들이 공유하고 있기 때문이다. 그것에 대한 분석이 이 책의 중요한 부분이 될 현대의 가장 중요한 두 가지 역사주의 이론이란, (우파의) 인종주의나 파시즘의 역사철학과 (좌파의) 마르크스적 역사철학이다. 인종주의에서는 선택된 민족이 선택된 인종(고비노에 의해서 선택된)으로 대체되는데, 운명의 도구로 뽑힌 이 인종이 궁극적으로는 이 지상을 다스려간다. 마르크스의 역사철학에서는 선민 대신에 선택된 계급이 대체된다. 이 계급은 계급 없는 사회를 창조하기 위한 도구이며, 동시에 이 지상을 다스려가도록 운명 지어진 계급이다. 두 이론 모두 그들의 역사적 예측의 기초를 역사발전의 법칙을 발견할 수 있는 역사적 해석에 두고 있다. 인종주의의 경우, 역사발전의 법칙은 일종의 자연법칙으로 간주된다. 선택된 인종이 갖고 있는 혈통의 생물학적 우월성이 과거, 현재, 미래에 걸친 역사의 전 과정을 설명해 준다. 말하자면 역사의 과정이란 지배권을 향한 인종 간의 투쟁일 따름이다. 마르크스의 역사철학의 경우에는, 역사발전의 법칙은 경제적 법칙이며, 모든 역사는 경제적 패권을 위한 계급 간의 투쟁으로 해석되어야 한다.

이 두 운동의 역사주의적 성격이 우리의 탐구를 현실적인 것으로 만든다. 이 책의 뒷부분에서 그것들을 논의할 것이다. 그들 모두의 특성은 헤겔의 철학과 직접적으로 연관되어 있다. 그러므로 우리는 헤겔의 철학 또한 다루지 않으면 안 된다. 그리고 헤겔은 주로 몇몇 고대 철학자들을 추종하고 있으므로, 보다 근대적인 역사주의의 형태를 논하기 전에 헤라클레이토스, 플라톤, 아리스토텔레스의 이론들에 대한 검토가 필요할 것이다.

2   헤라클레이토스

개요

    역사주의의 원리를 보다 분명하게 도입한 최초의 그리스인은 헤시오도스이다. 그의 역사의식은 비관적이다. 그는 인류가 황금기로부터 후퇴하여 육체적으로나 도덕적으로 몰락하고야 말도록 되어 있다고 믿었다. 초기 그리스 철학자들에 의해 나타난 여러 역사주의 사상은 플라톤에 와서 절정을 이룬다. 그는 역사주의에 있어서는 특히 헤시오도스로부터 강한 영향을 받았으나, 가장 중요한 영향은 헤라클레이토스로부터였다.

    헤라클레이토스는 변화의 관념을 발견한 철학자였다. 그 당시까지만 해도 동양적 관념의 영향을 받았던 그리스 철학자들은 세계를 물질적인 것들이 재료가 된 하나의 안정되고 거대한 건축물로 보았다. 그것은 사물들의 전체, 즉 우주였다. 그들은 철학이나 물리학을 자연의 탐구, 즉 이 세계를 이루고 있는 원재료에 대한 탐구라고 보았다. 어떤 과정들에 대한 고찰이 있었다 해도, 과정들은 근본적으로는 정지 상태에 있다고 보이는 구조의 내부에서 일어나는 것으로 생각되었다. 오늘날 우리 대부분조차도 자연스럽게 보는 이 접근법은 천재 헤라클레이토스에 의해서 바뀌게 되었다. 그는 세계를 하나의 건축물이 아닌 하나의 거대한 과정으로, 사물의 총계가 아닌 사건이나 사실들의 전체로 보았다. 그의 철학의 좌우명은 모든 것은 유전하며 그대로 정지해 있는 것은 아무것도 없다는 것이었다.

헤라클레이토스의 발견은 그리스 철학의 발전에 장기간 영향을 미쳤다. 그 발견의 위대성은 가공할 만한 것으로 일컬어져 왔고, 그 영향은 모든 것이 흔들리는 지진의 영향과 비교되어 왔다. 자연뿐 아니라 윤리와 정치적 문제까지도 다룬 최초의 철학자 헤라클레이토스는 사회적 혁명의 시대에 살았다. 그리스의 귀족적 부족정치가 새로운 민주주의 세력에 몰려 물러나기 시작하던 시기였다. 전승된 바에 의하면 헤라클레이토스 자신의 지위는 에페소스 왕실의 후예였지만 그는 그의 형을 위해 자신의 지위를 포기했다고 한다. 그러나 그는 새로운 혁명 세력의 조류가 밀려오는 것을 헛되이 막으려고 했던 귀족주의자들의 대의명분을 지지했다.

그의 철학의 특성을 이루는 변화의 강조는 그로 하여금 액체이건 고체이건 기체이건 간에 모든 물질들은 불꽃과 같은 것, 즉 그들은 사물이라기보다는 과정이며, 그들 모두는 불의 변형이라는 이론을 낳게 했다. 고체인 흙은 단지 변형의 상태에 있는 불일 뿐이며, 액체까지도 불이다. 이렇게 헤라클레이토스는 모든 사물을 불꽃으로, 연소 같은 과정으로 환원하면서도 그 과정에서 하나의 법칙, 하나의 적도(適度), 하나의 이성, 하나의 지혜를 깨닫는다.

이런 철학으로부터 역사주의적 특성을 드러내는 이론이 나타난다. 전형적인 역사주의자로서 그는 역사의 심판을 도덕적 심판으로 받아들였다. 마지막 단편에 나타나 있는 가치의 상대주의에도 불구하고, 그는 근대적인 어떤 관념들과 매우 유사한 명성과 운명과 위인의 우월성을 강조하는 부족주의적이고 낭만적인 윤리를 전개했다. 전체적으로 헤라클레이토스의 철학은 고대 부족사회의 붕괴에 대한 무상의 감정을 표현한 것임에 틀림없는 것으로 보인다.

2
헤라클레이토스

그리스에서는 역사주의적 성격의 측면에서 선민사상과 비교될 만한 것은 헤라클레이토스 이전에는 찾아볼 수 없다. 호메로스의 유신론적이고 다신교적인 해석에 의하면 역사는 신의 의지가 낳은 산물이다. 그러나 호메로스의 신들은 역사의 발전을 위한 일반적 법칙들을 주장하지 않는다. 호메로스가 강조해서 설명하고자 하는 것은 역사의 통일성이 아니라 오히려 그 통일성의 결여이다. 역사의 무대 위에 연극을 공연하는 자는 한 사람만의 신이 아니라 여러 신들이다. 호메로스의 해석이 유대교와 공통되는 것은 운명에 대한 어떤 막연한 감정이며, 무대 뒤에 있는 권력에 대한 관념이다. 그러나 호메로스에 따르면 궁극적 운명이란, 유대교와는 달리, 밝혀지는 것이 아니라 신비에 싸여 있는 것이다.

역사주의의 원리를 보다 분명하게 도입한 최초의 그리스인은 헤시오도스로, 그는 아마 동양의 자료에서 영향을 받았을 것이다. 그는 역사적 발전에서의 일반적인 경향이나 추세에 대한 관념을 활용했다. 그의 역사의식은 비관적이다. 그는 인류가 그 발전에서 황금기로부터 후퇴하여 육체적으로나 도덕적으로 몰락하고야degenerate 말도록 되어 있다고 믿었다. 초기 그리스 철학자들에 의해 나타난 여러 역사주의적 관념들의 절정은 플라톤에 와서 이루어진다. 플라톤은 그리스 부족들, 특히 아테네인들의 역사와 사회생활을 해석하기 위해 웅장한 철학적 세계상을 그렸다. 그는 역사주의의 여러 선구자들, 특히 헤시오도스로부터 강한 영향을 받았으나, 가장 중요한 영향은 헤라클레이토스로부터였다.

헤라클레이토스는 변화change의 관념을 발견한 철학자였다. 그 당시까지만 해도 동양적 관념의 영향을 받았던 그리스 철학자들은 세계를 물질적인 것들이 재료가 된 하나의 거대한 건축물로 보았다.[1] 그것은 사물들의 전체, 즉 우주cosmos(원래 동양의 천막이나 덮개인 듯한)였다. 철학자들이 자문하는 물음들은 "세계는 무엇으로 만들어졌는가?" 또는 "세계는 어떻게 구성되었는가, 그것의 참된 기초계획은 무엇인가?"였다. 그들은 철학이나 물리학(그 둘은 상당히 오랫동안 구별되지 않았다.)을 '자연'의 탐구, 말하자면 이 건축물, 즉 세계를 만들고 있는 원재료에 대한 탐구라고 생각했다. 어떤 과정들processes에 대한 고찰이 있었다면, 과정들은 건축물의 내부에서 일어나는 것이거나 근본적으로는 정지 상태에 있다고 보이는 구조의 안정과 균형을 깨뜨리고 또 바로잡고 하면서 건축물을 세우거나 보존하는 것과 같다고 생각되었다. 과정들은 주기적인 것이었다.(그 건축물의 기원과 관련된 과정들과는 별도로, "누가 그것을 만들었는가?" 하는 질문은 동양인들과 헤시오도스와 다른 여러 사람들에 의해 논의되었다.) 오늘날 우리 대부분조차도 자연스러운 것으로 보는, 지극히 자연적인 이 접근법은 천재 헤라클레이토스에 의해 바뀌게 되었다. 그가 도입한 관점은 그런 건축물이나 안정된 구조, 우주란 존재하지 않는다는 것이었다. "우주란 기껏해야 되는대로 흩어져 있는 잡동사니와 같은 것이다."라는 것이 그의 이야기이다.[2] 그는 세계를 하나의 건축물이 아닌 하나의 거대한 과정으로, 모든 사물things의 총계가 아닌, 모든 사건이나 변화 및 모든 사실facts의 전체로 보았다. 그의 철학의 좌우명은 "모든 것은 유전하며 그대로 정지해 있는 것은 아무것도 없다."였다.

헤라클레이토스의 발견은 그리스 철학의 발전에 장기간 영향을 끼쳤다. 파르메니데스나 데모크리토스, 플라톤, 아리스토텔레스의 철학은 거의 헤라클레이토스가 발견했던 그 변화하는 세계라는 문제를 풀려는 시도였다고 하는 것이 적절할 것이다. 이 발견의 위대성은 결코 과소평가될 수 없을 것이다. 그것은 가공할 만한 것으로 일컬어져 왔고, 그 영향은 "모든 것이 흔들리는 듯한 지진"[3]의 영향과 비교되어 왔다. 그리고 나는 헤라클레이토스가 당시의 사회, 정치적 소요의 결과로 고통받았던 무서운 개인적 경험으로 인해 이 발견을 통감했다는 것을 의심하지 않는다. '자연'뿐 아니라 윤리, 정치적 문제까지도 다룬 최초의 철학자 헤라클레이토스는 사회적 혁명의 시대에 살았다. 그리스의 귀족적 부족정치가 새로운 민주주의 세력에 몰려 물러나기 시작하던 시기였다.

이 혁명의 영향을 이해하려면 부족적 귀족정치체제에서의 사회생활의 안정도와 엄격성을 기억해야 한다. 사회생활은 사회적 금기와 종교적인 금기에 의해서 규정된다. 모든 사람에게는 전체 사회구조 안에서 배정받은 지위가 있으며, 모든 사람은 세계를 지배하는 힘이 배정해 준 그의 지위가 적합하고 '자연스러운' 지위라고 생각한다. 모든 사람은 '자신의 지위를 알고 있다'.

전승된 바에 의하면 헤라클레이토스 자신의 지위는 에페소스 왕실의 후예였지만, 그는 그의 형을 위해 자신의 지위를 포기했다고 한다. 그는 국가의 정치생활에 참여하는 것을 도도하게 거부했음에도 불구하고, 새로운 혁명 세력의 조류가 밀려오는 것을 헛되이 막으려고 했던 귀족주의자들의 대의명분을 지지했다. 사회적 또는 정치적 영역에서의 이런 경험들은 단편적으로 남아 있는 그의 작품에 나타나 있다.[4] "에페소스인들은 성인들 모두가 차례로 죽어야 하며, 그리하여 국가는 어린이들에 의해 통치되도록 해야 한다."는 헤라클레이토스의 분노는 그의 친구였던 귀족주의자 헤르모도로스를 국민들이 추방하고자 결정했을 때 폭발했다. 국민들의 동기에 대한 그의 해석은 매우 흥미롭다. 그것은 반민주주의적 논쟁의 상투적인 수단이 초기 민주주의 시대 이래 크게 달라진 게 없다는 것을 보여주기 때문이다. "우리 중에 특출한 자는 아무도 없다. 그리고 만약 누군가 두드러지게 눈에 띈다면, 다른 곳이나 다른 사람들 사이에서 그를 그렇게 되게 하라고 그들은 말한다." 민주주의에 대한 이런 적의는 단편 도처에서 나타난다. "군중은 금수처럼 배를 채운다.……그들은 음유시인과 대중적인 미신을 그들의 길잡이로 삼는다. 왜냐하면 그들은 대부분이 나쁘고 오직 소수만이 선하다는 것을 알지 못하기 때문이다. 테우타메스의 아들인 비아스는 프리네에 살았는데 그의 말은 다른 사람의 말보다 더욱 중요하다.(그는 '대다수의 인간은 사악하다.'고 했다.)…… 군중은 심지어는 자기들이 걷어차인 물건에조차도 조심하지 않으며 자기들은 그렇지 않다고 생각하지만 경험으로부터 배울 수가 없다." 똑같은 투로 그는 "법률도 역시 일인의 의지에 복종해야 함을 요구할 수 있다."라고 말한다. 헤라클레이토스의 또 다른 보수적이고 반민주주의적 특징의 표현은 아마 그 의도에서는 다르겠지만, 우연하게도 말의 표현에서는 민주주의자도 쾌히 받아들일 만한 것이다. "국민은, 법률이 흡사 국가의 방벽인 것처럼 법률을 위해 투쟁해야 한다."

그러나 국가의 옛 법률을 위한 헤라클레이토스의 투쟁은 허사였으며, 삼라만상의 덧없음은 그에게 깊은 인상을 주었다. 그의 변화 이론은 이런 느낌을 나타낸다.[5] "모든 것은 유전한다.", "우리는 똑같은 강물에 두 번 들어갈 수가 없다."라고 그는 말한다. 환멸을 느낀 그는 현존하는 사회질서가 영원하리라는 믿음을 반박한다. "우리는 '우리에게 쭉 전승되어 온 것과 같은' 좁은 식견으로 키운 아이들과 같이 행동해서는 안 된다."

변화에 대한 강조, 특히 사회생활의 변화에 대한 이러한 강조는 헤라클레이토스의 철학에서뿐 아니라 역사주의 일반에서의 중요한 특성이기도 하다. 사물들이 변화하며 왕까지도 바뀐다는 것은 자기의 사회적 환경을 당연하게 받아들이는 자들에게는 특히 심각한 인상을 주는 진리이다. 그 정도는 인정될 수 있다. 그러나 헤라클레이토스적 철학에서 역사주의어 별로 추천할 만하지 못한 특성 중의 하나가 나타나는데, 냉혹하고 변치 않는 운명의 법칙 law of destiny에 대한 믿음과 결합되어 있는 변화에 대한 지나친 강조가 그것이다.

이런 견지에서 우리는, 처음에는 변화에 대한 역사주의자의 지나친 강조와는 모순되는 것같이 보이지만, 대부분의 역사주의자들을 특징짓는 하나의 태도에 부딪친다. 우리가 변화에 대한 역사주의자들의 지나친 강조를 변화의 관념에 대한 자신의 무의식적인 저항을 극복하는 데 필요한 어떤 노력의 징후라고 해석한다면, 이러한 태도를 설명할 수 있다. 이것은 또한 그토록 많은 역사주의자들로 하여금 (오늘날까지도) 그들이 전혀 새로운 미증유적 계시를 발견했다고 주장하게끔 한 정서적 긴장 상태를 설명해 줄 것이다. 이런 고찰들은 역사주의자들이 변화를 두려워했으며, 변화의 관념을 심각한 내적 갈등 없이는 받아들일 수가 없었다는 가능성을 암시한다. 때로는 역사주의자들이 변화란 변하지 않는 법칙에 의해 지배된다는 관점에 매달림으로써, 안정된 세계의 상실에 대해 그들 자신을 위로하고자 했던 것 같기도 하다.(심지어 파르메니데스와 플라톤에서는 우리가 살고 있는 변화하는 세계는 하나의 환상이며, 변하지 않는 보다 참된 세계가 존재한다는 이론을 찾아낼 수 있을 것이다.)

헤라클레이토스의 경우, 변화의 강조는 그로 하여금 고체이건 액체이건 기체이건 간에 모든 물질들은 불꽃과 같은 것, 즉 그들은 사물이라기보다는 과정이며, 그들 모두는 불의 변형이라는 이론을 낳게 한다. 분명히 고체인 흙(재로 구성된)은 단지 변형의 상태에 있는 불일 뿐이며, 액체(물, 바다)까지도 변형된 불이다.(그리고 액체는 기름의 형태에서는 연료가 될 수도 있다.) "불의 최초의 변형은 바다이다. 그러나 바다의 반쪽은 흙이고 다른 반쪽은 더운 공기이다."[6] 그러므로 흙, 물, 공기와 같은 다른 모든 '요소'들은 변형된 불이다. "삼라만상은 불로 바뀌며, 불은 삼라만상으로 바뀐다. 마치 황금이 제품으로 되고 제품이 황금으로 되는 것처럼."

그러나 모든 사물을 불꽃으로, 연소 같은 과정으로 환원하면서도, 헤라클레이토스는 그 과정에서 하나의 법칙, 하나의 적도, 하나의 이성, 하나의 지혜를 깨닫는다. 그는 하나의 건축물로서의 우주를 부숴버리고 우주가 하나의 쓰레기 더미라고 선언하면서도, 우주를 사건들의 질서정연한 진행 과정으로 다시 소개한다.

세계는 모든 과정, 그리고 특히 불 그 자체는 일정한 법칙, 즉 그 '적도'[7]에 따라 전개된다. 그것은 냉혹하고 저항할 수 없는 법칙이며 이런 점에서는 근대 역사주의자들의 역사적 법칙이나 진화론적 법칙의 개념뿐만 아니라 현대 자연법칙의 개념과도 흡사하다. 그러나 그것은 법률이 국가에 의해 부과되는 것과 꼭 마찬가지로, 처벌에 의해 강요된 이성의 명령인 한에서 이런 개념들과는 다르다. 법률이나 규범을 자연법칙이나 규칙으로부터 구별해 내지 못하는 것이 부족적 금기주의의 특성이다. 이두 종류의 법률은 모두 마술적인 것으로 취급되는데, 이런 취급은 자연세계의 법칙이나 규칙의 변경을 상상할 수 없듯, 인위적 금기에 대한 이성적 비판 역시 상상할 수 없는 것으로 만든다. "모든 사건은 운명의 필연성에 의해 진행된다. 태양도 그 궤도를 벗어나지 않을 것이다. 그렇지 않으면, 운명의 여신과 정의의 시녀가 태양을 징계할 것이다." 그러나 태양은 법칙에 순종하기만 하는 것이 아니다. 태양의 형태를 한 불과 (다음에 알게 되겠지만) 제우스의 벼락의 형태를 한 불은 법칙을 감시하며 법칙에 따른 판단을 내린다. "태양은 모든 사물을 낳는 변화와 계절을 제한하고 심판하고 예고하고 나타내는 시기의 수호자이며 방위자이다. 모든 사물에 대해 똑같이 적용되는 이 우주 질서는 인간에 의해 창조된 것도, 신에 의해 창조된 것도 아니다. 그것은 언제나 법칙에 따라 타오르기도 하고 꺼지기도 하는 항상 살아 있는 불이었으며, 불이며, 불일 것이다. 그 진행 과정에서 그 불은 모든 것을 휘어잡고 판단하고 집행할 것이다."

냉혹한 운명이라는 역사주의적 관념과 결합되어 종종 신비주의의 요소가 나타난다. 신비주의에 대한 비판적 분석은 2권 14장에서 다룰 것이다. 여기서는 헤라클레이토스 철학에서의 반합리주의와 신비주의의 역할을 나타내고자 할 뿐이다.[8] "자연은 숨어 있기를 좋아한다.", "델피 신전에서 예언하는 신은 계시하거나 숨기지 않고 단지 암시로써 그의 뜻을 나타낸다."라고 그는 쓰고 있다. 보다 경험적 정신을 가진 과학자들에 대한 헤라클레이토스의 경멸은 다음과 같은 경험적 태도를 받아들인 과학자들에 대한 것이다. "많은 것을 아는 데는 좋은 두뇌가 필요하지 않다. 그렇지 않다면, 헤시오도스와 피타고라스는 더욱 좋은 두뇌를 가져야 했었고, 크세노파네스도 마찬가지이다. 피타고라스는 모든 협잡꾼들의 할아버지이다." 과학자들에 대한 이런 경멸과 함께 직관적 이해에 대한 신비적 이론이 병행되어 나간다. 헤라클레이토스의 이성에 대한 이론은 우리가 깨어 있을 때 우리는 공통의 세계에 살고 있다는 사실을 그 출발점으로 삼는다. 우리는 서로서로 의사를 소통할 수 있고, 통제할 수 있으며, 견제할 수 있다. 그리고 여기에서 우리가 환상의 희생물이 아니라는 것을 확신한다. 그러나 이 이론은 이차적인, 상징적인, 신비적인 의미를 나타낸다. 그것은 선택된 자, 즉 깨어서 보고 듣고 말할 힘이 있는 자들에게 주어진 신비적인 직관의 이론이다. "우리는 잠든 것처럼 행동하거나 말해서는 안 된다.……깨어 있는 자들은 하나의 공통의 세계를 갖는다. 잠든 자는 그들의 사적 세계로 빠진다.……그들은 듣는 것도 말하는 것도 다 할 수가 없다.……비록 그들이 듣는다 할지라도 귀머거리와 같은 것이다. 그들은 여전히 여기 있지만 있지 않다는 말이 그들에게 꼭 들어맞는다.……모든 것을 통해서 모든 것을 조종해 가는 사상을 이해하는 일, 그것 하나만이 지혜이다." 깨어 있는 자들에게 공통적인 경험을 갖게 하는 세계는 신비적인 통일체이며, 이성에 의해서만 이해될 수 있는 모든 사물의 통일체인 것이다. "우리는 모두에게 보편적인 것을 따라야 한다.……이성은 모두에게 보편적인 것이다.……모든 것은 하나가 되고 하나는 모든 것으로 된다. 유일한 지혜인 하나는 제우스라 불리기를 원하기도 하고 원하지 않기도 한다.……모든 것을 조종하는 것은 벼락이다."

보편적 변화와 숨겨진 운명에 관한 헤라클레이토스 철학의 보다 일반적인 특성에 대해서는 이쯤 해두자. 이 철학으로부터 모든 변화 뒤에 존재하는 추진력에 대한 이론, 즉 '사회 정태학'과는 반대되는 '사회 동태학'의 중요성을 강조함으로써 역사주의적인 특성을 드러내는 이론이 나타난다. 자연 일반에 관한 헤라클레이토스의 동태학과, 특히 사회생활에 대한 헤라클레이토스의 동태학은 그의 철학이 그가 경험한 사회적, 정치적 혼란에 자극받았다는 것을 확실하게 보여준다. 왜냐하면 그는 투쟁이나 전쟁이, 모든 변화와 특히 인간 상호 간의 모든 차이의 창조적 원리이며 동시에 동적 원리라고 선언하기 때문이다. 전형적인 역사주의자로서, 그는 역사의 심판을 도덕적 심판으로 받아들였다.[9] 왜냐하면 그는 전쟁의 결과란 언제나 정당하다고 보기 때문이다.[10] "전쟁은 만물의 아버지요 왕이다. 전쟁은 어떤 자는 주인으로 어떤 자는 노예로 만듦으로써 어떤 자는 신이고 어떤 자는 단순한 인간임을 증명한다.……우리는 전쟁이란 보편적인 것이며, 정의, 즉 소송은 투쟁이며, 모든 것은 투쟁을 통해, 그리고 필연에 의해 발전한다는 것을 알아야 한다."

그러나 만약 정의가 투쟁이나 전쟁이라면, '운명의 여신들'이 동시에 '정의의 시녀들'이라면, 그리고 보다 간략하게 말해서, 역사가 전쟁의 승리와 같은 성공이 보상의 기준이라면, 보상의 기준 자체도 '변화'하는 것임이 분명하다. 헤라클레이토스는 그의 상대주의로 그리고 그의 대립의 동일성이라는 원리를 통해 이 문제를 해결하고자 한다. 이것은 그의 변화 이론으로부터 도출된다.(이 변화 이론은 플라톤 이론의 기초가 되며 아리스토텔레스 이론에서는 더욱 중요한 기초가 된다.) 변화하는 사물은 어떤 속성을 포기하여야 하며 그 반대되는 속성을 획득하여야 한다. 변화하는 사물은 사물이 아니라 오히려 하나의 상태에서 반대되는 상태로 이행해 가는 과정이며, 그러므로 대립되는 상태의 통일이다.[11] "찬 것은 따뜻하게 되고, 따뜻한 것은 차게 된다. 축축한 것은 건조해지고, 건조한 것은 축축해진다.……질병은 우리로 하여금 건강을 그리워하게 한다.……삶과 죽음, 깨어 있음과 잠들어 있음, 젊음과 늙음, 이 모든 것이 동일한 것이다. 왜냐하면 전자는 후자로 되고 후자는 전자로 되기 때문이다. 자기 자신과 투쟁하는 것은 자기 자신에게 몸을 맡기는 것이 된다. 즉 조화란 활이나 칠현금에서와 같이 반동과 긴장에 의해 이루어지는 것이다.…… 대립되는 것들은 서로 반대편에 귀속하며, 최고의 조화는 불화에서 생겨난다. 그리고 모든 것은 투쟁에 의해 발전된다.……올라가는 길이나 내려가는 길이나 동일하며……곧은 길이나 굽은 길도 똑같은 것이다.……신에게는 모든 것이 아름답고 선하고 정의롭다. 그렇지만 인간은 어떤 것은 정의롭다 하고 다른 것은 정의롭지 않다고 한다.……선과 악은 동일한 것이다."

그러나 마지막 단편에 나타나 있는 가치의 상대주의(그것은 윤리적 상대주의라고도 기술될 수 있을 것이다.)에도 불구하고, 헤라클레이토스는 전쟁의 의로움과 역사적 심판이라는 그의 이론적 배경하에서 이상하게도 근대적인 어떤 관념들과 매우 유사한 명성과 운명과 위인의 우월성을 중심으로 한 부족주의적이고 낭만적인 윤리를 전개했다.[12] "전투에서 죽은 자는 신과 인간에 의해 찬미될 것이다.……위대한 몰락일수록 그 운명은 더욱더 영광스러운 것이다. 위대한 인간이라면 그는 만 명의 인간들보다 더 가치 있다."

기원전 500년경으로 거슬러 올라가는 이런 오래된 단편들에서 현대 역사주의자들의 특성이나 반민주주의적 경향을 그렇게 많이 발견할 수 있다는 것은 놀라운 일이다. 그러나 헤라클레이토스가 탁월하고 독창적인 사상가였으며, 그 결과 그의 많은 생각들이 (플라톤을 매개로 하여) 철학적 전통의 일부분이 되었다는 사실을 떠나서도, 이론의 유사성은 관련된 시기의 사회적 조건이 유사하다는 점에 의해 어느 정도까지는 설명될 수 있을 것이다. 역사주의적 관념은 거대한 사회적 변화의 시대에 곧잘 두드러지게 나타나는 듯하다. 역사주의적 사상은 유대민족이 바빌로니아인의 정복에 의해 도처에 흩어지게 되었을 때나 그리스인의 부족적인 생활이 붕괴되었을 때 나타났다.[13] 나는 헤라클레이토스의 철학이 무상의 감정, 말하자면 고대 부족사회의 붕괴에 대한 하나의 전형적인 반발로 보이는 감정을 표현한 것임에 거의 의심의 여지가 없다고 믿는다. 현대 유럽에서의 역사주의적 사상은 산업혁명과 특히 미국과 프랑스의 정치혁명의 충격으로 다시 살아났다.[14] 헤라클레이토스의 사상을 그렇게 많이 받아들여, 이를 모든 근대적 역사주의 운동에 전해 주었던 헤겔이 프랑스혁명에 대한 반동의 대변자였던 것은 단순한 우연의 일치만은 아닌 것 같다.

3　플라톤의 형상 이론

개요

  플라톤은 헤라클레이토스가 겪었던 것보다 더 불안정한 정치적 투쟁과 전쟁의 시대 속에서 자랐다. 전승된 바에 의하면, 플라톤의 부계는 아티카의 마지막 부족 왕인 코드로스의 후손이었고, 모계는 아테네의 입법가인 솔론의 혈통이었다. 이런 가문의 전통으로 플라톤은 처음부터 정치 활동을 열망하였지만, 젊은 날의 골치 아픈 경험으로 정치활동을 단념하게 되었다고 한다. 그러나 그는 일생 동안 정치에 깊은 관심을 가졌으며, 계속 관여했다.

  플라톤은 그의 선배 역사주의자들이 했던 것과 똑같이, 역사적 발전의 법칙을 세움으로써 그의 사회적 경험을 종합했다. 이 법칙에 의하면 모든 사회적 변화는 타락이나 부패 또는 퇴보였다. 이 기본적인 역사적 법칙은 우주적인 법칙의 일부분이다. 헤라클레이토스와 같이 플라톤은 역사에서 작용하는 힘을 우주적인 힘이라고 보았다.

  플라톤과 헤라클레이토스 사이에는 유사성이 대단히 많지만, 헤라클레이토스와는 반대로 플라톤은 역사적 운명의 법칙, 부패의 법칙은 인간의 도덕적 의지로 깨뜨릴 수 있다고 믿었다. 그는 확실히 부패로 치닫는 일반적인 역사적 경향과 모든 정치적 변화를 억제시킴으로써 정치 면에서의 더 심한 부패를 방지할 수 있다고 믿었던 것 같다. 따라서 그는 변화하지 않고 파멸하지 않는 최선의 완전국가를 건설함으로써 부패와 악이 없는 사회를 이루고자 했다. 이렇게 하여 플라톤의 사회철학과 정치철학에서는 역사주의와 사회공학이라는 두 가지 태도가 전형적으로 결합된다. 말하자면 전경에는 상당히 두드러진 기술적 요소를 놓고 후경에는 전통적인 역사주의적 특질들을 정교하게 펼쳐서 그들을 결합시키는 것이다.

플라톤의 정치적 목적은 첫째로 사회혁명과 역사적 부패로 나타나는 헤라클레이토스적 무상에서 벗어나는 것이었다. 둘째로 그는 이 목적이 역사적 전개의 일반적 추세에 휩쓸리지 않는 국가를 건설함으로써 이루어진다고 믿었다. 셋째로 그는 그의 완전한 국가의 모형이나 원형을 먼 옛날 역사의 여명기에 존재했던 황금시기에서 찾을 수 있으리라고 믿었다. 세계가 시간의 흐름에 따라 부패해 간다면 더 먼 과거로 거슬러 올라가면 갈수록 보다 완전한 것을 찾을 수 있을 것이기 때문이다. 완전한 국가란 나중에 생기는 국가들의 선조나 시조 같은 것으로, 나중에 생기는 국가들은 이 완전하고 가장 훌륭한 이상적 국가의 퇴화된 후손인 것이다. 그리고 그의 국가철학에서 타당했던 것은 그의 형상 이론이나 이데아 이론에까지 확대될 수 있다.

형상 이론은 플라톤 철학에서 적어도 세 가지 서로 다른 기능을 갖는다. 먼저 그것은 가장 중요한 방법론적 고안이다. 그것은 순수한 과학적 지식을 가능하게 하고, 변화하는 사회의 문제에 대한 탐구와 정치과학의 수립을 가능케 한다. 또한 그것은 매우 필요한 변화 이론과 쇠퇴 이론에, 그리고 특히 역사에 하나의 실마리를 제공해 준다. 다음으로 그것은 사회 영역에서 어떤 종류의 사회공학으로 향하는 길을 열어준다. 즉 그것은 국가의 형상이나 이데아를 아주 닮아서 도저히 쇠퇴할 수 없는 최선 국가의 설계를 제시하기 때문에, 사회변화를 저지하는 방안을 만들 수 있도록 한다.

3
플라톤의 형상 이론

I 우주의 법칙과 역사의 법칙

우리가 아는 바로는 플라톤은 헤라클레이토스가 경험했던 것보다 더 불안정한 정치적 투쟁과 전쟁의 시대 속에서 살았다. 그가 성장하는 동안 고국 아테네에서의 그리스인의 부족생활은 붕괴되어 참주정치 시대로 되었으며, 나중에는 민주주의가 수립된다. 민주주의는 지도적인 귀족가문의 통치인 참주정치나 과두정치의 재등장을 결사적으로 막고자 했다.[1] 그가 어렸을 때 민주 아테네는 펠로폰네소스의 지도적인 도시국가였던 스파르타와 혈전을 벌이고 있었다. 스파르타는 고대 부족적 귀족정치의 법률과 습관을 많이 지켜나가고 있었다. 펠로폰네소스 전쟁은 도중에 한 번 중단되었지만 28년을 끌었다.(10장에서 그 역사적 배경을 보다 상세히 훑어보겠지만 그 전쟁은 종종 주장되듯이 기원전 404년 아테네의 멸망과 함께 끝나지 않았다는 것이 드러날 것이다.[2]) 플라톤은 그 전쟁 중에 태어났으며, 전쟁이 끝났을 때는 24세였다. 전쟁은 무서운 전염병을 몰고 왔으며, 그 마지막 해에는 기근과 아테네의 함락, 내란과 흔히 30인 참주의 통치라 불리는 공포정치가 나타났다. 플라톤의 두 삼촌이 이 공포의 통치를 주도하였는데, 그 삼촌들은 민주주의자들에 대항하여 그들의 정권

37

을 유지하려다 실패함으로써 목숨을 잃었다. 민주주의와 평화의 회복은 플라톤에게 안식을 가져다주지 못했다. 그가 나중에 대부분의 대화편에서 중심 화자로 설정한, 그가 존경하던 스승 소크라테스는 재판을 받고 사형된다. 플라톤 자신도 위험에 처했던 것 같다. 그는 아테네에 남은 소크라테스의 다른 동료들과 함께 아테네를 떠난다.

그 후 플라톤이 시칠리아를 처음 방문했을 때 그는 시라쿠사의 전제 군주인 디오니시오스 1세의 왕실에서 벌어졌던 정치적 음모에 관여하게 되었으며, 심지어 그가 아테네로 돌아와 아카데메이아의 설립을 마친 뒤에도 몇 명의 제자들과 함께 시라쿠사의 정치를 이루고 있던 음모와 혁명에[3] 능동적으로, 그리고 마침내는 결정적으로 계속 관여하였다.

정치적 사건에 대한 이 간략한 개요는 우리가 헤라클레이토스에서와 마찬가지로 플라톤의 작품에서, 그가 정치적 불안정과 그 시대의 혼란 속에서 얼마나 절망적으로 고통받았는지를 알게 되는 이유를 설명해 줄 것이다. 헤라클레이토스처럼 플라톤은 귀족이었으며, 적어도 전승에 의하면 그의 부계는 아티카의 마지막 부족 왕인 코드로스의 후손이었다.[4] 플라톤은 그의 대화편 『카르미데스』와 『티마이오스』에서 설명하는 바와 같이, 아테네의 입법가인 솔론의 혈통인 모계를 매우 자랑스럽게 여겼다. 30인 참주의 지도자들이었던 그의 두 삼촌, 크리티아스와 카르미데스도 모계였다. 이런 가문의 전통으로 보아 플라톤은 공공생활에 깊은 관심을 가졌으리라 기대할 수 있는데, 실제로 대부분의 그의 저서는 이런 기대를 채워주고 있다. 그 자신은 (『일곱 번째 편지』가 진짜라면) "처음부터 정치활동을 가장 열망했으나"[5] 젊은 날의 골치 아픈 경험으로 단념하게 되었다고 이야기한다. "모든 것이 목적도 없이 흔들리고 바뀌는 것을 알고서, 나는 아찔하였고 절망을 느꼈다." 사회가, 그리고 사실은 '모든 것'이 유전한다는 느낌으로부터, 헤라클레이토스의 철학에서와 마찬가지로, 플라톤 철학의 근본적인 충동이 일어났다고 생각된다. 플라톤은 그의 선배 역사주의자들이 했던 것과 똑같이, 역사적 발전의 법칙을 세움으로써 그의 사회적 경험을 종합했다. 이 법칙에 의하면, 다음 장에서 보다 상세히 논의되겠지만, 모든 사회적 변화는 타락이나 부패 또는 퇴화인 것이다 all social change is corruption or decay or degeneration.

플라톤의 관점에서 이 기본적인 역사적 법칙은 우주적인 법칙, 즉 창조되었거나 생성된 모든 사물에 적용되는 법칙의 일부분이다. 유전하는 모든 사물, 생성된 모든 사물은 파괴되기 마련이다. 헤라클레이토스와 같이 플라톤은 역사에서 작용하는 힘을 우주적인 힘이라고 보았다.

그러나 플라톤은 거의 확실히 이 몰락의 법칙을 전체적 진리로 간주하지는 않았다. 우리는 헤라클레이토스에게서 발전의 법칙을 순환적인 법칙으로 형상화하려는 경향이 있음을 보아왔다. 발전의 법칙은 계절의 순환적인 계기를 규정짓는 법칙의 모형에 따라 파악된다. 그와 비슷하게 우리는 플라톤의 몇 작품에서 어쩌면 봄과 여름에 대응되는 발전과 생성의 시기와, 가을과 겨울에 대응되는 몰락과 부패의 시기를 가진 큰 해 (그 길이가 36,000년으로 나타나는 듯하다.)를 암시하고 있는 것을 발견할 수 있다. 플라톤의 대화편 중 하나인 『정치가』에 의하면, 황금시대인 크로노스의 시대 ── 크로노스 자신이 세계를 지배하고 인간이 흙에서 태어나던 시대 ── 다음에 우리들 자신의 시대인 제우스의 시대, 즉 신들에게서 버림받아 내던져 버려진 시대, 따라서 타락이 끊임없이 증가하는 시대가 뒤따른다. 그리고 『정치가』의 이야기 속에는 완전히 타락되어 최하점에 달한 후, 신이 우주선cosmic ship을 다시 조종하여 사물들이 개선되기 시작할 것이라는 제시가 또한 나타나 있다.

플라톤이 『정치가』 속의 이야기를 어느 정도로 믿었는지는 확실하지 않다. 그는 그 이야기 전부가 문자 그대로 사실이라고는 믿지 않는다고 아주 분명히 밝히고 있다. 반면에 그가 인간 역사를 우주적인 배경에서 형상화하였다는 것과, 그의 시대를 깊이 타락한, 아마 빠질 수 있는 데까지 가장 깊이 타락한 시대 중의 하나라 믿었으며, 이전의 모든 역사적 시기는 부패로 치닫는 어떤 고유한 경향 —— 역사적 발전과 우주적 발전 모두에 공통되는 경향[6] —— 에 의해 지배된다고 믿었다는 것은 거의 의심할 여지가 없다. 그가 또한 타락이 극에 달할 때 이런 경향이 필연적으로 종말에 도달하고야 말리라고 확신하였는지 아닌지 나에게는 확실치 않다. 그러나 그는 분명히 우리가 인간적인 노력에 의해서, 혹은 차라리 초인간적인 노력에 의해서 숙명적인 역사의 추세를 깨뜨리고 부패의 과정을 종결시키는 것이 가능하다고 믿었던 것 같다.

II 모든 변화를 억제시키는 이상국가

플라톤과 헤라클레이토스 사이에는 유사성이 대단히 많지만, 여기서 우리는 중요한 차이점에 부딪친다. 플라톤은 역사적 운명의 법칙, 부패의 법칙은 인간 이성의 힘에 의해 지탱되는 인간의 도덕적 의지로 붕괴될 수 있다고 믿었다.

플라톤이 이런 관점과 운명의 법칙에 대한 그의 신념을 어떻게 조화시킬 수 있었는지는 그리 분명하지 않다. 그러나 그 문제를 설명할 수 있는 몇 가지 징표가 있다.

플라톤은 몰락의 법칙이 도덕적 몰락을 포함한다고 믿었다. 그의 관점에서 볼 때, 정치적인 몰락은 여하튼 주로 도덕적 몰락(그리고 지식의 결여)에 따라 나타나며, 도덕적 몰락은 이번에는 주로 인종의 퇴화 때문에 나타난다. 이리하여 일반적인 부패의 우주적 법칙이 인간사에 나타난다.

그러므로 거대한 우주적 전환점은 인간사의 영역 —— 도덕적, 지적 영역 —— 의 전환점과 일치할 수도 있으며, 따라서 그것이 도덕적이고 지적인 인간의 노력에 의해 이루어지는 것으로 보일 수도 있다는 것은 이해할 수 있다. 일반적인 부패의 법칙이 정치적 부패를 몰고 오는 도덕적 부패로 나타나는 것과 똑같이, 우주적 전환점의 출현은 그의 이성의 힘과 도덕적 의지로 이 정치적 부패의 시대를 종결시킬 수 있는 위대한 입법가의 출현으로 나타난다고 플라톤은 당연히 믿었을지도 모른다. 『정치가』에 나오는 황금시기의 재래, 즉 새로운 천년왕국의 재래에 대한 예언은 그런 믿음을 신화의 형태로 표현한 것 같다. 그것이야 어쨌건 그는 확실히 부패로 치닫는 일반적인 역사적 경향과 모든 정치적 변화를 억제시킴으로써 arresting all the political change 정치 면에서의 더 심한 부패를 방지할 수 있다는 가능성을 믿었던 것 같다. 따라서 이것이 그가 노력한 목적이다.[7] 그는 변하지 않고 퇴보하지 않으므로 다른 모든 국가들의 악을 갖지 않는 국가를 세움으로써 그 목적을 실현하고자 노력했다. 변화와 부패의 악이 없는 나라가 최선의 국가요 완전한 국가이다. 그것은 변화를 모르는 황금시기의 국가이며, 억제된 국가 the arrested state이다.

III 형상 이론과 역사주의

플라톤은 변하지 않는 그런 이상적인 국가의 존재를 믿었으므로, 우리가 헤라클레이토스에서 찾아낼 수 있는 역사주의의 신조로부터 급격히 빗나가 버린다. 이런 차이점은 중요한 것이지만 그것은 플라톤과 헤라클레이토스 사이에 더 많은 유사점을 불러일으킨다.

헤라클레이토스는 그의 추리의 대담함에도 불구하고 우주의 자리에 혼돈을 대체시키는 생각에는 주저했던 것 같다. 그는 변화란 변화하지 않는 법칙에 의해 지배된다는 관점을 고수함으로써, 안정된 세계를 잃어버린 슬픔을 자위했던 것 같다고 우리는 이미 말했다. 역사주의의 최후의 결과에 주춤하는 이런 경향이 많은 역사주의자들의 특성이다.

플라톤에게서 이런 경향은 최고조에 달한다.(그는 여기서 헤라클레이토스에 대한 가장 위대한 비평가인 파르메니데스 철학의 영향을 받았다.) 헤라클레이토스는 그의 사회적인 무상의 경험을 '모든 사물'의 세계로 확장함으로써 일반화시켰는데, 내가 암시했듯이, 플라톤도 똑같이 그렇게 했다. 그러나 플라톤은 또한 변하지 않는 완전한 국가에 대한 신념을 '모든 사물'의 영역에까지 확대하였다. 그는 그저 일상적인 사물이나 부패하는 사물의 모든 종류에도 그에 대응하는 부패하지 않는 완전한 것이 있다고 믿었다. 보통 형상 이론이나 이데아 이론 Theory of Forms or Ideas[8]이라 불리는 완전하고 불변하는 것에 대한 이 신념은 그의 철학의 중심원리가 되었다.

인간은 운명의 철칙을 깨뜨릴 수 있고, 모든 변화를 억제시킴으로써 쇠퇴를 피할 수 있다는 플라톤의 신념은 그의 역사주의적 경향에 어떤 한계가 있음을 드러낸다. 강경하고 완벽한 역사주의라면 역사적 운명의 법칙을 발견한 후에라도 인간의 노력에 의해서 그것을 바꿀 수 있다고 인정하는 데는 주저할 것이다. 인간의 모든 계획과 행위란 발전의 냉혹한 법칙이 역사적 운명을 실현시키는 수단이기 때문에, 인간은 역사적 운명의 법칙에 대항할 수 없다는 것이 옳을 것이다. 그것은 오이디푸스가 바로 예언 때문에, 그 예언을 피하려고 부친이 택한 조치 때문에, 그리고 그런 조치에도 불구하고, 그런 운명이 됐던 것과 같다. 이 철저한 역사주의적 태도를 좀 더 잘 이해하고, 운명을 바꿀 수 있다고 하는 플라톤의 신념 속에 내재되어 있는 상반되는 경향을 분석하기 위해, 나는 플라톤에게서 찾아볼 수 있는 역사주의를 역시 플라톤에게서 나타나는 정반대되는 접근법, 즉 사회공학적 태도 attitude of social engineering[9]라 할 수 있는 접근 방법과 대조해 볼 것이다.

Ⅳ 역사주의와 사회공학의 결합

사회공학자는 역사적 경향이나 인간의 운명에 관해서는 어떤 질문도 하지 않는다. 그 대신 그는 인간은 자기 운명의 주인이며, 우리가 지구의 표면을 변화시킬 수 있는 것과 같이 우리는 우리들의 목적에 따라서 인간의 역사에 영향을 미치거나 그것을 바꾸어놓을 수도 있다고 믿는다. 그는 이런 목적이 우리의 역사적 배경이나 역사의 추세에 의해 우리에게 부과되는 것이 아니라, 우리가 새로운 사상, 새로운 예술작품, 새로운 집, 새로운 기계를 만들어내는 것과 똑같이, 우리 자신에 의해서 선택된 것으로, 심지어는 우리 자신에 의해 만들어진 것이라고 믿는다. 역사의 미래 과정이 일단 정해져 있어야만 지성적인 정치 행동이 가능하다고 믿는 역사주의자와는 반대로, 사회공학자는 정치의 과학적 기초는 아주 다른 것, 즉 우리의 소망과 목적에 따라서 사회제도를 구성하고 변화시키는 데에 필요한 사실적 정보로 이루어져 있다고 믿는다. 그러한 과학은 예컨대 만약 우리가 불경기를 피하려고 하거나 또는 불경기를 초래하고 싶어 한다면, 혹은 부의 분배를 보다 공정하게 하거나 좀 덜 공평하게 하고자 한다면, 우리가 어떤 단계를 밟아야 하는지를 가르쳐줄 것이다. 다시 말해서 사회공학자는 정치의 과학적 기초를 사회적 기술공학social technology과 같은 것으로 받아들인다.(뒤에서 보겠지만 플라톤은 정치의 과학적 기초를 의학의 과학적 배경에 비교한다.) 이와 반대로 역사주의자는 정치의 과학적 기초를 불변하는 역사적 추세에 관한 과학으로 이해한다.

사회공학자의 태도에 대한 내 말을 사회공학자들의 집단 안에는 아무런 중요한 차이점들이 없다는 것으로 해석해서는 안 된다. 그와 반대로, 내가 '점진적 사회공학'이라고 부른 것과 '유토피아적 사회공학'이라고 부른 것 사이의 차이점은 이 책의 주요 내용 중 하나이다.(특히 9장을 참조하시오. 그곳에서 전자를 옹호하고 후자를 거부하는 이유를 밝힐 것이다.)

그러나 우선 나는 역사주의와 사회공학 간의 대립에만 관여한다. 이 대립은 보험회사나 경찰, 정부 또는 어쩌면 식료품 가게와 같은 사회제도 social institution에 대해서 역사주의자와 사회공학자가 취하는 태도를 고려해 본다면, 보다 명백해질 것이다.

역사주의자는 사회제도를 주로 그 기원과 발전 및 현재와 미래에서의 의미와 같은 역사적 관점에서 다루고자 한다. 그는 아마 사회제도의 기원은 일정한 계획이나 설계 내지는 신적이거나 인간적인 일정한 목적을 추구하는 데에 있다고 주장할 것이다. 또 어쩌면 그는 사회제도는 분명하게 짜인 어떤 목적을 위해서 설계된 것이 아니라, 오히려 어떤 본능이나 열정을 직접적으로 표시한 것이라고 단언하거나 또는 한때 일정한 목적을 위한 수단으로 쓰이다가 후에는 그런 특성을 상실한 것이라고 단언할 것이다. 반면에 사회공학자와 기술자는 제도의 기원이나 그것을 만든 자들의 최초의 의도 따위에는 그리 큰 관심을 갖지 않는다.(비록 그가 소수의 사회제도만이 의식적으로 설계된 것이며, 대다수는 인간 행동의 무계획적인 결과로 '생기게 된 것'임을 인식하지 말아야 할 이유는 없지만.[10]) 차라리 그는 그 문제를 이렇게 본다. 만약 우리의 목적이 이러이러한 것이라면 이 제도는 그 목적에 맞게끔 잘 설계되고 조직된 것일까? 하나의 예로 보험제도를 생각해 볼 수 있을 것이다. 사회공학자나 기술자는 보험이 이익 추구를 위한 사업으로 창설된 것인지 또는 그 역사적 의무가 공공복지를 위한 것인지에 대해서는 그리 크게 개의하지 않을 것이다. 그러나 아마도 그는 어떻게 하면 그들 보험의 이익을 높일 것인지, 또는 이것은 전혀 다른 일이지만, 어떻게 하면 공공에게 돌리는 이윤을 증대시킬 것인지를 설명함으로써 어떤 보험제도에 대해 비판할 수는 있을 것이다. 그리고 그는 그 보험제도가 전자나 후자의 목적에 알맞게끔 보다 능률적으로 될 수 있는 방법을 제시할 것이다. 사회제도의 다른 한 예로 경찰제도를 생각해 볼 수 있을 것이다. 어떤 역사주의자들은 경찰을 자유와 안전을 보호하는 기구라 기술할 수도 있을 것이고, 또 어떤 역사주의자들은 계급지배와 억압의 도구라고 기술할 수도 있을 것이다. 그러나 사회공학자나 기술자는 경찰을 자유와 안전을 보호하는 데 알맞은 도구로 만드는 수단을 제시할 것이며, 또한 경찰이 계급지배의 강력한 무기가 되도록 할 수 있는 수단도 창안해 낼 수 있을 것이다.(자신이 믿고 있는 어떤 목적을 추구해 가는 한 시민이라는 입장에서, 그는 이런 목적들이 그리고 적절한 수단들이 채택되어야 한다고 요구할 수 있을 것이다. 그러나 한 사람의 기술자로서는 목적과 수단의 선택에 따른 문제와 선택될 수 있는 어떤 수단의 사회적 효과와 같은 사실에 관계되는 문제를 신중히 분별할 것이다.[11])

좀 더 일반적으로 이야기하면, 공학자나 기술자는 제도를 어떤 목적에 봉사하는 수단으로 보고 합리적으로 접근하며, 한 사람의 기술자로서 제도들에 대해 그 적절함과 효능 및 간편함 등에 따라 전체적으로 평가한다고 말할 수 있다. 반면 역사주의자는 제도를 예컨대 '운명이나 신의 뜻대로 또는 중대한 역사적 추세 등에 봉사하도록' 된 것이라고 평가하면서, 역사의 발전에서 제도에 의해 행해진 '진정한 역할'을 평가하기 위해서는 이런 제도들의 기원과 운명을 찾아내야 한다고 할 것이다. 이 모든 것이 사회공학자나 공업기술자는 제도를 목적에 대한 수단이나 도구로 단언해 버린다는 뜻은 아니다. 그는 제도가 여러 가지로 중요한 면에서 기계적인 도구들이나 기계와는 전혀 다르다는 사실을 물론 잘 알고 있다. 예컨대 그는 제도란 유기체가 성장하는 것과 비슷한 방법으로(결코 똑같지는 않지만) '성장해' 간다는 것, 그 사실이 사회공학에서 중요하다는 점을 잊지 않을 것이다. 그는 사회제도에 대한 도구주의적 철학을 주장하지는 않는다.(귤이 도구라거나 또는 어떤 목적을 위한 수단이라고 말할 사람은 아무도 없을 것이다. 그러나 예컨대 우리가 귤을 먹고 싶거나 또는 어쩌다가 귤 판매로 생계를 꾸려야 한다면, 흔히 귤을 목적에 대한 수단이라 간주하는 것이다.)

역사주의와 사회공학이라는 두 가지 태도는 간혹 전형적으로 결합되기도 한다. 그 예로 가장 오래되고 또 아마 가장 영향력 있는 것이 플라톤의 사회철학과 정치철학일 것이다. 말하자면 그것은 전경에 상당히 두드러진 기술적인 요소를 놓고 후경에 전통적인 역사주의적 특질들을 정교하게 펼쳐서 그것들을 결합시키는 것이다. 그 결합은 후에 이상주의적 체제라고 기술되어 온 것을 창안해 냈던 많은 사회철학자들과 정치철학자들을 대표한다. 이런 모든 체제는 어떤 종류의 사회공학을 추천한다. 왜냐하면 그 체제는 그 목적 달성을 위해서 비록 언제나 크게 실제적인 것이 아니라 하더라도 어떤 제도적인 수단을 채택해야 할 필요가 있기 때문이다. 그러나 우리가 이런 목적들을 고려하다 보면, 종종 그것들이 역사주의에 의해 결정된다는 것을 알게 된다. 특히 플라톤의 정치적 목적은 그의 역사주의적 원리에 상당히 의존하고 있다. 첫째로 사회혁명과 역사적 부패로 나타나는 헤라클레이토스적 무상에서 벗어나는 것이 그의 목적이었다. 둘째로 그는 이 목적은, 아주 완벽하여 역사적 전개의 일반적 추세에 휩쓸리지 않는 국가를 건설함으로써 이루어진다고 믿었다. 셋째로 그는 그의 완전한 국가의 '모형이나 원형 model or original'을 먼 옛날인 역사의 여명기에 존재했던 황금시기에서 찾을 수 있으리라고 믿었다. 왜냐하면 세계가 시간의 흐름에 따라 부패해 간다면, 더 먼 과거로 거슬러 올라가면 갈수록 보다 완전한 것을 찾을 수 있기 때문이다. 완전한 국가란 나중에 생기는 국가들의 선조나 시조와 같은 것으로, 나중에 생기는 국가들은 말하자면 이 완전하고 가장 훌륭한 '이상적'[12] 국가의 퇴화된 후손인 것이다. 이상적 국가는 단순한 환상도, 꿈도, '마음속의 관념'도 아니다. 그러나 안전성의 관점에서 보면, 그것은 유전하며 어느 순간에는 사라져버리는 모든 부패하는 사회보다도 더욱 실재적인 것이다.

이리하여 플라톤의 정치적 목적인 최선의 국가조차도 대체로 그의 역사주의에 의존하고 있으며, 그의 국가철학에서 타당했던 것은, 이미 지적한 바와 같이, '모든 사물'에 대한 그의 일반적인 철학, 즉 그의 형상 이론이나 이데아 이론에까지 확대될 수 있는 것이다.

V 형상 이론의 세 가지 기능

유전하는 것들, 몰락하고 부패하는 것들은 (국가와 마찬가지로) 말하자면 완전한 것들의 후손이며 자식들이다. 그리고 자식들과 같이 그들은 그 원시조를 본뜬 것이다. 유전하는 것의 아버지나 원형은 플라톤이 '형상'이라든가 '본' 또는 '이데아'라 부르는 것이다. 앞에서와 마찬가지로, 우리는 그 이름이야 어쨌든 형상 또는 이데아는 '우리 마음속의 관념'이 아니라는 것, 즉 그것은 환상도 꿈도 아니며, 하나의 실재적인 것임을 알아야 한다. 사실상 그것은 유전하는 것, 그리고 외견상으로는 견고함에도 불구하고 부패하고야 말 모든 일반적인 사물들보다도 더 실재적이다. 왜냐하면 형상이나 이데아는 완전하고 사멸하지 않는 것이기 때문이다.

형상이나 이데아가 언젠가는 사라져갈 것들처럼 시공간에 살고 있다고 생각되어서는 안 된다. 그것은 공간 밖에 있으며, 또한 시간 밖에 있다.(그것은 영원하기 때문이다.) 그러나 그것은 공간이나 시간과 접촉한다. 왜냐하면 그것은 생성되어 시공 속에서 발전하고 쇠퇴하는 사물들의 원조이거나 모형이므로 시간이 시작될 때 공간과 접촉했음이 틀림없다. 그것은 시공간 내에서 우리와 함께 있는 것이 아니므로, 우리의 감각과 상호작용하기 때문에 통상 '감각적 사물'이라 불리는 보통의 변화하는 사물들과는 달리, 우리의 감각으로는 지각될 수가 없다. 동일한 모형이나 원형에서 나온 복사품들이나 자식들인 이런 감각적 사물들은 이런 원형, 즉 그들의 형상이나 이데아를 닮았을 뿐 아니라, 한 가족의 자식들이 그렇듯이 서로 유사하다. 자식들이 부친의 성을 따라 불리듯이 감각적 사물들도 그들의 형상이나 이데아의 이름을 지닌다. 아리스토텔레스의 말처럼 "감각적 사물들은 모두 다 형상이나 이데아에 따라 불린다."[13]

자식이 그의 아버지에게서 하나의 이상과 유일무이한 모델 및 자기가 열망하는 어떤 신과 같은 전형을 보면서, 그리고 완전과 지혜, 안정과 영광 및 덕의 구현을 보면서, 그리고 그의 세계가 시작되기 전에 자기를 창조해 주고 이제는 자기를 아끼며 지탱해 주는, 그리하여 그 '덕분'에 자기가 존재하고 있는 힘을 느끼면서 자기 아버지를 우러러보는 것처럼, 플라톤은 형상이나 이데아를 그렇게 보았다. 플라톤적인 이데아는 사물의 원형이요 기원이다. 그것은 사물의 이론적 근거이며 사물이 존재하는 이유, 즉 그 '덕분'에 사물이 존재하는 안정되고 지속적인 원리이다. 그것은 사물의 덕이요, 이상이요, 완성인 것이다.

감각적 사물들의 형상이나 이데아와 한 가정에서의 자식들의 아버지와의 비교는 플라톤의 후기 대화편 중 하나인 『티마이오스』에서 전개된다. 이 비교는 그의 많은 초기 저서들과 잘 일치하며,[14] 초기 저서들의 해석에 상당한 도움을 준다. 그러나 『티마이오스』에서 플라톤은 그의 초기 이론을 한 단계 뛰어넘어서, 그의 직유를 확대시켜 형상이나 이데아가 시공의 세계와 접촉한다고 주장한다. 그는 감각적 사물들이 움직이는 추상적인 공간(원래는 하늘과 땅 사이의 공간이나 빈 틈)을 하나의 용기로 기술하고, 그것을 사물의 모체에 비유한다. 그 모체에서 태초에 순수 공간에다 그 자체를 표시하거나 새겨 넣는 형상들에 의해 감각적 사물들이 태어나며, 그리하여 후손에게 그들의 모습을 전해 준다. 플라톤에 의하면 "우리는 세 종류의 사물을 구별해야 한다. 첫째는 생성되는 사물이며, 둘째는 그 속에서 생성이 일어나는 사물이며, 셋째는 생성된 사물이 그 모습을 닮고 태어나는 모형이다. 그리고 우리는 수용하는 원리를 어머니에, 그 모형을 아버지에, 그 산물을 자식에 비유할 수도 있다." 그리고 그는 넌서 그 모형들, 즉 아버지들과 불변의 형상이나 이데아에 관해 보다 상세히 기술해 간다. "처음에 창조되지도 않고 또 파괴되지도 않는……어떤 감각으로도 볼 수 없고 감지할 수 없는 단지 순수한 사고에 의해서만 사유할 수 있는 불변의 형상이 있다." 그 후손이나 감각적 사물들, 즉 "그들의 형상의 이름을 물려받고, 그것과 비슷하게 생겼으며, 감각으로 지각할 수 있고, 창조되었고, 항상 유전하며, 어떤 곳에서 생성되어 다시 그곳에서 사라져가며, 지각에 바탕을 둔 억견에 의해 이해되는 다른 종류의 사물들"은 이런 형상이나 이데아의 그 어느 하나에 귀속된다. 그리고 어머니에 비유된 추상적 공간은 이렇게 기술된다. "세 번째 것은 공간으로, 영원하고 파괴될 수 없으며, 생성된 모든 사물에 집을 마련해 주는 것이다."[15]

우리가 플라톤의 형상이나 이데아 이론을 이해하기 위해서는 그것을 그리스의 어떤 종교적 믿음과 비교해 보는 것이 좋을 것이다. 많은 원시 종교들이 그렇듯이, 적어도 약간의 그리스 신들은 이상화된 부족의 시조나 영웅들, 즉 부족의 '덕'이나 '완전'의 인격화 외엔 아무것도 아니다. 따라서 어떤 부족과 가문은 그들의 조상을 이런저런 신들로까지 추적한다.(플라톤 자신의 가문도 포세이돈 신으로부터 그 혈통을 이어받았다고 알려져 있다.[16]) 우리는 플라톤의 형상이나 이데아가 그 복사판[17]인 감각적 사물들과 연관되어 있는 것과 똑같은 방법으로(또는 그의 완전국가가 요즘의 다양한 국가들과 연관되어 있는 것과 꼭 같이) 이런 신들도 일반인들과 연관되어 있다는 것을 알기 위해, 일반 인간들이 모든 사물의 유전에 연루되어 있고 쇠퇴하게 되어 있는(그것이 사실상 모든 인간 개인의 궁극적 운명이다.) 반면, 이런 신들은 불멸하고 영원하며, 완전하거나 거의 완전하다는 것을 고려해야만 한다. 그러나 그리스 신화와 플라톤의 형상이나 이데아 이론 사이에는 중요한 차이가 있다. 그리스인들은 무수한 신들을 여러 부족이나 여러 가문의 조상으로 숭상한 반면, 이데아 이론은 인간에 관해 오로지 단 하나의 형상이나 이데아만이 있어야 한다고 요구한다.[18] 왜냐하면 모든 같은 '종류'의 사물에는 단지 하나의 형상만이 있다는 것이 형상 이론의 주원리 중 하나이기 때문이다. 유사한 사물들은 하나의 형상을 복사한 것이거나 그것을 찍어 만든 것이라고 함으로써 감각적 사물들의 유사성을 설명하는 것이 형상 이론의 가장 중요한 기능 중 하나라면, 선조의 유일성에 대응하는 형상의 유일성은 그 이론의 필요불가결한 요소이다. 그러므로 만약 두 개의 똑같거나 비슷한 형상이 있다면, 그들의 유사성에 근거해 우리는 그것들이 모두 오로지 참되고 단일한 형상으로만 나타나는 제3의 원형의 복사판들이라고 추측할 수 있다. 또는 플라톤이 『티마이오스』에서 나타낸 것처럼 "그러므로 유사성은 그 비슷한 두 사물 사이에 있는 것으로서가 아니라 그 사물들의 원조인 보다 고차적인 사물과의 관련에서 더욱 정확하게 설명될 수 있을 것이다."[19] 『티마이오스』보다 먼저 쓰인 『국가』에서 플라톤은 '본질적인 침대' 즉 침대의 형상이나 이데아를 예로 들어 그의 관점을 보다 분명하게 밝혀놓고 있다. "신은……오직 하나의 본질적인 침대만을 만들었다. 둘 또는 그 이상은 만들지도 않았으며 결코 만들지도 않을 것이다.……왜냐하면……만약 신이 두 개의 침대를 만들고 그 이상은 만들지 않았다고 해도 그때 또 다른 침대, 즉 그 두 침대에 의해 드러나는 형상이 나타날 것이기 때문이다. 처음 만든 두 개의 침대가 아닌 바로 이것이 다시 본질적인 침대가 될 것이다."[20]

이러한 논의로써 플라톤의 형상이나 이데아는 시공간에서의 모든 발전에 대한(특히 인간 역사에 대한) 기원이나 기점을 마련해 줄 뿐만 아니라, 같은 종류의 감각적 사물 사이에 존재하는 유사성에 대한 설명도 제공해 준다. 만약 사물들이 예컨대 흰색, 단단함, 좋음 등과 같은 그들이 공유하고 있는 어떤 덕이나 속성 때문에 서로 비슷한 것이라면, 이 덕이나 속성은 하나여야만 할 것이고, 또 그들 모두에게 동일해야 할 것이다.

그렇지 않다면 그 덕이나 속성은 그들을 비슷하게 만들지 못할 것이다. 플라톤에 의하면 그들은, 그들이 하얀 것이라면 백색이라는, 단단하다면 단단함이라는 하나의 형상이나 이데아에 참여하고 있는 것이다. 그들은 자식들이 그 아버지의 특질이나 재능을 같이 나누어 갖고 있는 것과 같은 의미에서 이데아에 참여하고 있다. 그것은 하나의 동일한 판화에 인각하여 서로 비슷한 수많은 에칭의 복사판들이 원작의 아름다움을 함께 가질 수 있는 것과 같은 것이다.

이 이론이 감각사물의 유사성을 설명하기 위해 만들어졌다는 사실은, 언뜻 보기에는 역사주의와 아무런 연관성이 없어 보인다. 그러나 사실은 관련되어 있다. 그리고 아리스토텔레스의 말처럼, 플라톤으로 하여금 이데아 이론을 발전시키게 이끈 것이 바로 이 연관이었다. 나는 플라톤 자신의 저서 속에 있는 몇 가지 암시와 더불어 아리스토텔레스의 설명을 이용하여 이 발전의 윤곽을 그려보고자 한다.

만약 모든 사물이 끊임없이 유전한다면, 그들에 대해서 무언가 단정적으로 이야기한다는 것은 불가능할 것이다. 우리는 그들에 대해 아무런 지식도 가질 수 없으며, 기껏해야 희미하고 또 환상적인 억견을 가질 수 있을 뿐이다. 우리가 플라톤과 아리스토텔레스를 통해 알고 있듯이,[21] 이 점이 많은 헤라클레이토스 추종자들을 괴롭혔다. 플라톤에게 지대한 영향을 끼쳤던 그의 선배 중 한 사람인 파르메니데스는 경험에 의한 환상적 억견과는 상반되는 순수한 이성의 지식은 단지 변하지 않는 세계만을 그 대상으로 삼을 수 있으며, 순수한 이성의 지식이 실제로 그런 세계를 밝혀준다고 가르쳤다. 그러나 파르메니데스가 무상한 사물들의 세계 배후에서 발견했다고 생각한, 변하지 않고 분리되지도 않는 실재는[22] 우리가 살고 죽는 이 세계와는 전혀 무관한 것이었다. 그러므로 그것은 이세계를 설명할 수가 없었다.

플라톤은 이것으로 만족할 수 없었다. 그는 강렬하게 이런 유전의 경험적 세계를 혐오하고 경멸하였지만, 마음속으로는 그것에 가장 깊이 몰두하고 있었다. 그는 그 세계의 쇠퇴의 비밀을, 극심한 변화의 비밀을, 그리고 그 세계의 불행의 비밀을 벗겨보고자 했다. 그는 이 세계를 구원할 수단을 찾고 싶었다. 그는 자신이 고통받는 이 허깨비 같은 세계 뒤에 있는 변하지 않으며, 실재적이고, 견고하며, 또 완전한 세계에 대한 파르메니데스의 원리에 깊이 감명되었다. 그러나 그가 갈망한 것은 억견이 아니라 지식, 즉 변하지 않는 세계에 대한 순수한 이성적 지식이면서, 또한 동시에 이 변화하는 세계, 그리고 특히 기묘한 역사적 법칙에 따라 이루어지는 변화하는 사회와 정치적 변화를 탐구하는 데에도 쓰일 수 있는 지식이었다. 플라톤은 정치의 왕도적 지식의 비밀을, 즉 인간을 다스리는 기술의 비밀을 캐내려고 했다.

그러나 정확한 정치과학은, 유전하는 세계에 대한 어떤 정확한 지식도 불가능한 것처럼, 불가능해 보인다. 정치 영역에서는 고정된 대상은 아무것도 없다. '정부'나 '국가'나 '도시' 같은 말들의 뜻이 역사적 발전의 모든 새로운 국면에 따라 변한다면 어떻게 정치적 문제를 토론할 수 있겠는가? 정치적 이론은 아직 헤라클레이토스의 영향하에 있던 플라톤에게는 정치적 실천과 마찬가지로 파악될 수 없고 동요하며 불가사의한 것으로 보였음이 분명하다.

이런 상황에서 플라톤은 아리스토텔레스가 말한 것처럼, 소크라테스로부터 가장 중요한 암시를 받았다. 소크라테스는 윤리적 문제에 관심이 컸다. 그는 윤리개혁자였으며, 모든 부류의 국민들에게 그들 행위의 원리에 관해 생각하게 하고 설명하게 하고 증명하기를 강요하면서 그들을 괴롭혔던 도덕가였다. 그는 그들에게 항상 질문하였으며, 그들의 대답에 쉽게 만족하지 않았다. 그가 들은 전형적인 대답——우리는 이런 식으로 행동하는 것이 '현명하기' 때문에 혹은 '능률적이거나' '정의롭거나' '경건하기' 때문에 이렇게 행동한다——은 그로 하여금 '무엇이' 지혜이고 능률인지 또는 정의이고 경건함인지에 대한 물음으로 질문을 계속하도록 고무시킬 뿐이었다. 다시 말하면 그는 사물의 '덕'이란 무엇인가라는 탐구에 이르게 되었다. 그러므로 그는 예컨대 모든 다양하고 변화하는 행위의 '현명한' 방식에 공통되는 것이 무엇인지를, 그리고 지혜란 실제로 무엇인지, 또는 '지혜'란 실제로 무엇을 의미하는지, 또는 (아리스토텔레스가 나타낸 방법으로 표현한다면) 지혜의 '본질 essence'이란 무엇인지를 알기 위해, 여러 종류의 무역과 직업에서 나타나는 지혜에 대해 논했다. 아리스토텔레스에 의하면, 사물의 덕이나 이론적 기초 및 술어들의 실제적이고 불변적이거나 본질적인 의미를 찾기 위해서 "소크라테스가 본질을 탐구해야 했던 것은 당연한 일이었다."[23] "이런 연관에서 소크라테스는 보편적 정의의 문제를 최초로 제기하게 되었던 것이다."

'정의', '겸양' 또는 '경건'과 같은 윤리적 술어를 토론하려 한 소크라테스의 이런 시도는 자유(예를 들면 밀 Mill에 의한), 권위 또는 개인과 사회(예컨대 캐틀린 Catlin에 의한)에 대한 현대적 토론과 정확하게 비교되어 왔다.[24] 소크라테스가 그런 술어들의 변하지 않는 또는 본질적인 의미를 탐구하는 데서 그것들을 의인화하였다거나 또는 사물들처럼 다루었다고 가정할 필요는 없다. 아리스토텔레스의 보고는, 적어도 소크라테스는 그렇게 하지 않았으며 의미나 본질을 탐구하는 소크라테스의 방법을 사물의 실제적 본성, 즉 형상이나 이데아를 결정하는 방법으로 발전시킨 것은 플라톤이었다고 암시하고 있다. 플라톤은 '모든 감각사물은 언제나 유전하는 상태에 있으며 그들에 대한 지식은 없는 것이라는 헤라클레이토스적 원리'를 견지하면서도, 이런 난점들로부터 탈출하는 하나의 길을 소크라테스에게서 발견했다. 비록 '어떠한 감각적 사물도 언제나 변하고 있기 때문에 그에 대한 정의가 있을 수 없다'고 하더라도 다른 종류의 사물들에 대한, 즉 감각적 사물의 덕에 대한 정의와 진정한 지식은 있을 수 있다. "만약 지식이나 사고가 하나의 대상을 가져야 한다면, 감각적 사물들과는 완전히 다른 어떤 불변하는 실체들이 있어야 할 것이다."라고 아리스토텔레스는 말하면서[25] 플라톤에 관해 다음과 같이 서술한다. "그래서 플라톤은 이 다른 종류의 사물들을 형상이나 이데아라고 불렀다. 그에 의하면 감각사물들은 형상이나 이데아와는 구별되는 것으로 모두 형상이나 이데아에 따라서 불리게 된다. 그리고 어떤 형상이나 이데아와 동일한 명칭을 갖고 있는 많은 사물들은 그 형상이나 이데아에 참여함으로써 존재한다."

아리스토텔레스의 이 설명은[26] 『티마이오스』에서 전개되는 플라톤 자신의 논의와 밀접하게 상응하며, 플라톤의 근본 문제가 감각적 사물을 다루는 과학적 방법을 찾는 것이었음을 나타낸다. 그는 순수하게 이성적인 지식을 얻고자 했지 단순한 억견을 원한 것이 아니었다. 그러나 앞에서 언급한 대로, 감각적 사물에 대한 순수한 지식은 획득될 수 없었으므로, 그는 적어도 감각적 사물과 관계가 있고 감각적 사물에 적용할 수 있는 정도의 순수한 지식을 가져야 한다고 주장했다. 형상이나 이데아에 관한 지식은, 형상이 아버지와 나이 어린 자식 사이의 관계처럼 감각적 사물과 관련되어 있으므로, 이 요구를 충족시킨다. 형상은 감각사물을 설명할 수 있는 대표이며, 그렇기 때문에 유전의 세계와 관계된 중요한 문제들에 해답을 줄 수 있는 것이다.

우리가 분석한 바로는, 형상이나 이데아 이론은 플라톤 철학에서 적어도 세 가지 서로 다른 기능을 갖는다. (1) 그것은 가장 중요한 방법론의 고안이다. 왜냐하면 그것은 순수한 과학적 지식을 가능하게 하고, 심지어는 우리가 단지 억견 이외에 어떤 지식도 직접적으로는 얻을 수 없는 변화하는 사물의 세계에 적용될 수 있는 지식까지도 가능하게 하기 때문이다. 이리하여 변화하는 사회의 문제에 대한 탐구와 정치과학의 수립이 가능하게 된다. (2) 그것은 매우 필요한 변화의 이론 theory of change과 쇠퇴의 이론에, 생성과 퇴화의 이론에, 그리고 특히 역사에 하나의 실마리를 제공해 준다. (3) 그것은 사회 영역에서 어떤 종류의 사회공학으로 향하는 길을 열어준다. 그리고 그것은 국가의 형상이나 이데아를 아주 닮아서 도저히 쇠퇴할 수 없는 '최선국가'의 설계를 제시하기 때문에, 사회변화를 저지시키는 방안을 만들 수 있도록 한다.

두 번째 문제, 즉 변화와 역사에 관한 이론은 다음 4장과 5장에서 다루어질 것이다. 그곳에서 플라톤이 살았던 변화하는 사회에 대한 그의 기술과 설명, 즉 플라톤의 기술적 사회학이 논의된다. 세 번째 문제, 즉 사회적 변화의 억제는 플라톤의 정치적 계획을 논의하는 6장부터 9장까지에서 다루어질 것이다. 첫 번째 문제인 플라톤의 방법론은, 플라톤 이론의 역사에 대한 아리스토텔레스의 설명에 힘입어 이 장에서 간략하게 개괄하였다. 여기서 이러한 논의에 몇 가지 언급을 덧붙이고자 한다.

VI 방법론적 본질주의와 방법론적 유명론

나는 플라톤과 많은 그의 후계자들이 견지한 관점, 즉 사물의 숨겨진 실재나 본질인 사물의 진정한 본성을 발견하고 기술하는 것이 순수한 지식이나 '과학'의 과제라는 견해를 특징짓기 위해 방법론적 본질주의 methodological essentialism라는 명칭을 사용한다. 감각적 사물의 본질은 감각적 사물과는 다르고 보다 실재적인 사물, 즉 그들의 시조나 형상 속에서 발견될 수 있다는 것이 플라톤의 특별한 신념이었다. 많은 후기 방법론적 본질주의자들, 예컨대 아리스토텔레스는 이 점에 있어서는 전혀 그를 따르지 않았다. 그러나 순수한 지식의 과업을 숨겨진 본성이나 형상, 또는 사물의 본질을 찾는 것이라고 규정하는 데는 그들은 완전히 일치하였다. 또한 이 모든 방법론적 본질주의자들은 이 본질들이 지적 직관의 도움으로 발견될 수 있고 식별될 수 있으리라는 것과, 모든 본질은 그것에 고유한 이름, 즉 그것에 따라 감각사물이 불리고 낱말로 기록될 수도 있는 이름을 갖는다고 생각한 점에서 플라톤과 일치하였다. 그리고 그들 모두는 사물의 본질에 대한 기술을 '정의'라고 불렀다. 방법론적 본질주의에 의하면 사물을 아는 데는 세 가지 방법이 있을 수 있다. "내가 의미하는 것은 우리가 사물의 불변하는 실재 또는 본질을 알 수 있다는 것, 그리고 그 본질의 정의를 알 수 있다는 것, 그리고 그것의 이름을 알 수 있다는 것이다. 따라서 어떤 실제 사물에 대한 두 가지 질문이 정식화되어 나타날 수 있을 것이다.……이름을 대고 그 정의를 요구하거나, 정의를 내리고 그 이름을 물을 수도 있다." 이 방법의 한 예로 플라톤은 '짝수'('홀수'에 반대되는)의 본질을 사용했다. "수……는 똑같은 부분으로 나누어질 수도 있는 사물이다. 그것이 그렇게 나누어질 수 있는 것이면, 수는 '짝수'라 이름 지어지며, '짝수'의 정의는 '똑같은 부분으로 나누어지는 수'이다. 그리고 우리가 이름을 듣고 정의에 대하여 질문을 받았을 때, 또는 정의를 듣고 이름에 대해 질문을 받았을 때 우리가 그것을 '짝수'라 부르든 또는 '똑같은 부분으로 나누어지는 수'라 부르든 간에 두 경우 모두 우리는 하나의 동일한 본질에 대해 말하고 있는 것이다." 이러한 예를 든 다음 플라톤은 이 방법을 영혼의 실제적인 본질에 관계되는 '증명'에 적용해 나가고 있다. 그것에 대해서는 좀 더 뒤에 듣게 될 것이다.[27]

과학의 목적이 정의에 의해서 본질을 찾아내고 그것을 기술하는 것이라는 이론인 방법론적 본질주의는 그것과 반대되는 방법론적 유명론 methodological nominalism과 대조될 때 더욱 잘 이해될 것이다. 방법론적 유명론은 사물의 실재가 무엇인지를 찾아내거나 그것의 진정한 본성을 정의하는 것을 목표로 삼는 대신에, 사물이 여러 상황에서 어떻게 움직이는가, 특히 그 행동에 어떤 규칙성이 있는가 하는 것을 기술하는 것을 목적으로 삼는다. 바꿔 말하면, 방법론적 유명론은 사물이나 우리가 경험한 사건들에 대한 기술과, 그리고 이런 사건들을 보편적 법칙[28]의 도움으로 기술한 그 사건의 '설명'에서 과학의 목적을 찾는다. 그리고 그것은 우리의 언어, 특히 단순한 낱말 더미와 적합하게 짜여진 문장과 추론을 구별시켜 주는 어법을 가진 언어에서 과학적 기술(記述)[29]의 위대한 도구를 찾는다. 그것은 낱말을 본질의 이름으로 보는 것이 아니라, 과학적 기술을 위한 보조수단으로 본다. 방법론적 유명론자는 '에네르기란 무엇인가?' 또는 '운동이란 무엇인가?' 또는 '원자란 무엇인가?'와 같은 질문들이 물리학의 중요한 질문이라고는 결코 생각하지 않는다. 그러나 그는 '태양의 에네르기는 어떻게 유용하게 쓰일 수 있을까?' 또는 '위성은 어떻게 움직이는가?' 또는 '원자는 어떤 조건하에서 빛을 발산하는가?'와 같은 질문에 중점을 둔다. 그리고 '무엇인가what is'라는 질문의 대답을 얻기 전에는 '어떻게how'라는 그 어느 질문에도 정확한 대답을 기대할 수 없다고 말하는 철학자들에 대해, 그는 그들의 방법으로 얻어낸 그 잘난 체하는 혼란보다는 차라리 자신의 방법에 의해 얻어낸 어느 정도의 정확성을 훨씬 더 좋아한다고 응답할 것이다.

우리의 예가 보여주는 것처럼, 방법론적 유명론은 오늘날 자연과학에서는 상당히 일반적으로 받아들여지고 있다. 반면에 사회과학의 문제는 아직도 본질주의적 방법론에 의해 다루어지는 것이 대부분이다. 나의 견해로는 이것이 그들이 낙후된 주된 이유 중의 하나이다. 그러나 이런 상황을[30] 간파한 많은 사람들은 그것을 다르게 판단한다. 그들은 방법에 있어서의 차이는 필요불가결하며, 그것이 두 탐구 영역의 '본성' 사이에 존재하는 '본질적' 차이를 반영한다고 믿는다.

대개 이런 관점을 지지하는 논의들은 사회에서의 변화를 강조함으로써 역사주의의 또 다른 면모를 나타낸다. 전형적인 논의는 다음과 같이 진행된다. 물리학자는 비록 변화하기는 하지만 어느 정도의 항구성을 유지하는 에네르기나 원자 같은 대상을 다룬다. 그는 이런 상대적으로 불변하는 실체가 당하는 변화를 기술할 수 있으며, 그가 단정적인 선언을 할 수 있는 어떤 영구적인 것을 획득하기 위하여 본질이나 형상 또는 유사한 불변의 실체를 구상하거나 찾아낼 필요는 없다. 그러나 사회과학자의 입장은 이와 매우 다르다. 그의 관심의 전 영역은 변화이다. 사회 영역 안에서 영구적인 것은 존재하지 않으며 그곳에서는 모든 것이 역사적 유전의 지배를 받고 있다. 예컨대, 우리가 어떻게 정부를 연구할 수 있는가? 서로 다른 역사적 시기에서 발견되는 여러 통치제도의 다양한 형태 가운데서 그것들이 본질적으로 essentially 서로 공통되는 무엇을 갖고 있으리라고 가정하지 않고 어떻게 정부를 식별할 수 있겠는가? 우리는 어떤 제도를 그것이 본질적으로는 정부라고 생각할 때, 즉 정부는 그런 것이라고 하는 우리의 직관, 우리가 정의로 공식화할 수 있는 직관과 맞을 때, 정부라고 부른다. 그와 유사한 것들이 '문명'과 같은 다른 사회학적 실체에도 적용될 것이다. 우리는 그들의 본질을 파악해야 하며 그 본질을 정의의 형태로 기록해야 한다고 역사주의자들은 주장한다.

나는 이런 현대적 논의들이 아리스토텔레스의 말처럼 플라톤으로 하여금 그의 형상이나 이데아의 원리를 도출케 한, 위에서 이야기된 논의들과 매우 유사하다고 생각한다. 유일한 차이점이 있다면, 플라톤은(그는 원자 이론을 받아들이지 않았으며, 에네르기에 대해서는 아무것도 몰랐다.) 그의 원리를 물리학의 영역에까지 적용했으며, 그리하여 세계 전체에까지 적용시킨 점이다. 여기서 우리는 사회과학에서는 플라톤의 방법에 관한 토의가 오늘날까지도 주제가 될 수 있다는 사실을 감지한다.

플라톤의 사회학과 그 분야에서의 그의 방법론적 본질주의의 적용에 대한 설명에 착수하기 전에, 나는 플라톤을 다루면서 그의 역사주의와 '최선국가' 이론에만 국한하고 있다는 점을 아주 명백하게 해두고 싶다. 그러므로 나는 독자들에게 플라톤 철학의 전체에 대한 설명을 기대하지 말 것과, 플라톤주의에 대한 소위 '공정하고 올바른' 취급을 기대하지 말 것을 당부한다. 역사주의에 대한 나의 태도는, 역사주의는 쓸모없다는 확신에 의거한 솔직한 적대감의 태도이며, 그보다 더 호의적이지 않음을 말해 둔다. 그러므로 플라톤주의의 역사주의적 특질들에 관한 나의 조사는 아주 비판적이다. 비록 내가 소크라테스적인 부분이 아닌 플라톤 철학의 많은 부분에 감탄한다고 해도, 그의 천재성을 더욱 칭찬하는 것이 나의 과제는 아니다. 차라리 나는 이 철학에서 해롭다고 여겨지는 것을 파괴하는 데에 주력한다. 내가 분석하고 비판하고자 하는 것은 바로 플라톤 정치철학의 전체주의적 경향이다.[31]

플라톤의 기술사회학

4 변화와 정지

개요

플라톤은 자신이 체험한 변화하는 사회를 이해하고 해석하려고 시도함으로써 역사주의적 사회학을 아주 세밀하게 발전시켰다. 그는 현존하는 국가는 불변하는 형상이나 이데아의 복사품이라고 생각했다. 그는 이 국가의 형상이나 이데아를 재구성하고자 노력했고, 적어도 그것에 흡사하게 닮은 사회를 그리려고 노력했다. 그는 그의 재구성을 위한 자료로, 옛 전통과 함께 그리스에서 그가 찾아볼 수 있었던 가장 오래된 사회생활의 형태인 스파르타와 크레테의 사회제도에 대한 분석 결과를 활용했다. 플라톤의 사회학적 위대성은 사회부패의 법칙에 관한 일반적이고 추상적인 사변에 있는 것이 아니라, 오히려 풍부하고 치밀한 그의 관찰 내용과 놀랍도록 정확한 그의 사회학적 직관에 있다고 할 것이다.

플라톤은 정치적 퇴화의 역사에서 가장 두드러진 네 가지 정치체제의 유형을 다음과 같이 기술한다. 완전한 국가 뒤에, 명예와 명성을 추구하는 귀족들이 지배하는 명예정치체제가 오고, 두 번째로 부유한 문벌이 지배하는 과두정치체제가 오며, 다음으로 방종을 뜻하는 자유가 지배하는 민주정치체제가 탄생하고, 마지막으로 국가의 종말 단계인 참주정치체제가 나타난다. 이와 같이 플라톤은 역사를 사회타락의 역사로, 마치 어떤 질병의 역사인 것처럼 보고 있다. 그리고 그는 진화의 법칙에 의해 지배되는 역사적 시대의 체계를 수립코자 했다. 이러한 시도는 루소가 재생시켰고, 콩트와 밀, 헤겔과 마르크스가 유행시켰는데, 역사시대에 관한 플라톤의 체계는 당시에 이용할 수 있었던 역사적 증거에 비추어 보면 현대 역사주의자들의 어느 체계에도 뒤지지 않는 것이었다.

플라톤은 그의 최선국가에서 세 계급, 즉 수호자들과, 그들의 무장한 보조원이나 군인, 노동계급을 구분하고 있다. 그러나 실제로는 무력을 갖고 있고 교육받은 지배자들의 군벌성분과, 무력도 교육도 없이 지배받는 짐승 같은 인간의 성분이 있을 따름이다. 왜냐하면 수호자라는 것은 별개의 성분이 아니라, 보조원의 서열에서 승격된 노련하고 현명한 군인일 뿐이기 때문이다. 지배계급만이 정치적인 권력과 함께 온갖 특권을 향유하고 있으므로, 국가를 보전하는 문제는 오로지 지배계급의 내면적인 단합을 유지시키는 문제로 축소된다. 이 지배자들의 단합은 어떻게 유지되는가? 훈련과 심리적 영향으로, 그렇지 않으면 주로 불화를 초래할 수 있는 경제적 이해요인을 제거함으로써 유지된다. 말하자면 지배계급에 철저한 공산주의를 도입하는 것이다. 모든 재산은 공유재산인 만큼 처자식에 대해서도 공유권이 해당되어야 한다. 지배계급의 어느 누구도 자기 자녀나 자기 부모를 확인할 수 있어서는 안 된다. 가족은 파괴되거나, 또는 차라리 모든 군벌계급으로 확장되어야 한다. 그러나 처자식의 공유제도로도 지배계급의 모든 경제적 위험을 막는 것은 불충분하다. 빈곤과 마찬가지로 풍요를 피하는 것이 중요하다.

플라톤의 최선국가에서 보조원과 지배계급의 양육이나 교육은 무기휴대와 마찬가지로 계급의 상징이며, 따라서 계급의 특권이다. 양육과 교육은 공허한 상징이 아니라 무기와 같은 지배계급의 도구로, 지배의 안정을 확보하는 데 필요한 것이다. 말하자면 강력한 정치적 무기로, 인간가축을 통솔하고 지배계급을 단합시키는 데 유용한 수단으로만 양육과 교육은 논의되는 것이다.

4
변화와 정지

플라톤은 최초의 사회과학자 중의 한 사람이었으며, 의심할 바 없이 지금까지 가장 영향력이 큰 사회과학자의 한 사람이다. 콩트, 밀, 스펜서 등이 이해한 '사회학'이란 말의 의미에서 그는 사회학자였다. 말하자면 그는 인간의 사회생활에 대한 분석에, 그리고 사회생활의 안정의 법칙과 조건뿐만 아니라 발달의 법칙에 대한 분석에 자기의 관념론적인 방법을 훌륭히 적용시켰던 것이다. 플라톤의 거대한 영향력에도 불구하고, 이런 면의 가르침은 별로 주목을 받지 못했다. 여기에는 두 가지 요인이 있는 것 같다. 첫째로 플라톤의 사회이론은 대개 그의 윤리적, 정치적인 요구 사항들과 너무도 밀접하게 연관된 채 제시된 결과, 그 기술(記述)적인 요소가 거의 간과되었다. 둘째로 그의 사상은 너무도 당연시되었기 때문에 그저 무의식적으로, 따라서 무비판적으로 흡수되었다. 그의 사회학적인 이론이 그토록 영향력을 미친 것은 주로 이 때문이다.

플라톤의 사회이론은 사실에 대한 정밀한 관찰과 사변의 교묘한 배합이다. 그 형이상학적인 배경은 물론 형상의 이론, 보편적인 무상과 타락의 이론, 생성과 퇴화의 이론이다. 그러나 이처럼 관념론적인 바탕 위에서 플라톤은 당대의 사회적, 정치적인 세력을 설명하고, 동시에 그리스 도시국가의 역사적인 발달을 주도한 경향들을 설명해 낼 수 있는, 지극히 현실적인 사회이론을 구성했던 것이다.

I 이데아 이론과 변화의 이론

플라톤의 사회변화에 대한 이론의 사변적인 또는 형이상학적인 배경
은 앞서 살핀 바와 같다. 그것은 불변하는 형상 또는 이데아의 세계이며,
공간과 시간 속에서 변화하는 사물의 세계는 그 소산이다. 형상 또는 이
데아는 불변, 불멸, 타락불능일 뿐만 아니라 완전하고 진실하며 실재적이
고 선한 것이기도 하다. 『국가』에서[1] 선은 '존속되는 모든 것'으로, 악은
'파괴되거나 쇠퇴하는 모든 것'으로 설명되었다. 완전하고 선한 형상이나
이데아는 그 모사품, 즉 감각적인 사물에 앞서는 것으로, 변화하는 세계
에서 모든 변화의 시조나 출발점과 같은 것이다. 이러한 견해는 감각계
의 온갖 변화에 관한 일반적인 경향과 주도적인 방향을 평가하는 데에
적용된다. 왜냐하면 모든 변화의 출발점이[2] 완전하고 선할진대, 변화란
그 완전하고 선한 것으로부터 벗어나는 움직임일 수밖에 없으며, 불완전
함과 악으로 향하는, 즉 타락으로 향하는 것이 분명하기 때문이다.
 이 이론은 더욱 자세히 전개될 수 있다. 어떤 감각적인 사물은 그것의
형상 또는 이데아와 가까이 닮으면 닮는 만큼 타락할 가능성이 적은 것
이 분명하다. 형상 자체는 타락할 수 없는 것이기 때문이다. 그러나 감각
적인 또는 생성된 사물치고 완전한 모사품은 없다. 실제로 어떠한 모사
품도 완전할 수가 없는데, 그것은 단지 참된 실재의 한 모방일 뿐이며,
단지 현상이고 환상일 뿐 진리는 아니기 때문이다. 따라서 어떠한 감각
적 사물도 (아마 가장 우수한 것을 제외하고는) 불변의 것이 될 만큼 충분
히 그 형상을 닮지는 못한다. 플라톤은 "절대적이고 영원한 불변성은 만
물 가운데 가장 신성한 것에만 허용된 것이며, 육체는 이 서열에 들 수

없다."[3]고 말하고 있다. 감각적 사물이나 생성물, 예컨대 육체나 인간의 영혼 같은 것이 좋은 모사품인 경우에는 처음엔 아주 조금 변할 것이고, 가장 오래된 최초의 변화나 운동, 말하자면 영혼의 운동은 (이차적, 삼차적인 변화에 비해서) 여전히 '신성하다'. 하지만 아무리 사소한 변화라도 모든 변화는 형상과의 유사성을 감소시킴으로써 감각적 사물을 달라지게 하고 결국은 덜 완전하게 만들고 만다. 이와 같이 해서 사물은 변화할수록 점점 더 변화하기 좋게, 점점 더 타락하기 쉽게 되는데, 그것은 아리스토텔레스가 말한 바와 같이 '부동성과 안정의 원천'인 그 형상으로부터 점점 멀어지기 때문이다. 아리스토텔레스는 플라톤의 주장을 이렇게 바꾸어 표현했다. "사물은 형상에 참여함으로써 생성되고, 그 형상을 잃어버림으로써 소멸한다." 처음에는 더디다가 나중에는 점점 빨라지는 이 퇴화의 과정, 즉 쇠퇴와 몰락의 법칙은 플라톤의 마지막 위대한 대화편인 『법률』에 극적으로 묘사되어 있다. 이 부분은 무엇보다도 먼저 인간 영혼의 운명을 다루는 것이지만, 플라톤은 이것이 '영혼을 갖고 있는' 모든 것, 그에 따르면 살아 있는 모든 것에 두루 해당된다는 점을 분명히 한다. 그는 이렇게 쓰고 있다. "영혼을 갖고 있는 모든 사물은 변화한다.……그리고 그들은 운명의 질서와 법칙에 따라 변화한다. 특성의 변화가 작을수록 자기 서열의 수준에서 겪는 초기의 하락은 대단치 않다. 그러나 변화가 증가하고, 그와 함께 죄악이 증가하면, 그들은 연옥이라 불리는 곳으로 떨어지게 된다."(이 구절에 이어서 플라톤은 "예외적으로 큰 덕의 특혜를 받은 영혼은 자기 자신의 의지의 힘으로……신성한 덕과 교류할 수 있다면 더할 나위 없이 덕스러워져서 높은 곳으로 옮아갈 수 있다."는 가능성을 말하고 있다. 일반적인 운명의 법칙으로부터 자신과 또는 남까지 구제할 수 있는 예외적인 영혼에 대한 문제는 8장에서 논의하려 한다.) 『법률』에서 일찍이 플라톤은 변화에 대한 자신의 주장을 다음과 같이 요약하고 있다. "무릇 변화는 악한 사물의 변화가 아닌 한——계절의 변화이

든 바람의 변화이든 또는 식사의 변화이든 영혼의 특성의 변화이든 ──
사물에 닥칠 수 있는 온갖 불길한 위험 가운데서도 가장 중대한 것이
다." 그는 강조할 생각으로 이렇게 덧붙인다. "이 말은 방금 밝힌 대로
악한 것을 제외하고는 모든 사물에 적용된다." 요컨대 플라톤이 주장하
는 바는 변화는 사악하고, 정지는 신성하다 that change is evil, and that
rest is divine는 것이다.

이제 우리가 알게 되는 것은 형상이나 이데아에 대한 플라톤의 이론
이 변화하는 세계의 발전에서 특정한 경향을 함축한다는 점이다. 이 이
론은 세상 만물이 계속해서 타락하지 않을 수 없다는 법칙으로 인도된
다. 이것은 보편적인 타락 증대의 엄밀한 법칙이라기보다는 차라리 타락
가능성 증대의 법칙이다. 다시 말하면 타락의 위험이나 가능성은 증대하
지만, 다른 방향으로의 예외적인 발전이 배제되지는 않는다. 따라서 마지
막 인용문에 나타난 것처럼, 아주 선한 영혼은 변화와 타락을 거부할 수
있으며, 아주 악한 것, 예를 들면 사악한 도시 같은 것은 변화를 통해 개
선될 수 있는 것이다.(그러한 개선이 의미 있으려면, 우리는 그 개선이 영
구적이도록, 즉 더 이상의 모든 변화가 억제되도록 힘써야 할 것이다.)

이런 일반이론과 완전히 부합하는 것이 플라톤의 『티마이오스』에 나
오는 종의 기원에 관한 이야기이다. 이 이야기에 따르면, 사람은 최고의
고등동물로 신들이 창조했으며, 다른 종들은 사람으로부터 타락과 퇴화
의 과정을 거쳐 나왔다고 한다. 먼저 어떤 사람들, 겁쟁이들과 불한당들
은 여자로 퇴화한다. 지혜가 모자라는 사람들은 조금씩 조금씩 저급한
동물로 퇴화한다. 지저귀는 새들은 자신들의 기분에 지나치게 좌우되는,
해롭지는 않지만 지나치게 안이한 사람들이 변해서 생겨난 것이고, "지
상동물들은 철학에 관심이 없는 사람들에게서 나왔으며", 물고기와 조가
비 따위는 인간 중에서 "제일 멍청하고 어리석고 쓸모없는 사람들이 퇴
화된 것"이다.[4]

이 이론은 분명히 인류사회와 그 역사에 직용시킬 수 있겠다. 헤시오 도스의[5] 비관적인 발전 법칙, 즉 역사적 타락의 법칙어 이로써 설명된다. 아리스토텔레스의 연구(마지막 장에서 개괄된)에 따르면, 형상이나 이데 아 이론은 본래 방법론적인 필요에 따라서, 변화하는 감각적 사물에서는 불가능한, 순수하고 합리적인 지식에 대한 요구에 맞춰서 제시된 것이다. 그런데 이 이론은 그 이상으로 유용하다는 것을 알 수 있다. 그것은 이 러한 방법론적인 필요를 충족시키고도 남아서, 변화에 관한 이론 theory of change을 제공한다. 그것은 모든 감각적 사물이 변화하는 일반적인 방향을 설명하고, 그럼으로써 인간과 인류사회에 나타나는 퇴화의 역사 적인 경향이 설명된다.(6장에서 살펴볼 것과 같이 형상 이론은 한 걸음 더 나아가서, 플라톤의 정치적인 요구와 심지어 그 실현 수단까지도 결정해 준 다). 만일 내가 믿는 바와 같이 헤라클레이토스와 플라톤의 철학이 모두 개인적인 사회 경험에서, 특히 계급투쟁의 경험과 자기들의 사회가 파괴 되고 있다는 좌절감에서 비롯된 것이라면, 플라톤이 형상 이론으로 퇴화 경향을 설명할 수 있겠다고 보았을 때 왜 플라톤 철학에서 그 이론이 그 토록 중요한 역할을 하게 되었는지 그 이유를 알 수 있을 것이다. 그는 그 이론을 한없이 신비로운 수수께끼의 해답으로 받아들였음에 틀림없 다. 헤라클레이토스는 정치적인 발전의 경향에 관해서 직접적이고 윤리 적인 단죄를 내릴 수가 없었는 데 반해, 플라톤은 자신의 형상 이론에서 헤시오도스적인 비관적 판단의 이론적인 근거를 발견했다.

그러나 플라톤의 사회학자적인 위대성이 사회부패의 법칙에 관한 일 반적이고 추상적인 사변에 있는 것은 아니다. 그것은 오히려 풍부하고 치밀한 그의 관찰 내용과 놀랍도록 정확한 그의 사회학적 직관에 있다고 할 것이다. 그는 이전 사람들이 보지 못한 사실들을 보았으며, 이 사실들 은 현대에 와서야 겨우 재발견되었을 따름이다. 그 예로, 사회의 원시적 인 기원과 부족적인 가부장제에 대한 이론, 그리고 일반적으로 사회생활의 발달에 대해 전형적인 시기들을 개괄하려고 시도한 점들을 들 수 있 겠다. 또 다른 예로는, 정치적 생활과 역사발전의 경제적인 배경 economic background을 강조한 플라톤의 사회 및 경제학적인 역사주의를 들 수 있는데, 이것은 마르크스가 '역사적 유물론'이라는 이름으로 재생시킨 이론이다. 세 번째 예는 플라톤에게서 가장 흥미로운 정치적 혁명의 법칙인데, 여기에 따르면 모든 혁명은 지배계급(또는 '엘리트')의 분열을 전제로 한다. 이것은 정치적인 변화를 억제하고 사회적인 균형을 창조하는 수단을 분석하는 기초가 되는 법칙으로, 최근에 전체주의 이론가들, 특히 파레토에 의해서 재발견된 것이다.

이제 나는 이러한 몇 가지 문제, 특히 혁명과 균형의 이론인 세 번째 문제에 관해서 좀 더 자세한 검토를 하고자 한다.

II 정치체제의 유형들

플라톤이 이런 문제들을 다룬 대화편은 시간적인 순서대로 들면, 『국가』와 훨씬 뒤의 『정치가』와 그의 마지막이자 가장 긴 작품인 『법률』이다. 이들 대화편은 대동소이하며, 어떤 점에서는 평행하고 어떤 점에서는 상보적이다. 이를테면 『법률』에서는[6] 아무런 단절도 없이 역사시대로 이어지는 그리스 선사시대에 대한 해설로 인류사회의 쇠망에 관한 이야기가 나오고, 『국가』의 연관된 부분에는 좀 더 추상적인 모습으로 정부의 발달에 관한 체계적인 개관이 나와 있으며, 『정치가』에서는 훨씬 더 추상적으로 역사적인 사실에 관한 몇 가지 암시만을 곁들인 채 정부의 유형을 논리적으로 분류하고 있다. 이와 비슷하게 『법률』에서는 그 연구의 역사주의적 측면을 아주 분명하게 정식화하고 있다. 여기서 플라톤은 "한 국가의 원형이나 기원이란 무엇인가?" 하고 물으면서, 이 물음을 다음과 같은 다른 물음에 연결시키고 있다. "이 문제를 해결하는 최선의 방법은 선이나 악으로 변화하는 국가들의 성장을 살펴보는 것이 아닐까?" 그러나 그러한 사회학적인 이론들 내에 존재하는 중요한 차이점 중 하나는 순수히 사변적인 난점에서 비롯된 것 같으며, 이 난점은 플라톤을 괴롭게 했던 것 같다. 플라톤은 변화의 출발점으로 완전하고 따라서 타락할 수 없는 국가를 가상할 때, 최초의 변화, 즉 만물을 움직이게 하는 인간의 타락을 설명하기가 어렵다는 것을 알게 되었다.[7] 이 문제를 해결하려는 플라톤의 시도는 다음 장에서 알아보겠지만, 우선은 사회의 발달에 관한 그의 이론을 일반적인 관점에서 훑어보기로 한다.

『국가』에 따르면 원초적이면서도 동시에 국가의 형상이나 이데아에 가장 가까운 사회형태, 곧 최선의 국가는 가장 현명하고 가장 신성한 인간의 왕국이다. 이런 만큼 이상적인 도시국가는 너무도 완전에 가깝기 때문에 설마 변할 수 있으리라고는 생각조차 하기 어렵다. 그래도 변화는 생기기 마련이며, 이 변화와 더불어 모든 움직임의 원동력인 헤라클레이토스의 투쟁이 시작된다. 플라톤에 따르면 사리사욕, 특히 물질적인 또는 경제적인 사욕으로 빚어지는 내면적인 투쟁, 곧 계급투쟁은 '사회변동'의 주요한 힘이다. "현존하는 온갖 사회의 역사는 계급투쟁의 역사이다."[8]라는 마르크스주의적 공식은 마르크스의 역사주의에만이 아니라 플라톤의 역사주의에도 부합된다. "정치적인 몰락의 역사에서 가장 두드러진 네 개의 시기나 경계" 및 동시에 "현존하는 국가 중……가장 중요한 유형"[9]을 플라톤은 다음의 순서로 기술하고 있다. 완전한 국가 직후에 영예와 명성을 추구하는 귀족들이 지배하는 "명예정치체제 timarchy or timocracy"가 오고, 두 번째로 부유한 문벌이 지배하는 "과두정치체제 oligarchy"가 오며, 방종을 뜻하는 자유가 지배하는 "민주정치체제 democracy"가 다음으로 탄생하고, 마지막으로 "국가의 네 번째이자 종말적 단계인……참주정치체제 tyranny"가 나타난다.[10]

이 마지막 논증에서 알 수 있다시피, 플라톤은 역사를 사회타락의 역사로, 마치 어떤 질병의 역사인 것처럼 보고 있다. 그러므로 사회는 환자이며, 나중에 살펴보겠지만 정치가는 마치 의사(반대의 경우도 성립한다.) 혹은 치료자이며 구원자이어야 한다는 식이다. 어떤 질병의 전형적인 과정에 대한 기술이 모든 환자 개인에게 반드시 적용될 수는 없는 것과 마찬가지로, 사회의 타락에 대한 플라톤의 역사적인 이론도 모든 개별적인 국가의 발달에 적용시키기 위한 것은 아니다. 이 이론은 주요한 형태의 구조적인 타락을 최초로 발생시키는 원초적인 발달 과정과 그 전형적인 사회변화의 과정을 동시에 서술하기 위한 것이다.[11] 플라톤은 진화의 법칙에 의해 지배되는 역사적 시대의 체계를 수립코자 했다. 바꿔 말하면 그는 역사주의적인 사회이론을 세우려고 했다. 이러한 시도는 루소가 재생시켰고 콩트와 밀, 헤겔과 마르크스가 유행시켰는데, 역사시대에 관한 플라톤의 체계는 당시에 이용할 수 있었던 역사적인 증거에 비추어 보면, 현대 역사주의자들의 어느 체계에도 뒤지지 않는 것이었다.(주요한 차이는 역사의 진행에 대한 평가에 있다. 플라톤은 귀족주의자로서 자신이 서술한 발달을 단죄했는 데 반해, 이들 현대의 논객들은 그것을 찬양하면서 자기들은 역사발전의 법칙에 따르노라고 자처했다.)

플라톤의 완전국가를 자세히 논의하기에 앞서서, 타락해 가는 네 가지 국가형태의 이행 과정에서 경제적인 동기가 차지하는 역할과 계급투쟁에 대한 플라톤의 분석을 간략히 설명하기로 한다. 완전국가가 퇴화해 가는 최초의 형태, 곧 야심 있는 귀족들이 지배하는 명예정치체제는 거의 모든 점에서 완전국가 자체와 비슷하다고 한다. 주목할 만한 점은, 플라톤이 현존하는 국가 중에서 가장 우수하고 가장 오래된 이 국가를 명백히 스파르타와 크레테의 도리아식 정체와 동일시했으며, 실제로 이들 두 부족적인 귀족정치체제는 그리스 안에 남아 있는 가장 오랜 정치형태를 대표했다는 것이다. 그 국가들의 제도에 관한 플라톤의 뛰어난 서술은 대부분 최선국가나 완전국가에 대한 서술 가운데 포함되어 있는데, 이것과 명예정치체제는 너무도 비슷하다.(플라톤은 스파르타와 완전국가의 유사성을 주장함으로써 '스파르타의 위대한 신화'라고나 할, 스파르타식의 체제와 생활양식의 우월성에 대한 영속적이고 유력한 신화를 가장 효과적으로 퍼뜨린 사람의 하나가 되었다.)

최선의 국가 또는 이상적인 국가와 명예정치체제의 주요한 차이는 후자가 불완전성이라는 요소를 안고 있는 점이다. 한때는 통일되어 있던 가부장적인 지배계급이 이제 분열되며, 이 분열이 바로 다음 단계인 과두체제로의 퇴화를 초래한다. 분열을 가져온 것은 야심이다. 플라톤은 젊은 명예정치가에 관해 이야기하면서 "처음, 그는 자기 아버지가 지배자에 들지 않았음을 한탄하는 어머니의 말을 듣는다."[12]라고 말하고 있다. 이리하여 그는 야심을 가지게 되고 저명해지기를 갈망하게 된다. 그러나 새로운 변화를 초래하는 데 있어서 결정적인 것은 사회의 경쟁적이며 탐욕적인 경향들이다. 플라톤에 의하면 "우리는 명예정치체제가 어떻게 해서 과두정치체제로 바뀌는지를 기술해야 하며……소경일지라도 그 변화 과정을 알아야 한다.……이 체제를 망치는 것은 바로 재물창고이다. 그들 명예정치가들은 과시할 기회를 꾸미고 돈을 뿌리는 것부터 시작해서 이 목적을 위해 법을 왜곡하고 권속과 더불어 법에 불복하며……남을 딛고 서기 위해 분투한다." 이런 식으로 최초의 계급갈등, 즉 덕과 돈의 갈등, 봉건적이고 단순한 옛 방식과 금전적인 새 방식의 갈등이 일어나는 것이다. 과두체제로의 이행은 재벌들이 "규정된 액수 미만의 재산을 가진 모든 사람들을 공직으로부터 축출하는" 법을 세울 때 완결된다. "이러한 변혁은 공갈과 협박으로 되지 않을 때는 무력으로 강요된다."

과두정치체제의 수립과 더불어 과두지배자들과 그보다 낮은 재산계층 사이에 잠재적인 내란 상태가 오는데, "마치 병든 몸이……때때로 자신과 투병하듯이……이 병든 국가도 그러하다. 어느 한 파가 외부에서 지원을 받게 되면, 즉 한 파가 과두정치체제의 국가에서 또는 다른 파가 민주정치체제의 국가에서 지원을 끌어오게 되면, 반드시 이 도시는 병적인 상태에 빠지며, 아무리 사소한 구실만 있어도 내란이 일어난다. 그리고 이 병든 체제는, 비록 외부로부터 아무런 지원이 없더라도, 내란에 돌입하는 때가 생기지 않겠는가?"[13] 이러한 내란이 민주정치체제를 낳는데, "민주정치체제가 태어나는 것은……가난한 사람들이 승리를 차지해서 더러는 죽이고……더러는 내쫓고 남은 사람들과 평등한 조건으로 시민권과 공직의 권리를 나누어 가질 때의 일이다."

민주정치체제에 대한 플라톤의 기술은 아테네 사람들의 정치생활과 페리클레스가 플라톤이 태어나기 삼 년 전쯤에 비할 데 없는 방식으로 표현했던 민주주의적 신조에 대한 풍자로, 생생하긴 하나 지극히 적대적이고 공정치 못한 풍자이다.(페리클레스의 강령은 10장 이하에서 논의하겠다.[14]) 플라톤의 기술은 탁월한 정치적 선전이다. 뛰어난 학자이며 『국가』의 편찬자인 애덤 같은 이도 플라톤의 아테네에 대한 힐난의 변론술에 맞설 수 없다는 점을 감안하면, 그것이 끼쳤을 해독이 어떠했으리라는 것을 짐작할 수 있다. 애덤은 "민주적 인간의 출현에 대한 플라톤의 기술은 고금의 문헌을 통틀어서 가장 고귀하고 위대한 걸작이다."[15]라고 쓰고 있다. 그리고 같은 저자가 계속해서 "민주적 인간을 인류사회의 변덕쟁이로 묘사한 것은 그를 영원히 돋보이게 한다 paints him for all time."고 적은 것을 볼 때, 우리는 플라톤이 적어도 이 사상가를 전향시켜 민주체제에 반대하도록 하는 데에 성공했음을 알 수 있으며, 또한 우리는 그의 유독한 저작물이 그보다 못한 사람들에게 보호막 없이 주어졌을 때 얼마만큼 손상을 입혔을 것인가에 놀라게 된다.

애덤의 표현을 빌리면,[16] 그의 문체가 "고매한 사상과 영상과 말들로 가득 차게" 될 때, 플라톤은 자주 자기 논증의 결함이나, 심지어 이번 경우처럼, 합리적인 논의의 완전한 결여를 감추기 위해서 은폐물을 다급히 추구하는 것같이 보인다. 그는 합리적인 논의 대신에 독설을 사용해서, 자율과 무법, 자유와 방종, 법 이전의 평등과 무질서를 동일시하고 있다. 민주정치가들은 방탕하고 용렬한 자로, 건방지고 무례하고 뻔뻔스러운 자로, 흉악하고 잔인한 맹수로, 순간적인 것에나 탐식하며 오직 쾌락과 불필요하고 부정한 욕심으로나 살아가는 자로 묘사되어 있다.("그들은 짐승처럼 배를 채운다."라는 말은 헤라클레이토스의 표현방식이었다.) 그들은 "못난 사람을 존대하고……절제를 소심한 짓이라 하며……온건하고 규제된 지출을 인색하고 촌스러운 일로 친다."[17]느니 해서 비판을 받고 있다. 플라톤은 그의 웅변적인 매도의 기세가 누그러질 때쯤 되어서 "이런 부류 중에 더욱 무가치한 것들이 있으니, 선생들은 학생들을 두려워하고, 그들의 비위를 맞추며……늙은이들은 완고하고 강압적이라는 인상을 줄까 봐……젊은 사람들을 저자세로 대한다."고 말한다.(소크라테스의 입을 빌려 이 말을 표현한 자는 바로 아카데메이아의 교장인 플라톤이었다. 그는 소크라테스가 선생이었던 적이 없고 또 노인으로서도 완고하거나 강압적인 태도를 보인 법이 없었다는 점을 잊고 있는 것이다. 소크라테스는 언제나 젊은이들을 '저자세로' 대하는 것이 아니라, 예컨대 젊은 플라톤 같은 사람들을 자기의 동료와 친구로서 상대하기를 좋아했다. 우리가 알기로 플라톤 자신은 '저자세'를 취해서 자기 제자들과 문제를 토의할 용의가 부족했다.) 플라톤은 이어서 다음과 같이 말한다. "그런데 이러한 자유가 극도에 달하게 되는 것은……시장에서 거래되던 노비들이, 사내나 계집이나 가릴 것 없이, 자기들을 소유하고 있던 주인들과 똑같이 자유롭게 될 때의 일이다.……그러나 이 모든 것들의 누적된 결과는 어떠하겠는가? 결과적으로 시민들의 마음이 아주 연약해져서 노예제도와 같은 것은 보기만 해도 흥분하게 되고, 또 다른 사람에게도 그런 것으로 고통을 주지 않으려 하게 된다.……따라서 그들은 자기들 위에 아무런 지배자도 갖지 않게 될 것이다." 여기서 플라톤은 결국, 무의식적이긴 하지만, 자기 고국 도시를 추어올린 셈이 된다. 아테네 민주체제의 위대한 승리의 하나로 영구히 남을 만한 것은, 노예들이 인간적인 대우를 받았다는 것, 플라톤 자신이나 아리스토텔레스 같은 철학자들의 비인간적인 선전과는 무관하게, 바로 그가 증언하는 바와 같이, 노예제도를 거의 폐지하기에 이르렀다는 것이다.[18]

플라톤의 묘사 가운데 더욱 값진 것은, 역시 증오감에서 촉발된 것이긴 하지만, 참주정치체제와 특히 참주정치체제로의 이행에 관한 것이다. 그는 직접 목격한 사실을 기술하고 있노라고 주장하는데,[19] 이것은 의심할 바 없이 시라쿠사의 참주인 디오니시오스 1세의 궁전에서 겪은 일을 암시하는 것이다. 플라톤의 말로는 민주정치체제로부터 참주정치체제로의 이행을 가장 쉽게 달성하는 자는 민주주의체제 안의 유산층과 무산층의 계급적인 적대감을 이용할 줄 알고, 자기 자신의 경호원이나 사유 병력을 갖춘 대중적인 지도자라고 한다. 처음에는 그를 자유의 투사로 알고 환호했던 민중은 곧 노예화된다. 그리고 그들은 "민중으로 하여금 장군의 필요성을 느끼게 하기 위해, 그가 연이어 일으켜놓은 전쟁"[20]에서 그를 위해 싸우지 않으면 안 된다. 참주정치체제와 함께 가장 비참한 국가가 출현한 것이다.

여러 가지의 정부형태에 대해서 『정치가』에서도 아주 비슷한 식으로 살피고 있는데, 플라톤은 여기서 "참주와 왕, 과두체제와 귀족체제 및 민주체제 등의 기원"[21]을 논의하고 있다. 현존하는 여러 형태의 정부는 또다시 국가의 참된 표본이나 형상 및 모든 모방의 표준인 완전국가로부터 변질된 모사품으로 설명되어 있는데, 이 완전국가는 제우스의 아버지인 크로노스의 옛 시대에 실재했었다고 한다. 한 가지 차이는, 플라톤이 여기서는 여섯 가지 유형으로 변질된 국가를 구분하고 있는 점이다. 그러나 이 차이는, 『국가』[22]에서 플라톤이 앞에 다룬 네 유형이 전부인 것은 아니고 몇몇 중간 단계가 있다고 말한 것을 참조하면, 중요한 것이 아니다. 『정치가』에서 여섯 유형에 다다른 것은, 먼저 세 가지 형태의 정부, 즉 한 사람이 지배하는 정부와 몇몇 사람이 지배하는 정부와 많은 사람이 지배하는 정부를 구분한 다음의 일이다. 이들 셋은 각각 두 가지 유형으로 다시 세분되는데, 예전의 법을 모사하고 보전해서 '유일하고 참된 원형'을 본받았느냐 본받지 않았느냐에 따라서 그중 하나는 비교적 좋은 것이 되고, 다른 하나는 나쁜 것이 된다.[23] 이런 식으로 해서 세 가지의 정통적 또는 합법적인 형태와 세 가지의 완전히 타락한 또는 불법적인 형태가 구분된다. 군주정치체제, 귀족정치체제 및 민주정치체제의 보수적인 형태는 이러한 우열의 순위대로 합법적인 모방물이다. 그러나 민주정치체제는 그 불법적인 형태로 변하며, 나아가 소수의 불법적인 지배, 즉 과두정치체제를 거쳐서 한 사람의 불법적인 지배인 참주정치체제로 타락하는데, 이것은 플라톤이 『국가』에서 말한 것처럼 최악의 정치체제이다.

제일 사악한 국가인 참주정치체제라고 반드시 전개의 최후 단계인 것은 아니라는 점이 『법률』의 한 부분에서 밝혀져 있는데, 여기서는 『정치가』의 이야기가 반복되기도 하고 연관되기도 한다.[24] 여기서 플라톤은 이렇게 큰소리치고 있다. "젊은 참주가 지배하는 국가를 나에게 주어보라.……그가 큰 복이 있어 훌륭한 입법자와 동시대에 살아 다행히도 우연히 만났다고 하자. 그가 행복하게 만들고자 하는 국가를 위해서 신인들 더 이상 무엇을 하겠는가?" 더할 수 없이 사악한 국가인 참주정치체제도 이와 같이 해서 개선될 수 있을 것이다.(이것은 "악한 것의 변화를 제외하고는" 모든 변화가 악하다는 앞서 인용한 『법률』의 구절과 일치한다. 플라톤은 훌륭한 입법가와 젊은 참주에 관해 말할 때, 자기 자신과 젊은 참주들과의 여러 가지 실험, 특히 시라쿠사에서 디오니시오스 2세의 참주정치체제를 개선해 보려는 자신의 시도를 염두에 두고 있었음이 거의 확실하다. 이 불운한 실험 사례들에 대해서는 뒤에서 논의하려 한다.)

정치의 발달을 분석한 플라톤의 중요한 한 가지 목적은 모든 역사적인 변화의 추진력을 확인하려는 것이었다. 『법률』에서는 이러한 목표를 분명히 하면서 역사를 살피고 있다. "무수한 도시들이 이 시대에 생겨나서 저마다 온갖 종류의 정부를 경험하지 않았던가? 할 수 있다면, 그 많은 변화의 원인을 찾아보자. 이렇게 해서 우리는 여러 체제의 발생의 비밀뿐만 아니라 그 변화의 비밀까지 밝히고자 한다."[25] 이러한 연구의 결과로 그가 발견한 것은 다음과 같은 사회학적인 법칙인데, 내면적인 불화, 즉 계급 사이에 경제적인 이해가 상반됨으로써 빚어지는 계급전쟁이 모든 정치적인 변혁의 추진력이라는 것이다. 그러나 이 근본 법칙에 대한 플라톤의 표현은 한 걸음 더 나아가고 있다. 그는 지배계급을 전복될 정도로 약화시킬 수 있는 것은 그 지배계급 자체의 내란뿐이라고 주장한다. "어떤 체제에서든 변화는 예외 없이 지배계급 자체 안에서, 그리고 이 계급이 불화의 진원지가 될 때만 일어난다."[26]는 것이 『국가』에서의 그의 정식인데, 그는 『법률』에서 (『국가』의 이 구절을 환기시키는 듯이) 다음과 같이 말하고 있다. "하나의 왕권이든 다른 형태의 정부이든 지배자 자신 이외에 누구의 손으로 파괴될 수 있겠는가? 이 문제를 다루면서 우리는 예전에 그랬듯이 얼마 전에 말한 것을 잊었단 말인가?" 이 사회학적인 법칙은 불화의 가장 유력한 원인을 경제적인 이해로 보는 견해와 더불어, 플라톤이 역사를 푸는 실마리이다. 아니, 그 이상의 것이다. 그것은 그가 정치적인 균형을 확보하는 데에, 다시 말하면 정치적인 변화를 억제하는 데에 필요한 조건들을 분석해 내는 실마리이기도 하다. 그는 이러한 조건들이 고대의 최선의 또는 완전한 국가에서는 실현되었다고 가정하는 것이다.

III 최선국가의 세 계급

완전한 국가 또는 최선의 국가에 대한 플라톤의 서술은 보통 진보주의자의 유토피아적인 설계로 해석되어 왔다. 『국가』에서, 『티마이오스』에서, 『크리티아스』에서 거듭거듭 그는 자기가 먼 과거를 서술하고 있다고 역설하는데도 불구하고, 그리고 『법률』의 연관되는 구절에서 그 역사적인 의도가 명백한데도 불구하고, 흔히들 가정하는 것은 그가 미래에 대한 암시적인 서술을 의도했다는 것이다. 그러나 나는 플라톤의 말은 액면 그대로이며, 그의 최선의 국가가 지닌 많은 특징들은, 특히 『국가』의 2권과 4권 사이에서 서술된 대로, (『정치가』와 『법률』의 원시사회에 대한 그의 설명과 마찬가지로) 역사적인 것[27]이거나 또는 선사시대적인 것을 묘사코자 한 것으로 생각한다. 물론 이것은 최선국가의 모든 성격에 해당되지는 않는다. 예를 들면 (『국가』의 5권에서 7권까지 서술된) 철학자들의 왕권에 관해, 플라톤은 스스로 그것이 초시간적인 형상 또는 이데아의 세계, 곧 '천국에 있는 국가'의 한 특성일 수 있을 따름이라고 지적하고 있다. 그의 서술 가운데 비역사적인 것으로 의도된 이런 요소들은 나중에 그의 윤리적, 정치적인 요구사항들과 함께 논의하려 한다. 물론 그가 원시적인 고대의 체제들을 서술할 때, 정밀한 역사적 설명을 하려고 한 것은 아니었다. 그는 확실히 자기가 그와 같은 작업을 하는 데 필요한 자료는 갖추지 못했다는 점을 알고 있었던 것이다. 그러나 나는 그가 할 수 있는 한 고대의 부족적인 사회생활의 형태들을 재구성해 보려고 진지하게 애썼다고 생각한다. 특히 이러한 시도는 상당히 세세한 데까지 매우 성공적이었던 만큼 의심할 여지가 없다. 플라톤은 크레테와 스파르타의 고대 부족적인 귀족정치체제에 대한 이상화된 기술을 통해서 그런 견해에 도달했기에 그럴 수밖에 없었다. 플라톤은 그의 예리한 사회학적 직관으로 이러한 형태들이 단순히 오래되었을 뿐만 아니라 경직화되고 통제된 체제이며, 더욱 오래된 형태의 유물들임을 간파했다. 그리고 그는 이런 더욱 오래된 형태가 훨씬 더 안정되고, 더 안전하게 통제된 체제였다고 단정했다. 그는 이런 매우 오래되고 따라서 아주 우수하고 안정된 국가가 어떻게 해서 분열을 피하게 되었고, 어떻게 해서 계급전쟁을 모면했고, 어떻게 경제적인 이해의 영향을 최소화하여 잘 통제되었던가를 밝히는 식으로 그것을 재구성해 보려 했다. 최선의 국가에 대한 플라톤의 재구성에서 주로 문제되는 것이 이러한 것들이었다.

플라톤은 계급전쟁을 피하는 문제를 어떻게 해결하고 있는가? 그가 만일 진보주의자였더라면, 그는 계급이 없는 평등한 사회를 생각했을 것이다. 왜냐하면, 우리가 아테네 민주정치체제에 대한 그의 풍자에서 볼 수 있다시피, 아테네에는 강력한 평등주의 경향이 존재했기 때문이다. 그러나 그는 앞으로 올 국가를 구성하려 한 것이 아니라, 예전에 있었던 국가, 즉 스파르타적 국가의 조상을 구성하려 했는데, 이것은 분명히 계급 없는 사회는 아니었다. 그것은 노예국가였으므로 플라톤의 최선의 국가는 가장 엄격한 계급 구분에 근거한 것이다. 그것은 일종의 신분제도 국가이다. 계급전쟁을 피하는 문제는 계급을 타파함으로써가 아니라, 지배계급에 절대적인 우위성을 부여함으로써 해결된다. 스파르타에서와 같이 지배계급만이 무기를 지닐 수 있고, 지배계급만이 정치적인 권리 등을 가지고 있고, 그 계급만이 교육을, 말하자면 인간양이나 인간가축을 예종시키는 방법에 관한 전문교육을 받는다.(사실 지배계급의 막강한 우위성은 플라톤을 약간 당황하게 했다. 그는 그 구성원들이 단지 털을 깎는 데 그치지 않고 "양을 괴롭히거나" "개보다는 늑대처럼 행동할지도"[28] 모른다는 것을 두려워했다. 이 문제는 이 장의 뒷부분에서 살피기로 한다.) 지배계급이 단합되어 있는 한, 그들의 권위에 대한 도전은 있을 수 없고, 따라서 계급전쟁도 있을 수 없는 것이다.

플라톤은 그의 최선국가에서 세 계급, 곧 수호자들, 그들의 무장한 보조원들이나 군인들, 노동자계급을 구분하고 있다. 그러나 실제로는 두 가지의 성분, 즉 군벌성분——무력을 가진 교육받은 지배자들——과 무력도 교육도 없이 지배받는 짐승 같은 인간의 성분이 있을 따름이다. 왜냐하면 수호자라는 것은 별개의 성분이 아니라, 보조원의 서열에서 승격된 노련하고 현명한 군인일 뿐이기 때문이다. 플라톤이 노동계급에서는 비슷한 하위 구분을 하지 않은 채, 지배자 성분을 두 계급으로, 즉 수호자와 보조원으로 구분하는 것은, 대체로 그의 관심이 지배자에 국한되어 있기 때문이다. 노동자와 상인 등은 전혀 그의 관심을 끌지 못하는데, 그들은 그저 지배계급에게 필요한 물자의 공급을 유일의 임무로 삼는 인간가축일 뿐이다. 플라톤은 심지어 이런 계급의 사람들과 그들의 사소한 문제를 위해서 입법하는 일을 지배자에게 금하기까지 한다.[29] 낮은 계급에 관해서 우리가 얻는 정보가 그토록 빈약한 이유가 여기 있다. 그러나 플라톤의 침묵은 중단된다. 그는 "약간의 지성도 갖지 못하여 공동체의 일원으로는 부적당하지만, 고된 노동을 감당할 수 있는 건강한 육체를 가진 일꾼들이 있지 않은가?" 하고 묻기도 한다. 이 불쾌한 말에 근거하여, 플라톤은 그의 국가에 노예를 용납하지 않았다는 위무적인 논평이 나왔지만, 나는 여기서 이런 논평이 틀렸다는 것을 지적하고 싶다. 플라톤이 그의 최선국가에서 노예의 신분을 명백하게 논의한 곳은 아무 데도 없음이 사실이고, 또한 그가 노예라는 표현은 피하는 것이 좋고, 따라서 일꾼은 '지원자'나 또는 심지어 '고용인'으로 불러야 된다고 말하고 있는 것도 사실이다. 그러나 이것은 선전적인 이유에서였다. 노예제도가 타파되어야 한다거나 완화되어야 한다는 조그만 암시는 어디서도 찾아볼 수 없다. 도리어 플라톤은 노예제도 타파운동을 지지하는 '마음 약한' 아테네 민주정치가들을 경멸할 뿐이다. 그리고 그는 이를테면 최선의 국가 바로 다음에 오는, 차선의 국가인 명예정치체제를 서술할 때, 자신의 견해를 명료하게 밝히고 있다. 여기서 그는 명예정치가에 대해서 이렇게 말한다. "이런 사람은 노예를 잔인하게 다루는 경향이 있다. 그는 많이 교육받은 사람만큼 그들을 경멸하지는 않기 때문이다." 그러나 명예정치 체제의 교육보다 우월한 교육은 단지 최선국가에서만 볼 수 있는 만큼, 우리는 플라톤의 최선국가에 노예들이 있으며, 그들은 잔인하게 다루어지는 것이 아니라 적당히 멸시당한다고 단정하지 않을 수 없다. 플라톤은 그들을 당연히 멸시하는 입장이었으므로 그 점을 깊이 다루고자 하지 않았다. 이러한 단정을 완전히 확증하는 사실은 『국가』에서 그리스인이 그리스인을 노예로 삼는 당시의 관습을 비판하는 구절의 끝에, 야만인의 노예화에 대한 명백한 권고와 심지어 "그리스인이 지금 그리스인에게 그러하듯이 야만인들에게 우리 시민들", 즉 최선국가의 시민들이 그러하기를 권장하고 있는 점이다. 그리고 더 나아가 그것은 『법률』의 내용과 거기 나타난 노예에 대한 지극히 비인간적인 태도로도 확증된다.

지배계급만이 정치적인 권력과 함께 인간가축의 수효를 위험해지지 않을 만한 한도 안에서 유지시키는 권력을 소유하고 있으므로, 국가를 보전하는 문제는 오로지 주인계급의 내면적인 단합을 유지시키는 문제로 축소된다. 이 지배자들의 단합은 어떻게 유지되는가? 훈련과 그 밖의 심리적인 영향으로, 그렇지 않으면 주로 불화를 초래할 수 있는 경제적인 이해요인을 제거함으로써 유지된다. 이 경제적 금욕을 성취하고 통제하는 방법은 공산주의를 도입하는 것, 즉 사유재산, 특히 귀금속을 없애는 것이다.(스파르타에서는 귀금속의 소유가 금지되어 있었다.) 이 공산주의는 분열을 막아야 할 지배계급에 국한되며, 피지배계급에서 생기는 분쟁은 고려할 가치도 없는 것이다. 모든 재산은 공유재산인 만큼 처자식에 대해서도 공유권이 해당되어야 한다. 지배계급의 어느 누구도 자기 자녀나 자기 부모를 확인할 수 있어서는 안 된다. 가족은 파괴되거나 또는 차라리 모든 군벌계급으로 확장되어야 한다. 그렇지 않을 경우 가족적인 애착심은 불화의 잠재요인이 될지도 모른다. 그러므로 "모두가 한 가족에 속하는 것처럼 서로 존중해야 한다."[30](이 제의는 그 표현처럼 새로운 것도 혁명적인 것도 아니다. 우리는 플라톤에 의해서 항상 언급되는 개별식사의 금지령과 같은, '공동식사'제도 같은 가족의 사생활에 대한 스파르타의 제한조치들을 기억할 필요가 있다.) 그러나 처자식의 공유제도로도 지배계급의 모든 경제적인 위험을 막는 것은 불충분하다. 빈곤과 마찬가지로 번영을 피하는 일이 중요하다. 단합에 해롭기로는 둘 다 마찬가지이다. 빈곤은 사람들로 하여금 그들의 욕구를 충족시키기 위해 필사적인 수단을 취할 수 있게 하기 때문이고, 번영은 대개의 변화가 풍요로부터, 위험한 실험을 가능케 하는 축적된 부로부터 발생하기 때문이다. 큰 궁핍도 큰 부도 깃들 여지가 없는 공산주의적 조직만이 경제적인 이해를 최소화할 수 있고, 지배계급의 단합을 보장할 수 있는 것이다.

이와 같이 플라톤의 최선국가에서 지배자 성분의 공산주의는 그의 근본적이고 사회학적인 변화의 법칙으로부터 도출될 수 있으며, 최선국가의 근본적인 특성인 정치적 안정을 위한 필요조건이다. 그러나 그것은 중요한 조건이긴 하지만, 충분조건은 못 된다. 지배계급이 실질적인 일체감을 느끼도록, 즉 지배계급이 하나의 부족처럼, 말하자면 큰 가족처럼 느끼도록 하기 위해서는 계급 내부의 유대와 마찬가지로 계급 외부로부터의 압력이 필요하다. 이런 압력을 확보할 수 있는 방법은 지배자와 피지배자의 간격을 강조하고 확대시키는 것이다. 피지배계급은 다른 인종이며, 아주 열등한 인종이라는 느낌이 짙으면 짙을수록 지배계급 내부의 일체감은 더 강화될 것이다. 이렇게 해서 우리는 얼마만큼 주저한 뒤에야 공포된 계급 사이에 혼합이 있어서는 안 된다는 근본적인 원리에 다다른다.[31] 플라톤은 "계급 사이의 관계나 변화는 국가에 대한 중벌죄로, 마땅히 가장 저열한 사악으로 단죄되어야 할 것이다."라고 말하고 있다. 그러나 그와 같은 계급의 엄격한 구분에는 타당한 이유가 있어야 하며, 그런 구분의 정당화는 지배자가 피지배자보다 우월하다는 주장에서나 가능할 수 있을 것이다. 따라서 플라톤은 자기의 계급 구분을 정당화하는 근거로, 지배자들은 세 가지 점, 인종과 교육 및 가치판단에서 크게 우월하다고 주장한다. 플라톤의 도덕적인 평가는, 물론 그의 최선국가 지배자들의 평가와 동일한 것으로, 6장에서 8장에 걸쳐 논의하게 될 것이다. 그러므로 여기서는 지배계급의 기원과 양육 및 교육에 관한 그의 몇 가지 생각을 서술하는 데 국한하려 한다.(이 서술을 시작하기에 앞서, 나는 개인적인 우수성이 비록 확인된 경우라도 그러한 우수성이 혈통적이든 지성적이든 도덕적이든 교육적이든, 결코 정치적인 특권을 주장할 근거가 될 수 없다는 나의 신념을 밝혀두고 싶다. 현대 문명국가의 많은 사람들이 민족적인 우월성을 하나의 신화로 받아들이고 있다. 그러나 설령 그것이 확고한 사실이라 하더라도, 그것은 우월한 국민에게 특별한 도덕적 책임을 지워줄지언정 특별한 정치적 권리를 만들어주어서는 안 된다. 지성적으로 도덕적으로 교육적으로 우수한 국민들에게 비슷한 요구를 해도 마땅할 것이다. 일부 지성주의자들과 도덕주의자들의 반대되는 주장은 그들의 교육이 얼마나 실패했는지를 드러낼 뿐이라고 생각하지 않을 수 없다. 왜냐하면 그네들의 교육이 그들의 한계와 그들의 바리새주의를 깨우쳐주지 못했기 때문이다.)

IV 지배계급의 양육과 교육

지배계급의 기원과 양육 및 교육에 대한 플라톤의 견해를 이해하려면 우리는 우리의 분석에서 두 가지 주요한 초점을 간과해서는 안 된다. 무엇보다 먼저 우리가 명심해야 할 것은 플라톤이 재구성하고 있는 것이 과거의 국가라는 점이다. 비록 그 과거의 국가가 현재와 밀접하게 연결되어 있어서 그것의 어떤 특성이 현존하던 국가, 예컨대 스파르타에서 여전히 확인될 수 있다 해도 그렇다. 둘째로 명심할 것은 플라톤이 그 국가를 재구성하는 관점은 그것의 안정의 조건에 대한 것이며, 그는 이 안정의 보증을 오직 지배계급 내부에서, 특히 ㄱ 계급의 단합과 힘에서 만 추구하고 있다는 점이다.

지배계급의 기원에 관해서 언급할 만한 것은, 플라톤이 『정치가』에서 그의 최선의 국가 시대보다도 앞선 시대, 즉 "인간이……지금 짐승을 지배하는 것과 꼭 마찬가지로, 하느님 자신이 인간들의 목자로서 인간들을 지배했고, 처자에 대한 소유권이 없던 시대에 대해 말하고 있다는 점이다."[32] 이것은 단순히 선한 목자에 대한 비유가 아니다. 플라톤이 『법률』에서 말한 것에 비추어 보면, 그것은 보다 더 직설적인 것으로 해석하지 않을 수 없다. 왜냐하면 거기서 우리는 최초, 최선의 국가보다도 앞선 이 원시사회가 가부장제적인 유목민 사회라는 설명을 보기 때문이다. 최초의 정착보다 앞선 시기에 대해서 플라톤은 이렇게 말하고 있다. "정부는……그의 부모로부터 권위를 물려받은 최연장자의 지배로 인해 발생했으며, 다른 사람들은 마치 새 떼처럼 그를 따름으로써 가부장적인 권위와 모든 왕권 중에서도 가장 정당한 왕권으로 지배되는 하나의 단일한 집단을 이루었다." 우리가 아는 바로는 이 유목민족들은 펠로폰네소스의 여러 도시에, 특히 스파르타에 '도리아족'이라는 이름으로 정착했다. 이 과정이 썩 분명하게 설명되어 있지는 않지만 '정착'이란 것이 사실 무력에 의한 정복이었다는 시사로 볼 때, 우리는 플라톤이 꺼려했다는 것을 알아차릴 수 있다. 우리가 아는 한 이것은 도리아족이 펠로폰네소스에 정착한 참된 역사이다. 그러므로 플라톤이 그의 이야기를 선사시대 사건에 관한 진지한 기술로 의도했으며, 지배자인 도리아족의 기원뿐 아니라 그들의 인간가축, 즉 원주민의 기원에 관한 서술로 의도했다는 것은 충분히 믿을 만한 이유가 있다. 『국가』의 연관된 부분에서, 플라톤은 최선 도시의 지배계급인 '대지에서 태어난 자들'의 기원에 대해서 신화적이고도 매우 요령 있는 기술을 하고 있다.(대지에서 태어난 자들의 신화는 8장에서 다른 관점으로 논의하게 될 것이다.) 먼저 상인들과 노동자들이 이룩한 도시로 그들이 정복해 들어오는 장면이 다음과 같이 묘사되어 있다. "대지에서 태어난 자들은 무장하고 훈련받은 다음, 수호자들의 지휘 아래 행진해서, 도시에 도착한다. 다음에 그들은 그들의 진지로 가장 적합한 곳, 말하자면 법에 복종하지 않으려 하는 원주민을 억압하고, 산에 사는 늑대처럼 몰려들지도 모르는 외부의 적을 물리치기에 가장 적합한 지점을 찾아서 둘러본다." 이 짧으나 승리감에 찬 이야기는 정복자 집단(『정치가』에서 정착시대 이전의 산간유목민으로 나타나는 것과 동일한 집단)에 의한 원주민의 예속에 관한 것이다. 선한 지배자는 신이든 반신이든 수호자이든 인간의 가부장적인 목자이며, 참된 정치기술, 즉 지배의 기술은 일종의 목축기술, 말하자면 인간가축을 관리하고 통제하는 기술이라는 플라톤의 집요한 주장을 해석할 때, 우리는 이 이야기를 명심해야 한다. 그리고 이런 관점에서 우리는 "목자에 대한 목축견처럼 국가의 지배자에게 복종하는 보조원"의 양육과 훈련에 대한 그의 기술을 이해해야 한다.

플라톤의 최선국가에서, 보조원의 양육과 교육 및 그에 따른 지배계급의 양육과 교육은 무기휴대와 마찬가지로 계급의 상징이며, 따라서 계급의 특권이다.[33] 그리고 양육과 교육은 공허한 상징이 아니라 무기와 같은 지배계급의 도구로, 이 지배의 안정을 확보하는 데 필요한 것이다. 플라톤은 오직 이런 관점에서, 말하자면 강력한 정치적 무기이자 인간가축을 통솔하고 지배계급을 단합시키는 데 유용한 수단으로만 양육과 교육을 다루고 있다.

이 목적을 위해서 중요한 것은 주인계급이 하나의 우월한 주인종족임을 자신해야 한다는 점이다. 플라톤은 우리가 우리 자신의 종족에 대해서는 등한히 하면서 짐승들은 갖은 정성으로 양육한다는, 그 후로 계속 반복된 인종주의적인 주장을 전개하면서 (유아살해를 변호하는 뜻으로)

"수호자의 혈통은 순수하게 지켜져야 한다."[34]고 말한다.(유아살해는 아테네의 관습이 아니었다. 플라톤은 그것이 스파르타에서 우생학적인 이유로 행해진 것을 알고는, 그것이 틀림없이 오래되고 따라서 좋은 것이라고 단정한 것이다.) 그는 노련한 사육사가 개나 말이나 새에게 적용하는 것과 같은 원리를 주인종족의 양육에 적용하도록 요구한다. 플라톤은 "만일 당신이 새나 개를 이런 식으로 사육하지 않았다면, 당신은 그 품종이 이내 퇴화하리라고 생각하지 않는가?" 하고 따지면서 "같은 원리가 인간의 종족에도 적용된다."는 결론을 내리고 있다. 수호자나 보조원에게 요구되는 혈통적인 자질은 더욱 구체적으로 말하면 목축견의 자질이다. 플라톤은 "우리의 전사들은……경비견처럼 강인해야 한다."고 요구하고, "자연적인 경비능력에 관한 한, 씩씩한 젊은이와 잘 길들인 개가 다를 바가 무엇인가?" 하고 반문한다. 플라톤은 개를 열렬히 찬탄하는 마음에서, 개에게서 "진정한 철학적 본성"을 찾아내기까지 하는데, "배움을 좋아하는 것은 철학적인 태도와 같은 것이 아닌가?"라는 것이 그 이유이다.

플라톤을 괴롭히는 주된 난점은 수호자와 보조자에게는 사나운 성격과 유순한 성격이 동시에 부여되어야 한다는 것이었다. 그들이 대담무쌍하게 그리고 정복하기 어려운 정신으로 어떤 위험에든 대처해야 하는 이상, 사납게 키워져야 하는 것은 분명하다. 그러나 "만약 그들의 본성이 그런 것이어야 한다면, 그들 서로 간에 광포해진다든가, 나머지 다른 시민들에게 광포하게 구는 것을 어떻게 막을 수 있겠는가?"[35] 실제로 "만약 목동이, 개라기보다는 오히려 늑대처럼 행동하면서 양을 괴롭히는 개들을 지켜야 한다면 그것은 매우 끔찍한" 일일 것이다. 이 문제는 정치적 균형의 관점, 혹은 차라리 국가안정의 관점에서 보면 중요한 것이었다. 왜냐하면 플라톤은 여러 계급의 힘의 균형은 불안정하다는 이유로 그 균형에 의존하지 않았기 때문이다. 지배계급의 통제, 즉 그들의 전횡적인 권력과 광포함에 대한 통제는 피지배자들의 반대 세력으로는 불가능한 것이었다. 주인계급의 우월성은 도전받지 않은 채로 존속해야 하기 때문이다. 그러므로 지배계급을 통제하는 유일한 길은 자제뿐이었다. 지배계급은 경제적 금욕, 즉 피지배자들에 대한 과도한 경제적 착취를 삼가야 하는 것과 같이, 피지배계급을 다루는 데 너무 심한 광포함을 나타내서는 안 된다. 그러나 이것은 그들 본성의 광포함이 그들의 유순한 성격과 균형을 이룰 때만 성취될 수 있다. 플라톤은 "광포한 본성은 유순한 본성과는 정반대이기 때문에" 이 문제를 아주 심각한 것으로 보았다. 그가 내세운 대화자인 소크라테스는 개를 다시 상기할 때까지는 난처했었다고 하면서 다음과 같이 말한다. "잘 길들여진 개는 본래 자기 친구와 아는 사람들에게는 아주 유순하지만, 낯선 사람에게는 그와 정반대이다." 그러므로 "우리가 우리의 수호자들에게 부여하고자 하는 성격은 자연에 모순되지 않는다."는 것이 증명된다. 이렇게 하여 지배종족을 양육하는 목적이 설정되며, 그 달성이 가능한 것으로 나타난다. 그것은 국가의 안정을 지키는 데 필요한 조건들을 분석함으로써 도출된다.

플라톤의 교육적 목적은 그와 꼭 같다. 그것은 지배자의 성격에 광포한 요소와 유순한 요소를 조화시켜 국가를 안정되게 하려는, 순전히 정치적인 목적이다. 그리스 상류계급의 자제들이 교육받던 두 가지 훈련인 체육과 음악(음악은 그 말의 넓은 의미에서 모든 문학적 학습을 포함한다.)은 플라톤에 의해 광포함과 유순함이라는 두 요소와 상호연관된다. 플라톤은 다음과 같이 질문한다.[36] "음악은 도외시하고 체육으로만 단련된 사람의 성격이 어떻게 되는지 관찰하지 않았는가? 또 그와 반대로 단련된 사람은 어떨까?……체육에만 기울어지면 사람들은 필요 이상으로 광포하게 될 것이고, 음악에만 치우친다면 너무 나약해질 것이다.……그러나 우리의 수호자들은 이 두 본성을 다 갖추고 있어야만 된다고 우리는 주장한다.……내가 어떤 신이 이 두 가지 예술, 즉 음악과 체육을 인간에게 부여한 것이 확실하다고 말하는 이유가 바로 이것이다. 그리고 그 예술들은 영혼과 육체에 따로따로 봉사한다기보다는, 오히려 이 두 개의 중요한 줄을 적절하게 조화시키는 것, 즉 영혼의 두 요소인 유순함과 광포함을 조화 있게 하기 위한 것이다." "이런 것들이 우리들의 교육과 훈련의 대략적인 체계이다."라고 플라톤은 그의 분석을 결론짓고 있다.

플라톤이 영혼의 유순한 요소와 철학적 성향을 동일시했음에도, 또 철학이 『국가』의 뒷부분에서는 매우 주도적인 역할을 수행하는데도 불구하고, 그는 영혼의 유순한 요소나 음악적 교육, 즉 문학적 교육에 결코 치우치지 않는다. 그 두 요소에 균형을 취하려는 공평한 입장은 그로 하여금 문학적 교육을 아주 엄격히 제한하도록 강요한 것으로, 그 당시 아테네에서 행해지던 관습과 비교해 보건대 매우 주목할 만하다. 물론 이것은 아테네의 관습보다 스파르타의 관습을 더 좋게 보았던 그의 일반적인 경향의 일부분에 불과하다.(그의 다른 표본인 크레테는 스파르타가 반음악적이었던 것보다 더 반음악적이었다.[37]) 플라톤의 문학적 교육에 대한 정치적 원칙은 단순한 비교에 근거하고 있다. 그는 스파르타가 인간가축들을 다소간 너무 거칠게 다루었다고 보았다. 이것은 허약한 감정의 징후이거나 또는 허약한 감정의 용인이었고,[38] 그러므로 지배계급의 쇠퇴의 초기 징후이기도 하다. 한편으로 아테네는 너무 자유로웠고, 노예를 다루는 데도 너무 너그러웠다. 플라톤은 이것을 스파르타는 다소 지나칠 만큼 체육을 강조했으며, 아테네는 물론 너무 지나칠 만큼 음악을 강조했다는 증거로 삼았다. 이 단순한 평가는 플라톤으로 하여금 최선국가의 교육에 있어서 그 두 요소의 참된 배합이나 참된 혼합임에 틀림없는 어떤 것을 쉽게 재구성하게 하였으며, 또 그의 교육정책의 원칙들을 세우도록 했다. 아테네의 관점에서 판단한다면, 그것은 모든 문학적 문제를 국가가 엄격히 통제하는 스파르타의 예를 강력히 고수함으로써 모든 문학적 교육은 억제되어야 한다는 요구에 불과하다.[39] 일상적 의미에서의 시나 음악은 엄격한 검열에 의해 통제되며, 시와 음악은 젊은이들로 하여금 계급훈련을 보다 더 의식하도록 하고,[40] 그리하여 계급이익에 보다 더 봉사하도록 함으로써 국가의 안정을 강화하는 데 전적으로 봉사해야 한다. 플라톤은 젊은이들을 보다 유순하게 하는 것이 음악의 기능이라는 것까지도 잊어버린다. 왜냐하면 그는 젊은이들을 보다 용감하게, 즉 보다 광포하게 만들 그런 형식의 음악을 요구하기 때문이다.(플라톤이 아테네인이었음을 고려해 보면, 고유한 음악에 관한 그의 논의는, 특히 보다 개화된 그 당시의 비판과 비교해 본다면,[41] 믿을 수 없을 정도로 미신적인 편협성을 드러내 보인다. 그러나 현재에도 그를 편드는 음악가들이 많이 있다. 그것은 아마도 음악가들이 음악의 중요성, 즉 음악의 정치적 힘에 대한 그의 고견에 우쭐해졌기 때문일 것이다. 교육학자나 심지어는 철학자의 경우도 마찬가지이다. 왜냐하면 플라톤은 그들이 지배해야만 한다고 주장하기 때문이다. 그 요구에 대해서는 8장에서 논의할 것이다.)

영혼의 교육을 결정하는 정치적 원리, 말하자면 국가안정의 유지라는 원리는 육체의 교육도 결정한다. 그 목표는 간단히 스파르타의 목표이다. 아테네 시민들이 일반적인 재능을 기르도록 교육받고 있었는 데 반해, 플라톤은 지배계급이 나라 안팎의 적에 대항할 준비가 되어 있는 직업적인 전사계급으로 훈련되어야 한다고 요구한다. 그는 두 번씩이나 다음과 같이 이야기한다. 아들딸들은 "말에 태워 실제 전쟁의 광경이 보이는 곳까지 데려와야 한다. 그리고 안전하다면 전쟁터로 데려와서 피 맛을 보여야만 한다. 우리가 어린 사냥개에게 하는 것과 똑같이."[42] 현대의 전체주의적 교육을 "강화되고 지속적인 동원형태"라고 특징지은 어느 현대작가의 말은, 플라톤 교육의 전체 체계에 그야말로 잘 들어맞는다.

이것이 플라톤의 최선 혹은 최고(最古)국가에 대한 개요이다. 즉 영리하지만 무정한 목동이 양을 다루는 것처럼, 말하자면 지나치게 잔인하지는 않지만 적당히 경멸하면서 인간가축을 다루는 국가에 대한 이론의 개요이다. 스파르타의 사회제도와 그것의 안정과 불안정의 조건에 관한 분석으로서, 그리고 보다 엄격하고 원시적인 부족생활의 형태를 재구성하려는 시도로서, 이 진술은 사실상 탁월하다.(이 장에서는 단지 기술적 면만 다룬다. 윤리적 면은 다음 장에서 논의될 것이다.) 나는 단지 신화적이거나 이상주의적인 사변이라고 보통 여겨지는 플라톤의 저서 중 많은 것들이, 이와 같이 사회학적인 기술과 분석으로 해석될 수 있다고 본다. 예컨대 원주민들을 예종시키는 유목 정복민들에 관한 그의 신화를 살펴본다면, 기술사회학의 관점에서 그것은 가장 성공적인 것이었음을 인정해야 한다. 사실상 그것은 중앙집권화되고 조직화된 정치권력이 일반적으로 그런 정복에 의해 시작된다고 하는 국가 기원에 대한 흥미로운(비록 너무 포괄적일 가능성은 있지만) 현대적 이론의 한 전신이었다고 주장될수도 있다.[43] 플라톤의 저서 중에는 이런 종류의 기술들이 우리가 현재 평가할 수 있는 것보다 더 많이 있을지도 모른다.

V 역사의 쇠퇴와 몰락

지금까지의 논의를 요약해 보자. 플라톤은 자신이 체험한 변화하는 사회를 이해하고 해석하려고 시도함으로써 세계적인 역사주의적 사회학을 아주 세밀하게 발전시키게 되었다. 그는 현존하는 국가란 불변하는 형상이나 이데아의 쇠퇴해 가는 복사품이라고 생각했다. 그는 이 국가의 형상이나 이데아를 재구성하려고 노력했고, 적어도 가능한 한 그것에 흡사하게 닮은 사회를 그리려고 노력했다. 그는 그의 재구성을 위한 자료로, 옛 전통과 함께 그리스에서 그가 찾아볼 수 있었던 가장 오래된 사회생활의 형태인, 스파르타와 크레테의 사회제도에 대한 분석 결과를 사용했다. 스파르타와 크레테의 사회제도에서 그는 더욱 오래된 부족사회의 통제된 형태를 확인했다. 그러나 이 재료를 적절하게 쓰기 위해서는, 현존

하는 재료들의 훌륭한 특징이나 독창적 특징 및 예로부터 내려오는 특징
들과, 그 특징들이 쇠망하는 징후를 구별하기 위한 원칙이 필요했다. 그
는 이 원칙을 그의 정치적 혁명의 법칙에서 찾아냈다. 그 법칙에 의하면
지배계급의 분열과 경제적 이익의 독점이 모든 사회변화의 발단이 된다.
그러므로 그의 최선국가는 할 수 있는 한은 철저히 분열과 쇠망의 모든
배아와 요소들을 제거할 수 있는 방법으로 재구성되어야 했다. 그것은
말하자면 경제적인 절제와 교육 및 훈련에 의해 보증된 지배계급의 굳건
한 단결에 필요한 조건들을 염두에 두고, 스파르타적 국가의 예에 따라
서 건립되어야 하는 것이었다.

플라톤은 현존하는 사회를 이상사회의 퇴락한 복사품으로 해석하면서,
이론적인 배경과 풍부한 실제적 적용으로 인간 역사에 대한 다소 조잡한
헤시오도스의 관점을 곧 보완했다. 그는 헤라클레이토스의 분열에서, 그
리고 그가 역사를 부패시키는 힘뿐만 아니라 추진시키는 힘까지도 있다
고 보았던 계급투쟁에서 사회변화의 원인을 설명하는 아주 현실적인 역
사주의적 이론을 발전시켰다. 그는 이 역사주의적 원칙을 그리스 도시국
가들의 쇠퇴와 몰락의 이야기에 적용했으며, 나약하고 쇠퇴한 것으로 생
각한 민주주의에 대한 비판에 적용했다. 그리고 후에 『법률』에서는[44] 그
원칙들을 페르시아 제국의 쇠퇴와 몰락의 이야기에도 적용함으로써, 제
국과 문명의 역사의 쇠퇴와 몰락이라는 긴 극화 시리즈를 출발시켰다고
덧붙일 수도 있을 것이다.(슈펭글러의 유명한 『서구의 몰락 Decline of the
West』은 그 시리즈의 최후의 것은 아니라 하더라도 아마 최악의 것이리
라.[45]) 나는 이 모든 것들이 부족사회의 붕괴에 대한 자신의 경험, 즉 헤
라클레이토스로 하여금 최초로 변화의 철학을 발전시키도록 했던 것과
유사한 경험을 설명하고 합리화하기 위한 시도로, 그리고 가장 인상적인
시도로 해석될 수 있다고 본다.

그러나 플라톤의 기술사회학에 대한 분석은 아직도 불완전하다. 그의

쇠퇴와 몰락의 이론과 그의 거의 모든 후기 이야기들은 적어도 우리가 아직 논익하지 않은 두 가지 특성을 갖고 있다. 그는 이런 쇠퇴하는 사회를 어떤 종류의 유기체로 보았고, 쇠퇴를 나이를 먹는 것과 비슷한 과정으로 보았다. 그리고 도덕적 타락이 영혼의 몰락과 쇠퇴에 해당되듯이, 쇠퇴가 사회 몸체의 쇠퇴와 병행한다고 믿었다. 이 모든 것은 최초의 변화에 대한 플라톤의 이론, 즉 수(數)와 인간 몰락의 이야기에서 중요한 역할을 수행한다. 이 이론과 이데아론과의 연관은 다음 장에서 논의될 것이다.

5 자연과 관습

개요

자연적 법칙과 규범적 법칙의 구별은 사회과학의 탐구에서 매우 중요한 의미를 지닌다. 그러나 이것은, 오늘날까지도 우리들 뇌리 속에 분명하게 정립되지 않는다는 사실에서도 알 수 있듯이, 어렵고 파악하기 힘든 구별이다. 자연적 법칙은 태양과 달, 사계절의 계속을 설명하는 법칙과 같이 자연의 엄격하고 고정불변한 규칙성을 나타내는 것이며, 규범적 법칙은 어떤 행위양식을 요구하거나 금지하는 규범으로 인간에 의해서 제정되고 변경될 수 있는 규칙이다.

이 두 법칙은 이름만 같은 법칙일 뿐이지 공통되는 것은 거의 없다고 할 수 있다. 그러나 이러한 견해가 일반적으로 받아들여지는 것은 결코 아니다. 소박한 일원론처럼 자연적 법칙과 규범적 법칙이 아직 구별이 안 되는 단계가 있는가 하면, 이 단계는 벗어났지만 사실과 결단을 완전히 구별하는 비판적 이원론에는 아직 도달하지 못한 중간 단계들도 있다. 이 중간 단계 중에서 가장 중요한 세 단계로는 (1) 생물학적 자연주의, (2) 윤리적 또는 법률적 실증주의, (3) 심리학적 또는 정신적 자연주의를 들 수 있다.

생물학적 자연주의는 도덕적 법칙과 국가의 법률은 자의적이라는 사실에도 불구하고, 그런 규범들을 이끌어낼 수 있는 영구히 불변하는 어떤 자연의 법칙들이 존재한다는 이론이다. 이 이론은 평등주의를 옹호하기 위해서뿐만 아니라 강자 지배의 반평등주의를 옹호하는 데도 사용되어 왔다. 윤리적 실증주의는 규범을 사실로부터 도출해야 한다는 데는 생물학적 자연주의와 일치하지만, 실증적으로 존재하는 규칙 외에는 어떠한 규범도 존재하지 않는다고 주장한다. 그러므로 여기서는 현존하는 규범만이 선의 표준으로 가능하게 된다. 역사적으로 윤리적 실증주의는 보통 보수적이었고 또는 권위주의적이기도 했다. 정신적 자연주의는 앞의 두 관점을 결합한 것으로, 인간의 진정한 자연적 본성으로부터 규범들을 도출해야 한다고 주장한다.

플라톤은 이 정신적 자연주의를 최초로 공식화한 사람으로, 그는 소크라테스의 영혼의 권리, 즉 정신이 육체보다 더욱 중요하다는 가르침에 영향을 입었다. 플라톤은 영혼이 다른 사물에 앞서며, 그렇기 때문에 본래부터 존재한다고 가르쳤다. 그리고 그는 개인의 영혼을 국가의 세 계급인 수호자, 전사, 노동자에 대응시켜, 이성, 기개, 동물적 본능의 세 부분으로 나눈다.

그는 국가를 인간 영혼과 비슷한 것으로 보았다. 특히 국가의 질병, 즉 그 통일성의 분열은 인간 영혼 내지는 인간 본성의 질병에 대응한다. 국가 쇠퇴의 모든 전형적 단계는 인간의 영혼, 인간의 본성, 인간 종족의 각 쇠퇴 단계에 대응함으로써 발생한다. 그리고 이런 도덕적 부패가 종족적 부패에 근거하는 것으로 해석되기 때문에, 플라톤의 자연주의에서 생물학적 요소는 결국 그의 역사주의의 가장 핵심적인 부분을 차지한다. 그는 그의 역사주의 이론을, 변화하는 가시적 세계는 단지 불변하는 보이지 않는 세계의 쇠퇴해 가는 복사품에 불과하다는 환상적인 철학적 원리에서 이끌어냈다. 그러나 역사주의적 비관주의와 존재론적 낙관주의를 결합시키려는 이 순진한 시도는 면밀히 검토되었을 때, 난관에 부딪친다. 이 난관을 극복하기 위해 그는 사회가 그 구성원들의 인간적 본성에 의

존한다는 이론과 함께 생물학적 자연주의를 채택했고, 이것은 신비주의
와 미신에까지 이르러 생식에 관한 사이비 합리주의적 수학 이론에서 그
절정에 달했다.

5
자연과 관습

　플라톤이 과학적 탐구의 정신으로 사회현상에 접근한 최초의 사람은 아니었다. 적어도 사회과학의 시작은 자칭 '소피스트'라고 하는 위대한 사상가 중의 일인자인 프로타고라스의 시대로 거슬러 올라간다. 그 시대는 인간의 환경의 상이한 두 요소인 자연적 환경과 사회적 환경을 구별하는 것이 필요하다는 인식에 의해서 특징지어진다. 이것은 오늘날까지도 우리들 뇌리 속에 분명하게 정립되지 않는다는 사실로 미루어 추론할 수 있듯이, 어렵고 파악하기도 힘든 구별이다. 그것은 프로타고라스 이래로 계속해서 문제시되고 있다. 우리 대부분은 사회환경의 특성을 '자연적'인 것으로 받아들이려는 경향이 짙은 것 같다.

　불변적 금기나 법률을 태양이 떠오르는 것이나 계절의 주기 또는 그와 유사한 분명한 자연의 규칙성과 같이 피할 수 없는 것으로 느끼는 그런 마력의 영역[1] 안에서 사는 것이 원시 부족사회나 '닫힌'사회가 갖는 마술적 태도의 한 특성이다. 그리고 '자연'과 '사회'의 상이점에 대한 이론적인 이해가 발전될 수 있는 것은 이런 마술적인 닫힌사회가 실제로 붕괴된 후라야만 한다.

I 자연적 법칙과 규범적 법칙

이런 발전에 대한 분석은 한 가지 중요한 구별에 대해 분명한 파악을 필요로 한다고 생각된다. 그것은 태양과 달, 위성의 운동, 사계절의 계속을 설명하는 법칙이나 중력의 법칙 또는 말하자면 열역학의 법칙과 같은 (a) 자연적 법칙 natural laws이나 자연의 법칙과, 다른 한편으로는 어떤 행위양식을 금하거나 요구하는 것과 같은 규칙으로, 예컨대 모세의 십계 명이나 국회의원 선거 절차를 규정하는 법적 규칙들, 또는 아테네의 체제를 구성하는 법률과 같은 (b) 규범적 법칙 normative laws이나 규범, 금지와 계율 등을 구별하는 것이다.

이 문제에 대한 토론은 이 구별을 모호하게 하는 경향으로 인해 흔히 가치가 떨어지고 있기 때문에 거기에 대해 몇 마디 부연하는 것이 필요할 것이다. (a)의미——자연적 법칙——의 법칙은 실제로 자연에 적용할 수 있거나(이 경우 법칙은 참된 진술이다.) 적용할 수 없는(이 경우 법칙은 거짓이다.) 엄격하고 일정불변한 규칙성을 나타내고 있다. 우리가 자연의 법칙이 참인지 거짓인지 모른다면, 그리고 그 불확실한 점에 주의를 두고자 한다면, 우리는 그것을 종종 '가설'이라 부른다. 자연의 법칙은 영구 불변이며, 거기에는 아무런 예외도 없다. 만약 우리가 무언가 자연의 법칙에 어긋나는 일이 일어났다고 확신한다면 우리는 그 법칙에 예외가 있다든가 변화가 일어났다고 하지 않고, 오히려 우리의 가설이 반박되고 있다고 말해야 할 것이다. 왜냐하면 그것은 가정된 엄격한 규칙성이 적용되지 않게 된 것, 달리 표현하면 가정된 자연의 법칙이 자연의 진정한 법칙이 아니라 거짓된 진술임이 밝혀지게 된 것이기 때문이다. 자연의 법칙은 영구불변이기 때문에 그것은 파괴되지도 않고 강제성을 띠지도 않는다. 그 법칙들은 우리가 기술적인 목적상 이용할 수도 있고, 그 법칙을 모른다든가 무시해서 고통을 겪는 일은 있겠지만, 인간이 조절할 수 있는 한계를 넘어서 있는 것이다.

이 모든 것들은 규범적인 법칙인 (b)류의 법칙과 대조하면 아주 판이하다. 규범적인 법칙은 현재 그것이 법적인 규정이든 도덕적 규율이든, 인간에 의해 강제적으로 집행될 수 있다. 또한 그것은 변경될 수도 있다. 그것은 좋고 나쁘다든가, 옳고 그르다든가, 또는 받아들일 수 있다든가 받아들일 수 없다는 식으로 기술될 수도 있다. 그것은 사실을 묘사하는 것이 아니라 우리 행위의 방향을 세우는 것이기 때문에, 단지 비유적 의미에서만 참 또는 거짓이라고 불릴 수 있다. 만약 규범적 법칙이 어떤 요점이나 의미를 갖고 있다면, 그것은 파괴될 수 있을 것이다. 그리고 만약 그것이 파괴될 수 없다면, 그것은 불필요한 것이고 무의미한 것이다. '네가 가진 것보다 더 많은 돈은 쓰지 마라.'라는 것은 의미 깊은 규범적 법칙이다. 그것은 도덕적 또는 입법적 규칙으로서 의미심장할 수도 있으며, 종종 지켜지지 않기 때문에 더욱 필요한 것이기도 하다. '네 지갑 속에 있는 돈보다 더 많은 돈을 네 지갑에서 꺼내지 마라.'라는 것도 그 어법상 규범적 법칙이라 할 수 있겠으나, 그것은 파괴될 수 없기 때문에 그런 규칙을 도덕적 또는 입법적 체제의 의미 있는 부분이라고 진지하게 생각하는 사람은 아무도 없을 것이다. 만약 의미 있는 규범적 법칙이 준수된다면, 이것은 언제나 인간의 통제, 즉 인간의 행위와 결심 때문이다. 그것은 보통 법의 강제력, 즉 법을 위반하는 자들을 처벌하고 구속하려는 결심 때문이다.

나는 많은 사상가들, 특히 수많은 사회과학자들과 같이 (a)의미의 법칙, 즉 자연의 규칙성을 기술하는 진술과, (b)의미의 법칙, 즉 금지나 계율과 같은 규범과의 구별은 근본적인 것으로, 이 두 종류의 법칙은 그 이름만 같은 법칙일 뿐이지 공통되는 것은 거의 없다고 믿는다. 그러나 이러한 견해가 일반적으로 받아들여지는 것은 결코 아니다. 이와는 반대로 (a)의미의 자연적 법칙에 맞추어서 이루어졌다는 뜻에서 '자연적'인 규범, 즉 금지나 계율이 있다고 믿는 사상가들이 많다. 그들은 예컨대, 어떤 법적 규범은 인간의 본성과 일치하므로 (a)의미에서의 심리학적인 자연적 법칙과 일치하지만, 반면에 다른 법적 규범은 인간의 본성에 위배된다고 생각한다. 그리고 그들은 인간 본성과 일치하는 것으로 나타날 수 있는 규범들은 (a)의미의 자연적 법칙과 실제로 그리 크게 다를 것이 없다고도 한다. 또 다른 사람들은 (a)의미의 자연적 법칙은 규범적 법칙과는 사실상 매우 유사하다고 말한다. 왜냐하면 자연적 법칙이란 우주 창조자의 의지나 결정에 의해 세워진 것이기 때문이다. 이 관점은 의심할 여지 없이 근본적으로 규범적인 단어인 '법칙'을 (a)류의 의미로 사용하고 있는 것이다. 이 모든 관점들은 토론해 볼 가치가 있을 것이다. 그러나 그것들을 토론하기 위해서는 먼저 (a)의미의 법칙과 (b)의미의 법칙을 구별하는 것이 필요하다. 잘못된 용어법으로 인해 문제를 혼동해서는 안 되기 때문이다. 그러므로 우리는 '자연적 법칙'이란 말은 (a)류의 법칙에만 국한할 것이며, 이 말을 어떤 의미로든지 '자연적'임을 주장하려는 여하한 규범에도 적용시키지 않을 것이다. 만약 우리가 (b)형의 법칙의 '자연적' 성격을 강조하고자 한다면, '자연적 권리와 의무'라든지, '자연적 규범'이란 말을 쉽게 할 수 있기 때문에 그러한 혼동은 전혀 필요 없는 것이다.

II 소박한 일원론과 비판적 이원론

나는 플라톤의 사회학을 이해하기 위해서는 자연적 법칙과 규범적 법칙의 구별이 어떻게 발전되었는지를 고려해 보는 것이 필요하다고 믿는다. 첫째로, 나는 그 발전의 출발점과 마지막 단계로 보이는 것을 토론하고 난 후, 세 개의 중간 단계로 보이는 것을 토론할 것이다. 이것들은 모두 플라톤의 이론에서 일익을 담당하고 있다. 출발점은 소박한 일원론 naïve monism으로 기술될 수 있다. 그것은 '닫힌사회'의 특성이라고 할 수 있는 것이다. 마지막 단계는 내가 비판적 이원론 critical dualism(또는 비판적 관습주의)이라 부르는 것으로, 열린사회의 특성이 된다. 아직도 많은 사람들이 이 단계의 설정을 기피하려는 사실은 우리가 아직 닫힌사회에서 열린사회로 넘어가는 도중에 있음을 가리키는 것으로 받아들일 수 있을 것이다.(이 모든 점에 관해서는 10장을 참조하기 바란다.)

내가 '소박한 일원론'이라 부른 출발점은 자연적 법칙과 규범적 법칙의 구별이 아직 안 되고 있는 단계이다. 인간이 스스로를 환경에 적응하도록 배우는 방법은 불쾌한 경험에 의해서이다. 규범적 금기가 깨어지면 타인에 의해 강요된 제재와 자연적 환경에서 겪는 불쾌한 경험 간에 아무런 구별이 생기지 않는다. 이 단계에서 우리는 두 개의 가능성을 구별할 수 있을 것이다. 그 하나가 소박한 자연주의라고 기술될 수 있는 것으로, 이 단계에서는 자연적 규칙이든 관습적 규칙이든, 규칙의 변경이란 전혀 불가능하게 느껴진다. 그러나 이 단계는 아마도 결코 실현된 적은 없었던 추상적 가능성일 뿐이라고 나는 믿는다. 보다 중요한 것은 소박한 관습주의라고 기술할 수 있는 단계, 즉 자연적 규칙성과 규범적 규칙성이 인간과 같은 신이나 악마의 결의의 표현으로서, 그리고 그러한 결의에 좌우되는 것으로서 경험되는 단계이다. 그리하여 계절의 주기나 태양, 달, 위성들의 운동의 특성은 "하늘과 땅"을 지배하며 "최초에 창조주에 의해 세워지고 선언된" "법칙이나 강령 내지는 결정"에 복종하는 것으로 해석될 수 있을 것이다.[2] 이런 식으로 생각하는 자들은 자연적인 법칙까지도 어떤 예외적인 조건하에서는 변경될 수 있으며, 마술적인 도움에 힘입어 때로는 인간이 그것에 영향을 미칠 수도 있고, 자연적 규칙도 규범적인 것처럼 강제에 의해 유지되는 것으로 여긴다는 것은 이해할 만하다. 이런 관점은 헤라클레이토스에 의해 잘 설명되고 있다. "태양은 그 표준궤도를 벗어나지 않을 것이다. 그렇지 않으면 운명의 여신, 정의의 시녀가 태양을 징계할 것이다."

마술적 부족주의의 붕괴는 금기가 여러 부족 간에 서로 다르다는 것, 금기는 인간에 의해 부과되며 강요된다는 것, 그리고 만약 인간이 같은 인간에 의해 부과된 제재를 피할 수만 있다면 불쾌한 반발 없이 금기를 깨뜨릴 수도 있다는 것에 대한 인식과 밀접하게 관련되어 있다. 이런 인식은 법률이 인간 입법가들에 의해 수정되며 제정된다는 것을 깨달았을 때 촉진된다. 나는 솔로몬과 같은 입법가뿐 아니라, 민주국가의 평범한 국민들에 의해 제정되고 강요되는 법률도 염두에 두고 있다. 이런 경험이 결정이나 관습에 근거한 인간이 강요하는 규범적 법칙과, 인간의 힘을 넘어서는 자연적 규칙과의 차이를 깨닫게 만들었을 것이다. 이런 차이가 분명하게 의식되었을 때, 우리는 비판적 이원론 또는 비판적 관습주의의 단계에 이르렀다고 말할 수 있다. 그리스 철학의 발달에서 사실과 규범의 이런 이원론은 자연과 관습 간의 대립이라는 말로 나타난다.[3]

이런 단계는 오랜 옛날, 소크라테스보다 약간 연장자였던 소피스트인 프로타고라스에 의해 도달되었음에도 불구하고 아직도 거의 이해되지 않고 있으므로, 그것에 관해 조금 자세히 설명하는 것이 필요할 것 같다. 첫째, 우리는 비판적 이원론이 규범의 역사적 기원에 관한 이론을 포함한다고 생각해서는 안 된다. 비판적 이원론은, 규범이 최초에(인간이 이런 종류의 어떤 것을 처음 발견할 수 있었을 때는 언제든지) 단순히 존재하는 것으로 인간에 의해 발견된 것이 아니라 인간에 의해 의식적으로 consciously 제정되었거나 도입되었다는, 명백히 지지하기 어려운 역사적 주장과는 아무 상관이 없다. 그러므로 비판적 이원론은 규범이 신으로부터가 아니라 인간으로부터 발생된 것이라는 주장과는 아무 상관도 없으며, 또한 그것은 규범적 법칙의 중요성을 과소평가하는 것도 아니다. 그것은 규범이 인간이 만든 관습적인 것이기 때문에 '단순히 자의적'이라는 주장과는 더욱더 아무런 관계도 없다. 비판적 이원론은 단순히 규범과 규범적 법칙이 인간에 의해서, 좀 더 자세히 말한다면 그것을 지키거나 수정하려는 결단이나 협약에 의해 제정될 수 있고 변화될 수 있다고 주장하며, 그러므로 그것에 대한 도덕적인 책임은 인간이 져야 한다고 주장한다. 그리고 인간이 그것에 대해 도덕적인 책임을 져야 하는 규범은 아마 그가 처음 규범에 대해 숙고하기 시작했을 때 사회에서 발견해 낸 규범이 아니라, 그가 그것을 수정할 수 있다는 것을 알았을 때도 기꺼이 지킬 각오가 되어 있는 규범일 것이다. 규범은 우리 자신 이외에 어느 누구도, 자연이나 신도 그것에 대해 책임을 질 수 없다는 의미에서 인간이 만든 것이다. 우리가 규범들에 대해 불만이 있다면, 할 수 있는 한 그것을 개선하는 것이 우리의 일이다. 규범이 관습적이라는 나의 주장은 그것이 자의적인 것이라든가 또는 어떤 규범적 체계가 다른 규범적 체계와 똑같이 좋다는 것을 의미하는 것이 아니다. 어떤 법칙체제가 개선될 수 있고 어떤 법칙은 다른 것보다 더 나을 것이라고 말함으로써 오히려 나는 현재의 규범적 법칙과(또는 사회제도와) 실현할 가치가 있다고 판단 내린 어떤 표준적 규범과의 비교가 가능함을 암시하고 있다. 그러나 이 표준조차도, 그것에 찬성하는 우리의 결단이 우리 자신의 결단이며 우리만이 그 표준을 채택한 데 대한 책임을 진다는 의미에서 보면, 우리가 만들어내는 것이다. 표준은 자연 속에서 찾아지는 것이 아니다. 자연은 사실과 규칙성으로 이루어져 있으며, 자연 그 자체는 도덕도 비도덕도 아니다. 우리 자신이 자연세계의 일부라는 사실에도 불구하고, 자연에 표준을 부과하고, 이런 식으로 자연세계에 도덕을 도입하는 것은 바로 우리들이다.[4] 우리는 자연의 산물이지만, 자연은 우리에게 세계를 변경할 수 있는 능력, 미래를 예견하고 계획할 수 있는 능력, 그리고 우리가 도덕적 책임을 져야 할 원대한 결단을 내릴 수 있는 능력을 부여했다. 그렇지만 책임과 결단은 우리와 함께 비로소 자연의 세계에서 나타난다.

III 사실과 결단의 이원론

이런 태도를 이해하기 위해서는 이 결단들이 비록 사실에 관계하기는
하나, 결코 사실(또는 사실의 진술)로부터 나올 수는 없다는 것을 인식하
는 것이 중요하다. 예를 들면 노예제도를 반대하는 결단은 모든 인간은
자유롭고 평등하게 태어났으며, 쇠사슬에 묶여 태어난 자는 아무도 없다
는 사실에 의거하지 않는다. 왜냐하면 우리 모두가 자유롭게 태어났다
하더라도 어떤 사람들은 다른 사람들을 쇠사슬에 묶으려 할 수도 있을
것이고, 또 그들은 자기들이 그 사람들을 쇠사슬로 묶어두어야 한다고
믿고 있을 수도 있기 때문이다. 그리고 또 그와 반대로 인간이 비록 쇠
사슬에 묶여 태어났다 하더라도, 우리 대다수는 그 쇠사슬을 풀어달라고
요구할 수 있을 것이다. 또는 이 문제를 보다 정확하게 설명하면, 만약
우리가 하나의 사실 —— 많은 사람들이 질병으로 고생하고 있다는 사실
과 같은 —— 을 변경 가능한 것으로 생각할 때, 우리는 항상 이 사실에
대해 무수히 서로 다른 태도를 취할 수 있다. 즉 보다 구체적으로는 그
사실을 변경해 보려는 결심을 할 수도 있고, 또는 그런 어떤 시도에 저
항해 보겠다고 결심할 수도 있으며, 전혀 아무 태도도 취하지 않겠다는
결심을 할 수도 있다.

모든 도덕적 결단은 이런 식으로 이런저런 사실, 특히 사회생활의 어
떤 사실에 관계하며, 사회생활의 모든 (변경 가능한) 사실들은 무수히 서
로 다른 결단들을 유발할 수 있다. 어느 것이든 결단은 이런 사실이나
이런 사실의 진술로부터는 결코 도출될 수 없음을 보여준다.

그러나 다른 부류의 사실들에서도 역시 결단은 도출될 수 없다. 즉 우
리가 자연적 법칙의 도움으로 기술하는 자연적 규칙성에서도 결단은 도
출될 수 없는 것이다. 우리의 결단은, 만약 결단들이 언제나 실천에 옮겨
져야 하는 것이라면, 확실히 자연적 법칙에(인간의 생리학과 심리학을 포

함하는) 모순되어서는 안 된다. 왜냐하면 그 결단들이 그런 법칙을 거역한다면 전혀 실현될 수 없을 것이기 때문이다. 예를 들면, 모든 사람이 더욱 열심히 일하고 더욱 조금만 먹어야 한다는 결단은 생리적 이유 때문에 어느 순간을 넘어서면 실행될 수가 없다. 즉 어느 순간을 넘어서면 그 결단은 생리학의 어떤 자연적 법칙과 양립할 수 없기 때문이다. 그와 유사하게 모든 사람이 더욱 조금만 일하고 더욱 많이 먹어야 한다는 결단도 경제학적인 자연적 법칙을 포함하는 여러 이유 때문에 어느 순간을 넘어서면 실행될 수 없다.(이 장의 IV절에 나오겠지만, 사회과학에도 자연적 법칙이 있다. 우리는 그것을 '사회학적 법칙'이라 부를 것이다.)

이리하여 어떤 결단들은 어떤 자연적 법칙에(또는 변경 불가능한 사실에) 모순되기 때문에 실행될 수 없는 것으로 배제될 수도 있다. 그러나 물론 이것은 어떤 결단이 그런 '변경 불가능한 사실'에서 논리적으로 도출될 수 있다는 뜻은 아니다. 오히려 상황은 다음과 같다. 변경 가능하든 변경 불가능하든, 어떤 사실을 고려해서 우리는 여러 가지 결단, 즉 그것을 변경시키겠다든가 그것을 변경시키려는 자들로부터 보호하겠다든가, 간섭하지 않겠다든가 하는 결단을 택할 수 있다. 그러나 현존하는 자연의 법칙에 비추어 볼 때, 변경이 불가능하든지 또는 다른 이유로 인해 그것을 변경시키려는 자에게 그 변경이 너무나 어려운 일이기 때문이든지 간에 문제의 사실이 변경 불가능할 때, 그것을 변경시키겠다는 결단은 전혀 실현 가능성이 없는 것이다. 사실 그런 사실에 관계되는 결단은 어떠한 것도 요령부득이며 의미 없는 것이다.

그러므로 비판적 이원론은 결단이나 규범을 사실에 귀속시킨다는 것이 불가능하다는 것을 강조한다. 따라서 비판적 이원론은 사실과 결단의 이원론 dualism of facts and decisions이라고 기술될 수 있다.

그러나 이 이원론은 공격을 받기 쉽다. 결단은 사실이라고 주장되기도 한다. 우리가 어떤 규범을 택하는 결단을 내린다면, 이렇게 결단을 내리는 것 자체가 심리학적 또는 사회학적 사실이므로, 이런 사실과 다른 사실 간에 아무것도 공통되는 것이 없다고 하는 말은 어리석은 소리라는 것이다. 규범, 즉 우리가 택한 규범에 대한 우리의 결단이 분명히 교육의 영향력과 같은 어떤 심리학적 사실에 의존한다는 것은 의심할 수 없으므로, 사실과 결단의 이원론을 자명한 것으로 가정하든가 또는 결단이 사실에서 나올 수 없다고 하는 것은 무의미하게 들린다. 이런 반대에 대해 우리는 '결단'이 두 가지 서로 다른 의미로 말해질 수 있다고 지적함으로써 대답할 수 있을 것이다. 우리는 제시되었거나 고려되었거나 결론에 도달되었거나 결심이 된 어떤 결단을 이야기할 수도 있고, 이와는 달리 결단하는 행위에 대해 말할 수도 있으며, 이것을 '결단'이라 부를 수도 있다. 후자의 의미에 대해서만 우리는 결단을 사실이라고 기술할 수 있다. 상황은 다른 무수한 표현에 있어서도 유사하다. 어떤 의미로는 우리가 위원회에 제시된 어떤 결의안에 대해 말할 수도 있고, 또 다른 의미로는 그 결의안을 채택하는 위원회의 행위를 위원회의 결의라고 말할 수도 있다. 그와 비슷하게 우리는 우리 앞에 놓인 제안이나 발의를 말할 수도 있고, 한편으로는 무엇을 제안하고 발의하는 행위를 말할 수도 있으며, 그런 행위 역시 '제안'이나 '발의'라 부를 수도 있다. 그와 유사한 애매모호성은 기술적인 진술의 영역에서 잘 알려져 있다. '나폴레옹은 세인트헬레나에서 죽었다.'라는 진술을 생각해 보자. 이 진술과 이 진술이 기술하는 사실을 구별하는 것이 유익할 것이다. 그리고 이 사실, 즉 나폴레옹이 세인트헬레나에서 죽었다는 사실을 우리는 기본적 사실이라고 부를 수도 있을 것이다. 이제 A라고 하는 역사가가 나폴레옹의 전기를 쓰면서, 위에서 언급한 진술을 사용할 수 있을 것이다. 그러나 기본적 사실과는 전혀 다른 이차적 사실, 즉 그가 이런 진술을 만들었다는 사실 역시 존재하는 것이다. 그리고 B라는 다른 사학자가 A의 자서전을 쓸 때 'A가 나폴레옹은 세인트헬레나에서 죽었다고 진술했다.'고 함으로써 이차적 사실을 진술할 수도 있는 것이다. 이런 식으로 기술된 이차적 사실은 그 자체가 하나의 기술이 되어버린다. 그러나 그것은 우리가 '나폴레옹은 세인트헬레나에서 죽었다.'라는 기술을 진술이라고 부르는 의미와는 마땅히 구별되어야 하는 말의 의미에서 기술인 것이다. 기술을 한다든가 진술하는 것은 하나의 사회학적 또는 심리학적 사실이다. 그러나 이루어진 기술은 그 기술이 이루어졌다는 사실과는 구별되어야 하는 것이다. 이루어진 기술은 이런 사실로부터는 도출될 수 없다. 왜냐하면 그것은 'A가 나폴레옹은 세인트헬레나에서 죽었다고 진술했다.'는 것으로부터 '나폴레옹은 세인트헬레나에서 죽었다.'는 것을 타당하게 연역할 수 있다는 것을 의미하기 때문이다. 그러나 우리는 분명히 그와 같은 추론을 할수는 없다.

결단의 영역에서도 상황은 유사하다. 결단을 내리는 것, 규범이나 표준을 채택하는 것은 하나의 사실이다. 그러나 채택된 규범이나 표준 그자체는 사실이 아니다. 대부분의 사람들이 '너는 도둑질해서는 안 된다.'라는 규범에 동의하는 것은 사회학적 사실이다. 그러나 '너는 도둑질해서는 안 된다.'는 규범은 사실이 아니며, 사실을 기술하는 문장에서 결코 추론될 수도 없다. 우리가 어떤 관련된 사실에 대하여 언제나 여러 가지 결단이 가능하며, 심지어는 상반되는 결단까지도 가능하다는 것을 기억한다면 이것은 아주 분명해질 것이다. 예컨대 대부분의 사람들이 '너는 도둑질해서는 안 된다.'는 규범을 채택하는 사회학적 사실에도 불구하고, 이 규범을 채택코자 결단하는 것도 혹은 반대코자 결단하는 것도 여전히 가능하며, 그 규범을 채택한 자를 격려하는 것도, 기를 죽이는 것도, 또 그들에게 다른 규범을 택하라고 설득하는 것도 가능하다. 요약하면 사실을 진술하는 문장으로부터 규범이나 결단 또는 정책상의 제안을 진술하는 문장을 이끌어내는 것은 불가능하다. 이것은 사실에서 규범이나 결단 또는 제안을 이끌어내는 것이 불가능하다는 것을 다른 식으로 말한 것뿐이다.[5]

규범은 인간이 만든 것(인간이 만들었다는 것은 그 규범이 의식적으로 고안됐다는 의미에서가 아니라, 인간이 규범을 판단하고, 변경할 수 있다는 의미, 즉 규범에 대한 책임은 전적으로 인간에게 있다는 의미에서이다.)이라는 진술은 흔히 잘못 이해되어 왔다. 모든 오해는 거의가 하나의 근본적인 오해, 즉 '관습'은 '자의'를 포함한다는 신념, 즉 우리가 좋아하는 어떤 규범체계를 자유롭게 선택한다면, 하나의 체계는 다른 체계와 똑같이 좋다는 잘못된 신념에서 연유되었다고 할 수 있다. 물론 규범이 관습적이거나 자의적이라는 관점은 어떤 자의적인 요소가 포함되어 있다는 것, 즉 체계 간에 우열이 거의 없는 서로 다른 규범체계들이 있을 수 있다는 것(프로타고라스가 충분히 강조했던 사실)을 의미한다. 그러나 인위성이 결코 완전한 자의성을 의미하는 것은 아니다. 예컨대, 수학적 계산법이나 교향곡, 연극 등은 고도로 인위적이지만, 하나의 계산법 또는 하나의 교향곡이나 연극이 다른 것과 똑같이 좋은 것은 아니다. 인간은 언어, 음악, 시, 과학의 새로운 세계들을 창조했다. 그리고 이들 세계 중에서 가장 중요한 것은 평등과 자유와 약자를 구조하기 위한 도덕적 요구의 세계이다.[6] 도덕적 영역과 음악이나 수학의 영역을 비교할 때, 나는 이들 유사성이 아주 광범위하다는 것을 의미하려는 것이 아니다. 특히 도덕적 결단과 예술 영역의 결단 사이에는 대단한 차이점이 존재한다. 많은 도덕적 결단들은 타인의 생사를 포함한다. 예술 영역에서의 결단은 그보다 훨씬 덜 긴급하고 덜 중요하다. 그러므로 인간이 음악이나 문학의 어떤 작품에 찬성하거나 반대하는 결단을 할 수 있는 것과 같이 노예제도에 찬성하거나 반대하는 결단을 한다고 하는 것이나, 도덕적 결단들이 순전히 취미 문제라고 하는 것은 아주 그릇된 것이다. 도덕적 결단은 세계를 어떻게 하면 보다 아름답게 만들 것인가라든가 이런 유의 다른 사치에 대한 단순한 결단이 아니라 훨씬 더 긴급한 것에 대한 결단이다.(이 모든 점에 대해서도 역시 9장을 참조하시오.) 우리의 비교는 우리에게 달려 있는 도덕적 결단이 전적으로 자의적일 수는 없다는 것을 보여주고자 하는 것뿐이다.

인간이 규범을 만들었다는 견해는 이상하게도 이런 태도를 종교에 대한 공격이라고 생각하는 자들에 의해서 공격을 받는다. 물론 이런 견해가 어떤 형태의 종교, 말하자면 눈먼 권위의 종교나 마술과 금기주의에 대한 공격이기는 하다. 그러나 나는 이런 견해가 어떠한 점에 있어서도 개인적 책임과 양심의 자유라는 이념 위에 세워진 종교에 대립된다고는 생각하지 않는다. 물론 나는 특히 기독교를, 적어도 민주국가에서 보통 해석되고 있는 기독교를 생각하고 있다. 모든 금기주의에 반대하여 "그대들은 예로부터 그들이 말하는 것을 들었겠지만……그러나 나는 말하노니……."라고 설교하며, 법률에의 단순한 형식적 복종과 이행에 대해 항상 양심의 소리로 맞서는 기독교 말이다.

윤리적 법칙을 이런 의미에서 인간이 만든 것이라고 생각하는 것은, 그것이 신에 의해 주어졌다는 종교적 견해와 모순된다고 생각되지 않는다. 역사적으로 모든 윤리학은 확실히 종교에서 비롯된다. 그러나 나는 지금 역사적 문제를 다루는 것이 아니다. 나는 누가 최초의 윤리적 입안자인지를 묻는 것이 아니라, 단지 제시된 어떤 도덕적 법칙을 채택하든지 거부하든지 그 책임을 질 자는 우리들이며, 우리들뿐이라는 것을 주장할 따름이다. 참된 예언과 거짓된 예언을 구별해야 하는 것도 우리들이다. 모든 종류의 규범은 신에 의해 주어진 것이라고 주장되어 왔다. 당신이 만약 평등과 관용과 양심의 자유를 바탕으로 하는 기독교적 윤리를 단지 신적인 권위에 의지해야 한다는 주장 때문에 받아들인다면, 당신은 토대가 빈약한 것이다. 왜냐하면 불평등은 신의 뜻이며, 비신자에게 관대해서는 안 된다는 것이 너무나 자주 주장되어 왔기 때문이다. 그렇지만 당신이 기독교적 윤리를 그렇게 하라고 명령을 받아서가 아니라, 그렇게 하는 것이 올바른 결단이라는 자신의 확신 때문에 받아들인다면, 결단을 내린 사람은 바로 당신인 것이다. 우리가 결단을 내리고 그것에 대해 책임을 진다는 나의 주장이, 우리가 신앙에 힘입을 수도 없고, 전통이나 위대한 예증에 의해 고취될 수도 없고, 그래서도 안 된다는 뜻으로 여겨져서는 안 된다. 또한 그것은 도덕적 결단의 실행이 단순히 하나의 자연적 과정, 즉 물리화학적 과정의 질서라는 뜻도 아니다. 실제로 최초의 비판적 이원론자였던 프로타고라스는 자연은 규범을 알지 못하며, 규범의 도입은 인간에 의한 것일 뿐 아니라 인간의 가장 중대한 성취라고 생각했다. 그리하여 버넷[7]이 기록한 것처럼 프로타고라스는 "제도와 관습은 인간으로 하여금 금수의 단계를 넘어서게 한 것이다."라고 보았다. 그러나 인간이 규범을 창조하며 모든 사물의 척도는 바로 인간이라는 그의 주장에도 불구하고, 인간은 초자연적인 도움이 있어야만 규범을 창조해 낼 수 있다고 그는 믿었다. 그에 의하면, 규범은 근원적인 사태나 자연적인 사태 위에 제우스의 도움을 받은 인간에 의해 첨가된 것이었다. 헤르메스 신이 인간에게 정의와 명예에 대한 이해력을 준 것은 바로 제우스의 뜻이었다. 그는 이 선물을 모든 인간에게 똑같이 분배했다. 비판적 이원론의 최초의 명백한 진술이 이처럼 우리의 책임감에 대한 종교적 해석의 여지를 남겨둔 것은 비판적 이원론이 종교적 태도와 거의 대립되지 않음을 보여준다. 나는 그와 비슷한 접근법을 역사적인 인물 소크라테스에게서도 볼 수 있다고 믿는데, 그도 자신의 종교적 신념과 동시에 양심에 의해 모든 권위를 회의했으며, 자신이 믿을 수 있는 정의의 규범을 탐구했던 것이다.(10장을 참조하시오.) 윤리의 자율을 주장하는 원리는 종교적 문제와는 관계없지만, 개인의 양심을 존중하는 그 어떠한 종교와도 양립할 수 있으며 어쩌면 그러한 종교를 위해 필요한 것이기도 하다.

Ⅳ 사회학적 법칙

사실과 결단의 이원론이나 윤리의 자율성에 대한 이론은 프로타고라스와 소크라테스[8]에 의해 최초로 주창되었다. 나는 그것이 우리의 사회적 환경을 합리적으로 이해하는 데 필요불가결한 것이라고 믿는다. 그러나 물론 이것은 모든 '사회적 법칙', 즉 우리 사회생활의 모든 규칙들이 규범적이고 인간이 만든 것이란 뜻은 아니다. 그와 반대로 사회생활의 중요한 자연적 법칙들이 역시 있다. 이것에는 사회학적 법칙이란 말이 적합할 듯하다. 우리가 사회생활에서 두 종류의 법칙, 즉 자연적 법칙과 규범적 법칙에 부딪치게 되는 것은 사실이며, 이 때문에 이 두 법칙의 분명한 구별이 매우 중요한 것이다.

사회학적 법칙 또는 사회생활의 자연적 법칙이란 말을 할 때, 나는 플라톤과 같은 역사주의자들이 관심을 가졌던 소위 진화의 법칙 같은 것을 생각하는 것은 아니다. 비록 역사적인 발전에 그런 어떤 규칙성이 있다 하더라도, 그것의 공식화는 분명히 사회학적 법칙의 범주하에 놓일 것이다. 또한 나는 '인간적 본성의 법칙', 즉 인간행위의 심리학적, 사회심리학적인 규칙성을 생각하는 것도 아니다. 오히려 나는 예컨대 국제무역론이나 무역주기의 이론과 같은 현대 경제적 이론에 의해 공식화된 그런 법칙들을 생각한다. 이와 같은 법칙들과 다른 중요한 사회학적 법칙들은 사회제도(3장과 9장을 참조하시오.)의 기능과 연관되어 있다. 이런 법칙들은 우리 사회생활에서 말하자면 지레의 원리가 기계공학에서 수행하는 역할과 비슷한 역할을 수행한다. 왜냐하면 제도는 지레와 같이 우리 근육의 힘으로는 이룰 수 없는 어떤 것을 성취하고자 할 때 필요한 것이기 때문이다. 기계처럼 제도는 선악에 대한 우리의 능력을 증가시킨다. 기계와 마찬가지로 제도는 그 기능 방법을, 무엇보다 그 목적을 알고 있는 자에 의한 지적인 감독을 필요로 한다. 왜냐하면 우리는 완전히 자동적으로 작동하는 제도를 마련할 수는 없기 때문이다. 더 나아가 제도의 구축에는, 제도에 의해 이루어질 수 있는 것에 한계를 가하는 사회적 규칙에 대한 약간의 지식도 필요하다.[9](이 한계는 예컨대 우리가 영원히 운동하는 기계를 만들 수 없다는 진술과 같은 에너지 보존의 법칙과 다소 유사하다.) 그러나 근본적으로, 제도는 언제나 어떤 목적으로 계획된 어떤 규범의 준수를 통해서 만들어진다. 이것은 특히 의식적으로 만들어진 제도에 적용할 수 있다. 그러나 인간행위의 의도되지 않은 결과로 발생하는(2권 4장을 참조하시오.) 저 방대한 양의 제도들조차도 어떤 목적적 행위의 간접적 결과이며, 그들의 기능은 대체로 규범의 준수에 달려 있다.(다시 말하면 기계 엔진조차도 철뿐만 아니라, 철과 규범의 결합에 의해 만들어진다. 즉 그것은 어떤 규범적인 법칙, 말하자면 계획이나 설계에 맞추어 물리적 사물을 변형시킴으로써 만들어진다.) 제도에서 규범적 법칙과 사회학적 즉 자연적 법칙들은 밀접하게 섞여 짜여 있으며, 그렇기 때문에 이 둘을 구별할 능력이 없으면 제도의 기능을 이해하기란 불가능하다.(이 말은 해답을 내리기보다는 오히려 어떤 문제를 제시하고자 함이다. 특히 제도와 기계 사이에 언급된 유추는 ── 어떤 본질주의적 의미에서 ── 제도가 기계라는 이론을 제시하는 것으로 해석되어서는 안 된다. 물론 제도는 기계가 아니다. 그리고 만약 우리가, 제도가 어떤 목적에 봉사하는지 아닌지, 그리고 그것이 어떠한 목적에 봉사할 수 있는지를 자문해 본다면, 유용하고 재미있는 결과를 얻을 수는 있겠지만, 모든 제도가 어떤 일정한 목적, 말하자면 그것의 본질적 목적에 봉사한다고 주장되지는 않는다.)

V 일원론과 이원론의 중간 단계들

앞에서 지적되었듯이 소박한 일원론이나 마술적인 일원론에서 규범과 자연적 법칙을 분명하게 구별해 내는 비판적 이원론까지의 발전에는 수많은 중간 단계들이 있다. 대부분의 이들 중간 단계는 규범이 관습적이거나 인위적이라면 전적으로 자의적인 것이 틀림없다는 오해에서 발생한 것이다. 중간 단계의 모든 요소를 포함하고 있는 플라톤의 위치를 이해하기 위해서는, 이들 중간 단계 중에서 가장 중요한 세 단계에 대한 개괄이 필요하다. 그것은 (1) 생물학적 자연주의, (2) 윤리적 또는 법률적 실증주의, (3) 심리학적 또는 정신적 자연주의이다. 이들 각각의 단계가 모두 극단적으로 상호대립되는 윤리적 견해를 옹호하기 위해, 특히 권력 숭배를 옹호하기 위해, 그리고 약자의 권익을 옹호하기 위해 쓰였다는 것은 흥미로운 일이다.

(1) 생물학적 자연주의, 좀 더 정확하게 윤리적 자연주의의 생물학적 형태는, 도덕적 법칙과 국가의 법률이 자의적이라는 사실에도 불구하고, 우리가 그런 규범들을 이끌어낼 수 있는 영구히 불변하는 어떤 자연의 법칙들이 존재한다는 이론이다. 식사 횟수와 먹는 음식의 종류와 같은 음식 습관은 관습의 자의성의 한 예라고 생물학적 자연주의자들은 주장할 수 있을 것이다. 그러나 이 분야에도 확실히 어떤 자연적 법칙이 존재한다. 예를 들면 인간은 충분한 음식을 먹지 못하거나 또는 너무 많은 음식을 먹는다면 죽고 말 것이다. 그러므로 현상 배후에 실재가 존재하는 것과 같이 우리의 자의적인 관습 뒤에는 어떤 불변의 자연적 법칙과 특히 생물학적 법칙이 존재하는 것처럼 보인다.

생물학적 자연주의는 평등주의를 옹호하기 위해서일 뿐 아니라, 강자 지배의 반평등주의 원칙을 옹호하는 데도 쓰여왔다. 이 자연주의를 최초로 제창한 사람 중의 하나는 시인 핀다로스였는데, 그는 강자가 지배해야 한다는 이론을 지지하기 위해 자연주의를 이용했다. 그는 강자가 약자를 마음대로 취급하는 것이 자연에 기초한 타당한 법칙이라고 주장했다.[10] 그러므로 약자를 보호하는 법칙은 단순히 자의적인 것이 아니라 강자는 자유로워야 하고 약자는 그의 노예가 되어야 한다는 참된 자연적 법칙을 인위적으로 왜곡한 것이다. 그 견해는 플라톤에 의해 상당히 많이 토론되었다. 그 견해는 아직 소크라테스의 영향을 상당히 받고 있는 대화편 『고르기아스』에서 공격당하고 있고, 『국가』에서는 트라시마코스의 입을 통해 윤리적 개인주의(다음 장에서 논의된다.)와 동일시되어 있다. 『법률』에서 플라톤은 핀다로스의 관점에 덜 적대적이다. 그러나 그는 여전히 이러한 견해를, 보다 나은 원칙이며 자연과 더욱 잘 일치한다고 말해 온 최고 현자의 지배와 대조시키고 있다.(이 장의 뒷부분에 나오는 인용문을 참조하시오.)

생물학적 자연주의의 인도주의적 또는 평등주의적 설을 최초로 제창한 사람은 소피스트 안티폰이었다. 그 또한 자연과 진리를 동일시하였고, 관습과 억견(또는 기만적인 억견[11])을 동일시하였다. 안티폰은 철저한 자연주의자였다. 그는 대부분의 규범은 단순히 자의적일 뿐만 아니라, 자연에 직접적으로 모순되는 것이라 믿는다. 그는 자연의 법칙은 필연적인 것인 반면, 규범은 외부에서 부과되는 것이라고 말한다. 규범을 부과한 자들이 규범의 불이행을 지켜본다면, 인간에게 부과한 규범을 위반하는 것은 불합리하고 또 위험하기까지 하다. 그러나 규범에 부과된 내적 필연성은 없으며, 아무도 규범을 위반했다고 수치스러워할 필요도 없다. 수치와 처벌은 단지 외부에서 자의적으로 부과된 제재일 뿐이다. 이런 관습적 도덕의 비판 위에 안티폰은 공리주의적 윤리학을 세운다. "여기에 언급된 행위 중에서 우리는 자연에 모순되는 것을 많이 발견할 것이다. 왜냐하면 그 행위들은 더 적은 고통이 있어야 할 곳에서 더 심한 고통을, 더 많은 즐거움이 있어야 할 곳에서 더 적은 즐거움을, 불필요한 곳에서 침해를 가져오기 때문이다."[12] 그와 동시에 그는 자아통제가 필요함을 가르쳤다. 그는 그의 평등주의를 다음과 같이 공식화했다. "우리는 귀족을 숭배하고 찬미하나 미천한 자에게는 그렇게 하지 않는다. 이것은 야만적 습관이다. 왜냐하면 우리의 자연적 재능에 관한 한 우리는 모두, 그리스인이든 야만인이든, 모든 점에서 평등하기 때문이다……우리는 모두 입과 코를 통해 숨을 쉰다."

그와 유사한 평등주의가 소피스트 히피아스에 의해 주장되었다. 플라톤은 히피아스가 다음과 같이 말한 것으로 표현하고 있다. "신사 여러분, 관습적인 법칙에 의하지 않고 자연적으로 본다면, 우리 모두는 친척이요 친구이며 동포라고 나는 믿습니다. 왜냐하면 본래 유사성은 혈연관계의 한 표현이기 때문입니다. 그러나 인류의 폭군인 관습적인 법칙은 우리로 하여금 자연에 모순되는 것을 많이 하도록 강요합니다."[13] 이 정신은 아테네의 노예제도 반대운동(4장에서 언급되었다.)과 밀접한 관계가 있으며, 에우리피데스는 이 제도에 대해 "모든 면에서 탁월할 수 있고, 자유민과 진실로 동등할 수 있는 노예에게 그 이름만이 수치를 안겨준다."고 표현했다. 다른 곳에서 그는 "인간의 자연적 법칙은 평등이다."라고 했다. 그리고 고르기아스의 제자이며 플라톤과 동시대인인 알키다마스는 "신은 모든 인간을 자유롭게 창조했다. 본래는 아무도 노예가 아니다."라고 썼다. 고르기아스 학파의 또 다른 구성원이었던 리코프론도 그와 비슷한 관점을 나타냈다. "고귀한 출생의 영광이란 상상적인 것이며, 그 특권은 단순한 말에 의존하고 있다."

이 위대한 인도주의 운동 ── 다음에서(10장) 내가 '위대한 세대'의 운동이라 부르고자 하는 ── 에 반발해서 플라톤과 그의 제자 아리스토텔레스는 인간의 생물학적 및 도덕적 불평등의 이론으로 나아갔다. 그리스인과 야만인은 본래 동등하지 않다. 그리스인과 야만인 간의 대립은 자연적인 주인과 자연적인 노예에 대응한다. 인간의 자연적 불평등은 인간이 함께 생활하기 위한 이유 중의 하나이다. 왜냐하면 인간의 자연적 천성은 상호보완적이기 때문이다. 사회생활은 자연적 불평등에서 시작되며, 그 기반 위에서 계속되어야만 한다. 나는 이 원리들을 뒤에서 좀 더 상세히 토론할 것이다. 지금 이 원리들은 생물학적 자연주의가 매우 다양한 윤리적 원리들을 뒷받침하는 데 활용될 수 있다는 것을 보여주는 데 도움이 될 수 있을 것이다. 규범이 사실에 기초한다는 것이 불가능하다는 우리의 앞서의 분석에 비추어 보면, 이러한 결과가 예상되지 않았던 것은 아니다.

그러나 그와 같은 정도의 고찰로는 생물학적 자연주의와 같이 널리 퍼진 이론을 공격하기에 아마 충분치 못할 것이다. 그러므로 나는 두 가지 좀 더 직접적인 비판을 제시한다. 첫째, 행위의 어떤 형태들이 다른 형태보다 더 '자연적'이라고 기술될 수 있다는 것은 인정될 수 있다. 예컨대 나체로 걷는다든가 생식만 한다든가 하는 것은 다른 행동보다 더욱 자연적인 것이다. 그리고 어떤 사람들은 이것 자체가 이런 형태들의 선택을 정당화하는 것이라고 생각한다. 그러나 이런 의미에서 예술이나 과학, 심지어 자연주의를 찬성하는 토론에 관심을 갖는다는 것은 확실히 자연스럽지 못하다. 최고의 표준으로서 자연에 부합되는 선택은 궁극적으로는 거의 아무도 직면하려 하지 않는 결과를 가져온다. 그것은 보다 자연적인 문화의 형태가 아닌, 야수성을 가져오고 만다.[14] 두 번째 비판은 더욱더 중요하다. 생물학적 자연주의자는, 그가 어떤 규범도 채택할 필요가 없이 단순하게 '자연의 법칙'에 맞추어 살면 된다고 순진하게 믿지 않을 경우에는, 건강의 조건 등을 결정하는 자연적 법칙으로부터 그의 규범을 이끌어낼 수 있다고 확신한다. 그는 자기가 하나의 선택, 하나의 결단을 내릴 수 있다는 사실, 다른 어떤 사람들이 자기들의 건강보다도 어떤 사물을 더 소중히 하는 것이 가능하다는 사실을 간과한다.(예컨대 많은 사람들이 의학적 연구를 위해 의식적으로 생명의 위험을 무릅쓴다.) 그러므로 만약 그가 결단을 내리지 않았다거나 또는 생물학적 법칙으로부터 자신의 규범을 이끌어내었다고 믿는다면, 그는 잘못을 저지른 것이다.

(2) 윤리적 실증주의도 규범이란 사실로부터 도출해야 한다고 믿는다

는 점에서 윤리적 자연주의의 생물학적 형태와 일치한다. 그러나 이 경우, 그 사실은 사회학적 사실, 즉 실제로 존재하는 규범이다. 실증주의는 실제적으로 제정된(또는 확정된) 법칙, 그런고로 실증적으로 현존하는 법칙 외에는 아무런 규범도 존재하지 않는다고 주장한다. 다른 표준들은 비실재적인 상상으로 간주된다. 현존하는 법칙만이 선의 표준으로서 가능하다. 존재하는 것이 선이다.(힘이 정의이다.) 이 이론의 어떤 형태에 의하면, 개인이 사회의 규범을 심판할 수 있다고 믿는다면 크나큰 오산이다. 오히려 개인이 심판될 법전을 제공하는 것이 사회이다.

　역사적 사실로 보면, 윤리적(또는 도덕적, 법률적) 실증주의는 보통 보수적이었고 또는 권위주의적이기도 했다. 그리고 그것은 종종 신의 권위에 의지했다. 나는 윤리적 실증주의의 논증이 함부로 단언된 규범의 자의성에 의존하고 있다고 본다. 그것은 우리 스스로가 발견할 수 있는 더 나은 규범은 존재하지 않으므로, 우리는 현존하는 규범을 믿어야 한다고 주장한다. 여기에 대한 대답으로 이렇게 질문할 수 있을 것이다. 즉 '우리는 이런 등등의 규범을 믿어야 한다'는 이 규범은 어떠한가라고. 만약 이것이 단지 현존하는 규범일 뿐이라면 그것은 이 규범을 찬성하는 논증으로서의 가치가 없다. 그러나 그것이 우리의 통찰력에 대한 호소라면 그것은 결국 우리 자신이 규범을 발견할 수 있다는 것을 인정하는 것이다. 그리고 만약 우리는 규범을 판단할 수 없으므로 권위에 입각해서 규범을 받아들이라고 말한다면, 우리는 권위에 대한 주장이 정당한 것인지 아닌지, 또는 그릇된 예언자를 따르는 것은 아닌지에 대해서도 판단할 수 없을 것이다. 그리고 규칙이란 여하튼 자의적인 것이기 때문에 그릇된 대변자란 있을 수 없고, 그러므로 중요한 것은 몇 가지 규칙을 갖는 것이라고 한다면, 도대체 규칙을 갖는다는 것이 어째서 그렇게도 중요한지를 자문할 수 있을 것이다. 그 이상의 표준이 존재하지 않는다면, 왜 우리는 아무런 규칙도 갖지 않는 쪽을 택해서는 안 된단 말인가?(이 말은 아마도 권위주의적 원칙이나 보수주의적 원칙들이란 통상적으로 윤리적 허무주의, 말하자면 극도의 도덕적 회의주의 및 인간과 인간 능력에 대한 의혹의 표현이라는 나의 믿음을 정당화해 줄 것이다.)

자연권의 이론이 역사 과정에서 종종 평등주의와 인도주의 이념을 지지해 온 반면, 실증주의 학파는 언제나 그 반대편이었다. 그러나 이것은 단지 우연한 일일 뿐이다. 드러난 바와 같이 윤리적 자연주의는 아주 다른 의도로 쓰일 수도 있다.(최근까지 그것은 함부로 주장된 어떤 '자연적' 권리와 의무를 '자연적 법칙'이라고 선전함으로써 전체 문제를 혼란시키는 데 사용되어 왔다.) 그와 반대로 인도주의적이고 진보주의적인 실증주의자들도 있다. 모든 규범이 자의적이라면 왜 우리는 관용적이지 못한가? 이것이 실증주의적 노선에 따라 인도주의적 태도를 정당화하려는 전형적 시도이다.

(3) 심리학적 또는 정신적 자연주의는 앞의 두 관점을 다소 결합한 것으로, 이 두 관점이 한쪽으로 치우쳤다는 것을 논박함으로써 가장 잘 설명될 것이다. 이 논증은 다음과 같다. 만약 윤리적 실증주의자가 모든 규범은 관습적인 것, 즉 인간이 만들어낸 것이고, 인간사회가 만들어낸 것이라고 강조한다면, 그가 옳다. 그러나 그는 그렇기 때문에 규범을 인간의 심리학적 또는 정신적 본성의 한 표현이며, 인간사회의 본성의 한 표현임을 간과하고 있다. 우리가 자연적 규범을 이끌어낼 수 있는 어떤 자연적 목적이나 목표가 있다는 생물학적 자연주의자의 가정은 정확하다. 그러나 그는 우리의 자연적 목적이란 결코 건강이나 쾌락, 또는 음식, 보호, 번식과 같은 목적이 아니라는 것을 간과하고 있다. 인간은 또는 적어도 어떤 인간은 빵만으로 살기를 원치 않으며, 보다 높은 목적, 정신적 목적을 탐구한다. 이것이 인간의 본성이다. 그러므로 우리는 정신적이고 사회적인 인간 자신의 진정한 본성으로부터 인간의 진정한 자연적 목표를 이끌어낼 수 있을 것이다. 그리고 나아가서는 인간의 자연적 목표에

서 인생의 자연적 규범을 이끌어낼 수도 있을 것이다.

나는 이 그럴듯한 입장이 최초로 플라톤에 의해 공식화되었다고 믿는다. 여기서 플라톤은 소크라테스의 영혼의 권리, 즉 정신이 육체보다 더욱 중요하다는 가르침에 영향을 입었다.[15] 이 입장이 우리 감정에 호소하는 바는, 다른 두 입장보다 확실히 훨씬 더 강렬하다. 그러나 그것은 권력숭배뿐 아니라 인도주의적 태도와도 결합될 수 있으며, 어떠한 윤리적 결단과도 결합될 수 있다. 왜냐하면 우리는 예컨대 모든 인간이 이런 정신적 본성을 갖고 있는 것으로 결단 내릴 수도 있으며, 또는 헤라클레이토스처럼 많은 사람들이 '금수처럼 배를 채우고' 그런고로 그들의 본성은 열등하며, 단지 두세 사람의 선량들만이 인간의 정신적 공동체가 될 자격이 있다고 주장할 수도 있기 때문이다. 따라서 정신적 자연주의는 특히 플라톤에 의해 '귀족', '선민', '현자', 또는 '자연적 지도자'의 자연적 특권을 정당화하기 위해 상당히 활용되었다.(플라톤의 태도는 다음 장에서 논의된다.) 반면 정신적 자연주의는, 예를 들면 페인Paine과 칸트 같은 기독교도와 윤리학의 다른 인도주의적 형태에 의해[16] 모든 인간 개인의 '자연적 권리'를 인정할 것을 요구하는 데 이용되었다. 정신적 자연주의가 어떤 '실증적', 즉 현존하는 규범을 옹호하는 데 이용될 수 있는 것은 분명하다. 왜냐하면 그것은 이런 규범이 인간 본성의 어떤 특징을 나타내지 않는다면 실행될 수 없을 것이라고 언제나 주장할 수 있기 때문이다. 이런 식으로 해서 정신적 자연주의는 실제적인 문제에 있어서는 양자의 전통적인 대립에도 불구하고, 실증주의와 같은 것이 될 수 있다. 사실상 자연주의의 이런 형태는 너무나 광범위하고, 너무나 모호하기 때문에 어느 것을 옹호하는 데에도 쓰일 수 있을 것이다. '자연적'이라고 주장될 수 없는 것이 인간에게 일어난 적은 결코 없다. 그것이 그의 본성에 없는 것이라면 어떻게 그것이 그에게서 일어날 수 있겠는가?

이 간략한 개괄을 돌아다보면, 비판적 이원론을 채택하는 데 방해가 되는 두 가지 주된 경향을 분간할 수 있을 것이다. 첫째는 일원론을 향하는 일반적 경향으로,[17] 말하자면 규범을 사실에 일치시키려는 경향이다. 두 번째는 보다 깊은 이론으로 첫 번째의 배경이 될 수 있을 것이다. 그것은 우리의 윤리적 결단에 대한 책임이 전적으로 우리에게 있으며, 그 외 누구에게도, 신이나 자연, 사회, 역사에게도 전가될 수 없다는 것을 스스로 인정하기를 두려워하는 데에 근거하고 있다. 이 모든 윤리적 이론은 우리의 부담을 짊어질 어떤 사람이나 또는 어쩌면 어떤 논증을 찾아내고자 시도한다.[18] 그러나 우리는 이 책임을 회피할 수 없다. 우리가 어떤 권위를 받아들인다 하더라도 그것을 받아들이는 자는 우리인 것이다. 이 간단한 점을 알지 못한다면 우리는 스스로를 기만할 뿐이다.

VI 자연주의와 역사주의

이제 우리는 플라톤의 자연주의와 그의 역사주의의 관계를 좀 더 세밀히 분석해 나갈 것이다. 물론 플라톤이 '자연 nature'이란 말을 언제나 동일한 의미로 사용한 것은 아니다. 내 생각으로는 그가 그 말에 부여하는 가장 중요한 의미는 실제적으로 그가 '본질 essence'이라는 말에 부여한 의미와 동일하다. '자연'이란 말을 이렇게 사용하는 방법은 오늘날까지도 여전히 본질주의자들에게 남아 있다. 예컨대 그들은 여전히 수학의 본질, 귀납적 결론의 본질, 또는 "행복과 불행의 본질"[19]이라고 말한다. 플라톤이 자연이란 말을 이런 식으로 사용했을 때, '자연'은 '형상'이나 '이데아'와 거의 똑같은 뜻이다. 왜냐하면 앞에서 드러났듯이 사물의 '형상'이나 '이데아'는 또한 그것의 본질이기 때문이다. 자연과 '형상'이나 '이데아'와의 주된 차이점은 다음과 같아 보인다. 이데아는 그 사물 안에 있는 것이 아니고, 그것과는 분리되어 있다. 형상이나 이데아는 그 사물의 조상이며 시조이다. 그러나 이 형상이나 조상은 자신의 후손이나 종 주인 감각적 사물에게 그들의 본성을 전수한다. 이 '자연'은 사물의 타고 난 성질, 또는 근원적 성질이며, 그러한 뜻에서 사물의 내재적 본질이다. 자연은 사물의 근본적인 힘이나 성향이다. 그리고 그것은 사물이 형상이 나 이데아를 닮을 수 있는 터전이며, 형상이나 이데아에 본래적으로 참 여할 수 있는 터전인 사물의 속성을 규정한다.

따라서 '자연적'이란 말은 사물에 있어서 본유(本有)적이거나 근원적 인 것 내지는 천부적인 것이며, 반면 '인위적'이란 말은 뒤에 인간에 의 해 변화되거나 외부적인 강제로 인간이 첨가하거나 부과한 것이다. 플라 톤은 모든 인간적 예술품은 기껏해야 '자연적'인 감각사물의 모방일 뿐이 라고 자주 주장했다. 그러나 자연적 감각사물들 자체가 신성한 형상이나 이데아의 모방일 뿐이므로, 예술품은 모방의 모방, 즉 실재에서 두 번 넘 어간 것이며, 그렇기 때문에 심지어는 유전하는 (자연적) 사물보다도 덜 훌륭하고 덜 현실적이며 덜 진실하다.[20] 여기서 우리는 플라톤이 적어도 한 가지 점에서, 즉 자연과 관습 또는 예술 간의 대립은 진실과 허위, 실 재와 현상, 일차적이거나 근원적인 것과 이차적이거나 인간이 만들어낸 사물, 합리적 지식의 대상과 기만적인 억견의 대상 간의 대립에 상응하 는 것으로 가정한 점에서는 안티폰[21]에 동의하는 것을 알 수 있다. 플라 톤에 의하면 그 대립은 또한 "신적인 솜씨의 소산"이나 "신적인 예술품" 과 "신적인 예술품으로부터 인간이 만든 것, 즉 인간적 예술품"[22]과의 대 립에도 부합된다. 그러므로 플라톤은 그 내적 가치를 강조하고자 한 모 든 사물에 대해 그것들은 인위적인 것에 대립되는 자연적인 것이라고 주 장했다. 그리하여 『법률』에서 그는 영혼은 모든 물질적 사물에 앞서는 것으로 간주되어야 하며, 그런고로 영혼은 본래부터 존재하는 것이라고 주장한다. "모든 사람들은 거의 다……영혼의 힘과 특히 영혼의 기원에 대해 무지하다. 그들은 영혼이 사물 중에 첫째가는 것이며, 모든 육체에 앞선다는 것을 알지 못한다.……사람들은 '자연'이란 말을 쓰면서 최초로 창조된 사물을 나타내고자 한다. 그러나 만약 다른 사물들(아마 불이나 공기는 아니고)보다 앞서는 것이 바로 영혼이라는 것이 판명된다면…… 다른 모든 것을 넘어서는 영혼은 그 말의 가장 진정한 의미에서 본래부터 존재하는 것이라고 주장될 수 있을 것이다."[23](플라톤은 여기서 영혼은 육체보다도 형상이나 이데아에 더욱 가깝다는 묵은 이론, 또한 그의 영혼불멸의 이론의 기초이기도 한 이론을 재확인한다.)

그러나 플라톤은 영혼이 다른 사물에 앞서며, 그렇기 때문에 '본래부터' 존재한다고 가르쳤을 뿐 아니라, '자연'이란 말을 인간에게 적용했을 때는 정신적 능력이나 소질, 또는 자연적 재능이라는 말로도 자주 사용했다. 그러므로 우리는 인간의 '본성'은 그의 '영혼'과 거의 비슷하다고 말할 수 있다. 그것이 그가 형상이나 이데아, 즉 그의 종족의 신적인 선조와 관계하는 신적인 원리인 것이다. 그리고 다시 '종족'이란 말도 자주 아주 유사한 의미로 쓰인다. 한 종족이 동일한 선조의 자손이 됨으로써 통합되는 고로, 그 종족은 공동의 본성에 의해서도 통합되어야만 한다. 그리하여 '본성'이나 '종족'이란 말은, 예컨대 그가 '철학자 종족'과 '철학적 본성'을 가진 자들에 관해 이야기할 때는, 동의어로 자주 사용되었다. 그러므로 이 두 술어는 '본질'과 '영혼'이라는 술어와 가까운 동계(同系)이다.

플라톤의 '자연' 이론은 그의 역사주의적 방법론에 대한 또 다른 접근 방법을 제시한다. 대상의 진정한 본질에 대한 고찰을 과학 일반의 과업으로 보기 때문에, 인간사회와 국가의 본질을 고찰하는 것은 사회과학 또는 정치과학의 과업이다. 그러나 플라톤에 의하면, 사물의 본질은 그것의 기원이거나 또는 적어도 그것의 기원에 의해 결정된다. 그러므로 모든 과학의 방법은 사물의 기원(사물의 '원인')에 대한 탐구일 것이다. 이 원칙이 사회과학과 정치과학에 적용될 때, 사회나 국가의 기원이 고찰되어야 한다는 요구가 나타난다. 그러므로 역사는 그 자체를 위해 연구되는 것이 아니라, 사회과학의 방법으로서 봉사하는 것이다. 이것이 역사주의적 방법론이다 This is the historicist methodology.

인간사회의 본질이나 국가의 본질은 무엇인가? 역사주의적 방법론에 의하면 사회학의 이 기본적인 질문은 이런 식으로 재공식화되어야 한다. '사회의 기원, 국가의 기원은 무엇인가?' 『법률』[24]뿐 아니라 『국가』에 나타난 플라톤의 대답은, 위에서 기술된 정신적 자연주의의 입장과 일치한다. 사회의 기원은 하나의 협약, 즉 사회계약social contract이다. 그러나 그것뿐만이 아니고 오히려 인간 본성, 더욱 정확하게는 인간의 사회적 본성에 입각한 협약인 자연적 협약이다.

인간의 이 사회적 본성은 그 기원이 인간 개인의 불완전성 imperfection of the human individual에 있다. 소크라테스와는 반대로[25] 플라톤은 인간 개인은 인간 본성의 타고난 한계 때문에 자족할 수 없다고 가르친다. 플라톤은 비록 인간의 완전성의 정도는 천차만별이라고 주장하지만, 비교적 완전한 소수의 인간들도 역시 (보다 덜 완전한) 다른 사람들에게 의존하게 된다. 즉 별다른 것이 아니더라도, 그들이 하는 천한 일, 육체노동에 의존하는 것이다.[26] 이렇게 하여 완전에 접근해 가는 "희귀하고 평범하지 않은 본성"조차도 사회와 국가에 의존한다. 그들은 국가를 통하여, 그리고 국가 내에서만 완전에 도달할 수 있다. 완전한 국가는 그들에게 적당한 '사회적 주거지'를 제공해야 한다. 그것이 없으면 그들은 부패하고 쇠퇴할 것이 틀림없다. 그러므로 국가만이 자족할 수 있고(경제적 자급자족) 완전할 수 있으며, 개인의 필연적인 불완전성을 완전하게 할 수 있는 이상, 국가는 개인보다 우위를 차지해야 한다.

사회와 인간은 이렇게 상호의존적이다. 하나는 다른 하나 덕분에 존재한다. 사회는 인간 본성 덕분에, 특히 자족의 결여 덕분에 존재하며, 개인은 자족적이지 않으므로 사회 덕분에 존재한다. 그러나 이런 상호의존의 관계 내에서도 개인에 군림하는 국가의 우월성은 여러 가지 방법으로 나타난다. 예를 들면 완전국가의 부패 및 분열의 씨앗은 국가 자체에서 가 아니라 오히려 개인들에게서 싹튼다는 사실에서, 즉 그것은 인간 영혼이나 인간 본성의 불완전성에 근거하고 있다는 사실에서, 혹은 보다 정확하게 말해서 인간종족은 타락하기 쉽다는 사실에서 나타난다. 나는 이제 이 문제, 즉 정치적 부패의 기원과 그것이 인간 본성의 타락에 달려 있는 문제로 되돌아가고자 한다. 그러나 나는 플라톤 사회학의 몇 가지 특성에 대해, 특히 그의 사회계약 이론과 초개인적인 것으로의 국가에 대한 그의 견해, 즉 그의 국가의 생물학적 이론이나 유기체 이론에 대해 몇 마디 언급하고자 한다.

프로타고라스가 법률은 사회계약에서 생긴다는 이론을 최초로 제시했는지, 또는 리코프론(그의 이론은 다음 장에서 토론될 것이다.)이 그렇게 제시한 최초의 인물인지 하는 것은 분명하지 않다. 어떤 경우에든 그 이념은 프로타고라스의 관습주의와 긴밀히 연관되어 있다. 플라톤이 몇몇 관습주의자들의 이념을, 심지어는 계약 이론설까지도 그의 자연주의에 의식적으로 결합시켰다는 사실은, 그 자체가 관습주의란 그 원래 형태에 있어서는 규칙의 전적인 자의성을 주장하지 않았다는 것을 가르쳐주고 있다. 프로타고라스에 관한 플라톤의 언급이 이 점을 확증한다.[27] 플라톤이 그의 자연주의 판본에서 관습주의적 요소를 얼마나 의식하고 있었는지에 대해서는 『법률』의 문장에서 찾아볼 수 있다. 『법률』에서 플라톤은 핀다로스의 생물학적 자연주의(앞부분에서 다루었다.) 즉 '강자는 지배할 것이고, 약자는 지배당할 것이다'라는 원칙에 관해 언급하면서, 정치적 권위의 기초가 되는 여러 원칙들의 목록을 내놓았다. 그는 핀다로스의 생물학적 자연주의를 "테베의 시인 핀다로스가 한때 진술한 것과 같이 자연에 따른 원칙"이라고 기술한다. 플라톤은 이 원칙이 관습주의와 자연주의를 결합시키고 있음을 보여줌으로써, 이 원칙과 그가 추천하는 다른 원칙을 다음과 같이 내조한다. "그러나 또한 모든 것 중에서 가장 위대한 원칙, 말하자면 현자는 통솔하고 지배할 것이며, 무지한 자는 따를 것이라는 주장도 있다. 가장 현명한 시인 핀다로스여, 이것은 확실히 자연에 모순되는 것이 아니라 자연에 따르는 것이다. 왜냐하면 그것이 요구하는 바는 외부적인 압력이 아니라 상호동의 위에 기초하는 법칙의 진실로 자연스러운 통치이기 때문이다."[28]

『국가』에서 우리는 그와 유사한 방법으로 자연주의(그리고 공리주의)의 요소와 결합되어 있는 관습주의적 계약 이론의 요소들을 발견한다. "우리가 자족할 수 없기 때문에 국가가 발생하는 거라네.……그 외에 국가에 정착하게 되는 다른 이유가 있는 걸까? 인간들은 한 부락에 여러……원조자들을 모으지. 그건 그들이 많은 것들을 필요로 하기 때문이야.……그리고 그들이 한쪽은 주고, 다른 쪽에서는 받아먹고 하면서 자기들 상품을 분배할 때는 모든 사람이 다 이런 식으로 자기 이익을 늘려나가고자 하는 것 아닌가?"[29] 그러므로 주민들은 자기의 이익을 늘리기 위해 모인다. 그것이 계약 이론의 요소이다. 그러나 그 뒤에는 주민들은 자족할 수 없다는 사실, 인간 본성의 사실이 버티고 있다. 그것이 자연주의의 요소이다. 그리고 이 요소는 더 발전된다. "본래 우리들 중의 어떤 두 사람도 똑같지는 않다. 각자는 자기의 독특한 본성, 즉 어떤 사람은 이런 유의 일에 알맞고, 어떤 사람은 저런 일에 알맞은……독특한 본성을 갖는다. 인간은 여러 가지 기술에 종사하는 것이 나은가 아니면 단 한 가지 기술에 종사하는 것이 나은가?……분명히 각자가 자기의 자연적인 재능에 따라 단 한 가지 직업에만 종사하는 것이 더 많은 생산을 할 수 있고, 더 낫고 더 쉬울걸세."

이런 식으로 노동분업의 경제적 원칙이 도입되었다.(이것은 플라톤의 역사주의와 역사에 관한 유물론적 해석 간의 유사성을 환기시킨다.) 그러나 이 원칙은 여기서는 생물학적 자연주의의 요소, 즉 인간의 자연적 평등에 근거하고 있다. 이 이념은 처음에는 유별나지 않게, 다시 말하자면 순진하게 소개된다. 그러나 우리는 그것이 어마어마한 결과를 초래했다는 것을 다음 장에서 알게 될 것이다. 사실 진실로 중요한 노동분업은, 주인과 노예 및 현자와 우자의 본래적 불평등에 의거한다고 주장되는 지배자와 피지배자 간의 분업으로 나타난다.

플라톤의 입장에는 생물학적 자연주의의 요소뿐 아니라, 관습주의의 요소도 상당히 있는 것을 보아왔다. 이러한 관찰은 플라톤의 입장이 전체적으로 정신적 자연주의의 입장이며, 그 모호성 때문에 모든 결합을 쉽사리 허용하는 입장이라는 것을 고려할 때 놀라운 일도 아니다. 이와 같은 정신적 자연주의의 이론은 『법률』에서 아마 가장 잘 나타나 있을 것이다. "사람들은, 가장 위대하고 가장 아름다운 것은 자연적인 것이며……그리고 인위적인 것은 그만 못하다고 말한다." 플라톤은 여기까지 동의한다. 그러나 거기서 그는 "불과 물, 땅과 공기는 모두 다 본래 존재하는 것이며……모든 규범적 법칙은 모두 다 반자연적이고 인위적이며 진실하지 못한 미신에 근거한다."고 하는 유물론자들을 공격한다. 이 관점에 반대해서 그는 먼저 진실로 "본래부터 존재하는" 것은 육체도 요소도 아니고 영혼임을(이 문장은 앞에서 인용한 바 있다.) 주장한다.[30] 그리고 이것으로부터 그는 질서와 법칙은 영혼에서 솟아나는 것이기 때문에 또한 본래부터 존재해야 한다고 결론짓는다. "영혼이 육체에 앞선다면, 영혼(즉 정신적 물질)에 의존하는 사물들이 역시 육체에 의존하는 사물들에 앞선다.……그리고 영혼은 모든 사물을 지도하고 명령한다." 이것은 "법칙과 중요한 제도들은 이성과 진실된 사고로부터 생긴 것이기 때문에, 자연보다 하등한 어떤 것에 의해서가 아니라 자연에 의해 존재한다." 는 원칙의 이론적 배경을 제공한다. 이것은 명백히 정신적 자연주의에 대한 진술이며, 또한 보수적인 실증주의적 신념과도 결합되는 것이다. "사려 깊고 신중한 입법은, 그 법칙이 일단 기록된 이상 변하지 않을 것이므로, 가장 강력한 도움이 될 것이다."

이 모든 것으로부터, 플라톤의 정신적 자연주의에서 파생된 논증들은 어떤 특별한 법칙의 '공정한' 특성이나 '자연적인' 특성에 관해 제기될 수 있는 그 어떠한 질문에도 전혀 답변할 수 없다는 것을 알 수 있다. 정신적 자연주의는 어떤 실제적인 문제에 적용되기에는 너무나 모호하다. 그것은 보수주의를 지지하는 어떤 일반적 논증을 제공하는 것 이상은 할 수 없다. 실제적으로 모든 것은 위대한 입법가(그는 신과 같은 철학자로, 특히『법률』에서의 초상은 의심할 여지 없이 하나의 자화상이다. 역시 8장을 참조하시오.)의 지혜에 맡겨져 있다. 그러나 그의 정신적 자연주의에 반해 개인과 사회의 상호의존에 관한 그의 이론은 보다 구체적인 결과를 제공하며, 그의 반평등주의적 생물학적 자연주의 역시 구체적 결과를 제공해 준다.

VII 국가의 세 부분

이상적 국가는 자급자족할 수 있기 때문에 플라톤에게 완전한 개인으로 보였으며, 따라서 개인적인 국민들은 국가의 불완전한 복사품으로 보였다는 것을 앞에서 지적했다. 국가를 거대한 유기체나 리바이어던 Leviathan으로 간주하는 이런 견해는 소위 국가 유기체 이론이나 생물학적 이론을 서양사회에 가져왔던 것이다. 이 이론의 원칙은 뒤에서 비판될 것이다.[31] 여기서는 먼저 플라톤이 그 이론을 옹호하지 않았으며, 사실상 그 이론을 분명하게 표명하지 않았다는 사실에 주목하기 바란다. 그러나 분명히 암암리에 내포하고 있었다. 사실상 국가와 인간 개인 간의 근본적인 유추는『국가』의 대표적인 화제 중 하나이다. 이것과 관련해서 그 유추가 국가의 분석보다는 오히려 개인의 분석에 더 많은 도움이 되었다는 것은 언급해 둘 만하다. 혹자는 플라톤이 (아마도 알크마이온의 영향하에서) 국가의 생물학적 이론을 제시한 것이 아니라, 개인에 관한 정치적 이론을 제시했다는 견해를 옹호할 수도 있을 것이다.[32] 나의 생각으로 이런 견해는 개인은 국가보다 하위이며, 국가의 불완전한 복사품과 같다는 그의 원리와 완전히 일치하는 것이다. 플라톤이 그의 근본적인 유추를 도입한 바로 그곳에서, 유추는 이런 식으로, 말하자면 개인을 설명하고 해명해 주는 방법으로 사용되고 있다. 국가는 개인보다 크며, 그렇기 때문에 더 쉽게 고찰할 수 있다고 한다. 이와 같은 이유에서 플라톤은 다음과 같이 제시한다. "우리는 우리의 탐구(즉 정의의 본질에 대한 탐구)를 국가에서 시작하여, 항상 유사한 점들을 주시하면서, 그 후 개인에게로 나아가야 한다.……이렇게 함으로써 우리는 우리가 찾고 있는 것을 보다 쉽게 구별해 낼 수 있으리라 기대할 수 있지 않겠는가?"

플라톤이 유추를 도입하는 방법에서, 우리는 플라톤이(그리고 어쩌면 그의 독자들도) 그의 근본적인 유추를 당연한 것으로 받아들였음을 알 수 있다. 이것은 통일되고 조화를 이룬 하나의 '유기적' 국가나 보다 원시적인 사회에 대한 향수 내지는 동경의 징표일 수도 있다.(10장을 참조하시오.) 그에 따르면, 도시국가는 소규모로 존재해야 하며, 그 팽창이 국가의 통일을 위협하지 않는 정도에서 성장해야 한다. 완전한 국가는 본래 하나여야 하며, 다수여서는 안 된다.[33] 그리하여 플라톤은 그의 국가의 '단일성'이나 개체성을 강조한다. 그러나 그는 또한 인간 개인의 '다수성'도 강조한다. 그가 개인의 영혼을 그의 국가의 세 계급인 수호자, 전사, 노동자(헤라클레이토스가 말한 바와 같이 여전히 짐승처럼 자기 배만 채우기를 계속하는 자들)에 대응시켜, 이성, 기개, 동물적 본능의 세 부분으로 나눈 분석에서, 플라톤은 이 세 부분들이 마치 "별개의 사람들이고, 서로 싸우는 사람들"[34]인 양, 서로 대립시키고 있다. 그로트는 다음과 같이 말한다. "그러므로 인간은 분명히 하나이지만 실제로는 여럿이며……

완전한 공화국은 분명히 여럿 있지만 실제로는 하나라고 들어왔다." 이 것은 분명히 국가의 이상적인 성격에 대응되는 것이다. 이때 개인은 국가의 불완전한 복사품에 불과하다. 단일성과 전체성, 특히 국가의 단일성과 전체성 또는 어쩌면 세계의 단일성과 전체성에 대한 이러한 강조는 '전체주의 holism'라고 기술될 수 있을 것이다. 나는 플라톤의 전체주의는 앞 장에서 언급된 바 있는 부족적 집단주의와 긴밀히 연관되어 있다고 본다. 플라톤은 상실된 부족생활의 공동체를 열망하고 있었다. 사회적 혁명의 와중에서 변화의 생활이란 그에게는 비현실적으로 보였다. 단지 안정된 전체, 영원한 집단만이 현실성이 있을 뿐이지, 지나쳐 가는 개인들은 그렇지 못했다. 개인이 개인들의 단순한 집합이 아니라 보다 높은 질서의 '자연적' 단위인 전체를 보조하는 것은 '자연스러운' 일이었다.

플라톤은 이런 '자연적' 즉 사회생활의 부족적이고 집단적인 양식에 대한 많은 우수한 사회학적 기술을 내놓았다. 그는 『국가』에서 이렇게 쓰고 있다. "법률은 설득과 강제력을 통해서 국민을 하나의 단위에 적합하게 만듦으로써 전체로서의 국가복지를 가져오기 위해 설계된다. 법률은 국민 모두로 하여금 그들 각각이 공동체에 공헌할 수 있는 이익은 무엇이든지 서로 나누어 갖게 한다. 국민들이 저 하고 싶은 대로 하도록 방임하기 위해서가 아니라 국가의 단결에 국민 모두를 활용하기 위해서이다. 정치가들로 하여금 올바른 마음을 갖도록 하는 것도 사실은 바로 법률이다."[35] 이 전체주의에는 감정적인 탐미주의, 즉 아름다움에의 갈망 등이 있다는 것을 알 수 있다. 예컨대 『법률』에서는 다음과 같이 언급되고 있다. "모든 예술가는……전체를 위해 부분을 제작하지, 부분을 위해 전체를 제작하지는 않는다." 같은 곳에서 우리는 정치적 전체주의의 그야말로 고전적인 공식화를 발견한다. "너는 전체를 위해 창조된 것이지, 너를 위해 전체가 창조된 것은 아니다." 이 전체 내에서 본래 불평등한 서로 다른 개인들과 개인들의 집단들은 그들의 독특하고 불평등한 봉사를 하지 않으면 안 된다.

플라톤이 국가를 하나의 유기체인 것처럼 말한 적이 없다고 하더라도 이 모든 것이 그의 이론은 국가 유기체적 이론의 한 형태라는 것을 보여 줄 것이다. 그러나 그가 그렇게 말했던 이상, 그가 이 이론의 한 전형적인 대표자요 오히려 이 이론을 창조해 낸 자 중의 하나라는 것은 의심의 여지가 없다. 이 이론에 대한 그의 설명은, 그가 국가를 이러이러한 유기체와 비슷한 것으로서 일반적인 방법으로 기술하지 않고, 인간 개인, 특히 인간 영혼과 비슷한 것으로 기술했기 때문에, 인격주의 이론 내지는 심리학적 이론으로 특징지을 수 있을 것이다. 특히 국가의 질병, 즉 그 통일성의 분열은 인간 영혼 내지는 인간 본성의 질병에 대응한다. 사실상 국가의 질병은 인간 본성, 특히 지배계급의 부패와 관련될 뿐만 아니라, 그들의 부패에 의해 직접적으로 발생되는 것이다. 국가 쇠퇴의 모든 전형적 단계는 인간의 영혼, 인간의 본성, 인간종족의 쇠퇴의 각 단계에 대응함으로써 발생된다. 그리고 이런 도덕적 부패가 종족적 부패에 근거하는 것으로 해석되기 때문에, 플라톤의 자연주의에서 생물학적 요소는 결국 그의 역사주의의 가장 핵심적인 부분을 차지한다고 말할 수 있을 것이다. 왜냐하면 최초의 국가나 완전한 국가의 몰락의 역사는 인간종족의 생물학적 퇴화의 역사 외에는 아무것도 아니기 때문이다.

VIII 생식 이론과 수의 이론

변화와 부패의 시작이라는 문제가 사회에 대한 플라톤의 역사주의적 이론이 갖는 주된 난점 중의 하나라는 것은 앞 장에서 언급되었다. 최초의 국가, 자연적이고 완전한 도시국가는 분열의 배아를 그 자체 내에 지니고 있다고는 상상할 수 없다. "왜냐하면 그 자체 내에 분열의 배아를 지니고 있는 국가는 바로 그 이유 때문에 불완전하기 때문이다."[36] 플라톤은 그런 비난을 최초의 국가나 완전한 국가의 특수한 제도에 돌리기보다는 오히려 일반적으로 타당한 그의 부패의 역사적, 생물학적 법칙에, 아마도 부패의 우주론적인, 혁명적인 법칙에, 즉 일단 생성된 것은 모두 부패하고야 만다는 법칙에 돌림으로써 그 난점을 극복하고자 한다.[37] 그러나 이 일반적인 이론은 충분히 만족할 만한 해답을 주지 못한다. 왜냐하면 그 이론은 충분히 완전한 국가까지도 어째서 부패의 법칙을 피할수 없는가 하는 이유를 설명해 주지 않기 때문이다. 사실상 플라톤은 최초의 국가나 자연적 국가의 지배자들이 철학자들로 훈련되었더라면, 그런 역사적 부패는 피할 수 있었으리라는 것을 암시한다.[38] 그러나 그들 지배자들은 철학자들이 아니었다. 그들은 (플라톤이 그의 신성한 국가의 지배자들은 마땅히 그래야만 한다고 주장하였던 바인) 수학과 변증법의 훈련을 받지 않았으며, 그리고 부패를 피하기 위해서 그들은 우생학, 즉 "수호자 혈통을 순수하게 유지하는 과학"과 그들의 핏줄 속에 고귀한 금속과 노동자의 비천한 금속이 섞이지 않도록 하는 보다 높은 신비의 비결을 전수받을 필요가 있었다. 그러나 이런 보다 높은 신비는 나타내기가 어려웠다. 플라톤은 수학, 음향학, 천문학 분야에서, 경험에 의해 오염되고 정확에 달할 수 없으며 전체적으로 보아 저수준인 단순한 (기만적인) 억견과, 감각적인 경험에서 해방된 정확하고 순수히 합리적인 지식을 예리하게 구별한다. 그는 이 구별을 우생학 분야에도 적용한다. 양육에 대한 단순히 경험적인 기술은 정확하지 못하다. 즉 그것은 혈통의 완전한 순수성을 지킬 수 없다. 이것이 그렇게도 훌륭한 국가, 즉 국가의 형상이나 이데아에 유사한 국가, 따라서 "쉽게 와해되지 않을 것"으로 생각되는 국가의 몰락에 대한 설명이다. 플라톤은 계속해서 "그러나 이것이 근원적 국가가 해체되는 방식이다."라고 하며, 그의 생식 이론, 수의 이론, 인간몰락 이론의 윤곽을 그려간다.

모든 식물과 동물은 불모와 몰락을 피하려면, 정해진 기간에 따라 생식되어야 한다고 플라톤은 이야기한다. 종족의 수명과 관계가 있는 이 기간에 대한 어떤 지식은 최선국가의 지배자에게 유용할 것이다. 그들은 지배종족의 번식에 그 지식을 적용할 것이다. 그러나 그것은 합리적인 것이 아니고 단지 경험적 지식일 뿐이다. 그것은 지각의 도움에 의한(또는 지각에 근거한) 계산 calculation aided by (or based on) perception일 것이다.(다음의 인용과 비교해 보기 바란다.) 그러나 우리가 보아온 것처럼, 지각과 경험은 그 대상이 순수한 형상이나 이데아가 아니고 유전하는 사물의 세계이기 때문에 결코 정확하지도 않고 믿을 만하지도 못하다. 그리고 수호자들은 그것들을 처리할 보다 나은 종류의 지식을 갖지 못하기 때문에, 생식은 순수성을 유지할 수 없으며, 종족적 몰락이 스며들어 오고야 만다. 플라톤은 그 문제를 이렇게 설명한다. "자네 자신의 종족(즉 동물에 대립되는 인간종족)에 대해서는" "자네가 훈련시킨 지배자들이 충분히 현명하게 될 수도 있을 것이다. 그러나 그들이 지각의 도움에 의한 계산을 이용하는 한, 훌륭한 자손을 얻는 방법이나 전혀 아무 자손도 얻지 못하는 방법은 부수적으로 생각해 내지 못할 것이다. 순수한 합리적 방법이 결여되어 있기 때문에,[39] 그들은 큰 실수를 저지르게 될 것이고, 언젠가는 잘못된 방법으로 자식을 갖게 될 것이다." 다음에 계속해서 플라톤은 오히려 신비스럽게도 '플라톤적 수'(인간종족의 '진정한 기간'을 결정하는 수) 안에서 보다 고차적인 우생학의 결정적 법칙에 대한 열쇠를 갖고 있는 순수히 합리적이고 수학적인 과학의 발견을 통해, 이것을 회피할 방법이 있다는 것을 암시한다. 그러나 구시대의 수호자들은 피타고라스적인 수의 신비주의를 몰랐고, 또 생식에 관한 보다 높은 지식에의 열쇠를 몰랐기 때문에, 완전한 자연적 국가는 쇠망을 피할 수 없었다. 플라톤은 그의 불가사의한 수의 비밀을 부분적으로 밝힌 다음, 계속해서 다음과 같이 말한다. "이……수는 보다 낫거나 보다 못한 출생을 주관하는 자이다. 이런 일들을 모르는 수호자들이 그릇된 방법으로 신랑 신부를 짝 지을 때는[40] 언제나 그 자식들은 좋은 성질도 좋은 행운도 타고나지 못한다. 그들 중에서 제일 잘난 자조차도……자기 아버지의 권력을 이어받을 때 가치 없는 것으로 판명될 것이다. 그리고 그들은 수호자가 되자마자 우리에게는 더 이상 귀도 기울이지 않을 것이다." 즉 그들은 음악교육과 체육교육의 문제에서 플라톤이 특히 강조하고 있는 바와 같이, 생식의 감독에 전혀 귀를 기울이려고 하지 않을 것이다. "이렇게 해서 수호자로서의 과업, 즉 종족(자녀들의 종족이기도 하고 헤시오도스의 종족이기도 한)의 금속인 금, 은, 동, 철을 감시하고 시험하는 일에 전혀 적합하지 않은 자들이 지배자로 지명될 것이다. 그러므로 철은 은과 섞이고, 동은 금과 섞이게 될 것이며, 이 혼합물에서 '변종'이 태어날 것이고, 어처구니없는 '잡종'이 나타날 것이다. 그리고 이런 것들이 태어나면 언제나 투쟁과 적의가 잉태될 것이다. 그리고 이것이 불화의 씨가 나타나는 과정인 것이다."

이것이 수와 인간의 몰락에 관한 플라톤의 이야기이다. 그것은 그의 역사주의적 사회학의 기초이며, 특히 앞 장에서[41] 토론된 바 있는 사회혁명에 관한 그의 근본적인 법칙의 기초이다. 왜냐하면 종족의 몰락은 지배계급에서 생기는 분열의 기원과, 그와 아울러 모든 역사적 발전의 기원을 설명해 주기 때문이다. 인간성의 내적인 분열, 즉 영혼의 균열이 지배계급의 균열을 초래한다. 그리고 헤라클레이토스와 마찬가지로 전쟁, 즉 계급투쟁이 모든 변화와 사회붕괴의 역사에 불과한 인간 역사의 아버지요 추진자이다. 우리는 플라톤의 이상주의적 역사주의가 궁극적으로는 정신적인 것에 의존하는 것이 아니라, 생물학적 기초에 의존하고 있다는 것을 보았다. 그것은 인간종족에 관한 일종의 상위-생물학에[42] 의존하고 있다. 플라톤은 국가의 생물학적 이론을 제시한 자연주의자일 뿐만 아니라, 사회 동태 및 정치에 관한 생물학적이고 인종적인 이론을 제시한 최초의 인물이기도 하다. 애덤은[43] "그러므로 플라톤의 수는 플라톤의 '역사철학'이 꾸며진 배경이다."라고 했다.

플라톤의 기술사회학에 대한 초안을 요약하고 평가할 단계에 왔다고 생각된다.

플라톤은 스파르타와 비슷한 초기 그리스의 부족적이고 집단적인 사회를, 다소 이상화되기는 했지만, 놀라울 정도로 진실되게 재구성하는 데 성공했다. 이런 사회의 안정을 위협하는 힘, 특히 경제적 힘에 관한 분석은 플라톤으로 하여금 변화를 억제하는 데 필요한 사회제도와 아울러 일반적인 정책까지도 생각하게 했다. 더 나아가서 그는 그리스 도시국가의 경제적 및 역사적 발전에 관한 합리적인 재구성을 해냈다.

이러한 업적은 그가 살았던 사회에 대한 그의 증오와 옛 부족형태의 사회생활에 대한 그의 낭만적 동경에 의해 손상된다. 바로 이러한 태도에 의해 그는 역사적 발전에 관한 지지하기 어려운 법칙, 즉 보편적인 몰락이나 부패의 법칙을 공식화했다. 그리고 그렇지만 않았더라면 탁월했을 그의 분석 가운데 존재하는 비합리적이고 환상적이며 낭만적인 요소에 대해서도 바로 그와 같은 태도가 책임을 져야 한다. 한편으로 그의 관찰을 예리하게 하고, 그의 업적을 가능케 했던 것은 바로 자신의 개인적 관심과 편파성이었다. 그는 그의 역사주의적 이론을, 변화하는 가시적 세계는 단지 불변하는 불가시적 세계의 쇠퇴해 가는 복사품에 불과하다는 환상적인 철학적 원리에서 이끌어냈다. 그러나 역사주의적 비관주의와 존재론적 낙관주의를 결합시키려는 이 순진한 시도는 면밀히 검토되었을 때, 난관에 부딪친다. 이 난관을 극복하기 위해서 그는 ('심리주의'[44] 즉 사회는 그 구성원들의 '인간적 본성'에 의존한다는 이론과 함께) 생물학적 자연주의를 채택했고, 이것은 신비주의와 미신에까지 이르러, 생식에 관한 사이비 합리주의적 수학 이론에서 그 절정에 달했다. 그 난점들은 그의 이론의 인상적인 통일성까지도 위태롭게 했다.

IX 이원론의 철학

우리는 이런 체계를 되돌아보면서, 그 기초계획을 간략하게 살펴볼 수 있을 것이다.[45] 위대한 건축가에 의해 설계된 이 기초계획은 플라톤 사상이 근본적인 형이상학적 이원론이라는 것을 보여준다. 논리학 분야에서 이 이원론은 보편적인 것과 특수한 것의 대립으로 나타난다. 형이상학적인 사색에서 이 이원론은 하나와 다수 사이의 대립으로 나타난다. 인식론 분야에서 그것은 순수한 사고에 근거한 이성적 지식과 특수한 경험에 근거한 억견과의 대립이다. 존재론 분야에서는 하나이며 근원적이고 변화하지 않는 진실된 실재와 다수이고 변화하는 기만적인 현상 사이의 대립, 즉 순수한 존재와 생성, 혹은 보다 정확하게, 변화하고 있는 것 사이의 대립이다. 우주론에서는 생성하는 것과 생성된 것으로서 쇠퇴하고야 마는 것 사이의 대립이다. 윤리학에서는 보존되는 것으로서의 선과 타락하는 것으로서의 악 사이의 대립이다. 정치학에서는 완전과 자급자족을 획득할 수도 있는 집단적 단일체인 국가와 거대한 국민집단, 즉 불완전하고 의존적인 것이 확실하며 그들의 특수성은 국가의 통일을 위해(다음 장을 참조하시오.) 억압당하게 되는 특수한 인간들 간의 대립이다. 그리고 내가 믿기로는 이 모든 이원론적 철학은 이상사회에 대한 영상과 혐오스러운 현실사회 간의 대비, 안정된 사회와 혁명의 과정 중에 있는 사회와의 대비를 설명하고자 하는 절박한 염원에서 발생한 것이었다.

플라톤의 정치강령

6 전체주의적 정의

개요

플라톤의 정치강령은 다음 두 가지 공식 중의 하나로 표현될 수 있다. 하나는 모든 정치적 변화를 억제하라는 이상주의적 이론이고, 하나는 자연으로 돌아가라는 자연주의적 이론이다. 실제로 플라톤의 정치강령의 모든 요소는 이런 요구들로부터 나올 수 있다고 생각된다. 그리고 그들은 다시 역사주의에 근거하고 있으며, 지배계급의 안정을 위한 그의 사회학적 원리들과 결합되지 않으면 안 된다.

플라톤의 정치강령의 요소들은 대략 다음과 같은 것으로 요약될 수 있다. 첫째, 계급을 엄격히 구분한다. 둘째, 국가의 운명과 지배계급의 운명을 동일시한다. 셋째, 지배계급은 무기휴대나 교육을 받을 수 있는 권리에 있어서 독점권을 갖는다. 넷째, 지배계급의 모든 지적 행위에 대한 검열과 그들의 의견을 통일하기 위한 계속적인 선전이 있어야 한다. 다섯째, 국가는 자급자족적일 수 있어야 한다. 이러한 플라톤의 정치적 요구는 순전히 전체주의적이고 반인도주의적인 것으로 판단된다.

이러한 플라톤의 사상은 그의 정의에 대한 분석에서 분명히 나타난다. 그의 정의에 대한 관념은 우리들의 일반적 관점과는 매우 다르다. 그는 계급특권을 정의라 부르는 반면, 차라리 우리는 보통 그런 특권이 없는 것을 정의라 부른다. 우리는 정의로서, 개인을 취급할 때의 어떤 종류의 평등을 의미하는 반면, 그는 정의를 개인들 사이의 관계로서가 아니라 계급 사이의 관계에 근거한 전체국가의 한 성질로 간주한다. 말하자면 지배자는 지배하고, 노동자는 노동하고, 노예가 노예일 수 있다면, 국가는 정의로운 것이다.

사회정의에 관한 플라톤의 전체주의적 이념은 그리스적 인생관의 특성, 즉 로마인들처럼 법률적이라기보다는 특히 형이상학적인 그리스 정신의 특성이라는 주장이 있다. 그러나 이 주장은 지지될 수 없다. 사실상 '정의'라는 말의 그리스적 용법은 우리 자신들의 개인주의적이고 평등주의적인 사용 방법과 놀랍게도 비슷하기 때문이다.

플라톤은 개인주의와 이기주의를 동일시했다. 그리고 그는 어느 누구보다도 개인주의를 극렬하게 혐오했고, 이를 분쇄하기 위해 노력했다. 이런 혐오는 플라톤 철학의 근본적인 이원론에 뿌리박고 있다. 정치적 영역에서 개인이란 플라톤에게는 악 그 자체였다. 이리하여 국가의 이익이라는 오직 한 가지의 도덕적 기준이 등장한다. 무엇이든지 국가의 이익을 신장시키는 것은 선량하고 덕 있고 정의로우나, 그것을 위협하는 것은 나쁘고 사악하고 불의이다. 이것은 집단주의나 정치적 공리주의의 법전이라 할 수 있다. 말하자면 선이란 나의 집단이나 나의 부족, 혹은 나의 국가 이익 안에 존재한다는 것이다.

전체적으로 볼 때, 플라톤의 정의론은 그 시대의 평등주의적, 개인주의적, 보호주의적 경향을 극복하고 전체주의적 도덕이론을 전개함으로써 인종주의의 주장을 재확립하려는 의식적인 시도였다. 그러나 그는 평등주의를 논증으로써 논파하는 대신, 인도주의적 감정을 자연적으로 우월한 주인종족의 전체주의적 지배노선에 성공적으로 동원했다. 그리고 이러한 선전의 덕택으로, 그의 반인도주의적인 태도는 인정 있고, 이타적이고, 기독교적이라고 끊임없이 이상화되어 왔던 것이다.

6
전체주의적 정의

플라톤의 사회학을 분석함으로써 그의 정치강령을 제시하기란 쉬운 일이다. 그의 기본적인 요구는 다음 두 가지 공식 중의 하나로 표현될 수 있다. 하나는 변화와 안정에 대한 그의 이상주의적 이론에 상응하는 것이고, 다른 하나는 그의 자연주의에 상응하는 것이다. 모든 정치적 변화를 억제하라 Arrest all political change는 것이 이상주의자의 공식이다. 모든 변화는 악이며, 안정은 신성하다.[1] 만약 국가가 원형의 정확한 모사로, 즉 국가의 형상이나 이데아의 정확한 모사로 만들어졌다면, 모든 변화는 억제될 수 있을 것이다. 이것이 어떻게 가능한가 하는 물음에 대해, 우리는 자연으로 돌아가라 Back to nature는 자연주의적 공식으로 대답할 수 있을 것이다. 그것은 우리 조상들의 원초적인 국가, 인간 본성에 따라서 건립된 원시국가, 따라서 안정된 국가로 돌아가는 것이고, 또한 아담과 이브의 원죄 이전의 부족적 가부장제로 돌아가는 것이며, 무지한 대중을 소수의 현자가 통치하는 자연적인 계급지배로 돌아가는 것이다.

나는 실제로 플라톤 정치강령의 모든 요소는 이런 요구들로부터 나올 수 있다고 믿는다. 그들은 다시 역사주의에 근거하고 있으며, 지배계급의 안정을 위한 그의 사회학적 원리들과 결합되지 않으면 안 된다. 내가 생각하는 기본 요소들이란 다음과 같은 것들이다.

4(1) 계급의 엄격한 구분 : 목자와 감시자로 구성되는 지배계급은 인간 가축들과는 엄격히 구별되어야 한다.

(2) 국가의 운명과 지배계급의 운명의 동일시 : 이 계급과 그 단합에 대한 독점적 관심 : 이러한 단합에 도움이 되는 이 계급의 양육과 교육을 위한 냉엄한 규칙들, 그리고 그 구성원들의 이익에 대한 엄한 감독과 집단화.

이런 기본적 요소들로부터 다른 요소들이 나온다. 예를 들면 다음과 같은 것이다.

(3) 지배계급은 군사적 미덕과 군사훈련 같은 일에서, 그리고 무기휴대의 권리나 어떤 종류의 교육도 받을 수 있는 권리에서 독점권을 갖는다. 그러나 지배계급은 경제활동에의 어떤 참여, 특히 돈을 버는 일에서는 제외된다.

(4) 지배계급의 모든 지적 행위에 대한 검열이 있어야 하며, 그들의 의견을 틀에 박아 통일하기 위한 계속적인 선전이 있어야 한다. 교육, 입법, 그리고 종교상의 모든 혁신은 막거나 억제되어야 한다.

(5) 국가는 자기충족적일 수 있어야 한다. 국가는 경제적 자급자족을 목표로 해야 한다. 그렇지 않으면 지배자들은 무역업자에게 의존하거나 또는 그들 자신이 무역업자가 되거나 할 것이다. 전자는 그들의 권력을 위태롭게 할 것이고, 후자는 국가의 통일과 안정을 위태롭게 할 것이다.

나는 이 정치강령이 공정하게 전체주의적 정치강령으로 기술될 수 있다고 생각한다. 그리고 이것은 역사주의적 사회학에 근거하고 있음이 틀림없다.

그러나 그것이 전부인가? 플라톤 정치강령에 다른 특질, 즉 전체주의적 정치강령도 아니고, 역사주의에 근거하지도 않은 요소들은 없는가? 선과 미에 대한 플라톤의 강한 열망이나 지혜와 진리에의 사랑은 무엇인가? 현자인 철학자가 통치해야 한다는 그의 요구는 무엇인가? 국가의 시민들로 하여금 행복과 덕성을 쌓게 한다는 그의 희망은 무엇인가? 국가는 정의에 근거해야 한다는 그의 요구는 어떤 것인가? 플라톤을 비평하는 사람들조차도 그의 정치원리는 전체주의와의 어떤 유사성이 있음에도 불구하고 시민의 행복과 정의의 지배라는 그의 이러한 목적들에 의해 현대적 전체주의와는 분명히 구별된다고 믿는다. 예컨대 크로스먼은 "플라톤의 철학은 역사가 보여줄 수 있는 자유사상에 대한 가장 야만적이고 가장 의미심장한 공격"[2]이라고 비판하면서도, 여전히 플라톤의 계획은 "모든 시민이 진실로 행복한 완전한 국가를 건설하는 것"이라고 믿고 있는 듯하다. 또 다른 예로는 요드를 들 수 있는데, 그는 플라톤의 정치강령과 파시즘 사이의 유사성을 상세하게 논의하면서도, 플라톤의 최선국가에서는 "일반인들이 그의 본성에 따라 행복을 성취하며" 또 이 국가는 절대적 선과 절대적 정의의 이념 위에서 건설되기 때문에 플라톤의 정치강령과 파시즘 사이에는 근본적인 차이점이 있다고 주장한다.

이런 논쟁에도 불구하고, 나는 플라톤의 정치강령은 전체주의와 비교해서 도덕적으로 우월하기는커녕, 그것과 근본적으로 동일하다고 믿는다. 나는 이런 견해에 대한 반론이 플라톤을 이상화하는 낡고 뿌리 깊은 편견에 근거한다고 믿는다. 크로스먼이 이런 경향을 지적하고 분쇄하기 위해 많은 연구를 한 것은 다음과 같은 진술을 보면 알 수 있을 것이다. "대전쟁 이전까지도 플라톤은 자유주의의 모든 원칙에 단호하게 반대하는 반동으로서 공공연하게 비난받은 적이 거의 없었다. 그 대신 그는 현실생활에서 떠나, 초월적인 신국(神國)을 꿈꾸는 자로서 더 높이 받들어졌다."[3] 그런데도 크로스먼 자신은 그가 그렇게도 분명하게 폭로한 그런 경향에서 벗어나지 못하고 있다. 그로트와 곰페르츠가 『국가』와 『법률』의 몇몇 원리들이 지닌 반동적 특성을 지적했음에도 불구하고, 이런 경향이 그렇게 오랫동안 존속할 수 있었음은 재미있는 일이다. 그러나 바로 그들조차도 이런 원리들이 함축하는 바를 전부 알지는 못했다. 그들은 플라톤이 근본적으로 인도주의자임을 결코 의심하지 않았다. 그리고 그들의 비판은 무시되었거나, 기독교도들에 의해서 '그리스도 이전의 기독교도'라고 생각되었고 혁명주의자들에 의해서는 혁명가로 생각된, 플라톤을 잘못 이해하고 잘못 평가한 것으로 해석되었다. 이런 종류의 완벽한 플라톤 신봉은 의심의 여지 없이 아직도 우세하다. 예를 들면 필드는 "우리가 플라톤을 혁명적 사상가로 생각한다면, 우리는 그를 전적으로 잘못 이해하게 될 것이다."라고 경고하고 있다. 물론 이것은 사실이다. 그리고 만약 플라톤을 혁명적 사상가나 적어도 진보주의자로 보는 경향이 넓게 퍼져 있지 않다면, 그 경고는 분명히 무의미할 것이다. 그러나 필드 자신도 플라톤에 대해 똑같은 신념을 갖고 있다. 왜냐하면 그가 플라톤이 당대의 '새롭고 파괴적인 경향들'에 대해서 강력히 반대했었다고 말할 때, 확실히 그는 이런 새로운 경향이 파괴적인 것이라는 플라톤의 증언을 너무나 쉽게 받아들이고 있기 때문이다. 자유의 적들은 항상 자유의 옹호자들을 파괴적이라고 비난해 왔다. 그리고 그들은 거의 언제나 교활하지 못한 자들과 선의의 사람들을 설득하는 데 성공해 왔다.

이 위대한 이상주의자에 대한 이상화는 플라톤의 저서를 해석하는 데 있어서뿐만 아니라, 번역에 있어서도 퍼져나갔다. 플라톤의 저서에 대한 인도주의자들의 혹독한 비판 중에서 번역자들의 견해에 맞지 않는 것들은 종종 어조가 부드러워지거나 오해되었다. 이런 경향은 소위 『공화국 Republic』이라는 제목의 번역에서부터 시작된다. 이 제목을 들을 때 가장 먼저 떠오르는 것은 그 저자가 혁명가가 아니라면, 적어도 자유주의자임에 틀림없다는 점이다. 그러나 '공화국'이라는 제목은, 그야말로 단순히 이런 종류와는 아무 관련이 없는 그리스 단어를 번역한 라틴어의 영어 형태에 불과하다. 그리고 그것의 적당한 영어 번역은 '정치체제'나 '도시국가' 혹은 '국가'일 것이다. '공화국'이라는 전통적인 번역은 의심의 여지 없이 플라톤이 반동적일 수 없었다는 일반적인 확신에 공헌해 온 것이다.

플라톤이 선과 정의 및 언급된 다른 이념들에 관해 말한 모든 것을 고려해 보면, 플라톤의 정치적 요구는 순전히 전체주의적이고 반인도주의적이라는 나의 이론이 옹호될 것이다. 이러한 옹호를 위해, 나는 다음의 네 장에서는 역사주의의 분석은 중지하고, 언급된 바 있는 윤리이념들과 플라톤의 정치적 요구에서의 그 이념들의 역할에 대한 비판적 고찰에 집중할 것이다. 이 장에서는 정의의 이념을 고찰하고, 다음 세 장에 걸쳐 최고 현자와 최선자(最善者)가 지배해야 한다는 원리와, 진리, 지혜, 선, 그리고 미의 이데아들을 고찰할 것이다.

I 최선국가의 정의

정의에 관해 말할 때, 진실로 우리가 의미하는 바는 무엇인가? 나는 이런 종류의 언어적 물음들을 특별히 중요한 것으로 생각하지 않으며, 또 어떤 명확한 해답을 얻을 수 있다고 보지도 않는다. 이런 술어들은 항상 여러 가지 의미로 사용되어 왔기 때문이다. 그렇지만 나는 우리들 중의 대부분, 특히 인도주의적 인생관을 가진 자들은 정의를 다음과 같은 어떤 것으로 보고 있다고 생각한다. (a) 사회생활에서 필요한 자유의 제한과 같은 시민으로서의 의무를 균등히 분배함,[4] (b) 법 앞에서의 평등, (c) 물론 그 법률은 어떤 개인이나 단체 혹은 계급에 유리하지도 불리하지도 않음, (d) 법정의 공정성, (e) 국가가 시민에게 제공할 수 있는 이익(의무에서뿐만 아니라)의 균등한 분배. 만약 플라톤의 정의가 이런 종류의 어떤 것을 의미한다면, 플라톤의 정치강령이 순전히 전체주의적이라는 나의 비난은 분명히 오류일 것이고, 플라톤의 정치학은 훌륭한 인도주의적 기반에 근거하고 있다고 믿는 사람들이 옳을 것이다. 그러나 플라톤이 의미하는 '정의'는 사실 전혀 다른 어떤 것이다.

플라톤이 '정의'로 의미한 것은 무엇인가? 나는 플라톤이 『국가』에서 사용한 '정의로운'이라는 말은 '최선국가의 이익이 되는'이라는 말과 동의어라고 주장한다. 그러면 이 최선국가의 이익은 무엇인가? 그것은 엄격한 계급구분과 계급지배의 유지에 의해 모든 변화를 억제하는 것이다. 나의 이런 주장이 옳다면, 우리는 플라톤의 정의에 대한 요구가 그의 정치강령을 전체주의적 수준에 머무르게 한다고 말하지 않을 수 없다. 그리고 우리는 단순한 단어들에 의해 감동되는 위험을 경계해야 한다고 결론짓지 않을 수 없다.

정의는 『국가』의 중심 주제이다. 사실상 '정의에 관해서 On Justice'는 『국가』의 전통적인 부제이다. 정의의 본질을 규명하는 데에 플라톤은 앞장에서 언급한 방법[5]을 사용한다. 즉 첫째로 그는 국가에서 이 이념을 찾고자 했으며, 다음에 그 결과를 각 개인들에 적용하고자 했다. 아무도 '정의란 무엇인가?'라는 플라톤의 질문이 당장에 어떤 해답을 찾으리라고 말할 수는 없을 것이다. 왜냐하면 그 대답은 4권에 가야만 나타나기 때문이다. 그 해답을 끌어내는 고찰들은 이 장의 뒤에서 보다 상세히 분석되겠지만, 간단히 말하면 다음과 같은 것이다.

국가는 인간의 본성과 그 욕구 및 한계를 근거로 건립된다.[6] "우리 국가에서는 각자가 단지 한 가지 일, 말하자면 그의 본성에 자연적으로 가장 잘 어울리는 일을 해야 한다고 여러 번 반복해서 말했음을 당신들은 기억할 것이다." 여기서 플라톤은 모든 사람은 그 자신의 일, 즉 목수는 나무 깎는 일에, 제화공은 구두 만드는 일에 자신을 제한시켜 자기 자신의 일을 지켜나가야 한다고 결론지었다. 그렇지만 그 두 일꾼이 자연적인 위치를 바꾼다 해도 큰 해는 없을 것이다. "그러나 만약 본래 노동자인 사람(혹은 그 밖에 돈벌이 계급의 한 사람)이 그럭저럭해서 전사계급에 들어간다든가, 또는 그럴 만한 가치가 없는데도 수호자계급으로 들어간다든가 한다면, 이런 종류의 변화와 숨은 음모는 그 국가의 몰락을 의미하게 될 것이다." 무기휴대는 곧 계급특권이라는 원칙과 밀접히 관련된 이런 논증으로부터, 플라톤은 그 세 계급 내에서의 어떤 변화나 혼합도 불의이며, 그러므로 그 반대가 정의라는 최종 결론을 내린다. "국가 내의 각 계급, 즉 전사계급과 수호자계급뿐만 아니라, 돈 버는 계급이 그들 자신의 일에 전념할 때, 이것이 정의가 될 것이다." 이러한 결론은 다시 확인되고 조금 뒤에서 다음과 같이 요약된다. "국가는 세 계급이 각각 그 자신의 일에 전념할 때 정의롭다." 그러나 이 진술은 플라톤이 정의를 계급지배와 계급특전의 원칙과 동일시하고 있음을 의미한다. 왜냐하면 모든 계급이 그 자신의 일에 열중해야 한다면, 원칙은 단적으로 다음과 같은 것을 의미하기 때문이다. 지배자는 지배하고, 노동자는 노동하고, 노예가 노예일 수 있다면, 국가는 정의롭다 the state is just if the ruler rules, if the worker works, and if slave slaves.[7]

플라톤의 정의의 개념은 위에서 분석했듯이 근본적으로 우리들의 일반적 관점과는 다르다는 것을 알 수 있다. 플라톤은 계급특권을 정의라 부르는 반면, 차라리 우리는 보통 그런 특권이 없는 것을 정의라 한다. 그러나 그 차이는 그보다 더 심하다. 우리는 정의로서, 개인 individuals 을 취급할 때의 어떤 종류의 평등을 의미하는 반면, 플라톤은 정의를 개인들 사이의 관계로서가 아니고, 계급 사이의 관계에 근거한 완전한 국가 whole state의 한 성질로 간주한다. 만약 국가가 건강하고, 강하고, 통합되어 안정되어 있다면, 그 국가는 정의롭다.

II 정의의 그리스적 용법

그러나 플라톤은 옳았는가? 정의란 정말 그가 말한 바를 의미하는 것일까? 나는 그런 문제들을 토론하고 싶지 않다. 만약 누가 '정의'란 어느 한 계급의 도전받지 않는 지배를 의미한다고 주장한다면, 나는 전적으로 부정의 편에 선다고 간단히 대답할 것이다. 달리 표현하면, 나는 어떤 것도 낱말들에 의존하지 않으며, 모든 것은 우리가 채택하기로 한 우리의 정책에 적합한 실제적 요구나 제의에 달려 있다고 믿는다. 플라톤의 정의에 대한 규정의 배후에는, 근본적으로 그의 전체주의적 계급정치에 대한 요구와 그것을 실현하려는 그의 결단이 존재한다.

그러나 다른 의미에서 그는 옳지 않았던가? 정의에 대한 그의 이념은 혹시 그 말의 그리스적 용법에 상응하는 것은 아니었던가? 혹시 그리스인들은 '정의'를 '국가의 건강'과 같은 전체주의적인 어떤 것으로 이해하였던가? 그렇다면 플라톤에게서 법 앞에서의 시민의 평등과 같은 현대적인 정의의 이념을 기대하는 것은 전적으로 부당하며, 전적으로 비역사적이지 않은가? 사실 이 질문은 긍정적으로 대답되었다. 그리고 '사회정의'에 대한 플라톤의 전체주의적 이념은 그리스적 인생관의 특성, 즉 "로마인들처럼 특별히 법률적이라기보다는 특히 형이상학적인"[8] '그리스 정신'의 특성이라는 주장이 있었다. 그러나 이 주장은 지지될 수 없다. 사실상 '정의'라는 말의 그리스적 사용법은 우리 자신들의 개인주의적이고 평등주의적인 사용법과 놀랍게도 비슷하다.

이것을 증명하기 위해, 나는 먼저 플라톤 자신에 대해 언급하고자 한다. 그는 대화편 『고르기아스』(『국가』보다 먼저 쓴 책)에서 "정의는 평등이다."라는 견해를 국민의 대다수가 그렇게 여기는 견해로, 그리고 '관습'뿐만이 아니라 '자연 자체'와도 일치하는 견해라고 피력한다. 더 나아가 나는 평등주의의 또 다른 반대자인 아리스토텔레스를 인용하고자 한다. 플라톤의 자연주의의 영향하에서 자란 그는, 어떤 사람은 본래 노예로 태어났다는 이론을 더욱 심화시켰다.[9] '정의'라는 술어의 평등주의적이고 개인주의적인 해석을 전개하는 데 그는 별로 관심이 없었다. 그러나 아리스토텔레스가 "정의의 인격화"라는 한 재판관에 관해서 말할 때, "평등을 회복시키는 것"이 그의 임무라고 말하고 있다. 그는 "모든 사람은 정의를 평등의 일종으로, 즉 사람들에 관계되는 평등의 일종으로 생각한다."고 말한다. 그는 심지어 (그러나 여기서 그는 틀렸지만) '정의'에 해당하는 그리스어는 '평등한 분배'를 뜻하는 어원에서 파생했다고 생각했다.('정의'가 "시민에게 전리품과 명예를 분배할 때의 어떤 종류의 평등"을 의미한다는 견해는 『법률』에 나타난 플라톤의 견해와 일치한다. 『법률』에서는 전리품과 명예의 분배에 있어, 두 종류의 평등, 즉 '수학적인' 또는 '산술적인' 평등과 '비례적인' 평등이 구별된다. 비례적인 평등은 문제되는 인물이 소유하고 있는 덕과 자손, 그리고 재산을 고려한 것으로, 이것이 '정치적 정의'를 형성한다고 한다.) 그리고 아리스토텔레스는 민주주의 원칙들을 논할 때, "민주주의적 정의란 산술적 평등(비례적 평등과는 구별되는) 원리의 적용"이라고 이야기한다. 이 모든 것은 분명히 정의의 의미에 대한 그의 개인적인 인상도 아니고, 플라톤 이후 『고르기아스』나 『법률』의 영향에서 그 단어가 쓰인 방법을 단순하게 기술한 것도 아니다. 그것은 차라리 '정의'라는 단어의 대중적인 사용일 뿐만 아니라, 보편적이고 고대적인 사용의 표현이다.[10]

이런 증거로 미루어 볼 때 『국가』에서의 정의에 대한 전체주의적이고 반평등주의적인 해석은 하나의 혁신이었으며, 플라톤은 사람들이 일반적으로 생각하는 '정의'와는 전혀 반대의 의미에서 그의 전체주의적 계급통치를 '정의로운' 것으로 제시하고자 했다고 생각된다.

이러한 결론은 놀랄 만한 것이어서 무수한 질문을 야기한다. 일반적인 사용에서 정의가 평등을 의미했다면, 어째서 플라톤은 『국가』에서 정의란 불평등을 의미한다고 주장하였던가? 내가 보기에는 그가 국민들에게 전체주의 국가가 정의로운 국가임을 납득시켜, 그의 전체주의 국가를 선전하려 했다는 대답만이 그럴듯해 보인다. 그러나 문제되는 것은 단어들이 아니라, 그 단어들을 통해 우리가 의미하는 것임을 고려한다면, 그러한 시도는 가치 있는 것이었던가? 물론 그것은 가치가 있었다. 이것은 플라톤이 오늘날까지도 그의 독자들에게 그가 정의를, 즉 그들이 갈망하는 정의를 솔직하게 옹호하고 있다는 것을 충분히 납득시킬 수 있었다는 사실에서도 알 수 있다. 그리고 그로 말미암아 플라톤은 평등주의자들이나 개인주의자들에게 의심과 혼동을 일으키게 하여, 그들은 플라톤의 권위의 영향하에서 플라톤의 정의의 이념이 자신들의 것보다 더욱 진실되고 좋은 것은 아닌지 스스로 자문하기 시작했던 것이 사실이다. '정의'라는 단어가 우리에게 그렇게 중요한 목적을 상징하고 있고, 그렇게 많은 사람들이 정의를 위해 무엇인가를 찾아나갈 각오가 되어 있으며, 정의의 실현을 위해 전력을 다하겠다는 각오가 되어 있으므로, 이런 인도주의적 세력을 이용하거나 적어도 평등주의를 무력하게 만드는 것은 전체주의를 신봉하는 자로서는 추구해 볼 가치가 있는 목표였다. 그러나 플라톤은 정의가 사람들에게 그렇게 의미심장하다는 것을 알았던가? 『국가』에서 쓴 것을 보면 그는 알고 있었다. "어떤 사람이 부정을 저지를 때, 그의 용기가 위축되는 것은 사실 아닌가?……그러나 그가 부정 때문에 고통을 당한다고 믿을 때, 당장에 그의 힘과 분노가 터지지 않을까? 그리고 그가 옳다고 믿는 일을 위해 투쟁할 때, 그는 기아나 추위, 그리고 어떤 종류의 고통도 참을 수 있다는 것 역시 똑같이 옳지 않은가? 그리고 자신의 목적을 달성하든지 파멸하든지 할 때까지 흥분 상태를 끌고 가지 않을까?"[11]

이것을 읽어보면 플라톤이 신념의 힘에 대해서, 그리고 무엇보다도 정의에 대한 신념의 힘에 대해서 알고 있었다는 것을 의심할 수 없다. 『국가』가 이런 신념을 왜곡하여, 그것을 완전히 대립되는 신념으로 대체시키고자 했다는 것도 의심할 수 없다. 그리고 모든 증거로 미루어 볼 때 플라톤은 자기가 하는 바를 아주 잘 알고 있었던 것 같다. 평등주의는 그의 최고의 적이었고, 그러므로 그는 그것을 애써 논박했던 것이다. 그는 평등주의가 하나의 크나큰 악이며, 크나큰 위험이라 굳게 믿어 의심히지 않았다. 그러나 평등주의에 대한 그의 공격은 정당한 공격이 아니었다. 플라톤은 감히 그의 적을 공개적으로 대하려고 하지 않았다.

나는 이런 내용을 뒷받침하는 증거를 계속해서 제시하고자 한다.

III 평등주의적 정의관에 대한 회피

『국가』는 아마 정의에 대해 지금까지 쓰인 것 중에서 가장 공들인 연구서일 것이다. 그것은 정의에 대한 다양한 견해들을 고찰했다. 그리하여 그것은 우리에게, 플라톤이 알고 있던 보다 중요한 이론들을 하나도 빠뜨리지 않고 고찰했다는 것을 믿게 한다. 사실상 플라톤은 당대의 견해 가운데서 정의를 찾아내는 것이 헛되다고 생각했기 때문에, 정의의 새로운 연구가 필요하다는 것을 분명하게 암시하고 있다.[12] 그런데도 플라톤은 이 당대의 이론들을 개괄하고 검토하면서 법 앞의 평등(동권 isonomy)과 같은 정의에 대해서는 결코 언급하지 않았다. 이 누락은 오직 두 가지 방향에서만 설명될 수 있다. 하나는 그가 평등주의의 이론을 잘 몰랐다는 것이고,[13] 다른 하나는 의도적으로 회피했다는 것이다. 그러나 첫 번째는 플라톤이『국가』에 기울인 배려와 그 자신의 강력한 이론을 제시하고자 할 때 반대편의 이론들을 분석하는 것이 필요했으리라는 것을 고려한다면, 그 가능성이 희박하다. 그리고 이 가능성은 평등주의 이론이 넓게 보급되어 있었다는 점을 고려한다면, 거의 불가능한 것 같아 보인다. 『국가』를 쓸 당시에 플라톤은 평등주의 이론을 알고 있었을 뿐 아니라, 그 중요성까지도 잘 인식하고 있었다는 것이 쉽게 드러날 수 있는 이상, 단순히 있음 직한 논증에 의존할 필요는 없다. 이 장 II절에서 언급했듯이, 그리고 뒤에서(VIII절) 상세히 나오겠지만, 평등주의는 초기『고르기아스』에서 상당한 역할을 했다. 여기서 평등주의는 옹호되기까지 한다. 평등주의의 장단점은 『국가』의 그 어느 부분에서도 진지하게 논의되지 않았지만, 플라톤은 평등주의의 영향력에 관한 자신의 생각을 바꾸지 않았다. 왜냐하면 『국가』 그 자체가 바로 평등주의의 인기를 증명하는 것이기 때문이다. 평등주의는 『국가』에서 매우 대중적인 민주적 신념으로 언급된다. 그러나 평등주의는 단지 조소거리로 취급되었다. 그리고 우리가 아는 바로는, 평등주의에 대한 플라톤의 취급은 아테네식 민주주의에 대한 독설적 공격과 잘 어울리게 약간의 경멸과 도발로 차 있으며,[14] 정의가 토론의 주제가 아닐 때 거론되고 있다. 그러므로 플라톤이 정의에 대한 평등주의적 이론을 몰랐을 것이라는 가능성은 제외된다. 그 자신과는 정반대되는 어떤 영향력 있는 이론에 대한 토론이 필요함을 알지 못했다는 가능성도 배제된다. 단지 두어 가지 농기 어린 비평(플라톤은 확실히 이 비평들이 은폐되기에는 너무 훌륭한 것들이라고 생각했다.[15])만이 『국가』에서 발견된다는 사실은, 평등주의 이론에 대한 논의를 의식적으로 거절했다는 것으로만 설명될 수 있을 것이다. 이 모든 것을 고려해 보면 모든 중요한 이론들이 다 검토되었다는 믿음을 독자들에게 심어주려는 플라톤의 방법이 지적 정직성의 기준과 조화될 수 있다고는 생각되지 않는다. 물론 그의 실패는 의심할 여지 없이 그가 굳게 믿었던 선에 대한 그의 전적인 헌신 때문이었다는 것을 덧붙여야 하겠지만.

이 문제에 관한 플라톤의 계속적인 침묵의 의미를 충분히 평가하기 위해서, 우리는 먼저 플라톤이 알고 있던 평등주의 운동이란 그가 증오하던 모든 것을 대표하는 것이었으며, 『국가』와 모든 후기의 저서에 나타난 자신의 이론은, 주로 그 새로운 평등주의와 인도주의의 강력한 도전에 대한 하나의 해답이었음을 분명하게 알아야 한다. 이것을 보여주기 위해, 인도주의 운동의 주된 원칙을 논하고, 그에 대응하는 플라톤의 전체주의적 원칙과 그것을 대조해 보겠다.

정의에 대한 인도주의적 이론은 세 가지 중요한 요구 내지는 제안을 나타낸다. (a) 평등주의의 원칙 자체, 즉 자연적 특권을 배제하고자 하는 제안, (b) 개인주의의 일반적 원칙, (c) 국가의 과업과 목적은 시민의 자유를 보호하기 위한 것이어야 한다는 원칙이 그것이다. 이 각각의 정치적 요구나 목적에 대응하는 플라톤의 완전히 대립되는 원칙은 (a′)자연적 특권의 원칙, (b′) 전체주의나 집단주의의 일반적 원칙, (c′) 개인의 과업과 목적은 국가의 안정을 유지하고 강화하는 것이어야 한다는 원칙 등이다. 나는 이 세 가지 요점을 차례로 이 장의 IV절, V절, VI절에서 논할 것이다.

IV 정의에 대한 세 가지 논증

평등주의의 원리란 국가의 시민은 공평한 대접을 받아야 한다는 요구이다. 그것은 출생, 가족관계, 재산 등이 시민에 대해 법을 집행하는 자들에게 영향을 주어서는 안 된다는 요구이다. 달리 표현하면, 그것은 비록 시민들이 그들이 신뢰하는 자들에게 어떤 특권을 수여할 수 있다 해도, 어떠한 '자연적' 특권은 인정하지 않는 것이다.

이 평등주의의 원칙은 플라톤이 태어나기 몇 년 전에 페리클레스가 어떤 연설에서 훌륭하게 공식화해 놓았었고, 투키디데스[16]가 이를 우리에게 전해 주었다. 그 연설은 10장에서 보다 충분히 인용하겠지만, 여기서 두 문장을 인용해 보면 다음과 같다. "우리의 법률은 사적인 분쟁에서 우리 모두에게 평등한 정의를 제공한다. 그러나 우리는 탁월한 자의 요구를 무시하지는 않는다. 어떤 시민이 뛰어날 때, 그는 특권으로서가 아니라, 재능에 대한 보상으로서 공무에 봉사하게 된다. 가난은 아무런 장애도 되지 않는다." 이 문장들은 주지하는 바와 같이, 노예제도에 대한 공격도 주저하지 않았던 평등주의 운동의 몇몇 기본 목표를 나타낸다. 페리클레스 시대에서 이 운동은 전 장에서 인용한 바 있는 에우리피데스, 안티폰, 히피아스, 그리고 헤로도토스[17]에 의해 나타났다. 플라톤 시대에 그것은 위에서 인용한 알키다마스와 리코프론에 의해 대표되었으며, 다른 지지자로는 소크라테스의 가장 절친한 친구 중의 하나였던 안티스테네스가 있다.

플라톤의 정의의 원칙은 물론 이 모든 것과는 전적으로 대립된다. 그는 자연적 지도자들의 자연적 특권을 요구했다. 그러나 그는 평등주의 원칙을 어떻게 논박하였던가? 그리고 그는 어떻게 그 자신의 요구들을 입증하였는가?

앞 장에서 평등주의적 요구의 가장 잘 알려진 공식 중 몇 가지는 '자연적 권리'라는 인상적이긴 하나 미심쩍은 언어 속에 나타나 있다는 것과, 그 대표자들 중 몇 사람은 인간의 '자연적' 평등, 즉 인간의 생물학적 평등을 지적하면서, 이런 평등주의적 요구에 찬성하는 논증을 벌였다는 것을 기억해야 할 것이다. 우리는 이 논증이 적절치 못함을 보아왔다. 즉 우리는 인간은 어떤 중요한 관점에서 보면 평등하고, 다른 관점에서 보면 불평등하다는 것과, 규범적 요구는 이런 사실이나 또는 다른 어떤 사실로부터도 도출될 수 없다는 것을 보아왔다. 그러므로 모든 평등주의자가 자연주의자의 논증을 사용하지 않았다는 것, 그 한 예로 페리클레스가 그것을 암시조차 하지 않았음을 주목해 보면 매우 흥미롭다.[18]

플라톤은 평등주의의 원리 안에서는 자연주의가 하나의 약점임을 재빨리 간파하고 이 약점을 십분 이용했다. 사람들에게 그들이 평등하다고 말하는 것은 어떤 감상적 호소력을 갖는다. 그러나 이런 호소력은 그들이 다른 사람들보다 우월하고 또 다른 사람들은 그들보다 열등하다는 선전이 주는 호소력에 비하면 보잘것없는 것이다. 당신은 당신의 하인, 노예, 그리고 짐승보다 나을 바 없는 수공업자와 자연적으로 똑같은가? 이 질문이야말로 얼마나 우스꽝스러운가? 이런 반발의 가능성을 인식하고 자연적 평등의 요구에 대해 비난과 조소와 조롱으로 맞선 최초의 인물이 플라톤일 것이다. 이것은 그가 자연주의적 논증을, 그것을 전혀 사용하지도 않은 그의 적들에게까지 돌리려고 애쓴 이유를 설명해 준다. 그런고로 그는 페리클레스 연설에 대한 풍자시인 『메넥세노스 Menexenos』에서, 평등한 법률에 대한 요구와 자연적 평등에 대한 요구를 같이 연결해야 한다고 주장한다. 그는 "우리 헌법의 기초는 출생에서의 평등이다. 우리는 모두 다 형제이고 다 한 어머니의 자식들이다.⋯⋯출생에서의 자연적 평등은 우리로 하여금 법 앞에서의 평등을 찾기 위해 노력하도록 만든다."[19]라고 반어적으로 말하고 있다.

그 후 『법률』에서 그는 평등주의에 대한 대답을 다음과 같은 공식으로 요약했다. "동일하지 않은 자에 대한 평등한 대우는 불공평을 초래한다."[20] 그리고 이것은 아리스토텔레스에 의해서 "동일한 자에게는 평등을, 동일하지 않은 자에게는 불평등을."이라는 공식으로 발전되었다. 이 공식은 평등주의에 대한 반대의 표준이라고 불릴 수도 있는 것이다. 즉 그 반대는 사람들이 다 동일하다면 평등은 훌륭한 것이 되겠지만, 그들이 동일하지도 않고 또한 동일하게 될 수도 없는 바에는 평등은 명백히 불가능하다는 것이다. 일견 현실적으로 보이는 이 반대는 실제로는 가장 비현실적이다. 왜냐하면 정치적 특권은 결코 인격의 자연적 차이를 근거로 하는 것이 아니기 때문이다. 그리고 사실 플라톤은 『국가』를 쓸 당시, 깊은 확신을 갖고 반대한 것은 아닌 듯하다. 왜냐하면 평등주의에 대한 반대는 그가 민주주의를 비웃으면서, 이것은 "동일한 자와 동일하지 않은 자 모두에게 평등을 분배한다."[21]고 할 때에만 언급되어 있기 때문이다. 이런 비평은 별문제로 하고, 그는 평등주의에 대해 반대 논쟁을 벌였다기보다는 그것을 등한시한 편이었다.

종합적으로 볼 때, 플라톤은 페리클레스 같은 사람이 지지했던 평등주의 이론의 의미심장함을 결코 업신여긴 것은 아니었다. 그러나 『국가』에서 그는 그것을 전혀 취급하지도 않았다. 그는 평등주의를 공격하였으나, 정정당당하게 터놓고 공격한 것은 아니었다.

그러나 그는 그 자신의 반평등주의, 즉 자연적 특권의 원칙을 확립하고자 얼마나 노력하였던가? 『국가』에서 그는 세 가지의 서로 다른 논증을 제시하였다. 그러나 그중 두 가지는 거의 가치가 없는 것이었다. 첫 번째 논증은,[22] 국가의 상이한 세 가지 덕성이 모두 고찰되었으므로 나머지 네 번째 "자기 자신의 일에 전념하는" 덕은 '정의'임에 틀림없다고 하는 놀라운 언명이다. 나는 이것이 논증이라고는 믿고 싶지 않지만, 그것이 논증임에는 틀림이 없다. 왜냐하면 플라톤의 주 대변인인 '소크라테스'가 "자네는 내가 어떻게 이런 결론에 도달했는지 아는가?"라는 질문으로써 그것을 소개하고 있기 때문이다. 두 번째 논증은 더욱 흥미롭다. 그것은 그의 반평등주의가 정의란 공평이라는 일반적인(즉 평등주의자의) 관점에서 도출될 수 있다는 것을 나타내고자 하기 때문이다. 다음은 그 대화의 완전한 인용이다. '소크라테스'는 도시의 통치자는 또한 그 도시의 재판관일 것이라고 언급하면서 다음과 같이 말한다.[23] "아무도 타인에게 속하는 것을 뺏을 수 없고, 자기 자신의 것을 빼앗기지도 않게 하는 것이 사법권의 목적이 아닐까?" "예, 그것이 그들의 의도겠지요." 하고 대화자인 '글라우콘'이 대답했다. "그러는 것이 정의롭기 때문에 그런가?" "예." "따라서 우리에게 속하는 우리 자신의 것을 지키고 연마하는 것이 정의라는 데에 일반적으로 동의하겠군." 그리하여 우리들의 일상적인 정의의 관념에 따라 "자기 자신의 것을 지키고 연마하는 것"이 정의로운 사법권의 원칙이라는 것이 성립된다. 여기서 두 번째의 논증은 자신의 지위, 즉 자기 자신의 계급이나 신분 of one's own class or caste의 지위(또는 직업)를 지키는 것(또는 자기 자신의 일을 하는 것)이 정의라고 결론을 짓는 세 번째 논증에(다음에 분석될 것이다.) 자리를 양보하면서 끝난다.

이 두 번째 논증의 유일한 목적은, '정의'란 그 말의 일상적 의미에서 우리가 항상 우리 자신에게 속하는 것을 지켜야 하는 것이기 때문에, 우리 자신의 지위를 지키도록 요구한다는 것을 독자들에게 강조하는 것이다. 말하자면 플라톤은 그의 독자들이 다음과 같이 추리하기를 원했던 것이다. '정의는 나 자신의 것을 지키고 연마하는 것이다. 나의 지위(또는 직업)는 나 자신의 것이다. 그러므로 나의 지위(또는 내 직업의 연마)를 지키는 것이 정의이다.' 이 논증은 다음의 논증과 마찬가지 정도에서만 합리적이다. '나 자신의 것을 지키고 연마하는 것이 정의이다. 너의 돈을 훔치려는 계획은 나 자신의 것이다. 그러므로 나의 계획을 지켜 너의 돈을 훔치는 것이 정의이다.' 플라톤이 우리로 하여금 추리하도록 원했던 것은 단지 '그 자신의 것 one's own'이라는 말의 의미와 관련된 조잡한 속임수임이 분명하다.(왜냐하면 문제는 정의가, 예컨대 '우리 자신의' 계급같이, 어떤 의미로는 '우리 자신'인 모든 것이 결과적으로는 우리 자신의 소유물로서뿐 아니라 양도할 수 없는 소유물로서 취급되기를 요하는 것인가 아닌가 하는 것이기 때문이다. 그러나 플라톤 자신은 이런 원칙을 믿지 않았다. 왜냐하면 그것은 분명히 공산주의에로의 이행을 불가능하게 하기 때문이다. 그리고 우리 자신의 아이들을 지키는 것에서는 또 어떠한가?) 이 조잡한 속임수는 애덤이 "정의에 관한 플라톤 자신의 견해와 그 말의 대중적인 의미 사이의 한 접합점"이라 부른 것을 확립시킨 플라톤의 방식이다. 이것이 전 세기 최대의 철학자가 우리에게 그가 정의의 진면목을 발견했음을 확신시키고자 한 방법이다.

플라톤이 제시한 마지막 제3의 논의는 훨씬 더 진지한 것이다. 그것은 전체주의나 집단주의의 원칙에 대한 호소이며, 개인의 목적은 국가안정의 유지라는 원칙과 결부되어 있다. 그러므로 그것은 다음의 V절과 VI절에서 논의될 것이다.

그러나 그 문제에 접근하기 전에, 여기서 검토하고 있는 '발견'에 관한 기술의 앞에 붙인 '서문'에 주목하기 바란다. 그것은 여태까지 해온 고찰로 미루어 검토되어야 한다. 이런 점에서 볼 때 그 '장황한 서문' —— 플라톤 자신이 그렇게 불렀다 —— 은, 실제로는 그가 독자의 비판능력을 둔화시키기 위해 계획된 극적인 책략들을 펼치면서, 독자에게는 어떤 논의가 계속되고 있다고 믿게 함으로써 '정의의 발견 discovery of justice'을 준비시키려는 교묘한 시도로 여겨진다.

'소크라테스'는 수호자에게 고유한 덕성으로 지혜를, 보조자들에게 고유한 덕성으로 용기를 발견한 후, 정의를 발견하기 위한 그의 최후의 노력을 경주할 의사를 밝히고 있다.[24] 그는 "국가에서 우리가 발견해야 할 두 가지가 남아 있는바, 그중 하나는 절제요, 마지막으로 우리들의 모든 탐구의 주 목적이기도 한 다른 것은 정의라는 것이다."라고 말한다. 글라우콘이 정말 그렇다고 하자, 이제 소크라테스는 절제는 빼버리자고 제의한다. 그러나 글라우콘이 반대하고, 소크라테스는 "거절하는 것은 옳지 못할 거야.(또는 부정직할 거야.)"라고 말하면서 양보한다. 이 사소한 논쟁은 독자에게 정의를 다시 등장시켜, 소크라테스가 정의를 '발견'할 방법들을 갖고 있다는 것을 암시하고, 나아가서는 글라우콘이 플라톤의 지적 정직성을 세심하게 감시하고 있다는 것과, 그 논의를 전개하는 데 대해 독자 자신은 전혀 경계할 필요가 없다는 것을 독자에게 확신시키고 있다.[25]

다음 소크라테스는 절제를 토의하며, 그것이 단지 노동자들에게만 고유한 덕성임을 발견한다.(그런데 더 많이 논란되었던 의문점인 플라톤의 '정의'가 그의 '절제'와 구별될 수 있는 것인가 하는 문제는 쉽게 풀릴 수 있다. 정의란 자신의 지위를 지키는 것을 의미하고, 절제는 자신의 지위를 아는 것을 의미한다. 더욱 간략하게 말하면, 그것은 자신의 지위로 만족하는 것이다. 어떤 다른 덕성이 짐승처럼 자신의 배만 채우는 노동자들에게 고유한 것일 수 있겠는가?) 절제가 발견되었을 때 소크라테스는 묻는다. "그리고 마지막 원칙은 무엇인가? 분명히 그게 정의일 거야." "분명히." 하고 글라우콘이 대답한다.

"자, 사랑스러운 글라우콘, 우리는 사냥꾼처럼 그 숨은 장소를 에워싸고 가까이서 계속 지켜보아야 하네. 그리고 절대로 도망가지 못하도록, 빠져나가지 못하게 해야 하네. 왜냐하면 정의란 이 근처 어딘가에 있는 게 확실하니까. 자넨 그곳을 주시하고 열심히 찾아보는 게 좋겠네. 그리고 어떻게서든 자네가 나보다 먼저 정의를 알아낸다면 내게 가르쳐주게." 하고 소크라테스는 말한다. 글라우콘은 물론 독자처럼 그런 종류의 일을 할 수 없고 소크라테스에게 지도해 주기를 간청한다. 소크라테스가 말한다. "그러면 나와 함께 기도하고 나를 따르게나." 그러나 "그 땅은 덤불로 덮여 있어서 정말 다가서기 어렵고, 또 어두워서 찾아내기도 힘들다."는 것을 소크라테스라도 알았다. "그러나 우린 계속 찾아야 해." 하고 그는 말했다. 그리고 글라우콘은 "무얼 계속한단 말인가요? 우리의 탐험, 즉 우리의 논의 말인가요? 그러나 우린 아직 시작도 하지 않았어요. 당신이 여태 얘기한 뜻은 어렴풋이도 눈치 챌 수 없는걸요." 하고 반항하는 대신 "그러지요, 계속해야지요." 하고 순진한 독자와 더불어 온순하게 대답한다. 여기서 소크라테스는 "뭔가 떠오른다."(우리에게는 아무것도 떠오르지 않는다.)고 하며 흥분한다. 그리고 그는 "옳지! 옳지! 글라우콘, 무언가 발자국이 있는 것 같아! 이제 사냥감은 우릴 빠져나가지 못할 거야." 하고 소리친다. "좋은 소식인데요." 글라우콘이 대답한다. "이거 참, 우린 바보 천치였군. 내내 우리가 멀리서 찾고 있던 게 바로 발아래 있었군 그래. 우리가 그걸 보지 못했다니!" 소크라테스가 말한다. 소크라테스가 이런 종류의 감탄과 반복되는 말을 얼마 동안 계속하자, 독자의 느낌을 표현해 주는 글라우콘이 끼어들어 소크라테스가 무엇을 발견했는지 묻는다. 그러나 소크라테스가 단지 "우리가 실제로 그것을 말하고 있었다는 것을 모른 채, 계속 그것에 관해 이야기하고 있었네."라고만 하자, 독자와 더불어 견디지 못한 글라우콘은 "그것이 무엇인지 듣고 싶어 애쓰는 사람에겐 너무나 서론이 길군요." 하고 말한다. 바로 그때 플라톤은 내가 개괄했던 두 '논증'을 제시한다.

글라우콘의 마지막 말은 플라톤이 이 '장황한 서문'에서 자신이 의도한 바를 의식하고 있었음을 나타내 준다고 보아도 될 것이다. 이 서문은 독자의 비판능력을 약화시키고, 그리고 재치 있는 언변을 극적으로 전개시켜 이 대화편에서 나타나는 지적 빈곤으로부터 독자의 주의를 다른 데로 돌리기 위한 하나의 시도로밖에는——그것은 아주 성공적이었다——해석할 길이 없다. 플라톤은 그 약점을 잘 알았으며, 또 그것을 은폐시킬 방법도 알고 있었다고 생각된다.

V 개인주의와 이기주의

개인주의와 집단주의의 문제는 평등과 불평등의 문제와 밀접한 관련이 있다. 그것을 논하기 전에 몇 가지 술어에 대한 언급이 필요할 것 같다. '개인주의'라는 말은 (옥스퍼드 사전에 따르면) 두 가지 의미, 즉 (a) 집단주의에 대한 반대, (b) 이타주의에 대한 반대로 사용된다. 전자의 뜻을 표현하는 다른 말은 없지만, 후자의 경우에는 '이기주의'나 '자기본위'와 같은 여러 동의어가 있다. 그러므로 다음부터 나는 개인주의라는 말을 오로지 (a)의 의미로 쓰고, (b)의 의미를 나타낼 때는 '이기주의'나 '자기본위'와 같은 술어를 쓸 것이다. 다음과 같은 표로 정리해 보면 잘 알 수 있을 것이다.

(a) 개인주의 individualism는 (a′) 집단주의 collectivism와 반대된다.

(b) 이기주의 egoism는 (b′) 이타주의 altruism와 반대된다.

이 네 술어는 규범적 법전에 대한 어떤 태도나 요구, 결단, 제안 등을 표현하는 것이다. 이 술어들은 어쩔 수 없이 모호한 점도 있겠지만, 예를 듦으로써 쉽게 설명될 수 있고, 또 우리의 당면 목적에는 그 정도로도 충분히 정확하게 사용될 것이다. 집단주의는 플라톤의 전체주의에 대한 논의에서 낯익은 것이므로, 집단주의부터 시작하기로 하자.[26] 개인은, 우주이든 국가이든 부족이나 종족이든 또는 다른 집단체이든 간에, 전체의 이익에 도움이 되어야 한다는 플라톤의 요구는 앞 장에서 몇 줄에 걸쳐 설명했다. 그것 중의 하나를 좀 더 충분하게 인용해 보면 다음과 같다.[27] "부분은 전체를 위해 존재하지만, 전체는 부분을 위해 존재하는 것이 아니다. 너는 모든 사람을 위해 창조되었지만 모든 사람들이 너를 위해 창조된 것은 아니다." 이 인용은 전체주의나 집단주의를 설명할 뿐 아니라, 플라톤이 의식한 (그 구절의 전문에서 알 수 있듯이) 강렬한 호소도 전달한다. 그 매력은 한 집단이나 부족에 속하고자 하는 열망과 같은 여러 감정들에 대한 호소로, 이타주의를 찬성하고 자기본위나 이기주의를 물리치자는 도덕적 호소가 그 한 요소이다. 플라톤은 전체를 위해 자기의 이익을 희생할 수 없는 사람은 자기본위적이라고 시사한다.

그러나 앞에 제시한 우리의 표를 보면, 그게 그렇지 않음을 알게 된다. 집단주의는 이기주의와 대립되는 것도 아니고 이타주의나 비자기본위와 동일한 것도 아니다. 예컨대 계급적 이기주의 같은 집단적 이기주의나 단체적 이기주의는 매우 일반적인 것이며(플라톤은 이것을 잘 알고 있었다.[28]) 이것은 집단주의 자체가 이기주의와 대립되지 않는다는 것을 충분히 명확하게 나타내 준다. 한편 개인주의자와 같은 반집단주의자는 동시에 이타주의자가 될 수 있다. 개인주의자는 다른 개인들을 돕기 위해 자기를 희생할 수 있다. 이런 태도의 가장 좋은 예 중의 하나가 디킨스일 것이다. 디킨스에 있어서 자기본위에 대한 극렬한 증오와 인간으로서의 모든 약점을 갖고 있는 개인들에 대한 뜨거운 관심 중에서 어느 쪽이 더 강렬하다고 말하기는 힘들 것이다. 이런 태도는 소위 공동체나 집단이라고 부르는 것에 대한 혐오뿐 아니라,[29] 구체적인 개인들보다는 익명의 단체들을 상대로 할 때만 진실로 헌신적인 이타주의에 대한 혐오와도 연관되어 있다.(나는 『블릭 하우스 *Bleak House*』에 나오는 '공공의무에 헌신적인 부인' 젤리비 여사를 상기시키고자 한다.) 나는 이런 예증들이 네 가지 술어를 충분히 명확하게 설명해 준다고 생각한다. 그리고 이런 예증들은 앞의 표에 있는 어떤 술어도 아래쪽에 있는(이리하여 결국 네 개의 결합이 생긴다.) 두 술어 중의 어느 것과도 결합될 수 있음을 보여준다.

그러므로 플라톤과 대부분의 플라톤주의자들에게 이타적 개인주의(예컨대 디킨스의 개인주의 같은)란 존재할 수 없다는 것은 흥미로운 일이다. 플라톤에 의하면 집단주의의 반대어는 이기주의뿐이다. 그는 단순하게도 모든 이타주의를 집단주의와 동일시하고, 모든 개인주의를 이기주의와 동일시한다. 이것은 플라톤이 네 가지 형태로 짝 지을 수 있는 것을 단 두 가지 형태로밖에 인식하지 못했기 때문이지, 술어상의 문제, 단순한 낱말의 문제가 아니다. 이것은 오늘날까지도 윤리적 문제의 추론에 있어 상당한 혼동을 야기시켜 왔다.

플라톤이 이기주의와 개인주의를 동일시한 것은 그가 개인주의를 공격하는 데뿐만 아니라, 집단주의를 방어하는 데서도 강력한 무기가 되었다. 집단주의를 방어할 때는 우리의 이타주의의 인도주의적 감정에 호소할 수 있고, 개인주의를 공격할 때는 모든 개인주의자들을 그들 자신밖에는 모르는 자기본위적이라고 낙인찍을 수도 있다. 이런 공격은 플라톤이 인간 개인으로서의 권리, 즉 개인주의를 반대하기 위한 것이었지만, 물론 전혀 다른 목표인 이기주의에만 해당된다. 그러나 이런 차이점은 플라톤과 대부분의 플라톤주의자들에 의해 끊임없이 무시되어 왔다.

플라톤은 어째서 개인주의를 공격하고자 했던가? 나는 그가 개인주의에 총을 겨눌 때 자신이 무엇을 하고 있는지를 잘 알고 있었다고 생각한다. 왜냐하면 개인주의는 아마 평등주의보다도 더욱더 새로운 인도주의 강령을 지키는 보다 강한 보루였기 때문이다. 개인의 해방은 부족주의의 붕괴를 초래하고 민주주의를 봉기시킨 실로 거대한 정신혁명이었다. 플라톤의 무서운 사회학적 직관은 어디서 만나든 간에 적을 반드시 분간해 내고야 만다.

개인주의는 정의에 대한 오래된 직관적 관념의 일부분이었다. 정의는 플라톤이 생각하듯이 국가의 건강이나 조화이기보다는, 차라리 개인을 다루는 어떤 한 방법이라는 것이 아리스토텔레스에 의해 강조되었다. 아리스토텔레스는 "정의란 사람들에 관한 어떤 것이다."[30]라고 말하고 있다. 이런 개인주의적 요소는 페리클레스 시대에 강조되었다. 페리클레스 자신이 법률은 "사람들의 사적인 분쟁에서 모든 사람에게" 똑같이 동등한 정의를 보증해야 함을 명확히 하고 있다. 그러나 그는 한 걸음 더 나아가서 "우리의 이웃이 그들 자신의 길을 선택하고자 한다면, 우리로서는 그들을 간섭할 아무런 근거가 없다고 느껴진다."고 말했다.(이 말을 "국가는 인간을 방임시켜 놓고……제 나름대로 하게 내버려 두려고" 인간을 만드는 것이 아니라는 플라톤의 말[31]과 비교해 보라.) 페리클레스는 이런 개인주의는 이타주의와 연결되어야 한다고 주장한다. "우리는 상처 입은 자를 보호해야 한다고 배웠다." 그의 연설은 "매우 다재다능하고 자립적인" 인간으로 자라는 아테네 청년들을 그리는 데서 절정에 달한다.

이타주의와 결합된 이런 개인주의는 서구문화의 근저를 이루었다. 그것은 기독교 정신의 중심원리(성서는 "너의 종족을 사랑하라."가 아니라 "너의 이웃을 사랑하라."고 말한다.)이며, 그것은 우리의 문화로부터 자라나서 우리 문화를 활기 띠게 한 모든 윤리적 원리의 핵심이다. 그것은 예컨대 칸트의 실천적 원리("인간 개인이 목적임을 항상 인식하고 그들을 너의 목적을 위한 단순한 수단으로 삼지 마라.")의 중심내용이기도 하다. 인간의 도덕적인 발전에 있어서 이보다 더 강력한 사상은 없다.

플라톤이 이런 교설 속에서 그의 계급국가의 적을 본 것은 정당하였다. 그리고 그는 당대의 어떤 '파괴적'인 교설들보다도 이 교설을 혐오했다. 이것을 더욱더 명백하게 나타내기 위해서, 개인에 대한 실로 놀랄 만한 적의가 거의 인식되지 않는 『법률』[32]의 두 문단을 인용하겠다. 그 첫 문단은 『국가』에 대한 언급으로도 유명한 것인데, '여자와 아이들 및 재산의 공유'에 대해 논의한 것이다. 여기서 플라톤은 『국가』의 체제를 '최상의 국가형태'로 나타내고 있다. 그가 말하는 바에 의하면, 이런 최상의 국가에서는 "아내와 아이들과 모든 가축은 공동 소유이다. 사적이고 개인적인 모든 것을 어디서든 우리 생활에서 뿌리째 뽑아버리기 위해 가능한 한 모든 방법이 동원되었다. 그렇게 되면 본래 사적이고 개인적이던 것들까지도 아무튼 모든 사람의 공동 소유가 된다. 우리의 눈과 귀, 손까지도 개인에게 속하는 것이 아니라 공동체에 속하는 것처럼 보고, 듣고, 행동하는 듯하다. 모든 사람들은 칭찬하고 비난할 때에도 완전히 만장일치로 하도록 길들여지며, 심지어 그들은 똑같은 일에 관해 동시에 기뻐하고 슬퍼한다. 그리하여 모든 법률은 국가를 철저히 통합시킬 때 완벽해진다." 그는 계속해서 "국가의 최우수성의 기준으로, 위에서 밝혀진 원칙들보다 나은 것은 아무도 찾을 수 없을 것이다."라고 말한다. 그리고 그는 이런 국가를 '신성한' 것으로, 국가의 '모형'이나 '표본' 또는 '원형', 즉 국가의 형상이나 이데아라고 설명한다. 이것은 『국가』에서의 플라톤 자신의 견해로, 그가 자신의 정치적 이상을 찬란하게 실현시키려는 희망을 포기했을 때 발표한 것이다.

역시 『법률』에서 인용한 두 번째 문단은 아마 더욱 분명할 것이다. 이 문단은 근본적으로는 군사원정과 군사훈련을 다루고 있지만, 플라톤은 이런 군국주의적 원리가 '전시뿐 아니라 평화 시에도, 그리고 유년시절부터 계속적으로' 고수되어야 한다는 것을 의심하지 않았다. 다른 전체주의적 군국주의자들과 스파르타 찬미자들처럼, 플라톤도 군사훈련의 중요성은 평화 시에도 일차적인 것이 되어야 하며, 그것이 모든 시민의 전 생애를 결정해야 한다고 주장한다. 왜냐하면 모든 시민들(전부가 군인이다.)과 아이들뿐 아니라 가축들까지도 그들의 전 생애를 영구적인 총동원의 상태에서 보내야 하기 때문이다.[33] 그는 다음과 같이 쓰고 있다. "무엇보다 가장 으뜸가는 원칙은 남자든 여자든 아무도 지도자 없이는 안 된다는 것이다. 어느 누구의 마음도 전적으로 자기 스스로 무언가를 하게끔 습관화되어서는 안 된다. 그것은 열성적으로 하는 것이든 장난삼아 하는 것이든 마찬가지이다. 오히려 사람들은 전쟁 때나 한창 평화로운 때에 그의 지도자에게 눈을 돌려 그를 따라야 한다. 그리고 사소한 일까지도 지휘를 받아야 할 것이다. 예컨대 그렇게 하라는 명령이 떨어졌을 때만 자리에서 일어나거나 움직이거나 씻거나 먹거나 해야 할 것이다.[34] 한마디로 말하면 사람들은 오랜 습관에 의해 결코 독립적인 행위를 꿈꾸지 않고 전혀 그런 짓을 할 수 없게 되도록 자신의 영혼을 길들여야만 한다. 모든 사람의 생애는 이런 식으로 전체 공동체 속에서 보내게 될 것이다. 이보다 더 우수하거나, 또는 이보다 더 훌륭하고 더 효과적으로 전쟁에서의 구제와 승리를 확신시켜 주는 법률은 없으며, 앞으로도 없을 것이다. 남을 지배하고 남에게 지배당하는 습관은 평화 시에도 그리고 유년시절부터 계속해서 in times of peace, and from the earlist childhood on 육성되어야 한다. 그리고 무정부주의의 모든 흔적들은 모든 사람의 전 생애에서 all the life of all the man 뿌리째 근절되어야 한다. 그것은 심지어 인간에게 예속된 야수의 생활에서도 근절되어야 한다."

이것은 강력한 발언이다. 어떤 누구도 이보다 더 개인주의를 극렬하게 혐오한 적이 없었다. 그리고 이런 혐오는 플라톤 철학의 근본적인 이원론에 깊게 뿌리박고 있다. 그는 다채로운 특수 경험들, 즉 감각적 사물들로 변화하는 세계의 다양성을 혐오하듯이, 개인주의와 개인의 자유를 혐오했다. 정치적 영역에서 개인이란 플라톤에게는 악, 그 자체였다.

반인도주의적이고 반기독교적인 이런 태도는 끊임없이 이상화되어 왔다. 그 태도는 인정 있고, 자기본위가 아니고, 이타적이고, 그리고 기독교적이라고 해석되어 왔다. 예를 들면 잉글랜드는 『법률』의 두 절 가운데 첫 번째 것을 "자기본위에 대한 강력한 탄핵"이라 불렀다.[35] 바커도 플라톤의 정의의 이론을 논하면서 비슷한 말을 사용했다. 그에 의하면, 플라톤의 목적은 "자기본위와 시민의 불화를 조화로 대체시키고자 한 것"이며, 그리하여 "국가 이익과 개인 이익의 오랜 조화는 플라톤의 가르침에 의해 회복된다. 그러나 그것은 의식적인 조화의 의미로 승화된 것이기 때문에 새롭고 보다 높은 차원으로 회복된 것이다." 이런 진술과 수없이 많은 그 비슷한 진술들은, 플라톤이 개인주의와 이기주의를 동일시했다는 것을 기억한다면, 쉽게 설명될 수 있을 것이다. 왜냐하면 이런 플라톤주의자들은 모두 반개인주의는 반이기주의와 동일하다고 믿기 때문이다. 이것은 이러한 동일시가 반인도주의적 선전의 성공적 결과를 가져왔고, 또 그것이 오늘날까지 윤리적 문제에 대한 고찰을 혼란시켰다는 나의 주장을 증명하는 것이다. 그러나 우리는 이런 동일시와 그럴듯하게 들리는 말에 기만당한 자들이, 플라톤을 도덕의 스승으로 추앙하고, 플라톤의 윤리가 그리스도 이전의 기독교 정신에 가장 접근한 것이라고 세상에 공포하여, 전체주의로 향하는 길을 준비하고 있고, 특히 기독교를 전체주의적으로, 반기독교적으로 해석하려 하고 있음도 또한 인식해야 한다. 그리고 기독교가 전체주의적 이념의 지배를 받던 시절이 있었던 만큼, 이것은 위험한 일이다. 과거에 있었던 종교재판이 다른 형태로 다시 나타날지도 모른다.

그러므로 순진한 사람들이 어째서 플라톤의 의도에서 인간적인 것을 찾고자 했는지 좀 더 언급하는 것이 좋을 것 같다. 그 한 이유는, 플라톤이 그의 집단주의 원리에 근거를 마련코자 할 때는, 항상 "친구들은 그들이 가진 모든 것을 공동 소유한다."[36]는 격언이나 속담(이것은 피타고라스 신봉자들이 처음으로 쓴 것 같다.)을 인용하면서 시작했기 때문이다. 이것은 화실히 자기본위가 아닌 고결하고 탁월한 감정이다. 이런 훌륭한 전제에서 출발하는 논증이 전적으로 반인도주의적 결론에 이르리라고 누가 의심할 수 있었는가? 또 다른 중요한 점은, 플라톤의 대화편 특히 『국가』 이전에 그가 아직도 소크라테스의 영향을 믿고 있던 시기에 쓰인 대화편에는 진정한 인도주의적 감정이 많이 표현되어 있기 때문이다. 나는 특히 『고르기아스』에 나타난 '소크라테스'의 원리, 즉 부정을 당하는 것보다 부정을 저지르는 것이 더 나쁘다는 원리를 언급하고 있다. 명백히 이 원리는 이타주의적일 뿐 아니라 개인주의적이기도 하다. 왜냐하면 『국가』의 정의같이 정의의 집단주의적 이론에서 부정은 어떤 특정한 개인에 대한 것이 아니라 국가에 대한 행위이므로, 비록 어떤 사람이 부정한 행위를 저지른다 해도 단지 집단만이 그 피해를 입기 때문이다. 그러나 『고르기아스』에서 우리는 그런 유의 것은 아무것도 발견할 수 없다. 정의의 이론은 완벽하게 정상적이고 '소크라테스'가 보여준 부정의 예들은(여기서 소크라테스는 진짜 소크라테스와 매우 유사한 것 같다.) 따귀를 때리거나 상처를 내거나 또는 죽이는 것들이다. 이런 행동을 하는 것보다는 차라리 당하는 편이 낫다는 소크라테스의 가르침은 실로 기독교의 가르침과 매우 비슷하며, 그의 정의의 원리는 페리클레스의 정신과 아주 잘 어울린다.(10장에서 이것을 설명할 것이다.)

이제 『국가』는 단순히 이런 개인주의와는 모순될 뿐만 아니라, 개인주의를 전적으로 적대하는 새로운 정의의 원리를 발전시킨다. 그러나 독자는 플라톤이 여전히 『고르기아스』의 원리를 아직도 굳게 지키고 있다고 믿는다. 왜냐하면 『국가』에서 그는, 이 책에 나타나 있는 정의의 집단적 이론의 관점에서 보면 단순한 헛소리인데도 불구하고, 부정을 저지르기보다는 당하는 편이 낫다는 원리를 자주 암시하기 때문이다. 더욱더 우리는 『국가』에서 '소크라테스'의 반대자들이, 부정을 가하는 것은 선량하고 즐거운 일이나 부정을 당하는 것은 나쁘다는 반대이론을 토론하는 것을 듣는다. 물론 모든 인도주의자들은 이런 냉소주의에 반발한다. 그리고 플라톤이 소크라테스의 입을 통해 "나는 내 면전에서 정의에 관한 그런 못된 이야기가 나오는 걸 최선을 다해 막지 못한다면, 죄를 저지를까 두렵네."[37]라고 자신의 목적을 정식화할 때, 신뢰심이 많은 독자는 플라톤의 훌륭한 의도를 확신하고, 그가 어디를 가건 쾌히 그를 따라가게 된다.

플라톤에 대한 이런 확신의 효과는 뒤따라오는 사실, 즉 최악의 정치 불량배로 묘사되는 트라시마코스의 냉소적이고 자기본위적인 발언[38]과는 대조되어, 더욱 강화된다. 동시에 독자는 트라시마코스의 견해와 개인주의를 동일시하게 되고, 개인주의에 반대하여 투쟁하는 플라톤을 그 당시의 모든 파괴적이고 냉소적인 경향에 투쟁하고 있다고 믿게끔 된다. 그러나 우리는 트라시마코스와 같은 도깨비 개인주의자에 놀라서, 덜 뚜렷하기 때문에 더욱 위험한 진짜 도깨비인 야만주의를 받아들여서는 안 된다.(그의 초상과 현대 집단주의인 도깨비 '볼셰비즘'과는 많은 유사점이 있다.) 왜냐하면 플라톤은 개인의 힘은 정당하다는 트라시마코스의 원리를 국가의 안정과 힘을 신장시키는 모든 것은 정당하다는, 그와 똑같이 야만적인 원리로 바꾸고 있기 때문이다.

요약하면, 극단적 집단주의로 말미암아 플라톤은 우리가 보통 정의의 문제라 부르는 문제, 말하자면 개인들의 상호대립되는 요구들을 공평무사하게 평가하는 문제에는 관심조차 두지 않았다. 또한 개인의 요구와 국가의 요구를 조정하는 데에도 관심을 갖지 않았다. 왜냐하면 개인은 전적으로 열등하기 때문이다. 플라톤은 다음과 같이 말한다. "나는 전체 국가를 위한 최상의 것이 무엇인가 하는 관점에서 법률을 제정한다. 왜냐하면 나는 정당하게 개인의 이익은 보다 낮은 가치 수준에 두기 때문이다."[39] 그는 단지 그러한 집단적 전체 자체에만 관심을 기울였다. 그에게 정의란 집단체의 건강, 통합, 안정 외에는 아무것도 아니었다.

VI 자유와 보호주의

이때까지 우리는 인도주의적 윤리가 정의에 관한 평등주의적이고 개인주의적인 해석을 요구한다는 것을 알았다. 그러나 우리는 아직도 국가 자체에 관한 인도주의적 관점은 개괄하지 못했다. 한편으로 플라톤의 국가이론은 전체주의적이라는 것을 알았으나, 아직도 우리는 이 이론을 개인의 윤리에 적용하는 것에 관해서는 설명하지 않았다. 이 두 작업이 지금부터 진행될 것이다. 먼저 정의의 '발견'이라는 문제에서 제시된 플라톤의 세 번째 논증을 분석하면서 두 번째 작업부터 시작하겠다. 지금까지 이 논증은 아주 대강만 논의되었다. 다음의 것이 세 번째 논증이다.[40]

"자, 그러면 자네도 나와 의견이 같은지 어떤지를 보아주게." 소크라테스가 말한다. "목수가 구두를 만들고 제화공이 목수일을 할 경우, 나라에 무엇인가 큰 해를 끼칠 것이라고 생각하는가?"──"큰 해를 끼치지는 않을 것입니다."──"그러나 본래 노동자이거나 돈벌이계급에 속한 자가 전사계급으로 들어가려고 한다든가, 전사가 그러한 자격도 없으면서 수호자계급으로 들어간다든가 하면, 이런 종류의 변화와 음모는 나라의 멸망을 의미하는 것이 아니겠는가?"──"전적으로 그렇습니다."──"그렇다면 국가에는 세 개의 계급이 있는데, 이들 계급 간의 상호변화나 음모는 국가에 대해 큰 죄악이며 또 지극히 사악한 짓이라고 하는 것이 옳겠지?"──"확실히 그렇습니다."──"그런데 자신의 국가에 대한 가장 사악한 행위는 부정의라고 자넨 주장할 것이 아닌가?"──"그렇습니다."──"그러면 그게 곧 부정의일세. 그리고 우리는 거꾸로 다음과 같이 말할 것이네. 국가의 모든 계급이, 즉 돈벌이계급과 보조자계급과 수호자계급이 자신의 일에 열중할 경우, 이것이 곧 정의일 것이다."

이제 이 논증을 살펴보면 (a) 엄격한 계급제도를 조금이라도 완화시키는 것은 분명히 국가의 멸망을 초래한다는 사회학적 가정, (b) 국가에

해가 되는 것은 부정의라는 첫 번째 논증의 끊임없는 반복과, (c) 그 반대가 정의라는 추론이 나타난다. 이제 우리는 여기서 플라톤의 이상이 사회적 변화를 저지하는 것이고, 그는 사회적 변화를 초래하는 그 어떤 것도 '해롭다'고 설명하는 고로, 사회학적 가정 (a)를 인정해도 좋을 것이다. 그러므로 사회적 변화는 엄격한 계급제도에 의해서만 저지될 수 있다는 것은 아마 사실일 것이다. 더 나아가서 부정의의 반대가 정의라는 추론 (c)도 인정할 수 있을 것이다. 그러나 최고의 관심사는 (b)로, 플라톤의 논증을 일별해 보면, 그의 사상의 전 추세가 이것은 국가에 해로운가, 많이 해로운가, 아니면 거의 해롭지 않은가 하는 질문에 좌우되고 있음을 알 수 있다. 그는 국가에 해를 끼칠 위험이 있는 것은 도덕적으로 사악하고 부정의한 것이라고 끊임없이 되풀이한다.

여기서 우리는 플라톤이 국가의 이익이라는 단 한 가지 궁극적인 기준만 인식했다는 것을 알 수 있다. 무엇이든지 국가의 이익을 신장시키는 것은 선량하고 덕 있고 정의로우나 무엇이든 그것을 위협하는 것은 나쁘고 사악하고 불의이다. 국가의 이익에 봉사하는 행위는 도덕적이고, 그것을 위태롭게 하는 행위는 비도덕적이다. 다른 말로 표현하면, 플라톤의 도덕법전은 엄격한 공리주의로, 집단주의자나 정치적 공리주의의 법전이다. 도덕성의 기준은 국가의 이익이다 The criterion of morality is the interest of the state. 도덕은 다름 아닌 정치적 건강법이다.

이것이 도덕에 관한 집단주의적, 부족주의적, 전체주의적 이론이다. "선이란 나의 집단이나 나의 부족, 혹은 나의 국가 이익 안에 존재하는 것이다." 이러한 도덕성이 국제적 관계에서 암시하는 바가 무엇인지는 명백하다. 즉 국가 자체는 어떤 강력한 행위에서도 잘못일 수 없다는 것이다. 또한 국가는 국력을 증강시키기 위해서라면, 시민에게 폭력을 가할 수도 있을 뿐 아니라, 국가를 약화시키지 않고 할 수만 있으면 다른 나라를 공격할 권리도 갖는다는 것이다.(국가의 무도덕성에 관한 명백한 승인이며, 따라서 국제적 관계에서의 도덕적 허무주의의 옹호이기도 한 이러한 추론은 헤겔에 의해서 도출되었다.)

전체주의적 윤리의 관점에서, 집단적 공리의 관점에서 보면, 정의에 대한 플라톤의 이론은 전적으로 옳다. 자신의 위치를 지키는 것이 덕이다. 이것은 군사적 훈련의 덕과 정확하게 상응하는 시민의 덕이다. 그리고 이런 덕은 플라톤의 덕의 체계에서 '정의'가 하는 역할을 그대로 해낸다. 왜냐하면 국가라는 거대한 태엽장치에서 톱니바퀴들은 두 가지 방식으로 '덕'을 나타낼 수 있기 때문이다. 첫째로 톱니바퀴들은 크기, 모양, 강도 등에 의해서 그들의 하는 일에 적합해야 하며, 둘째로 그들은 바른 위치에 서로 맞물려 있어야 하고, 그 위치를 지켜야 한다. 덕의 첫째 유형인 특정한 일에 대한 적합성은, 톱니바퀴의 특정한 일에 따라서 세분화한다. 어떤 톱니바퀴는 ('본래부터') 커야만 덕이 있고, 즉 적합하고, 다른 어떤 것들은 강해야만 적합하고, 또 다른 것들은 부드러워야만 적합할 것이다. 그러나 자신의 위치를 지키는 덕은 그 모든 것에 공통될 것이며, 그것은 동시에 전체의 덕, 즉 모두가 다 적절하게 맞추어져 있는 조화의 덕이 될 것이다. 이런 보편적 덕을 플라톤은 '정의'라는 이름으로 불렀다. 이런 진행은 완벽하게 모순되지 않으며, 전체주의적 도덕의 관점에서는 전적으로 정당화된다. 만약 개인도 하나의 톱니바퀴에 불과하다면, 윤리학도 어떻게 개인을 전체에 짜맞출 것인가 하는 연구에 불과하다.

나는 플라톤의 전체주의가 갖고 있는 진실성을 믿는다는 것을 분명히 해두고 싶다. 한 계급이 나머지 계급들을 도전받지 않고 지배해야 한다는 그의 요구는 단호하였지만, 그의 이상은 상위계급이 노동자계급을 최대한 착취하는 것은 아니었다. 그의 이상은 전체의 안정이었다. 그렇지만 그가 착취에 제한을 둘 필요가 있다고 한 이유 역시 순전히 공리주의적인 것이었다. 말하자면 계급통치의 안정을 위해서였다. 만약 수호자들이 너무 많이 가지려고 애쓴다면 다투게 될 것이고, 그렇게 되면 마침내는 아무것도 갖지 못하게 될 것이다. "그들이 만약에 안정되고 보장된 생활에 만족하지 못한다면……그리고 권력의 힘으로 나라 안의 모든 재물을 자기가 갖고자 한다면 '반은 전체보다 크다.'[41]고 한 헤시오도스가 과연 지혜로운 사람이었음을 확실히 알게 될 것이다." 그러나 특권계급들의 착취를 제한하려는 이런 경향조차도 전체주의에 상당히 공통되는 요소라는 것을 인식해야 한다. 전체주의는 단순히 무도덕적인 것이 아니다. 그것은 닫힌사회, 즉 집단이나 부족의 도덕이며, 개인적인 이기주의가 아니라 집단적인 이기주의이다.

플라톤의 세 번째 논증이 솔직하고 모순이 없다는 점을 고려해 보면, 앞서의 두 논증과 '장황한 서문'은 왜 필요하였던가?(플라톤주의자들은 물론 이런 불안은 단지 나의 상상 속에 있는 것이라고 대답할 것이다. 그럴지도 모른다. 그러나 그 구절의 불합리한 특성은 변명하기 어려울 것이다.) 이 의문에 대한 나의 대답은, 플라톤의 집단적 태엽장치가 독자들에게 그 불모성과 무의미함을 그대로 드러내었다면, 그것은 거의 호소력을 갖지 못했을 것이기 때문이다. 플라톤은 그가 쳐부수고자 했던 세력의 힘과 도덕적인 호소력을 잘 알고 두려워했기 때문에 불안했던 것이다. 그는 감히 그들에게 도전하지는 않았지만, 자기 자신의 목적을 달성하기 위해 자기 편에 끌어들이려고 했다. 우리가 플라톤의 저서에서 자기 자신의 목적을 위해 새로운 인도주의의 도덕적 감정을 냉소적이고 의식적으로 사용하고자 한 시도를 증명할 수 있을지, 또는 차라리 자신의 보다 선량한 양심에 개인주의의 악을 설득시키고자 한 비극적 시도를 증명할 수 있을지 없을지 우리로서는 알 수 없는 일이다. 나의 개인적 인상으로는 후자가 사실인 듯하며, 이런 내적 투쟁이 플라톤이 지닌 매력의 요체이다. 내 생각에 플라톤은 새로운 이념들에 의해, 그리고 특히 위대한 개인주의자인 소크라테스와 그의 순교로 인해, 영혼 깊은 곳까지 감동되었던 것이다. 그리고 나는 플라톤이 다른 사람들뿐만 아니라 자기 자신도 이런 영향을 받지 않기 위해, 언제나 공개적으로 한 것은 아니지만, 그의 보기 드문 지성으로 전력을 다해 싸웠다고 생각한다. 이것은 또한 어째서 우리가 때때로 그의 모든 전체주의 이론 가운데서 약간의 인도주의적 이념을 찾아볼 수 있는가 하는 것을 설명해 준다. 그리고 그것은 어째서 철학자들이 플라톤을 인도주의자로서 존경했는가를 설명해 준다.

이런 해석을 지지하는 강력한 논증은 플라톤이 그 당시 처음으로 전개된 국가에 관한 인도주의적이고 합리적인 이론을 다룬 방식 내지는 잘못 다룬 방식에서 드러난다.

이 이론을 분명하게 제시하기 위해서는 정치적 요구나 정치적 제안의 언어 language of political demands or of political proposals를 사용해야 한다.(5장 III절을 참조하시오.) 즉 우리는 국가란 무엇인가, 국가의 참된 본질이란 무엇이며, 국가의 실제적 의미란 무엇인가 하는 본질주의적 물음에 대답하려 해서는 안 된다. 또한 우리는 국가는 어떻게 발생하였으며, 정치적 의무의 기원은 무엇인가 하는 역사주의적 물음에도 대답하려고 해서는 안 된다. 차라리 우리는 우리의 물음을 다음과 같은 식으로 제기해야 할 것이다. 국가로부터 우리는 무엇을 요구하는가? 우리는 무엇을 국가활동의 합법적 목적으로 제의하는가? 그리고 우리는 우리의 근본적인 정치적 요구가 무엇인지 알기 위해 다음과 같이 물을 수 있다. 우리는 왜 국가 없는 무정부 상태에서 사는 것보다 질서정연한 국가에서 사는 것을 더 좋아하는가? 이런 식으로 질문하는 것은 합리적이다. 그것은 한 공학자가 어떤 정치적 제도를 구축하거나 또는 개조하는 일에 착수하기 전에 대답하려고 노력해야만 하는 질문이다. 왜냐하면 원하는 것이 무엇인지를 알아야만, 어떤 제도가 그 기능에 적합한지 또는 부적합한지를 결정할 수 있기 때문이다.

이제 우리가 이런 식으로 질문한다면, 인도주의자의 대답은 이럴 것이다. 내가 국가에 요구하는 것은 나 자신과 다른 사람들에 대한 보호이다.

나는 나 자신의 자유와 그리고 다른 사람들의 자유를 위해 보호를 요구한다. 나는 보다 억센 주먹을 가졌거나 보다 무서운 총을 가진 누구의 처분대로 살고 싶지 않다. 달리 말해서, 나는 다른 사람의 공격으로부터 보호받고 싶다. 나는 공격과 국가의 조직화된 힘에 의해 유지되는 방어의 차이가 인식되기를 바란다.(방어는 현상유지의 하나인데 제안된 원칙은 현상유지가 폭력적 수단에 의해 변화되어서는 안 되며, 그것의 개정을 위한 합법적 절차가 없는 경우를 제외하고는 오직 법에 따라서, 타협이나 중재에 의해 변경되어야 한다는 것이다.) 나는 나의 자유에 약간의 제한이 불가피함을 알기 때문에, 나머지 자유가 보장될 수만 있다면 나 자신의 행동의 자유가 국가에 의해 어느 정도 줄어드는 것을 기꺼이 참아내고자 한다. 예를 들면, 내가 어떠한 공격에 대한 방어든 그 방어를 후원해 주는 국가를 원한다면, 나는 나의 공격의 '자유'를 포기해야만 한다. 그러나 나는 국가의 기본적 목적이 잊혀지지 않기를 요구한다. 내가 말하는 국가의 기본 목적이란 다른 시민을 해치지 않는 행동의 자유를 보호하는 것이다. 그리하여 국가는 가능한 한 균등하게 시민의 자유를 제한해야 하며, 자유의 동등한 제한을 확보하기 위해 필요한 것 이상은 넘어서지 않아야 한다.

이와 같은 것들은 인도주의자, 평등주의자, 그리고 개인주의자의 요구일 것이다. 그것은 사회공학자를 정치적 문제에 합리적으로, 즉 매우 분명하고 한정된 목적의 관점에서부터 접근할 수 있게 하는 요구이다.

이런 목적이 충분히 분명하게 그리고 한정시켜 공식화될 수 있다는 주장에 대항해서, 많은 반대가 일어났다. 자유란 제한되어야 한다는 것이 인식된 이상, 자유의 전 원칙이 붕괴되고, 어떤 제한이 필요하며 어떤 것이 방종인가 하는 문제가 합리적으로 결정되지 못하고, 단지 권위에 의해서만 결정될 수 있다는 것이다. 그러나 이런 반대는 혼란에서 오는 것이다. 그것은 우리가 국가로부터 원하는 것이 무엇인가 하는 기본적 물음과, 우리의 목적을 실현하는 데서 부딪치는 어떤 중요한 기술적인 난점들을 뒤섞어 버린다. 국가의 과업으로 보호해야 하는 개인의 자유를 위태롭게 하지 않으면서 시민들에게 허용될 수 있는 자유의 정도를 정확하게 결정하기란 확실히 어려운 일이다. 그러나 그런 정도의 근사한 결정 같은 것이 가능하다는 것은 우리의 경험으로, 즉 민주국가의 존재에 의해서 증명된다. 사실상 근사한 결정을 내리는 이런 과정이 민주주의 입법의 중요한 과업 중의 하나이다. 그것은 어려운 과정이지만, 그 어려움이 우리가 우리의 기본적 요구를 바꾸지 않으면 안 될 정도로 큰 것은 아니다. 간단하게 표현하면 이러한 어려움이란 국가는 범죄를 방지해 주는 공동체, 즉 공격을 방지해 주는 공동체로서 고려되어야 한다는 것이다. 자유가 끝나는 곳과 범죄가 시작되는 곳을 구별하기가 어렵다는 모든 반대에는, 한 불량배가 자기는 자유국민으로서 제 마음대로 어디에든 대고 주먹을 놀릴 수 있다고 항변하자 재판관이 "당신 주먹을 마음대로 놀릴 자유는 당신 옆에 있는 사람의 코가 어디 있는가에 따라 제한되는 것이다."라고 현명하게 대답했다는 유명한 이야기가 원칙적인 대답이다.

내가 여기서 개괄한 국가에 대한 견해는 '보호주의'라고 불릴 수 있을 것이다. '보호주의 protectionism'라는 말은 종종 자유에 대립되는 경향을 설명하는 데 사용되어 왔다. 그러므로 경제학자들은 경쟁을 막아 어떤 산업적 이익을 보호하는 정책을 보호주의라 하고, 윤리학자는 국가의 관료가 민중에 대한 도덕적 보호감독을 확립하려는 요구를 보호주의라 부른다. 비록 내가 말하는 보호주의라는 정치적 이론은 이러한 경향 중의 어느 것과도 연관되지 않고, 또 근본적으로 자유주의적 이론이지만, 그 명칭은 그것이 엄격한 무간섭 정책 policy of strict non-intervention(꼭 맞지는 않지만 종종 자유방임 laissez faire이라고도 불리는)과는 아무 상관도 없다는 것을 제시하기 위해서 사용될 수도 있다고 생각된다. 자유주의와 국가간섭은 서로 상반되는 것이 아니다. 오히려 어떤 종류의 자유도 국가가 보장해 주지 않으면 분명 불가능하다.[42] 예컨대 청년들이 태만하여 그들의 자유를 수호할 능력도 갖지 못하게 되는 일이 없도록 하고자 한다면, 교육에서 어느 정도의 국가의 통제란 불가피하며, 국가는 모든 교육적 시설이 모든 사람에게 허용될 수 있도록 감시해야 한다. 그러나 교육상의 지나친 국가통제는 세뇌교육을 초래하기 때문에 자유에 대한 치명적 위험이다. 이미 지적하였듯이 자유의 한계에 대한 중대하고 어려운 문제는 판에 박힌 공식으로는 풀 수 없다. 그리고 언제나 이쪽도 저쪽도 아닌 경우들이 있을 수 있다는 것을 쾌히 받아들여야 한다. 왜냐하면 이런 유의 정치적 문제나 정치적 투쟁의 자극 없이는 자유를 쟁취하기 위한 국민의 각오는 곧 사라져버릴 것이고, 이와 함께 자유도 곧 사라져버릴 것이기 때문이다.(이러한 관점에서 보면, 흔히 주장되는 자유와 안전, 즉 국가에 의해서 보장된 안전 사이의 충돌은 하나의 망상임이 드러난다. 왜냐하면 국가가 보장하지 않는 자유란 결코 존재할 수 없고, 그 반대로 자유로운 국민에 의해 통제되는 국가만이 국민에게 어떠한 합리적인 안전을 제공할 수 있기 때문이다.)

이렇게 볼 때, 국가에 의한 보호주의적 이론은 역사주의나 본질주의의 어떤 요소와도 관계가 없다. 그것은 국가가 보호주의적 목적을 가진 개인의 연합으로서 발생했다거나, 역사상 실제로 존재했던 어떤 국가가 이런 목적에 따라서 의식적으로 통치되었다는 말이 아니다. 또한 그것은 국가의 본성이나 자유의 자연적 권리에 관한 것도 아니다. 뿐만 아니라, 그것은 국가의 실제적인 기능 방식에 관한 것도 아니다. 그것은 정치적 요구 demand, 좀 더 정확하게 말해서 어떤 정책을 채택하자는 제안 proposal을 공식화하는 것이다. 그러나 국가란 그 구성원을 보호하기 위한 하나의 협회에서 발생했다고 주장하는 많은 관습주의자들이, 비록 서툴고 오해되기 쉬운 용어, 즉 역사주의의 용어로 표현했다고 해도, 바로 이 요구를 나타내고자 한 것으로 추측된다. 이러한 요구를 표현하는 비슷하게 오해되기 쉬운 방법은 국가의 기능이 본질적으로 그 구성원을 보호하는 것이라고 주장한다든가, 또는 국가가 상호보호를 위한 하나의 협회로 정의되어야 하다고 주장하는 것이다. 이 모든 이론들은 진지하게 토론되기 이전에, 말하자면 정치적 행동에 대한 요구나 제안의 언어로 번역되어야 한다. 그렇지 않으면 단지 말의 특성에 관한 끝없는 논쟁이 불가피하기 때문이다.

　이런 번역의 한 예를 들 수 있다. 내가 보호주의라 부른 것에 대한 비판이 아리스토텔레스에 의해 제기되었고,[43] 버크에 의해, 또 수많은 현대 플라톤주의자들에 의해 재론되었다. 이런 비판에 의하면, 보호주의는 국가의 임무를 너무 낮게 평가한다는 것이다. 국가는 (버크의 말을 빌리면) "완전히 다른 존경으로 고찰되어야 한다. 왜냐하면 국가의 임무는 덧없고 소멸하는 성격을 가진 조잡한 동물적 존재에게나 도움이 되는 협동이 아니기 때문이다." 다른 말로 표현하면, 국가는 합리적인 목적을 가진 공동체라기보다는 보다 높고 고상한 어떤 것, 즉 숭배의 대상이라는 것이다. 국가는 인간과 그들의 권리를 보호하는 것보다 한층 높은 과업을 갖는다. 그것은 도덕적 과업이다. 아리스토텔레스에 의하면 "덕을 보살피는 것이 참으로 그 이름에 합당한 국가의 사업이다." 우리가 이런 비판을 정치적 요구의 언어로 바꾸려고 해보면, 보호주의에 대한 이 혹평들은 두 가지 사실을 원한다는 것을 발견하게 된다. 첫째로 그들은 국가를 숭배의 대상으로 만들고자 한다. 우리의 관점에서 볼 때, 이러한 소원에 반대할 것은 없다. 그것은 종교적인 문제로, 국가숭배자들이 그들의 신조를 다른 종교적 신념, 예컨대 10계 중의 제1계와 어떻게 일치시키는가 하는 것은 그들 스스로 해결해야만 한다. 두 번째 요구는 정치적인 것이다. 실제로 이 요구는 국가 관료가 국민의 도덕에 관계해야 하고, 그들은 국민의 자유를 보호하기보다는 국민의 도덕생활을 통제하기 위해 권력을 사용해야 한다는 것을 의미한다. 말하자면 그것은 고유한 도덕의 영역, 즉 국가에 의해 부과된 규범이 아니라 우리 자신의 도덕적 결단에 의해, 말하자면 우리의 양심에 의해 부과된 규범의 영역을 희생하고서, 국가에 의해 부과된 규범인 법의 영역이 증가해야 한다는 요구이다. 이런 요구나 제안은 합리적으로 논의될 수 있을 것이다. 그리고 그것에 대항해서 이런 요구를 내세운 사람은 그러한 요구가 개인의 도덕적 책임의 종말을 가져오며, 그 요구가 도덕성을 향상시키는 것이 아니라 파괴한다는 것을 분명히 모르고 있다고 말할 수 있다. 그것은 개인의 책임을 부족주의적 금기와 개인에 대한 전체주의적 무책임으로 대체시키게 될 것이다. 이 모든 태도와는 반대로 개인주의자는, 국가의 도덕성(그런 것이 있다면)은 보통 국민의 도덕성보다 상당히 낮은 경향이 있으므로, 국가의 도덕성이 국민에 의해 통제되는 것이 국민의 도덕성이 국가에 의해 통제되는 것보다 훨씬 바람직하다고 주장한다. 우리가 필요로 하고 또 우리가 원하는 것은 정치를 도덕화하는 것이지, 도덕을 정치화하는 것이 아니다.

보호주의자의 관점에서 보면 현존하는 민주국가는 완전하다고 하기에는 아직 멀지만, 올바른 사회공학에서 상당한 업적을 쌓았다고 할 수 있다. 개인들 상호 간에 자행되는 개인의 권리에 대한 침해와 범죄의 여러 형태가 실제로 억제되었거나 또는 상당히 감소되었으며, 법정은 이해관계로 벌어지는 어려운 분쟁도 비교적 성공적으로 정의롭게 해결하고 있다. 이런 방법을 국제적인 범죄와 국제적인 분쟁에까지 확대하는 것은[44] 단지 유토피아주의의 꿈이라고 생각하는 사람이 많다. 그러나 오늘날 시민적 평화가 아주 성공적으로 유지되고 있는 나라에서도, 범죄자들의 위협에 시달리던 자들에게는 시민적 평화를 보호하기 위한 효과적인 행정제도란 얼마 전까지만 해도 유토피아적으로 보였던 것이다. 그리고 나는 국제적 범죄를 통제하기 위한 공학적 문제는 정정당당하고 합리적으로 대한다면, 실제로는 그리 어렵지 않다고 생각한다. 문제가 분명하게 제시된다면, 보호적 제도가 지역적 범위와 세계적 규모 양쪽에 다 필요하다는 것에 사람들을 동의하도록 하는 것은 어렵지 않을 것이다. 국가숭배자들은 국가를 계속 숭배하도록 하사. 그러나 우리는 세도공학자가 세도의 내부기관을 개선하는 것뿐 아니라, 국제적 범죄를 막기 위한 조지을 만드는 것도 허용되어야 한다는 것을 요구한다.

VII 사회계약론

다시 이 운동의 역사로 되돌아가면 국가의 보호주의 이론은 고르기아스의 제자였던 소피스트 리코프론에 의해 처음으로 제안된 것 같다. 이미 언급된 바와 같이 그는 (역시 고르기아스의 제자였던 아르키메데스처럼) 본래적인 특권의 이론을 최초로 공격한 사람 중의 하나였다. 내가 '보호주의'라고 부른 이론을 그가 지지했다는 사실은 아리스토텔레스가 기록하고 있는데, 아리스토텔레스는 리코프론이 보호주의를 창시한 듯이 이야기한다. 똑같은 자료에서 우리는 리코프론이 그의 어떤 후계자도 거의 따를 수 없을 만큼 명백하게 보호주의를 공식화하였음을 볼 수 있다.

아리스토텔레스에 의하면, 리코프론은 국가의 법률을 사람들 서로 간에 정의를 보증하는 하나의 계약으로 여겼다.(그리고 그는 그것이 국민을 선량하게 하거나 정의롭게 만드는 능력을 갖지 않는다고 생각했다.) 더 나아가서 아리스토텔레스가 전하는 바에 의하면,[45] 리코프론은 국가란 "범죄 방지를 위한 하나의 협동적인 협회"여야 한다고 주장하면서, 국가를 불의의 행위에 대항해서 국민을 보호하기 위한(그리고 국민들의 평화로운 교류, 특히 교역을 가능하게 하기 위한) 하나의 수단으로 간주하였다. 아리스토텔레스의 설명에서 리코프론이 그의 이론을 역사주의의 형식으로, 즉 사회계약에 국가의 역사적 기원을 두는 이론으로 발표했다는 것에 대한 지적이 없는 것은 흥미로운 일이다. 그와는 반대로 아리스토텔레스의 문맥에서 리코프론의 이론은 오직 국가의 목적에만 관련되어 있다는 것이 분명하게 드러난다. 왜냐하면 아리스토텔레스는 리코프론이 국가의 본질적 목적이 국민의 덕성을 함양하는 것인 줄을 알지 못했다고 주장하기 때문이다. 이것은 리코프론이 국가의 목적을 공학적인 관점에서 합리적으로 해석하여, 평등주의와 개인주의 그리고 보호주의의 요구를 수용했다는 것을 의미한다.

이런 형식으로 되어 있는 리코프론의 이론은 전통적이고 역사주의적인 사회계약 이론에 가해졌던 반박과는 전혀 관계없는 것이다. 예컨대 바커[46] 같은 사람은 종종 계약론을 "현대 사상가들에 의해 철저히 분쇄된 이론"이라고 말한다. 그런지도 모른다. 그러나 바커의 요점을 조사해보면, 현대 사상가들은 확실히 리코프론의 이론에 반대하지 않았다는 것도 알 수 있다. 바커는 리코프론을 후에 계약론이라 불리게 된 이론의 초기 형태의 창시자라고 보았다.(이 점에서는 나도 그에게 동의하고 싶다.) 바커의 논점들은 다음과 같이 규정된다. (a) 역사적으로 계약이란 것은 결코 없었다. (b) 역사적으로 국가란 결코 설립된 적이 없다. (c) 법률은 협약적인 것이 아니라 전통이나 상위 권력, 아마도 본능 등으로부터 생긴 것이다. 법률은 법전으로 되기 전에는 관습이었다. (d) 법률의 힘은 강제력이나 법률을 강요하는 국가의 보호력에 있는 것이 아니라, 개인으로 하여금 자진해서 법률에 복종하도록 하는 데, 즉 개인의 도덕적 의지 속에 존재한다.

그 자체로는 비교적 정당한 반대 (a), (b), (c)는 (비록 어떤 계약들이 있었지만) 그 이론의 역사주의적 형식에만 관계하는 것이고, 리코프론의 이론과는 무관하다는 것을 당장 알 수 있을 것이다. 그러므로 그 반대들은 전혀 고려될 필요가 없다. 그러나 반대 (d)는 제법 고려할 만하다. 그것은 무엇을 의미하는가? 공격된 이론은 다른 어떤 이론보다도 '의지'나 개인의 결단을 더욱 강조하고 있다. 사실상 '계약'이란 말은 '자유의지'에 의한 합의를 암시하며, 그것은 법률의 힘이란 개인이 법률을 자진해서 받아들이고 복종하는 데 있다는 것을 아마 다른 어떤 이론들보다도 더욱 강하게 암시한다. 그렇다면 어떻게 (d)가 계약 이론에 대한 반대일 수 있겠는가? 바커는 계약을 개인의 '도덕적 의지'에서 나온 것이 아니라 이기적 의지에서 나온 것이라고 생각했다는 것이 아마 위의 물음에 대한 유일한 설명이 될 것 같다. 그러나 보호주의자가 되기 위해 이기적이 될 필요는 없다. 보호가 자기 보호만을 의미할 필요는 없는 것이다. 많은 사람들은 그들 자신이 아니라 다른 사람들을 보호할 목적으로 생명보험에 든다. 그와 똑같은 방법으로 그들은 국가가 주로 다른 사람들을 보호해 주고 그들 자신은 약간 정도만 보호해 줄 것을(또는 전혀 보호해 주지 않기를) 요구할 수도 있다. 보호주의의 근본적 이념은 강자로부터 고통받는 약자를 보호한다는 것이다. 이런 요구는 약자뿐 아니라 종종 강자 쪽에서도 제기되었다. 적어도 보호주의가 자기본위적이거나 비도덕적 요구라고 하는 것은 잘못인 것이다.

나의 생각으로는 리코프론의 보호주의는 이런 모든 반대가 해당되지 않는 것이었다. 그것은 페리클레스 시대의 인도주의와 평등주의 운동을 가장 적절하게 표현한 것이다. 그런데도 지금껏 우리는 그것을 빼앗겨 왔다. 그것은 사회계약에 국가의 기원을 두는 역사주의적 이론으로, 국가의 진정한 본성은 협약임을 주장하는 본질주의 이론으로, 그리고 인간은 근본적으로 비도덕적이라는 가정에 근거한 자기본위의 이론으로, 왜곡된 형태로만 후세에 전해지고 있다. 이 모든 것이 플라톤이 누렸던 권위의 압도적인 영향 때문이다.

VIII 보호주의에 대한 두 가지 논의

플라톤은 (십중팔구는) 리코프론보다 조금 젊은 동시대 사람이었으므로, 그가 리코프론의 이론을 잘 알고 있었다는 것은 거의 의심할 여지가 없다. 그리고 실제로 이 이론은 처음 『고르기아스』에서 그리고 그 후 『국가』에서 언급된 이론과 쉽게 동일시될 수 있다.(이 두 경우 중 어디에서도 플라톤은 그 이론의 창시자에 대해서는 언급하지 않았다. 그것은 그의 반대론자가 생존해 있을 경우에 그가 종종 취해 온 방법이다.) 『고르기아스』에서는 『국가』의 트라시마코스와 같은 도덕적 허무주의자인 칼리클레스에 의해 그 이론이 상세히 설명되고, 『국가』에서는 글라우콘에 의해 설명된다. 어느 경우에도 화자는 그가 제시하는 이론과 그 자신이 동일시되지는 않는다.

두 구절은 여러 가지 면에서 비슷하다. 양자가 다 '정의'의 기원론과 같은 역사주의적 형식으로 이론을 제시한다. 양자가 모두 이론의 논리적 전제를 필연적으로 자기본위적이고, 심지어는 허무주의적인 것처럼 제시한다. 말하자면 양자는 모두 국가의 보호주의적 견해란, 부정을 행하고 싶으나 그러기에는 너무 나약한 사람들, 그렇기 때문에 강자도 부정을 행해서는 안 된다고 요구하는 사람들에 의해서만 지지되는 것처럼 제시한다. 그러나 이론의 전제로 필요한 것은 오직 범죄와 부정이 억제되어야 한다는 요구뿐인 이상, 이런 제시는 확실히 공정하지 못하다.

여기까지는 『고르기아스』와 『국가』의 두 구절이 평행선을 달리고 있으며, 자주 주석이 붙어 병행된다. 그러나 여기에는, 내가 아는 한, 주석가들이 간과해 버린 엄청난 차이가 있다. 그것은 다음과 같다. 『고르기아스』에서 그 이론은 칼리클레스에 의해 반박된다. 그리고 칼리클레스는 또한 소크라테스에게도 반대하기 때문에, 보호주의 이론은 플라톤에 의해 공격당한다기보다는 암암리에 방어되고 있다. 실제로 세밀하게 조사해 보면, 소크라테스는 허무주의자인 칼리클레스에 반대하여 보호주의 이론의 여러 가지 특징을 지지한다는 것을 알 수 있다. 그러나 『국가』에서는, 똑같은 이론이 칼리클레스를 대신하는 허무주의자 트라시마코스의 견해를 정교화하고 발전시킨 것으로서, 글라우콘에 의해 제시된다. 다시 말해 그 이론은 허무주의로 제시되고, 소크라테스는 이런 악마적인 자기 본위의 원리를 쳐부수어 승리하는 영웅으로 제시된다.

그리하여 대다수의 주석가들이 『고르기아스』와 『국가』의 경향 사이의 유사점을 발견한 그 구절들이, 사실은 완전히 다른 방향이었던 것이다. 칼리클레스가 적의를 품고 제시하는데도 불구하고, 『고르기아스』의 경향 은 보호주의를 시인하는 편이다. 그러나 『국가』는 그에 대해 격렬하게 반대한다.

『고르기아스』에서의 칼리클레스의 말은 다음과 같다.[47] "법률은 주로 약자들로 구성되는 국민 대중에 의해 제정된다. 그리고 그들은 그들 자 신과 그들의 이익을 보호하기 위해 법률을 제정한다. 따라서 그들은 그 렇게 함으로써 강자들……그리고 그들을 이길지도 모르는 다른 모든 사 람들을 제지한다. 그리고 그들은 그의 이웃을 이기려는 자의 시도를 '불 의'라 한다. 그들은 그들의 열세를 자각하고 있기 때문에, 내가 단언하건 대, 단지 평등을 획득할 수만 있다면 매우 대만족인 것이다." 이 설명에 유의하고 칼리클레스의 공개적인 냉소와 적의를 배제한다면 우리는 리코 프론 이론의 모든 요소들, 즉 평등주의, 개인주의, 그리고 불의에 대한 보호를 발견할 수 있다. 강자와 자기의 열세를 자각하고 있는 약자에 대 한 언급까지도, 풍자만화의 요소가 첨가된다면, 사실은 보호주의 관점에 딱 들어맞는다. 리코프론의 원리는 분명히 약자를 보호해야만 한다는 요 구, 물론 결코 비열하지 않은 요구를 제기하는 것임에 틀림없다.(이런 요 구가 언젠가는 이루어지리라는 희망이 기독교의 다음과 같은 가르침에 의해 표현되었다. "마음이 온유한 자가 세상을 차지하리라.")

칼리클레스 자신은 보호주의를 좋아하지 않는다. 그는 강자의 '자연적' 권리에 찬성한다. 소크라테스가 칼리클레스에 대한 반대 논의에서 보호 주의를 옹호하는 것은 매우 의미심장한 일이다. 왜냐하면 그는 보호주의를, 부정을 저지르는 것보다는 당하는 편이 낫다는 그 자신의 중심 논제와 연결시키기 때문이다. 예를 들면 그는 이렇게 말한다.[48] "자네가 근자에 말한 것처럼 정의가 평등이라는 게 대다수 사람들의 의견 아닌가? 그리고 또한 부정을 당하는 것보다 부정을 저지르는 게 더 불명예스러운 것 아닌가?" 그리고 조금 뒤에 "협약뿐 아니라 자연 그 자체도 부정을 당하는 것보다 저지르는 편이 더 불명예스럽다는 것을, 그리고 정의는 평등이라는 것을 확인시켜 준다네."라고 말한다.(개인주의적이고 평등주의적이며, 보호주의적인 경향에도 불구하고 『고르기아스』는 또한 강력하게 반민주적인 어떤 경향들을 나타낸다. 플라톤이 『고르기아스』를 집필할 때는 아직 그의 전체주의적 이론을 발전시키지 못했다는 것이 그것에 대한 설명이 될 것이다. 그가 이미 반민주주의를 찬성하였다 할지라도, 그는 여전히 소크라테스의 영향하에 있었다. 어떻게 해서 『고르기아스』와 『국가』가 둘 다 동시에 소크라테스 견해의 올바른 설명이 된다고 생각할 수 있는지 나로서는 알 수가 없다.)

이제 『국가』를 살펴보자. 여기서 글라우콘은 보호주의에 대해, 트라시마코스의 허무주의를 논리적으로는 보다 엄밀하게 다듬었지만, 윤리적으로는 그대로 답습한 이론이라고 설명한다. 글라우콘은 다음과 같이 말한다.[49] "내 주제는 정의의 기원이며, 그리고 그게 실제로 어떤 종류의 것인가 하는 것이다. 어떤 사람들에 따르면 다른 사람들에게 부정을 행하는 것은 본래 훌륭한 것이고, 부정을 당하는 것은 나쁜 것이다. 그러나 그들은 부정을 당하여 해를 입는 편이 부정을 저지르고자 하는 욕망보다 한결 낫다고도 주장한다. 그러면 한동안 사람들은 서로서로 부정을 저지르고 또 물론 당할 것이다. 그렇게 되면 그들은 양쪽을 모두 잘 경험하게 될 것이다. 그러나 결국 부정을 물리치거나 부정을 저지르면서 즐거워할 수 있을 만큼 강하지 못한 자는, 아무도 부정을 저지르지 않거나 부정으로 인해 고통을 당하지 않을 것을 상호 간에 보장하는 계약에 서명하는 것이 더욱 유리하다는 것을 알게 된다. 그리고 이것이 이 이론에 따른 정의의 본성이고 정의의 기원이다."

보호주의의 합리적 내용에 관한 한, 이것은 분명히 같은 이론이며, 그것을 나타내는 방법도 역시 『고르기아스』에서 칼리클레스가 이야기하는 것과 아주 닮았다.[50] 그런데도 플라톤은 그 방향을 완전히 바꾸었다. 보호주의 이론은 이제 이미 그것이 냉소적 이기주의에 근거한다는 주장에 대해 변호되는 처지가 아니다. 오히려 그 반대이다. 트라시마코스의 허무주의에 의해 이미 자극된 우리의 인도주의적 감정이나, 우리의 도덕적 분개는 우리를 보호주의의 적으로 만드는 데 이용되었다. 『고르기아스』에서는 인도주의적 성격으로 제시된 이 이론이 이제 플라톤에 의해서 반인도주의적인 것으로, 그리고 실제로 부정으로 용케 성공할 수 있는 자에게는 부정이란 매우 좋은 것이라는 불쾌하고 가장 설득력 없는 원리의 결과로 제시된다. 그리고 그는 이 점을 되풀이하기를 주저하지 않았다. 인용한 구절의 뒷부분에서 글라우콘은 소위 보호주의의 필요한 가정이나 전제에 관해 아주 상세하게 검토하고 있다. 이들 가운데서 예컨대 그는 부정을 저지르는 것이 "모든 것 중에서 최고이고"[51] 대부분의 사람들이 범죄를 저지르기에는 너무 나약하기 때문에 정의가 확립되는 것이며, 그리고 국민 개인에게는 죄를 짓고 사는 생활이 가장 유리하다는 견해에 관해 언급한다. 그리고 '소크라테스'는, 즉 그가 플라톤 자신이지만, 제시된 이론에 대한 글라우콘의 해석이 확실하다는 것을 명백히 보증한다.[52] 이런 방식으로 플라톤은 대부분의 독자들과 어쨌든 모든 플라톤주의자들에게 여기서 전개된 보호주의적 이론이란 트라시마코스의 냉혹하고 냉소적인 자기본위와 동일하다는 것을 설득하는 데 성공한 듯하다.[53] 그리고 보다 중요한 것은 플라톤이 모든 형태의 개인주의가 똑같은 것, 즉 이기주의라고 믿게 만든 것이다. 그러나 그는 그의 추종자들을 설득하였을 뿐 아니라, 그의 적까지도, 특히 계약론의 지지자들까지도 성공적으로 설득시켰다. 카르네아데스[54]부터 홉스에 이르기까지, 그들은 플라톤의 결정적인 역사주의적 해석뿐 아니라, 보호주의자들의 이론의 근거가 윤리적 허무주의라는 플라톤의 확신까지도 받아들였다.

우리는 이제, 보호주의의 소위 이기적 기초를 뚜렷이 하는 것이 보호주의에 반대하는 플라톤의 전체 논의라는 것을 깨달아야 한다. 그리고 이런 노력의 양을 생각할 때, 그가 더 좋은 논의를 제시하지 않은 것은 그의 과묵 때문이 아니라, 더 이상 제시할 것이 없었기 때문이라는 것을 안심하고 확신해도 좋을 것이다. 그러므로 그는 보호주의를 우리의 도덕적 감정에 호소함으로써 정의의 이념에 대한 모욕으로, 그리고 우리의 예절 감정에 대한 모욕으로 단죄하지 않으면 안 되었다.

이것이 그 자신의 원리에 대한 위험한 경쟁자일 뿐 아니라 새로운 인도주의적, 개인주의적 신조의 대표적인 이론, 즉 그에게 소중했던 모든 것의 철천지원수를 다루는 플라톤의 방법이다. 그 방법은 교묘했다. 그것의 놀랄 만한 성공이 그것을 증명한다. 그러나 솔직하게 말해서 플라톤의 방법은 나에게는 부정직한 것으로 보인다. 왜냐하면 공격받고 있는 이론은, 부정은 악이며 피해야 하고 통제되어야 한다는 것이 부도덕한 것이 아니듯, 전혀 부도덕한 어떤 전제를 필요로 하지 않기 때문이다. 그리고 플라톤은 그 이론이 이기주의에 바탕을 둔 것이 아니라는 것을 잘 알고 있었다. 왜냐하면 『고르기아스』에서 그는 이 이론을 허무주의적 이론과 동일한 것으로 제시하지 않고, 오히려 허무주의에 반대되는 것으로 제시했기 때문이다. 반면에 『국가』에서 그 이론은 허무주의적 이론으로부터 '도출된다'.

요약해서 우리는 다음과 같이 말할 수 있다. 『국가』와 후기 저작에서 제시된 플라톤의 정의론은 그 시대의 평등주의적, 개인주의적, 보호주의적 경향을 극복하고, 전체주의적 도덕이론을 전개함으로써 부족주의의 주장을 재확립하려는 의식적인 시도였다. 그러나 그는 평등주의를 논증으로써 논파하기는커녕, 그것을 논의하는 것조차 회피해 버렸다. 그리고 인도주의적 감정을 ──이 감정의 힘을 그는 매우 잘 알고 있었다── 자연적으로 우월한 주인종족의 전체주의적 계급지배의 노선에 성공적으로 동원했다.

그의 주장에 의하면, 이러한 계급특권은 국가의 안정을 유지하는 데 필요한 것이었다. 그러므로 그 특권들이 정의의 본질을 이룬다. 궁극적으로 이러한 주장은 정의란 국가의 힘과 건강과 안정에 유용한 것이라는 논증에 근거를 두고 있다. 그 논증은 내 민족, 내 계급, 나의 당의 힘에 도움이 되는 것이라면 무엇이든 옳다는 현대 전체주의적 규정과도 너무나 흡사하다.

그러나 이것이 아직 이야기의 전부가 아니다. 계급특권을 강조함으로써 플라톤의 정의론은 '누가 통치해야 하는가' 하는 문제를 정치이론의 중심적 물음으로 제시한다. 이 물음에 대한 그의 대답은 가장 현명한 자, 가장 선한 자가 통치해야 한다는 것이다. 이 탁월한 대답은 그의 이론의 성격을 바꾸는 것은 아닌가?

7 지도력의 원리

개요

    플라톤은 정치문제를 '누가 통치해야 하는가'나 '누구의 의지가 지고한 것으로 받아들여져야 하는가'와 같은 형태로 나타냄으로써 정치철학에서 계속적인 혼란 상태를 야기시켰다. 이것은 도덕철학의 영역에서 집단주의와 이타주의를 동일시함으로써 불러일으킨 혼동과 사실상 흡사하다.

    '누가 통치해야 하는가' 하는 질문이 근본적인 것이라고 믿는 자들은 정치권력이란 본질적으로 제재받지 않는 것이라고 암암리에 가정한다. 그들은 누군가 권력을 갖는다고 가정하며, 권력을 잡은 사람은 그의 권력을 강화할 수 있고 거의 무제한적이고 견제할 수 없는 권력으로 신장시킬 수 있다고 가정한다. 그러나 이러한 주권 이론은 경험적으로나 논리적으로 빈약한 이론이라고 주장할 수 있다. 그러므로 우리는 이러한 질문 대신에 '사악하거나 무능한 지배자들이 너무 심한 해를 끼치지 않도록 어떻게 정치제도를 조직할 수 있는가' 하는 질문을 가장 기본적인 정치철학의 물음으로 던져야 한다.

    만약 '누가 통치해야 할 것인가' 하는 문제로 정치문제에 접근한다면 그리고 가장 선한 자가 지배해야 한다는 플라톤의 지도원리가 받아들여진다면, 미래의 문제는 미래 지도자의 선정을 위한 제도를 설계하는 문제로 되어야 할 것이다. 그러므로 플라톤에게서는, 미래의 지도자를 선정하고 그들에게 지도력을 습득시키는 일이 교육의 과업으로 등장하며, 이를 담당하는 기구가 국가의 문교부라 할 수 있다. 순전히 정치적인 관점에서 보면, 이것은 플라톤의 사회에서는 무엇보다 중요한 제도이다. 이것이 권력의 열쇠를 쥐고 있다. 이런 이유 하나만으로도 적어도 고급 단계의 교육은 통치자에 의해 직접 통제되어야 한다.

이런 최상급의 교육형태에 관해 플라톤이 제도적으로 요구한 것은 무엇인가? 그는 청춘기를 보낸 자들만이 그 교육을 받을 수 있다고 주장한다. 체력이 쇠하기 시작하고 공공의무나 병력의무의 연령이 지났을 때만, 사람들은 최상급의 변증법적 연구 영역에 들어가게 허용된다. 플라톤이 이런 놀라운 규칙을 제시한 이유는, 그가 사상의 영향을 두려워했기 때문이다. 청년기에는 누구든 투쟁적일 것이다. 자주적으로 사고할 수 없을 정도로 늙었을 때, 지배계급의 사람들은 그들 자신이 철인이 되고 또 자기의 지혜를 미래 세대에 전달하기 위해서, 지혜와 권위에 물들어 버린 독단적인 학생이 되어버릴 것이다.

그러나 미래 지도자의 선정이나 교육이란 자기모순적인 이념이다. 우리는 어쩌면 신체적 탁월성의 면에서는 어느 정도 그 문제를 해결할 수도 있을 것이다. 그러나 지적 탁월성의 본래적 의미는 비판정신이며, 지적 독립성인 것이다. 그러므로 지적으로 탁월한 자의 선정이나 교육은 어떠한 권위주의로도 해결할 수 없는 문제이다. 어떠한 권위도 감히 자기의 권위를 무시하는 것 같은 지적 용기를 가진 자들을 가장 가치 있는 유형이라고는 결코 인정하지 않을 것이기 때문이다. 뛰어난 인재를 선발하는 제도를 고안한다는 것은 거의 불가능하다. 제도적인 선택은 플라톤이 생각한 것, 즉 변화를 억제하려는 그런 목적에나 잘 맞을 것이다. 그러나 그 이상을 생각한다면 잘 맞지 않을 것이다. 지도권의 계승을 제도적으로 통제하여 정치적 변화를 억제하고자 했던 이 모든 이론은, 책임 있는 정치가는 전문가이기보다는 지혜를 사랑하는 자여야 하며 그가 자

신의 한계를 알았을 때만 현명하다고 할 수 있다는 소크라테스의 원리에서 플라톤이 만들어낸 것이다

7
지도력의 원리

현명한 자는 이끌고 통치해야 하며, 무지한 자는 그를 따라야 한다.

———플라톤

플라톤의 정치강령에 대한 우리의 해석을 반대하는 자들이 있으므로,[1] 우리는 이 강령의 범위 안에서 정의, 선, 미, 지혜, 진실, 그리고 행복과 같은 도덕적 이념이 차지하는 부분을 검토해 보지 않을 수 없다. 이 장과 다음 두 장에서는 이러한 분석이 계속될 것이며, 플라톤의 정치철학에서 지혜의 이념이 수행하는 역할이 제일 먼저 다루어질 것이다.

우리가 보아왔듯이 플라톤의 정의의 이념은 근본적으로 자연적인 통치자는 통치해야 하고, 자연적인 노예는 노예여야만 한다는 것을 요구한다. 그것은 모든 변화를 억제하기 위해 국가는 정의의 이데아나 정의의 진정한 '본성'을 그대로 본뜬 것이어야 한다는 역사주의적 요구의 일부분이다. 이런 정의의 이론에서 우리는 플라톤이 정치의 근본적인 문제를 '누가 국가를 통치할 것인가 Who shall rule the state' 하는 물음에 있는 것으로 보았다는 것을 아주 명백하게 알 수 있다.

I 누가 통치할 것인가

내가 확신하는 바로는, 플라톤은 정치문제를 '누가 통치해야 하는가' 또는 '누구의 의지가 지고하게 받아들여져야 하는가' 등의 형태로 나타냄으로써 정치철학에서 계속적인 혼란 상태를 야기시켰다. 그것은 플라톤이 앞 장에서 논한 바와 같이 도덕철학의 영역에서 집단주의와 이타주의를 동일시함으로써 불러일으킨 혼동과 사실상 흡사하다. '누가 통치할 것인가' 하는 질문이 일단 제기되면, '최고의 선한 자'나 '최고의 현자' 또는 '타고난 통치자'나 '지배기술에 숙달한 자'(혹은 '일반의지'나 '주인종족'이, 또는 '산업노동자'나 '인민')가 통치해야 한다는 등의 대답을 피하기가 분명히 어려울 것이다. 그러나 그런 대답은 설득력이 있는 것처럼 들리지만 내가 나타내고자 하는 바와 같이 아무런 쓸모없는 대답이다. 누가 '최악인'이나 '가장 어리석은 바보'나 '타고난 노예'의 지배를 옹호하겠는가?

무엇보다도 먼저 그런 대답은 정치이론의 근본적인 몇 가지 문제가 해결된 것이라고 믿게 하기 쉽다. 그러나 다른 각도에서 정치이론에 접근해 본다면, 어떤 근본적인 문제를 풀었다기보다는 '누가 통치할 것인가' 하는 질문을 근본적인 것이라고 가정함으로써 문제를 단지 간과해 버렸다는 것을 알게 된다. 왜냐하면 플라톤의 이런 가정을 믿는 자들까지도 정치적인 지배자들이 항상 충분히 '선'하거나 '현명'(이런 낱말의 엄격한 의미에 구애될 필요가 없다.)하지는 않다는 것을 인정하고, 또 우리가 절대적으로 의존할 수 있는 선하고 현명한 정부를 갖기란 결코 쉽지 않다는 것을 인정하기 때문이다. 그것이 인정된다면, 다음과 같은 질문들이 제기된다. 정치사상은 처음부터 나쁜 정부의 가능성을 탐구해서는 안 되는가? 우리는 최악의 지배자에 대비하고, 최선의 지배자를 희망해서는 안 되는가? 그러나 이것은 정치적 문제에 대한 새로운 접근법을 초래한다. 그것은 '누가 통치해야 하는가Who should rule'라는 질문 대신에 '우리는 사악하거나 무능한 지배자들이 너무 심한 해악을 끼치지 않도록 어떻게 정치제도를 조직할 수 있는가 How can we so organize political institutions that bad or incompetent rulers can be prevented from doing too much damage'라는 새로운 질문을 하도록 하기 때문이다.[2]

첫 번째 질문이 근본적인 것이라고 믿는 자들은 정치권력이란 '본질적으로' 제재받지 않는 것이라고 암암리에 가정한다. 그들은 누군가, 예를 들면 개인이거나 계급과 같은 집단체가 권력을 갖는다고 가정한다. 그리고 그들은 권력을 잡은 사람은 그가 원하는 것이면 거의 다 할 수 있으며, 특히 그의 권력을 강화할 수 있고, 그런고로 거의 무제한적이고 견제할 수 없는 권력으로 신장시킬 수 있다고 가정한다. 그들은 정치권력을 본질적으로 지고한 것이라고 가정한다. 이런 가정을 하게 되면 그때는 정말 '누가 지고한 자가 될 것인가' 하는 질문만이 가장 중요한 문제로 남는다.

나는 이런 가정을 (제재받지 않는) 주권 이론 the theory of (unchecked) sovereignty이라 부르고자 한다. 나의 이러한 표현은 주권에 대한 여러 이론 가운데서 보댕, 루소, 헤겔 같은 사람들에 의해 제시된 어떤 특정한 이론을 표현하기 위해서가 아니다. 그것은 정치권력이 실제적으로 제재받지 않는 것이라는 보다 일반적인 가정이나, 혹은 정치권력은 제재받지 않는 것이어야 한다는 요구를 표현하기 위해서이다. 그리고 이와 함께 이러한 표현은, 남아 있는 주요 문제는 이 권력을 최선인의 손에 넘기는 것이라는 주장을 나타내기 위해서 사용된다. 주권에 관한 이 이론은 플라톤의 접근법에서 암암리에 가정되어 있고, 줄곧 그 역할을 수행해 왔다. 그것은 또한 예를 들면 '누가 명령해야 할 것인가, 자본가인가 아니면 노동자인가' 하는 것이 주요 문제라고 믿는 현대 사상가들도 암암리에 가정하고 있는 이론이다.

나는 상세한 비판에 들어가기 전에 이 이론을 경솔하고 맹목적으로 받아들이는 것에 대한 심각한 반대가 있다는 사실을 지적하고 싶다. 그 이론의 사변적인 장점이 무엇으로 나타나든 간에, 그것은 분명히 아주 비현실적인 가정이다. 어떤 정치적 권력도 제재받지 않은 적이 없었으며, 인간이 인간으로서 존재하는 한(헉슬리의 『놀라운 신세계 *Brave New World*』가 실현되지 않는 한) 절대적이고 제어당하지 않는 정치권력이란 있을 수 없다. 인간이 모든 사람을 지배할 수 있을 정도로 충분한 물리적 힘을 가질 수 없는 한은, 그 원조자에게 기댈 수밖에 없다. 가장 강력한 폭군까지도 자신의 비밀경찰, 심복부하, 그리고 교수형 집행자에게 의존한다. 이런 의존은 아무리 위대하다고 할지라도 그의 권력은 제재받지 않는 것이 아니며, 그가 집단끼리 싸우게 함으로써 어부지리를 취해야 하기 때문에 양보하지 않을 수 없다는 것을 의미한다. 그것이 의미하는 바는 그 자신의 권력 외에 다른 정치적 힘이나 권력도 있다는 것이며, 그는 단지 다른 권력들을 이용하고 평정시킴으로써만 지배력을 행사할 수 있다는 것이다. 이것은 통치권의 극단적인 경우라 하더라도 순수한 통치권이란 있을 수 없음을 나타낸다. 통치권의 극단적인 경우도 결코 한 인간의 의지나 관심이(또는 만약 그런 것이 있다면 한 집단의 의지나 관심이) ── 그가 정복할 수 없는 권력을 동원하기 위해 목적의 일부를 포기하지 않고 ── 직접적으로 자신의 목적을 성취할 수 있는 경우들은 아닌 것이다. 그리고 많은 경우에 정치권력의 제한은 이보다 훨씬 더 심하다.

나는 이런 경험적 문제를 하나의 논증으로 삼고 싶어서가 아니라, 단순히 반대를 피하기 위해 강조했었다. 내가 주장하는 바는, 주권에 관한 모든 이론이 보다 근본적인 물음을, 말하자면 권력과 다른 권력들 간의 균형을 유지시킴으로써 통치자에 대한 제도적인 통제를 시도해서는 안 되는가 하는 문제를 다루지 않는다는 것이다. 이런 견제와 균형의 이론 theory of checks and balances은 적어도 신중한 검토를 요구한다. 내가 아는 한 이런 요구에 대한 반대로는 (1) 그런 통제가 실제적으로 practically

불가능하다든가, (2) 정치권력은 본질적으로 지고한 깃이므로[3] 그것은 본질적으로 essentially 상상도 못한 일이라는 것이다. 내가 믿는 바로는 이 독단적인 두 반대는 사실에 의해 논박되며, 다른 상당수의 영향력 있는 관점들(예컨대 한 계급의 독재에 대해 달리 취할 수 있는 유일한 선택은 다른 계급의 독재뿐이라는 이론)도 그들과 함께 붕괴된다.

통치자에 대한 제도적 통제의 문제를 제기하기 위해 정부가 언제나 선하거나 현명한 것은 아니라는 것 이상은 가정할 필요가 없다. 그러나 역사적인 사실에 관해 약간 언급했으므로, 이런 가정보다 조금 더 넘어서고 싶다는 것을 고백해야겠다. 나는 통치자는 도덕적으로나 지적으로 평균 이상인 자가 거의 없었고, 더러는 평균 이하였다고 생각하고 싶다. 그리고 우리는 물론 최선의 통치자를 얻기 위해 노력해야겠지만, 그와 동시에 정치에 있어서 최악의 통치자에 대비한 원칙을 채택하는 것이 합리적이라고 생각된다. 탁월하고 유능한 통치자를 확보할 수 있다는 가냘픈 희망에 우리의 모든 정치적 노력을 건다는 것은 나에게는 미친 짓으로 보인다. 내가 이런 문제를 심각하게 느끼긴 했지만, 그러나 주권 이론에 관한 나의 비판은 이런 보다 개인적인 의견에 근거한 것이 아니라는 것을 강조하고자 한다.

이런 개인적인 의견은 별문제로 하고, 그리고 주권의 일반적인 이론에 반대하는 위에 언급한 경험적 논증은 별문제로 하더라도, 주권 이론의 특수한 형태가 지닌 어떤 모순을 나타내는 데 사용될 수 있는 일종의 논리적 논증이 있다. 좀 더 간략하게 말하면, 이런 논리적 논증은 가장 현명한 자가 지배해야 한다는 이론들에 반대되는 형태로, 이 이론들과 다르긴 하나 비슷한 형태로 제시될 수 있다. 이런 논리적 논증의 한 특수한 형태는 자유주의와 민주주의 및 다수가 지배해야 한다는 원칙의 지나치게 순진한 이론과는 반대되는 것이며, 플라톤에 의해 처음으로 또 성공리에 사용된 잘 알려진 '자유의 역설 paradox of freedom'과는 다소 비슷한 것이다. 플라톤은 민주주의의 비판과 독재자의 출현에 대한 이야기에서 다음과 같은 질문을 함축적으로 제기하고 있다. 그들이 지배해서는 안 되고 그 대신 참주가 지배해야 된다는 것이 국민의 의사라면 어떻게 하겠는가? 플라톤이 시사하는 바로는, 자유인은 그의 절대적인 자유를 행사하여 먼저 법률에 도전하고, 그리고 궁극적으로는 자유 그 자체에 도전하며, 소리쳐 폭군을 요구할 수도 있을 것이다.[4] 이것은 억지 가능성을 주장하는 것이 아니다. 그런 일은 여러 번 일어났으며, 그때마다 다수지배의 원칙이나 그와 비슷한 형태의 주권의 원칙을 그들의 정치신조의 궁극적인 보루로 삼던 민주주의자들은 지적인 절망을 맛보았다. 민주주의자들이 택한 원칙은, 한편으로는 그들이 다수의 지배 이외의 어떤 것도 반대해야 한다는 것을, 그러므로 새로운 참주정치를 반대해야 한다는 것을 요구하며, 다른 한편으로는 다수에 의해 결정된 것은 무엇이든 받아들여야 한다는 것을, 이리하여 새로운 참주의 지배를 받아들여야 한다는 것을 요구한다. 그들의 이론의 모순성은 물론 그들의 행위를 마비시킬 것이다.[5] 따라서 피지배자에 의한 지배자의 제도적 통제, 그리고 특히 다수의 투표에 의한 정부의 해산권을 요구하는 우리 민주주의론자들은 자가당착적인 주권 이론보다 더 나은 기반에서 이런 요구를 해야 한다. (이것이 가능함은 이 장의 다음 절에서 간략하게 나타날 것이다.)

이미 본 바와 같이 플라톤은 자유와 민주주의의 역설들을 거의 알고 있었다. 그러나 플라톤과 그의 동료들은 주권 이론의 다른 형태들도 모두 다 그와 유사한 모순을 초래한다는 사실을 간과한 것이다. 주권 이론은 모두 역설적이다 All theories of sovereignty are paradoxies. 예를 들면, 우리는 통치자로서 '가장 현명한 자'나 '가장 선한 자'를 택할 수 있을 것이다. 그러나 '가장 현명한 자'는 그의 지혜로써 그가 아니라 '가장 선한 자'가 지배해야 한다는 것을 알게 될지도 모르며, '가장 선한 자'는 그의 선한 마음씨로써 '다수'가 지배해야 한다고 결정 내릴지도 모르는 것이다. '법의 지배'를 요구하는 주권 이론의 그런 형태까지도 같은 반대에 부딪친다는 것은 주목할 만하다. 사실상 이것은 헤라클레이토스가 "법률도 역시 일인 의지에의 복종을 요구할 수 있다."라고 언급한 것처럼 예전부터 이미 거론되어 왔던 것이다.[6]

이 간략한 비판을 종합해 보면, 주권 이론은 경험론적으로나 논리적으로 빈약한 이론이라고 주장할 수 있다. 최소한 그것은 다른 가능성에 대한 주의 깊은 고려 없이 채택되어서는 안 된다.

II 참주정치와 민주주의

실제로 주권의 역설에 빠지지 않고 민주적 통제의 이론을 전개할 수 있다는 것을 설명하기란 어렵지 않다. 내가 생각하는 이론은 말하자면 본래적인 선이나 다수 통치의 정당성이라는 원리로부터 전개되는 것이 아니라, 참주정치의 조악에서부터 전개되는 이론이다. 보다 간략하게 말하면, 참주정치를 피하기 위한, 그리고 참주정치에 대항하기 위한 결단과 제의에 근거한 이론이다.

이제 우리는 정부를 두 가지 유형으로 구별할 수 있을 것이다. 첫 번째 유형은 유혈사태 없이, 예컨대 총선거의 방법으로 교체될 수 있는 정부이다. 말하자면 사회제도는 통치자가 피통치자에 의해 물러날 수 있는 방편을 제공해 주며, 사회 전통은 이런 제도들이 권력을 쥔 자에 의해 쉽게 무너지지 않도록 보증하는 것이다.[7] 둘째 유형은 대부분의 경우에 피통치자가 혁명에 성공하지 아니하고는 절대로 축출할 수 없는 정부이다. 나는 첫 번째 형태의 정부를 가리키는 속기부호로 '민주주의'라는 말을, 두 번째 형태의 정부를 가리키는 것으로는 '참주정치' 또는 '독재'라는 말을 쓰고자 한다. 이것은 전통적인 용법과 상당히 일치된다고 믿는다. 그러나 나는 내 논증의 어떤 부분도 이런 부호의 선택에 좌우되지 않는다는 점을 명확하게 하고 싶다. 그리고 어느 누가 이런 용법을 뒤바꾼다면(요즘 자주 그러하듯), 나는 그가 '참주정치'라고 부르는 것에 찬성하고, '민주주의'라고 부르는 것에 반대한다고 말할 뿐이다. 그리고 나는 예컨대 민주주의라는 말을 '국민의 지배'라고 번역함으로써 '민주주의'가 '실제로' 또는 '본질적으로' 의미하는 바를 캐고자 하는 시도는 그 어떤 것도 적당치 못한 것으로 거부할 것이다.(왜냐하면 '국민'은 축출하겠다는 위협으로써 그들 통치자의 행위에 영향을 줄 수는 있지만, 어떤 구체적이고 실제적인 의미에서는 결코 그들 자신을 지배하지 못하기 때문이다.)

두 부호를 위에서 제시한 대로 써본다면, 참주정치를 벗어나기 위해 정치적 제도들을 창안하고 발전시키고 보호하려는 제의를 민주주의적 정책의 원칙으로 설명할 수 있을 것이다. 이 원칙은 우리가 이런 종류의 아무런 하자가 없거나 절대 잘못될 수 없는 제도를 계속 발전시킬 수 있다는 것을 암시하는 것이 아니며, 민주적 정부에 의해 채택된 정책은 정당하거나 선량하거나 현명할 것이라는 것을, 심지어는 자비로운 참주가 채택한 정책보다도 필연적으로 더 선하고 더 현명할 것이라는 것을 보증해 주는 제도들을 계속 발전시킬 수 있다는 것을 암시하지도 않는다.(그렇게 가정되지 않았으므로, 민주주의의 역설은 피할 수가 있다.) 그러나 민주주의적 원칙의 수용은 (우리가 평화로운 정권교체를 할 수 있는 한) 민주주의하에서 악정(惡政)을 받아들이는 편이 아무리 현명하고 자비로운 참주라 해도 그에게 예속되는 것보다는 더 낫다고 하는 확신을 암시하고 있다. 이것으로 미루어 보면, 민주주의 이론은 다수가 지배해야 한다는 원칙에 근거하고 있는 것이 아니다. 오히려 일반 선거와 대표 정부와 같은 민주적 통제의 여러 평등주의적 방법은, 참주정치에 대한 광범위하고 전통적인 불신하에서 허다한 시련을 견디어내었고, 언제나 개선될 수 있고 심지어는 그들 자신을 개선하기 위한 방편까지도 제공할 수 있는, 참주정치에 대항하는 합리적이고 효과적인 제도적 안정장치일 뿐이라고 여겨진다.

그러므로 민주주의의 원칙을 이런 의미에서 받아들이는 자는, 민주적 투표의 결과를 정의의 유권적 표현이라고만 보지는 않을 것이다. 비록 그가 민주적 제도를 활용하기 위해 다수의 결정을 받아들인다 해도, 그가 민주적인 방법으로 다수의 결정에 반대하고 또 그 결정을 뒤바꾸고자 하는 것은 그의 자유일 것이다. 그리고 만약 그가 다수의 투표가 민주적 제도를 파괴해 버리는 날을 맞게 된다면, 그는 이런 슬픈 경험을 통해 참주정치를 피할 수 있는 완전무결한 방법은 존재하지 않는다는 것을 알게 될 뿐이다. 그러나 그것은 참주정치에 대항하고자 하는 그의 결심을 약화시켜야 할 필요도 없으며, 그의 이론을 모순적인 것으로 만들지도 않을 것이다.

III 제도와 요새

플라톤으로 돌아가서, 우리는 그가 '누가 통치해야 하는가'라는 문제를 강조한 것으로 보아서 그가 암암리에 주권의 일반이론을 가정하였다는 것을 알게 된다. 그러므로 통치자를 제도적으로 통제하는 문제, 그들의 권력을 제도적으로 균형 있게 하는 문제는 거론되지도 않은 채 배제되어 버린다. 관심은 제도에서 개인의 문제로 옮겨지고, 이제 가장 절박한 문제는 자연적인 지도자를 뽑는 일과, 그들에게 통솔력을 습득시키는 문제이다.

이런 사실에 비추어서 어떤 사람들은 플라톤의 이론에서 국가의 복지가 궁극적으로 비인격적인 제도의 구성에 달려 있다고 하기보다는, 개인과 개인의 책임감에 달려 있는 윤리적이고 정신적인 문제라고 생각한다.

나는 플라톤주의에 관한 이런 견해를 피상적이라고 믿는다. 모든 장기적인 정치는 제도적인 것이다 All long-term politics are institutional. 플라톤에게서조차도 그것을 피할 길은 없다. 지도력의 원리는 제도적인 문제를 개인적인 문제로 바꿀 수 없으며, 그것은 단지 새로운 제도적 문제들을 만들어낼 뿐이다. 그 원리는 심지어 단순한 제도에 대해 합리적으로 요구할 수 있는 범위를 넘어서는 과업, 즉 미래의 지도자를 선정하는 과업 the tasks of selecting the future leaders을 그 제도에 떠맡기고자 한다는 것을 알게 될 것이다. 그러므로 균형 이론과 주권 이론과의 대립이 제도주의와 인격주의와의 대립과 상응한다는 생각은 잘못일 것이다. 플라톤의 지도원리에는 제도의 역할이 포함되어 있으므로, 그것은 순수한 인격주의와는 거리가 멀다. 또 사실상 순수한 인격주의는 불가능하다고 할 수도 있을 것이다. 그러나 순수한 제도주의 역시 불가능하다고 해야만 한다. 제도의 구성이 중요한 개인적 결단을 포함할 뿐만 아니라, 최상의 제도(민주주의적 제재나 균형과 같은)라 할지라도 그 기능은 언제나 상당한 정도로 관계된 개인들에게 달려 있는 것이다. 제도는 요새와 같다. 요새는 잘 설계되어야 하고, 그리고 and 사람에 의해 잘 지켜져야 한다.

사회적 상황에서 인격적 요소와 제도적 요소를 이렇게 구별하는 것은 민주주의의 비판자들이 종종 간과했던 점이다. 그들 비판자들 대부분은, 이런 민주주의적 제도들이 국가나 정책을 절실하고도 찬탄할 만한 어떤 도덕적 기준이나 정치적 요구에 기필코 도달하도록 해주지는 못한다는 것을 알기 때문에, 민주적 제도에 만족하지 못한다. 그러나 이런 비판가들은 그들의 공격 방향을 잘못 잡고 있는 것으로, 그들은 민주적 제도에 기대할 수 있는 것이 무엇이며, 민주적 제도 대신 택할 수 있는 것이 무엇인가 하는 문제에 대해 이해하지 못하고 있는 것이다. 민주주의는(이 부호를 위에서 제시한 의미대로 사용하면) 정치제도를 개혁하기 위한 제도적인 구조를 제공한다. 민주주의는 폭력을 쓰지 않고 제도를 개혁할 수 있게 하며, 그리하여 이성을 통해 새 제도의 설계와 옛 제도의 조정을 가능하게 한다. 민주주의는 이성을 제공하지는 않는다. 국민의 지적, 도덕적 기준의 문제는 상당한 정도로 개인적인 문제이다.(이 문제가 역시 제도적인 우생학과 교육적 통제에 의해 해결될 수 있다는 생각은 잘못이라고 믿는다. 그렇게 믿는 몇 가지 이유를 다음에 밝히겠다.) 어떤 민주국가의 정치적 단점 때문에 민주주의를 비난하는 것은 아주 잘못된 일이다. 우리는 오히려 우리 자신, 즉 민주국가의 국민을 비난해야 한다. 민주주의가 아닌 국가에서 합리적 개혁을 성취할 수 있는 유일한 방법은 정부를 폭력으로 전복시키고 민주주의적 체제의 구조를 도입시키는 것이다. 어떤 '도덕적인' 근거에서 민주주의를 비판하는 자들은 인격적인 문제와 제도적인 문제를 구별하지 못한 것이다. 문제를 개선하는 것은 우리들의 일이다. 민주적 제도는 제도 자체를 개선할 수는 없다. 제도를 개선하려는 문제는 항상 제도에 관계되는 문제라기보다는 사람들 persons에 관계되는 문제이다. 그러나 제도의 개선을 원한다면, 어떤 제도 institutions를 개선하고자 하는지를 분명히 해야 한다.

정치적 문제의 영역에는 인격과 제도 사이의 구별에 대응하는 또 하나의 구별이 있다. 그것은 오늘날의 문제와 미래의 문제 사이의 구별이다. 오늘날의 문제가 대체로 인격적인 반면, 미래를 설계하는 문제는 필연적으로 제도적인 것이 틀림없다. 만약 '누가 통치해야 할 것인가'라는 질문으로 정치문제에 접근한다면, 그리고 플라톤의 지도원리, 즉 가장 선한 자가 지배해야 한다는 원리가 받아들여진다면, 미래의 문제는 미래 지도자의 선정을 위한 제도를 설계하는 문제로 되어야 할 것이다.

이것이 플라톤의 교육이론 중에서 가장 중요한 문제 중의 하나이다. 나는 이 문제에 접근하면서, 플라톤이 교육의 이론과 실제를 그의 지도력의 이론과 연결시킴으로써 완전히 타락시키고 혼동시켰다고 단언한다. 비교가 가능하다면 그로 인해 입은 손해는 집단주의와 이타주의를 동일시함으로써 윤리학에 입힌 손해보다도 더 크며, 주권 원리를 도입함으로써 정치이론에 입힌 손해보다 더 크다. 미래의 지도자를 선정하고 그들에게 지도력을 습득시키는 일이 교육의 과업(더 간략하게 교육적 제도의 과업)이어야 한다는 플라톤의 가정은 아직까지도 상당히 당연하게 받아들여지고 있다. 어느 제도의 범위도 넘어서야 할 과업을 이런 제도에 떠맡겼으므로, 플라톤은 그 제도들의 비참한 상태에 대해 부분적으로 책임을 져야 한다. 그러나 교육의 과업에 대한 그의 견해를 일반적으로 논하기 전에, 지도력, 즉 현자의 지도력에 관한 그의 이론을 보다 상세하게 밝히고 싶다.

IV 소크라테스의 도덕적 주지주의

내 생각으로는 플라톤의 교육에 관한 이 이론은 상당히 많은 부분에서 소크라테스의 영향을 받은 것이 거의 확실하다. 소크라테스의 기본 신조 중의 하나가 그의 도덕적 주지주의라고 나는 믿고 있다. 내가 의미하는 도덕적 주지주의란 (a) 선과 지의 동일시, 즉 아무도 그의 훌륭한 지식에 역행해서 행위하지 않으며 모든 도덕적 과오는 지식의 결여 때문이라는 그의 이론과, (b) 도덕적 탁월성은 가르칠 수 있는 것이며, 그것은 보편적인 인간의 지성 이외의 어떤 특수한 도덕적 능력을 요하는 것이 아니라는 그의 이론이다.

소크라테스는 도덕가였고 정열가였다. 그는 모든 정부형태를 그 단점 때문에 비판한 사람이지만(그리고 사실상 그런 비판은 비록 민주주의하에서만 가능한 것이긴 하지만, 어떤 정부에도 필요불가결하고 유익할 것이다.) 국가의 법률에 충실하는 것이 중요하다는 것을 인식하고 있었다. 공교롭게도 그는 대부분의 생애를 민주주의 형태의 정부하에서 보냈으며, 훌륭한 민주주의자로서 당대의 몇몇 민주적 지도자들의 무능력과 알맹이 없는 공론의 폭로를 그의 의무로 알았다. 동시에 그는 어떤 형태의 참주정치도 반대했다. 30인 참주 치하에서 취한 그의 용기 있는 행위를 고려해 본다면, 민주적 지도자들에 대한 그의 비판이 반민주적 기질 같은 데서 나온 것이었다고 가정할 만한 이유는 전혀 없다.[8] 그는 아마 (플라톤과 같이) 최선자가 지배해야 한다고 요구했던 것 같다. 그것은 그의 관점으로 보면 가장 현명한 자나, 정의에 관해 뭔가 아는 자가 통치해야 한다는 것을 의미하는 것이다. 그러나 우리는 소크라테스가 '정의'를 평등주의적 정의(앞 장에서 인용한『고르기아스』의 구절에 나타난 것 같은)로 해석했으며, 그가 단지 평등주의일 뿐 아니라 개인주의자 —— 아마 모든 시대를 통한 개인 윤리의 가장 위대한 사도 —— 였다는 것을 기억해야 한다. 그리고 설사 그가 가장 현명한 자가 통치해야 한다고 요구했다 해도, 우리가 알아야 할 점은, 그가 학식 있는 자를 의미한 것이 아님을 명백하게 강조했다는 것이다. 사실 그는, 과거 철학자들의 학식이든, 그 당대의 학식 있는 자들, 즉 소피스트들의 학식이든 간에, 모든 전문적인 학식에 대해 회의적이었다. 그가 의미하는 지혜는 다른 종류의 것이었다. 그것은 단순히 내가 얼마나 모르는가에 대한 인식이었다. 소크라테스는 그것을 모르는 자는 아무것도 모르는 것이라고 가르쳤다.(이것은 진정한 과학적 정신이다. 어떤 사람들은 아직도 플라톤이 학식 있는 피타고라스적 현인으로서 입신하였을 때 생각했던 것처럼, 소크라테스의 불가지론자적 태도는 그 시대의 과학적 성과의 부족에 의해 설명해야 한다고 생각한다.[9] 그러나 이것은 단지 그들이 과학적 정신을 이해하지 못했다는 것과 그들이 과학과 과학자에 대한 소크라테스 이전의 마술적 태도에 아직도 홀려 있다는 것을 나타낼 뿐이다. 그들은 과학자를 현명하고, 학식이 있고, 비결을 전수받은 다소 영광스러운 마법사처럼 생각하는 것이다. 그들은 소크라테스와 같이 그의 무지에 대한 자각을 그의 지적 정직성과 과학적 수준의 척도로 삼는 대신에, 그가 소유하고 있는 지식의 양에 따라 과학자를 판단한다.)

이런 소크라테스적 주지주의가 얼마나 평등주의적인지를 아는 것이 중요하다. 소크라테스는 모든 사람은 다 가르침을 받을 수 있다고 믿었다. 『메논』에서 우리는 그가 아무런 교육도 받지 못한 어떤 노예가 추상적 문제까지도 파악할 수 있다는 것을 증명하고자, 요즘 소위 피타고라스의 정리라고 하는 것을 젊은 노예에게 가르친 것을 안다.[10] 그리고 그의 주지주의는 또한 반권위주의이다. 소크라테스에 의하면, 예컨대 수사학 같은 기술은 전문가에 의해 아마 독단적으로 가르쳐질 수도 있을 것이다. 그러나 실제적 지식이나 지혜 그리고 덕성 등은 그가 산파술의 형식으로 설명하는 방법으로만 가르칠 수 있는 것이다. 배우기를 열망하는 자들은 그들 자신의 편견을 없애도록 도움을 받을 수 있을 것이며, 그리하여 자기비판을 배우게 되고 진리란 쉽게 획득되는 것이 아니라는 것을 배우게 될 것이다. 그러나 그들은 또한 결단을 내리고 또 그 자신의 결단과 자신의 통찰을 비판적으로 신뢰하는 것도 배울 것이다. 이런 가르침으로 보면 최선자, 즉 지적으로 가장 정직한 자가 통치해야 한다는 소크라테스적 요구가(만약 그가 이런 요구를 제시했다면) 가장 학식 있는 자가 통치해야 한다는 권위주의적 요구나, 가장 고귀한 자가 통치해야 한다는 귀족주의적 요구와 얼마나 상이한지는 분명하다.(용기까지도 지혜라는 소크라테스적 신념은, 고귀하게 태어난 영웅의 통치를 주장하는 귀족정치체제의 원리에 대한 직접적 비판으로 생각된다.)

그러나 소크라테스의 이런 도덕적 주지주의는 날이 둘 달린 칼이다. 그것은 후에 안티스테네스에 의해 발전된 평등주의적이고 민주주의적인 측면을 갖고 있다. 그러면서도 그것은 또한 강력한 반민주주의적 경향을 야기시킬 수 있는 측면도 갖고 있다. 그의 도덕적 주지주의가 계몽과 교육의 필요성을 강조한 사실은 권위주의authoritarianism에 대한 요구로 잘못 이해되기 쉬울 것이다. 이것은 소크라테스를 상당히 괴롭힌 것으로 보이는 문제, 즉 충분한 교육을 받지 못했고, 또 그렇기 때문에 자기들의 결함을 알 만큼 현명하지도 못한 자들이야말로, 가장 교유이 필요한 자들이란 문제와 연관된다. 본질적으로 언제나 배울 각오가 되어 있다는 것은 지혜, 사실상 소크라테스 자신에 의해서 주장된 모든 지혜를 가졌다는 증거이다. 왜냐하면 배울 각오가 되어 있는 사람은 자신이 아는 것이 거의 없다는 것을 알고 있기 때문이다. 그리하여 교육을 받지 못한 자들이 자기비판적이라고 볼 수는 없으므로, 그들을 눈뜨게 할 어떤 권위가 필요할 것으로 보인다. 그러나 권위주의의 이 한 요소는 소크라테스의 가르침 속에서 놀라운 균형을 취하고 있는데, 그것은 권위가 주장할 수 있는 것이란 단지 그 정도뿐임을 소크라테스가 강조하기 때문이다. 교육받지 못한 자들에게 부족한 자기비판을 나타내 보임으로써만, 진정한 교사라는 것이 증명된다. '내가 가질 수 있는 어떠한 권위도 단지 내가 아는 게 거의 없다는 나의 자각에 의존해 있다.' 이것이 소크라테스가 사람들을 독단적인 선잠에서 깨우고자 한 그의 사명을 정당화할 수 있었던 방법이다. 그는 이런 교육적 사명이 또한 정치적 사명이라고 믿었다. 그는 국가의 정치생활을 개선하는 방법은 국민들에게 자기비판을 가르치는 것이라고 느꼈다. 이런 의미에서 그는 국민의 진정한 이익을 증대시키는 대신 국민에게 아첨이나 하던 정치가들에게 반대하여 그 자신이 "당대의 유일한 정치가"[11]임을 주장했던 것이다.

소크라테스는 그의 도덕적 활동과 정치적 활동을 동일시하였다. 이것은 국가가 국민의 도덕적 생활을 보살펴야 한다는 플라톤적이고 아리스토텔레스적인 요구로 쉽사리 왜곡될 수 있었다. 그리고 그것은 민주주의적 통제란 모두가 다 해롭다는 위험스럽고 설득력 있는 논증으로 쉽게 사용될 수 있다. 교육시킬 과업을 맡은 자들이 어떻게 교육받지 못한 자들에 의해 심판될 수 있겠는가? 어떻게 더 나은 자들이 더 못한 자들에 의해 통제될 수 있겠는가? 그러나 이런 논증은 물론 전적으로 소크라테스적이지 않다. 그것은 현자와 학식이 있는 자의 권위를 가정하는 것이며, 교사의 권위란 오직 자기 자신의 한계에 대한 자각에 근거한다고 보는 소크라테스의 겸손한 생각을 훨씬 넘어서는 것이다. 이런 문제에서의 국가 권위는 사실상 소크라테스의 목적과는 정반대되는 것을 성취할 가능성이 높다. 국가 권위는 비판적인 불만과 개선하고자 하는 열망 대신에, 독단적인 자기만족과 거대한 지적 자만을 낳기 쉽다. 거의 분명하게 인식되지 않은 이런 위험을 강조하는 것이 불필요하다고는 생각하지 않는다. 소크라테스의 참된 정신을 이해했다고 보이는 크로스먼 같은 저자도, 그가 아테네에 관한 플라톤의 제3의 비판이라 부른 곳에서 플라톤에 동의하고 있다.[12] "국가의 주된 책임이 되어야 할 교육 Education, which should be the major responsibility of the state이 개인들이 제멋대로 하게 방치되었었다.……그것은 오로지 온갖 시련을 이겨낸 자에게만 위임되어야 할 과업이었다. 어떤 국가든 그 미래는 젊은 세대에 달려 있으므로, 어린아이의 마음이 개인적 기호나 환경의 힘에 의해 형성되도록 내버려 두는 것은 미친 짓이다. 교사나 교원 및 소피스트 강연자에 관한 국가의 방임주의 정책도 역시 손해가 막심한 것이었다."[13] 그러나 플라톤과 크로스먼이 비판한 아테네 국가의 방임주의 정책은 어떤 소피스트 강연자들, 특히 그중에서도 가장 위대한 소피스트인 소크라테스가 가르칠 수 있도록 해준, 평가할 수 없을 만큼 귀중한 결과를 낳았다. 그리고 후에 이 정책이 폐지되었을 때, 그 결과는 소크라테스의 죽음이었다. 이것은 이런 문제에 대한 국가통제란 위험스러운 것이며, 또 "온갖 시련을 이겨낸 자"에 대한 요망은 쉽게 가장 선한 자를 억누르게 될 수도 있다는 한 경고일 것이다.(버트런드 러셀에 대한 최근의 탄압이 이와 같은 경우이다.) 그러나 기본원칙에 관한 한, 우리는 여기서 자유방임 대신 택할 수 있는 유일한 선택은 전적인 국가책임이라는 뿌리 깊은 편견의 한 예를 본다. 국민들에게 교육을 받도록 하는 것은 국가의 책임이라고 나는 확신한다. 교육을 통해 국민들은 공동생활에 참여할 수 있게 되고, 그들의 특수한 관심이나 재능을 개발시키기 위해 모든 기회를 활용할 수 있게 될 것이다. 그리고 또한 국가는 (크로스먼이 옳게 강조한 것처럼) "개인의 경제력"이 부족하다 해서 그가 고등교육을 받지 못하게 해서는 안 된다. 나는 이것이 국가의 보호적 기능이라고 본다. 그러나 "국가의 장래는 젊은 세대에 달려 있으므로, 어린아이의 정신이 개인적 기호에 의해 형성되도록 내버려 두는 것은 미친 짓이다."라는 말은 내게는 전체주의의 문을 활짝 여는 것처럼 들린다. 모든 형태의 자유 중 가장 고귀한 자유인 지적 자유를 위태롭게 할지도 모르는 조치를 옹호하기 위해 함부로 국가 이익에 호소해서는 안 된다. 그리고 나는 비록 '교사나 교원에 대한 자유방임'을 옹호하는 것은 아니지만, 이런 정책이 국가 관리에게 정신을 주조할 수 있는 전권을 위임하고 과학교육을 통제하게 하는 권위주의적 정책보다는 훨씬 낫다고 믿는다. 이렇게 하여 권위주의적 정책은 안심하고 믿기가 어려운 전문가의 권위를 국가의 권위로써 뒷받침하고, 과학을 어떤 권위주의적 원리처럼 관례적으로 가르침으로써 망쳐놓고, 과학적 탐구의 정신, 즉 진리의 소유에 대한 믿음과는 반대되는, 진리를 탐구하고자 하는 정신을 파괴하는 것이다.

나는 소크라테스의 주지주의가 근본적으로 평등주의적이고 개인주의적이라는 것과, 주지주의에 나타나는 권위주의적 요소는 소크라테스의 지적 겸손함과 그의 과학적인 태도에 의해 최소한도로 줄여졌다는 것을 밝히고자 했다. 플라톤의 주지주의는 이것과는 다르다. 플라톤의 『국가』[14]에서는 소크라테스가 완전한 권위주의자로 구현되어 있다.(심지어 자기 혐오적인 발언조차도 자신의 한계를 의식한 데서 나온 것이라기보다는 그의 우월성을 강조하는 역설적 방법인 것이다.) 그의 교육 목적은 자기비판과 일반적인 비판적 사고를 일깨우기 위한 것이 아니다. 그것은 차라리 (『법률』[15]에서 인용한 것을 반복하자면) "오랜 습관으로 궁극적으로는 아무엇도 독자적으로 해낼 수 없게 되도록" 두뇌와 영혼을 형성하는 것, 즉 교화인 것이다. 그리고 노예도 이성적일 수 있으며, 인간과 인간 사이에는 지적 연결, 즉 '이성'이라고 하는 보편적인 이해의 매개 방법이 있다는 소크라테스의 위대한 평등주의적이고 자유주의적인 이념은 구두 토론까지도 엄격히 검열하는 지배계급의 교육적 독점에 대한 요구로 바뀌었다.

소크라테스는 그 자신이 현명하지 못하다는 것을, 그가 진리를 소유하고 있지 못하다는 것을, 그렇지만 그는 진리의 탐구자 내지 추구자이며, 진리를 사랑하는 자임을 강조했었다. 이것은 직업적인 현자인 '소피스트'와는 반대로 지혜를 사랑하는 자, 지혜를 찾는 자인 '철학자'라는 낱말로 표현된다고 그는 설명했다. 그가 정치가는 철학자이어야 한다고 주장한다 해도, 그는 단지 정치가들이란 과중한 책임을 짊어지고 있으므로, 진리를 추구하여야 하고, 자신의 한계를 의식해야 한다는 것을 의미할 뿐이다.

이 원리를 플라톤은 어떻게 전환시켰는가? 그가 국가의 주권은 철학자에게 주어져야 한다고 주장할 때 ──특히 플라톤도 소크라테스처럼 철학자를 진리를 사랑하는 자로 정의하기 때문에 ── 처음 보기에는 아무것도 변경되지 않은 듯이 보일지도 모른다. 그러나 플라톤이 바꿔놓은 것은 사실상 어마어마하다. 플라톤이 의미하는 진리를 사랑하는 자란 이미 겸허한 구도자가 아니라, 거만한 진리의 소유자이다. 그는 훈련된 변증론자로서, 지적 직관 즉 영원한 천국의 '형상'이나 '이데아'를 보고, 그것과 교류할 수 있다. 그는 지혜로나 능력으로나 모든 일반인들보다 위에 군림하는, "신과 같은, 그렇지 않다면 신성한"[16] 존재인 것이다. 플라톤의 이상적 철인은 전지전능한 자에 가깝다. 그는 철인왕이다. 철학자에 대한 플라톤의 이상과 소크라테스의 이상보다 더 대조적인 것은 거의 없으리라 생각된다. 그것은 두 세계 간의 대조, 즉 겸허하고 합리적인 개인주의의 세계와 전체주의적이고 반신(半神)적인 세계와의 대조이다.

현자 —— 진리의 소유자, "충분한 자질을 갖춘 철인"[17] —— 가 통치해야 한다는 플라톤의 주장은 당연히 통치자를 선정하고 교육시키는 문제를 야기한다. 순수히 인격주의적인 이론에서 본다면(제도주의적 이론과 반대로), 이 문제는 현자인 통치자가 최선자를 자기 후계자로 뽑을 수 있을 만큼 충분히 현명할 것이라고 해버리면 간단히 해결될 수도 있을 것이다. 그러나 이것은 이 문제에 대한 만족할 만한 접근이 못 된다. 어떤 우연적 사고가 국가 미래의 안정을 파괴할 수도 있으며, 너무나 많은 것들이 통제되지 않는 환경에 달려 있는 것이다. 그러나 환경을 통제하고, 무엇이 일어날 것인지를 예견하고, 그것에 대비하려는 시도는 다른 곳에서와 마찬가지로, 여기서도 순수히 인격주의적인 해결 대신에 제도주의적인 해결의 방향으로 유도되어야 한다. 앞에서 말했듯이, 미래를 설계하려는 시도는 언제나 제도주의적으로 되어야만 하는 것이다.

V 교육제도와 최선자의 선발

플라톤에 의하면, 미래 지도자를 돌보아야 하는 기구는 국가의 문교부라 할 수 있다. 순전히 정치적인 관점에서 보면, 그것이 플라톤의 사회에서는 무엇보다도 가장 중요한 제도이다. 그것이 권력의 열쇠를 쥐고 있다. 이런 이유 하나만으로도 적어도 고급 단계의 교육은 통치자에 의해 직접 통제되어야 한다는 것이 명백하다. 그러나 여기에는 몇 가지 이유가 더 있다. 가장 중요한 것은 크로스먼이 지적했듯이 "전문가와……온갖 시련을 이겨낸 자"만이 —— 플라톤의 관점으로는 가장 현명한 달인, 말하자면 지배자 자신들이다 —— 미래의 철인에게 지혜의 고차적 비결을 전수할 수 있다는 것이다. 이것은 무엇보다 변증법을 요구한다. 즉 신성한 원형인 이데아나 형상을 보고, 보통의 사람들이 보는 현상세계 배후에 존재하는 위대한 신비를 벗기는 지적 직관의 기술을 요구한다.

이런 최상급의 교육형태에 관해 플라톤이 제도적으로 요구한 것은 무엇인가? 그것은 주목할 만한 것들이다. 그는 청춘기를 보낸 자들만이 그 교육을 받을 수 있다고 주장한다. "체력이 쇠하기 시작하고, 공공의무나 병역의무의 연령이 지났을 때, 그리고 오직 그때에만 그들은 마음대로 성역 즉 최상급의 변증법적 연구 영역에 들어가도록 허용된다."[18] 플라톤이 이런 놀라운 규칙을 제시한 이유는 분명하다. 플라톤은 사상의 힘을 두려워했다. "위대한 것은 모두 위험스럽다."[19]는 말은 아직 노년기에 들어서지 않은 두뇌에 철학적 사상이 끼칠 수 있는 영향을 두려워하는 그의 고백이다.(그는 이 모든 것을 소크라테스의 입을 통해 말하고 있다. 소크라테스는 젊은이와 자유롭게 토론할 권리를 지키려다 죽었는데도 말이다.) 그러나 플라톤의 근본 목표가 정치적 변화를 억제하는 것임을 기억한다면, 우리가 예상해야 할 것이 바로 이것이다. 청년기에 있는 상위계급의 사람들은 투쟁적일 것이다. 자주적으로 사고할 수 없을 정도로 늙었을 때, 그들은 그들 자신이 철인이 되고 또 자기의 지혜, 즉 집단주의와 권위주의의 원리를 미래 세대에 전달하기 위해서, 지혜와 권위에 물들어 버린 독단적인 학생이 되어버릴 것이다.

재미있는 일은 통치자를 가장 찬란한 빛깔로 돋보이게 그리고자 한층 고심한 조금 뒤의 구절에서, 플라톤이 그 자신의 제의를 수정하였다는 것이다. 여기서 그는 물론 "심한 경계의 필요성"과 "허다한 변증론자들을 타락시켰던 불복종"의 위험을 강조하면서, 미래의 현인들에게 30세에 예비적인 변증법적 연구를 시작할 수 있도록 허용했다.[20] 그리고 그는 "논증을 사용할 수 있도록 허락된 사람은 훈련되고 균형이 잘 잡힌 천성을 지녀야 한다."고 요구한다. 이 변경은 확실히 지도자에 대한 그림을 더 빛나게 할 것이다. 그러나 근본 경향은 동일하다. 왜냐하면 그 구절

중에는 미래 지도자는 수많은 시험과 유혹을 경험하면서 50세가 되기 전에는 고차원적인 철학적 연구, 즉 선의 본질에 관한 변증법적 통찰을 전수받아서는 안 된다는 주장이 있기 때문이다.

이것이 『국가』의 가르침이다. 『파르메니데스』[21] 대화편도 비슷한 내용을 담고 있다. 여기서 소크라테스는 총명한 젊은이로 묘사되고 있다. 그는 순수철학의 문제에는 성공적으로 정통했지만, 더욱 포착하기 어려운 이데아 문제에 관해 설명하는 데는 심한 어려움에 빠진다. 그는 철학적인 연구의 보다 높은 영역으로 함부로 나아가기 전에, 추상적 사고의 기술을 철저히 단련시켜야 한다는 견책을 받고, 늙은 파르메니데스로부터 내쫓긴다. 여기서 우리는 (다른 일들 중에서) 플라톤이 아직 시기상조라고 생각하고 있었는데도 비결을 전수받고자 그를 괴롭혔던 그의 생도들에 대한——"소크라테스도 한때는 변증법을 연구하기에는 너무 어렸다."고 하는——플라톤의 대답을 듣는 것 같다.

왜 플라톤은 그의 지도자들이 창의성이나 독창력을 갖는 것을 원치 않았는가? 그 대답은 명백하다고 생각한다. 플라톤은 변화를 싫어했으며, 재조정이 필요불가피하게 될지도 모른다는 것을 알고 싶어 하지 않았다. 그러나 플라톤의 태도를 이렇게 설명하게 되면, 충분히 파고들 수가 없다. 사실상 우리는 여기서 지도자 원리의 근본적인 어려움에 부딪치게 된 것이다. 미래 지도자의 선정이나 교육의 이념이야말로 자기모순적인 것이다. 어쩌면 신체적 탁월성의 면에서는 어느 정도 그 문제를 해결할 수 있을지도 모른다. 물리적 탁월성과 신체적 용기는 아마 확인하기 어려운 것이 아닐 것이다. 그러나 지적 탁월성의 본뜻은 비판정신이며, 지적 독립성이다. 그리고 이것은 어떤 종류의 권위주의로도 이겨낼 수 없다고 증명된 난점을 초래한다. 권위주의자는 일반적으로 그들에게 복종하고, 그들을 믿고, 그의 영향력에 호응하는 자들을 뽑을 것이다. 그러나 그러는 가운데서도 그는 평범한 사람들을 골라야만 한다. 왜냐하면 그는 반역하고, 의심하고, 그의 영향력에 감히 저항하는 자들은 배제하기 때문이다. 어떤 권위도 감히 자기의 권위를 무시하는 것 같은 지적 용기를 가진 자들을 가장 가치 있는 유형이라고는 결코 인정하지 않는다. 물론 권위주의자는 언제나 탁월성을 간파해 내는 그의 능력을 자신할 것이다. 그러나 이때의 탁월성이 의미하는 바는 단지 권위주의자들의 의도를 재빨리 알아챌 수 있는 능력일 뿐이며, 권위주의자들은 그 차이를 영원히 알 수가 없게 될 것이다.(여기서 우리는 유능한 군사 지도자의 선발이 당면한 특수한 난점의 진수를 꿰뚫어 볼 수 있을 것 같다. 군사훈련에 대한 요구가 문제되는 어려움을 가중시키며, 군대의 승진 방법이란 대체로 감히 자기 스스로 독자적으로 사고하는 자들은 늘 제외되는 식이기 때문이다. 복종 잘하는 자가 지휘도 잘한다는 생각은[22] 지적 탁월성에 관한 한, 가장 거짓된 생각일 것이다. 그와 아주 비슷한 어려움이 정당에서도 나타난다. 즉 '당수에 충실하기만 한 부하'가 유능한 후계자가 되는 일은 거의 없다.)

이제 우리는 보편화될 수 있는 다소 중요한 한 가지 결과에 이르렀다고 본다. 뛰어난 인재를 선발하는 제도를 고안한다는 것은 거의 불가능하다. 제도적인 선택은 플라톤이 생각한 것, 즉 변화를 억제하려는 그런 목적에나 잘 맞을 것이다. 그러나 그 이상을 요구한다면, 그것은 잘 맞지 않을 것이다. 왜냐하면 제도적 선택은 언제나 탁월한 자와 창의적인 자를, 그리고 보다 일반적으로는 예기하지 못한 자질을 가진 자들을 제거해 버리려고 하기 때문이다. 이것은 정치적 제도주의를 비판하려는 것이 아니다. 그것은 단지 우리는 가장 선한 지도자를 맞기 위해 당연히 노력해야겠지만, 그래도 가장 악한 지배자를 만날 경우도 항상 대비해야 한다고 앞서 말한 바를 다시 확인하는 것뿐이다. 그러나 그것은 제도, 특히 교육제도에다 최선자를 뽑는 불가능한 과업을 떠맡기려는 경향에 대한 비판이다. 최선자를 뽑는 과업은 결코 교육제도의 과업이 아니다. 이런 경향은 우리의 교육체제를 경기 코스로 변형시키고, 학업 과정을 장애물

경기로 바꾸어놓는다. 학생이 연구 자체를 위한 연구에 스스로 몰두할 수 있게 고무하는 대신에, 그에게 그의 주제와 탐구에 대한 진실한 사랑을 고무시키는 대신에,[23] 개인적 경력을 쌓기 위해 연구하도록 고무하며, 그가 앞으로 나아가려면 치워야 하는 장애물을 넘는 데 도움이 될 수 있는 그런 지식을 얻도록 요구한다. 다시 말해, 과학적 영역에서까지도 우리들의 선택 방법은 다소 노골적인 형태의 개인적 야심에 대한 호소에 뿌리박고 있다.(만약 학업에 열성인 학생이 동료들로부터 혐의를 받는다면, 그것은 이런 호소에 대한 자연스러운 반응인 것이다.) 지적 지도자를 제도적으로 선택하자는 불가능한 요구는, 과학적 생활뿐만 아니라 지적 생활까지도 위험하게 한다.

플라톤이 중등학교와 대학교의 창시자라는 이야기는 너무나 당연하다. 나는 인류에 대한 낙관적 견해를 지지하는 논증으로서, 진리와 품위에 대한 인류의 물리칠 수 없는 사랑을 확인하는 증거로서, 그리고 인류의 창의성과 완강함과 건강에 대한 증거로서, 이런 돼먹지 않은 교육제도도 인류를 아주 망쳐놓지는 않았다는 사실보다 더 좋은 증거는 없다고 본다. 그 많은 지도자들의 배반에도 불구하고 상당히 많은 노인과 젊은이들이 예절 바르고, 지성적이며, 자신의 과업에 열중하고 있다. 새뮤얼 버틀러[24]는 다음과 같이 말한다. "나는 그러한 잘못을 어떻게 좀 더 분명하게 감지할 수 없었던가? 그리고 어떻게 젊은 남녀들이 —— 거의 고의적으로 그들을 비뚤어지게 키우고, 발육을 방해하려고 했는데도 —— 똑똑하고 선량하게 커나가는가 하는 것을 종종 의아하게 생각한다. 일부 사람들은 확실히 상처를 입고, 그 상처로 인해 일생 동안 고통을 받지만, 많은 사람들은 거의 나빠지지 않았거나 전혀 나빠지지 않았고, 또 일부는 더 나아지기도 했다. 젊은이들의 자연적인 본능이란 대부분의 경우 선생들의 훈련에 절대적으로 반항하는 것이어서, 모든 노력에도 불구하고 선생은 그들을 훈련에 집중시킬 수가 없다는 것이 그 이유인 듯하다."

여기서 플라톤은 실제적으로 정치 지도자의 선정자로서는 그렇게 성공하지 못했다고 할 수 있을 것이다. 나는 그가 시라쿠사의 참주인 디오니시오스 1세와의 실험에서 얻은, 기대에 어긋난 결과를 염두에 두고 있는 것이 아니라, 차라리 플라톤의 아카데메이아가 디오니시오스를 축출하는 디온의 성공적 원정에 가담했다는 사실을 생각하고 있는 것이다. 플라톤의 유명한 친구인 디온은 이 모험에서 플라톤의 아카데메이아의 많은 회원들로부터 지지를 받았다. 그중 하나가 칼리푸스이며, 그는 디온이 가장 신임하는 동지가 되었다. 디온은 스스로 시라쿠사의 참주가 된 후, 그의 동지였던(그리고 경쟁자일 수도 있는) 헤라클리데스를 암살했다. 그 직후 그도 참주직을 찬탈한 칼리푸스에 의해 암살되었으며, 칼리푸스도 13개월 뒤 참주직을 빼앗겼다.(그런 후에는 칼리푸스도 피타고라스 학파의 철학자 레프티네스에 의해 암살되었다.) 그러나 교사로서의 플라톤의 행적에서 그런 종류의 일은 이 사건뿐만이 아니다. 플라톤의 제자였던 (그리고 이소크라테스의 제자였던) 클레아르쿠스는 민주적 지도자로 가장한 후, 그 자신이 헤라클레아의 참주가 되었다. 그는 그의 친족이고 플라톤의 아카데메이아의 회원이었던 키온에게 암살되었다.(일부에서 이상주의자라고 보고 있는 키온은 곧 암살되었기 때문에, 그가 어떻게 되었을지는 알 수 없다.) 이러한 경험들과 두어 가지 그 비슷한 플라톤의 경험들[25] —— 그의 옛 제자와 친구 중 적어도 9명의 참주가 나왔다고 자랑할 수 있는 플라톤의 경험들 —— 이 절대권력을 부여할 자의 선정과 관련된 특수한 어려움을 설명하는 데 도움이 된다. 절대권력을 잡고도 그 성격이 부패되지 않을 사람을 찾는다는 것은 어려운 노릇이다. 액턴 경의 말처럼, 모든 권력은 부패하며, 절대권력은 절대적으로 부패한다.

종합해 보면, 플라톤의 정치강령은 인격주의적이기보다는 훨씬 더 제도주의적이다. 그는 지도권의 계승을 제도적으로 통제하여 정치적 변화를 억제시키려고 했다. 그 통제는 학문에 대한 권위주의적 관점, 즉 학식

있는 전문가와 "온갖 시련을 이겨낸 자"의 권위에 입각한 교육적인 통제
였다. 이것은 책임 있는 정치가는 전문가이기보다는 진리와 지혜를 사랑
하는 자이어야 하며, 그가 자신의 한계를 알았을 때만 현명하다고 할 수
있다는 소크라테스의 주장에서 플라톤이 만들어낸 것이다.[26]

8 철인왕

개요

플라톤은 정치가를 의사에 비유한다. 플라톤이 그의 정치적 사명을 사회의 병든 몸뚱이를 치료하는 자나 구제하는 자로 그리고자 하는 이상 이런 예를 택한 것은 아주 적절하다. 그러나 국가 통치자는 강한 약을 처방할 만큼 대담하지 못한 평범한 의사들처럼 행동해서는 안 된다. 국가의 이익을 위해 보다 대담하게 거짓말을 하고 그들의 적과 자신들의 국민들을 속이는 것이 국가 통치자의 일이며, 다른 어느 누구도 건드릴 수 없는 특권이기 때문이다.

통치자는 강한 약을 써야 한다고 권고했을 때, 플라톤이 생각한 것은 피지배자 대중의 행동을 통제하는 기술인 선전이었다. 그러나 플라톤이 철학자는 진리를 사랑하는 자라고 정의하고, 다른 한편으로는 왕은 보다 용기 있고 또 보다 대담한 거짓말을 사용해야 된다고 주장하면서, 철학자가 왕이 되어야 한다든가, 왕이 철학자가 되어야 한다고 요구한 이유는 무엇인가? 이 물음에 대한 유일한 대답은 플라톤이 '철학자'라는 말을 쓸 때 실제로 그의 마음속으로는 다른 무엇을 생각하고 있었다는 것이다. 그가 말하는 철학자란 소크라테스가 말하는 바와 같이 진실로 지혜를 추구하는 자가 아니라, 오만한 진리의 소유자이며 학식 있는 현인이었다. 그러므로 플라톤이 요구하는 것은 현자지배인 것이다.

철인왕의 첫 번째 기능이며 가장 중요한 기능은 국가의 창건자와 입법자로서의 기능이다. 이 일에 철학자가 필요한 이유는, 국가가 안정되려면 그 국가는 마땅히 국가의 신성한 형상이나 이데아를 그대로 본뜬 것이어야 하는데, 최고의 과학인 변증법에 아주 능통한 철학자만이 이러한 작업을 수행할 수 있기 때문이다. 그러나 이것은 철학자가 영구히 지배해야 한다는 요구를 완벽하게 정당화하지는 못한다. 국가와 국가의 교육제도가 일단 성립된 후, 경력 있는 장군이나 군인이 지배하는 것은 어째서 충분치 못한가? 그것의 핵심적 이유는 그들이 종족퇴화를 막을 수 없기 때문이다. 말하자면 우생학에 필요불가결한 그 모든 과학을 연구한 "진실되고 충분한 자질을 갖춘 철학자"가 없으면, 국가는 멸망하기 때문이다. 수와 인간의 몰락이라는 이야기 속에서 플라톤은 타락한 수호자들이 저지르는 첫 번째 치명적인 태만죄 중의 하나가 종족의 순수성을 지키고 식별하는 일에 관심을 갖지 않는 것이라고 이야기한다. 수학적인 우생학의 비밀을 아는 자만이 몰락 이전에 즐겼던 행복을 사람들에게 되돌려 줄 수 있고, 또 사람들을 위해 존속시킬 수 있는 것이다. 그러므로 플라톤이 말하는 왕이란 축산왕이며, 플라톤의 철학자란 철학적 사육가라고 할 수 있다.

철인왕의 주권 이론 배후에는 권력에의 추구가 있다는 사실을 우리는 직시해야 한다. 주권자에 대한 아름다운 초상은 플라톤 자신의 자화상이다. 말하자면, 철인왕은 플라톤 자신이며, 『국가』는 플라톤 자신의 왕권에 대한 요구이다. 플라톤은 철학자로서의 요구와 순교자 코드로스의 합법적인 후계자로서의 요구를 자신 속에 통일시켜, 권력은 마땅히 자기가 차지해야 한다고 생각했던 것이다. 그러나 우리는 최초의 철학적 왕관 대신에 최초의 철학교수직을 차지하는 것으로 만족해야 했던 플라톤에 대해서 측은감마저 느낀다.

8
철인왕

그리고 국가는 그들을 기념하기 위해 기념비를 세울 것이다. 그리고 반신으로, 은총으로 축복받는 신과 같은 인간으로 여겨진 그들에게 희생이 바쳐질 것이다.

──플라톤

플라톤과 소크라테스의 신조는 이때까지 설명한 것보다 훨씬 더 심한 대조를 이루고 있다. 나는 플라톤이 철학자를 정의하는 데서 소크라테스를 따르고 있다고 말했었다. "누구를 진정한 철학자라 부르는가? 진리를 사랑하는 자들이다."라고 『국가』에 쓰여 있다.[1] 그러나 그가 이런 진술을 할 때, 그 자신은 그렇게 진실되지 못했다. 그는 그것을 실제로 믿은 것이 아니다. 왜냐하면 플라톤은 다른 곳에서 거짓과 속임수를 충분히 활용하는 것이 주권자의 고귀한 특권 중 하나라고 잘라 말하고 있기 때문이다. "국가의 이익을 위해 거짓말을 하고, 그들의 적과 자신들의 국민을 다 속이는 것이 ── 만약 그것이 누군가 해야 할 일이라면 ── 국가 통치자의 일이며, 다른 어느 누구도 건드릴 수 없는 특권이다."[2]

플라톤은 "국가의 이익을 위해"라고 표현했다. 집단적 공리의 원리에 대한 호소가 윤리적으로 고려되어야 할 궁극적 사항이라는 것을 우리는 다시금 발견한다. 전체주의적 도덕은 모든 것, 심지어 철학자의 정의, 즉 이데아까지도 압도한다. 정치적 편의라는 똑같은 원리상 피지배자가 진리를 말하지 않을 수 없다는 것은 거의 언급할 필요조차 없을 것이다. "만약 통치자가 통치자 이외의 다른 사람이 거짓말하는 것을 알아채게 되면, 통치자는 그자가 국가를 해치고 위태롭게 하는 관례를 도입했다고 처벌할 것이다."³ 조금도 예기치 않았던 이런 의미에서만 철인왕인 플라톤식의 통치자들은 진리를 사랑하는 자들이다.

Ⅰ 통치자와 의사

플라톤은 정직의 문제에 대한 그의 집단원리의 적용을 의사를 예로 들어 설명한다. 플라톤이 그의 정치적 사명을 사회의 병든 몸뚱이를 치료하는 자나 구제하는 자로 그리고자 하는 이상, 그가 이런 예를 택한 것은 아주 적절하다. 이것과는 별도로, 플라톤이 의술에 맡긴 역할은, 그의 부모의 결혼에서부터 그의 죽음에 이르기까지 국민의 전 생애를 국가의 이익이 지배하는 플라톤 국가의 전체주의적 특성을 설명하는 데 도움이 된다. 플라톤은 의술을 정치의 한 형태로 해석하거나, 혹은 그 자신이 표현한 대로 "의술의 신 아스클레피오스를 정치가로 보고 있다."⁴ 의학 기술은 생명의 연장을 그 목적이라고 보아서는 안 되며 단지 국가의 이익만을 그 목적으로 보아야 한다고 설명한다. "잘 다스려지는 모든 공동체에서는 모든 사람은 그 나라에서 그에게 부과된 특수한 직업을 갖는다. 그는 그 일을 해야 하며, 아무도 병에 걸린 채 치료를 받으면서 일생을 보낼 여가가 없다." 따라서 의사는 "그의 일상적인 의무를 수행할 수 없는 사람을 돌볼 권리가 없다. 왜냐하면 그런 사람은 그 자신에게도 나라에도 쓸모가 없기 때문이다." 여기에 덧붙여 "그런 사람은 그 자신과 똑같이 병약한 자식들을 가질 수도 있으며," 그 자식들 또한 국가의 짐이 될 것이라는 점이 고려된다.(플라톤은 늘그막에는 개인주의를 더욱더 증오하게 되었는데도 불구하고, 의술에 대해서는 좀 더 개인적인 기분으로 발언을 한다. 그는 자유인까지도 노예처럼 다루는 의사에 대해 다음과 같이 불평한다. "그는 그의 의지가 곧 법률인 폭군처럼 지시하고는, 금방 다른 노예 같은 환자에게로 달려간다."[5] 그리고 그는 적어도 노예가 아닌 사람들에게는 좀 더 부드럽고 참을성 있게 치료하도록 당부한다.) 거짓과 속임수를 쓰는 것과 관련해서, 플라톤은 이런 것들이란 "일종의 약으로나 쓸 수 있는 것"[6]이라고 하면서도, 국가 통치자는 강한 약을 처방할 만큼 대담하지 못한 "평범한 의사들"처럼 행동해서는 안 된다고 주장한다. 그리고 철학자로서 진리를 사랑하는 철인왕은 피지배자의 이익을 위해 "무수한 거짓과 속임수를 써야" 할 것이므로, 왕으로서 "보다 대담해야 한다"고 서둘러 덧붙인다. 이미 알다시피, 그리고 의술에 대한 플라톤의 언급에서도 알 수 있듯이, 이것은 국가의 이익을 위해서이다.(칸트는 전혀 다른 정신에서 "정직이 정책보다 낫다."는 말은 의심의 여지가 없지만, "정직이 최선의 정책이다."는 말은 실제로 의심스러울 수도 있다고 말한 적이 있다.[7])

통치자는 강한 약을 써야 한다고 권고했을 때 플라톤은 어떤 종류의 거짓을 생각한 것인가? 크로스먼의 정확한 해석에 의하면 플라톤이 생각한 것은 "피지배자 대중의 행동을 통제하는 기술인 선전"이었다.[8] 확실히 플라톤은 처음에는 이것을 생각했다. 그러나 나는, 그 선전용 거짓은 단지 피지배자들에게 써먹기 위한 것이고, 지배자들은 완전히 개명된 지식인들이라고 하는 크로스먼의 제의에는 동의할 수 없다. 차라리 나의 생각으로는 플라톤이 소크라테스의 주지주의와 비슷한 것과 완전히 결별해 버렸다는 것이 확실하다. 이것은 그가 두 번씩이나, 적어도 몇 세대가 지난 후에는 지도자 자신들 the rulers themselves까지도 그의 위대한 선전용 거짓을 믿게 되기를 바란다고 한 곳에서 가장 명백하게 나타난다. 내가 의미하는 그의 위대한 선전용 거짓이란 그의 인종주의, 즉 인간에 관한 금속의 신화와 대지에서 태어난 자의 신화로 알려진 그의 피와 흙의 신화이다. 여기서 우리는 플라톤의 공리주의적이고 전체주의적인 원리들이 모든 것, 심지어 지배자의 진리를 알 권리, 진리를 말하도록 요구하는 특권까지도 위압한다는 것을 알게 된다. 지배자들까지도 선전용 거짓을 믿어주기를 원했던 플라톤의 동기는 선전의 전체적 효과를 높이고자 한 데서 연유한다. 즉 주인종족의 지배를 강화하고 궁극적으로는 모든 정치적 변화를 억제하고자 했기 때문이다.

II 인종주의와 선전용 거짓

플라톤은 그의 피와 흙의 신화를 도입하면서, 그것이 기만이라는 것을 솔직히 시인하고 있다. 『국가』의 소크라테스는 이렇게 말한다. "그런데 우리가 조금 전에 언급한 바와 같은 아주 쉬운 거짓말을 꾸며댈 수 있지 않겠는가? 운이 좋다면 단 한마디의 고상한 거짓말로 지배자들 자신까지도 —— 그러나 하여튼 국가의 나머지 사람들을 —— 설득할지도 모른다."[9] '설득한다'라는 말을 쓴 것은 재미있는 일이다. 어떤 사람에게 거짓을 믿도록 설득한다는 것은 보다 정확하게 말하면, 그를 오도하거나 슬쩍 속여넘기는 것을 뜻한다. "운이 좋다면 우리는 지배자들 자신까지도 속일 수 있다."는 번역이, 그 구절이 풍기는 솔직한 냉소와 잘 어울릴 것이다. 그러나 플라톤은 '설득'이란 말을 매우 자주 쓰는데 이 말이 여기서는 다른 구절의 설명에 약간의 도움이 된다. 그것은 그가 비슷한 구절들에서는, 더욱이 정치가는 "설득과 힘으로"[10] 지배해야 한다고 주장하는 데서는 선전용 거짓을 생각하고 있었을지도 모른다는 경고로 받아들일 수 있을 것이다.

플라톤은 그의 '고상한 거짓말'을 이야기한 뒤, 곧 그의 신화를 해설해

나가는 대신, 먼저 그의 정의의 발견의 앞부분에 있던 장황한 서문과 다소 비슷한 긴 서문을 전개한다. 그것은 그의 불만의 표시로 생각된다. 그는 다음에 전개되는 제의가 독자들의 강한 지지를 받으리라고 기대하지는 않았던 것 같다. 신화 그 자체는 두 가지 관념을 나타낸다. 첫째는 조국의 방위를 강화하는 것으로, 국가의 전사들은 "자기 나라의 대지에서 태어난" 토착인으로서, 그들의 어머니인 자기 나라를 방위할 각오가 되어 있다고 하는 관념이다. 이 오래되고 잘 알려진 관념이(비록 그 대화의 표현은 분명히 그것을 암시하고 있지만) 플라톤이 말하기 주저한 이유가 아닌 것은 확실하다. 그러나 "그 이야기의 나머지 부분"인 두 번째 관념은 인종주의의 신화이다. "신께서도 사람을 빚을 때, 통치할 능력이 있는 자들에게는 황금을 섞고, 보조자에게는 은을, 그리고 농부나 다른 생산계급에게는 쇠나 구리를 섞었다."[11] 이런 금속들은 대대로 유전되며, 인종적 특성을 이룬다. 플라톤이 처음 주저하면서 그의 인종주의를 나타낸 이 문장에서, 어린이들은 자기 부모들의 금속과는 다른 금속들과 섞여 태어날 수도 있다고 하고 있다. 그리고 여기서 분명 플라톤은 만약 어떤 하층계급의 "아이들이 금과 은으로 섞여 태어난다면, 그들은 수호자나 보조자로 임명될 수 있다."는 규칙을 내세운다. 그러나 이러한 용인은 『국가』(그리고 『법률』에서도 마찬가지로)의 뒤에 나오는 구절에서, 특히 앞의 5장에서 부분적으로 인용한 바 있는 인간과 수의 몰락[12]에 관한 이야기에서 의미가 없어져버린다. 이 구절에서는 하위계급과 섞인 것은 무엇이든 상위계급에서는 제외되어야 한다고 되어 있다. 그러므로 계급상의 혼합이나 그에 상응되는 변화의 가능성은 단지 고상하게 태어났으나 질이 나빠진 아이들은 하위로 밀려나게 되며, 천하게 태어난 그 누구도 상위계급으로 올라갈 수 없다는 것을 의미할 뿐이다. 금속들이 섞이는 것은 어떤 것이든 파멸에 이르고야 마는 길이 인간몰락의 이야기 결론 부분에 나타나 있다. "철은 은과, 동은 금과 섞일 것이며, 이러한 혼합에서 변종과 불합리한 잡종이 생길 것이다. 그리고 이런 것들이 생기면 늘 상 투쟁과 적대심이 일어날 것이다. 그리고 이게 바로 불화가 어디서 생 기든 간에 핏줄에 속한다고 말하지 않으면 안 되는 것이다."[13] 이런 점에 서 볼 때, 대지에서 태어난 자의 신화는 "철이나 동으로 된 자들이 국가 를 지키게 되면, 그 국가는 망하고야 만다."[14]는 허구적인 신탁의 예언을 냉소적으로 꾸며대는 것으로 생각해야 한다. 플라톤이 자신의 인종주의 를 좀 더 과격한 형태로 당장 내놓기 꺼려한 것은, 그것이 당시의 민주 주의나 인도주의적 경향에 얼마나 반대되는지를 그가 알았기 때문이라고 생각된다.

플라톤이 그의 피와 흙의 신화가 선전용 거짓말이라는 것을 솔직히 시인했음을 고려해 보면, 그 신화에 대한 해설가들의 태도는 다소 우리 를 놀라게 한다. 예컨대 애덤은 다음과 같이 이야기한다. "그 신화가 아 니었다면 국가에 대한 현재의 묘사는 불완전한 것이 되었을 것이다. 우 리는 국가를 영속시키기 위한 어떤 보증을 요구한다.……그리고 플라톤 이 이 보증을 이성보다는 신념에서 faith rather than in reason 찾았다는 사실은 그의 교육의 주요한 도덕적 종교적 정신 prevailing moral and religious spirit과 가장 잘 일치한다."[15] 나는 플라톤이 선전용 거짓을 옹 호한 것보다 그의 전체주의적 도덕에 더 잘 들어맞는 것은 없으리라(이 것은 애덤이 말한 것과는 전혀 다르지만) 본다. 그러나 나는 종교적이고 이상주의적인 해석가들이 어떻게 종교와 신념이 기회주의자의 거짓말과 동일 수준의 것이라고 암암리에 선언할 수 있는지 잘 알 수가 없다. 사 실상 애덤의 주석은 종교의 교의가 비록 진실되지 못할지라도 가장 편리 하고 가장 필수적인 정치적 책략이라는 견해인, 홉스의 관습주의를 생각 나게 한다. 그리고 이러한 관찰을 통해 결국 플라톤은 우리가 생각하는 것보다는 관습주의에 가깝다는 것이 드러난다. 존경받는 관습주의자인 프로타고라스가 적어도 우리가 제정하는 법률은 신적인 영감의 도움으로 만드는 것이라고 믿었던 반면, 플라톤은 종교적 신념까지도 '관습에 의해서' 받아들이려고 한다.(종교적 신념이란 단지 하나의 날조일 뿐이라고 시인하는 그의 솔직성은 인정해야 한다.) 플라톤을 소피스트들의 파괴적인 관습주의에 대항해서 싸웠다고 찬양하고, 궁극적으로는 종교에 근거한 정신적 자연주의를 정립했다고 찬미하는 플라톤 해설가들이,[16] 그가 종교의 궁극적 근거를 관습에 두었다는 것을, 혹은 차라리 허구에 두었다는 것을 어째서 책망하지 못하는지 이해하기 어렵다. 사실상 종교에 대한 플라톤의 태도는 그의 '어용 거짓말'에서 드러난 바와 같이 펠로폰네소스 전쟁 이후에 아테네에 불명예스러운 피의 왕국을 세운 30인 참주 중의 뛰어난 지도자였던, 그가 가장 사랑하던 삼촌 크리티아스의 태도와 실제적으로 동일하다. 시인이기도 했던 크리티아스는 선전용 거짓을 제일 처음으로 찬미한 자이다. 그는 그의 꾸민 거짓말을 국민을 '설득하기' 위해, 즉 그들이 복종하도록 위협하기 위해 종교를 꾸며낸 현명하고 노회한 자에게 보내는 강렬한 찬사의 시구절로 나타내었다.[17]

그때, 현명하고 노회한 사람이 온 것 같았다.
신에 대한 공포를 처음 만든 자…….
그는 한 이야기, 아주 현혹적인 이론을 꾸몄으니
거짓의 장막으로 진리를 감춘다.
그는 무서운 신이 있는 곳을 말했다.
회전하는 천공 위, 뇌성이 포효하고
무서운 번갯불이 눈을 멀게 하는 곳…….
그리하여 그는 사람들을 공포의 사슬로 묶고
높은 곳에 있는 신들로 그들을 에워쌌다.
그는 주문으로 그들을 매혹시키고 위압했다.
그리하여 무법은 법과 질서로 바뀌었다.

크리티아스의 관점으로는 종교란 위대하고 영민한 정치가의 고상한 거짓말 외에는 아무것도 아니다. 『국가』에서 플라톤이 신화란 거짓말이라고 솔직하게 인정하면서 신화를 소개하는 데서나, 가식을 꾸미고 신을 만들어내는 것은 "위대한 사상가의 일"[18]이라고 말하는 『법률』에서의 플라톤의 견해도 놀랄 만큼 이와 흡사하다. 그러나 이것이 플라톤의 종교적인 태도에 대한 사실 전부인가? 이런 영역에서 그는 단지 기회주의적일 뿐이었던가? 그의 초기 작품이 갖고 있는 매우 다른 정신은 단지 소크라테스적일 뿐인가? 비록 나는 직관적으로 그의 후기 저서에도 때로는 보다 순수한 종교적 감정이 나타나 있다고 느끼지만, 이런 질문을 명확히 해결해 낼 방법은 물론 아무것도 없다. 그러나 플라톤이 종교적 문제를 정치와 관련지어 생각할 때는, 그의 정치적 기회주의가 다른 모든 감정을 밀어내 버린다고 나는 믿는다. 그리하여 『법률』에서 플라톤은 정직하고 명예로운 국민이라 할지라도[19] 신에 대한 그들의 의견이 국가가 생각하는 바와 빗나갈 때는 가장 무거운 형벌로 다스리기를 요구한다. 그들의 영혼은 종교 심판가들의 야간회의에서 처리될 것이고,[20] 그들이 잘못을 고치지 않거나 반복할 경우, 그들의 불경죄는 죽음을 의미하는 것이다. 플라톤은 소크라테스가 바로 그런 죄목으로 희생되었다는 것을 잊었던 것일까?

이런 요구를 내세우게 하는 것은 종교적 신념 자체에 대한 관심보다는 주로 국가에 대한 관심이라는 것이 플라톤의 중심적인 종교원리에 의해 제시된다. 플라톤은 『법률』에서, 신들은 선과 악 사이의 투쟁, 즉 집단주의와 개인주의 간의 투쟁으로 설명되는 투쟁에서 악의 편에 선 자들을 전부 엄중히 처벌한다고 가르치고 있다.[21] 그리고 그의 주장에 따르면, 신들은 단순한 방관자들이 아니라, 인간에 대해 능동적 관심을 갖고 있다. 신들을 달래는 것은 불가능하다. 기도를 하거나 희생을 바친다 해도 신들의 마음을 움직여 처벌을 면제받을 수는 없다.[22] 이 교훈 뒤에 숨은 정치적 관심은 분명하다. 국가는 이런 정치, 종교적인 교의의 모든 부분에 대한 의심을, 특히 신들은 결코 처벌을 면제해 주지 않는다는 원리에 대한 의심을 모두 억압해야 한다는 플라톤의 요구에 의해서 이것은 더욱 명백해진다.

플라톤의 기회주의와 거짓말에 대한 이론은, 물론 그가 이야기하는 바를 해석하기 곤란하게 만들고 있다. 그는 자신의 정의의 이론을 어느 정도나 믿었던가? 그가 설교한 종교적 원리의 진리를 그 자신은 어느 정도나 믿었던가? 그가 다른 (열등한) 무신론자들의 처벌을 요구했음에도 불구하고, 혹시 그 자신이 무신론자는 아니었던가? 이런 질문들에 대한 명확한 대답을 기대할 수는 없지만, 적어도 이와 같이 의심스러운 경우에 플라톤에게 유리한 쪽으로 해석하지 않는다는 것은 어렵기도 하며, 방법론적으로도 근거 없는 것으로 믿어진다. 그리고 특히 모든 변화를 억제해야 하는 긴박한 필요성이 있다는 그의 신념의 근본적인 성실성은 거의 의문시될 수 없다고 생각한다.(이것은 10장에서 다시 논할 것이다.) 다른 한편으로 플라톤이 진리에 대한 소크라테스적인 사랑을 지배자계급의 통치는 강화되어야 한다는 보다 근본적인 원칙 아래에 두었다는 것은 의심할 수 없다.

그러나 플라톤의 진리에 대한 이론이 정의에 대한 이론보다 약간 덜 급진적이라는 점은 재미있는 일이다. 정의는 실제적으로는 그의 전체주의적인 국가 이익에 봉사하는 것으로 정의된다는 것을 보아왔다. 물론 진리의 개념도 똑같이 공리주의적이거나 실용주의적으로 정의하는 것이 가능할 것이다. 플라톤에 따르면 국가의 이익에 봉사하는 것은 무엇이든 믿어져야 하며, 그런고로 '진리'라고 불려야 하는 이상, 진리에 대한 다른 기준이란 없을 것이다. 신화가 진리라고 말할 수도 있을 것이다. 이론적으로는 유사한 단계가 헤겔의 실용주의적 후계자들에 의해 실제로 취해졌고, 실천적으로는 헤겔 자신과 그의 급진주의적 후계자들에 의해서 취해졌다. 그러나 플라톤은 그가 거짓말을 하고 있다는 것을 솔직히 인정하는 소크라테스적인 정신은 충분히 보유하고 있다. 나는 헤겔 학파가 취한 단계는 소크라테스의 어떤 동료에게서도 절대로 일어날 수 없는 것이었다고 생각한다.[23]

III 현자지배

플라톤의 최선국가의 '진리의 이념'이 수행한 역할은 이쯤으로 해두자. 그러나 플라톤의 정치강령이란 순전히 전체주의적이고, 또 역사주의에 근거한 것이라는 우리의 해석에 대한, 6장에서 제기된 반대들을 일소하고자 한다면, 정의와 진리를 떠나서 선과 미, 그리고 행복과 같은 약간 거리가 있는 이데아들을 계속 논의해야 한다. 이런 이데아들과 앞 장에서 부분적으로 논의되었던 지혜의 이데아에 대한 접근은, 진리의 이데아에 대한 논의에서 도달되었던 다소 부정적인 결과를 고려함으로써 이루어질 수 있을 것이다. 왜냐하면 이러한 결과는 다음과 같은 새로운 문제를 제기하기 때문이다. 플라톤이 철학자는 진리를 사랑하는 자라고 정의하고, 다른 한편으로는 왕은 '보다 용기 있고' 또 거짓말을 사용해야 된다고 주장하면서, 철학자가 왕이 되어야 한다든가, 왕이 철학자가 되어야 한다고 요구한 이유는 무엇인가?

이 물음에 대한 유일한 대답은 물론 플라톤이 '철학자'라는 말을 쓸 때, 실제로 그의 마음속으로는 다른 무엇을 생각하고 있었다는 것이다. 그리고 실제로 앞 장에서 플라톤이 말하는 철학자는 진실로 지혜를 추구하는 자가 아니라, 거만한 진리의 소유자라는 것을 보아왔다. 철학자는 학식 있는 자이며, 현인이다. 그러므로 플라톤이 요구하는 것은 학식의 지배, 즉 만약 그렇게 부를 수 있다면, 현자지배 sophocracy인 것이다. 이 주장을 이해하기 위해서는, 어떤 종류의 기능 때문에 플라톤 국가의 통치자는 지시이 소유자, 즉 그가 말하는 것처럼 "충분한 지격을 갖춘 철학자"여야만 하는가를 살펴보아야 한다. 고려되어야 할 기능들은 국가의 창건 foundation에 관계되는 것과 국가의 유지 preservation에 관계되는 두 개의 주된 집단으로 나누어질 수 있다.

Ⅳ 철학자와 선의 이데아

철인왕의 첫 번째 기능이며, 가장 중요한 기능은 국가의 창건자와 입법자로서의 기능이다. 플라톤이 왜 이 일에 철학자를 필요로 하였는지는 분명하다. 국가가 안정되려면, 그 국가는 마땅히 국가의 신성한 형상이나 이데아를 그대로 본뜬 것이어야 한다. 그러나 최고의 과학인 변증법에 아주 능통한 철학자만이 그 경건한 원형을 보고 본뜰 수 있다. 이 점은 플라톤이 철학자들의 주권을 논증하는 『국가』의 부분에서 상당히 강조되어 있다.[24] 철학자들은 "진리에 대한 인식을 사랑하며", 진정으로 사랑하는 자는 항상 단순한 부분들이 아닌 전체에 대한 인식을 사랑한다. 그러므로 철학자는 보통 사람들이 하듯이 감각적인 사물들과 그것들의 "아름다운 소리와 색깔과 모양"을 사랑하는 것이 아니라, "미의 진정한 본성을, 즉 미의 형상과 이데아를 알고 또 경탄하기"를 원한다. 이런 식으로 플라톤은 철학자라는 술어에 새로운 의미를 부여했다 In this way, Plato gives the term philosopher a new meaning. 즉 형상이나 이데아의 신성한 세계를 사랑하는 자, 투시하는 자라는 새로운 의미를 철학자라는 말에 부여한 것이다. 그러기에 철학자는 도덕적인 국가의 창건자가 될 수 있는 사람이다.[25] "신적인 것과 교류하는 철학자는 이상국가와 이상국민에 대한 그의 신성한 영상을 실현하고자 하는 충동에 압도될 수 있다."

그는 "신적인 것을 모형으로" 삼는 도안자나 화가와 같다. 단지 참된 철학자만이 그 원형을 볼 수 있고, "그들의 눈을 모형에서 그림으로, 그림에서 모형으로, 이쪽저쪽으로 돌려가며" 그 원형을 본뜰 수 있기 때문에, "국가의 기초안을 작성할 수 있는 자"란 참된 철학자뿐이다.

"정치체제를 그리는 화가"[26]로서의 철학자는 선과 지혜라는 빛의 도움을 받아야 한다. 이 두 이데아와 국가 설립자로서의 철학자의 기능에 대한 그 이데아들의 의미에 대해서 몇 마디 부연하겠다.

플라톤의 선의 이데아는 형상의 위계질서에서 가장 높은 것이다. 그것은 형상이나 이데아의 신성한 세계에서 태양에 해당되는 것으로, 모든 다른 이데아들에 빛을 발산할 뿐 아니라, 그들의 현존의 원천이기도 하다.[27] 또한 그것은 모든 지식과 진리의 원천이나 원인이기도 하다.[28] 그러므로 선을 통찰하고, 이해하고, 안다는 것은 변증론자에게는 필수적이다.[29] 선은 '형상' 세계의 태양이고 빛의 원천이기 때문에 그것은 철학자, 즉 화가로 하여금 그의 대상물을 분간할 수 있게 해준다. 그런고로 선의 기능은 창건자에게는 가장 중요한 것이다. 그러나 순전히 형식적이기만 한 이 정보가 우리가 알고 있는 전부이다. 플라톤의 선의 이데아가 보다 직접적인 윤리적 역할이나 정치적 역할을 한 곳은 아무 데도 없다. 선의 이데아에 의지하지 않고 그 계율이 도입된 잘 알려진 집단주의적 도덕률을 별도로 하면, 어떤 행위가 선하다든가 선을 낳는다는 것은 어느 곳에서도 찾아볼 수 없다. 선이 목적이며, 선은 모든 사람이 바라는 것이라는 언명들은[30] 우리의 정보에 보탬이 되지 않는다. 이 공허한 형식주의는 여전히 『필레보스』에서 더욱 부각되어 있으며, 그곳에서 선은 '적도'나 '중용'의 이데아와 동일시되어 있다.[31] 그리고 그의 유명한 강연 「선에 관해서 On the Good」에서 플라톤이 선을 "하나의 유일한 통일체로 생각되는, 형상들의 집합"이라고 정의함으로써, 교육받지 못한 청중을 실망시켰다는 것을 읽을 때, 나도 역시 그 실망한 청중에게 공감이 간다. 『국가』에서 플라톤은 자기가 의미하는 '선'이 무엇인지 설명할 수가 없다고 솔직하게 털어놓고 있다.[32] 우리가 이때까지 받은 유일한 실제적인 암시는 4장의 서두에 언급되어 있는 것뿐이다. 선은 존속하는 모든 것이고, 악은 부패하고 타락하는 모든 것이다.(그러나 '선'은 여기서는 '선의 이데아'라기보다는 사물들을 그 이데아에 닮게 만들어주는 사물들의 속성인 것 같다.) 따라서 선은 사물들의 변하지 않는 상태이며, 억제된 상태이다. 선은 정지하고 있는 사물의 상태인 것이다.

이것은 플라톤의 정치적 전체주의를 크게 넘어서는 것 같지 않다. 그리고 플라톤의 지혜의 이데아Idea of wisdom에 대한 분석에서도 우리는 똑같이 실망하게 된다. 지혜란 이때까지 보아왔듯이 플라톤에게서는 자기 자신의 한계에 대한 소크라테스적인 통찰을 의미하는 것이 아니다. 그것은 또한 대부분의 사람들이 기대하는 바와 같은 인간성과 인간사에 대한 따스한 관심이나 유익한 이해를 의미하는 것도 아니다. 높은 세계의 문제들에 깊이 몰두하는 플라톤의 현자들은 "인간사를 내려다볼 시간이 없다. 그들은 질서 잡힌 것들과 표준에 맞는 것들을 쳐다보며, 그것들에 악착같이 달라붙는다." 인간을 현명하게 해주는 것은 바로 올바른 종류의 학문이다. "철학적 본성은 영원히 존재하며 생성이나 파괴에 괴로워하지 않는 실재를 나타내 주는 그런 종류의 학문에 대한 사랑이다." 플라톤이 지혜를 논하는 방법도 변화를 억제해야 한다는 그의 이상을 넘어서는 것 같지 않다.

V 왜 철인왕이 요구되는가

국가 창건의 기능에 대한 분석이 플라톤의 이론에서 어떤 새로운 윤리적 요소를 밝혀내지는 못했다 해도, 그것은 국가 창건자가 철학자여야 한다는 데는 명확한 이유가 있음을 보여주었다. 그러나 이것은 철학자가 영구히 지배해야 한다는 요구를 완벽하게 정당화하지는 못한다. 그것은 단지 어째서 철학자가 최초의 입법자가 되어야 하는지를 설명할 뿐이지 특히 후세의 어느 통치자도 변화를 초래해서는 안 되기 때문에 철학자가 영구한 통치자로서 요구되어야 한다는 이유를 설명하지는 못한다. 그러므로 철학자가 지배해야 한다는 요구를 완벽하게 정당화하기 위해서, 우리는 국가 유지와 관계되는 과업들을 분석해 나가야 할 것이다.

우리는 플라톤의 사회학적 이론으로부터, 일단 창건된 국가는 지배계급의 단합에 금이 가지 않는 한 안정되게 존속해 나갈 것이라는 점을 알고 있다. 그러므로 그 계급의 양육이 위대한 주권 보존의 기능이며, 또한 국가가 존재하는 한 계속되어야만 하는 기능이다. 그것은 철학자가 통치해야 한다는 주장을 어느 정도나 정당화하고 있는가? 이 물음에 대답하기 위해, 우리는 다시 이 기능을 두 가지의 다른 활동, 즉 교육에 대한 감독과 우생학적 생식에 대한 감독으로 구별한다.

교육의 관리자가 왜 철학자여야 하는가? 국가와 국가의 교육제도가 일단 성립된 후, 경력 있는 장군이나 군인에게 그 일을 맡기는 것은 어째서 충분치 못한가? 교육제도는 군인뿐 아니라 철학자도 배출해야만 하기 때문에, 군인과 마찬가지로 철학자도 감독자로서 필요하다는 대답은 분명 만족스럽지 못하다. 왜냐하면 만약 아무 철학자도 교육 감독자로서, 그리고 영구한 지도자로서 필요 없다면, 교육제도는 새로운 철학자들을 배출할 필요가 없을 것이기 때문이다. 교육제도의 요구 자체는 플라톤의 국가가 철학자를 필요로 하는 것이나, 통치자는 철학자여야만 한다는 요청을 정당화할 수 없는 것이다. 물론 플라톤의 교육이 국가의 이익을 높이기 위한 목적을 떠나, 예컨대 철학적 능력 자체를 계발하려는 것과 같은 개인주의적인 목적을 갖는 것이라면, 사정은 달라질 것이다. 그러나 앞 절에서 본 것처럼, 플라톤이 독자적 생각 같은 것을 허용하는 데에 얼마나 경악하던가를 생각하면,[33] 그리고 이제 이 철학적 교육의 이론적인 목표가 궁극적으로는 단지 '선의 이데아에 대한 지식' —— 이 이데아에 대한 분명한 설명은 불가능하다 —— 이라는 것을 생각하면, 이것 역시 설명이 될 수 없다는 것을 알게 된다. 그리고 4장에서 플라톤이 또한 아테네의 '음악'교육에도 제한을 가할 것을 요구했던 것을 기억한다면, 이런 인상은 더 강해질 것이다. 플라톤이 지배자의 철학적 교육에 부여한 최대의 중요성은 다른 이유, 순전히 정치적인 이유들로 설명되어야 한다.

그 주된 이유는 지배자의 권위를 최고도로 증대시킬 필요성이었다고 생각된다. 만약 보조자 교육이 적절하게 이루어진다면 무수히 많은 우수한 군인들이 배출될 것이다. 그러므로 뛰어난 군인집단은 도전받지 않는, 그리고 도전받을 수 없는 권위를 확립하는 데는 적합하지 않을지도 모른다. 그런 권위는 보다 높은 자격에 바탕을 두어야 한다. 플라톤은 그 지도자들에게 부여한 초자연적이고 신비로운 힘에 권위의 바탕을 두었다. 지도자들은 보통 사람과는 다르다. 그들은 다른 세계에 속하며 신적인 것과 교류하는 자들이다. 그리하여 철인왕은 헤라클레이토스와 연관해서 언급한 바 있는 제도인, 부족적 사제-왕을 부분적으로 본뜬 것으로 보여진다.(부족적 사제-왕이나 마술사, 또는 무당의 제도는 놀라울 만큼 소박한 부족적 금기를 갖고 있던 고대 피타고라스 종파에게도 영향을 미친 듯하다. 분명 그들 대부분은 플라톤 이전에 이미 죽었지만, 그들의 권위가 초자연적인 것에 기초하고 있다는 피타고라스 학파의 주장은 남아 있다.) 그러므로 플라톤의 철학적 교육은 명확한 정치적 기능을 갖는다. 그것은 지배자에게 어떤 표시를 붙여주는 것이며, 지배자와 피지배자 사이에 장벽을 쌓는 것이다 It puts a mark on the rulers, and it establishes a barrier between the rulers and the ruled.(이것은 우리 시대에까지 '고등'교육의 주기능으로 남아 있다.) 플라톤적 지혜는 영구한 정치적 계급지배를 확립하기 위해 주로 습득되는 것이다. 플라톤적 지혜는 그것을 소유한 자, 즉 마술사에게 신비로운 힘을 부여하는 정치적 '의술'이라고 표현할 수 있다.[34]

그러나 이것은 국가에서 철학자의 기능에 대한 우리의 질문에 충분한 대답이 될 수 없다. 오히려 그것은 왜 철학자가 필요한가 하는 질문이 바뀌어버렸다는 것을 의미하며, 우리는 이제 무당이나 마술사의 실제적인 정치적 기능에 관해 그와 비슷한 질문을 던져야 한다는 것을 의미한다. 플라톤이 특수화된 철학적 훈련을 고안했을 때, 그는 어떤 분명한 목적을 갖고 있었음이 확실하다. 우리는 당대의 입법자가 갖는 기능과 비슷한, 통치자가 갖는 영구한 기능을 밝혀야 한다. 그런 기능을 밝혀줄 유일한 희망은 지배계급의 생식 분야에 있는 것 같다.

VI 축산왕으로서의 철인왕

왜 철학자가 영구한 통치자로서 필요한가 하는 것을 알아보는 최선의 방법은 다음과 같은 질문을 던져보는 것이다. 플라톤에 따른다면, 철학자가 영구히 통치하지 않는 국가에는 어떤 일이 일어날 것인가? 플라톤은 이 질문에 명확한 대답을 하고 있다. 만약 국가의 수호자들이 심지어 아주 완벽한 국가의 수호자들이라 할지라도 피타고라스적인 지식이나 플라톤적인 수를 모른다면, 수호자 종족들과 그 국가는 파멸하고 말 것이다.

이렇게 하여 인종주의는 플라톤의 정치강령에서 우리가 처음 기대했던 것보다 더욱 중추적인 부분을 차지한다. 플라톤적인 종족의 수나 혼인의 수는 그의 기술사회학의 배경과 (애덤이 지적한 것처럼) "플라톤의 역사철학이 전개하는 배경을 이루고 있으며", 그것은 또한 플라톤이 철학자의 지고한 권리를 정치적으로 요구하는 배경을 이루기도 한다. 4장에서 플라톤 국가의 목축업자나 축산가들의 배경에 대해 이야기했으므로, 플라톤이 말하는 왕 king이란 축산왕이란 것을 짐작할 것이다. 그러나 플라톤의 철학자 philosopher란 철학적 축산가임이 밝혀진 때, 아직도 일부 사람들은 놀랄 것이다. 과학적, 수리적-변증법적, 철학적인 사육의 필요성은 철학자의 주권에 대한 논증의 하나이다.

4장에서는 감시자를 순수하게 키워내는 문제가 『국가』의 앞부분에서 얼마나 강조되고 세밀히 검토되었는지를 보아왔다. 그러나 어째서 진실되고 완벽한 자질을 갖춘 철학자만이 능숙하고 성공적인 정치적 사육가가 되어야 하는지에 대해서는 아직도 어떤 그럴듯한 이유를 찾아내지 못했다. 그렇지만 모든 개나 말 또는 새 사육가들이 알고 있듯이, 합리적인 사육은 어떤 정형과 노력해 나갈 목표 및 교배와 선택의 방법에 의해 접근해 가려는 이상이 없이는 불가능하다. 그런 기준이 없으면 사육가는 어떤 소산이 '충분히 좋은' 것인지 분간할 수가 없으며, '좋은 자손'과 '나쁜 자손'과의 차이를 말할 수도 없다. 그러나 이 기준은 플라톤이 사육하고자 했던 종족에 대한 플라톤적 이데아에 그대로 상응하는 것이다.

플라톤에 의하면 참된 철학자인 변증론자만이 국가의 신성한 원형을 볼 수 있듯이, 신성한 다른 원형, 인간의 형상이나 이데아를 알아낼 수 있는 사람은 단지 변증론자뿐이다. 그만이 이 모형의 본을 떠낼 수 있으며, 그것을 하늘에서 지상으로 내려오게 할 수 있고,[35] 이 땅에서 실현시킬 수 있는 것이다. 이런 인간의 이데아는 왕자의 이데아이다. 일부에서 생각하고 있듯이, 그것은 모든 사람에게 공통되는 것을 나타내는 것이 아니며, '인간'이라는 보편적인 개념이 아니다. 그것은 차라리 인간의 신격화된 원형, 변하지 않는 초인간이다. 그것은 초그리스인이며 초주인이다. 플라톤이 "가장 영구적이고, 가장 남성다우며, 가능한 한계 내에서 가장 아름답게 만들어진 인간의 종족, 즉 고귀하게 태어나며, 경외감을 일으키게 하는 성격의 종족"[36]으로 기술한 것을 철학자는 지상에 실현시키려고 해야 한다. 그것은 "완벽한 아름다움으로 조형된, 신성한 것이거나 신과 닮은"[37] 남녀종족, 본래부터 왕이나 지배자로 정해진 군주종족일 것이다.

우리는 철인왕의 근본적인 두 가지 기능이 유사하다는 것을 알 수 있다. 철인왕은 국가의 신성한 원형을 본떠야 하고, 또 인간의 신성한 원형을 본떠야 한다. 철인왕은 "국가에서와 마찬가지로 개인에게서도 자신의 신성한 영상을 실현할" 수 있고, 또 실현할 충동을 가진 유일한 인물이다.[38]

이제 우리는 플라톤이 동물사육의 원칙들을 인간종족에게도 적용해야 한다고 처음으로 주장하던 바로 그곳에서, 지배자들에게는 보통 이상의 우수성이 필요하다고 처음으로 암시한 이유를 이해할 수 있다. 플라톤은 동물사육에 최대한 신경을 써야 한다고 이야기한다. "이런 식으로 기르지 않으면, 자네의 새나 개 족속들이 곧 멸망해 버릴 거라고 생각 않는가?" 이것으로부터 인간도 그렇게 조심스럽게 사육되어야 한다는 것을 추론하면서 '소크라테스'는 외친다. "맙소사!……똑같은 원칙들이 인간종족에도 적용된다면, 지배자들에게 얼마나 월등한 우수성을 요구해야만 한단 말인가!"[39] 이런 외침은 의미심장하다. 그것은 지배자들이 그들 자신의 지위와 훈련으로 '탁월하게 우수한' 계급을 형성할 수도 있다는 최초의 암시 중 하나이며, 그리하여 지배자는 철학자가 되어야 한다는 요구가 나오게 만드는 것이다. 그러나 그 말이 거짓과 허위를 자행하는 것이 인간종족을 치료하는 의사로서의 지배자의 의무라는 플라톤의 요구와 직접 연결되는 한에서 그 의미는 더욱 깊어진다. 플라톤의 주장에 따르면 "목자들이 최고의 완전한 경지에 도달하자면" 거짓말은 필요한 것이다. 왜냐하면 "만약 우리가 정말로 수호자인 목자집단을 분열시키고 싶지 않다면, 지배자 외에는 어느 누구에게도 비밀에 붙여야 할 협정"이 필요하기 때문이다. 실제로 지배자들에게 거짓말을 일종의 약처럼 꾸며대는 보다 큰 용기를 가지라는 (앞서 인용한) 호소는 이런 맥락에서 나온 것이다. 그것은 독자들에게 플라톤이 특히 중요시한 그다음 요구를 준비시킨다. 플라톤의 주장에 따르면[40] 지배자들은 젊은 보조자들의 짝을 맞추어주기 위해 "교묘한 제비뽑기 제도를 만들어내야 히며, 그래서 그 결합에 실망한 사람들이 비밀리에 그 제비를 조작한 통치자를 원망하지 않고 자신의 나쁜 운수 탓으로 돌리게 해야 한다." 그리고 책임을 회피하는 이런 비열한 고안(그런 말을 소크라테스의 입에 담게 함으로써 플라톤은 그의 위대한 스승을 모욕하고 있다.)을 논의한 뒤 곧이어 '소크라테스'는 이런 제의를 하고 있다.[41] 글라우콘이 이 제의를 곧 받아들여 정교하게 가다듬었으므로, 글라우콘의 포고 Glauconic Edict라고 우리가 불러도 좋을 것이다. 내가 의미하는 것은 전쟁 기간 동안에는 남녀를 막론하고 누구든 용감한 자가 원하는 대로 섹스에 응해야 할 의무를 부과하는 야만적 법률이다.[42] "전쟁이 계속되는 한……아무도 그에게 '안 된다'라는 말은 할 수 없다. 따라서 어떤 군인이 여자든 남자든 어느 누구와 사랑을 맺고 싶어 한다면, 이 법률은 그를 용전상을 차지할 만큼의 더욱더 열성적인 인물로 만들어버릴 것이다." 그것에 의해 국가는──그것은 신중하게 지적된다──두 가지 서로 다른 이익을 얻게 될 것이다. 즉 자극 덕분으로 더욱 많은 영웅을 얻게 되고, 영웅에게서 태어난 보다 많아진 아이들 덕분에 또 더 많은 영웅을 얻게 될 것이다.(후자의 이익은 장구한 종족 정책의 관점에서 가장 중요시되었던 이익으로, '소크라테스'의 입을 통해 표현되고 있다.)

VII 철인왕은 플라톤 자신이다

이런 종류의 사육을 위해서 특별한 철학적 훈련이 요구되는 것은 아니다. 그러나 철학적 사육은 퇴보의 위험을 대처하는 데서 그 주된 역할을 한다. 이런 위험들에 대처하기 위해 순수수학(입체기하학을 포함해서),

순수천문학, 순수화성악으로 훈련되고, 그리고 모든 학문의 왕자인 변증법의 훈련을 받은, 완벽하게 자질을 구비한 철학자가 필요하다. 플라톤적인 수의 비밀을, 수학적인 우생학의 비밀을 아는 자만이 몰락 이전에 즐겼던 행복을 사람들에게 되돌려 줄 수 있고, 또 사람들을 위해 존속시킬 수 있다.[43] 글라우콘의 포고가 나온 다음(그리고 플라톤에 따르면 주인과 노예에 해당하는, 그리스인과 야만인 사이의 자연적인 구별을 처리하는 막간이 있은 후) 플라톤이 그의 핵심적이고 가장 이목을 끄는 정치적 요구로서 이야기한 철인왕의 주권에 관한 이론이 선언될 때, 이 모든 것들을 명심해야 한다. 플라톤의 가르침에 따르면, 이러한 요구만이 사회생활의 악을 종식시킬 수 있다. 즉 이러한 요구만이 정치적 불안정 political instability과 같은 국가 안에서 만연하는 악을 종식시킬 수 있고, 이 악의 보다 근원적 원인인 종족퇴화 racial degeneration와 같은 종족 구성원 상호 간에 만연하는 악도 종식시킬 수가 있는 것이다. 다음이 그 이야기이다.[44]

"이제 앞서 내가 가장 큰 파도에 비유했던 그 주제로 뛰어 들어가려고 하네. 그것이 조소의 바다로 나를 몰아댈 것 같지만, 그러나 어쨌든 하기로 하겠네. 정말 이 파도가 조소와 경멸의 소용돌이로 나를 휩쓸어 버릴 것도 같지만……." 하고 소크라테스는 말한다. "말씀하시지요." 글라우콘이 말한다. "철학자들이 각국의 왕이 되지 않는 한, 혹은 오늘날 왕이나 통치자라고 불리는 자들이 진실되고 아주 훌륭한 철학자가 되지 않는 한, 그리고 이 두 가지가, 즉 정치적 권력과 철학이 합쳐지지 않는다면(오늘날 자연적 성품에 따라 이들 가운데 하나만을 추구하는 많은 사람들을 강제로 억압하고 있지만) 여보게 글라우콘, 그렇게 되지 않으면 안정은 있을 수 없을걸세. 또 그 나라에는 재앙이 그칠 날이 없을 거고, 마찬가지로 인류에게도 재앙이 그칠 날이 없을 거라고 믿네."(여기에 대해 칸트는 현명하게 답하고 있다. "왕이 철학자가 되어야 한다거나, 철학자가 왕이 되어야 한다는 것은 있음 직하지도 않으며, 바람직하지도 않다. 왜냐하면 권력의 소유는 이성의 자유로운 판단을 반드시 저하시키기 때문이다. 그러나 왕이나 왕과 같이 자기 스스로 지배하는 사람들은 철학자를 억압해서는 안 되며 not suppress, 그들에게 공개적인 발표의 권리를 반드시 주어야만 한다."[45]

플라톤의 이 중요한 구절은 책 전체의 관건이라고 할 수 있을 것이다. 그 마지막 문장, "마찬가지로 인류에게도 재앙이 그칠 날이 없을 거라고 믿네."는 여기서는 비교적 별로 중요하지 않은 뒷말이라고 생각된다. 그러나 그것에 관해 언급할 필요가 있다. 왜냐하면 플라톤을 우상화하는 습관은 플라톤이 여기서 그의 구원의 언약을 국가의 범위에서 '전체 인류'의 범위로 확대하면서 '인류'에 대해 이야기하고 있다고 해석해 왔기 때문이다.[46] 이런 연관에서는 국가나 인종, 계급의 구별을 넘어서는 어떤 것으로서의 '인류'에 대한 윤리적 범주는 플라톤에게는 전혀 어울리지 않는다고 해야 할 것이다. 사실상 우리는 평등주의적 신조에 대한 플라톤의 적의를, 그리고 소크라테스의 옛 제자이며 친구였던 안티스테네스에 대한 그의 태도에서 나타난 적의를 충분히 입증할 수 있다.[47] 안티스테네스도 알키다마스와 리코프론과 같이 고르기아스 학파에 속하였다. 그의 평등주의 이론들은 모든 인간의 형제애와 만방 제국의 형제애의 원리에 까지 확대된 것 같다.[48] 이 신조는 플라톤의 『국가』에서, 그리스인과 야만인은 주인과 노예의 자연적 불평등같이 본래적으로 같지 않다는 이론에 의해서 공격된다. 그리고 이 공격은 우연히도 우리가 여기서 고찰하고 있는 핵심적인 구절 바로 앞에서 시작된다.[49] 이런 이유들과 다른 여러 이유들로 해서,[50] 인간종족에 만연하는 악에 관해서 말할 때, 플라톤은 그의 독자들에게는 너무나 친숙한 이론, 즉 국가의 안녕은 궁극적으로는 지배계급의 구성원들의 '본성'에 달려 있으며, 그들의 본성과 그들 종족이나 자손의 본성은 다시 개인주의적 교육의 악에 의해 그리고 그보다 더 심각하게는 종족적 타락에 의해 위협받는다는 이론을 암시하고 있다. 신성한 안정과 변화와 쇠퇴의 악 사이의 대립을 분명하게 시사하는

플라톤의 언급은 수와 인간의 몰락의 이야기를 예시한다.[51]

플라톤이 자신의 가장 중요한 정치적 요구를 선언한 이 핵심적 구절에서 그의 인종주의를 시사한 것은 매우 적절한 것이었다. 왜냐하면 우생학에 필요불가결한 그 모든 과학을 연구한 "진실되고 충분한 자질을 갖춘 철학자"가 없으면, 국가는 멸망하기 때문이다. 수와 인간의 몰락이라는 이야기 속에서 플라톤은 타락한 수호자들이 저지르는 첫 번째 치명적인 태만죄 중 하나가 우생학에, 즉 종족의 순수성을 지키고 식별하는 일에 관심을 갖지 않는 것이라고 이야기하고 있다. "이렇게 해서 통치자들은 수호자로서의 일, 즉 금, 은, 동, 철이라는 종족의(헤시오도스의 종족이며 또한 자네들의 종족인) 금속을 지키고 식별해 내는 일에 영 신통치 못하다는 낙인이 찍힐 거야."[52]

이 모든 것을 초래하는 것은 바로 신비스러운 혼인의 '숫자'에 대한 무지이다. 그러나 그 '수'는 의심할 여지 없이 플라톤 자신이 만들어낸 것이다.(그것은 순수화성학을 전제하며, 이것은 다시 『국가』가 쓰인 그 당시의 새로운 과학이었던 입체기하학을 전제한다.) 이리하여 우리는 진정한 수호자의 자격에 대한 비밀을 알고 또 그 열쇠를 쥐고 있는 사람은 플라톤 자신뿐임을 알게 된다. 그러나 이것은 단지 한 가지 사실만을 의미할 뿐이다. 철인왕은 플라톤 자신이며, 『국가』는 플라톤 자신의 왕권에 대한 요구이다. 플라톤은 철학자로서의 요구와, 순교자 코드로스의 합법적인 후계자로서의 요구를 모두 자신 속에 통일시켜, 권력은 마땅히 자기가 차지해야 한다고 생각했던 것이다. 플라톤에 따르면 순교자 코드로스는 아테테의 마지막 왕으로, "자기 자식들을 위해 왕국을 보전하려다" 스스로 희생된 인물이다.

일단 이런 결론에 도달하자, 그렇지 않았으면 관계도 없었을 여러 가지 것들이 연관되기 시작하고 또 분명해진다. 예컨대 그 당대의 문제들과 인물들에 대한 암시로 가득 찬 플라톤의 작품이 그 저자에게는 이론적인 논문이라기보다는 현실적인 정치선언서였다는 것은 거의 의심의 여지가 없다. 테일러에 의하면, "우리는 플라톤에 대해 위험천만한 잘못을 저지르고 있다. 만약 『국가』가 단순히 정부에 대한 이론적 토론을 집대성한 것이 아니라……아테네인들……에 의해 제창되었던 실제적인 개혁을 위한 신중한 설계라는 것을 잊어버린다면, 셸리 Shelley처럼 세계를 개혁하고자 하는 정열에 감격할 것이다."[53] 이것은 분명 옳은 이야기이다. 그리고 이런 점만으로도, 플라톤이 철인왕에 대해 쓰면서 그 당시의 몇몇 철학자들을 분명 생각하고 있었다는 결론을 내릴 수 있다. 그러나 『국가』가 쓰인 그 당시에 철학자라고 할 수 있는 저명인사는 단 세 사람, 안티스테네스와 이소크라테스 그리고 플라톤 자신뿐이었다. 이 점을 염두에 두고 『국가』를 읽어나가면, 철인왕의 특성을 논하는 데서——플라톤에 의해서 분명히 계획된——개인적 암시를 포함하는 긴 구절이 있음을 단번에 알게 될 것이다. 그 구절은 유명한 인물이던 알키비아데스를 분명히 암시하는 것으로 시작해서[54] 어떤 이름(테아게스의 이름)을 공개적으로 언급하고, '소크라테스'를 자기 자신에 빗대면서 끝난다.[55] 그것은 결국 본질적으로 철인왕의 자리에 오를 만한 진정한 철학자란 단지 극소수에 불과하다는 것을 의미한다. 귀족 출신인 알키비아데스가 바로 그런 유형이었는데, 소크라테스가 도와주고자 했음에도 그는 철학을 내팽개쳤다. 내팽개쳐지고 내버려진 철학은 아무 쓸모 없는 청원자들에 의해 그 가치가 주장되었다. 드디어는 "몇몇 소수의 사람들만이 철학과 연관 지을 만한 가치가 있게 된다." 우리가 도달한 관점에서 보면, '아무 쓸모 없는 청원자들'이란 안티스테네스나 이소크라테스 및 그들 학파라고(그리고 그들은 플라톤이 철인왕을 논하는 핵심적 구절에서 말한 것처럼, "강제로라도 억압당해야" 하는 바로 그 사람들이다.) 생각된다. 그리고 사실상 이런 추측을 확증해 주는 몇 가지 별개의 증거가 있다.[56] 이와 비슷하게, '가치 있는 몇몇 소수'는 플라톤과 어쩌면 그의 친구 몇몇(아마도 디온)을 포함한다고 할 수 있다. 사실 이 구절을 계속 읽어가면, 플라톤이 여기서 그 자신에 관해 이야기하고 있다는 것은 거의 확실하다. "이런 소수의 사람들에 속하는 그는, 대중의 광기와 모든 공공사들의 일반적 타락을 알 수가 있네. 철학자는……맹수의 우리 속에 들어간 사람과 같네. 그는 대중의 부정에 한몫 들지도 못하고, 야만인들에게 둘러싸여 있기 때문에 혼자서 만인의 광포에 대항하여 맞설 만한 힘도 없지. 그는 국가나 친구들에게 어떤 유익한 일을 하기 전에 죽음을 맞게 될 거야. 이런 모든 점을 심사숙고한 끝에 그는 조용하게 자기의 일만을 하며 평화롭게 살아가는 거지."[57] 이런 씁쓸하고 가장 소크라테스적이지 않은 발언에 표현된 강렬한 울분은 그 말들이 분명히 플라톤 자신에 대한 이야기라는 것을 나타낸다.[58] 그러나 이 개인적인 고백을 충분히 평가하기 위해, 그것을 다음과 같은 구절과 비교해 보아야 한다. "노련한 항해사가 서투른 선원들에게 자기의 지배를 따르라고 애걸한다든가, 현자가 부자의 문을 두드린다는 것은 있을 수 없는 일이지.……그러나 부자건 가난한 사람이건 병에 걸리면 병원 문을 두드려야 하는 게 참되고 자연스러운 노릇이야. 마찬가지로 지배를 받을 필요가 있는 사람은 지배할 능력이 있는 자의 문을 두드려야 하는 거야. 뭔가 능력 있는 통치자라면 결코 피통치자들에게 자기의 지배를 받아달라고 애걸하지는 않지." 이 말에서 그 대단한 개인적 오만을 놓칠 사람이 누가 있겠는가? 플라톤은 말한다. "여기 너의 본래의 지배자, 어떻게 지배할지를 알고 있는 철인왕, 내가 있다. 나를 원한다면 네가 찾아야 한다. 그리고 꼭 원한다면 너의 지배자가 되어줄 수도 있지. 그러나 내가 애걸하면서 찾아가진 않겠네."
라고.

플라톤은 그들이 찾아오리라고 믿었던가? 많은 문학적 걸작들처럼, 『국가』도 그 저자가 성공하리라는 흥분되고 넘칠 듯하던 희망이 절망이라는 종결로 교차되는 것을 경험한 흔적을 보여준다.[59] 적어도 가끔씩 플라톤은 그들이 찾아오기를, 자기 작품의 성공과 자신의 지혜의 명성이 그들을 오게 할 것으로 희망했다. 그때 다시 그는 그들이 격렬한 공격에 선동될 뿐이라는 것을, 그가 그 자신에게 갖다줄 수 있는 모든 것은 "조소와 비방의 소용돌이", 어쩌면 죽음이라는 것을 깨달았다.

플라톤은 야심적이었던가? 그는 별을 따고자 했고, 신과 같은 것에 도달하고자 했다. 나는 때때로 플라톤에 대한 열광의 일부는 그가 수많은 신비의 꿈을 표현해 준 사실 때문이 아닌가 하는 생각이 든다.[60] 심지어 플라톤이 야심을 갖지 말라고 강조하는 대목에서도, 우리는 그가 야심에 사로잡혀 있다는 것을 느끼지 않을 수 없다. 플라톤의 주장에 따르면 철학자는 야심적이어서는 안 된다.[61] 그는 비록 "지배해야 하는 운명에 놓여 있지만, 지배하고자 열망해서는 안 된다." 그러나 그 이유는 그의 지위가 너무 높기 때문이다. 신적인 것과 교류하던 철학자는 국가의 이익을 위해 스스로를 희생해 가면서, 그의 높은 위치에서 아래 인간세계로 강림할 수도 있다. 그는 애써 내려가고자 하진 않지만, 자연적인 지배자요 구세주로서 그럴 태세는 갖추고 있다. 가련한 인간들은 그를 필요로 한다. 그가 없다면 국가는 멸망하고 말 것이다. 왜냐하면 그만이 국가를 보존하는 비밀, 몰락을 저지하는 비밀을 알고 있기 때문이다.

나는 철인왕의 주권 이론의 배후에는 권력에의 추구가 있다는 사실을 우리가 직시해야 한다고 생각한다. 주권자에 대한 그 아름다운 초상은 하나의 자화상이다. 이것을 알아챈 충격이 가시고 나면, 경외를 일으키는 초상을 새롭게 쳐다보게 될 것이다. 그리고 소크라테스의 반어법을 약간

체득해서 우리 스스로가 억세진다면, 그것을 그렇게 무서운 것으로 보지는 않을 것이다. 우리는 그것의 인간적인, 참으로 너무나 인간적인 모습을 식별하기 시작할 것이다. 심지어는 최초의 철학적 왕관 대신에 최초의 철학교수직을 차지하는 것으로 만족해야 했던 플라톤에 대해서, 그의 꿈을, 즉 자신의 상상에 따라 펼쳤던 왕자적 이데아를 결코 실현하지 못했던 플라톤에 대해서 어느 정도 측은감마저 느낄 수 있을 것이다. 우리가 반어법의 체득으로 단련된다면, 플라톤의 이야기 속에는 서글프게도 『못난 닥스훈트 the Ugly Dachshund』에 등장하는 그레이트데인종(種)의 큰 개 '토노'의 이야기인, 플라톤주의에 대한 악의 없고 무의식적인 작은 풍자와 유사한 점이 있다는 것까지도 알아낼 것이다. 토노는 자신의 모습을 본 후 '큰 개'라는 그의 왕자적 이데아를 구상하였다.(그러나 다행히도 그는 결국에는 그 자신이 '큰 개'라는 것을 안다.)[62]

이 철인왕의 이데아는 인간의 왜소함에 대한 그 얼마나 기념비적인 것인가. 정치가에게 자신의 권력과 우월과 지혜로 인해 현혹되는 위험을 경고하고, 또 우리 모두가 연약한 인간 존재라는 가장 중대한 사실을 그에게 가르치고자 했던 소크라테스의 소박함과 인간다움을 비교해 볼 때, 그것은 얼마나 대조적인가. 이 풍자와 이성과 진실의 세계에서 마술적인 힘으로 일반인의 위에 —— 거짓을 이용하지 않아도 될 만큼 높지도 않고, 혹은 동포들의 위에 군림하는 권력과 교환조로 주문을, 사육의 주문을 파는 모든 무당들의 유감스러운 거래를 단념하여도 될 만큼 높지도 못한 —— 군림하는 플라톤의 철인왕국으로 내려가는 것은 그 얼마나 몰락하는 것인가.

9 탐미주의, 완전주의, 유토피아주의

개요

플라톤의 정치강령은 유토피아적 사회공학을 포함한다. 이것은 합리적인 점진적 사회공학과는 대립되는 것이다.

유토피아적 접근법은 다음과 같이 설명될 수 있을 것이다. 모든 합리적 행위는 어떤 목적을 가져야 한다. 행위가 그 목적을 의식적이고 지속적으로 추구해 가는 만큼, 그리고 그 목적에 따라서 행위의 수단을 결정해 나가는 만큼 행위는 합리적인 것이다. 그러므로 우리가 합리적으로 행동하고자 한다면, 첫째로 해야 할 일은 그 목적의 선택이다. 이 원리를 정치적 활동의 영역에 적용한다면 우리는 어떤 실제적 행동을 하기 전에 우리의 궁극적인 정치적 목적이나 이상국가를 결정해야만 한다. 이런 궁극적인 목적이 적어도 윤곽이라도 잡힌 후에라야, 우리가 목적하는 사회의 청사진 같은 것을 손에 넣은 후에라야 비로소 그 실현을 위한 방법과 수단을 고려해 볼 수 있고 실제 행동의 계획을 세울 수 있게 된다.

그러나 이러한 유토피아적 시도는 강력한 한두 사람의 중앙집권적 통치를 요구할 것이며, 그러므로 그것은 독재로 흐르게 될 것이다. 자비로운 독재자가 부딪치는 어려움 중의 하나는 그의 조치의 결과가 자신의 선량한 의도와 일치하는지 어떤지를 알아내는 일이다. 이 어려움은 권위주의란 비판을 허용할 수 없다는 사실에서 야기된다. 유토피아적 공학의 또 다른 어려움은 독재자의 후계자 문제와 관련된 것이다. 유토피아적 과업의 범위 때문에, 한 사람의 사회공학자나 한 집단의 사회공학자들이 당대에 그 과업의 목적을 실현하기란 불가능할 것이다. 그러나 그 후계자가 동일한 이상을 추구하지 않는다면, 그 이상을 위해 바쳐진 국민의 모든 고난은 수포로 돌아갈 수도 있을 것이다.

　이렇게 하여 우리는 다음과 같은 두 개의 가정, 즉 언제나 이러한 이상이 무엇인가 하는 것을 절대적으로 확실하게 결정하는 합리적 방법이 있으며, 그것을 실현하는 최선의 수단이 무엇인가 하는 것을 절대적으로 확실하게 결정하는 합리적 방법이 있다는 가정과 함께, 하나의 절대적이고 불변적인 이상에 대한 플라톤적 신념만이 유토피아적 접근법을 구제할 수 있다는 것을 알게 된다. 단지 이런 원대한 가정만이 유토피아적 방법론이 전적으로 무용하다는 선언을 못하게 한다. 그러나 이러한 가정은 너무나 비현실적이다. 유토피아주의에는 플라톤적 접근법의 독특한 특성이 되는 한 요소가 있다. 그것은 유토피아주의의 전폭성, 즉 돌멩이 하나도 그대로 두지 않고 사회를 전체적으로 다루려는 시도이다. 그것은 사회악을 뿌리째 뽑아버려야 한다는 확신이며, 세상에 어떤 품위 있는 것을 실현하기 위해서는 비위에 거슬리는 사회제도를 완전히 근절해 버려야 한다는 확신이다. 그것은 비타협적인 급진주의이며, 탐미주의이며, 완전주의이다. 말하자면 그것은 지금보다 좀 더 낫고 좀 더 합리적일 뿐만 아니라, 추함이 전혀 없는 세계, 참으로 아름다운 새로운 세계를 건설하고자 하는 욕망과 관련이 있다.

　탐미주의와 급진주의는 우리로 하여금 이성을 던져버리게 하고, 그 대신 정치적 기적을 바라는 절망적인 희망을 갖도록 한다. 이것은 아름다운 세계를 꿈꾸는 도취 상태에서 솟아 나오는 낭만주의이다. 그러나 항상 이성보다는 감정에 호소하는 낭만주의는, 지상에 천국을 건설하려는 선한 의도가 있다 해도, 단지 하나의 지옥을 만들 뿐이다.

9
탐미주의, 완전주의, 유토피아주의

> "우선 모든 것을 파괴해 버려야 해. 우리가 세상에 품위 있는 어떤 것을 실현하기 전에, 우리의 저주받은 문명 전부를 없애버려야 해."
> ——마르탱 뒤 가르의 『티보가의 사람들』 중 무를랑의 대사

플라톤의 강령에는 본래 내가 가장 위험하다고 보는 정치문제에 대한 어떤 접근법이 있다. 그것을 분석하는 것은 합리적 사회공학의 관점에서 보면 실제적으로 큰 중요성을 띤다. 내가 생각하고 있는 플라톤식의 접근법은 유토피아적 공학utopian engineering의 접근법이라 할 수 있는 것으로, 이것은 내가 유일하게 합리적인 접근법으로 보는 다른 부류의 사회공학인 점진적 공학piecemeal engineering과는 반대되는 것이다. 유토피아적 접근법은 철저한 역사주의, 인간은 역사의 과정을 바꿀 수 없다는 것을 의미하는 극단적인 역사주의적 접근법에 대한 분명한 대안으로도 보여지고, 동시에 플라톤의 역사주의같이 인간의 개입을 허용하는 덜 극단적인 역사주의에 필요한 보완으로도 보여지므로 더욱 위험스러운 것이다.

유토피아적 접근법은 다음과 같이 설명될 수 있을 것이다. 모든 합리적 행위는 어떤 목적을 가져야 한다. 행위가 그 목적을 의식적이고 지속적으로 추구해 나가는 만큼, 그리고 그 목적에 따라서 행위의 수단을 결

정해 나가는 만큼, 행위는 합리적인 것이다. 그러므로 우리가 합리적으로 행동하고자 한다면, 첫째로 해야 할 일은 그 목적의 선택이다. 그리고 우리는 우리의 실제적이거나 궁극적인 목적을 결정하는 데 신중해야 하며, 이 목적과, 실제로는 단지 궁극적 목적의 수단이거나 또는 그 도중의 단계일 뿐인 중간적인 목적이나 부분적인 목적과는 분명히 구별해야 한다. 우리가 이런 구별을 등한히 한다면, 우리는 또한 이런 부분적 목적들이 궁극적 목적을 진척시킬 것인지 아닌지에 대한 물음도 등한히 할 것이고, 따라서 우리는 합리적으로 행동할 수 없게 될 것이 틀림없다. 정치적 활동의 영역에 적용해 보면, 이런 원칙들은 우리가 어떤 실제적 행동을 취하기 전에 우리의 궁극적인 정치적 목적이나 이상국가를 결정해야만 한다는 것을 요구한다. 이런 궁극적인 목적이 적어도 대략적 윤곽이라도 잡힌 후에라야만, 우리가 목적하는 사회의 청사진 같은 것을 손에 넣은 후에라야만, 비로소 그 실현을 위한 최선의 방법과 수단을 고려해 보기 시작할 수 있고, 또 실제 행동의 계획을 세우기 시작할 수 있다. 이것들이 합리적이라고 할 수 있는 모든 실제적인 정치적 운동의 필요불가결한 예비행위이며, 특히 사회공학의 필요한 준비작업이다.

간단히 말하면 이것이 내가 유토피아적 공학이라 부르는 방법론적 접근법이다.[1] 그것은 설득력 있고 매력적이다. 사실상 그것은 역사주의적 편견에 영향을 받지 않았거나 혹은 그것에 반대하는 모든 자들을 매혹하는 바로 그런 종류의 방법론적 접근이다. 이 때문에 유토피아적 공학은 더욱 위험해지며, 유토피아적 공학에 대한 비판 역시 더욱 필요하게 된다.

유토피아적 공학을 상세히 비판하기 전에 또 다른 사회공학에의 접근, 즉 점진적 공학에 대해 개괄적으로 이야기하고자 한다. 그것은 방법론적으로 건전한 접근법이라고 생각한다. 이 방법을 채택하는 정치가는 그의 마음속에 사회의 청사진을 가질 수도 있고 갖지 않을 수도 있으며, 또 인류는 어느 날엔가는 이상국가를 실현하고 지상에 행복과 완전을 성취하리라는 것을 바랄 수도 바라지 않을 수도 있다. 그러나 그는 완전이란 도대체 성취할 수 있는 것이라 해도 요원하며, 인간의 모든 세대가—그러므로 현재 살고 있는 세대도—어떤 요구를 갖는다는 것을 알게 될 것이다. 아마 그 요구는, 인간을 행복하게 해줄 제도적 방법이란 없기 때문에, 행복하게 해달라는 요구가 아니라 불행을 피할 수 있는 곳에서는 불행해서는 안 된다는 요구일 것이다. 그들은 고통을 당할 때는 가능한 한 모든 도움을 받아야 한다고 요구한다. 따라서 점진적 공학자는 최대의 궁극적 선을 추구하고 또 그 선을 위해 투쟁하기보다는, 사회 최대의 악과 가장 긴급한 악을 찾고 그에 대항해서 투쟁하는 방법을 적용할 것이다.[2] 이런 차이는 단순한 언어상의 차이가 아니다. 사실은 그것이 가장 중요한 것이다. 그것은 대다수의 인간들을 향상시킬 수 있는 합리적 방법과, 실제로 시도한다면 인간의 고통을 참을 수 없을 정도로 증가시킬 수도 있는 방법 간의 차이이다. 그것은 어떤 경우에도 적용될 수 있는 방법과, 훗날 조건이 더 좋아질 때까지 쉽게 실행을 계속 연기할 수도 있는 방법 사이의 차이이다. 그리고 또한 어느 때, 어느 장소에서도 (다음에서 다루겠지만 러시아도 포함해서) 실제로 지금껏 성공적이었던 사실들을 개선하는 유일한 방법과, 그것이 시도되는 곳에서는 어디서나 단지 이성 대신에 폭력을 쓰게 되고 또 그 방법 자체를 포기하지 않으면 어쨌든 그 원래의 청사진을 포기하게 되는 방법과의 차이이다.

점진적 방법에 찬성하는 점진적 공학자는 어떤 이상을 확립하기 위한 투쟁보다는 고통과 부정, 그리고 전쟁에 대항하는 체계적인 투쟁이 수많은 사람들의 찬성과 동의에 의해 보다 지지를 받을 것이라고 주장할 수 있다. 사회악의 존재, 즉 말하자면 많은 사람들이 고통받고 있는 사회조건이 있다는 것은 비교적 쉽게 설정할 수 있을 것이다. 고통을 당하는 사람들은 그들 스스로 판단할 수 있을 것이고, 그렇지 않은 사람은 위치를 바꾸고 싶지 않다는 것을 부정하기 어려울 것이다. 이상사회에 대해 논하기란 대단히 어렵다. 사회생활이란 너무 복잡하므로, 전체적 규모의 사회공학을 위한 청사진에 대해서는 거의 아무도, 어쩌면 전혀 그 누구도 판단할 수 없을 것이다. 말하자면 그것이 실현 가능한지 아닌지, 그것이 사실상의 향상을 가져오는 것인지 아닌지, 그것이 어떤 종류의 고통을 포함하고 있는지, 그리고 그 청사진을 실현하는 방법으로는 어떤 것이 있을 수 있는지, 아무도 판단할 수 없을 것이다. 이것과는 반대로, 점진적 공학을 위한 청사진은 비교적 간단하다. 예컨대 그것은 건강, 실직보험, 중재재판과 불경기대책예산, 또는 교육개혁과 같은 단일제도들에 대한 청사진들이다.[3] 그 청사진들이 악용된다 해도 손해는 그리 크지 않으며 재조정도 크게 어렵지 않다. 덜 위험하고 또 바로 그런 이유로 논쟁의 여지가 덜하기도 하다. 그러나 만약 이상적 선과 선을 실현하는 수단에 관해 합리적인 일치를 보는 것보다는, 현존하는 악과 악을 퇴치하는 수단에 관해 좀 더 쉽게 합리적으로 일치하게 된다면, 점진적 방법을 사용함으로써 우리가 합리적인 모든 정치적 개혁의 가장 큰 실제적 난점, 즉 강령을 실천하는 데 열정이나 폭력 대신에 이성을 사용한다는 난점을 극복할 수도 있다는 가능성이 더욱 커진다. 합리적인 타협에 도달할 수 있는 가능성이 있을 수 있고, 그 결과로 민주주의의 방법에 의한 개선을 달성할 수도 있다.('타협'이란 좋지 않은 말이지만, 우리가 그 말의 적절한 사용을 배우는 것은 중요하다. 비록 사람persons인 우리들은 상황, 이해관계 등과 같은 영향에 저항해야 하겠지만, 제도institutions란 불가피하게 이런 것들과의 타협의 결과이다.)

그것과는 반대로 하나의 전체로서의 사회의 청사진을 사용해서 이상국가를 실현하고자 하는 유토피아적 시도는 강력한 한두 사람의 중앙집권적 통치를 요구하는 것이며, 그러므로 그것은 독재로 흐르기 쉽다.[4] 이것이 유토피아적 접근법에 대한 비판이다. 나는 지도력의 원리란 장에서 권위주의의 통치야말로 가장 못마땅한 정부형태임을 나타내고자 했다.

그 장에서 다루지 않은 몇 가지 점들을 지적함으로써, 유토피아적 접근법에 반대하는 더욱 직접적인 논증을 전개해 보겠다. 자비로운 독재자가 부딪치게 되는 어려움 중의 하나는(백여 년 전에 토크빌이 분명하게 알았던 것처럼[5]) 그의 조치의 결과가 자신의 선량한 의도와 일치하는지 어떤지를 알아내는 일이다. 그 어려움은, 권위주의란 비판을 허용할 수 없다는 사실에서 야기된다. 따라서 자비로운 독재자는 그가 취한 조치에 대한 불평을 쉽게 들을 수 없을 것이다. 그러나 그런 어떤 견제가 없다면, 그는 그의 조치가 의도한 자비로운 목적을 달성하는지 어떤지 거의 알 수가 없을 것이다. 상황은 유토피아적 공학자에게는 분명 더 어려워진다. 사회의 재건설이란 많은 사람들에게 상당 기간 동안 상당한 불편을 가져오는 큰 사업이다. 따라서 유토피아적 공학자는 여러 불평들에 귀를 막아야 할 것이다. 사실상 철없는 반대를 억누르는 것이 그의 업무 중의 하나일 것이다.(레닌처럼 그도 "계란을 깨지 않고는 오믈렛을 만들 수 없다."고 말할 것이다.) 그러나 그것과 더불어 그는 어쩔 수 없이 합리적인 비판도 또한 억누르지 않으면 안 될 것이다. 유토피아적 공학의 또 다른 어려움은 독재자의 후계자 문제 problem of the dictator's successor와 관련된 것이다. 7장에서 나는 이 문제의 어떤 측면들에 관해 언급했었다. 유토피아적 공학은 자기처럼 자비로운 후계자를 물색하고자 하는 자비로운 독재자가 직면한 어려움과 비슷한 어려움을, 심지어는 그보다 훨씬 더 심각한 어려움을 제기한다.(7장의 주 25를 참조하시오.) 바로 그러한 유토피아적 과업의 범위 때문에, 한 사람의 사회공학자나 한 집단의 사회공학자들이 당대에 그 과업의 목적을 실현하기란 불가능한 것이다. 그리고 그 후계자가 동일한 이상을 추구하지 않는다면, 그 이상을 위해 바쳐진 국민의 모든 고난은 수포로 돌아갈 수도 있을 것인다.

이런 논증이 일반화되면, 유토피아적 접근법에 대한 더욱 심한 비판이 나온다. 이런 접근법은 근본 청사진이, 아마 약간은 조정되겠지만, 일이 완성될 때까지는 작업의 기초로 남아 있다는 가정하에서만 실제적 가치를 가질 수 있다는 것이 분명하다. 그러나 그것은 약간의 기간을 요할 것이다. 그것은 정치적, 정신적 혁명의 기간이며, 정치 영역에서의 새로운 시도와 경험의 기간일 것이다. 그러므로 이념과 이상은 바뀔 것이라고 기대된다. 처음 청사진을 만든 사람들에게는 이상국가로 보였던 것이, 그 후계자들에게는 그렇게 보이지 않을 수도 있다. 사실이 그렇다면 전체적 접근법은 와해된다. 처음에 궁극적인 정치적 목적을 설정하고, 그다음에 그 목적을 향해 나아가기 시작하는 방법은, 그 목적이 실현 과정에서 상당히 변경될 수도 있다고 인정된다면 무용한 것이다. 여태까지 취한 조치들이 새로운 목적의 실현과는 실제로 거리가 멀다는 것이 어떤 순간에 판명될 수도 있을 것이다. 그리고 새로운 목적에 따라 우리의 향방을 바꾼다면, 우리는 다시 똑같은 위험에 부딪치게 된다. 지금껏 치른 모든 희생에도 불구하고 우리는 전혀 아무 데도 도달할 수 없을지도 모른다. 점진적 타협의 실현보다 요원한 이상을 향한 하나의 단계를 택하고자 하는 사람들은, 그 이상이 너무 요원한 것이라면, 그들이 취한 조치가 이상을 향한 것인지 또는 이상과는 거리가 먼 것인지 알아내기가 어렵게 될 수도 있음을 항상 기억해야 한다. 그 과정이 갈지자[之] 모양으로 전개된다거나, 헤겔의 횡설수설같이 '변증법적으로' 전개된다거나, 또는 전혀 분명하게 계획되지 않았다면 특히 그러하다.(이것은 목적이 수단을 얼마만큼 정당화할 수 있는가 하는 케케묵고 다소 유치한 질문과 관계가 있다. 어떠한 목적도 모든 수단을 정당화할 수는 없다는 주장과는 별도로, 상당히 구체적이고 실현 가능한 목적은, 보다 요원한 이상이 결코 정당화할 수 없는 그때그때의 조치들을 정당화할 수도 있다고 생각된다.[6])

우리는 이제 진일보한 두 개의 가정, 즉 (a) 언제나 이러한 이상이 무엇인가 하는 것을 절대적으로 확실하게 결정하는 합리적 방법이 있으며, (b) 그것을 실현하는 최선의 수단은 무엇인가 하는 것을 절대적으로 확실하게 결정하는 합리적 방법이 있다는 가정과 함께, 하나의 절대적이고 불변적인 이상에 대한 플라톤적 신념만이 유토피아적 접근법을 구제할 수 있다는 것을 알게 된다. 단지 이런 원대한 가정만이 유토피아적 방법론이 전적으로 무용하다는 선언을 못하게 한다. 그러나 플라톤 자신과 가장 열렬한 플라톤주의자까지도 (a)는 확실히 틀렸다는 것을 인정할 것이다. 즉 궁극적 목적을 결정하는 합리적 방법이란 존재하지 않으며, 만약 뭔가 있다면 그것은 단지 어떤 종류의 직관이라는 것을 인정할 것이다. 그러므로 유토피아적 공학자들 사이에 생기는 의견차는 합리적 방법이 없기 때문에, 이성 대신에 힘의 사용, 즉 폭력을 초래하고야 말 것이다. 어떤 일정한 방향에서 도대체 어떤 진보가 이루어진다면, 그것은 적용된 방법 때문이 아니고, 적용된 그 방법에도 불구하고 진보가 이루어진 것이다. 예를 들면, 그 성공은 지도자의 탁월성 때문일 수도 있다. 그러나 탁월한 지도자는 합리적 방법의 산물이 아니라, 단지 운이 좋은 상황의 산물이라는 것을 결코 잊어서는 안 된다.

이 비판을 옳게 이해하는 일이 중요하다. 즉 나는 이상은 결코 실현될 수 없다거나, 이상은 항상 유토피아로 머물러야 한다고 주장함으로써 이상을 비판하는 것이 아니다. 이것은 타당한 비판이 아닐지도 모른다. 예컨대 시민적 평화를 지키기 위한 제도, 즉 국내의 범죄 방지를 위한 제도의 설립같이 한때는 실현 불가능한 것으로 독단적으로 선언되었던 많은 것들이 실현되었기 때문이다. 그리고 예를 들어, 무력침략이나 약탈과 같은 국제적 범죄를 방지하기 위한 제도의 설립도 종종 유토피아적이라고 낙인이 찍히긴 했지만, 그리 어려운 문제는 아니라고 생각한다.[7] 유토피아적 공학이란 이름하에서 내가 비판하는 것은 전체로서의 사회의 재구성, 즉 우리들의 제한된 경험 때문에 그 실제적 결과를 계산하기가 어려운 너무나 전폭적인 변화를 요구한다는 점이다. 우리는 그런 야심만만한 주장을 하는 데 필요한 실제적 지식 같은 것을 갖고 있지 않은데도 불구하고, 그것은 사회 전체를 위한 합리적인 계획을 요구한다. 우리는 이런 종류의 계획에 대한 실제적 경험이 불충분하고, 또 실제의 지식은 경험에 의거해야 하므로, 그런 지식을 가질 수가 없다. 현재로는 대규모 공학에 필요한 사회학적 지식은 전혀 존재하지도 않는다.

이런 비판에 대해 유토피아적 공학자는, 실제적 경험의 필요성과 실제 경험에 의거한 사회적 공학의 필요성을 인정할 듯하다. 그러나 우리가 만약 우리에게 필요한 실제 경험을 제공해 주는 사회적 실험을 시도하지 않는다면, 우리는 이런 문제들에 대해 결코 더 이상 알 수 없게 될 것이라고 그는 논박할 것이다. 그리고 그는 유토피아적 공학은 실험적 방법을 사회에 적용하는 것 외에는 아무것도 아니라고 덧붙일 것이다. 실험은 전폭적인 변화를 개입시키지 않고서는 수행될 수 없다. 거대한 인구 집단인 현대사회의 독특한 성격 때문에 실험은 대규모적으로 수행되지 않을 수 없다. 예컨대 사회주의에서의 어떤 실험이 공장이나 마을, 또는 어떤 지역에 제한되어 있다면, 그것은 우리가 절실히 필요로 하는 현실적인 정보를 결코 제공해 줄 수 없을 것이다.

유토피아적 공학을 지지하는 이런 논증들은 지지될 수 없는 널리 유포된 하나의 편견, 즉 사회적 실험은 '대규모'적이어야 하며, 또 그것이 현실적 조건하에서 실행되는 것이라면 사회 전체를 포함해야 한다는 편견을 나타낸 것이다. 그러나 점진적인 사회적 실험은 현실적 조건하에서, 사회 안에서, 그리고 '소규모'임에도 불구하고, 즉 사회 전체를 혁명화하지 않고서도 될 수 있는 것이다. 사실상 우리는 줄곧 이런 실험을 하고 있다. 새로운 종류의 생명보험, 새로운 종류의 조세, 새로운 형벌개정의 도입은 모두가 다 하나의 전체로서의 사회를 개편하는 일 없이 사회 전체에 영향을 미치는 사회적 실험들이다. 가게를 새로 연다거나, 극장표를 예약하는 사람까지도 소규모의 사회적 실험 같은 것을 수행하고 있는 것이다. 그리고 사회조건에 대해 우리가 아는 지식은 모두 이런 유의 실험으로부터 얻어지는 경험에 근거하고 있다. 우리가 반대하는 유토피아적 공학자도, 사회주의에서의 실험이 예컨대 격리된 마을이나 실험실과 같은 조건하에서 수행된다면 별 가치가 없다는 것을 강조하고자 한다면 옳다고 할 수 있다. 왜냐하면 우리가 알려고 하는 것은 정상적인 조건하의 사회에서 사물들이 어떻게 작용하는가 하는 것이기 때문이다. 그러나 바로 이 예가 유토피아적 공학자의 편견이 어디에 있는지를 보여준다. 유토피아적 공학자는 사회에 대한 실험을 할 때 전체 사회구조를 개조해야만 한다고 확신하고 있다. 그리고 그는 그 결과로 작은 small 사회의 전체 구조를 개조하는 하나의 시도로서만 보다 신중한 modest 실험을 생각할 수 있을 것이다. 그러나 우리가 가장 많은 것을 배울 수 있는 종류의 실험은 한 번에 하나의 사회제도만 바꾸어보는 것이다. 왜냐하면 우리는 제도들이 다른 제도의 구조와 어떻게 조화되는지, 그리고 그 제도들을 우리의 의도대로 작용하게 하려면 어떻게 조정해야 하는지와 같은 것을 단지 이런 식으로밖에 배울 수 없기 때문이다. 그리고 단지 이런 식으로만 우리는 실수도 할 수 있고, 미래를 개선하려는 의지를 분명 위태롭게 할 중대한 반발을 초래하지 않고서도 실수로부터 배울 수 있다. 더욱이 유토피아적 방법은 수없는 희생을 초래한 청사진에 위험하고 독단적으로 집착하지 않을 수 없다. 강력한 이해관계가 실험의 성공과 연결되어야 한다. 이 모든 것은 실험의 합리성이나 과학적 가치에 도움이 되는 것이 아니다. 그러나 점진적 방법은 반복해서 시도하고 계속적으로 재조정하는 것을 허용한다. 사실상 그것은 정치가들이 그들의 실수를 변명하고자 하고 또 그들이 언제나 옳다는 것을 증명하려는 대신에, 자신의 실수를 찾기 시작하는 다행스러운 상황으로 유도될 수 있다. 이것은 유토피아적 계획이나 역사적 예언이 아닌 과학적 방법을 정치에 도입한다는 것을 의미할 것이다. 왜냐하면 과학적 방법의 모든 비밀은 실수로부터 배우고자 하는 자세에 있기 때문이다.[8]

이런 견해들은 예컨대 사회공학과 기계공학을 비교함으로써 확증될 수 있다고 나는 믿는다. 물론 유토피아적 공학자의 요구에 따르면, 기계 공학자들은 때때로 아주 복잡한 기계를 전체로서 계획하며, 그리고 그들의 청사진은 어떤 종류의 기계뿐 아니라 이 기계를 생산하는 전체 공장까지도 망라할 수 있고 미리 계획할 수도 있다. 기계공학자는 충분한 경험을 갖고서 자기 마음대로 처리하기 때문에, 즉 시행착오에 의해 발전된 이론을 갖고 있으므로 이 모든 것을 할 수 있다고 하는 것이 내 대답이다. 그러나 이것이 의미하는 바는 그가 이미 모든 종류의 실수를 경험했으므로, 즉 그가 점진적 방법을 적용해서 얻은 경험에 의거하기 때문에 그는 이와 같이 계획할 수 있다는 것이다. 그의 새로운 기계는 대단히 많은 사소한 개선들의 결과이다. 그는 보통 먼저 모델을 가질 것이고, 그리고 여러 부분에 대한 무수한 단편적 조정을 마친 후에라야 생산을 위한 그의 마지막 계획을 작성할 수 있는 단계로 나아간다. 이와 비슷하게 그의 기계 생산 계획은 무수한 경험, 즉 옛날 공장에서 이루어진 단편적 개선을 기초로 한다. 전체적이거나 대규모적인 방법은 단편적 방법이 먼저 무수히 많은 상세한 경험들을 제공해 주는 곳에서만 잘 되어나가고, 그리고 단지 바로 이런 경험의 범위 안에서만 잘 되어나갈 것이다. 청사진이 아무리 가장 훌륭한 전문가에 의해 작성되었다 하더라도, 처음에 모델을 만들어 그것을 가능한 한 여러 번 조금씩 조정해서 개발하지 않고, 단지 청사진에만 의거해서 새로운 엔진을 생산하려고 하는 제작자는 거의 없을 것이다.

　정치에서의 플라톤적 이상주의에 대한 이러한 비판과 '유토피아주의'에 대한 마르크스의 비판을 대조해 보는 것은 유익할 것이다. 나의 비판과 마르크스의 비판이 갖는 공통점은 양자가 좀 더 현실적이기를 요구한다는 점이다. 우리는 둘 다, 어떤 사회적 행위도 꼭 기대했던 결과를 낳기란 어렵기 때문에 유토피아적 계획은 생각했던 방식대로는 결코 실현되지 않으리라 믿는다.(나의 의견으로는, 우리는 행동하는 과정에서 배울 수도 있고 ─ 혹은 차라리 배워야만 하고 ─ 또 우리의 관점을 바꿀 수도 있기 때문에, 이것이 점진적 접근을 무의미하게 하지는 않는다.) 그러나 거기에는 많은 차이점이 있다. 마르크스는 유토피아주의를 논박하면서 사실상 모든 종류의 사회공학을 비난한다. 이것이 좀체로 이해되지 않는 점이다. 마르크스는 사회란 합리적 계획에 의해서가 아니고 역사적 법칙에 따라 성장하기 때문에 사회제도의 합리적 계획에 대한 신념은 전혀 비현실적이라고 비난한다. 그는 우리가 할 수 있는 것은 역사적 과정의 산고(産苦)를 줄이는 것뿐이라고 주장한다. 다른 식으로 표현하면, 그는 모든 사회공학에 반대되는 극단적인 역사주의적 태도를 취하고 있다. 그러나 유토피아주의에는 플라톤식 접근법의 독특한 특성이며 마르크스가 반대하지 않은 한 요소가 있다. 그것이 아마 내가 비현실적이라고 공격한 요소들 중에서 가장 중요한 요소일 것이다. 그것은 유토피아주의의 전폭성, 즉 돌멩이 하나도 그대로 두지 않고 사회를 전체적으로 다루고자 하는 유토피아주의의 시도이다. 그것은 사회악을 뿌리째 뽑아버려야 된다는 확신이며, (뒤 가르의 말대로) "세상에 품위 있는 어떤 것을 실현"하기 위해서는 비위에 거슬리는 사회제도를 완전히 근절해 버려야 한다는 확신이다. 간략하게 말하면, 그것은 비타협적인 급진주의 radicalism이다.(독자는 내가 이 급진주의라는 말을 요즘 보통 쓰이는 '자유진보주의'의 의미가 아니라 '사실의 뿌리까지 파고 들어가는' 태도를 특징짓기 위해, 당초의 문자 그대로의 뜻으로 쓰고 있는 줄 알 것이다.) 플라톤이나 마르크스 둘 다 전체 사회를 급진적으로 변모시키는 계시적 혁명을 꿈꾸고 있다.

나는 플라톤적 접근법(마르크스의 접근법과 마찬가지로)의 이런 전폭성과 이런 극단적인 급진주의는 탐미주의와 연결되어 있다고 믿는다. 즉 지금보다 좀 더 낫고 좀 더 합리적일 뿐만 아니라 추함이 전혀 없는 세계, 낡은 쪼가리들이 여기저기 붙어 있는 지저분한 의복이 아니라, 완전한 새 옷, 참으로 아름다운 새 세계를 건설하고자 하는 욕망과 관련이 있다고 믿는다.[9] 이러한 탐미주의는 잘 이해될 수 있는 태도이다. 사실상 우리들 대부분도 그런 완전에의 꿈 때문에 어느 정도 고통을 받고 있다고 믿는다.(우리가 왜 그런가 하는 몇몇 이유를 다음 장에서 밝히고자 한다.) 그러나 이런 탐미적 열광은 이성과 책임감, 그리고 남을 도우고 싶은 인도주의적 충동에 의해서 억제될 때만 가치 있는 것이 된다. 그렇지 않으면 그것은 신경증이나 병적 흥분 상태로 발전하기 쉬운 위험스러운 열광이다.

이러한 탐미주의가 플라톤에서보다 더욱 강렬하게 표현된 곳은 없다. 플라톤은 예술가였다. 그리고 많은 위대한 예술가들처럼, 그도 한 모형, 즉 그의 작품의 '신성한 원형'을 형상화하고, 그것을 충실히 '모사'하고자 애썼다. 앞 장의 수많은 인용들이 이 점을 설명해 줄 것이다. 플라톤이 변증법으로 설명한 것은 주로 순수한 미의 세계에 대한 지적 직관이다. 플라톤 밑에서 단련된 철학자들은 "미와 정의와 선의 진리를 본"[10] 사람들이며, 또 그것을 하늘로부터 지상으로 가지고 올 수 있는 사람들이었다. 플라톤에게서 정치란 왕도의 예술이었다. 그것은 인간을 다루거나 어떤 일이 되도록 하는 기술 art이라는 비유적 의미에서의 예술이 아니라, 문자 그대로의 의미에서 예술인 것이다. 그것은 음악이나 회화나 건축에서와 같은, 구성의 예술이다. 플라톤적 정치가는 미를 위해 국가를 구상한다.

그러나 나는 이 점에 항의하는 것이다. 나는 인간의 생활은 예술가의 자기표현의 욕망을 만족시키기 위한 수단이 될 수 없다고 믿는다. 우리는 차라리 모든 사람은 원한다면, 다른 사람을 너무 심하게 간섭하지 않는 한, 자신의 생활을 스스로 설계할 권리를 갖는다고 주장해야 한다. 나는 탐미적 충동에는 상당히 공감하지만, 예술가는 다른 질료를 통해 표현하도록 제의하는 바이다. 내가 요구하는 바는, 정치는 평등주의와 개인주의석 원리를 받들어야 한다는 것이고, 미에 대한 꿈은 근심에 싸인 사람과 부정으로 고통받는 사람을 도와주어야 하며 그런 목적을 수행할 제도를 만드는 데 도움이 되어야 한다는 것이다.[11]

플라톤의 철저한 급진주의, 즉 전폭적인 조치에 대한 요구와 그의 탐미주의 사이의 긴밀한 관계를 살펴보는 것은 흥미로운 일이다. 다음 문장들이 그 특성을 가장 잘 나타낸다. 플라톤은 신적인 것과 교류하는 철학자에 관해 언급하면서 먼저 "그는 국가에서뿐 아니라 개인에 있어서도 그의 하늘의 영상을 실현하기 위한 충동에 사로잡힐" 것이며, 국가는 "그의 설계자들이 신적인 것을 모델로 삼는 예술가가 아니라면 결코 행복을 느낄 수 없을 것"이라고 이야기한다. 설계자에 관한 상세한 질문을 받고 플라톤은 '소크라테스'의 입을 통해 다음과 같은 충격적인 답변을 한다. "그들은 국가와 국민의 특성을 화포로 삼고, 무엇보다 먼저 그 화포를 깨끗하게 만들걸세 make their canvas clean. 그건 결코 쉬운 일이 아니지. 그러나 이것이 바로 다른 모든 것들과의 차이점이지 않은가. 화포가 깨끗하지 않거나, 자신들이 화포를 깨끗하게 손질하지 않고서는, 국가나 국민에 대한 작업을 시작하지 않을 거야.(법률도 작성하지 않겠지.)"[12]

화포 청소에 관한 이야기를 할 때, 플라톤이 마음에 품고 있었던 일은 조금 뒤에 설명될 것이다. "그게 어떻게 될까요?" 하고 글라우콘이 물었다. "10세가 넘은 모든 국민들은 국내에서 추방해서 시골 어느 구석에 옮겨놓아야 해. 그러고 나서 양친의 태도와 관습의 영향으로부터 자유로워진 어린이들이 국가를 떠맡아야 하는 거야. 그 애들은 '참으로 철학적인' 방법으로, 그리고 우리가 설명한 법률에 따라 교육되어야 하네."(물론 철학자들은 추방되는 국민들 사이에 끼이지 않는다. 그들은 교육자로서 남으며, 아마 사람들을 계속 독려해야만 하는 비국민으로서 남을 것이다.) 같은 정신으로 플라톤은 『정치가』에서 왕도의 통치학 the Royal Science of Statesmanship에 따라 통치하는 왕도 통치자들에 대해 피력하고 있다.

"그들이 법에 의해 다스리게 되든 또는 법 없이 다스리게 되든, 국민들의 복종이 자발적이든 아니든, 그리고 국가를 좋게 만들고자 국민 일부를 죽이든지 유형에 처하든지 혹은 추방해 버리든지 간에……그들이 과학과 정의에 따라 진행하고, 국가를 보호하고……국가를 이전보다 더 좋게 만드는 한에서는, 이런 형태의 정부야말로 단 하나 유일하게 올바르다고 선언할 수 있는 정부이다."

이것이 예술-정치가가 걸어가야만 하는 길이다. 이것이 화포 청소가 의미하는 바이다. 예술-정치가는 현존하는 제도와 관습을 뿌리째 뽑아버려야 한다. 그는 정화하고, 숙청하고, 쫓아내고, 추방하고, 죽여버려야만 한다.('청산해 버린다 liquidate'란 말이 그에 맞는 무시무시한 현대적 술어이다.) 플라톤의 진술은 사실로, 모든 형태와 철저한 급진주의 ── 타협을 거부하는 탐미주의 ── 가 갖는 비타협적 태도를 참되게 표현한 것이다. 사회는 예술작품처럼 아름다워야 한다는 견해는 너무나 쉽게 폭력적인 조치를 초래한다. 그러나 이 모든 급진주의와 폭력은 모두 비현실적이고 무익한 것이다.(이것은 러시아의 발전에서 예증된다. 소위 '전시 공산주의'의 화포 청소로 경제적 파국을 맞은 후, 레닌은 비록 그 원칙들이나 그 공학을 의식적으로 공식화하지는 않았지만, 사실상 점진적 공학의 일종인 그의 '신 경제정책'을 도입했다. 그는 그렇게도 많은 인간의 고통을 감수하면서 지워버렸던 그림의 특징들을 거의 다 원상복구하는 것부터 시작했다. 돈, 시장, 수입의 격차, 사유재산 등 ── 한때는 생산에서의 개인기업까지 ── 재도입되었고, 이런 기저가 재정립되고 난 후에야 개혁의 새 시대가 시작되었다.[13])

플라톤의 탐미적 급진주의의 기초들을 비판하기 위해, 두 가지 상이한 점들을 구별하는 것이 좋을 것이다.

첫째는 이것이다. 우리의 '사회체제'와 그것을 다른 '체제'로 대체시켜야 할 필요성에 대해 이야기하는 몇몇 사람들이 품고 있는 생각이란, 새 그림을 그리기 위해서는 화포를 깨끗이 지워버린 후 그 위에 그림을 그려야 한다는 것과 아주 비슷하다. 그러나 거기에는 커다란 차이들이 있다. 그중 하나는 화가와 그에게 협력하는 사람들뿐만 아니라 그들의 생활을 가능하게 하는 제도들과 보다 나은 세계를 위한 꿈과 계획들, 예의와 도덕의 표준들 모두가 사회체제, 즉 지워버려야 하는 그림의 한 부분이라는 것이다. 그들이 실제로 화포를 깨끗이 청소하고자 한다면, 그들 자신과 그들의 유토피아적 계획까지도 파괴해야만 할 것이다.(그리고 그 뒤에 따라오는 것은 아마 플라톤적인 이상의 아름다운 모사가 아니라, 혼돈일 것이다.) 아르키메데스와 같은 정치적인 예술가는 지렛대로 사회를 움직이기 위해 자신이 설 수 있는 사회 밖의 어떤 지점을 요구하고 있다. 그러나 그런 장소는 존재하지 않는다. 그리고 사회는 어떠한 재구성이 행해질 때에라도 그 기능을 계속해야 한다. 이것이 왜 우리가 사회공학에서 좀 더 많은 경험을 쌓을 때까지 점차적으로 사회제도를 개혁하지 않으면 안 되는가 하는 간단한 이유이다.

이것으로부터 보다 중요한 두 번째 문제, 즉 급진주의 본래의 불합리성이 도출된다. 모든 문제에 있어서 우리는 단지 시행착오에 의해, 즉 실수하고 개선하고 하면서 배운다. 비록 영감이 경험에 의해 견제될 수 있는 한 매우 가치 있는 것일 수도 있지만, 우리는 결코 영감에 의존할 수는 없다. 따라서 우리 사회의 완전한 재구성이 당장 작동할 수 있는 체제로 될 것이라는 가정은 합리적이지 않다 it is not reasonable to assume that a complete reconstruction of our social world would lead at once to workable system. 오히려 경험의 부족 때문에 많은 실수들이 발생할 것이고, 그것들은 오랫동안 힘들여 조금씩 조정해 가는 과정에 의해서만, 달리 말하면 우리가 옹호하는 점진적 공학의 합리적 방법에 의해서만 제거될 것이라고 기대해야 한다. 그러나 이 방법이 급진적이 아니라고 싫어하는 자들은, 깨끗한 화포로 새로이 출발하기 위해 새로이 건설된 사회를 다시 지워버려야 할 것이다. 그리고 새로운 출발도 완전에는 이르지 못할 것이므로, 그들은 똑같은 이유로 어느 곳에도 도달하지 못한 채이 과정을 되풀이해야만 할 것이다. 이 점을 인정하고 처음 급진적인 화포 청소를 한 후에 우리의 보다 온당한 점진적 공학의 방법을 채택하려고 하는 사람들은, 그들의 처음의 전폭적이고 폭력적인 조치들이 전혀 쓸데없는 것이라는 비판을 면하기 어려울 것이다.

탐미주의와 급진주의는 우리로 하여금 이성을 던져버리게 하고, 그 대신 정치적 기적을 바라는 절망적인 희망을 갖도록 한다. 아름다운 세계를 꿈꾸는 도취 상태에서 솟아 나오는 이런 비합리적 태도란 내가 낭만주의라 부르는 것이다.[14] 그것은 그 천국을 과거에서 또는 미래에서 찾을 수도 있을 것이다. 그것은 '자연으로 돌아가라'거나 '사랑과 아름다움이 있는 세계로 나아가라'고 설교할 수도 있을 것이다. 그러나 그것은 항상 우리의 이성보다는 감정에 호소한다. 지상에 천국을 건설하고자 하는 최선의 의도가 있다 해도, 그것은 단지 하나의 지옥, 인간만이 그의 동포를 위해 준비하는 그런 지옥을 만들 뿐이다.

열린사회에 대한
플라톤의 공격의 배경

10 열린사회와 그 적들

개요

우리는 마술적 사회나 부족사회 혹은 집단적 사회는 닫힌사회라 부르며, 개개인이 개인적인 결단을 내릴 수 있는 사회는 열린사회라 부르고자 한다. 닫힌사회는 하나의 유기체에 그대로 비교될 수 있을 것이다. 소위 국가 유기체 이론이나 생물학적 이론은 상당한 범위에까지 닫힌사회에 적용될 수 있다. 닫힌사회는 그 구성원들이 반(半)생물학적 유대에 의해 함께 묶여 있는 사회이다. 이 사회는 사람들이 노동의 분업이나 상품의 교환과 같은 추상적인 관계에 의해서 상호관계하는 것이 아니라, 만져보고 냄새 맡고 바라보고 하는 구체적인 육체적 관계에 의해 맺어진 사회이다. 계급을 포함한 닫힌사회의 제도는 신성불가침한 금기이다.

열린사회는 이와 반대로 유기체적인 특성이란 없는 추상적인 사회이다. 이 사회는 인간 상호 간의 직접적인 접촉이 거의 없는 비인격적 사회라 불릴 수도 있을 것이다. 이런 열린사회에서는 친밀한 인간적 접촉을 거의 갖지 않거나 전혀 갖지 않고 익명과 고립 속에서, 그리고 그 결과 불행 속에서 사는 사람들이 많다. 왜냐하면 사회는 비록 추상화되었다고 하더라도, 인간의 생물학적 구조는 크게 변하지 않았기 때문이다. 인간은 추상적 사회에서는 만족할 수 없는 사회적 욕구를 갖고 있다. 닫힌사회에서 열린사회로의 이행이란 분명히 인류가 겪은 가장 심원한 혁명 중의 하나이다. 닫힌사회의 생물학적 특성 때문에 이 이행은 참으로 철저하게 인식되어야 한다. 그리하여 우리의 서구문화가 그리스로부터 나온 것이라는 이야기를 할 때, 우리는 그것이 의미하는 바를 깨달아야 한다. 인류 역사에서 하나의 전환점을 마련한 이 세대를 나는 '위대한 세대'라 부르고자 한다. 이 세대는 펠로폰네소스 전쟁 직전과 그 전쟁 중에 살던 세대이다.

열린사회에 대한 신념과 인간에 대한 신념, 평등과 정의에 대한 신념과 인간 이성에 대한 신념에 가장 위대한 공헌을 한 자는 소크라테스일 것이다. 그는 이 신념을 위해 죽었다. 소크라테스는 페리클레스처럼 아테네 민주주의 지도자가 아니었으며, 프로타고라스 같은 열린사회의 이론가도 아니었다. 오히려 그는 아테네와 아테네의 민주주의적 제도에 대한 비판자였다. 그러나 그는 참다운 평등주의자였고, 진정한 개인주의자였다.

소크라테스의 가장 재능 있는 제자였던 플라톤은 소크라테스가 죽은 후 얼마 안 가 그를 배반했다. 그러나 소크라테스의 신념은 공개적으로 도전하기에는 너무나 강력하였기 때문에, 플라톤은 그것을 닫힌사회에 대한 신념으로 재해석하고자 했다. 이 일은 어려웠지만 불가능한 일은 아니었다. 왜냐하면 소크라테스는 민주주의에 의해 살해되었기 때문이다. 그렇지만 플라톤은 그의 영혼 깊은 곳에서는 소크라테스의 가르침이 그의 닫힌사회의 해석과는 매우 다르며, 그가 소크라테스를 배반하고 있다는 것을 느낀 것으로 생각된다. 우리는 플라톤을 읽으면서, 플라톤의 정신에서 끊임없는 내적 갈등을 목격한다. 그의 까다로운 자제와 그 자신의 개성의 억압까지도 이런 갈등의 표현인 것이다.

소크라테스는 그의 인격적인 성실과 타협하기를 거절했다. 플라톤은 그의 비타협적인 화포 청소에도 불구하고, 내딛는 단계마다 그의 성실성과 타협하면서 나아갔다. 그러므로 우리가 플라톤으로부터 배워야 할 교훈은 그가 가르치고자 하는 것과는 정반대의 것이다. 정치적 변화를 억제하는 것은 치료가 아니다. 그것은 행복을 가져올 수 없다. 우리는 결코 소위 닫힌사회의 순진함과 아름다움으로 되돌아갈 수 없다. 천국에의 꿈은 지상에서는 실현될 수 없는 것이다. 지식의 열매를 먹은 자는 천국을 잃어버린 것이다. 우리는 금수로 돌아갈 수 있다. 그러나 우리가 인간으로 남고자 한다면 오직 하나의 길, 열린사회로의 길이 있을 뿐이다.

10
열린사회와 그 적들

그는 우리의 본성을 회복시키고, 우리를 치유하며, 우리를 행복하고 복
되게 할 것이다.

——플라톤

아직도 우리가 분석하지 못한 것이 있다. 플라톤의 정치강령이 순전히
전체주의적이라는 논쟁과, 6장에서 제기된 이에 대한 반론은, 이 강령에
서 정의, 지혜, 진리, 미와 같은 도덕적 이념이 차지하는 부분을 검토하
게 했다. 이 검토의 결과는 언제나 동일하였다. 이런 이념들은 중요한 역
할을 하지만, 플라톤을 전체주의와 인종주의에서 넘어서게 하지는 못했
다는 것을 우리는 알았다. 그러나 우리는 아직 이런 이념들 중의 하나,
즉 '행복'의 이념을 검토해야 한다. 플라톤의 정치강령이 기본적으로는
"모든 시민이 진실로 행복한 완전국가의 건립을 위한 계획"이라는 신념
과 관련해서 크로스먼을 인용했던 것과, 그리고 이런 신념이란 플라톤을
이상화하려는 경향의 유물이라고 설명했던 것을 기억할 것이다. 만약 내
의견의 정당화를 요구한다면, 나는 플라톤의 행복론이 그의 정의론과 너
무나 비슷하다는 것, 특히 그것이 사회는 '본성상' 계급이나 신분으로 나
누어진다는 동일한 신념에 근거하고 있다는 것을 별 어려움 없이 지적할

것이다. 플라톤의 주장에 의하면 진정한 행복은 오로지 정의에 의해서만, 즉 자신의 위치를 지킴으로써만 이루어진다.[1] 지배자는 지배하는 데서, 전사는 전쟁에서 행복을 찾아야 한다. 그리고 노예는 노예처럼 일하는 데서 행복을 발견해야 한다고 추론할 수도 있다. 그것과는 별도로 플라톤은 자신이 목적하는 것은 개인의 행복도 국가의 어떤 특정 계급의 행복도 아니며, 오로지 전체의 행복뿐이라고 자주 이야기한다. 그리고 그의 주장에 따르면, 이 전체의 행복은 내가 전체주의적인 것으로 그 성격을 증명하였던 그러한 정의가 지배한 결과일 뿐이다. 단지 이런 정의만이 어떤 진정한 행복을 가져올 수 있다는 것이 『국가』의 주 논제 중 하나이다.

이 모든 것을 고려해 보면, 플라톤이 직접적이고 실제적인 시도에서는 실패했지만, 결론적으로는 그가 증오한 문명을 저지시키고 붕괴시키기 위한 그의 선전에서는 아주 성공한 전체주의적 정당정치인이었다는 주장은 일관되고 거의 논박될 수 없는 해석인 것 같다.[2] 그러나 이런 해석에 뭔가 심각하게 잘못된 점이 있음을 알아내기 위해서는 문제를 이런 솔직한 방식으로 표현하지 않을 수 없다. 여하튼 내가 그것을 정식화했을 때, 나는 내 해석에 잘못된 점이 있다는 것을 느꼈다. 그 해석이 진실이 아니라고 느낀 것은 아니지만, 불완전하다고 느낀 것이다. 그러므로 나는 내 해석을 논박할 수 있는 증거를 찾기 시작했다.[3] 그러나 단 한 가지를 제외하면, 나의 해석을 논박해 보려는 이런 시도는 완전히 실패였다. 새로운 자료는 플라톤주의와 전체주의 사이의 동일성을 보다 더 명백하게 해줄 뿐이었다.

논박을 추구하는 과정에서 성공적이라고 생각되었던 단 한 가지 점은, 플라톤의 참주정치에 대한 증오와 관련되는 것이었다. 물론 언제나 이것을 설명할 수는 있었다. 플라톤이 참주정치를 고발한 것은 단순한 선전에 불과했다고 말하기란 쉬울 것이다. 때때로 전체주의는 '진정한' 자유에의 사랑을 공언하기도 하며, 플라톤이 자유를 참주정치에 대립되는 것으로서 찬미한 것도 이런 공언된 사랑과 똑같은 것으로 들리기도 한다. 이런 사실에도 불구하고, 이 장에서 나중에 언급된 플라톤의 참주정치에 대한 고찰들 중의 어떤 부분은 진지하게 느껴졌다.[4] 물론 플라톤 시대의 '참주정치'란 대개 대중의 지지에 바탕을 둔 통치형태를 의미했다는 사실을 감안한다면, 참주정치에 대한 플라톤의 증오와 나의 원래 해석은 일치한다고 주장할 수 있다. 그러나 이것으로서 나의 해석을 수정할 필요가 없어지는 것은 아니라고 생각되었다. 또한 단순히 플라톤이 근본적으로 진지하였다는 것을 강조하는 것만으로 이런 수정을 해나가기에는 너무나 불충분하다는 생각도 들었다. 그 점을 아무리 강조한다 해도 그림의 일반적인 인상을 지울 수는 없었다. 플라톤이 자기 이전이나 이후의 어떤 인물보다 그리스 사회에서 발생하고 있었던 일을 가장 명확하게 알고 있었다는 사실 외에도, 병든 사회의 치료가 자신의 임무라는 그의 진지한 신념을 포괄하는 새로운 그림이 필요했었다. 그러나 플라톤주의와 전체주의의 동일성을 거부하려는 시도는 그 그림을 개선해 주지 않았으므로, 결국에는 전체주의 자체에 대한 나의 해석을 수정해야 할 판이었다. 다른 말로 표현하면, 나는 현대 전체주의에서 유추하여 플라톤을 이해하려고 시도하였으나, 놀랍게도 나는 전체주의에 대한 나의 견해를 수정하지 않으면 안 되었다. 그것은 전체주의에 대한 나의 적의를 수정하게 하지는 않았지만, 결국 옛날이나 지금의 전체주의 운동의 힘은 그들이 대단히 현실적인 필요성에 답하고자 한 사실 —— 이러한 시도가 아무리 나쁘게 생각되어질 수 있다 해도 —— 에 뿌리박고 있다는 것을 알게 해주었다.

  나의 새로운 해석에 비추어 보면, 플라톤이 국가와 국민을 행복하게 하는 것이 소원이라고 선언한 것은 단순한 선전만은 아니라고 생각된다. 나는 그의 근본적인 자비심을 인정할 용의가 있다.[5] 또한 제한된 범위에서이지만, 그의 행복의 근거가 되는 사회학적 분석에 있어서도 그가 옳왔다는 것을 인정한다. 이것을 보다 간결하게 나타내면, 나는 플라톤이 깊은 사회학적 통찰력으로 그의 동시대인들이 혹심한 시련을 당하고 있다는 것을 알았으며, 이러한 시련은 민주주의와 개인주의의 발생과 더불어 시작된 사회혁명 때문임을 간파했다고 믿는다. 그는 깊이 뿌리박은 그들의 불행 —— 사회변화와 사회적 알력 —— 의 주 원인을 밝혀내었으며, 그것을 이겨내고자 최선을 다했다. 국민의 행복을 찾고자 하는 것이 그의 가장 중요한 동기 중의 하나였음은 의심할 이유가 없다. 이 장의 뒷부분에서 논의될 여러 이유 때문에, 나는 플라톤이 추천했던 의술적-정치적 치료와 변화의 억제 및 부족주의로의 복귀는 절망적인 오류라고 믿는다. 그러나 그가 추천한 치료법은 실천 가능한 것은 아니었지만, 플라톤의 진단력을 입증해 준다. 이것이 보여주는 바로는, 비록 사람들을 부족주의로 되돌아가게 함으로써 그들의 고통을 줄이고 행복을 찾게 할 수 있다는 그의 근본적인 주장은 잘못됐지만, 그는 잘못된 점이 무엇인지를 알고 있었으며, 사람들이 시련과 불행 속에서 괴로워하고 있다는 것도 알고 있었던 것이다.

이 장에서는 나에게 그러한 의견을 갖게 하는 역사적 자료를 아주 간략하게 훑어보고자 한다. 적용된 방법, 즉 역사적 해석의 방법에 대한 몇 마디 비판은 이 책의 마지막 장에서 다루어질 것이다. 역사적 해석에 대한 검증은 보통의 가설에 대한 검증처럼 엄격하게 될 수는 없는 까닭에, 이러한 방법에 대해 과학적인 지위를 요구하지 않겠다는 것을 표명함으로써 여기서는 족할 것이다. 해석은 대개 하나의 관점a point of view이다. 그것의 가치는 그것의 다산성, 즉 역사적 자료를 밝혀내고, 우리로 하여금 새로운 자료를 찾아내도록 하고, 그 자료를 합리화하고, 통합하도록 해주는 힘에 있다. 그러므로 혹시 내가 때때로 내 의견을 대담하게 나타낸다 하더라도, 여기서 내가 이야기하고자 하는 것이 어떤 독선적인 주장일 수는 없는 것이다.

I 닫힌사회와 열린사회

우리 서구문화는 그리스인과 더불어 시작된다. 그들은 부족주의로부터 인도주의로 나아가는 단계를 이룩한 최초의 사람들일 것이다. 그것이 의미하는 바를 살펴보자.

초기의 그리스 부족사회는 여러 가지 면에서 폴리네시아인들과 같은 사람들, 예컨대 마오리인들의 사회와 유사하다. 보통, 요새화된 정착지에 거주하면서 부족장이나 임금 또는 귀족가문의 지배를 받고 있던 이 소규모의 전사집단들은 육지에서뿐 아니라 바다에서도 서로 전쟁을 하고 있었다. 부족주의에는 일률적인 것이 없기 때문에, 그리스인과 폴리네시아인의 생활방식에는 여러 가지 차이가 있었다. 표준화된 '부족생활의 방식'이란 없다. 그러나 전부는 아니라 하더라도, 대부분의 이런 부족사회에서는 몇 가지 특성들이 발견될 수 있는 것 같다. 내가 뜻하는 특성이란 사회생활의 관습에 대한 그들의 마술적이거나 비합리적인 태도이며, 이런 관습에 대한 엄격성이다.

사회관습에 대한 마술적 태도는 앞에서 논의된 바 있다. 그 주된 요소는 사회생활의 습관적이거나 관습적인 규칙성과 '자연'에서 발견되는 규칙성을 잘 구별하지 못하는 것이다. 그리고 이것은 종종 그 양자가 다 초자연적인 의지에 의해 강요된 것이라는 믿음과 맞아떨어진다. 사회적 습관의 엄격성은 아마도 대부분의 경우에 동일한 태도의 다른 측면일 뿐이다.(이런 측면이 오히려 보다 근본적이며, 초자연적인 믿음이란 일상생활의 변화에 대한 두려움, 아주 어린 아이들에게서 찾아볼 수 있는 두려움에 대한 일종의 합리화라고 믿는 데는 몇 가지 이유가 있다.) 부족주의의 엄격성에 관한 내 말은, 부족적인 생활방식에서는 아무런 변화도 일어날 수 없다는 뜻이 아니다. 내가 의미하는 바는 오히려 비교적 드물게 일어나는 변화야말로 종교적 개종이나 급격한 반동의 특성을, 또는 새로운 마술적 금기를 받아들이는 특성을 갖는다는 것이다. 그것들은 사회조건을 개선하려는 합리적인 의도에 근거한 것이 아니다. 그러한 변화——그것은 드문 일이다——와는 별도로, 금기는 생활의 모든 면을 엄격하게 통제하고 지배한다. 금기는 빠져나갈 구멍을 많이 남겨두지 않는다. 이런 생활형태에서는 거의 문제될 것이 없으며 또 도덕적인 문제에 버금갈 만한 것은 사실 아무것도 없다. 나는 부족의 일원이 금기에 맞게 행동하기 위해서는 때로 대단한 영웅주의와 인내심을 필요로 하는 것이 아니라고 말하려는 것은 아니다. 내 뜻은 그가 어떻게 행동해야 할 것인지를 의심하는 처지에 놓일 경우란 드물다는 것이다. 올바른 방법은 언제나 정해져 있지만, 그것을 따르기 위해서는 어려움을 극복해야만 한다. 그것은 금기에 의해서, 그리고 결코 비판적인 고찰의 대상이 될 수 없는 마술적인 부족제도에 의해 결정된다. 헤라클레이토스조차도 부족생활의 제도적 법칙과 자연의 법칙을 분명하게 구별하지 못하였다. 양자가 다 똑같은 마술적 특성을 가진 것으로 생각되었다. 집단적인 부족전통에 뿌리박은 제도는 개인적 책임의 여지를 남겨두지 않는다. 단체 책임의 어떤 형태를 확립하는 금기는 우리가 개인적 책임이라고 부르는 것의 선조라고 할 수도 있을지 모르나, 근본적으로 개인적 책임과는 다른 것이다. 금기는 합리적인 책임의 원칙에 근거한 것이 아니라, 오히려 운명의 힘을 달래보려는 관념과도 같은 마술적인 관념에 근거하고 있다.

이것이 얼마나 많이 존속하고 있는지는 잘 알려진 사실이다. 우리들 자신의 생활방식도 여전히 금기들, 예컨대 음식에 대한 금기, 예절에 대한 금기, 그리고 다른 수많은 금기들로 둘러싸여 있다. 그렇지만 여기에는 몇 가지 중요한 차이점이 있다. 우리 자신의 생활방식에서는 한편으로는 국가의 법률과, 다른 한편으로는 우리가 습관적으로 지키는 금기 사이에, 문제와 책임을 수반하는 개인적인 넓은 결단의 영역이 존재한다. 그리고 우리는 이 영역의 중요성을 알고 있다. 개인적 결단은 금기와, 이미 금기가 아닌 정치적 법률까지도 바꿀 수 있을 것이다. 가장 큰 차이점은 이런 문제에 대한 합리적인 반성의 가능성이다. 합리적인 반성은 어떤 점에서는 헤라클레이토스로부터 시작된다.[6] 알크마이온, 팔레아스, 히포다무스, 헤로도토스, 소피스트와 함께 전개된 '최선체제'에 대한 요구는 어느 정도 합리적으로 논의될 수 있는 문제의 성격을 전제하고 있다. 그리고 오늘날 우리들 대부분은 새로운 입법의 필요성이나 다른 제도적 변화의 필요성에 관해 합리적인 결단을 내린다. 말하자면 가능한 결과를 평가하고, 그 결과 중 어떤 것을 의도적으로 선택하는 결단을 내리는 것이다. 우리는 합리적인 개인의 책임을 인정한다.

다음부터는 마술적 사회나 부족사회 혹은 집단적 사회는 닫힌사회 closed society라 부르고, 개개인이 개인적인 결단을 내릴 수 있는 사회는 열린사회 open society라 부르고자 한다.

전성기에 있는 닫힌사회는 하나의 유기체에 그대로 비교될 수 있을 것이다. 소위 국가 유기체 이론이나 생물학적 이론은, 상당한 범위에까지 닫힌사회에 적용될 수 있다. 닫힌사회는 그 구성원들이 반(半)생물학적 유대——즉 함께 살며, 공통적인 노력과 공통적인 위험, 공통적인 기쁨과 공통적인 고통을 함께 나누는 혈족관계——에 의해 함께 묶여 반(半)유기체적 단위로 존재하는 한 집단이나 부족과 비슷하다. 닫힌사회는 여전히 구체적인 개인들의 구체적인 집단으로서, 노동의 분업이나 상품의 교환과 같은 추상적인 사회관계에 의해서 상호관계하는 것이 아니라, 만져보고 냄새 맡고 바라보고 하는 구체적인 육체적 관계에 의해 맺어진 사회이다. 그리고 비록 그런 사회가 노예제도에 의존한다 하더라도, 노예가 있다는 것은 가축이 있다는 것과 근본적으로 다른 문제일 필요는 없다. 그러므로 여기엔 유기체 이론을 열린사회에 제대로 적용하지 못하게 하는 그런 측면은 없는 것이다.

내가 생각하는 측면이란 열린사회에서는 대다수의 구성원들이 사회적으로 높아지기 위해, 그리고 다른 사람의 지위를 차지하기 위해 투쟁한다는 사실과 결부되어 있다. 예컨대 이런 것은 계급투쟁과 같은 중대한 사회적 현상을 일으킬 수도 있다. 유기체 속에는 계급투쟁과 같은 것은 아무것도 찾아볼 수 없다. 유기체의 세포나 조직은 ── 종종 국가의 구성원에 대응한다고 말해지지만 ── 영양분을 얻기 위해 경쟁할지는 모르겠으나, 다리가 머리가 되려 한다든가, 몸의 어느 다른 부분이 배가 되려고 하는 선천적인 경향은 없을 것이다. 그러므로 유기체 속에는 열린사회의 가장 중요한 특성 중의 하나인 구성원들 간의 지위 다툼에 해당되는 것이 없으므로, 소위 국가 유기체 이론은 그릇된 유추에 근거한 것이다. 반면 닫힌사회에는 그런 경향이 그리 많지 않다. 계급을 포함한 닫힌사회의 제도는 신성불가침한 금기이다. 유기체 이론은 여기에는 크게 어긋나지 않는다. 그러므로 우리 사회에 유기체 이론을 적용하려는 시도는 거의 다 부족주의로 되돌아가고자 하는 선전의 감추어진 형식이라는 것을 알아도 놀라지 않을 것이다.[7]

열린사회는 유기체적인 특성이 없으므로 점차 내가 '추상적 사회'라 부르고자 하는 사회로 될 것이다. 열린사회는 구체적이거나 실제적인 인간집단 및 그런 실제적인 집단체제가 갖는 특성은 상당히 잃어버릴 것이다. 이 점은 거의 이해되지 않고 있는데, 과장된 표현을 써서 설명하는 것이 좋을 것이다. 우리는 인간이 실제로 아무와도 대면하지 않는 사회 ── 모든 일이 타이프된 편지와 전보로 의사교환되고, 또 밀폐된 자동차로 나다니는 고립된 개인에 의해 처리되는 사회 ── 를 생각해 볼 수 있다.(인공수태는 인간적 요소가 개입되지 않는 생식까지도 허용할 것이다.) 이런 허구적인 사회가 '완벽한 추상적 사회나 비인격적 사회'라 불릴 수 있을 것이다. 이제 흥미로운 점은 우리의 현대사회가 그 양상의 여러 면에서 이런 완벽한 추상적 사회와 유사하다는 것이다. 우리가 비록 언제나 혼자서 밀폐된 자동차를 타고 다니지는 않는다 하더라도(거리에서 우리를 지나쳐 걸어가는 수천의 얼굴과 대면하지만) 결과는 우리가 그렇게 한 것과 거의 비슷하다. 즉 우리는 같은 보행자들과는 대체로 아무런 개인적 관계를 만들지 않는다. 그와 유사하게 무역협회의 회원이란 회원권을 갖고 낯모르는 서기에게 기부금을 내는 것 이상의 아무것도 의미하지 않는다. 현대사회에는 친밀한 인간적 접촉을 거의 갖지 않거나 전혀 갖지 않고 익명과 고립 속에서, 그리고 그 결과 불행 속에서 사는 사람이 많다. 왜냐하면 사회가 비록 추상화되었다고 하더라도, 인간의 생물학적 구조는 크게 변하지 않았기 때문이다. 인간은 추상적 사회에서는 만족할 수 없는 사회적 요구를 갖고 있다.

물론 우리가 그리는 그림은 이 형식에서도 매우 과장되어 있다. 완벽한 합리적 사회나 거의 합리적인 사회가 있을 수 없는 것과 마찬가지로, 완벽한 추상적 사회나 거의 추상적인 사회도 없을 것이며, 있을 수도 없다. 인간은 여전히 실제적인 집단을 형성하고, 모든 종류의 인간들과 실제적인 사회접촉을 하며, 자신의 정서적 사회적 요구를 가능한 한 충족시키고자 한다. 그러나 (운이 좋은 몇몇 가족집단을 제외하고는) 현대 열린사회의 사회집단 대부분은 불쌍한 대용물이다. 왜냐하면 그들은 공동생활을 창조하지 못했기 때문이다. 그리고 그들 중의 대다수는 사회생활에서 도대체 아무런 기능도 발휘하지 못한다.

그림이 과장된 또 다른 이유는 지금까지 장점은 아무것도 이야기하지 않고, 단지 단점만을 이야기했기 때문이다. 그러나 장점도 있다. 출생이라는 우연으로 결정되는 것 말고 자신들이 자유롭게 선택할 수 있는 새로운 인간관계가 나타난다. 그리고 이 인간관계와 아울러 새로운 개인주의가 발생한다. 그와 유사하게 정신적 결속은 생물학적 결속이나 육체적 결속이 약화된 곳에서 그 주된 역할을 할 수 있다. 그 밖에도 장점들이 있지만, 어쨌든 이러한 예들이 보다 구체적이거나 사실적인 사회집단과 대치되는 보다 추상적인 사회가 의미하는 바를 명백하게 밝혀줄 것으로 믿는다. 그리고 그것은 우리의 현재 열린사회가 교환이나 협동과 같은 추상적인 관계에 의해 상당한 기능을 한다는 것도 분명하게 해줄 것이다.(경제이론과 같은 현대 사회이론이 주로 관계하는 것은 이런 추상적 관계의 분석이다. 이 점은 뒤르켐Durkheim과 같은 대다수의 사회학자들이 이해하지 못했던 것이다. 뒤르켐은 사회란 실제적인 사회집단에 의하여 분석되어야 한다는 독단적인 신념을 결코 굽히지 않았다.)

이제까지 이야기한 것에 비추어 볼 때, 닫힌사회에서 열린사회로의 이행이란 분명히 인류가 겪은 가장 심원한 혁명 중의 하나로 기술될 수 있을 것이다. 닫힌사회의 생물학적 특성 때문에, 이 이행은 참으로 철저하게 인식되어야 한다. 그리하여 우리의 서구문화가 그리스로부터 나온 것이라는 이야기를 할 때 그것이 의미하는 바를 깨달아야만 하는 것이다. 그것이 의미하는 바는 그리스인은 우리를 위해 아직도 시작 단계에 있는 것으로 보이는 위대한 혁명, 닫힌사회에서 열린사회에로의 전환을 시작했다는 것이다.

II 닫힌사회의 붕괴와 그에 대한 반발

물론 이 혁명은 의식적으로 이루어진 것은 아니었다. 부족주의의 붕괴, 즉 그리스 닫힌사회의 붕괴는 지배계급인 지주들 사이에서 인구 증가가 문제시되기 시작한 시기까지 거슬러 올라갈 수 있을 것이다. 이것은 '유기체적' 부족주의의 종말을 뜻한다. 왜냐하면 그것은 지배계급의 닫힌사회 내부에 사회적 긴장을 조성했기 때문이다. 처음에는 이 문제에 대해 자매도시의 신설이라는 어느 정도 '유기체적인' 해결책이 나타났다.(이런 해결책이 갖는 유기체적인 특성은 식민지 개척자들을 출국시키는 데에 따른 마술적인 절차에 의해 강조되었다.) 그러나 식민지 개척이라는 이런 의식도 단지 붕괴를 지연시킬 뿐이었다. 그것은 심지어 문화적인 접촉을 야기하는 곳은 어디서나 새로운 위험지대들을 만들어냈다. 그리고 그다음에는 여기에서 아마 닫힌사회의 최악의 적이었을 상업과, 무역과 항해에 종사하는 새로운 계급이 탄생되었다. 기원전 6세기까지는 이런 발전은 낡은 생활방식의 부분적 해체에까지, 심지어는 정치적 혁명과 반동의 연속에까지 이르렀다. 그리고 이런 발전에 의해 스파르타에서처럼 무력으로 부족주의를 유지시키고 고수하려는 시도가 나타났을 뿐만 아니라, 위대한 정신적 혁명인 비판적 토론의 창안과 그 결과 마술의 속박에서 벗어난 사상의 창안까지 나타났다. 그와 동시에 우리는 새로운 불안이 나타나는 최초의 징후도 발견한다. 문명의 긴장이 느껴지기 시작하고 있었다 The strain of civilization was beginning to be felt.

이 긴장과 불안은 닫힌사회의 붕괴의 결과이다. 그것은 우리들의 시대에서도, 특히 사회변화의 시기에 여전히 느껴진다. 그것은 개방적이고 부분적으로는 추상적인 사회에서의 생활이 우리에게 계속 요구하는 노력, 즉 합리적으로 되기 위한, 적어도 우리의 감정적인 사회적 욕구를 억제하려는, 그리고 우리 자신을 돌보고 책임을 지고자 하는 노력에서 생긴 긴장이다. 우리는 이 긴장을 지식과 합리성, 협동과 상호부조가 증가되고, 그 결과 우리의 생존의 기회가 증가되며 인구가 늘어나는 대가로서 참고 견디어야 한다고 나는 믿는다. 그것은 우리가 인간답게 존재하기 위해서 지불해야 하는 대가인 것이다.

긴장은 닫힌사회의 붕괴에 의해 최초로 제기되는 계급 간의 긴장의 문제와 아주 밀접하게 관련되어 있다. 닫힌사회 자체는 이것을 문제 삼지 않는다. 적어도 닫힌사회의 지도자들에게는 노예제도, 신분제도, 그리고 계급통치는 문제시되지 않는다는 의미에서 '자연스러운' 것이다. 그러나 닫힌사회의 붕괴와 함께 이런 확신은 사라지고, 안전하다는 느낌도 모두 사라진다. 부족공동체(그리고 그 후에는 도시)는 부족 구성원들에게는 안전지대이다. 적들과 위험스럽고 적대적이기도 한 신비한 힘에 둘러싸인 부족 구성원은, 어린아이가 자신의 일정한 역할——자기가 잘 알고 있고, 잘 해낼 수 있는 역할——을 하는 자기 가족과 가정을 경험하는 것과 같이, 부족공동체를 경험한다. 계급문제와 사회적 지위에 대한 다른 문제들이 나타나는 닫힌사회의 붕괴는, 심각한 가정불화와 가정의 파탄이 어린아이에게 미치기 쉬운 영향과 똑같은 영향을 사람들에게 미쳤을 것이 틀림없다.[8] 물론 이런 종류의 긴장은 특권계급이 겪었던 것으로, 그들은 이전에 압박받던 자들에 의해 보다 강력한 위협을 받고 있었다. 그러나 옛날에 압박받던 자들조차도 편안하지는 못했다. 그들 또한 그들의 '자연스러운' 세계가 붕괴되는 데에 경악했던 것이다. 그리고 그들은 투쟁을 계속했지만 종종 전통과 현상유지 status quo와 높은 교육수준과 자연스러운 권위의 감정으로 지탱되던 그들의 계급적인 적에 대해 승리를 거두는 것을 주저했다.

이런 관점에서 우리는 이런 발전을 성공적으로 저지시켰던 스파르타의 역사를 이해해야 하고, 민주주의를 주도한 아테네의 역사를 이해하도록 해야 한다.

닫힌사회의 가장 강력한 붕괴요인은 아마 해상교통과 상업의 발달일 것이다. 다른 부족과의 밀접한 접촉은 부족제도가 필요하다는 감정을 뿌리째 흔들기 마련이다. 그리고 무역과 상업의 주도권은 부족주의가 우세한 사회에서도 개인의 주도권과 독립이 주장될 수 있는 몇몇 형태 중의 하나인 듯하다.[9] 항해와 상업, 이 둘은 기원전 5세기에 발전된 아테네 제국주의의 특징이 되었다. 그리고 그것들은 사실상 과두정치 독재자나 아테네의 현재나 예전의 특권층에 속하는 자들이 가장 위험시한 발달이었다. 아테네의 무역, 화폐중상주의, 해군정책 및 민주주의적 경향은 모두 하나의 단일한 운동의 부분들이라는 것과, 민주주의를 쳐부수려면 악을 뿌리째 뽑고, 해군정책과 제국을 파멸시키지 않고서는 불가능하다는 것을 그들은 분명히 알게 되었다. 그러나 아테네의 해군정책은 항구들, 특히 상업의 중심지이며 민주정당의 근거지인 피라에우스에 근거를 두었으며, 전략상으로는 아테네를 요새화한 성벽에, 그리고 나중에는 피라에우스와 팔레룸의 항구와 아테네를 연결하는 장성(長城)에 근거를 두고 있었다. 따라서 한 세기가 넘도록 제국과 함대, 항구와 성벽은 민주주의의 상징이며 민주주의의 원동력으로서, 아테네의 과두정치파들이 언젠가는 처부수고자 증오했던 것이다.

이러한 발전의 증거는 투키디데스의 『펠로폰네소스 전쟁사 History of the Peloponnesian Wars』나, 아테네의 민주주의와 통제된 스파르타의 과두정치적인 부족주의와의 기원전 431~421년과 419~403년에 걸친 두 번의 대전쟁에서 많이 찾아볼 수 있다. 투키디데스의 책을 읽을 때는 투키디테스가 그의 조국 아테네를 편든 것이 아님을 잊어서는 안 된다. 분명히 그는 전쟁 동안 적과 내통한 아테네 과두정치 클럽의 급진파에는 속하지 않았지만, 과두정치 정당의 당원이었음은 확실하며, 그를 추방했던 아테네 인민, 즉 민중의 친구는 결코 아니었으며, 또한 아테네 제국주의적 정치의 지지자도 아니었다.(나는 역사상 어느 누구보다도 위대하다고 할 수 있는 역사가 투키디데스를 헐뜯으려는 것이 아니다. 그러나 아무리 그가 사실을 정확하게 잘 기록했다 하더라도, 그리고 아무리 그가 공평하고자 부심했다 하더라도, 그의 논평과 도덕판단은 어떤 해석, 즉 하나의 관점을 나타내고 있다. 그리고 그의 이런 관점에 우리가 동조할 필요는 없다.) 먼저 나는 펠로폰네소스 전쟁이 터지기 반세기 전, 기원전 482년의 테미스토클레스의 정책을 기술한 구절에서 인용하겠다. "테미스토클레스도 피라에우스를 완성하라고 국민들을 설득했다. 그는 아테네가 바다에 면해 있기 때문에 제국 건립의 절호의 기회가 왔다고 생각했다. 그는 감히 바다도 영토로 만들어야 한다고 한 최초의 인물이다……."[10] 그 후 25년 후에 "아테네인들은 바다에 이르는 장성을 쌓았으며, 한쪽은 팔레룸 항구까지 다른 한쪽은 피라에우스에까지 이어졌다."[11] 그러나 이때, 펠로폰네소스 전쟁이 일어나기 26년 전에, 과두정치 정당은 이런 발전이 무엇을 의미하는지를 충분히 알게 되었다. 투키디데스는 그들이 가장 심한 배반을 당하고도 위축되지 않았다고 기술하고 있다. 과두정치 독재자들에게 때때로 그런 일이 일어나듯이, 계급 이익이 그들의 애국심을 뺏어버렸다. 적의에 찬 스파르타의 원정군이 아테네의 북부에서 작전을 개시하였는데, 이것을 기회로 그들은 스파르타와 공모하여 조국을 배반하기로 결심하였다. 투키디데스의 기록에 의하면 "어떤 아테네인들은 그들(즉 스파르타인들)이 민주주의와 장성 축조를 종결시킬 것이라는 희망에서 in the hope that they would put an end to the democracy 그들에게 비밀리에 협정을 제의했다. 그러나 다른 아테네인들은……그들의 계획은 민주주의에 위배된다고 여겼다." 그러므로 충성스러운 아테네 시민들은 스파르타인과 대적했지만 패하고 말았다. 그러나 아테네인들은 적이 그들의 고국에서 5열종대를 이루어 진열을 가다듬을 수 없을 정도로 그들을 충분히 약화시킨 것으로 보인다. 몇 개월 후 장성은 완성되었으며, 그 완성은 해군의 대권을 장악하는 한 민주주의는 안전을 누릴 수 있다는 것을 의미하였다.

이 사건은 펠로폰네소스 전쟁이 일어나기 26년 전에조차 아테네의 계급상황에 긴장이 있었음을 설명하는 데 도움을 준다. 펠로폰네소스 전쟁 동안 상황은 더욱 악화되었다. 그것은 또한 파괴적이고 친스파르타적이던 과두정치 정당이 이용했던 방법을 설명하는 데도 도움이 된다. 특기해야 할 것은 투키디데스가 다른 곳에서는 계급투쟁과 당파정신을 가장 강력하게 비난하면서도 그들의 반역을 그저 지나가는 식으로만 언급하며, 그들을 책망하지 않는다는 점이다. 다음에 인용하는 구절들은 기원전 427년 코르키라 혁명에 관한 일반적인 성찰이다. 그것은 첫째로는 계급상황에 대한 탁월한 기술이라는 점과, 둘째로는 그가 코르키라의 민주주의자들측에 나타난 배반의 경향을 기술하고자 했을 때 사용한 격렬한 단어들을 ㄱ대로 보여준다는 점에서 흥미롭다.(ㄱ에게 공정성이 결여되어 있었다는 판단을 내리기 위해 우리는 전쟁 초기에는 코르키라도 아테네의 민주적 동맹의 하나였으며, 반란은 과두정치파들에 의해 일어났다는 것을 기억해야 한다.) 더욱이 그 구절은 일반적인 사회붕괴에 대한 감정을 탁월하게 나타내 준다. "그리스 세계는 거의 다 동요하고 있었다. 국가마다 민주주의 지도자들과 과두정치 정당의 지도자들이 전자는 아테네인들을 끌어들이고 후자는 라케다이몬인을 끌어들이기 위해 힘겨운 노력을 하고 있었다.……당의 결속은 피의 결속보다 진했다.……양측의 지도자들은 한쪽에서는 다수의 헌법상의 평등을 주장하는가 하면, 다른 쪽에서는 귀족의 지혜를 옹호한다고 선언하면서 허울 좋은 말만 내세웠다. 그러나 실제로 그들은 공익에 대한 헌신을 공언하면서도 공익을 대가로 지불했다. 그들은 서로 보다 나은 것을 차지하기 위해 상상할 수 있는 모든 수단을 동원했으며, 가장 극악무도한 죄악을 저질렀다.……이러한 혁명 때문에 그리스 세계에는 모든 형태의 사악함이 나타났다.……도처에서 불의의 적의가 횡행했다. 적들을 화해시킬 만큼 구속력 있는 말도, 두려운 맹세도 없었다. 모든 사람은 확실한 것이 아무것도 없다는 확신만을 갖고 있었다."[12]

아테네 과두정치파들이 스파르타의 원조를 받아 장성 축조를 중단하려 한 시도의 완전한 의미는, 이런 반역적인 태도가 한 세기가 더 지나서 아리스토텔레스가 『정치학』을 쓰던 때에도 변화되지 않았다는 것을 인식할 때 이해될 수 있을 것이다. 『정치학』에서 아리스토텔레스는 과두정치 서약이 "지금 대유행이다."라고 말한다. 그 맹세는 이런 식으로 되어 있다. "나는 민중의 적이 될 것을, 그리고 그들에게 사악한 충고를 하기 위해 최선을 다할 것을 맹세한다!"[13] 이런 태도를 기억하지 않고서 그 시대를 이해할 수 없다는 것은 명백하다.

나는 앞에서 투키디데스 자신은 반민주주의자였다는 것을 언급했다.

이것은 그가 아테네 제국을 묘사한 것과, 여러 그리스 국가들이 아테네 제국을 어떻게 증오했던가를 고려해 보면 분명해진다. 아테네 제국을 지배하는 아테네인의 통치는 전제정치보다 나을 것이 없었으며, 모든 그리스 부족들이 두려워했던 것이라고 그는 말하고 있다. 펠로폰네소스 전쟁의 발발에 대한 여론을 묘사하는 데서도 그는 스파르타에 대해서는 미온적인 비판을 하면서 아테네의 제국주의에 대해서는 심한 혹평을 했다. "민중의 전반적인 감정은 강력하게 라케다이몬 편이었다. 왜냐하면 그들은 그리스 세계의 해방자들이라고 주장했기 때문이다. 국가들과 개인들은 그들을 돕기에 열심이었다.……그리고 아테네인들에 대한 전반적인 분노는 격렬했다. 어떤 사람들은 아테네로부터 해방되기를 열망했고, 어떤 사람들은 아테네의 지배하에 떨어질까 두려워했다."[14] 가장 재미있는 것은 아테네 제국에 대한 이 판단이 다소간 '역사'의, 즉 대부분의 역사학자들의 공식적인 판단이 되어왔다는 점이다. 철학자들이 플라톤의 관점에서 해방되는 것이 어렵다는 것을 알게 되듯이, 역사학자들도 투키디데스의 관점에 얽매여 있는 것이다. 그 한 예로 마이어(이 시기에 대한 가장 권위 있는 독일인 역사학자이다.)를 들 수 있다. 그가 "교육받은 그리스 세계의 동정은……아테네에서 떠났다."[15]고 했을 때, 그는 단지 투키디데스를 반복하고 있을 뿐이다.

그러나 그러한 진술은 반민주주의적 관점을 나타낸 것에 불과하다. 투키디데스에 의해 기록된 많은 사실들은, 예를 들면 민주주의 정당지도자들과 과두정치 정당지도자들의 태도를 묘사하고 있는 인용절에서와 같이 스파르타가 그리스인들 사이에서 인기가 있었던 것이 아니라, 단지 과두정치파들, 마이어가 아주 멋들어지게 표현했던 것처럼 "교육받은" 자들 사이에서만 인기가 있었을 뿐임을 보여준다. 마이어까지도 "민주주의적 경향을 가졌던 군중은 여러 지역에서 아테네의 승리를 바랐다는 것"[16]을 인정하고 있으며, 투키디데스의 해설에는 민주주의자들과 억압받던 자들 사이에서는 아테네가 인기 있었음을 증명하는 많은 예증이 포함되어 있다. 그러나 누가 교육받지 못한 군중의 의견에 귀를 기울일 것인가? 투키디데스와 '교육받은' 자들이 아테네가 압제자라고 단언했을 때 아테네는 압제자였던 것이다.

가장 흥미로운 것은 로마가 세계제국의 건설이라는 위업을 이룩했기 때문에 로마에 환호성을 보내는 그 역사가들이, 아테네가 보다 나은 무엇을 이룩하고자 시도했기 때문에 아테네를 비난한다는 것이다. 아테네가 패한 곳에서 로마가 성공했다는 사실은 이런 태도에 대한 흡족한 설명이 아니다. 역사가들은 실제로 아테네의 실패 때문에 아테네를 비난하는 것이 아니다. 그들은 아테네의 시도가 어쩌면 성공했을지도 모른다는 바로 이 생각을 몹시 혐오하기 때문이다. 그들이 믿는 바로는 아테네는 무자비한 민주주의 정치였으며, 교육을 받지 못한 자들에 의해 통치되던 곳이다. 그리고 교육받지 못한 자들이 교육받은 자들을 증오하고 억눌렀으며, 교육받은 자들은 또 교육받지 못한 자들을 증오했다. 그러나 이런 견해 — 민주 아테네의 문화적 불관용의 신화 — 는 주지의 사실들에 대한, 무엇보다도 이 특정 시기에 아테네의 경이로운 정신적 생산력에 대한 무의미한 주장일 뿐이다. 마이어까지도 이런 정신적 생산력은 인정하지 않으면 안 되었다. 그는 특유의 겸손으로 "이 십 년 동안에 아테네가 생산한 것은 독일문학의 황금기 수십 년 동안에 생산된 것과 맞먹는다."[17]고 말한다. 이 당시 아테네의 민주주의 지도자였던 페리클레스가 아테네를 "그리스 세계의 학교"라고 했을 때, 그는 더욱 정당하게 보았던 것이다.

나는 아테네가 제국을 건설하면서 행한 모든 것을 옹호할 의사는 조금도 없으며, 이유 없는 공격(그런 것이 있었다면)이나 야만적인 행동을 옹호하고자 하는 것도 분명 아니다. 또한 더욱이 아테네의 민주주의가 노예제도에 바탕을 두고 있었다는 것도 잊지 않고 있다.[18] 그러나 나는 부족주의적 배타성과 자급자족은 단지 제국주의의 어떤 형태에 의해서만 대체될 수 있다는 것을 알 필요가 있다고 믿는다. 그리고 아테네에 의해 도입된 제국주의의 어떤 조치는 보다 자유로웠다고 해야 할 것이다. 가장 흥미로운 한 예는, 아테네가 기원전 405년에 그의 동맹국인 이오니아 군도의 사모스에 다음과 같이 제의한 일이다. "지금부터 사모스인들은 아테네 시민이 되어야 한다. 그리고 두 도시는 한 국가가 되어야 한다. 그리고 사모스인들은 그들의 내부문제들을 그들이 선택한 대로 정리하고 그들의 법률을 그대로 유지할 것이다."[19] 다른 예로는 아테네가 그 제국에 세금을 부과한 납세제도이다. 이 세금이나 조공에 대해서는 많은 논의가 있었는데, 대부분 약소국가를 착취하는 파렴치하고 포악한 방법이었던 것처럼 기술되어 왔다. 나로서는 이것이 정당하지 못한 기술이라고 믿는다. 이 세금이 갖는 의미를 평가해 보기 위해서, 우리는 물론 세금의 대가로 아테네 함정의 보호를 받던 무역의 규모와 그 세금을 비교해 보아야 할 것이다. 투키디데스에게서 얻을 수 있는 유용한 정보에 의하면, 기원전 413년에 아테네인들은 그의 동맹국들에게 "조공 대신에 해상무역에 의한 모든 수출입품에 5%의 세금을 부과했으며, 그들은 이러한 방식이 더 많은 이익을 가져올 것으로 생각했다."[20] 내가 믿는 바로는 전쟁의 심각한 긴장하에서 채택된 이 조치는 로마의 중앙집권화적 방법과 거의 맞먹는 것이었다. 아테네인들은 이런 조세방법으로 동맹국의 무역발전에 관심을 갖게 되었으며, 그리하여 그 제국 성원들의 우수성과 독립에도 관심을 갖게 되었다. 원래 아테네 제국은 동등한 연맹에서 발전된 것이다. 몇몇 아테네 시민들로부터 공공연하게 비판되었던 아테네의 일시적인 지배에도 불구하고(아리스토파네스의 『리시스트라타 Lysistrata』를 참조하시오.) 아테네의 무역발전에 대한 관심 때문에, 언젠가는 어떤 종류의 연방 체제가 나타났을 것으로 보인다. 적어도 아테네의 경우에는, 로마가 문화적 재산들을 제국에서 로마 시로 '이송하는' 것과 같은 약탈 방법은 없었다. 그리고 명예정치에 대해 어떠한 반박을 한다 하더라도, 그것은 약탈

자의 통치보다는 나은 것이다.[21]

아테네 제국주의를 옹호하는 이런 견해는, 스파르타기 해외문제를 다루던 방법과 비교함으로써 지지될 수 있을 것이다. 스파르타의 해외정책은, 모든 변화를 억제시키고 부족주의로 되돌아가고자 하는 스파르타의 정책을 주도해 온 궁극적인 목적에 의해 결정되었다.(내가 뒤에서 주장하는 바와 같이, 이것은 불가능한 일이다. 일단 잃어버린 순수성은 다시 회복될 수 없으며, 인위적으로 통제된 닫힌사회나 교화된 부족주의는 순수한 상태의 그것과는 같을 수 없다.) 스파르타 정치의 원칙은 이러하다. (1) 스파르타의 통제된 부족주의의 보호 : 부족 금기의 엄격성을 위태롭게 할지도 모를 모든 외국의 영향을 배척한다. (2) 반인도주의 : 특히 모든 평등주의적, 민주주의적, 개인주의적 이념들을 배척한다. (3) 자급자족 : 무역에서 독립적이 된다. (4) 반보편주의 혹은 지방주의 : 자신의 부족과 다른 부족 사이의 차이점을 견지하고, 열등종족과 섞이지 않는다. (5) 지배권 : 이웃을 지배하고 노예화한다. (6) 그러나 너무 비대한 국가는 되지 않는다 : "도시국가는 그 통일성을 손상하지 않는 범위 내에서만"[22] 특히 보편적인 경향을 도입할 위험이 없는 범위에서만 성장해야 한다. 이 여섯 개의 주요 경향을 현대 전체주의의 경향과 비교해 본다면, 단지 마지막 것만 제외하고는 근본적으로 일치한다는 것을 알 수 있을 것이다. 그 차이는 현대 전체주의는 제국주의적 경향을 지닌 것으로 나타난다고 하면 설명될 것이다. 그러나 이러한 제국주의는 관대한 보편주의의 요소는 전혀 갖고 있지 않으며, 현대 전체주의자들의 세계지배의 야망은, 말하자면 그들의 뜻과는 달리 그들에게 부과되어 있는 것이다. 여기에는 두 가지 요인이 작용한다. 첫째는 모든 전제정치가 적으로부터 국가(또는 국민)를 구출함으로써 그 존립을 정당화하려는 일반적인 경향이다. 옛날의 적들이 깨끗이 진압되었을 때는 언제나 새로운 적들을 만들어내든지 끌어다 붙여야만 하는 경향이다. 두 번째 요인은 긴밀한 연관성을 지닌 전체주의적 강령의 (2)와 (5)를 실현하고자 하는 의도이다. (2)에 의하면, 인도주의는 막아야만 하는 것인데, 너무나 보편화되었으므로, 국내에서 그것과 효과적으로 싸우기 위해서는 전 세계적으로 그것을 파괴하지 않으면 안 된다. 그러나 우리의 세계는 너무 좁아져서 모든 사람이 이제 이웃이 되었으므로, (5)를 실행하기 위해서는 모든 사람들이 다 지배를 받아야 하고, 노예화되어야만 한다. 그러나 옛날에는, 스파르타처럼 지방주의를 채택한 자들에게는 그리스 도시국가의 공화국으로, 그리고 어쩌면 인류의 보편적 제국으로까지 발전하려는 내적 경향을 띠고 있는 아테네 제국주의보다 더 위험스러운 것은 없었을 것이다.

이제까지의 분석을 정리해 보면, 그리스 부족주의의 붕괴로 빚어진 정치적, 정신적 혁명은 펠로폰네소스 전쟁의 발발과 함께 기원전 5세기에 그 절정에 달한다고 할 수 있다. 그것은 광포한 계급투쟁으로, 또한 동시에 그리스의 두 지도적 국가 간의 전쟁으로 발전되었다.

III 선조의 나라로 돌아가라

그러나 투키디데스같이 뛰어난 아테네인들이 이런 새로운 발전에 반발하는 입장을 취한 사실은 어떻게 설명해야 할 것인가? 나는 계급의 이익이 그에 대한 충분한 설명이라고는 믿지 않는다. 왜냐하면, 우리는 항상 그런 것은 아니지만 많은 야심 있는 젊은 귀족들이 능동적으로 민주당원이 된 반면, 가장 사려 깊고 재능이 뛰어났던 몇몇 사람들은 그런 매력에 저항했다는 사실을 설명해야 하기 때문이다. 주요한 점은 열린사회가 이미 존재하고 있었지만, 그리고 실제적으로는 열린사회가 새로운 평등주의적 생활기준이라는 새로운 가치를 발전시키고 있었지만, 특히 '교육받은' 자들에게는 여전히 뭔가 모자라는 것이 있었다는 점이다. 열린사회의 새로운 신념, 그 유일한 가능적 신념인 인도주의는 주장되기 시작한 것이지, 아직은 공식화되지는 않았던 것이다. 사람들은 당분간 계급투쟁과 과두정치 독재자들의 반동에 대한 민주주의자들의 두려움과 그리고 더욱더 발전되는 혁명의 위협 정도 이상은 알 수 없었다. 그러므로 이런 발전에 대한 반동은 전통과 옛 덕목을 지키고자 하는 호소와 옛 종교 같은 많은 것들과 손을 잡고 있었다. 이런 경향은 대다수 사람들에게 감정적으로 호소력이 있었고, 그러한 인기는 하나의 운동을, 스파르타인들과 그들의 과두정치파 친구들이 자신들의 목적을 위해 지도하고 이용하였지만 아테네에서조차 정직한 자들이 대거 참여했음에 틀림이 없는 하나의 운동을 일으켰다. 이 운동의 구호인 "우리 선조의 나라로 돌아가라."나 "옛날 아버지의 나라로 돌아가라."에서 '애국자'라는 말이 나온다. 이 '애국적' 운동을 지지한 자들에게 퍼졌던 신념이, 민주주의자들에 대항하는 지지세력의 확보를 위해서는 적들에게 자신의 국가를 넘기는 것도 주저하지 않았던 저 과두정치 독재자들에 의해 크게 악용되었다는 것은 거의 말할 필요도 없다. 투키디데스는 '조국'을 회복하기 위한 운동의 대표적인 지도자 중 한 사람이었다.[23] 그는 비록 극단적인 반민주주의자들의 반역적 행위를 지지하지는 않았다 할지라도, 그들의 기본적인 목표 —— 사회변화의 억제와 아테네 민주주의의 보편적 제국주의와 그 권력의 도구이며 상징인 해군, 성벽, 상업에 대한 싸움 —— 에 대한 자신의 공감을 숨길 수는 없었다.(상업에 관한 플라톤의 이론에서 보면, 중상주의의 공포가 얼마나 컸던가 하는 것에 주목하는 것은 흥미로울 것이다. 스파르타의 왕 리산드로스가 기원전 404년 아테네를 정복한 후, 위대한 전리품과 함께 돌아왔을 때, 스파르타의 '애국자들', 즉 '조국'을 회복하기 위한 운동대원들은 금의 유입을 막고자 했다. 끝내는 금의 유입이 허용되긴 했지만 국가의 소유로 한정되었고, 귀금속을 소유하다 적발되면 누구에게든 가차 없이 중형을 내렸다. 플라톤의 『법률』에 아주 비슷한 절차가 옹호되고 있다.[24])

'애국적' 운동이 부분적으로는 보다 안정된 생활양식과 종교, 품위, 법과 질서로 돌아가고 싶은 열망의 표현이었다 하더라도, 그 자체로는 도덕적인 부패였다. 애국운동의 옛 신념은 상실되고, 종교적 감정의 위선적이고 심지어는 냉소적인 착취로 거의가 대체되었다.[25] 플라톤이 칼리클레스와 트라시마코스의 초상에서 그렸던 것과 같이, 기회만 있었다면 민주적 정당의 지도자가 되었을 젊은 '애국적인' 귀족들 사이에는 어느 곳에서나 허무주의를 찾아볼 수 있었다. 이 허무주의의 가장 뚜렷한 대표자는 아마 플라톤의 삼촌이고, 30명의 참주 중 지도자였으며, 아테네에 치명적인 타격을 가한 과두정치 지도자 크리티아스일 것이다.[26]

　그러나 이 당시 투키디데스가 속한 세대에서, 이성에 대한 새로운 신념과 모든 인간의 자유와 형제애가 싹튼 것이다. 내가 믿는 바로는, 이 신념은 열린사회에 대한 새로운 신념이며, 유일하게 가능한 신념이다.

IV 위대한 세대

　인류 역사에서 하나의 전환점을 마련한 이 세대를 나는 '위대한 세대'라고 부르고자 한다. 이 세대는 펠로폰네소스 전쟁 직전과 그 전쟁 중에 살던 세대이다.[27] 그들 중에는 소포클레스나 투키디데스 같은 위대한 보수주의자들도 있었다. 그들 가운데는 전환기를 대변하는 자들, 즉 에우리피데스 같이 동요했던 자들이나, 아리스토파네스처럼 회의적이었던 자들도 있었다. 그러나 역시 법률 앞에서의 평등과 정치적 개인주의의 원리를 확립했던 페리클레스도 있었으며, 이런 원리들을 찬양한 작품의 저자로서 페리클레스의 국가에서 환영과 찬미를 받았던 헤로도토스도 있었다. 아브데라 출신으로 아테네의 유력자가 된 프로타고라스와 그의 동향인 데모크리토스 또한 위대한 세대의 인물로 간주되어야 한다. 그들은 언어와 관습과 법률에 관한 인간의 제도들이란 금기의 마술적 특성을 가진 것이 아니라 인간이 만든 것이며, 자연적인 것이 아니라 관습적인 것이라는 원리를 확립하고, 그와 동시에 우리 자신이 그것들에 대한 책임도 져야 한다는 것을 주장했다. 그 당시에 알키다마스, 리코프론, 안티스테네스 등으로 구성된 고르기아스 학파가 있었는데, 그들은 반노예제와 합리적인 보호주의 및 반민족주의의 기본적 교리, 즉 인류 보편제국의 신조를 발전시켰다. 그리고 가장 위대하다고 할 수 있는 소크라테스가 있었는데, 그는 다음과 같은 것들을 가르쳤다. 우리는 인간의 이성에 대한 신념을 가져야 하지만, 동시에 독단주의는 조심하지 않으면 안 된다. 우리는 이론과 이성에 대한 불신을 멀리해야 하며, 또한 지혜의 우상을 만들어내는 마술적 태도를 멀리해야 한다.[28] 다른 말로 표현하자면, 그는 과학의 정신이 비판이라는 것을 가르쳤던 것이다.

지금까지 나는 페리클레스에 관해서는 별로 이야기하지 않았고 데모크리토스에 관해서는 전혀 이야기한 바가 없었으므로, 새로운 신념을 예증하기 위해서 그들 자신의 말을 몇 마디 인용하는 것이 좋을 것 같다. 먼저 데모크리토스의 말부터 들어보자. "우리는 두려워해서가 아니라 옳다는 생각에서 나쁜 짓을 삼가해야 하는 것이다.……덕의 기초는 무엇보다 타인을 존경하는 데 있다.……만인은 그 자신이 소유주이다.……우리는 불의로 고통받는 자들을 최대한으로 도와야 한다.……선하다는 것은 나쁜 짓을 하지 않는 것이며, 또한 나쁜 짓을 하고 싶어 하지 않는 것이다.……중요한 것은 말이 아니라 선한 행위이다. 민주정치하에서의 가난이 귀족정치나 군주정치에 수반된다고 보통 주장되는 번영보다 낫다. 그것은 자유가 노예보다 좋은 것과 같은 이치이다. 현자는 모든 나라에 속한다. 왜냐하면 위대한 영혼의 집은 전 세계이기 때문이다." 진정한 과학자를 가리키는 이 말도 그가 한 말이다. "페르시아의 왕이 되기보다는 차라리 단 하나의 인과법칙을 발견하고 싶다."[29]

그들의 인도주의적이고 보편주의적인 강조 가운데서 데모크리토스의 이런 단편 몇 가지는, 비록 시기적으로는 그 이전이지만, 플라톤에 반대해서 제기된 것같이 들린다. 그와 똑같은 인상이 『국가』가 쓰이기 적어도 반세기 전에 행해진 페리클레스의 유명한 추도연설에서 훨씬 더 강렬하게 느껴진다. 나는 6장에서 평등주의를 논의할 때 이 연설의 두 문장을 인용했지만,[30] 그 정신의 보다 뚜렷한 인상을 나타내기 위해 여기서 몇 구절을 더 인용하는 것이 좋을 것 같다. "우리의 정치체제는 다른 곳에서 시행되고 있는 제도와 경쟁하지 않는다. 우리는 우리의 이웃을 모방하지 않고, 하나의 표본이 되고자 한다. 우리의 행정은 소수 대신에 다수를 옹호한다. 이것이 민주주의라 불리는 이유이다. 법률은 개인들의 사적인 분쟁에서 모든 사람에게 동등한 정의를 행사한다. 그러나 우리는 탁월한 자의 주장을 무시하지 않는다. 어떤 시민이 뛰어나면, 그는 다른 사람에 앞서서 국가에 봉사하도록 요청된다. 그러나 그것은 특권으로서가 아니라 그의 장점에 대한 보상일 뿐이다. 가난은 아무런 장애도 되지 않는다.……우리가 향유하는 자유는 일상적인 생활에까지 확장된다. 우리는 서로를 의심하지 않으며, 우리의 이웃이 그들 자신의 길을 선택한다면 그를 성가시게 하지 않는다.……그러나 이러한 자유가 무법적인 상태를 허용하는 것은 아니다. 우리는 행정장관들과 법률을 존중하도록 배우며, 피해 입은 자에 대한 보호를 잊지 않도록 배운다. 그리고 우리는 역시, 그 강제력이 옳다고 느끼는 보편적 감정에서만 존재하는, 불문율을 준수할 것도 배운다…….

우리 국가는 세계에 개방되어 있다. 우리는 결코 외국인을 추방하지 않는다.……우리는 우리가 좋아하는 대로 살 수 있는 자유가 있으며, 그렇지만 언제나 위험에 대처할 준비가 되어 있다.……우리는 아름다움을 사랑하되 환상에 빠지지 않으며, 우리의 지성을 향상시키고자 하지만, 그것이 우리의 의지를 약화시키지는 않는다.……자신의 가난을 인정하는 것은 우리에게 아무런 불명예도 되지 않는다. 그러나 가난을 면하고자 노력하지 않는 것은 불명예로 간주한다. 아테네 시민은 개인적인 사업에 몰두할 때에도 공무를 게을리 하지 않는다.……우리는 국가에 관심이 없는 자들을 무해한 인물로 간주하는 것이 아니라 쓸모없는 인물로 생각한다. 그리고 비록 소수의 사람만이 정책을 발의할 수 있다 해도, 우리 모두는 그것을 비판할 수 있다 although only a few may originate a policy, we are all able to judge it. 우리는 논의를 정치적 행위에 대한 장애물로 보지 않고, 현명한 행위를 위한 하나의 불가피한 예비행위로 본다.……우리는 행복은 자유의 열매이고, 자유는 용기의 열매라 믿으며, 전쟁의 위험에 위축되지 않는다.……종합적으로 말한다면, 나는 아테네는 그리스 세계의 학교이며, 모든 아테네의 개개인은 적절한 재능을 기르고 위기에 대처하며 자립적일 수 있도록 성장해야 한다는 것을 주장하는 바이다."[31]

이런 말들은 아테네에 대한 단순한 찬사가 아니라, 위대한 세대의 정신을 표현한 것이다. 이러한 말들은 위대한 평등주의적 개인주의자의 정치강령을 정식화한 것이며, 민주주의란 '국민이 지배해야 한다'는 무의미한 원리에 의해서는 철저히 규명될 수 없고, 이성과 인도주의적 신념에 기초해야 한다는 것을 잘 이해하고 있는 민주주의자의 정치강령을 정식화한 것이다. 그와 동시에 그것은 진정한 애국심의 표현이며, 하나의 표본을 창조하는 것을 그 과업으로 삼는 국가에 대한 정당한 긍지의 표현인 것이다. 우리가 다 아는 바와 같이 그 국가는 그리스 세계의 학교가 되었을 뿐 아니라, 과거 몇 천 년 동안 그리고 앞으로 올 몇 천 년 동안 인류의 학교가 되었다.

페리클레스의 연설은 단순히 강령인 것만이 아니다. 그것은 또한 방어요, 어쩌면 공격이기도 하다. 그것은 내가 이미 암시한 바와 같이, 플라톤에 대한 직접적인 공격으로 보인다. 나는 그것이 스파르타의 통제된 부족주의를 겨냥했을 뿐만 아니라 국내의 전체주의적 파당이나 '연맹',

즉 조국 회복 운동과 아테네의 "라코니아 동지회"(곰페르츠가 1902년에 그들을 그렇게 불렀다.[32])를 겨냥했다는 것을 의심치 않는다. 그 연설은 이런 종류의 운동에 저항해서 작성된 가장 최초의 진술인 동시에[33] 아마 가장 강력한 진술일 것이다. 그 중요성을 감지한 플라톤은 반세기 후에 페리클레스의 연설을 민주주의를 공격한 『국가』[34] 구절들에서, 그리고 『메넥세노스』 혹은 '추도연설 the Funeral Oration'[35]이라 불리는 대화편인 공공연한 풍자시에서, 희화적으로 그려놓았다. 그러나 페리클레스가 공격한 라코니아의 동지들은 플라톤보다 훨씬 이전에 공격해 왔다. 페리클레스의 연설이 있은 후 불과 오륙 년이 지나서 『아테네의 정치체제 Constitution of Athens』[36]라는 소책자가 무명의 저자에 의해 발간되었다. 이 저자는 아마도 지금은 보통 '원로과두정치가 Old Oligarch'라 불리는 크리티아스일 것이다. 이 교묘한 소책자는 정치이론에 관한 현존하는 최고의 논문인 동시에, 아마 지적 지도자가 인류를 유기한 최고의 기념비일 것이다. 그것은 의심할 여지 없이 아테네의 최고 수뇌부의 한 사람이 쓴 것으로, 아테네에 대한 무자비한 공격이다. 그 중심 사상은 투키디데스와 플라톤의 신조가 된 사상으로, 해군 제국주의와 민주주의 사이의 긴밀한 연관성에 관한 것이다. 그리고 그것은 두 세계 사이의 투쟁에는, 즉 민주정치 세계와 과두정치 세계 사이의 투쟁에는 어떠한 타협도 있을 수 없으며,[37] 무자비한 폭력과 외부 동맹군(스파르타)의 간섭을 포함한 온갖 조치를 이용함으로써만 이 신성치 못한 자유의 지배를 종식시킬 수 있다는 것을 나타내고자 한다. 이 주목할 만한 소책자는, 공개적이든 은밀하게든 똑같은 논제를 오늘날까지도 다소간 반복해 온, 수많은 정치철학적 작품 중 최초의 것이 되었다. 자기 스스로가 개척하면서 미지의 미래로 향한 험난한 길을 가야만 하는 인류를 도우려고 하지도 않고 또 도울 수도 없으면서, 몇몇 '교육받은' 자들은 인류를 과거로 되돌아가게 만들려고 했다. 새로운 길을 인도해 갈 능력이 없으므로, 그들은 단지 자유에 대한 영속적인 반항 perennial revolt against freedom의 지도자가 될 뿐이었다. 그들은 인간에 대한 신념과 인간 이성과 자유에 대한 신념을 고취하는 단순하고 일상적인 관용을 베풀 수 없는 (소크라테스의 말을 빌리자면) 인간 혐오자이자 이론 혐오자였으므로, 그들로서는 평등에 대한 투쟁을 통해 그들의 우월성을 강조하는 것이 보다 더 필요하게 되었다. 이런 판단은 귀에 거슬릴지 모르나, 위대한 세대 이후, 특히 소크라테스 이후에 나타난 저 자유에 대한 반항의 지적 지도자들에게 적용해 본다면, 이것은 정당하다. 이제 우리는 우리의 역사적 해석을 배경으로 하여 그들을 살펴볼 수 있을 것이다.

철학 자체의 발생은 닫힌사회와 그 사회의 마술적 신념의 붕괴에 대한 하나의 반응으로 해석될 수 있다고 생각된다. 그것은 상실된 마술적 신념을 합리적인 신념으로 대체하려는 시도이다. 그것은 새로운 전통 ── 이론과 신화에 도전하며 또 그것을 비판적으로 논의하는 전통[38] ──을 세움으로써 과거의 전통을 수정한다.(한 가지 의미심장한 것은 이러한 시도가 새로운 신비적 종교로서 상실된 통일감을 대체코자 했던 소위 오르픽 종파Orphic sects의 전파와 때를 같이 하는 점이다.) 가장 최초의 철학자들인, 세 사람의 위대한 이오니아인과 피타고라스는 그들이 반응하고 있던 자극에 대해서는 거의 알아채지 못했을 것이다. 그들은 사회혁명의 대표자이기도 했고, 무의식적인 반대론자이기도 했다. 그들이 학파나 종파나 교단, 즉 이상화된 부족집단을 모델로 하여 공동생활과 공동활동을 하는 보다 구체적인 집단을 만들었다는 사실은 그들이 사회의 개혁자였다는 것을 증명하며, 그러므로 그들이 사회적 요구에 반응하고 있었다는 것을 증명한다. 그들이 헤시오도스와 같이 운명과 쇠퇴의 역사주의적 신화를 만들어냄으로써가 아니라,[39] 비판과 토론의 전통과 더불어 합리적 사고의 기술을 창안함으로써 이런 요구와 그들 자신의 무상의 감정에 대처했다는 것은, 우리 문명의 초기에 존재했던 설명할 수 없는 사실의 하나이다. 그러나 이런 합리주의자들조차도 종족 통일성의 상실에 대해서는 매우 민감한 반응을 보였다. 그들의 사고는 그들의 무상의 감정을 표현하며, 우리의 개인주의적 운명을 창조하려는 발전의 긴장을 나타낸다. 이러한 긴장의 표현 중에서 가장 오래된 것의 하나는 이오니아 철학자의 2인자인 아낙시만드로스[40]에까지 거슬러 올라간다. 그에게는 개인적 존재가 오만 hubris으로, 부정의 불경한 행위로, 잘못된 권리 침해의 행위로 보였으며, 그 때문에 개인들은 고통을 받고 또 속죄해야만 하는 것이었다. 사회혁명과 계급투쟁을 제일 먼저 의식한 자는 헤라클레이토스였다. 그가 최초의 반민주적 이념과 변화와 운명에 대한 최초의 역사주의 철학을 전개시킴으로써 어떻게 무상에 대한 그의 감정을 합리화했는가 하는 것은 이 책의 2장에서 설명되었다. 헤라클레이토스는 열린사회에 대한 최초의 의식적인 적이었다.

이 초기 사상가들 대부분은 비참하고 절망적인 긴장하에서 고민하고 있었다.[41] 일신론자인 크세노파네스[42]가 아마 유일한 예외로 생각되는데, 그는 자신의 과업을 용감하게 수행했다. 그들이 새로운 발전에 적대적이었다 해서, 그들의 후계자들처럼 그들을 비난할 수는 없다. 열린사회에 대한 신념과 인간에 대한 신념, 평등한 정의에 대한 신념과 인간 이성에 대한 신념은 아마 형태를 갖추어가고 있었지만, 아직 공식화되지는 않고 있었다.

V 소크라테스의 죽음

이러한 신념에 가장 위대한 공헌을 한 사람은 소크라테스였으며, 그는 이 신념을 위해 죽었다. 소크라테스는 페리클레스처럼 아테네 민주주의의 지도자가 아니었고, 프로타고라스 같은 열린사회의 이론가도 아니었다. 오히려 그는 아테네와 아테네의 민주주의적 제도에 대한 비판자였으며, 이 점에서 그는 열린사회에 반반했던 몇몇 지도자들과 표면적인 유사성을 갖는다고 할 수도 있다. 그러나 민주주의와 민주주의적 제도를 비판하는 자가 그들의 적일 필요는 없다. 비록 그가 비판하는 민주주의자들과 그리고 민주진영의 분열에서 이익을 얻고자 하는 전체주의자들은 그를 그렇게 낙인찍고 싶어 하겠지만. 민주주의에 대한 민주적 비판에는 근본적인 차이가 있다. 소크라테스의 비판은 민주적인 비판이며, 민주주의적 생활을 위해서는 필요한 그런 종류의 비판이었다.(민주주의에 대한 호의적인 비판과 악의적인 비판을 구별할 수 없는 민주주의자들은 그들 자신이 전체주의적 정신에 물들어 있는 것이다. 전체주의는 물론 어떠한 비판도 호의적인 것으로 볼 수 없다. 왜냐하면 그런 권위에 대한 모든 비판은 권위 자체의 원리에 대한 도전이기 때문이다.)

나는 이미 소크라테스가 행한 교육의 몇몇 양상들에 관해 언급했다. 즉 그의 주지주의 —— 의사소통의 공동매체로서의 인간 이성에 대한 그의 평등주의적 이론 —— 와, 지적 정직성과 자기비판에 대한 강조, 정의에 관한 그의 평등주의적 이론과 불의를 다른 사람에게 가하는 것보다는 불의의 희생자가 되는 것이 낫다는 원리 등에 관해서 언급했다. 그의 가르침의 핵심을 가장 잘 이해하고 그의 개인주의적 신조와 인간 개체를 그 자체 목적으로 보는 그의 신념을 가장 잘 이해하는 것은 바로 이 마지막 원리라고 생각된다.

닫힌사회는 붕괴되었고, 이와 더불어 부족이 모든 것이며 개인은 아무것도 아니라는 닫힌사회의 신조도 붕괴되었다. 개인적 창의성과 자기 주장이 사실로 되었다. 부족영웅과 구세주로서가 아닌 개인으로서의 인간 개인에 대한 관심이 일어났다.[43] 인간을 관심의 중심으로 삼은 철학은 프로타고라스에 와서야 시작된다. 그리고 우리의 삶에 있어서 다른 개인들보다 더 중요한 것은 아무것도 없다는 신념과 서로를 존중하고 자신을 존중하라는 호소는 소크라테스로부터 나타난다.

버넷은 우리의 문명에 그처럼 막대한 영향을 끼친 개념인 영혼의 개념을 창안한 자는 소크라테스라고 강조한다.[44] 나는 비록 그 개념의 정식화는, 특히 '영혼'이란 말의 사용은 오해되기 쉬울 수도 있다고 보지만, 이런 견해는 많은 것을 포함한다고 생각한다. 왜냐하면 소크라테스는 할 수 있는 한 형이상학적 이론을 멀리하고자 한 것 같기 때문이다. 그의 호소는 도덕적인 호소였으며, 그의 개성의 이론(혹은 영혼이란 단어가 더 적합하다면, '영혼'의 이론)은 도덕적 교설이지 형이상학적 교설은 아니라고 생각된다. 그는 항상 이 교설에 기초하여 자기만족과 자만에 대항해 싸웠다. 그는 개인주의란 부족주의의 해체일 뿐만 아니라, 개인이 그의 해방을 가치 있는 것으로 시인하는 것이라고 주장한다. 이것이 바로 그가 인간이란 단순한 살덩어리, 육체가 아니라고 강조한 이유이다. 인간은 그 이상을 갖고 있다. 즉 인간에겐 신적인 불꽃인 이성이 있고, 진리에 대한 사랑과 인간다움에 대한 사랑이 있고, 미와 선에 대한 사랑이 있다. 인간의 삶을 가치 있는 것으로 만드는 것은 바로 이것들이다. 그러나 내가 단순히 하나의 '육체'가 아니라면 나는 무엇인가? 너는 무엇보다도 지성이라는 것이 소크라테스의 대답이다. 너를 인간답게 만들고, 너를 단순한 욕망과 소망의 덩어리 이상으로 만들며, 너를 자부심 강한 개인으로 만들고, 네가 너 자신의 목적이라는 것을 주장할 수 있게 하는 것은 바로 너의 이성인 것이다. 소크라테스가 우리 지성의 한계를 상기시키고자 "너 자신을 알라 know thyself."고 한 것과 꼭 마찬가지로, "너의 영혼을 보살피라 care your souls."는 그의 말은 대체로 지적 intellectual 정직성에 대한 호소이다.

이것들이 중요한 것이라고 소크라테스는 강조한다. 그리고 그가 민주주의와 민주주의적 정치가에 대해서 비판한 것은 그들이 이런 것들에 대해서 적절하게 인식하지 못한 점이었다. 그들의 지적 정직성의 결여와 권력정치에의 몰입에 대해 소크라테스는 그들을 정당하게 비판했다.[45] 정치저 문제이 인간저 측면을 강조함으로써 그는 제도적인 개혁에는 크게 관심을 가질 수가 없었다. 그가 관심을 기울였던 것은 열린사회의 직접적이고 인간적인 측면이었다. 그가 자신을 정치가로 생각한 것은 실수였다. 그는 교사였다.

그러나 만약 소크라테스가 근본적으로 열린사회의 전사이고 민주주의의 벗이라면, 왜 그가 반민주주의자들과 어울렸는가 하는 의문이 제기될 수도 있다. 왜냐하면 우리는 그의 친구 중에는 한때 스파르타의 편에 섰던 알키비아데스도 있었을 뿐만 아니라 플라톤의 삼촌들로 후에 30인 참주의 무자비한 지도자가 된 크리티아스와 크리티아스의 부관이 된 카르미데스도 있었다는 것을 알고 있기 때문이다.

이 질문에 대해서는 여러 가지의 대답이 가능하다. 첫째로는, 플라톤이 우리에게 이야기해 주는 것으로서, 그 당시의 민주주의 정치가에 대한 소크라테스의 공격은 부분적으로는 국민에 대한 위선적인 아부자들, 구체적으로 말한다면 민주주의자라고 자처하면서도 국민을 그들의 권력욕의 단순한 도구로 보는 젊은 귀족주의자들의 이기심과 권력욕을 폭로할 목적으로 행해졌다는 것이다.[46] 이런 활동 때문에 그는 한편으로 몇몇 민주주의 적들에게 매력적으로 보였으며, 다른 한편으로 바로 그와 같은 야심만만한 귀족주의자와 접촉하게 된 것이다. 그리고 여기서 두 번째 고려해야 할 점이 나타난다. 도덕주의자이며 개인주의자인 소크라테스는 단지 이 사람들을 공격한 것만이 아닐 것이다. 오히려 그는 그들에게 실제적인 관심을 가졌을 것이며, 그들을 개심시키기 위한 진지한 시도 없이 그들을 포기하지는 않았을 것이다. 플라톤의 대화편에 이러한 시도들을 예증하는 많은 암시들이 있다. 교사 정치가인 소크라테스가 특히 젊은이들이 개심할 용의가 있다고 여겨지고 또 언젠가는 국가의 책임 있는 직책을 맡을 수도 있다고 생각될 때는 심지어 그들을 일부러 유혹하여 그들에게 영향력을 행사하고자 했다는 것은 믿을 만한 근거가 있다. 이것이 세 번째 고려해야 할 점이다. 물론 뚜렷한 예는 아테네 제국의 위대한 미래 지도자로서 어릴 때부터 발탁되었던 알키비아데스이다. 그리고 크리티아스가 그의 재능과 야망과 용기에 의해 몇 안 되는 알키비아데스의 경쟁자 중 한 사람이 되었다.(그는 한때는 알키비아데스와 협력했지만, 후에 가서는 등을 돌렸다. 그 일시적인 협력이 소크라테스의 영향 때문에 이루어졌다 해도 그럴듯하지 않은 것은 아니다.) 플라톤 자신의 초기와 후기의 정치적 포부에 관해 우리가 알고 있는 모든 것으로 보아서, 그와 소크라테스의 관계가 플라톤의 관계와 비슷하다는 것은 더욱 그럴듯해 보인다.[47] 소크라테스는 열린사회의 주도적 정신의 한 사람이었지만, 정당인은 아니었다. 그는 자신의 일이 국가에 도움이 될 수 있는 곳이라면, 어느 단체에서도 일했을 것이다. 그가 장래성 있는 청년에게 관심을 가졌다면, 그는 과두정치적인 가족과의 관계 때문에 그 관심을 단념하진 않았을 것이다.

그러나 이 관계가 그의 죽음의 원인이 되었다. 대전쟁 후, 소크라테스는 민주주의를 배반하고 적과 내통하여 아테네의 함락을 자초한 자들을 가르쳤다는 이유로 고소당했던 것이다.

펠로폰네소스 전쟁과 아테네 함락의 역사는, 아직까지도 투키디데스의 영향하에서 아테네의 패배는 궁극적으로 민주주의적 체제의 도덕적 취약성을 증명한 것같이 보인다는 식으로 거론되고 있다. 그러나 이러한 견해는 단지 의도적인 왜곡에 불과한 것이며, 잘 알려져 있는 사실은 아주 다른 내용을 말해 준다. 패배한 전쟁에 대한 주된 책임은 계속적으로 스파르타와 내통했던 반역적인 과두정치가들에게 있다. 이들 중에서도 소크라테스의 초기 제자들인 알키비아데스, 크리티아스, 카르미데스가 두드러진 자들이다. 기원전 404년 아테네의 함락 이후, 나중 두 사람은 30인 참주의 지도자가 되었다. 30인 참주란 스파르타의 보호하에 있는 괴뢰정부에 불과했다. 아테네의 함락과 성곽의 파괴는 종종 기원전 431년에 시자된 대전쟁의 최종적인 결과로 이야기된다. 그러나 이러한 설명은 크게 왜곡된 것이다. 왜냐하면 민주주의자들이 투쟁을 계속했기 때문이다. 처음에는 단지 70명의 장성들이 트라시불로스와 아니토스의 지휘 아래 아테네의 해방을 준비했다. 그러는 동안 크리티아스는 시민을 무더기로 학살하고 있었다. 그가 행한 팔 개월 동안의 공포정치 기간에 학살된 자는 "지난 십 년 동안의 전쟁에서 펠로폰네소스인들에게 살해된 자들보다도 오히려 많은 수였다."[48] 그러나 팔 개월 후(기원전 403년) 크리티아스와 스파르타의 주둔병은 민주파의 공격을 받아 격파됐으며, 민주파들은 피라에우스에서 자리를 잡았고 플라톤의 두 삼촌은 그 싸움에서 목숨을 잃었다. 그들의 과두정치 추종자들은 바로 아테네 시에서 잠시 동안 공포정치를 계속했지만, 그들의 세력은 혼란되고 와해된 상태였다. 지배할 능력이 없다는 것이 판명되자, 그들은 결국 스파르타의 섭정가들로부터 버림을 받았고, 그 섭정가들은 민주파들과 조약을 체결했다. 평화는 아테네에 민주주의를 다시 일으켰다. 그리하여 민주주의적 정부형태는 가장 가혹한 시련하에서 그 우월성을 입증하였으며, 심지어 적들까지도 민주주의란 꺾을 수 없는 것으로 생각하기 시작했다.(구 년 뒤 크니두스 전쟁 후, 아테네인들은 그들의 성벽을 재건할 수 있었다. 민주주의의 패배가 승리로 바뀌었던 것이다.)

회복된 민주주의가 정상적인 법적 상태를 재건하자마자,[49] 소크라테스에 대한 소송사건이 발생했다. 그는 가장 간악한 역적인 알키비아데스, 크리티아스, 그리고 카르미데스의 교육에 관여했다는 이유로 기소당했다. 민주주의가 재건되기 이전에 자행된 모든 정치적 범죄에 대한 사면 때문에 기소에는 상당한 어려움이 발생했다. 그러므로 죄목은 이 악명 높은 사건과 공개적으로는 관련될 수 없었다. 그리고 검찰관 측도 자신들이 잘 아는 바와 같이, 소크라테스의 의도와는 반대로 일어났던 과거의 불행한 정치적 사건으로 그를 심하게 벌주려고는 하지 않았을 것이다. 그들의 의도는 오히려 그 영향의 측면에서 볼 때 국가에 대해 위험하다고밖에 볼 수 없었던 그의 가르침을 계속하지 못하게 막는 것이었다. 이모든 이유에도 불구하고, 소크라테스에게는 젊은이를 타락시키고, 불경하며, 새로운 종교적 의식을 국내에 도입하고자 했다는 막연하고 차라리무의미한 형식의 죄목이 주어졌다.(후자의 두 죄목은 윤리, 종교적인 분야에서는 소크라테스가 혁명가였다는 정확한 느낌을, 비록 서툴긴 하지만 확실하게 표현한 것이다.) 특별사면 때문에, '타락한 젊은이'는 더 이상 명확하게 언급될 수 없었지만, 누구를 의미하는지 모든 사람은 알고 있었다.[50] 소크라테스는 자신의 변론에서, 그가 30인 참주의 정책에 결코 동조하지않았으며 그들의 범죄에 자신을 연루시키고자 하는 그들의 기도에 항거하는 데 실제로 생명의 위협까지 무릅썼다고 주장했다. 그리고 그는 그의 가장 긴밀한 동료들과 가장 열광적인 제자들 중에 적어도 한 사람의열렬한 민주주의자인 카이레폰 —— 그는 30인 참주에 대항해서 싸웠다(그리고 전투에서 죽은 것으로 보인다) —— 이 있다는 것을 배심원에게 환기시켰다.[51]

민주주의 지도자로서 그 고소를 뒤에서 밀었던 아니토스가 소크라테스를 순교자로 만들려고는 하지 않았던 것으로 보통 이해되고 있다. 목적은 그를 추방시키는 것이었다. 그러나 이 계획은 소크라테스가 자신의원칙과 타협하기를 거부함으로써 좌절되고 말았다. 소크라테스가 죽기를원했다든가 순교자가 되기를 바랐다고 생각되지는 않는다.[52] 그는 단순히 그가 옳다고 믿는 바를 위해 투쟁했고, 그의 필생의 사업을 위해 투쟁했을 뿐이다. 그는 결코 민주주의를 헐뜯고자 하지는 않았다. 실제로그는 민주주의에 민주주의가 필요로 하는 신념을 심어주고자 했다. 이것이 그의 필생의 사업이었다. 그는 그 일이 심각한 위협에 처해 있다고느꼈다. 그의 초기 동료들의 배신 때문에 그와 그의 사업은 심히 난처한 지경에 빠진 것으로 보인다. 그는 심지어 그 시련을 국가에 대한 그의 충성이 무한하다는 것을 증명하는 기회로 환영했을지도 모른다.

소크라테스는 이런 태도를 탈출의 기회가 생겼을 때 아주 조심스럽게 설명했다. 그가 탈출의 기회를 이용하여 망명객이 되었더라면, 모든 사람이 그를 민주주의의 반대자라고 생각했을 것이다. 그래서 그는 머물렀고 자신의 이유를 진술했던 것이다. 그의 최후의 유언이기도 한 이 설명은 플라톤의 『크리톤』에서 찾아볼 수 있다.[53] 그것은 간단하다. 자신이 떠난 다면, 자신은 국가의 법률을 위반하는 것이라고 소크라테스는 말한다. 그런 행위는 그를 법률에 반항하는 자가 되게 할 것이며, 그의 충성스럽지 못함을 증명할 것이다. 그것은 국가에 해가 될 것이다. 그가 머물러 있기만 한다면, 그는 아무런 의심 없이 국가와 민주적 법률에 대한 그의 충성을 나타낼 수 있으며, 그가 결코 적이 아니었음을 증명할 수 있다. 국가를 위해 기꺼이 죽겠다는 것보다 더 낫게 그의 충성심을 증명할 길은 없는 것이다.

소크라테스의 죽음은 그의 진실성에 대한 궁극적인 증명이었다. 그의 대담함과 소박성, 겸손과 균형감각, 유머는 결코 그를 저버리지 않았다. "나는 신이 이 국가에 붙여준 등에야. 그리고 나는 하루종일 어디에서고 당신들을 자극하고 설득하고 책망하면서 당신들에게 매달려 다니지. 당신들은 나와 비슷한 것을 그리 쉽게 볼 수는 없을 거야. 그러므로 나는 당신들에게 나를 아낄 것을 충고하는 거지.……아니토스가 시키는 대로 당신들이 나를 쳐서 경솔하게 나를 죽게 한다면, 신이 마음을 써서 또 다른 등에를 보내주지 않는 한, 당신들의 여생은 잠들어 있을걸세."[54] 이렇게 그는 『변론』에서 말했다. 그는 인간이 운명이나 명성 및 이런 유의 다른 거창한 일 때문에 죽을 수도 있지만, 비판적 사고의 자유와, 자만이나 감상 따위와는 아무 상관 없는 자존 때문에 죽을 수도 있음을 보여주었다.

VI 플라톤의 배반

소크라테스에게는 오직 한 사람의 훌륭한 후계자가 있었다. 그는 그의 오랜 친구이자 위대한 세대의 마지막 인물인 안티스테네스였다. 그의 가장 재능 있는 제자였던 플라톤은 얼마 안 가서 가장 신뢰할 수 없는 자로 판명되었다. 그는 그의 삼촌들이 했던 것과 같이 소크라테스를 배신했다. 그의 삼촌들은 소크라테스를 배신했을 뿐만 아니라, 그들의 폭력주의적 행위에 그를 끌어들이려고 했지만, 소크라테스의 저항으로 성공하지 못했다. 플라톤은 억제된 사회의 이론을 정립하려는 그의 웅대한 시도에 소크라테스를 끌어들이려고 했다. 그리고 그는 아무런 어려움 없이 성공할 수 있었다. 왜냐하면 소크라테스는 죽었기 때문이다.

나는 물론 이런 판단이 플라톤에 대해 비판적인 자들에게까지도 지나친 혹평으로 들릴 것이라고 생각한다.[55] 그러나 우리가 『변론』과 『크리톤』을 소크라테스의 마지막 유언으로 간주하고, 이러한 소크라테스의 만년의 증언을 플라톤의 증언인 『법률』과 비교해 보면, 다르게 판단하기란 어려울 것이다. 소크라테스는 유죄판결을 받았지만, 그의 죽음은 심리를 주도한 자들의 의도는 아니었다. 플라톤의 『법률』은 이런 의도가 없었다는 것을 보완해 주고 있다. 여기서 플라톤은 종교재판의 이론을 냉철하고 조심스럽게 펼친다. 자유사상과 정치제도에 대한 비판, 젊은이들에게 새로운 사상을 가르치는 것, 새로운 종교의식이나 심지어 새로운 견해의 도입까지, 이 모든 것은 전부 극형에 처할 것으로 선언된다. 플라톤의 국가에서라면, 소크라테스는 아마 자신을 공개적으로 변호할 기회마저 갖지 못했을 것이다. 그는 확실히 그의 병든 영혼을 '치료'하고 결국 그 영혼을 처벌하기 위해, 비밀 종교심문회의에 송치되었을 것이다.

나는 플라톤이 배반했다는 사실과, 그가 소크라테스를 『국가』의 주인공으로 이용한 것은 그를 끌어들이려는 가장 성공적인 시도였다는 것을 믿어 의심치 않는다. 그러나 이러한 시도가 의식적이었는가 아닌가 하는 것은 별개의 문제이다.

플라톤을 이해하기 위해서는 당시의 전체적인 상황을 분명히 그려보아야 한다. 펠로폰네소스 전쟁 이후 문명의 긴장은 여전히 심각하게 느껴지고 있었다. 원로과두정치가들의 희망은 아직 살아 있었고, 아테네 참패는 그들에게 용기를 북돋아 주기까지 했다. 계급투쟁은 계속되었다. 그러나 원로과두정치가의 강령을 실천함으로써 민주주의를 파괴하려던 크리티아스의 시도는 실패하고 말았다. 그것은 결단력의 부족으로 인한 실패가 아니었다. 승리한 스파르타가 강력하게 지원하고 있는 유리한 상황에도 불구하고, 무자비한 폭력의 사용은 성공하지 못했다. 플라톤은 강령의 전면적인 재구성이 필요하다고 느꼈다. 30인 참주들은 대체로 시민들의 정의감을 손상시켰기 때문에 정치권력의 영역에서 패퇴한 것이었다. 그 패배는 대체로 도덕적인 패배였다. 위대한 세대의 신념은 그 힘을 증명했다. 30인 참주들은 이와 같은 것을 제공할 수 없었다. 그들은 도덕적 허무주의자였던 것이다. 플라톤의 생각으로는, 원로과두정치 지배자의 강령은 다른 신념, 즉 열린사회의 신념과는 대치되는 부족주의의 옛 가치를 재확인하는 확신에 근거하지 않고는 재생될 수 없었다. 사람들은 정의가 불평등이라는 것을 배우지 않으면 안 된다Men must be taught that justice is inequality. 그리고 사람들은 부족이나 집단이 개인보다 우월하다는 것을 배워야 한다.[56] 그러나 소크라테스의 신념은 공개적으로 도전하기에는 너무나 강력하였기 때문에, 플라톤은 그것을 닫힌사회에 대한 신념으로 재해석하고자 했다. 이 일은 어려웠지만 불가능한 일은 아니었다. 왜냐하면 소크라테스는 민주주의에 의해 살해되지 않았던가? 민주주의는 그를 요구할 어떤 권리도 상실하지 않았는가? 그리고 소크라테스는 언제나 지혜가 없다는 이유로 다수의 대중과 그의 지도자를 비판하지 않았던가? 더구나 소크라테스는 '교육받은' 학식 있는 철학자의 통치를 권장했기 때문에 그를 재해석하는 것은 그렇게 어려운 일이 아니었다. 이런 해석에서 플라톤이 그것 역시 고대 피타고라스 학파의 신조의 일부분임을 발견했을 때, 그리고 무엇보다 위대하고 성공적이었던 정치가이면서 피타고라스 학파의 현자였던 타렌툼의 아르키타스를 발견했을 때, 그는 상당히 고무되었다. 여기에 수수께끼의 해결이 있다고 그는 생각했다. 소크라테스 자신이 그의 제자들에게 정치에 참여하라고 격려하지 않았던가? 이것은 그가 계몽된 자나 현명한 자가 통치하기를 원했다는 의미가 아니던가? 아테네를 통치하던 폭도들의 조잡함과 아르키타스의 위엄 사이에는 얼마나 큰 차이가 존재하는가! 소크라테스는 체제문제에 대한 자신의 해결책을 진술한 적이 없지만, 마음속으로는 확실히 피타고라스의 학설을 신봉한 것이 틀림없을 것이다.

이런 식으로, 플라톤은 위대한 세대의 가장 영향력 있는 자들의 가르침에 점차 새로운 의미를 부여하고, 그 압도적인 힘에 눌려 감히 정면으로 도전할 수 없었던 적을 동맹자라고 확신하는 것이 가능하다는 것을 알게 되었을 것이다. 내가 믿기로는, 이것이야말로 플라톤이 더 이상 스스로를 속일 수 없을 정도로 소크라테스의 가르침으로부터 멀리 떨어져 나온 후에도, 그를 자신의 주 대화자로 삼았던 사실을 가장 간단하게 설명해 주는 것이다.[57] 그러나 그것이 이야기의 전부는 아니다. 플라톤은 그의 영혼 깊은 곳에서는 소크라테스의 가르침이 이런 설명과는 매우 다르며, 그가 소크라테스를 배반하고 있다는 것을 느꼈다고 나는 믿는다. 그리고 소크라테스로 하여금 자신을 재해석하게 하는 플라톤의 끊임없는 노력은 동시에 그 자신의 사악한 양심을 침묵시키려는 플라톤의 노력이라고 생각된다. 자신의 가르침은 단지 소크라테스의 참된 원리를 논리적으로 발전시킨 것뿐이라는 것을 증명하기 위해 노력하고 또 노력함으로써, 그는 자신이 배반자가 아니라는 것을 확신하려 했던 것이다.

플라톤을 읽으면서, 우리는 플라톤의 정신에서 내적 갈등이나 참으로 거인적인 투쟁을 목격하는 것 같다. 그의 유명한 "까다로운 자제와 그 자신의 개성의 어압"[58]까지도, 혹은 차라리 익도된 어압조차도 ── 행간 의 의미를 파악하는 것이 전혀 어렵지 않으므로 ── 이런 투쟁의 표현인 것이다. 그리고 나는 플라톤의 영향이란 부분적으로는 하나의 영혼 안에 있는 두 세계 사이의 이런 갈등이 갖는 매력에 의해서 설명될 수 있다고 믿는다. 그리고 그 갈등의 플라톤에 대한 강력한 영향은 저 까다로운 자제의 표면 밑에서 느낄 수 있는 것이다. 이런 투쟁은 우리들 내부에서도 여전히 계속되고 있으므로 우리를 감동케 한다. 플라톤은 아직도 우리들 자신이 속하는 시대의 아들이었다.(미국에서 노예제도가 폐지된 것이 결국 한 세기밖에 되지 않았으며, 중앙유럽에서 농노제가 폐지된 것은 그보다도 후라는 것을 기억해야 한다.) 이 내적 투쟁은 플라톤의 영혼의 이론에서 가장 분명하게 나타난다. 플라톤이 통일과 조화를 열망하면서 인간 영혼 의 구조를 계급이 분리된 사회의 구조와 비슷한 것으로 형상화한 것은[59] 그가 얼마나 깊이 괴로워했는지를 보여주는 것이다.

플라톤의 가장 큰 갈등은 소크라테스가 그에게 준 깊은 인상에서 시 작되지만, 그 자신의 과두정치적 기질은 이를 극복하는 데 성공했다. 합 리적 논증의 영역에서 투쟁은 소크라테스의 인도주의가 그 자체 모순이 라고 논증함으로써 수행된다. 이런 종류의 가장 최초의 예로 보이는 것 을 『에우티프론』[60]에서 찾아볼 수 있다. 플라톤은 에우티프론처럼 되지 는 않을 것이라고 다짐한다. '나는 나 자신의 아버지나 나 자신이 존경하 는 선조들이 법과 속된 연민의 정이라고 할 수 있는 인도주의적 도덕을 어겼다고 하여 그들을 비난하지는 않겠다. 설사 그들이 인도적인 삶을 살았다고 할지라도, 결국 범죄자보다 더 나을 것이 없는 노예의 삶에 불 과한 것이었다. 그리고 그들을 심판하는 것은 내 임무가 아니다. 무엇이 옳고 무엇이 그르며, 무엇이 경건하고 무엇이 불경한 것인지를 아는 것 이 얼마나 어려운 일인가를 소크라테스는 보여주지 않았던가? 그리고 소크라테스 자신이 소위 이런 인도주의자들에 의해 불경죄로 처형되지 않았던가?' 플라톤의 투쟁의 다른 흔적은 그가 인도주의적 이념에 반대했던 거의 모든 곳에서, 특히 『국가』에서 발견될 수 있다고 생각된다. 정의의 평등주의적 이론과의 싸움에서 그가 보인 회피적 태도와 냉소, 거짓말을 변명하고 인종주의를 도입하고 정의를 그 나름대로 규정하기 위해 붙인 그의 주저한 듯한 서문 등에 관해서는 앞 장에서 모두 언급했다. 그러나 아마도 투쟁의 가장 분명한 표현은 페리클레스의 추도연설에 대한 냉소적 답변인 『메넥세노스』에서 찾아볼 수 있을 것이다. 나의 느낌에, 여기서 플라톤은 자신을 배반하고 있다. 그는 풍자와 경멸로 자신의 감정을 숨기고자 했지만, 페리클레스의 정신에서 받은 깊은 인상을 보여주지 않을 수 없었다. 플라톤이 '소크라테스'로 하여금 페리클레스의 연설에서 받은 인상을 심술궂게 묘사하게 한 이유가 바로 이것인 것이다. "환희의 감정이 사흘 이상이나 계속되었다. 나흘이나 닷새가 지난 후에야 나는 힘들여서 제정신을 차렸으며 내가 어디에 있는지를 알게 되었다."[61] 여기서 플라톤이 열린사회의 신조에 얼마나 진지하게 감동되었으며, 제정신을 차리고 적의 진지 속에 있는 자신의 위치를 아는 데 얼마나 힘겨운 노력을 했는지를 보여주고 있다는 것을 누가 의심할 수 있겠는가?

VII 플라톤의 양심의 갈등

이 투쟁에서 플라톤의 가장 강력한 논의는 진지했던 것으로 보인다. 인도주의적 신조에 따르면 우리는 우리의 이웃을 도울 준비가 되어 있어야만 한다고 그는 주장했다. 사람들은 도움을 몹시 필요로 하고 있으며, 그들은 불행하고, 냉혹한 긴장과 무상의 감정하에서 노동하고 있다. 모든 것이 유전할 때는 삶에 있어서 확실한 것, 안전한 것은 아무것도 없다.[62]

나는 그들을 도울 준비가 되어 있다. 그러나 악의 뿌리까지 파헤치지 않고서는 그들을 행복하게 할 수가 없다.

그리고 그는 악의 뿌리를 찾아내었다. 그것이 '인간의 몰락'이며, 닫힌 사회의 붕괴이다. 이 발견으로 그는 원로과두정치 지배자와 그의 추종자들이 아테네에 맞서 스파르타를 편들고, 변화를 억제하는 스파르타의 강령을 본받고자 한 것이 근본적으로 옳았다고 확신했다. 그러나 그들은 충분히 멀리 가지는 못했다. 그들의 분석은 충분할 만큼 깊이 들어가지 않았다. 그들은 스파르타조차도 모든 변화를 억제하려는 영웅적인 노력에도 불구하고 쇠퇴의 기미를 보였다는 사실과, 심지어 스파르타조차도 몰락의 원인인 '변종'과 '불규칙'을 제거하기 위해(지배종족의 질적 측면뿐만 아니라 양적으로도) 출산을 통제하는 데는 냉담했다는 사실을 몰랐거나 혹은 그것에 유의하지 않았다.[63](플라톤은 인구 증가가 몰락의 한 요인임을 인식했다.) 또한 원로과두정치 지배자와 그 추종자들은 피상적으로 30인의 참주정치와 같은 전제정치의 도움만 있으면 옛 황금시절을 되살릴 수 있으리라 생각했다. 플라톤은 좀 더 잘 알고 있었다. 그 위대한 사회학자는 이런 전제정치들이 근대적 혁명정신에 의해 지지되었으며, 그들이 다시 근대적 혁명정신에 불을 붙였다는 것, 그들이 국민의 평등주의적 열망에 양보하도록 강요당하고 있었으며, 사실상 부족주의의 붕괴에 중요한 역할을 했다는 것을 분명하게 알았다. 플라톤은 참주정치를 증오했다. 그의 참주에 관한 유명한 기술에서는 증오만이 날카롭게 관찰되었다. 오직 참주정치의 진짜 적만이 참주란 "국민들로 하여금 장군이 필요하다는 것, 극도의 위험에서 구해 줄 자가 필요하다는 것을 느끼게 하기 위해 계속적으로 전쟁을 일으켜야" 한다고 말할 수 있을 것이다. 참주정치는 해결책도 아니며, 통상적인 과두정치의 어떤 것도 아니라고 플라톤은 주장한다. 국민들에게 제 위치를 지키도록 하는 것은 피할 수 없는 일이긴 하지만 그들을 억압하는 것 자체가 목적은 아니다. 목적은 본성에로의 완전한 복귀이며 화포의 완벽한 청소여야 한다.

한편으로는 플라톤의 이론과, 다른 한편으로 원로과두정치 지배자와 30인 참주의 이론에 차이가 있는 것은 위대한 세대의 영향 때문이다. 개인주의, 평등주의, 이성에 대한 신념, 자유에 대한 사랑은 새롭고 강력한 것이었으며, 열린사회의 적들의 관점에서 보면 항거해야만 할 위험스러운 감상이었다. 플라톤 자신은 그 영향력을 느끼고 그의 내부에서 그것과 싸웠다. 위대한 세대에 대한 그의 응답은 진실로 거대한 노력이었다. 그것은 열려 있는 문을 닫으려는 노력이었으며, 그 깊이나 내용의 풍요로움에 있어 비할 데 없는 매혹적인 철학의 주문을 내보임으로써 사회를 억제하려는 노력이었다. 정치적 면에서 보면 페리클레스가 반대 논쟁을 벌인 적이 있는 원로과두정치 지배자의 강령에 그가 첨가시킨 것은 거의 없다.[64] 그러나 그는 아마 무의식적이었겠지만, 오늘날에 와서 파레토가 공식화한 자유에 대한 반역의 위대한 비밀을 발견했다.[65] "감정을 파괴하려는 헛된 노력에 정력을 낭비하지 말고, 감정을 이용하라 To take advantage of sentiment, not wasting one's energies in futile efforts to destroy them." 이성에 대한 자신의 적의를 노출하는 대신, 그는 모든 지성인들을 그의 재기로써 매료시켰고, 학식 있는 자가 통치해야 한다는 요구로써 그들에게 아부하고, 그들의 마음을 설레게 했다. 정의에 반대되는 주장을 하면서도 그는 모든 정의로운 인간들에게 자기가 정의의 대변자라는 확신을 심어주었다. 그는 소크라테스가 그것을 위해 죽음을 택했던 사상의 자유에 자신이 대항하고 있다는 것을 자기 자신조차도 충분히 인정하지 않고 있었다. 그리고 소크라테스를 그의 옹호자로 만듦으로써, 모든 다른 사람들에게 자기가 사상의 자유를 위해 투쟁하고 있다고 설득시켰던 것이다. 그리하여 플라톤은 무의식적으로 반인도주의적이고 부도덕한 목적을 위해, 더러는 훌륭한 신념에서 도덕적 인도주의적 감정에 호소하는 기술을 개발시킨 무수한 선전가들의 선구자가 되었다. 그리고 그는 위대한 인도주의자들에게조차도 그들의 신조가 비도덕적이고 이기주의적이라고 확신하게 하는 다소 놀랄 만한 효과를 거두었다.[66] 나는 그가 자기 자신을 설득시키는 데 성공했다는 것을 의심하지 않는다. 그는 개인적인 탁월성에 대한 증오와 모든 변화를 억제하고자 하는 염원을 정의와 절제에 대한 사랑으로 변모시키고, 나아가 모든 사람이 만족해하고 행복해하고 수전노의 조잡성이 관용과 우정의 법률로 대체되는 천국에 대한 사랑으로 변모시켰다.[67] 통일과 미와 완전에 대한 이런 꿈, 탐미주의와 전체주의와 집단주의에 대한 이런 꿈은, 부족주의의 상실된 집단정신의 징후일 뿐 아니라 그 산물이기도 하다.[68] 그것은 문명의 긴장으로 고통받는 자들의 감정을 표현한 것이고, 그 감정에 열렬히 호소하는 것이다.(우리가 우리의 삶에 있어서 거대한 불완전을, 즉 제도적인 불완전뿐 아니라 인간적인 불완전을, 그리고 피할 수도 있는 고통과 낭비와 불필요한 추악함을 점차 고통스럽게 깨닫기 시작하고, 그리고 동시에 이 모든 것에 대해 우리가 어떤 개선을 가져오는 것이 불가능하지는 않지만, 그러한 개선이란 그것들이 중요한 것만큼 성취하는 것도 어렵다는 사실을 점차 고통스럽게 깨닫기 시작하는 것이 긴장의 일부분이다. 이런 깨달음이 개인적인 책임의 긴장과 인간으로서의 십자가를 지는 긴장을 고조시키는 것이다.)

VIII 열린사회로의 길

소크라테스는 그의 인격적인 성실성과 타협하기를 거절했다. 플라톤은 그의 비타협적인 화포 청소에도 불구하고 내딛는 단계마다 그의 성실성과 타협하면서 나아가게끔 되었다. 그는 자유로운 사고와 진리 추구에 대항해 싸우지 않을 수 없게 되었다. 그는 거짓과 정치적 기적, 금기적인 미신과 진리 은폐, 그리고 마침내는 야만적 폭력도 옹호하게끔 되었다.

소크라테스가 염세와 이론 혐오를 경고했음에도 불구하고, 그는 인간을 불신하고 논증을 두려워하게 되었다. 자기 자신이 참주정치를 증오했음에도 불구하고, 참주에게 도움을 의뢰하게 되었으며, 가장 폭군적인 조치도 옹호하게끔 되었다. 그의 반인도주의적 목표의 내적 논리, 즉 힘의 내적 논리에 의해 한때 30인 참주들이 도달했던 것과 똑같은 지점에 자기도 모르게 도달했으며, 훗날 그의 친구인 디온과 그의 무수한 참주 제자 중의 다른 사람들도 그 지점에 도달했다.[69] 그는 사회변화를 억제하는 데 성공하지 못했다.(단지 훨씬 후 암흑시대에 플라톤과 아리스토텔레스의 본질주의의 마술적 주문으로 사회변화가 억제되었다.) 대신 그는 그 자신의 주문으로 그가 한때 증오했던 권력에 스스로 속박되고 말았다.

그러므로 우리가 플라톤으로부터 배워야 할 교훈은 그가 우리에게 가르치고자 하는 것과는 정반대의 것이다. 그것은 잊어서는 안 될 교훈이다. 플라톤의 사회학적 진단이 우수했을지라도, 그 자신의 발전은 그가 대항해서 싸우고자 했던 악보다도 그가 추천했던 치료법이 더 나쁘다는 것을 증명한다. 정치적 변화를 억제하는 것은 치료가 아니다. 그것은 행복을 가져올 수 없다. 우리는 결코 소위 닫힌사회의 순진함과 아름다움으로 되돌아갈 수 없다.[70] 천국에의 꿈은 지상에서는 실현될 수 없다. 일단 우리의 이성에 의존하기 시작하고 우리의 비판력을 활용하기 시작한 이상, 개인적인 책임의 요구와 더불어 지식의 증진을 위해 조력해야 한다는 책임감을 느끼기 시작한 이상, 우리는 부족적 마술에 전적으로 복종하는 국가로 되돌아갈 수는 없다. 지식의 열매를 먹은 자는 천국을 잃어버린 것이다. 우리가 부족주의의 영웅적 시대로 돌아가려 하면 할수록, 우리는 종교재판에, 비밀경찰에, 낭만화된 깡패행위에로 가는 것이 더욱 확실해진다. 이성과 진리를 억압하는 것으로 시작하기 때문에, 우리는 인간적인 모든 것을 가장 야만적이고 포악한 파괴로 끝내고 말 것이 확실하다.[71] 자연의 조화된 상태로 되돌아갈 수는 없다. 만약 우리가 되돌아간다면, 우리는 길 전체를 다 가야만 한다. 우리는 금수로 돌아가야 한다There is no return to a harmonious state of nature. If we turn back, then we must go the whole way——we must return to the beasts.

우리가 그렇게 하기는 어려울지 모르지만, 그것은 우리가 정면으로 부딪쳐야 하는 문제이다. 우리가 어린 시절로 되돌아가기를 꿈꾼다면, 다른 사람들에게 의존해서 행복을 찾고자 한다면, 우리의 십자가를 지는 일, 인간다움과 이성과 책임의 십자가를 지는 일에 위축되어 버린다면, 용기를 잃어버리고 긴장에 찌들어버린다면, 우리는 우리 앞에 놓인 단순한 결정을 분명하게 이해함으로써 우리 자신을 강화하도록 해야 할 것이다. 우리는 금수로 돌아갈 수 있다. 그러나 우리가 인간으로 남고자 한다면, 오직 하나의 길, 열린사회로의 길이 있을 뿐이다. 우리는 우리에게 주어진 이성을 사용하여 안전과 자유를 위해 계획하면서——이 계획은 우리가 할 수 있을 뿐만 아니라 해야만 한다——미지의 세계, 불확실하고 불안정한 세계로 나아가지 않으면 안 된다.

주

일반적 설명

책의 본문은 자체로도 완결된 것이기 때문에 이러한 주 없이도 읽을 수 있다. 하지만 여기에서 일반적 관심사가 될 수 없는 몇몇 참조와 논쟁에 관한 자료들뿐만 아니라, 책의 모든 독자들이 흥미를 가질 만한 자료들을 상당히 많이 발견할 수 있을 것이다. 이 책에 대한 주를 참고하길 원하는 독자들은 먼저 한 장(章)의 본문을 중단 없이 다 읽은 후에 주를 읽는 것이 편리할 것이다.

나는 (플라톤의 인종주의에 대한 편견이나 소크라테스의 문제들과 같은 것들에 관해) 간단히 언급된 주변 주제들 몇 가지에 특별한 관심을 가지는 독자들의 편익을 위해 많은 양의 앞뒤 참조(교차 참조)들을 포함시켰는데, 이에 대해 변명하고 싶다. 나는 전쟁 상황 때문에 증거들을 읽는 것이 불가능하다는 사실을 알고는, 쪽수를 언급하지 않고 주 번호를 언급하기로 결심했다. 이에 따라 본문의 참조는 다음과 같은 표시들, '3장 주 24에 대한 본문 참조' 등으로 나타내게 되었다. 전쟁 상황으로 도서관 시설의 이용 또한 제한받아 많은 책들을 참조하지 못했는데, 최근의 것도 있고 아닌 것도 있는 이런 책들은 정상적인 상황이라면 모두 참조할 수 있는 것들이었다.

*내가 이 책의 초판 원고를 쓸 때 사용할 수 없었던 자료들을 이용한 주에는(그리고 1943년 이후에 추가된 것이라고 밝히고 싶은 다른 주에는) 문단 앞뒤로 별표(*)를 붙였다. 하지만 새롭게 추가된 주가 모두 그렇게 표시되지는 않았다. *

서론

칸트의 표어에 대해서는 2권 14장의 주 41과 본문을 보시오.

'열린사회'와 '닫힌사회'라는 용어는, 내가 아는 바로는, 앙리 베르그송 Henri Bergson의 『도덕과 종교의 두 원천 Two Sources of Morality and Religion』(영어판, 1935)에서 처음 사용되었다. 베르그송이 이 용어를 사용하는 방식과 내가 이 용어를 사용하는 방식에는 (철학의 거의 모든 문제들에 대한 근본적으로 다른 접근으로 인한) 상당한 차이점이 있지만, 그럼에도 불구하고 어떤 유사점도 있는데, 나는 그것을 인정하고자 한다.("자연의 손길로부터 나온 지 얼마 안 된 인간 사회"로서의 닫힌사회에 대한 베르그송의 특성화, 앞의 책, 229쪽 참조.) 그러나 주된 차이점은 이것이다. 즉 나의 용어들은 말하자면 합리주의적 구별을 가리킨다. 닫힌사회는 마술적 금기에 대한 믿음에 의해 특징지어지고, 반면에 열린사회는 사람들이 금기에 대해 어느 정도 비판적으로 그들의 지성의 권위에 의존해서 (토론 후에) 결정을 내리도록 학습된 사회이다. 반면에 베르그송은 일종의 종교적 구별을 사용한다. 이것은 그가 왜 그의 열린사회를 신비적 직관의 산물로 보는지를 설명해 준다. 반면에 나는 신비주의는 닫힌사회의 잃어버린 통일성을 향한 갈망의 표현으로 해석될 수도 있고, 그러므로 열린사회의 합리주의에 대한 반작용으로 해석되어질 수 있다고(10장과 2권 14장에서) 제안한다. 나의 '열린사회 The Open Society'란 용어는, 10장에서 사용된 방식에서 보면, 그레이엄 월스 Graham Walls의 용어 '거대 사회 The Great Society'와 어느 정도의 유사점을 가진 것으로 볼 수도 있다.

그러나 나의 용어는 '작은 사회small society', 말하자면 페리클레스 시대의 아테네와 같은 사회도 포괄한다. 반면에 어떤 '거대 사회'는 정체되어 있고, 따라서 닫혀 있는 경우도 생각해 볼 수 있다. 나의 '열린사회'와 월터 리프먼Walter Lippmann이 그의 가장 감탄할 만한 책의 제목으로 사용한 『좋은 사회 The Good Society』(1937)라는 용어 사이에도 아마 유사성이 있을 것이다. 또한 10장 주 59(2)와 2권 14장의 주 29, 32, 58과 본문을 보시오.

1장

페리클레스의 표어에 대해서는 10장의 주 31과 본문을 보시오. 플라톤의 표어는 6장의 주 33과 34 그리고 본문에서 얼마간 자세하게 논의된다.

1. 나는 '집단주의'라는 용어를 개인과 대조되는 몇몇 집단이나 무리, 예를 들어 개인에 대한 반대로서 '국가'(혹은 어떤 국가, 민족, 계급)와 같은 것의 의미를 강조하는 교설에 대해서만 사용한다. 개인주의에 대한 집단주의의 문제는 6장과 그 이하에서 충분히 설명된다. 특히 그 장의 주 26~28과 본문을 보시오. '부족주의'에 대해서는 10장을 참조하고 특히 그 장의 주 38(피타고라스 부족의 금기 목록)을 참조하시오.

2. 이것은, 나의 책 『과학적 발견의 논리』에서 보여진 것처럼, 해석은 어떠한 경험적 정보도 전달할 수 없다는 것을 의미한다.

3. 선택된 민족, 선택된 인종, 선택된 계급에 관한 교설들이 공통적으로 가지는 특징 중의 하나는 그것들이 어떤 억압에 대한 반발로서 시작되었고, 중요시되었다는 것이다. 선민사상은 유대교회의 창설 당시, 즉 바벨론 포로기에 중요하게 되었다. 고비노Gobineau 백작의 아리안족 우월론은 프랑스혁명이 게르만족 지배자들을 성공적으로 추방했다는 주장에 대한 귀족 이민자들의 반발이다. 프롤레타리아의 승리에 대한 마르크스의 예언은 근대 역사 중 억압과 착취로 이루어진 가장 불행한 기간 중의 하나에

대한 그의 응답이다. 이런 문제들에 관련해서는 10장의 주 39, 2권 7장의 주 13~15와 본문을 비교하시오.

  * 역사주의 신조의 가장 간략하고도 가장 좋은 요약 중의 하나는 길버트 코프Gilbert Cope가 『계급투쟁하는 기독교도들Christians in the Class Struggle』이라고 표제를 붙였고 브래드퍼드의 주교가 서문을 적은 급진적인 역사주의 소책자에서 찾아볼 수 있는데, 9장의 주 12에서 좀 더 충분히 인용되어 있다.('Magnificat' publication No.1, Published by the Council of Clergy and Ministers for Common Ownership, 1942, 28, Maypole Lane, Birmingham 14.) 이 책 5~6쪽에서 우리는 다음을 읽을 수 있다. "이러한 관점들의 공통점은 '자유가 덧붙여진 필연성'이라는 특성이다. 생물학적 진화, 계급투쟁의 연속, 성령의 활동이라는 이 세 가지는 어떤 목표를 향한 명확한 운동에 의해 특징지어진다. 그 운동은 인간의 계획적 행위로 인해 잠시 동안 제지되거나 일탈될 수 있지만 그것의 집적된 추진력은 사라질 수 없고, 그 최후의 국면이 희미하게 이해되어진다 하더라도……그 필연적 흐름을 진척시키도록 돕거나 연기시키려는 과정에 대해 충분히 알 수 있다. 다른 말로 하자면, 우리가 '진보'하는 것으로 관찰하는 자연의 법칙은 인간들에 의해서 충분히 이해되고 그래서 그들은……또한……그 주된 흐름을 정체시키거나 바꾸려고 노력할 수 있다. 그러나 이러한 노력은 잠깐 동안 성공적인 것처럼 보이지만 사실상 실패하게끔 운명 지어진 노력이다." *

  4. 헤겔은 그의 『논리학Logic』에서 헤라클레이토스의 가르침 전체를 유지한다고 말했다. 그는 또한 모든 것들을 플라톤에게 빚지고 있다고도 말했다. * 독일 사회민주운동의 창시자 중 한 사람인(마르크스와 헤겔주의자들과 같이) 페르난디트 폰 라살Ferdinand von Lassalle이 헤라클레이토스에 대한 책을 두 권 썼다는 사실은 언급할 만하다. *

2장

1. "세계는 무엇으로 구성되어 있는가?"라는 질문은 초기 이오니아 철학자들이 근본적인 문제로서 어느 정도 일반적으로 받아들인 것이다. 그들은 세계를 하나의 건축물로 보았던 것 같고, (그래서) 세계의 기초계획에 대한 질문은 세계를 건축하는 물질에 대한 물음과 상호보완적이다. 그리고 사실 우리는 탈레스가 세계를 구성하는 물질에만 관심을 가졌던 것이 아니라 기술적(記述的) 천문학과 지질학에도 관심을 가졌었고, 아낙시만드로스가 평면도, 즉 세계의 지도를 최초로 초안했었다는 것을 안다. 이오니아 학파에 대한(그리고 특히 헤라클레이토스의 선배인 아낙시만드로스에 대해) 좀 더 많은 설명은 10장에서 찾을 수 있다. 그 장의 주 38~40을 참조하고, 특히 주 39를 보라.

* 아이슬러 R. Elisler의 『세계덮개와 창궁 Weltenmantel und Himmelszelt』의 693쪽에 의하면 운명('moira')에 대한 호메로스의 느낌은 시간, 공간 그리고 운명을 신성시하는 동방의 점성술적 신비주의로 거슬러 올라갈 수 있다. 같은 저자에 의하면(Revue de Synthèse Historique, 41, app., p.16f.), 헤시오도스의 아버지는 소아시아 사람이며, 그의 황금시대라든가 철의 족속 같은 생각의 원천은 동양적인 것이다.(이 문제에 대해서는 아이슬러의 곧 출간될 유작인 플라톤 연구(Oxford, 1950)를 참조.) 아이슬러는 세계를 사물들의 전체로서('cosmos') 바라보는 관념이 바벨론의 정치이론으로까지 거슬러가는 것도 보여준다. 세계를 하나의 건축물(하나의 집이나 천막)로 보는 생각은 그의 『세계덮개 Weltenmantel』에서 다루어진다. *

2. 딜스 Diels의 『소크라테스 이전의 철학자들 Die Vorsokratiker』, 5판, 1934년(이하 'D⁵'로 표시.), 단편 124를 보시오. D^5, 2권, 423쪽, 스물한 번째 줄 이하 역시 참조하시오.(삽입된 부정은 나에게는 어떤 저자가 단편 모두를 불신하려는 것만큼이나 방법론적으로 불건전하게 보인다. 이것은 별문제로 하고, 나는 뤼스토 Rüstow의 수정에 따른다.) 이 문단에 인용된 다른 두 부분에 대해서는, 플라톤의 『크라틸로스 Cratylus』 401d, 402a/b

를 참조하시오.

헤라클레이토스의 학설에 대한 나의 해석은 현재 일반적으로 받아들여지는 것과 다르다. 예를 들면 버넷Burnet의 해석과 상이하다. 이런 해석이 정말 지지될 수 있는 것인지 의심스러운 사람들은 나의 주들, 특히 본 주와 주 6, 7, 11을 참조하기 바란다. 나는 거기서 헤라클레이토스 학설의 역사주의적 측면과 그의 사회철학을 소개하는 데 본문을 한정시키면서 헤라클레이토스의 자연철학을 다루고 있다. 나는 4장에서 9장까지 그리고 특히 10장에서 이 점에 대해 더 언급했다. 여기서 나는 헤라클레이토스의 철학이 그가 목격했던 사회혁명에 대한 전형적인 반작용으로 보인다고 언급했다. 그 장의 주 39와 59(그리고 본문) 그리고 주 56에 있는 버넷과 테일러 Taylor의 방법에 대한 비판을 참조하시오.

본문에서 나타내었듯이, 나는(다른 여러 사람들, 예를 들면 젤러Zeller와 그로트Grote와 함께) 만물 유전설이 헤라클레이토스의 중심적 교설이라는 데 찬성한다. 이에 반대하여, 버넷은 이것이 헤라클레이토스의 "사상 체계의 중심점이 절대 아니다."라고 주장한다.(『초기 그리스 철학 Early Greek Philosophy』, 2판, 163쪽 참조.) 그러나 그의 논변(158 이하)에 대해 면밀히 조사해 봤지만, 나는 여전히 헤라클레이토스의 근본적 발견이 추상적인 형이상학적 교설이라는 주장에 대해서 상당한 의구심을 품고 있다. 즉 버넷이 쓴 대로 헤라클레이토스의 근본적 발견이 "지혜는 많은 것들에 대한 앎이 아니라 투쟁하는 대립자들 간에 놓인 통일성을 인지하는 것"이라는 데에는 납득이 가지 않는다. 대립들의 통일은 확실히 헤라클레이토스 학설의 중요한 부분이긴 하지만, 이것은 좀 더 구체적이고 직관적으로 이해 가능한 만물 유전론으로부터 도출될 수 있다.(그런 것들이 도출된다는 것에 대해서는 이 장의 주 11과 그것에 상응하는 본문을 참조하시오.) 그리고 헤라클레이토스의 불에 대한 교설도 똑같이 말할 수 있다.(이 장의 주 7을 참조하시오.)

버넷처럼 만물 유전론은 새로운 것이 아니라 초기 이오니아 사람들에 의해 예견되었다고 하는 사람들은 헤라클레이토스의 독창성에 대한 무의식적 증인들이라고 생각된다. 왜냐하면 그들은 2400년이 지난 지금도 그의 핵심을 이해하는 데 실패하고 있기 때문이다. 그들은 그릇이나 건축물 혹은 우주적 틀 내에서의, 즉 사물들의 전 체계 내에서의 유전이나 순환과(헤라클레이토스 이론의 어떤 부분은 사실 이렇게 이해될 수도 있지만, 그의 철학 중에서 매우 독창적이지 않은 부분만이 그러하다. 다음의 설명을 보시오.) 모든 것을 포괄하는, 심지어는 그릇과 구조체계 자체를 다 포함하고(D^5 I, p.190 Lucian 참조.) 헤라클레이토스가 모든 고정된 존재를 부정하면서 묘사하는 만물 유전론과의 차이점을 보지 않는다.(보기에 따라서는 아낙시만드로스는 구조체계를 해체하는 것으로 시작했다. 그러나 여전히 이것과 만물 유전론과는 큰 차이가 있었다. 3장의 주 15(4)를 참조하시오.)

만물 유전론은 헤라클레이토스가 이 세계의 외관상의 안정성과 다른 정형적인 규칙들에 대해 설명을 하도록 만든다. 이 시도는 그로 하여금 부차적 이론의 발전, 특히 그의 불에 대한 이론(이 장의 주 7 참조.)과 자연법(주 6 참조.)에 대한 이론을 발전시키도록 이끈다. 이 세계의 외관상의 안정성에 관한 설명에서 그는 선배들이 제한했던 희박화와 농축화 rarefaction and condensation의 이론을 발전시킴으로써 그들의 이론을 매우 많이 사용하고, 그들의 천체 회전론을 도입해 물질의 순환과 주기성에 관한 일반적 이론을 만든다. 그러나 나는 그의 학설의 이 부분은 그의 학설에서 중심적인 것이 아니라 부차적인 것이라고 주장한다. 말하자면 이것은 변론적인데, 왜냐하면 그것은 새롭고 혁명적인 유전론을 그의 선배들의 학설뿐만 아니라 공통의 경험들과 화해시키려고 시도하기 때문이다. 따라서 나는 그가 물질과 에너지의 보존과 순환과 같은 것을 가르치는 기계적 물질주의자가 아니라고 생각한다. 이런 견해는 그의 신비주의를 강조하는 대립들의 통일뿐만 아니라 자연법에 대한 마술적 태도에 의해 배제되는 것처럼 보인다.

나는 만물 유전론이 헤라클레이토스의 중심 이론이라는 내 주장이 플라톤에 의해 확인된다고 생각한다. 헤라클레이토스에 대한 그의 설명적 주석의 압도적 대다수(『크라틸로스』, 401d, 402a/b, 411, 437이하, 440. 『테아이테토스*Theaetetus*』, 153c/d, 160d, 177c, 179d 이하, 182a 이하, 183a. 이하. 『향연 *Symposium*』, 207d. 『필레보스 *Philebus*』, 43a 참조. 아리스토 테레스의 『형이상학 *Metaphysics*』, 987a33, 1010a13, 1078b13 참조.)가 이 중심적 교설이 그 당시 사상가들에게 놀랄 만한 영향을 미쳤다는 것을 중 언한다. 이러한 직접적이고 명확한 증언들은 헤라클레이토스의 이름을 언 급하지 않은 매우 흥미로운 구절들(『소피스테스 *Sophist*』, 242d 이하, 위버 베르크 Ueberweg와 젤러가 헤라클레이토스와 관련하여 이미 인용하였다.) 보다 더욱 강력하다. 그런데 버넷은 바로 이런 구절들에 자신의 해석의 기 반을 두려고 한다.(그의 다른 증언자인 필로 유대우스 Philo Judaeus는 중 요하기보다는 플라톤과 아리스토텔레스의 증거들에 배치된다.) 그러나 심 지어 이 구절도 우리의 해석과 완벽히 일치한다.(이 구절의 가치에 대한 버넷의 다소 주저하는 판단에 대해서는 10장의 주 56(7)을 참조.) 세계는 물질들의 전체가 아니라 사건들 혹은 사실들의 전체라는 헤라클레이토스의 발견은 전혀 진부한 것이 아니다. 왜냐하면 이 발견은 상당히 최근에 비트 겐슈타인 Ludwig Wittgenstein이 이 점을 확인하는 것이 필요하다고 한 사 실에 의해서 평가될 수 있기 때문이다. "세계는 사실들의 총체이지 사물들 의 총체가 아니다."(『논리철학논고 *Tractatus Logico-Philosophicus*』, 1921/22, 1.1. 고딕체의 강조는 내가 한 것이다.)

요약하자면, 나는 만물 유전론을 근본적인 것으로, 그리고 헤라클레이토 스의 사회적 경험의 영역에서 생겨난 것으로 간주한다. 그의 모든 다른 교 설들은 그것에 비해 다소 부차적인 것들이다. 내가 자연철학의 영역에서 그의 중심적 교설로 간주하는 불의 이론(아리스토텔레스의 『형이상학』, 984a7, 1067a2; 989a2, 996a9, 1001a15; 『자연학 *Physics*』, 205a3 참조.)은 유전론과 안정적 물질에 대한 우리의 경험을 조화시키려는 시도이며, 더 이전의 순환 이론과의 연결이다. 그리고 이것은 법칙론으로 나아간다. 나 는 대립자들의 통일에 대한 그의 교설을 보다 덜 중심적이고 추상적인 것 으로 여긴다. 그리고 이것을 논리적이고 방법론적인 이론의 한 선구로(이 것이 아리스토텔레스가 그의 모순율을 형성하도록 자극한 것처럼), 그리고 그의 신비주의와 관련된 것으로 간주한다.

3. 네스틀레 W. Nestle, 『소크라테스 이전 철학자들 *Die Vorsokratiker*』(1905). 35.

4. 인용된 단편들을 쉽게 확인할 수 있도록 나는 바이워터 Bywater판 (버넷의 『초기 그리스 철학』에서 채택된)의 번호와 딜스 5판의 번호를 밝힌다.

이 문단에서 인용된 여덟 구절에 대해서 보자면 (1)과 (2)는 단편 B 114(=바이워터와 버넷), D^5 121(=딜스 5판)의 것이다. 다른 것들은 다음과 같다. (3) B 111, D^5 29. 플라톤의 『국가』, 586a/b······ (4) B 111, D^5 104······ (5) B 112, D^5 39(D^5, vol.I, p.65, Bias, I)······ (6) B 5, D^5 17······ (7) B 110, D^5 33······ (8) B 100, D^5 44.

5. 이 문단에서 인용된 세 구절은 다음의 단편들에서 가져온 것이다. (1)과 (2)는 B 41, D^5 91 참조. (1)에 대해서는 이 장의 주 2 역시 참조. (3) D^5 74.

6. 두 구절은 B 21, D^5 31 그리고 B 22, D^5 90이다.

7. 헤라클레이토스의 '적도'(혹은 법칙, 주기)에 대해서는 B 20, 21, 23, 29, D^5 30, 31, 94(D 31은 '적도'와 '법칙'(로고스)을 화해시킨다.)를 보시오.

이 문단의 후반부에 인용된 다섯 구절은 다음의 단편들에서 가져온 것이다. (1) D^5, 1권, 141쪽, 열 번째 줄(디오게네스 라에르티오스 Diogenes Laertius, IX, 7. 참조.)······ (2) B 29, D^5 94(5장 주 2 참조.)······ (3) B 34, D^5 100······ (4) B 20, D^5 30······ (5) B 26, D^5 66.

(1) 법칙의 관념과 변화 혹은 유전의 관념은 서로 관련이 있다. 왜냐하면 유전 이론 내에서만 법칙 혹은 규칙이 세계의 외관상의 안정성을 설명할 수 있기 때문이다. 인간에게 알려진 변화하는 세계 내에서 가장 정형적인 규칙은 일(日), 월(月), 연(年, 계절) 같은 자연의 주기이다. 나는 헤라클레이토스의 법칙론이 '인과론'에 대한 비교적 현대적 관점(레우키포스와 특히 데모크리토스에 의해 주장되었던)과 아낙시만드로스의 운명의 어두운 힘 사이에서 논리적으로 중간에 자리 잡고 있다고 생각한다. 헤라클레

이토스의 법칙은 여전히 '마술적'이다. 즉 그는 아직 추상적 인과규칙과, 금기처럼 제재에 의해 강제된 법칙(5장 주 2 참조.)을 구별하지 않았다. 운명에 대한 그의 이론은 18,000개나 36,000개의 평범한 해 중 '큰 해' 혹은 '큰 주기'와 관련된 것처럼 나타난다.(애덤 J. Adam, 『플라톤의 국가 The Republic of Plato』, 2권, 303쪽 참조.) 나는 이 이론이, 헤라클레이토스가 실제로 만물 유전론을 믿지는 않았지만 구조의 안정성을 항상 재정립하는 다양한 순환들을 믿었다는 징표라고는 분명 생각하지 않는다. 그러나 나는 아마도 그가 변화의 법칙과 심지어는, 어느 정도의 주기성을 포함하는 법칙 이외의 운명의 법칙을 생각하는 데는 어려움이 있었다고 생각한다.(3장 주 6을 역시 참조하시오.)

(2) 불은 헤라클레이토스 자연철학의 핵심적 역할을 담당한다.(여기에는 어느 정도 페르시아적인 영향이 있을 것이다.) 불꽃은 유전 혹은 물질의 여러 측면에서 나타나는 진행의 확실한 상징이다. 그래서 이것은 안정적인 물질들의 경험을 설명하고, 이 경험과 유전론을 조화시킨다. 이런 생각은 불꽃과 같지만 단지 좀 더 천천히 타고 있다고 볼 수 있는 살아 있는 몸에도 쉽게 확장될 수 있다. 헤라클레이토스는 모든 물질은 유전하고, 모든 것은 불과 같다고 가르친다. 그들의 유전은 단지 다른 '적도' 혹은 행위의 법칙을 가진다. 안에서 불이 타고 있는 '사발'과 '나무그릇'은 불보다 훨씬 천천히 유전될 것이지만, 그럼에도 불구하고 유전된다. 그것은 변화하고, 자신의 운명과 법칙을 가진다. 또 그것은 자신의 운명이 완성되기 전까지 더 긴 시간이 걸리더라도 불에 의해 연소되어야만 하고 다 태워버려져야만 한다. 그러므로 "미리 앞서서 불은 모든 것을 판단하고 선고한다."(B 26, D^5 66.)

따라서 불은 물질들의 실제적인 유전 상태에도 불구하고 그것들의 외관상의 정지에 대한 상징이자 설명이다. 그러나 그것은 역시 물질이 한 상태(연료)에서 다른 상태로 가는 변환의 상징이다. 그래서 불은 헤라클레이토스의 자연에 대한 직관적 이론을 희박한 상태와 농축 상태 이론 등 그보다 앞선 사상가들의 이론과 연계되도록 해준다. 그러나 제공되는 연료의

적도에 따라 타오르고 죽어가는 것 역시 법칙의 한 사례이다. 만약 이것이 몇몇 주기성의 형식과 합쳐진다면, 날[日], 해[年] 등과 같은 자연 주기의 규칙들을 설명하는 데 사용될 수 있다.(이렇게 생각하는 경향은 버넷의 실수를 설명할 수 있다. 즉 버넷은 '큰 해'와 관련된 주기적 대화재에 대해 헤라클레이토스가 굳게 믿고 있었다는 전통적인 기록을 믿지 않는다. 이것은 이치에 맞지 않는 것 같다. 아리스토텔레스의 『자연학』 205a3, D^5 66 참조.)

8. 이 문단에 인용된 열세 구절은 다음에서 가져온 것이다. (1) B 10, D^5 123······ (2) B 11, D^5 93······ (3) B 16, D^5 40······ (4) B 94, D^5 73······ (5) B 95, D^5 89······. (4)와 (5)는 플라톤의 『국가 Republic』 476C 이하, 520c 참조······. (6) B 6, D^5 19······ (7) B 3, D^5 34······ (8) B 19, D^5 41······ (9) B 92, D^5 2······ (10) B 91a, D^5 113······ (11) B 59, D^5 10······ (12) B 65, D^5 32······ (13) B 28, D^5 64.

9. 대부분의 도덕적인 역사주의자들보다 더 일관되게 헤라클레이토스 역시 윤리적 법률적 실증주의자(이 용어에 대해서는 5장 참조.)이다. "신에게 모든 것들은 공정하고 선하고 옳다. 그러나 인간은 그것들을 취해서 어떤 것은 옳게, 어떤 것은 잘못되게 취급한다."(D^5 102, B 61. 주 11의 (8)번 구절을 보시오.) 그가 최초의 법률적 실증주의자였다는 것은 플라톤에 의해 보증된다.(『테아이테토스』, 177c/d) 도덕과 법률적 실증주의 일반에 대해서는 5장(주 14~18에 대한 본문)과 2권 12장을 참조하시오.

10. 이 문단에 인용된 두 구절은 다음에서 가져온 것이다. (1) B 44, D^5 53······ (2) B 62, D^5 80.

11. 이 문단에 인용된 아홉 개의 구절은 다음에서 가져온 것이다. (1) B 39, D^5 126······ (2) B 104, D^5 111······ (3) B 78, D^5 88······ (4) B 45, D^5 51······ (5) D^5 8······ (6) B 69, D^5 60······ (7) B 50, D^5 59······ (8) B 61, D^5 102(주 9 참조.) (9) B 57, D^5 58.(아리스토텔레스, 『자연학』, 185b20 참조.)

유전 혹은 변화는 한 국면 혹은 성질 혹은 위치에서 다른 것으로의 전환이어야만 한다. 유전이 변화하는 어떤 것을 상정하는 한, 그 어떤 것이 대립되는 국면 혹은 성질 혹은 위치를 가정한다 하더라도 그것의 정체성은 동일하게 유지되어야만 한다. 이것은 유전론을 모든 것들의 단일성 이론뿐만 아니라 대립자들의 통일성 이론과 연결시킨다.(아리스토텔레스, 『형이상학』, 1005b25, 1024a24와 34, 1062a32, 1063a25 참조.) 그것들은 모두 변화하는 불의 다른 양상이나 현상일 뿐이다.

'위로 향하는 길'과 '아래로 향하는 길'이 원래는 산을 처음에는 위로 오르고 후에 다시 아래로 내려가는 일반적인 길로(혹은 아래 있는 사람의 관점에서 보자면 위로 오르는 것이고, 위에 있는 사람의 관점에서 보자면 아래로 내려가는) 생각되어졌는지, 그리고 이 은유가 나중에 순환의 과정에 적용된 것인지, 즉 땅에서부터 물을 통해서(아마도 그릇에 담긴 액체 연료) 불로 올라가고, 다시 불로부터 물을 통해서(아마도 비) 땅으로 내려오는 그런 순환의 과정에 적용된 것인지, 혹은 헤라클레이토스의 위로의 길과 아래로의 길이 원래부터 그에 의해 물질의 순환 과정에 바로 적용된 것인지 그렇지 않은 것인지, 이 모든 것은 물론 결론 내려질 수 없다.(그러나 첫 번째로 취할 수 있는 대안이 헤라클레이토스의 단편들에 있는 매우 많은 비슷한 사상들의 관점에서 볼 때 더욱 그럴듯한 것이라고 나는 생각한다. 본문 참조.)

12. 네 구절은 다음과 같다. (1) B 102, D^5 24…… (2) B 101, D^5 25(헤라클레이토스의 말장난이 다소 보존되어 있는 보다 가까운 변형본은 "위대한 운명일수록 위대한 죽음을 맞는다." 플라톤의 『법률 Laws』, 903d/e를 『국가』 617d/e와 대조하여 참조하시오.)…… (3) B 111, D^5 29(연속되는 부분은 위에서 인용되었다. 주 4의 (3)을 보시오.)…… (4) B 113, D^5 49.

13. 선민사상과 같은 어떤 특징적 교설들이 유대교 외의 다른 몇 개의 구원 종교를 산출했던 이 시기에 발생했다는 것은 개연성이 높아 보인다.(마이어 Meyer, 『고대사 Gesch. d. Altertums』, 특히 1권 참조.)

14. 헤겔의 프로이센적인 것과 크게 다르지 않은 역사주의 철학을 프랑스에서 발전시켰던 콩트 Auguste Comte는 헤겔처럼 혁명의 물결을 저지

하고자 시도했다.(하예크 F. A. von Hayek, 「과학의 반혁명 *The Counter-Revolution of Science*」, ≪이코노미카 *Economica*≫, N.S.8권, 1941, 119쪽 이하, 281쪽 이하 참조.) 헤라클레이토스에 대한 라살의 관심에 대해서는 1장의 주 4를 보시오. 이와 연관해서 역사주의의 역사와 혁명 이념의 역사의 유사관계를 언급하는 것은 흥미롭다. 그것들은 그리스에서 반쯤 헤라클레이토스적인 엠페도클레스와 함께 발생했고(플라톤의 해석에 관해서는 2권 1장 주 1을 보시오.) 프랑스혁명의 시기에 프랑스뿐만 아니라 영국에서 다시 나타났다.

3장

1. 과두정치라는 용어 설명과 관련해서는 8장의 주 44와 57의 마지막을 참조하시오.

2. 특히 10장의 주 48을 참조하시오.

3. 7장의 마지막, 특히 주 25, 그리고 10장, 특히 주 69를 참조하시오.

4. 디오게네스 라에르티오스, 3권, 1을 참조하시오. 플라톤의 가족과 관련하여, 특히 플라톤의 아버지의 가계가 코드로스의 후손이라는 주장에 관해서는 '그리고 심지어 포세이돈 신'의 후손이라고 알려진 점에 대해서는 그로트의 『플라톤, 그리고 소크라테스의 다른 동료들 *Plato and other Companions of Socrates*』(ed. 1875), 1권, 114를 보시오.(그러나 크리티아스의 가계, 즉 플라톤의 어머니의 가계에 대한 유사한 언급에 관해서는 E. 마이어, 『고대사』, 5권, 1922, 66쪽을 참조하시오.) 플라톤은 코드로스에 대해 『향연』(208d)에서 말한다. "당신은 그들이 우리가 그들을 기리는 그런 덕의 영원한 기억을 얻을 것을 예측하지 못했음에도 불구하고, 알세스티스……혹은 아킬레스……혹은 당신의 코드로스가 자녀들을 위해 왕권을 지키려고 죽음을 원했을 거라고 생각하는가?" 플라톤은 크리티아스의 가계(즉 그의 외가)를 초기 『카르미데스 *Charmides*』(157e 이하)와 후기 『티

마이오스 *Timaeus*』에서 칭송한다. 여기서 그의 외가 가계는 솔론의 친구인 아테네의 지도자 드로피데스에게까지 거슬러 올라간다.

　5. 이 문단에 따라 나오는 두 개의 자서전적 인용들은『일곱 번째 편지 *Seventh Letter*』(325)에서 가져온 것이다. 『편지들 *Letters*』이 정말 플라톤이 쓴 글인가 하는 점은 저명한 학자들에 의해 문제시되었다.(아마도 충분한 근거 없이 문제시되었을 것이다. 나는 이 문제에 대한 필드 Field의 접근이 가장 믿을 만하다고 생각한다. 10장 주 57 참조. 한편 나는『일곱 번째 편지』까지도 약간 의심스러워 보인다. 즉 이것은 우리가『변론 *Apology*』을 통해 알고 있는 것을 너무 많이 반복하고, 그 상황이 요구하는 것을 너무 많이 이야기한다.) 그러므로 나는 플라톤주의에 대한 나의 해석을 가장 유명한 몇몇 대화편들로 국한시키는 조심성을 발휘했다. 그러나 그것은 『편지들』과 일반적으로 일치한다. 독자들의 편의를 위해서, 나는 본문에서 자주 언급되는 플라톤 대화편들의 목록을 역사적 순서에 따라 여기에 밝힌다. 10장 주 56(8)을 참조하시오.『크리톤 *Crito*』『변론 *Apology*』『에우티프론 *Euthyphro*』;　『프로타고라스 *Protagoras*』『메논 *Meno*』『고르기아스 *Gorgias*』;『크라틸로스 *Cratylus*』『메넥세노스 *Menexenus*』『파이돈 *Phaedo*』; 『국가 *Republic*』;『파르메니데스 *Parmenides*』　『테아이테토스 *Theaetetus*』; 『소피스테스 *Sophist*』『정치가 *Statesman*』(or『*Politicus*』)『필레보스 *Philebus*』; 『티마이오스 *Timaeus*』『크리티아스 *Critias*』;『법률 *Laws*』.

　6. (1) 역사적 발전이 순환적 특징을 가진다는 것에 대해 플라톤은 어디에서도 명확하게 적지 않았다. 그러나 최소한 네 개의 대화들, 즉『파이돈』, 『국가』, 『정치가』,『법률』에서 넌지시 언급된다. 이 모든 곳들에서 플라톤의 이론은 헤라클레이토스의 '큰 해 Great Year'을 언급한다고 볼 수 있다.(2장의 주 5 참조.) 그러나 이 암시는 직접적으로 헤라클레이토스를 향한 것이 아니었고, 오히려 엠페도클레스를 향한 것이었다. 플라톤은 엠페도클레스를 헤라클레이토스의 모든 유전의 통일성에 대한 이론보다 다소 '약한' 변형본으로 이해했다.(아리스토텔레스, 『형이상학』, 1000a25 이하) 그는 이것을『소피스테스』(242e 이하.)의 유명한 구절에서도 표현한다. 이

구절과 아리스토텔레스(『생성과 소멸에 관하여 On Generation and Corruption』, B, 6, 334a6)에 따르면, 사랑이 지배하는 시기와 헤라클레이토스적 투쟁이 지배하는 시기가 만나는 역사적 주기가 있다. 그리고 아리스토텔레스는 우리에게, 엠페도클레스를 따라, 현재의 주기는 "전에는 사랑의 시기였던 것과 같이 지금은 투쟁의 시기"라고 말한다. 우리 자신의 우주적 주기의 유전은 투쟁의 한 종류이며 따라서 나쁜 것이라는 주장은 플라톤의 이론과 경험 모두에 관련된다.

큰 해의 길이는 아마도 모든 천체들이 변화가 시작된 후 서로서로 연관되어 있었던 바로 그 위치들과 동일한 위치로 되돌아가는 데까지 걸리는 시간일 것이다.(이것은 '7개 행성들'의 기간에서 가장 작은 공통의 배수를 만들 것이다.)

(2) 아래에 언급되는 『파이돈』의 구절은 한 상태에서 대립되는 상태로 혹은 하나의 대립에서 다른 것으로 이끄는 헤라클레이토스적 변화 이론을 최초로 암시한다. "작게 되는 것은 한때는 큰 것이었음에 틀림없다." (70e/71a). 그래서 이것은 발전의 순환적 법칙을 나타내게 된다. "한 극에서 그것의 대립으로 가고, 다시 돌아가는 두 개의 과정은 존재하지 않는가……?"(앞의 책) 그리고 매우 조금 뒤 그 논변은 이렇게 전개된다. "발전이 단지 일직선상의 것이라면, 자연에는 어떠한 보상이나 순환도 없다.……따라서 결국 모든 것들은 동일한 특징을 취하게 될 것이다.……그리고 더 이상의 발전은 없을 것이다." 『파이돈』의 일반적 경향은 후기 대화들보다 좀 더 긍정적이지만(그리고 인간과 인간의 이성에 대한 좀 더 강한 신념을 보여준다.) 인간의 역사적 발전에 대한 직접적 언급은 없다.

(3) 그러나 이러한 참조 사항들은 4장에서 다루는 역사적 쇠퇴에 대한 자세한 기술을 찾을 수 있는 『국가』 8권과 9권에 나타난다. 이 기술은 플라톤의 인간과 숫자의 쇠퇴에 대한 이야기에서 도입되었으며, 5장과 8장에서 좀 더 자세하게 논의될 것이다. 애덤 J. Adam은 『플라톤의 국가』(1902, 1921)에서 이것을 "플라톤의 '역사철학'이 틀 지워진 기반"(2권, 210쪽)이라고 올바르게 지적했다. 이 이야기는 역사의 순환적 특징에 대한 어떠한

명확한 언급도 포함하지 않지만, 아리스토텔레스의(그리고 애덤의) 흥미롭지만 불확실한 해석에 따라 헤라클레이토스의 큰 해, 즉 순환적 발전에 대한 가능한 암시인 몇몇 신비한 실마리들을 가지고 있다.(2장 주 6, 그리고 애덤, 앞의 책, 2권, 303쪽 참조. 303쪽 이하에서의 엠페도클레스에 대한 언급은 수정이 필요하다. 이 주에 있는 위의 (1)을 보시오.)

(4) 더욱이『정치가』(268e~274e)에도 그 신화가 실려 있다. 이 신화에 따르면, 신은 스스로 거대한 세계 주기의 한 순환의 절반 동안 세계를 조종한다. 신이 내버려 두기 시작하면 이제껏 앞으로 움직였던 세계는 다시 뒤로 돌아가기 시작한다. 그래서 우리는 두 개의 절반의 주기들이나 완전한 주기 속의 반주기를 갖는데, 전쟁과 투쟁이 없는 선한 기간을 구성하며 신이 이끌어 전진하는 운동과, 신이 세계에서 손을 떼어 해체와 투쟁이 증가되는 후퇴하는 운동이 그것이다. 물론 후자가 우리가 살아가는 기간이다. 궁극적으로, 사물들은 나빠지고 그래서 신은 수레바퀴를 다시 굴리게 되고, 완전한 해체로부터 세계를 구해 내기 위해 그 행위를 반복한다.

이 신화는 위의 (1)에서 언급된 엠페도클레스의 신화와 헤라클레이토스의 큰 해와 많이 유사해 보인다. 애덤(앞의 책, 2권, 296 이하)은 헤시오도스와의 유사성 역시 지적한다. *헤시오도스에 대해 암시하는 지적들 중의 하나는 크로노스의 황금시대에 대한 언급이다. 그리고 이 시기의 사람들은 대지에서 태어났다는 것을 주지시킬 필요가 있다. 이것은 대지에서 태어남의 신화와『국가』(414b 이하와 546e 이하)에서 하나의 역할을 맡고 있는 철의 종족에 대한 신화가 서로 관계가 있다는 사실을 보여준다. 철의 종족이『국가』에서 맡고 있는 역할은 뒤의 8장에서 논의된다. 대지 출생의 신화는 역시『향연』(191b)에서도 암시된다. 그 암시는 아테네인들은 "그 지방에서 자생적으로 형성된 메뚜기와 같다."라는 통속적인 주장에 대한 언급이기도 하다.(4장의 주 32(1)e와 8장의 주 11(2)를 참조.) *

그러나『정치가』(302b 이하)에서 불완전한 정부의 여섯 가지 유형이 불완전의 정도에 따라 나열될 때, 역사의 순환 이론에서 발견되던 지적은 더 이상 발견되지 않는다. 오히려, 완벽하고 가장 좋은 국가의 타락하는 복사물로시의 여섯 가지 유형들은(『정치가』, 293d/e; 297c; 303b) 타락해 가는 과정의 단계로서 나타난다. 즉 여기와 『국가』에서 플라톤은, 문제들이 더욱 구체적인 역사적 문제로서 나타날 때, 자신의 논의를 타락으로 이끄는 주기의 한 부분으로 제한한다.

* (5) 비슷한 견해들이 『법률』에서도 주장된다. 순환 이론과 같은 어떤 것이, 플라톤이 순환들 중의 어느 하나의 시작에 대해 좀 더 자세한 분석을 해놓은 그 책 3권 676b/c~677b에서 나타난다. 그리고 678e와 679c에서 이 시작은 황금시대로 변하고, 그래서 다음 이야기는 다시 타락에 관한 이야기로 이어진다. 아마도 행성들이 신이라는 플라톤의 교설이 신이 인간의 삶에 영향을 끼친다는 교설들과 함께(우주적 힘은 역사 속에서 진행 중이라는 그의 믿음과 함께) 신플라톤주의자들의 점성학적 고찰에서 중요한 역할을 했다는 것은 언급할 만하다. 세 가지 교설들은 모두 『법률』에서 발견된다.(예를 들어서, 821b~d와 899b, 899~905d, 677a 이하를 보시오.) 점성술이 예측 가능한 결정적 운명에 대한 신념을 역사주의와 함께 공유하고 있다는 것은 분명히 파악되어야 한다. 그리고 점성술은 역사주의의 몇몇 중요한 모습들(특히 플라톤주의와 마르크스주의)과 어떤 믿음을 공유하는데, 그것은 미래 예측의 가능성에도 불구하고 특히 우리가 미래를 실제로 예측한다면 그것에 영향을 줄 수 있다는 믿음이다. *

(6) 불충분한 이 암시들과 상관없이, 플라톤이 순환의 진보적 부분과 후퇴적 부분을 진지하게 취급했다는 것을 지시하는 것은 거의 없다. 그러나 『국가』와 (5)에서 인용된 자세한 기술들과는 별도로 그가 역사의 쇠퇴에서 후퇴 운동을 매우 심각하게 믿었다는 것을 보여주는 많은 언급들이 있다.

(7) 『티마이오스』(42b 이하, 90e 이하, 그리고 특히 91d 이하. 『파이드로스 Phaedrus』, 248d 이하)에서, 플라톤은 타락에 의한 종의 기원이라 불릴 수 있는 것을 묘사한다.(4장 주 4에 대한 본문과 2권 1장의 주 11 참조.) 남자는 여자로 타락하고, 그 후에는 더 낮은 수준의 동물이 된다.

(8) 『법률』 3권에서(4권, 713a 이하도 역시 참조. 그러나 위에서 언급된 순환에 대한 짧막한 암시를 보시오.) 『국가』에 나타난 것과 매우 유사한

역사적 쇠퇴의 자세한 이론을 볼 수 있다. 다음 장, 특히 주 3, 6, 7, 27, 31, 44 역시 보시오.

7. 플라톤의 정치적 목적과 유사한 의견은 필드의 『플라톤과 그의 동시대인들 Plato and His Contemporaries』(1930)의 91쪽에서 나타난다. "플라톤 철학의 주된 목적은 해체되고 있는 것으로 보이는 운명에서 도덕적 행실과 사유에 대한 표준을 다시 정립시키려는 시도들로 간주될 수 있다." 6장의 주 3과 본문을 보시오.

8. 나는 형상 혹은 이데아 이론이, 플라톤이 그것을 자신의 주요 등장인물인 소크라테스의 입을 통해 나타나게 하지만, 버넷과 테일러에 반대하고 사실은 거의 플라톤의 것이며 소크라테스의 것이 아니라는 것을 믿는 대다수의 현대 권위자들(예를 들자면, G. C. 필드, 콘퍼드 F. M. Cornford, 로저스 A. K. Rogers)의 다수설을 따른다. 플라톤의 대화편이 소크라테스의 학설에 대한 가장 일차적인 자료들임에도 불구하고, 나는 그 속에서 '소크라테스적'인 것, 즉 역사적으로 참인 것과, 플라톤의 배우인 '소크라테스'의 '플라톤적'인 모습을 구별할 수 있다고 생각한다. 소위 소크라테스의 문제라고 불리는 것은 6, 7, 8, 10장에서 언급된다. 특히 10장 주 56을 참조하시오.

9. '사회공학'이라는 용어는 로스코 파운드 Roscoe Pound의 『법철학 입문 Introduction to the Philosophy of Law』(1922, 99쪽. * 브라이언 매기 Bryan Magee가 지금 나에게 웹스 Webbs가 1922년 이전에 거의 확실히 그것을 사용했다는 것을 알려줬다. *)에서 처음 사용되었다. 그는 이 용어를 '단편적'이라는 의미에서 사용한다. 다른 의미로는 이스트먼 M. Eastman의 『마르크스주의, 과학인가 Marxism : is it Science』(1940)에서 사용된다. 나는 이스트먼의 책을 나의 책이 다 쓰인 후에 보았다. 따라서 내가 쓴 '사회공학'이라는 용어에는 이스트먼의 용어법에 대한 어떠한 암시도 들어 있지 않다. 내가 알 수 있는 한 그는 내가 '유토피아적 사회공학'이라는 제목으로 9장에서 비판한 접근을 옹호하고 있다. 그 장의 주 1을 참조하고, 5장의 주 18(3) 역시 보시오. 최초의 사회공학자로서 우리는 도시 계획자

인 밀레토스의 히포다모스를 들 수 있다.(아리스토텔레스, 『정치학 *Politics*』, 1276b22, 그리고 R. 아이슬러, 『예수 바실레우스 *Jesus Basileus*』, 2권, 754쪽 참조.)

'사회기술'이라는 용어는 심킨 C. G. F. Simkin이 나에게 제안했다. 나는 방법의 문제를 토의할 때 나의 주된 강조점이 실천적인 제도적 경험을 획득하는 것에 있음을 확실히 하고자 한다. 9장, 특히 그 장의 주 8에 대한 본문을 참조하시오. 사회공학과 사회기술과 관련한 방법의 문제들에 대한 좀 더 자세한 분석은, 나의 책 『역사주의의 빈곤』(2판, 1960)의 3부를 보시오.

10. 인용된 구절은 내 책 『역사주의의 빈곤』 65쪽에서 가져왔다. '인간 행동의 계획되지 않은 결과들'은 2권의 4장에서 좀 더 논의된다. 특히 주 11과 본문을 보시오.

11. 나는 사실과 결정 혹은 요청의(혹은 존재와 당위의) 이원론을 믿는다. 다른 말로 하자면, 나는 결정 혹은 요청이 비록 사실로도 물론 취급될 수는 있지만 사실로의 환원은 불가능하다고 믿는다. 이 점에 관한 좀 더 자세한 내용은 5장(주 4~5에 대한 본문), 2권 12장과 14장에서 언급될 것이다.

12. 가장 좋은 상태에 관한 플라톤의 이론에 대한 이 해석을 지지해 주는 증거는 다음의 세 장에서 주어질 것이다. 또한 동시에 나는 『정치가』, 293d/e와 297c, 『법률』, 713b/c와 739d/e, 『티마이오스』, 22d 이하, 특히 25e와 26d를 언급한다.

13. 이 장의 후반부에 인용된 아리스토텔레스의 유명한 논고를 참조하시오.(특히 이 장의 주 25와 본문 참조.)

14. 이것은 그로트의 『플라톤 *Plato*』, 3권, 267쪽 이하의 주에서 나타난다.

15. 『티마이오스』, 50c/d와 51e~52b에서 인용한 것이다. 형상 혹은 이데아를 아버지로, 감각적 대상들 중에서 공간을 어머니로 묘사하는 직유는 중요하고 폭넓은 관계를 가지고 있다. 이 장의 주 17과 19, 그리고 10장

의 주 59를 참조하시오.

(1) 이것은 헤시오도스의 혼돈의 신화를 닮았다. 여기서 엄청나게 큰 틈 새 yawning gap(공간, 용기)는 어머니에 상응하고, 에로스 신은 아버지 혹은 이데아에 상응한다. 혼돈은 근원이며, 인과적 설명의 문제(혼돈=원인) 는 오랜 시간 동안 기원 archē 혹은 탄생 혹은 발생의 문제로 남아 있다.

(2) 어머니 혹은 공간은 아낙시만드로스와 피타고라스 학파의 무한정 혹은 끝없음과 상응한다. 그러므로 남성이라는 이데아는 피타고라스 학파 의 한정된(제한된) 것과 상응한다. 끝없음과 반대되는 한정됨, 여성과 반 대되는 남성, 어둠과 반대되는 밝음, 나쁨과 반대되는 좋음, 이 모든 것들 은 피타고라스 학파의 반대 항목의 같은 편에 놓인다.(아리스토텔레스의 『형이상학』, 986a22 이하 참조.) 그러므로 우리는 또한 밝음과 좋음에 관 련된 이데아를 보는 것을 예상해 볼 수 있을 것이다.(8장 주 32의 마지막 참조.)

(3) 이 이데아들은 한계들 혹은 제한들이고, 그것들은 무한한 공간에 반 대하여 유한하며, 고무도장처럼 스스로 모습을 찍어 자국을 남기고(이 장 의 주 17(2) 참조.) 혹은 보다 좋게는 공간(공간뿐만 아니라 동시에 아낙 시만드로스의 형성되지 않은 물질도) 위에 틀처럼 찍어서 감각적 물질을 생산한다. *매벗 J. D. Mabbott은 친절하게도 플라톤에서 형상과 이데아는 공간에 스스로 각인하지 않고 오히려 데미우르고스에 의해 그것 위에 찍히 거나 자국을 남기게 된다는 사실에 내가 주의하도록 해주었다. 형상이 '존 재와 생성(발달과정)의 원인'이라는 이론의 흔적들은 아리스토텔레스가 지 적하듯이(『형이상학』, 1080a2) 이미 『파이돈』(100d)에서 찾아볼 수 있다.*

(4) 생성시키는 활동의 결과로 공간, 즉 그릇은 일하기 시작하며, 이로 써 모든 것들은 운동을 시작하게 된다. 이러한 운동은 헤라클레이토스적 혹은 엠페도클레스적 유전이라고 볼 수 있는데, 이것은 운동 혹은 유전이 이러한 작업틀, 즉 (경계 없는) 공간 그 자체로까지 범위가 확장되는 한에 서 실제로 보편적인 유전이 된다.(그릇에 대한 후기 헤라클레이토스적 생 각에 대해서는, 『크라틸로스』 412d를 참조하시오.)

(5) 이 설명은 역시 파르메니데스의 '기만적 의견의 길'을 상기하게 하는데, 여기서 경험과 유전의 세계는 두 개의 대립들, 빛(혹은 뜨거움과 불)과 어둠(혹은 차가움과 땅)의 혼합에 의해 창조된다. 플라톤의 형상 혹은 이데아가 전자와 상응하고, 공간과 무제한적인 것이 후자에 상응한다는 것은 명확하다. 특히 플라톤의 순수 공간이 비결정적 물질과 매우 유사하다고 간주한다면 그러하다.

(6) 특히 가장 중요한 무리수 √2의 발견 후에, 한정적인 것과 비한정적인 것 사이의 대립도 역시 합리적인 것과 비합리적인 것 사이의 대립과 상응한다. 그러나 파르메니데스가 합리적인 것을 존재와 동일하다고 간주한 이후로, 공간이나 비합리적인 것은 존재하지 않는 것으로 해석하게 되었다.(이것은 아리스토텔레스가 "모든 대립들은 존재하는 것과 존재하지 않는 것으로 환원된다."(1004b27), 목록의 한쪽 편——존재하는 것——은 (합리적) 사유의 대상으로 묘사되고(1072a31), 어떤 수——아마도 그것들의 근에 대립되는——의 제곱은 이쪽 편에 더해진다(1093b13)고 말한 『형이상학』과 일치한다. 이것은 『형이상학』 986b27에 있는 아리스토텔레스의 언급을 더 설명한다. 그리고 콘퍼드가 그의 탁월한 논문인 「파르메니데스의 두 가지 길 *Parmenides' Two Ways*」(Class. Quart., XVII, 1933, 108쪽)에서 하였던 것과 같이 파르메니데스가 "아리스토텔레스와 테오프라스토스에 의해 잘못 해석되었다."(fr. 8, 53/54)라고 간주할 필요는 없다. 만약 우리가 이 방식대로 대립들의 항목표를 확장한다면, 핵심적인 fr. 8 구절에 대한 콘퍼드의 신빙성 있는 해석은 아리스토텔레스의 언급과 양립할 수 있기 때문이다.)

(7) 콘퍼드는, 파르메니데스에게는 세 가지 '길들', 진리의 길, 비존재의 길, 겉모양의 길(혹은 내가 그렇게 불러도 된다면, 기만적 의견의 길)이 있다고 설명했다.(앞의 책, 100) 그는 그것들이 각각 『국가』에서 논의된 세 개의 영역들——완벽하게 실재하고 합리적인 이데아의 세계, 완벽하게 실재하지 않는 것, 의견의 세계(유전하는 것들의 지각에 기반하는)——에 상응한다는 것을 보여준다.(101) 그는 또한 『소피스테스』에서 플라톤이 자신

의 입장을 수정하는 것 역시 보여준다.(102) 이 점에 관해서는, 이 주가 붙어 있는 『티마이오스』 구절의 관점에 근거해서 몇몇 주해들이 추가될 수 있다.

(8) 『국가』의 형상 혹은 이데아와 『티마이오스』의 그것들 사이의 차이점은, 후자에서의 형상(그리고 신. 또한 『국가』, 380d 참조.)은 말하자면 정신을 잃을 정도로 술에 취한 것인 반면 전자는 신성시된 것이다. 후자는 전자보다 파르메니데스적 일자(『국가』, 380d28, 31에 대한 애덤의 주 참조.)에 대해 훨씬 많은 유사점을 가진다. 이 발전은 『법률』에 이르게 되고, 거기서 이데아는 영혼으로 대체된다. 결정적인 차이점은 이데아가 점점 더 행위의 시작과 생성의 원인이 되어가는 것이며 혹은 『티마이오스』에서 말하듯이 운동하는 것들의 아버지가 되는 것이다. 가장 큰 대립은 아마도 『파이돈』 79e의 "영혼은 변화하지 않는 것과 아주 같아서 심지어는 가장 멍청한 사람도 그것을 부인하지 못한다."(『국가』, 585c, 609b 이하 역시 참조.)와 『법률』 895e/896a(『파이드로스』, 245c 이하 참조.)의 "도대체 '영혼'이라고 명명되는 것의 정의가 무엇인가? '스스로 운동하는 활동'……이것 이외에 다른 정의를 생각해 볼 순 없는가?" 사이의 것이다. 이 두 입장 사이의 변화는 아마도 (활동 자체의 형상과 이데아를 소개해 주는) 『소피스테스』에서 나타나고, '신적이고 불변하는' 형상과 변화하고 부패하는 육체를 묘사하는 『티마이오스』 35a에서 드러난다. 이 점은 왜 『법률』(894d/e 참조.)에서 영혼의 활동이 기원과 힘에서 최초의 것으로 말해지고, 왜 영혼이 "모든 것들 중에서 가장 오래되고 신적인 것"으로(966e) 불리는지에 대해 설명하는 것 같다. "이 영혼의 활동은 실제로 존재하는 것의 끊임없이 흐르는 원천이다."(플라톤에 의하면, 모든 살아 있는 것들은 영혼을 가지므로, 그가 최소한 부분적으로 물질들의 형식적 원리의 현존을 받아들이는 것처럼 주장될 수 있다. 이는 아리스토텔레스주의에 매우 가까운 듯이 보이는 관점인데, 특히 모든 것들은 살아 있다는 원시적이고 널리 퍼진 믿음 앞에서 그러하다.)(4장 주 7 역시 참조.)

(9) 플라톤 사상의 발전에서 추진력을 가지는 발전은 이데아의 도움으

로 유전하는 세계를 설명하는 것, 즉 이성의 세계와 억견의 세계 사이를 최소한 이해할 만하게 메우는 것이다. 비록 이 둘 사이의 틈이 연결될 수는 없겠지만, 『소피스테스』는 결정적인 역할을 하고 있는 듯 보인다. 공간을 만드는 것과는 별문제로, 콘퍼드가 플라톤 자신의 초기 입장에 반대하는 논변에서(248a 이하) 이데아의 다원성에 대해 언급했듯이(앞의 책, 102), 이데아의 다원성은 (a) 상호작용하는, 예를 들자면 마음과 상호작용하는 활동적 원인으로서, (b) 모든 운동하는 것들이 참여하고 정지해 있지 않은 운동의 이데아가 지금 존재함에도 불구하고, 변화하지 않는 것으로서, (c) 다른 것과 혼합될 수 있는 것으로 나타난다. 더 나아가 『티마이오스』에서 공간과 같은 것으로 간주된 '존재하지 않음'을(콘퍼드, 『플라톤의 지식론 Plato's Theory of Knowledge』, 1953, 주 247 참조.) 도입하여, 이데아가 그것과 혼합될 수 있도록 만들고(『필로라오스 Philolaus』, fr. 2, 3, 5, D^5 참조.), 그리고 이데아의 존재와 공간 혹은 물질의 비존재 사이의 특징적인 중간적 지위를 가지는 유전하는 세계를 생산하게 한다.

(10) 궁극적으로 나는 이데아가 비록 태초에는 세계와 접촉해 있었겠지만 이데아는 공간만이 아니라 시간의 밖에 있다는 본문의 나의 주장을 방어하고 싶다. 내 생각에 이 점은 그것들이 어떻게 운동 속에 있지 않고도 활동하는지를 쉽게 이해할 수 있도록 해준다. 왜냐하면 모든 운동과 유전은 시공간 속에 있기 때문이다. 플라톤은 시간이 시작을 가지고 있다고 가정했을 것이다. 플라톤이 인간이 최초의 피조물들 중 하나로 창조되었다고 믿었음을 지시하는 많은 것들을 고려해 보면, 나는 이것이 『법률』, 721c의 가장 직접적인 해석이라고 생각한다. "인류는 모든 시간과 함께 쌍둥이로 태어난다".(이 점에 관해서 나는 콘퍼드의 『플라톤의 우주론 Plato's Cosmology』, 1937, 145쪽, 26쪽 이하와 약간 다르게 생각한다.)

(11) 요약하자면, 이데아는 그것들의 변화하고 쇠퇴하는 복사물들보다 더 이전의 것이고 더 좋은 것이며, 그래서 그 자체로는 유전하지 않는 것이다.(4장 주 3 역시 참조.)

16. 이 장의 주 4를 참조하시오.

17. (1) 『티마이오스』에서 신들의 역할은 본문에서 묘사된 그것과 비슷하다. 마치 이데아가 물질들에 도장을 찍듯이, 신들은 인간의 몸을 만든다. 단지 인간의 영혼만이 세계와 신들을 창조한 데미우르고스 자신에 의해 창조된다.(신들이 조상들이라는 다른 암시에 대해서는 『법률』, 713c/d를 보시오.) 신들의 퇴화한 자녀들인 연약한 인간은 계속해서 타락하기 마련이다. 이 장의 주 6(7)과 5장의 주 37~41을 참조하시오.

(2) 흥미를 끄는 『법률』의 한 구절에서(681b, 4장 주 32(1, a) 역시 참조.) 우리는 이데아-물질 관계와 부모-자녀 관계 사이의 유사 구조에 대한 또 다른 암시를 찾을 수 있다. 이 구절에서, 법률의 기원은 전통의 영향, 특히 부모로부터 자녀에게 전해지는 엄격한 질서로 설명된다. 그래서 다음과 같은 언급이 있게 된다. "그리고 그들(부모)은 그들의 자녀들에게 각인시킬 것이고, 그들의 자녀들의 자녀들에게, 그들의 마음에다 각인시킬 것이다."

18. 8장 주 49, 특히 (3)을 참조하시오.

19. 『티마이오스』, 31a를 참조하시오. 내가 그들의 원형인 '최상의 것'이라고 자유롭게 번역한 그 용어는 아리스토텔레스에 의해 자주 '보편적' 혹은 '속명(屬名)'의 의미로 사용된다. 이것은 '일반적인 것' 혹은 '폭넓은' 혹은 '포괄적인' 것을 의미한다. 그러나 나는 이것이 원래부터 주물틀이 주물물을 포괄하고 덮는다는 식의 의미에서 '포괄적인' 혹은 '덮는'을 의미했는지에 대해서는 의심스럽다.

20. 『국가』 597c를 참조하시오. 596a(그리고 애덤의 596a5에 대한 두 번째 주) 역시 보시오. "우리는 관습 속에 있기 때문에, 당신은 우리가 동일한 이름을 붙이는 많은 개체들의 각 집합들에 대한 하나의 형상이나 이데아를 요청하는 것에 대해서 기억할 것이다."

21. 플라톤의 대화편에는 셀 수 없을 만큼 많은 구절들이 있다. 나는 단지 『파이돈』(예를 들어서 79a), 『국가』 544a, 『테아이테토스』(152d/e, 179d/e), 『티마이오스』(28b/c, 29c/d, 51d 이하)만 언급한다. 아리스토텔레스는 『형이상학』 987a32, 999a25, 999b10, 1010a6~15, 1078b15에서 이

것을 언급한다. 이 장의 주 23과 25 역시 보시오.

22. 버넷이 적었듯이(『초기 그리스 철학*Early Greek Philosophy*²』, 208), 파르메니데스는 "무엇이……유한하고, 구형이며, 활동이 없으며, 형체가 있는 것인가?" 즉 세계는 충만한 구이며, 부분 없는 하나의 전체이며, 그래서 "이것을 넘어서는 것은 없다."라고 가르쳤다. 내가 버넷을 인용하는 이유는 (a) 그의 설명이 탁월하고 (b) 그의 설명은 파르메니데스가 "죽어야 할(유한한) 운명들의 의견"(혹은 기만적 의견의 길)이라고 부른 것에 대한 스스로의 해석을 붕괴시키기 때문이다. 왜냐하면 거기서 버넷은 아리스토텔레스, 테오프라스토스, 심플리키우스, 곰페르츠, 마이어의 모든 해석들을 '시대착오' 혹은 '명백한 시대착오' 등으로 처리해 버리기 때문이다. 이제 버넷이 거부했던 그 해석은 여기 본문에서 제안되었던 것과 실질적으로 같게 된다. 즉 파르메니데스는 현상세계 이면의 실재세계를 믿었다는 점이다. 현상세계에 대한 파르메니데스의 설명이 최소한 어느 정도의 적합성을 가지도록 허락하는 이런 이원론은 버넷에 의해 희망이 없는 시대착오적인 것으로 치부되었다. 그러나 나는 만약 파르메니데스가 오로지 그의 움직이지 않는 세계를 믿었고 변화하는 세계를 결코 믿지 않았다면, 그는 정말로 미친 것이라고(엠페도클레스가 암시하듯) 생각한다. 그러나 사실상 이미 『크세노파네스 *Xenophanes*』 단편 23~26에서 비슷한 이원론에 대한 암시가 있고, 단편 34를 보게 된다면(특히 "그러나 모든 것은 그들의 망상적 의견을 가진다.") 시대착오라고 말하기는 힘들 것이다. 주 15(6~7)에서 언급했듯이, 나는 파르메니데스에 대한 콘퍼드의 해석을 따른다.(10장 주 41을 역시 보시오.)

23. 아리스토텔레스의 『형이상학』 1078b23을 참조하시오. 다음 인용구는 앞의 책 1078b19이다.

24. 이 가치 있는 비교는 필드의 『플라톤과 그의 동시대인들』 211 덕분이다.

25. 바로 앞의 인용구는 아리스토텔레스 『형이상학』 1078b15에서, 다음은 같은 책 987b7이다.

26. 이데아론이 나타나는 논변(10장 주 56(6) 역시 참조.)에 대한 아리스토텔레스의 분석(『형이상학』, 987a30~b18)에서, 우리는 다음의 단계들을 구분할 수 있다. (a) 헤라클레이토스의 유전, (b) 유전하는 물질들에 대한 참된 지식의 불가능성, (c) 소크라테스의 윤리적 본질로부터의 영향, (d) 참된 지식의 대상으로서의 이데아, (e) 피타고라스 학파의 영향, (f) 중간적 사물로서 '수학적인 것들'.((e)와 (f)는 내가 본문에서 언급하지 않았고 대신에 (g) 파르메니데스적 영향을 언급했다.)

플라톤이 자신의 이론을 상세히 설명하는 작업, 특히 『파이돈』, 『국가』, 『테아이테토스』, 『소피스테스』, 『티마이오스』에서 어떻게 이 단계들이 정의되는지를 보여주는 것은 유용할 것이다.

(1) 『파이돈』에서 우리는 (e)를 포함하는 모든 항들에 대한 언급을 찾을 수 있다. 65a~66a에서 단계 (d)와 (c)는 두드러지게 나타나지만, (b)는 넌지시 드러난다. 70e의 단계 (a)에서는 헤라클레이토스 이론이 나타나고, 피타고라스주의적인 (e)의 요소와 합쳐진다. 그리고 74a 이하와 단계 (d)로 이어진다. 99~100은 (c)를 통한 (d)로의 접근이다. (a)와 (d)에 관해서는, 『크라틸로스』 493c 이하를 참조하시오.

『국가』에서 아리스토텔레스의 고찰에 상응하는 것은 물론 4권이다. (a) 4권의 시작, 485a/b(527a/b를 참조.)에서 헤라클레이토스적인 유전이 언급된다.(그리고 변화하지 않는 형상의 세계와 대조된다.) 거기서 플라톤은 "영원히 존재하고 생성과 부패로부터 면제되어 있는 실재"에 대해 말한다.(4장 주 2(2)와 3 그리고 3장의 주 33과 본문을 참조하시오.) 단계 (b), (d)와 특히 (f)는 유명한 선분의 비유에서 꽤 중요한 역할을 한다.(『국가』 509c~511e, 애덤의 주와 1권과 7권에 대한 그의 부록을 참조하시오.) 소크라테스의 윤리적 영향, 즉 (c)는 물론 『국가』 전체를 통해 드러난다. 그것은 선분의 비유와 특히 508b 이하에서 중요한 역할을 하는데, 여기서 좋음의 역할이 강조된다. 특히 508b/c를 보시오. "이것이 내가 좋음의 소산물에 대해서 견지하는 것이다. 좋음이 자신의 모사물로 얻은 것이 지성계에서 이성(그리고 그것의 대상)과 맺는 관계는, 현상계에서" 태양의 소산물이 "시각(그리고 그것의 대상)과 관련을 맺는" 것과 같은 방식이다. 단계 (e)는 (f)에 포함되지만, 7권에 있는 4권의 서부의 비유를 기반으로 하고 있는 유명한 『커리큘럼 Curriculum』(특히 523a~527c 참조.)에서 충분히 발전된다.

(2) 『테아이테토스』에서는 (a)와 (b)가 폭넓게 다루어지고, (c)는 174b와 175c에서 언급된다. 『소피스테스』에서는 (g)를 포함하는 모든 단계들이 언급되는데, 단지 (e)와 (f)만이 빠져 있다. 특히 247a(단계(c)), 249(단계(b)), 253d/e(단계(d))를 보시오. 『필레보스』에서 우리는 (f)를 뺀 나머지 단계들에 대한 지적들을 볼 수 있을 것이다. (a)에서 (d)까지의 단계들은 59a~c에서 특별히 강조된다.

(3) 『티마이오스』에서는, 『국가』의 내용을 소개하는 도입부와 29d에서 단지 간접적으로 암시되는 (c)를 제외하고는, 아리스토텔레스에 의해 언급된 모든 단계들이 제시된다. 단계 (e)는 말하자면, '티마이오스'가 '서양의' 철학자이며 피타고라스주의에 강하게 영향을 받았기 때문에, 전체를 통해서 드러난다. 다른 단계들은 아리스토텔레스의 설명과 거의 완벽하게 평행하는 형태로 두 번 드러난다. 먼저 간단하게는 28a~29d에서, 그리고 후에 좀 더 자세하게는 48e~55c에서 드러난다. (a) 즉 유전하는 세계에 대한 헤라클레이토스적 설명(49a 이하, 콘퍼드, 『플라톤의 우주론』, 178) 바로 직후에, 우리가 이성(혹은 참된 지식)과 단순한 의견을 옳게 구분한다면 변화하지 않는 형상의 존재를 받아들일 수 있다는 논변 (b)가 나타난다.(51c~e) 이 점들은 (51e 이하에서) 단계 (d)와 상응하여 소개된다. 그래서 헤라클레이토스적 유전은 다시 시작되지만(일하는 공간으로서) 바로 이때 그것은 생성 활동의 결과로 설명된다. 그리고 다음 단계인 (f)가 53c에서 나타난다.(나는 아리스토텔레스가 『형이상학』 992b13, 53c 이하에서 언급했던 "선분과 평면과 입체"를 생각한다.)

(4) 『티마이오스』와 아리스토텔레스의 고찰 사이의 이러한 유사점이 지금까지 충분히 강조되지 않았던 것처럼 보인다. 최소한 필드의 아리스토텔레스 연구에 대한 탁월하고도 믿을 만한 분석(『플라톤과 그의 동시대인

들』202 이하)에서는 다루어지지 않았다. 그러나 이것은 이데아론이 소크라테스적이라고 주장하는 버넷과 테일러에 반대하는 필드의 논변(그러나 그 자체가 실질적으로 결정적이기 때문에 강화가 거의 필요 없는 논변)을 더 강력하게 만들어준다.(10장 주 56 참조.)『티마이오스』에서 플라톤은 이 이론을 소크라테스의 입을 통해 적지 않기 때문에, 버넷과 테일러의 원칙에 따르자면, 그것은 소크라테스의 이론이 아니었다는 것을 증명해야 한다.(그들은 '티마이오스'가 피타고라스주의자이기 때문에 플라톤 철학이 아닌 그 자신의 것을 발전시켰다고 주장하며 이 추론을 회피한다. 그러나 아리스토텔레스는 플라톤을 개인적으로 이십 년 동안 알고 있었고, 그래서 이 문제들에 대해서 판단할 수 있었어야 했다. 그리고 아카데메이아 회원들이 플라톤주의에 대한 그의 소개를 부인했을 때 아리스토텔레스는『형이상학』을 썼다.)

(5) 버넷은『그리스 철학 Greek Philosophy』, 1권, 155쪽(그의 판본인『파이돈』1911, xliv쪽 역시 참조.)에 이렇게 적었다. "『파이돈』과『국가』에 담겨 있는 의미의 형상 이론은 우리가 대화편들 중에서 가장 특징적으로 플라톤적이라고 공정하게 간주할 수 있는 것에서 완전히 이탈하였다. 플라톤적이라는 형상 이론에서 소크라테스는 더 이상 주요 대화자가 아니다. 이런 의미에서 그것은『파르메니데스』이후의 어떤 대화편에서도 언급되지 않고……화자가 피타고라스주의자인『티마이오스』(51c)에서 단 한 번의 예외가 있을 뿐이다." 그러나 만약 그것이『국가』에서 유지되고 있는 의미로『티마이오스』에서 유지된다면, 그것은『소피스테스』257d, 그리고『정치가』269c/d, 286a, 297b/c, c/d, 301a와 e, 302e, 303b, 그리고『필레보스』15a 이하, 59a~d, 그리고『법률』713b, 739d/e, 962c 이하, 963c 이하, 그리고 가장 중요한 965c(『필레보스』16d 참조), 965d, 966a에서도 확실히 그런 식으로 유지된다. 다음 주도 역시 보시오.(버넷은『편지들』이 진본임을, 특히『일곱 번째 편지』가 그러함을 믿는다. 그러나 이데아론은 거기서도 342a 이하에서 유지된다. 10장의 주 56(5, d) 역시 보시오.)

27.『법률』895d~e를 참조하시오. 나는 "'본질'이라는 단어가 우리를

돕지 못한다."라는 잉글랜드 England의 주(그의 『법률』 판본, 2권, 472)에 동의하지 않는다. 진실로, 우리가 만약 '본질'을 감각적 물질의 몇몇 중요한 감각적 부분(아마 순수화되고, 증류에 의해 생산될 수 있는)으로 의미했다면, '본질'은 잘못 이해된 것이다. 그러나 '본질적'이라는 단어는 우리가 여기서 표현하려는 것과 매우 잘 부합하는 방식으로 널리 사용된다. 이것이 물질 속에 혹은 형이상학적 이데아 세계에 상주한다고 간주되든 아니든, 우연적인 혹은 중요하지 않은 혹은 물질의 변화하는 경험적 측면과 반대되는 어떤 것이건 간에 그러하다.

나는 오해받고 있는 전통적 용어인 '실재론'을 피하고 그것 대신 '본질주의'란 용어를 '유명론'의 반대로 사용하고자 한다. 여기서는 '실재론'이 '유명론'('관념론'이 아니라)의 반대로 쓰일 때이다.(2권 1장 주 26 이하와 본문, 특히 주 38을 참조하시오.)

영혼론에 대한 플라톤의 본질주의적 방법의 적용에 대해서는, 예를 들자면 본문에서 언급되었던 것처럼, 이 장의 주 15(8), 5장 특히 주 23에서 인용되었던 『법률』 895e 이하를 보시오. 예시를 위해서는 『메논』 86d/e 그리고 『향연』 199c/d 역시 보시오.

28. 인과설명에 대한 이론에 대해서는, 나의 『과학적 발견의 논리』의 12장 59쪽 이하를 참조하시오. 2권 15장 주 6 역시 보시오.

29. 여기에 나타난 언어이론은 특히 타르스키 A. Tarski와 카르나프 E. Carnap에 의해 발전된 의미론이다. 카르나프의 『의미론 서설 Introduction to Semantics』(1942)과 8장의 주 23을 참조하시오.

30. 자연과학이 방법론적 유명론에 근거하고 있는 반면, 사회과학은 본질주의적('실재론적') 방법을 채택해야만 한다는 이론을 나는 폴라니 K. Polanyi에 의해 명료하게 알게 되었다.(1925년.) 그는 당시에 사회과학의 방법론 개혁은 이 이론을 거부함으로써 성취될 수 있다고 지적했다. 대부분의 사회과학자들이 그 이론을 어느 정도 채택했고, 특히 밀 J. S. Mill이 채택했다. 그것에 따라(예를 들어 『논리학 Logic』 6권, 6장, 2에 있는 그의 역사주의적 공식화, 6권, 10장, 2의 마지막 문단을 보시오. "사회과학

의……근본적인 문제는, 사회의 어떤 상태가 계승하는 상태를 만들어내는, 법칙을 발견하는 것이다……."), 마르크스 K. Marx(이하를 보시오.), 베버 M. Weber(『사회학의 방법론적 기초 *Methodische Grundlagen der Soziologie*』의 시작 부분, 『경제와 사회 *Wirtschaft und Gesellschaft*』, 1권에 있는 그의 정의를 참조.), 지멜 G. Simmel, 피어칸트 A. Vierkandt, 매키버 R. M. MacIver 등에 의해 채택되었다. 이 모든 경향들의 철학적 표현은 플라톤과 아리스토텔레스의 방법론적 본질주의의 체계적인 부활인 후설 Edmund Husserl의 '현상학'이다.(2권 1장, 특히 주 44를 보시오.)

이와 반대되는, 사회학에서의 유명론적 입장은 내가 생각하기로 오로지 사회제도의 기술적 이론에 의해서만 발전될 수 있다.

이런 상황에서 나는 내가 어떻게 역사주의를 좇아서 플라톤과 헤라클레이토스까지 갈 수 있었는지를 언급할 수 있다. 역사주의를 분석하던 중 나는 역사주의가 내가 지금 방법론적 본질주의라고 부르는 것을 필요로 함을 알게 되었다. 즉 나는 본질주의를 위한 정형적인 논변들이 역사주의와 밀접한 관계가 있음을 보았다.(나의 『역사주의의 빈곤』 참조.) 이 점은 내가 본질주의의 역사를 생각해 보도록 해주었다. 나는 아리스토텔레스의 고찰과 내가 독창적으로 플라톤주의에 대한 어떠한 언급도 없이 진행한 분석의 유사구조를 보고 충격을 받았다. 이 방법을 통해 나는 헤라클레이토스와 플라톤이 둘 다 본질주의의 발전 과정에서 중요한 역할을 맡고 있다는 것을 깨닫게 되었다.

31. 크로스먼 R. H. S. Crossman의 『오늘날의 플라톤 *Plato To-day*』 (1937)은 나의 해석과 부분적으로 비슷하게 플라톤에 대한 정치적 해석을 담고 있는 것으로서 내가 발견한 최초의 책이다. 6장 주 2, 3과 본문을 역시 보시오. *그 이후로 나는 플라톤에 대한 비슷한 관점들이 다양한 저자들에 의해 나타난다는 것을 알게 되었다. 바우라 C. M. Bowra(『고대 그리스 문학 *Ancient Greek Literature*』, 1933)가 아마도 가장 처음일 것이다. 그의 짧지만 플라톤에 대한 완전한 비판(186~190쪽)은 날카롭기만 한 것이 아니라 공정하다. 다른 사람들로는 파이트 W. Fite(『플라톤적 신화 *The*

Platonic Legend』, 1934), 패링턴 B. Farrington(『고대사회에서의 과학과 정치학 *Science and Politics in the Ancient World*』, 1939), 위스피어 A. D. Winspear(『플라톤 사상의 기원 *The Genesis of Plato's Thought*』, 1940), 켈젠 H. Kelsen(『플라톤적 정의 *Platonic Justice*』, 1933) — 지금은 『정의란 무엇인가 *What is Justice*』(1957)에 실려 있다. 그리고 『아메리칸 이마고 *The American Imago*』 3권(1942)에 실려 있는 『플라톤적 사랑 *Platonic Love*』)이 있다. *

4장

1. 『국가』 608e를 참조하시오. 본 장의 주 2(2) 역시 보시오.

2. 『법률』에서 영혼 —— "활동하는 모든 것들 중에 가장 오래되었고 가장 신적인 것"(966e) —— 은 "모든 활동의 출발점"(895b)으로 묘사된다.

(1) 아리스토텔레스는 '좋음'은 변화의 목적인으로서 목표하는 것을 의미하기 때문에 '좋은' 것은 시작점이 아니라 오히려 변화의 끝이자 목표라는 생각으로 플라톤적인 이론에 대해 자신의 이론을 대조시킨다. 그래서 그는 플라톤주의자, 즉 '형상을 믿는 자들'에 대해서 말하기를, 그들이 '이 것들(즉 '좋은' 것들)을 위해 어떤 것이 발생한 것처럼 말하는 것'이 아니라 오히려 '모든 운동이 이것들로부터 시작한다'고 말한다면, 그들은 엠페도클레스에게 동의하는 것이다.(즉 그들은 엠페도클레스와 '동일한 방법으로' 말하는 것이다.) 그는 '좋음'이 플라톤주의자들에게는 '좋음으로서의 원인', 즉 목적을 의미하지만 '그것은 단지 우연적인 좋음일 뿐'이라고 지적한다. 『형이상학』 988a35와 b8 이하, 그리고 1075a, 34/35를 참조하시오. 이 비판은 마치 아리스토텔레스가 사실 젤러의 의견인 스페우시포스의 관점과 비슷한 관점을 종종 주장했던 것처럼 들린다. 2권 1장의 주 11을 보시오.

(2) 본 단락의 글에서 언급된 부패를 향한 운동에 대해서, 그리고 플라

톤 철학에서 그것의 광범위한 중요성에 대해서, 우리는 불변하는 것 혹은 이데아의 세계와 유전 속에서 감각되는 것의 세계 사이의 일반적 대립을 떠올려야만 한다. 플라톤은 종종 이 대립을 불변하는 세계와 부패하는 것들 사이의 대립, 혹은 생성되지 않는 것들과 생성되고 퇴락되기로 운명 지어진 것들 사이의 대립으로 표현한다. 예를 들자면, 3장 주 26(1)과 8장 주 33의 본문에서 인용된 『국가』 485a/b, 그리고 5장 주 37의 본문에서 인용된 『국가』 546a를 보시오. "생성된 모든 것들은 퇴락되어야만 한다." (혹은 부패되어야만 한다.) 유전하는 것들로 이루어진 세계의 생성과 부패라는 문제는, 아리스토텔레스가 이 문제에 대한 독립된 하나의 논문을 남겼다는 사실이 말해 주듯, 플라톤 학파 전통의 중요한 부분이다. 또 다른 흥미로운 지적은 아리스토텔레스가 이 문제들에 대해서 그의 『정치학』의 서론에서 말한 방법이다. 이것은 『니코마코스 윤리학 Nicomachean Ethics』 (1181b/15)의 결론 문장에 포함되어 있다. "우리는 도시를 보존하거나 부패시키는 것이 무엇인지 찾기를……시도할 것이다." 이 구절은 아리스토텔레스가 그의 『정치학』의 주요 문제로 무엇을 고려했는지에 대한 그의 일반적 공식 입장으로서뿐만 아니라, 본 장의 주 6과 주 25의 본문에 이용된 『법률』, 즉 676a, 676b/c에 나타나는 중요한 구절과 매우 비슷하다는 이유 때문에도 중요하다.(본 장의 주 1, 3, 24/25 역시 보시오. 8장의 주 32와 8장의 주 59에서 인용된 『법률』의 구절을 보시오.)

3. 인용구는 『정치가』 269d에서 온 것이다.(본 장 주 23 역시 보시오.) 운동의 위계에 대해서는 『법률』 893c~895b를 보시오. 완전한 것들은 그들이 변화할 때만 덜 완전하게 될 수 있다는 이론에 대해서는, 특히 『국가』 380e~381c를 ── 여러 가지 방법들 중에(380e를 예로 언급하였다.) 『법률』 797d에 평행하는 한 구절만 ── 보시오. 아리스토텔레스의 인용구들은 『형이상학』 988b3과 『생성과 소멸에 관하여』 335b14에서 가져온 것이다. 본 문단의 마지막 인용구 네 개는 플라톤의 『법률』 904c 이하, 797d에서 가져온 것이다. 본 장의 주 24와 본문 역시 보시오.(악한 대상에 대한 논평을, 2장 주 6에서 논의되었던 것처럼, 즉 발전의 경향은 거꾸로 되

돌아가야만 하고, 세계는 언젠가 악함의 가장 깊은 곳에 도달한 후에 사물들이 향상되기 시작해야만 한다는 순환적 발전에 대한 또 다른 암시로 해석하는 것은 가능하다.)

　＊변화에 대한 플라톤적 이론과 『법률』의 구절들에 대한 나의 해석은 도전받아 왔기 때문에, 나는 좀 더 자세한 주석을 달고자 한다. 특히 (1) 『법률』 904c 이하, 그리고 (2) 797d의 두 구절에 관해서 그러하다.

　(1) 『법률』 904c의 구절 "덜 중요한 것은 수평 등급에서 시작되는 하락이다."를 좀 더 축어적으로 번역해 보면 '덜 중요한 것은 수평 등급에서 아래를 향해 시작되는 운동이다'가 될 수 있다. 여기서 역시 명확하게 가능한 번역인 '수평 등급에서'보다는 오히려 '수평 등급 아래로'로 받아들이는 것이 나는 더 명료해 보인다.(내가 그렇게 하는 이유는 904a 이하의 단지 완전히 극적인 정황 때문만이 아니라, 특히 "kata……kata ……katō"의 연속이 한 구절 속에 뭉쳐진 추진력을 만드는 데 최소한 두 번째 'kata'의 의미를 살려주어야 하기 때문이다. 내가 '수평 level'이라고 번역한 용어는 아마 '평면'만이 아니라 '표면'이라는 의미로 충분히 받아들여질지 모른다. 그리고 내가 '등급 rank'이라고 번역한 용어는 '공간'을 의미할지 모른다. 이런 맥락에서 보면 베리 Bury의 번역, "특징의 변화가 작을수록, 공간의 표면 위의 운동은 적다."는 많은 의미를 포기하는 듯이 나에게는 보인다.)

　(2) 이 구절(『법률』 798)의 연속은 대부분 특징적이다. 이것은 "입법자가 그의 마음대로 무엇을 의미하든지 간에"(베리가 잘 번역했듯이 "무슨 짓을 해서라도") "그의 국가로 하여금 시민들 개개인의 전체 영혼이 존경과 경외감에서 옛날에 제정되었던 것들의 어떠한 변화라도 저지하도록 보증해 주는 방법을 연구해야만 한다."는 것을 요구한다.(플라톤은 명확하게 다른 입법자들이 '단순한 놀이의 문제' —— 예를 들자면 어린이 놀이에서의 변화 —— 로 간주하는 것을 포함시킨다.)

　(3) 일반적으로, 플라톤의 변화 이론에 대한 내 해석의 핵심적인 증거는 —— 본 장과 다음 장의 많은 주들에서 언급되는 매우 많은 양의 덜 중요한

구절들은 제외하고라도 —— 물론 다음과 같은 구절들 특히, 『국가』(8권과 9권의 완전에 가까운 상태 혹은 황금시대로부터의 국가의 타락과 몰락), 『정치가』(황금시대와 그것의 타락에 대한 이론), 『법률』(원시족장 이론과 도리아족 정복 이론, 그리고 페르시아 왕국의 타락과 몰락 이야기), 『티마이오스』(두 번이나 나타나는 쇠퇴에 의한 진화 이야기, 크리티아스에 의해 지속되는 아테네의 황금시대 이야기)를 포함하는 모든 대화편들의 역사적 혹은 진화적인 구절들에서 발견된다.

이 증거에다 헤시오도스에 대한 플라톤의 빈번한 인용문들도 추가되어야만 하고, 우주적 기초 지음에서의 인간적 사건을 생각하는 데 있어서 (『정치가』, 『티마이오스』) 플라톤의 종합적 정신이 엠페도클레스의(투쟁의 시기는 지금 지배하는 시기이다. 아리스토텔레스, 『생성과 소멸에 관하여』, 334a, b 참조.) 정신만큼 명민했었다는 의심의 여지 없는 사실도 추가되어야 한다.

(4) 궁극적으로 나는 일반적인 심리학적 고려 사항을 언급하고자 한다. 한편에서의 혁신에 대한 두려움(『법률』의 많은 부분들에서 표현되었던, 예를 들자면 758c/d)과, 다른 한편에서의 과거의 이상화(헤시오도스 혹은 잃어버린 낙원에 대한 이야기에서 발견되듯이)는 빈번하고도 두드러진 현상이다. 후자를 혹은 전자와 후자 모두를 인생의, 탄생의 초기 상태로 되돌아가길 원하는 향수와 함께 유년 시절의 이상화, 고향, 부모와 연결시키는 것이 그렇게 무리한 시도는 아니다. 플라톤의 저작들에서는 그가 원초적 상태나 혹은 원초적 본성이 축복의 상태라는 것을 확신하는 여러 구절들이 있다. 나는 『향연』의 아리스토파네스의 연설만을 언급하겠다. 열정적 사랑이 이 향수에서 비롯되었다는 것이 증명된다면, 혹은 비슷하게 성적 만족의 기분들이 만족스러운 향수의 기분들로 설명될 수 있다는 것이 증명된다면, 열정적 사랑의 충동과 고통이 충분히 설명된다는 것은 여기서 인정할 수 있다. 그래서 플라톤은 에로스에 대해서 말한다. "그는 우리를 원초적 본성으로 회복시킬 것이고, 우리를 치료할 것이며, 우리를 행복하고 축복받도록 만들 것이다."(『향연』, 193d) 동일한 생각이 『필레보스』(16c)에

나오는 다음과 같은 언급들의 근거가 된다. "옛날 사람이……지금의 우리보다 더 좋았고……신들과 더 가까이서 살았었다……." 정말로 이것은 우리의 불행과 저주받은 상태가 우리를 우리의 원초적 본성, 우리의 이데아로부터 차이를 만들어내는 발전의 결과라는 관점을 제시해 준다. 그리고 이것은 더 나아가 발전이 좋음과 축복의 상태에서 좋음과 축복을 잃어버린 상태로 가는 것임을 가리킨다. 또한 이것은 발전은 부패가 증가하는 것임을 의미한다. 플라톤의 상기설——모든 지식은 우리가 태어나기 전에 가졌었던 지식에 대한 상기 혹은 회상이라는 학설——은 이와 동일한 관점을 공유한다. 과거에는 좋음, 고귀함, 아름다움뿐만 아니라 모든 지혜가 존재했다. 심지어 먼 옛날의 변화 혹은 활동이 그다음의 것보다 더 좋다. 『법률』에서 영혼은 "정지된 것들 중에서 최초로 일어나는 모든 활동의 출발점……가장 오래된 그리고 가장 강한 것"(895b), "모든 것들 중에서 가장 오래되고 가장 신성한 것"(966e)으로 나타난다.(3장 주 15(8) 참조.)

앞에서 지적했듯이(특히 3장 주 6 참조.) 쇠퇴를 향한 역사적이고 우주적인 경향의 교설은 플라톤에게서 역사적이고 우주적인 순환의 교설과 합쳐지는 듯 보인다.(쇠퇴의 기간은 아마도 이 순환의 한 부분일 것이다.) *

4. 『티마이오스』 91d~92b/c를 참조하시오. 3장의 주 6(7)과 2권 1장의 주 11 역시 보시오.

5. 상술된 2장의 시작을 보고, 3장의 주 6(1)을 보시오. 플라톤이 그의 역사적 쇠퇴에 대한 이론을 토의할 때 헤시오도스의 '금속' 이야기를 꺼내는 것은 우연이 아니다.(『국가』 546e/547a, 특히 5장 주 39와 40.) 그는 그의 이론이 헤시오도스의 이론에 얼마나 잘 적합하고 그것을 잘 설명해 주는지 언급하기를 무척 원했다.

6. 『법률』의 역사적인 부분은 3권과 4권에 있다.(3장의 주 6(5)와 (8)을 보시오.) 본문에 있는 두 인용구들은 이 부분, 즉 『법률』 676a의 시작 부분에서 가져온 것이다. 언급된 유사 구절들에 대해서는, 『국가』 369b 이하 ("도시의 탄생……."), 그리고 545d("우리의 도시가 어떻게 변화될 것인지…….")를 보시오.

『법률』(그리고 『정치가』)은 『국가』보다 민주주의에 대해 비교적 적개심을 덜 가지고 있다고 여겨지며, 플라톤의 일반적 논조가 실제로 덜 적대적이라는 것은 인정되어야 한다.(이것은 아마도 민주주의의 내부적 강화 때문인 것 같다. 10장과 2권 1장의 시작 부분을 보시오.) 그러나 『법률』에서 민주주의에 부여한 실제적 특권은 오로지 정치가들이 지배계급의 회원들(즉 군인계급)에 의해 선출된다는 것뿐이다. 그리고 국가의 법률에서 모든 중요한 변화들은 좌우간 다 금지되기 때문에(예를 들자면, 본 장의 주 3의 인용구를 참조하시오.) 이것이 뭔가 많은 변화를 의미하는 것은 아니다. 근본적인 관점은 여전히 친스파르타적이고, 이 추세는 아리스토텔레스의 『정치학』, 2권, 6, 17(1265b)에 나타났던 것처럼 소위 '혼합된' 제도와 양립 가능하다. 사실 『법률』에서 플라톤은 민주주의의 정신에 대해, 즉 개인의 자유 이념에 대해서 그가 『국가』에서 그랬던 것보다 더 적대적이다. 특히 6장 주 32와 33의 본문(즉 『법률』, 739c 이하, 942a 이하), 그리고 8장의 주 19~22의 본문(즉 『법률』, 903c~909a)을 참조하시오. 다음 주 역시 보시오.

7. 플라톤이 그의 이데아론을, 3장 주 14(8)에서 언급한 바와 같이 변형시키도록 이끈 이유는 첫 번째 변화(혹은 인간의 몰락)에 대해 설명하기가 어려워서였을 것이다. 즉 그는 그의 이론에서 이데아를 다른 이데아들과 조화될 수 있고(『소피스테스』, 252e 이하 참조.), 없어지지 않고 있는 것들을 거부할 수 있는 원인과 활동적 힘으로 변형시켰다.(『소피스테스』, 223c) 따라서 그의 이데아들은 마치 신과 같은 것으로 변형되었는데, 이것은 『국가』에서 그가 심지어 신들까지도 움직이지 않고 움직여지지 않는 파르메니데스적 존재로 경직화시켜 놓았던 것과는 정반대이다. 명확하게 드러나듯 중대한 전환점은 『소피스테스』 248e~249c(특히 운동의 이데아는 멈추지 않는다는 것을 주목하시오.)이다. 변형은 동시에 소위 '제3자' 문제로 불리는 것을 해결하는 듯이 보인다. 『티마이오스』에서처럼 만약 형상이 아버지라면, 소산물들에 대한 유사성을 설명해야 하는 '제3자'는 필요하지 않게 된다.

『정치가』와 『법률』에 대한 『국가』의 관계에 대해서 고려해 본다면, 『정치가』와 『법률』에서 인간 사회의 기원을 거슬러 올라가려고 하는 플라톤의 시도가 최초의 변화 문제에 내재해 있는 어려움들과 비슷하게 연관되어 있다고 생각된다. 완벽한 도시를 엄습해 오는 변화를 생각하는 것이 어렵다는 것은 『국가』 546a에서 명확하게 서술되었다. 『국가』에서 이것을 풀기 위한 플라톤의 시도는 다음 장에서 논의될 것이다.(5장 주 37~40의 본문 참조.) 『정치가』에서 플라톤은 (엠페도클레스적인) 사랑의 반(半)주기에서 투쟁의 반(半)주기인 현재의 시기로의 변화를 초래하는 우주적 대이변 이론을 채택한다. 이 생각은 『티마이오스』에서 포기된 것처럼 보이는데, 플라톤은 이 생각을 보다 제한된 대이변 이론(문명을 파괴하지만 외양상 우주의 과정에는 영향을 미치지 않는 홍수와 같은)으로 교체하기 위해 포기한 것처럼 보인다.(기원전 373~372년에 당시 헬리케 Helice의 고대 도시가 지진과 홍수로 멸망했다는 사실 때문에 아마도 플라톤은 이 해결책을 생각하게 되었을지 모른다.) 여전히 존재하는 스파르타 국가로부터 단지 한 발짝 정도만 『국가』에 옮겨놓았던, 사회의 원초 상태는 더 멀고 먼 과거로 소급해 간다. 플라톤은 최초의 정착이 가장 좋은 국가가 되어야 한다고 계속 믿었음에도 불구하고, 그는 이제 최초의 정착보다 우월한 사회, 즉 '언덕의 목자들'인 유목사회에 대해 논의한다.(특히 본 장의 주 32를 참조하시오.)

8. 인용구는 마르크스와 엥겔스의 「공산당선언 The communist Manifesto」에서 가져왔다. 『마르크스주의 안내서 A Handbook of Marxism』(번스 E. Burns, 1935), 22 참조.

9. 인용구는 『국가』 8권에 대한 애덤의 주석에서 가져왔다. 그의 판본, 2권, 198, 544a3에 대한 주를 보시오.

10. 『국가』, 544c 참조.

11. (1) 플라톤이 마치 콩트 이후의 여러 근대 사회학자들처럼 사회발전의 정형적 단계들의 윤곽을 잡으려 했다는 나의 주장과는 반대로, 대부분의 비판자들은 플라톤의 이야기를 단지 제도의 순수한 논리적 체계화에

대한 어느 정도의 극적 표현이라고 간주한다. 그러나 이것은 플라톤이 말한 것(애덤의『국가』544c19, 앞의 책, 2권, 199에 대한 주 참조.)과 반대될 뿐만 아니라 물질의 본질이 그것의 기원적 본성, 즉 그것의 역사적 기원에 의해서 이해되어야 한다는 플라톤적 논리의 전체 정신과도 반대되는 것이다. 그리고 우리는 그가 논리적 의미에서의 종류와 생물학적 의미에서의 종족을 의미하기 위해서 '유(類) genus'라는 동일한 단어를 사용했다는 점을 잊어서는 안 될 것이다. 논리적 '유'는 '동일한 부모의 자녀들'이라는 의미에서 '종족'과 여전히 일치한다.(이것과 함께 본성 nature＝기원 origin＝종족 race의 동일성이 논의된 3장 주 15~20, 본문, 5장 주 23~24, 본문을 참조.) 따라서, 플라톤이 그것의 표면적 가치에 대해 무엇을 말했는지를 알 수 있는 모든 논거가 있다. 심지어 플라톤이 '논리적 질서'를 부여하려 의도했다는 애덤의 말이 옳다 하더라도, 그것은 그에게 있어서 동시에 정형적인 역사적 발전의 질서이기 때문이다. 질서는 "본래적으로 심리학적 고려에 의해 결정되었지 역사적 고려에 의한 것이 아니다."라는 애덤의 고찰은 오히려 그를 공격한다고 나는 생각한다. 왜냐하면 애덤 스스로 플라톤이 "시종일관 영혼과 국가 사이의 유추를……견지하고 있다."고(예를 들어서, 앞의 책, 2권, 195, 543a에 대한 주 이하) 지적하기 때문이다. 플라톤의 영혼의 정치론(다음 장에서 논의될 것이다.)에 따르자면, 심리학적 역사는 사회적 역사와 평행으로 진행되어야만 하고, 심리학적 고려와 역사적 고려 사이의 대립은 우리의 해석을 옹호하는 다른 논변으로 바뀌면서 사라지게 된다.

(2) 누군가 플라톤의 정체의 질서가 근본적으로 논리적인 것이 아니라 윤리적인 것이라고 논변한다면 정확하게 동일한 대답이 가능하다. 왜냐하면 플라톤 철학에서 윤리적 질서는(미학적 질서도 마찬가지로) 역사적 질서와 구별될 수 없기 때문이다. 이런 관계 속에서, 이 역사주의적 관점이 플라톤에게 소크라테스의 행복론, 즉 좋음과 행복이 일치한다는 이론에 대한 이론적 배경을 제공한다고 말할 수 있다. 이 이론은『국가』(특히 580b 참조.)에서 좋음과 행복 혹은 나쁨과 불행이 비례적이라는 교설의 형태로

발전된다. 그리고 만약 인간의 행복의 정도뿐만 아니라 불행의 정도 역시 그가 우리의 축복받은 원초적 상태, 즉 인간의 완전한 이데아의 정도에 의해 측정된다면, 정말로 비례적이어야 함이 분명하다.(플라톤의 이론은 이 점에서 명백히 역설적인 소크라테스적 교설의 이론적 정당화로 이르게 되는데, 이러한 사실은 아마도 플라톤 스스로가 참된 소크라테스적 신조를 잘 설명하고 있다고 확신하도록 도와주었던 것 같다. 10장 주 56/57의 본문을 참조하시오.)

(3) 루소 Rousseau는 플라톤의 제도의 분류를 받아들였다.(『사회계약론 Social Contract』, 2권 7장, 3권 3장 이하, 5장 역시 참조.) 그러나 그가 원시사회의 플라톤적 이데아를 부활시켰을 때 그가 플라톤에게 직접 영향을 받았던 것처럼 보이지는 않는다.(6장 주 1과 9장 주 14를 참조하시오.) 그러나 이탈리아에서의 플라톤주의적 르네상스의 직접적 산물은 그리스인 (도리아족) 언덕 목자들의 축복받은 원시적 사회에 대한 플라톤의 이데아를 부활시킨 산나차로 Jacopo Sannazzaro의 영향력 있는 작품 『아르카디아 Arcadia』이다.(이 플라톤의 이데아에 대해서는 본 장 주 32의 본문을 참조하시오.) 그래서 낭만주의는 사실 역사적으로 플라톤주의의 결과물이다.(9장 역시 참조.)

(4) 콩트와 밀, 헤겔과 마르크스의 근대적 역사주의가 잠바티스타 비코 Giambattista Vico의 『새로운 과학 New Science』(1725)에 의해 얼마나 많은 영향을 받았는지 말하는 것은 어려운 일이다. 비코 스스로는 성 아우구스티누스의 『신국 De Civitate Dei』과 마키아벨리의 『리비우스론 Discourses on Livy』뿐만 아니라 플라톤에게서도 확실히 영향을 받았다. 플라톤처럼(5장 참조.) 비코는 사물의 '본질'을 그것의 '기원'과 동일시하였다.(Opere, 페라리 Ferrari의 두 번째 판, 1852~4. 5권, 99쪽 참조.) 그리고 그는 모든 국가들이 하나의 우주적 법칙에 따라 동일한 발전 과정을 거쳐가야 한다고 생각했다. 그래서 그의 '국가들'(헤겔의 그것처럼)은 플라톤의 '도시들'과 토인비 A. J. Toynbee의 '문명들' 사이의 연계들 중 하나로 말해질 수 있다.

12. 『국가』, 549c/d 참조. 다음 인용구는 같은 책 550d~e, 그리고 551a/b이다.

13. 앞의 책, 556e 참조.(이 구절은 10장 주 12의 본문에서 인용된 투키디데스, 3권, 82~84와 비교되어야만 한다.) 다음 인용구는 앞의 책, 557a이다.

14. 페리클레스의 민주주의적 강령에 대해서는 10장 주 31의 본문, 6장 주 17, 그리고 10장 주 34를 참조하시오.

15. 애덤의 번역판인 『플라톤의 국가』 2권, 240, 559d22의 주.(두 번째 인용구의 강조는 내가 한 것이다.) 애덤은 "그 그림은 확실히 어느 정도 과장되었다."라고 생각한다. 그러나 그는 그것이 근본적으로 '언제나' 참이라고 생각하는 것을 거의 의심하지 않았다.

16. 애덤, 앞 문장.

17. 이 인용구는 『국가』, 560d에서 가져온 것이다.(이것과 다음 인용구에 대해서는 린제이 Lindsay의 번역을 참조.) 다음 두 개의 인용구는 같은 작품, 563a~b, d에서 가져온 것이다.(애덤의 563d25의 주 역시 참조.) 플라톤은 『국가』에서 절대적인 정의의 원칙이라도 되는 양 사유재산을 강력하게 비판했었지만, 여기서는 사유재산제도에 호소하고 있다는 것은 눈여겨볼 만한 대목이다. 구입한 재산이 노예일 때 구입자의 법적 권리에 호소하는 것은 정당한 것처럼 보인다.

민주주의에 대한 다른 공격은, 민주주의가 "어린 시절에 고상한 놀이를 하지 않았다면 누구도 좋은 사람으로 자랄 수 없다."는 교육 원칙을 짓밟는다는 것이다.(『국가』, 558b; 린제이의 번역, 10장 주 68 참조.) 6장 주 14에 인용된 평등주의자에 대한 공격 역시 참조하시오.

* 젊은 동료들에 대한 소크라테스의 태도에 대해서는 대부분의 초기 대화편들과, 젊은이의 비판을 듣는 소크라테스가 즐겁고, 친절하고, 예의 바르게 묘사되어 있는 『파이돈』을 참조하시오. 플라톤의 대조되는 태도에 대해서는 7장 주 19~21의 본문을 참조하시오. 체르니스 H. Cherniss의 탁월한 강의, 『초기 아카데메이아의 난제 The Riddle of the Early Academy』

(1945)의 특히 70쪽과 79쪽(『파르메니데스』의 135c~d), 그리고 7장 주 18~21과 본문 역시 참조하시오. *

18. 노예제도(바로 앞 주 참조.)와 그것에 대항한 아테네의 운동은 5장 (주 13과 본문), 10장, 2권 1장에서 더 토의될 것이다. 본 장의 주 29 역시 참조하시오. 플라톤처럼 아리스토텔레스(예를 들어 『정치학』 1313b11, 1319b20, 그리고 『아테네 정체 Constitution of Athens』 59, 5)는 노예에 대한 아테네의 관대함을 증언한다. 그리고 유사-크세노폰도 그렇게 한다. (그의 『아테네 정체』 1권, 10 이하 참조.)

19. 『국가』 577a 이하 참조. 애덤의 577a5와 b12(앞의 책, 2권, 332 이하)에 대한 주 참조. 부록 III(비판에 대한 답변), 특히 B절 이하 참조.

20. 『국가』, 566. 10장 주 63 참조.

21. 『정치가』, 301c/d 참조. 플라톤이 타락한 국가의 여섯 가지 유형을 구분하긴 했지만 새로운 용어를 도입하진 않았다. '군주정체(혹은 왕정)'와 '귀족정체'라는 이름들이 『국가』(445d)에서는 가장 좋은 국가체제로 사용되지만 『정치가』에서처럼 타락한 국가들 중의 비교적 가장 좋은 국가로는 사용되지 않는다.

22. 『국가』, 544d 참조.

23. 『정치가』, 297c/d 참조. "내가 언급해 온 정부는 유일하게 참된 원형이며, 다른 것들"(즉 단지 이것의 복사물들. 297b/c 참조.)은 "참된 원형의 법률들을 사용해야 하고 그래서 그것들을 기록해야 한다. 이것이 복사물들이 보존될 수 있는 유일한 방법이다."(본 장 주 3과 7장 주 18 참조.) "그리고 법률의 위배는 죽음과 가장 매서운 처벌을 받아야 한다. 물론 이것은 두 번째로 가장 좋은 것이지만 매우 정의롭고 좋다."(법률의 기원에 관해서는 본 장 주 32(1, a), 3장 주 17 참조.) 그리고 300e/301a 이하에서 우리는 다른 것을 읽을 수 있다. "참된 정부에 대한 이런 타락한 정부 형태들의 가장 가까운 접근은……이러한 성문법과 불문법을 따르는 것이다.……부자가 지배하고 참된 형상을 닮을 때, 그 정부는 귀족정체로 불린다. 그리고 부자들이 (고대의) 법률을 주의하지 않을 때 과두정체라고 한

다." 등등. 추상적인 합법이냐 비합법이냐가 문제가 아니라 원초적 혹은 완전한 상태의 고대 제도들이 분류의 기준이다.(이것은 아리스토텔레스의 『정치학』, 1292a와 대조되는데 여기서는 중요 구별점이 '법이 최상인지 아닌지' 혹은 군중인지 하는 것이다.)

24. 『법률』, 709e~714a의 구절은 『정치가』에 대한 몇 가지 암시를 포함한다. 예를 들자면, 710d~e는 헤로도토스 III, 80~82에 따라 지배자들의 인원수를 분류의 원칙으로 소개한다. 712c와 d에서는 정부형태들의 열람표가 나와 있다. 그리고 713b 이하에도 이러한 것이 나와 있는데, 크로노스 시절의 완전한 국가의 신화가 그것이다. "우리의 현존 국가 중 최상 국가는 이런 완전한 국가의 모방물에 불과하다." 이 암시들의 관점에서 볼 때, 나는 플라톤이 유토피아 실험에서 참주정체가 적합하다는 그의 이론이 『정치가』(그리고 『국가』 역시)의 이야기의 연속으로 이해되길 의도했다고 확신한다. 본 문단의 인용구들은 『법률』 709e, 710c/d에서 가져왔다. '위에서 인용된 『법률』에서의 언급'은 797d이고, 본 장 주 3의 본문에 인용되어 있다.(나는 본 구절에 대한 잉글랜드의 『플라톤의 법률 The Laws of Plato』, 1921, 2권, 258의 주에 동의한다. 즉 이 주에서 그는 "변화는 어떠한……권력에 대해서도 해로운 것이다."가 플라톤의 원칙이라고 말한다. 그러므로 악에 대한 권력 역시 그러하다. 그러나 나는 나쁨으로부터 멀어지는 변화 즉 좋음으로 향하는 변화가 너무나 자명하여 예외로 언급될 필요가 없다는 그의 의견에는 동의하지 않는다. 변화의 사악한 본성이라는 플라톤 교설의 관점에서 보면 그것은 자명하지 않기 때문이다. 다음 주 역시 참조.)

25. 『법률』, 676b/c 참조.(주 6의 본문에 인용된 676a 참조.) '변화는 해롭다'라는 플라톤의 교설(주 24의 후반부 참조)에도 불구하고, 잉글랜드는 변화와 혁명에 관한 이 구절들에 낙관적이고 진보적인 의미를 부여하면서 해석한다. 그는 플라톤의 연구 대상은 "우리가 '정치적 생명력'의 비밀이라고 부르는 것"이라고 제안한다.(앞의 책, 1권, 344 참조.) 그리고 그는 (해로운) 변화의 참된 원인에 대해 탐구하는 이 구절을 "국가의 참된 발전의 원인과 본성, 즉 완전을 향한 그것의 진보"에 대한 탐구를 다루는 것으로

374

해석한다.(강조는 그가 한 것이다. 1권 345 참조.) 문제의 구절은 정치적 타락에 대한 이야기의 도입이기 때문에 이 해석은 옳을 수가 없다. 그러나 그것은 플라톤을 이상화하고 그를 진보주의자로 재현하는 경향이 얼마나 많이 탁월한 비판자까지도 그 자신의 발견, 즉 플라톤이 변화는 해롭다고 생각했다는 사실을 못 보게 하는지를 보여준다.

26. 『국가』, 545d 참조.(평행 구절 454b 역시 참조.) 다음 인용구는 『법률』, 683e에서 가져온 것이다.(애덤은 자신의 『국가』 번역본, 2권 203, 545d21에 대한 주에서 『법률』에 있는 이 구절을 언급한다.) 잉글랜드는 자신의 『법률』 번역본, 1권, 360 이하, 683e5의 주에서 『국가』, 609a를 언급하지만 545d, 465b는 언급하지 않으며, 언급된 것은 "이전의 토론이나 잃어버린 대화편에 기록된 것"에 관한 것이라고 생각한다. 나는 왜 플라톤이 『국가』의 몇 가지 주제들이 당시의 대화자들에 의해 논의되어 왔다는 허구를 사용함으로써 『국가』를 암시하지 않았는지 그 이유를 모르겠다. 콘퍼드가 말하듯이, 플라톤의 대화편들의 마지막 묶음들에는 "그 대화들이 정말로 일어났었다는 가정을 유지하고자 하는 어떠한 동기"도 없었다. 그리고 그가 플라톤은 "그 자신의 허구의 노예가 아니었다."고 말하는 것은 옳다.(콘퍼드, 『플라톤의 우주론』, 5, 4쪽 참조.) 플라톤의 혁명 법률은 플라톤에 대한 언급 없이 파레토 V. Pareto에 의해 재발견되었다. 그의 『일반사회학개론 Treatise on General Sociology』, §§2054, 2057, 2058를 참조하시오.(§§2055의 마지막 부분에는 인상적인 역사 이론도 있다.) 루소 역시 그 법률을 재발견했다.(『사회계약론』, 3권, 10장.)

27. (1) 최선국가에 대한 의도적으로 비역사적인 특징들, 특히 철인 통치자와 같은 것들이 『티마이오스』의 시작 부분에서 플라톤에 의해 언급되지 않았다는 것은 주목할 만하다. 그리고 『국가』 8권에서 그가 최선국가의 통치자들이 피타고라스적 숫자 신비주의에 조예가 깊지 않았다고 가정하는 것도 주목할 만해 보인다. 통치자들이 이러한 문제들에 대해 무지하다고 언급되는 『국가』, 546c/d를 참조하시오.(역시 논평과, 『국가』 543d/544a 참조. 이에 따르면, 8권의 최선국가는 여전히, 애덤이 말한 것처럼,

천상의 이상도시인 5권, 6권, 7권의 도시보다 못하다.)

콘퍼드는 그의 책『플라톤의 우주론』, 6쪽 이하에서, 플라톤의 미완의 3부작인『티마이오스』,『크리티아스』,『헤르모크라테스 *Hermocrates*』의 개요와 내용을 재구성하고, 그것들이 어떻게『법률』(3권)의 역사적 부분들과 관련이 있는지를 보여준다. 나는 이 재구성이 나의 이론, 즉 플라톤의 세계에 대한 관점은 근본적으로 역사적이며, '세계는 어떻게 생성되었나'(그리고 어떻게 쇠퇴하나)에 대한 관심은 이데아 이론과 연결되어 있고, 사실상 그것을 기초로 하고 있다는 것에 대한 가치 있는 확증이라고 생각한다. 그런데 만약 그렇다면『국가』이후의 책들이, (예를 들어 도시가) "어떻게 미래에 현실화되고, 어떻게 더 낮은 정치체제로 쇠퇴해 가는가에 대한 문제로부터 출발한다."는 가정을 세워야만 할 이유는 없다.(콘퍼드, 앞의 책, 6. 강조는 나에 의한 것이다.) 대신에 우리는『국가』의 8권, 9권을,『법률』 3권과의 긴밀한 유사구조라는 관점에서,『티마이오스』와 미완성의 3부작과『법률』에서 플라톤 자신에 의해 입안된 위대한 작업들과 유사한 과거의 이상국가의 실제적 쇠퇴에 대한 단순화된 역사적 구상과 존재하는 국가들의 기원에 대한 설명으로 바라보아야 한다.

(2) 문단의 후반부에 있는 나의 논평, 플라톤은 "그가 필요한 자료를 소유하지 않았음을 확실히 알고 있었다."라는 논평과 연관해서는,『법률』 683d와 683d2에 대한 잉글랜드의 주를 참조하시오.

(3) 플라톤이 크레타와 스파르타 사회를 경직되고 억제된 형태로 인식했다는, 문단 아래의 나의 논평에(혹은 플라톤의 최선국가는 계급 국가만이 아니라 카스트 국가라는 다음 문단의 언급에) 관해서는 뒤에서 추가될 것이다.(본 장 주 20, 10장 주 24 역시 참조.)

『법률』, 797d(본 장 주 3의 본문에서 인용된, 잉글랜드가 그렇게 부른 것과 같이, '중요한 선언'에 대한 도입)에서, 플라톤은 그의 크레타인과 스파르타인 대화자들이 그들 사회제도의 '억압적' 성격을 알아채고 있다는 점을 명확히 한다. 그는 크레타인 대화자 클레니아스가 국가의 원형적 특성을 방어해야 한다는 말을 몹시 듣고 싶어 한다는 것을 강조한다. 조금 뒤(799a)의 동일한 상황에서는 제도의 발전을 억제하는 이집트식 방법이 직접적으로 대조된다. 이것은 플라톤이 크레타와 스파르타의 경향을 이집트와 유사하게, 즉 사회변화를 억제시키는 경향으로 인식했다는 명확한 지적이다.

이런 설명에 의하면, 『티마이오스』(24a~b 특히 참조.)의 한 구절이 중요하게 보인다. 이 구절에서 플라톤은 (a) 『국가』의 계급 구분과 매우 비슷한 것이 아테네에서 역사적 발전 이전의 매우 원시시대에 성립되었다는 것과, (b) 이 제도들이 이집트의 카스트 제도(그가 고대 아테네 국가에서부터 왔다고 생각하는 억제된 카스트 제도)와 유사하다는 것을 보여주려고 시도한다. 그래서 플라톤 자신은 『국가』의 이상적인 고대의 완벽한 국가는 카스트 국가라는 것을 암묵적으로 인정한다. 플라톤으로부터 단지 두 세대 후에, 『티마이오스』에 대한 최초의 주석가인 크란토르 Crantor가 플라톤이 아테네의 전통을 버리고 이집트의 제자가 되었기 때문에 고소당했다고 말하는 점은 흥미롭다.(곰페르츠, 『그리스 사상가들 Greek Thinkers』, 독일어판, 2권, 476 참조.) 크란토르는 2권 3장 주 3에서 인용된 이소크라테스의 『부시리스 Busiris』, 8에 대해서도 언급한다.

『국가』의 카스트 제도에 대한 문제들에 대해서는, 본 장 주 31, 32(1, d), 6장 주 40, 8장 주 11~14에서 더 참조하시오. 테일러의 『플라톤: 인간과 그의 작품 Plato: The Man and His Work』, 269쪽 이하에서는 플라톤이 카스트 제도를 선호했다는 관점을 강력하게 고발한다.

28. 『국가』, 416a 참조. 이 문제는 본 장 주 35의 본문에서 더 충분하게 고려된다.(다음 장에서 언급된 카스트의 문제에 대해서는 본 장 주 27(3)과 31을 참조하시오.)

29. 대중의 '저속한 시장의 말다툼' 등에 대한 법률 제정에 반대하는 플라톤의 충고에 대해서는 『국가』 425b~427a/b, 특히 425d~e 그리고 427a를 참조하시오. 물론 이 구절들은 아테네 민주주의와 9장의 맥락에서 모든 '점진적' 입법을 공격한다. *이 점이 그러하다는 것은 콘퍼드의 『플라톤의 국가』(1941)에서도 나타난다. 왜냐하면 그는 플라톤이 유토피아적

공학을 추천하는 한 구절에서(『국가』, 500d 이하, '화포 청소'와 낭만적 급진주의를 추천한다. 9장 주 12와 본문 참조.) 이렇게 적는다. "425e에서 풍자된 점진적 땜질과 대조하여⋯⋯." 콘퍼드는 점진적 개혁을 좋아하지 않고 플라톤의 방법을 선호한 것처럼 보인다. 그러나 플라톤의 의도에 대한 그와 나의 해석은 일치하는 것 같다. *

　본 문단 하단의 네 인용구는 『국가』 371d/e, 463a~b('심부름꾼'과 '고용인'), 549a, 471b/c에서 가져왔다. 애덤은 다음과 같이 말한다.(앞의 책 1권, 97, 371e32에 대한 주.) "만약 야만인들이 아니었다면 아마 플라톤은 그의 도시에서 노예 노동을 인정하지 않았을 것이다." 나는 플라톤이 『국가』(469b~470c)에서 그리스인 전쟁포로들의 노예화에 반대하지만, 그리스인들 특히 그의 최선국가의 시민들에 의해서 야만인들을 노예화시키는 것을 장려한다(471b~c)는 점에 동의한다.(이 점은 타른Tarn의 의견에서도 나타난다. 2권 5장 주 13(2) 참조.) 그리고 플라톤은 노예제도에 반대하는 아테네의 운동을 맹렬하게 반대했고, 재산이 노예일 경우 법적 권리와 소유권을 주장했다.(본 장 주 17과 18의 본문 참조.) 이 주가 첨부된 문단의 세 번째 인용구(『국가』, 548e/549a)에 의해 드러났듯이, 그는 그의 최선국가에서 노예제도를 폐지하지 않았다.(그가 열등하고 미천한 사람들은 최선자의 노예가 되어야 한다는 주장을 방어하고 있는 『국가』, 590c/d 역시 참조하시오.) 그러므로 테일러가 플라톤이 "그 공동체에는 노예계급이 없다."라고 생각한다고 두 번 주장한 것은(그의 『플라톤』, 1908과 1914, 197쪽과 118쪽) 틀렸다. 테일러의 『플라톤: 인간과 그의 작품』(1926)에서의 비슷한 관점에 관해서는 본 장의 주 27을 참조하시오.

　『정치가』에서의 노예제도에 대한 플라톤의 접근은 내가 생각하기에 『국가』에서 보이는 그의 태도에 대해 많은 실마리들을 제공해 주는 것 같다. 왜냐하면 플라톤은 그의 국가에 노예들이 있다는 것을 명백히 하면서도 『국가』에서는 노예들에 대해 거의 말하지 않고 있기 때문이다.("노예를 제외한 사육된 동물의 모든 소유권이" 이미 다루어진 그의 특징적인 언급 289b/c와, 진정한 통치술은 "무지와 절망적인 비천함에 빠진 사람들을 노예로 만든다."는 비슷한 특징적 언급 309a를 참조하시오. 왜 플라톤이 노예들에 대해서 많은 말을 하지 않았는지에 대해서는 289c 이하, 특히 289d/e에서 명확해진다.) 그는 '노예와 다른 종족들', 말하자면 노동자, 무역업자, 상인(즉 돈을 버는 모든 '실용'인. 2권 1장 주 4 참조.) 사이의 중요한 구분을 알지 못했다. 노예는 단지 '매입에 의해 획득한 하인'으로 다른 사람들과 구별되었다. 다른 말로 하자면, 그는 미천한 태생에 비해 너무나 고귀해서 미세한 차이에 신경 쓰는 것이 거의 불필요한 것으로 느껴졌던 것이다. 이 모든 것은 『국가』과 매우 흡사하며, 약간 더 명확할 뿐이다.(8장 주 57(2) 역시 참조하시오.)

『법률』에서의 노예제도에 대한 플라톤의 대처에 대해서는, 비록 저자가 아직까지 약간 플라톤을 좋아하는 편견을 가지고 있음에도 특히 이 주제에 대해서는 탁월하고도 비판적인 조사를 제공하며 매우 정당한 결론에 도달하게 해주는 논문인 모로G. R. Morrow의 「플라톤과 그리스 노예제도 *Plato and Greek Slavery*」(≪마인드 *Mind*≫, N.S., 48권, 186~201쪽, 402쪽 역시 참조.)를 참조하시오.(이 논문은 플라톤 시대에 노예제도 반대 운동이 잘 진행되고 있었다는 사실에 대해서는 충분히 강조하지 않는다. 5장 주 13 참조.)

30. 인용구는 『티마이오스』(18c/d)에서 언급된 플라톤 자신의 『국가』에 대한 요약에서 가져온 것이다. 여자와 아이들로 구성되어 제안된 공동체의 새로운 부족에 대해서는, 애덤의 『플라톤의 국가』 번역판 1권, 345~355쪽, 특히 354쪽뿐만 아니라 292쪽(457b 이하 주), 308쪽(463c17 주), 그리고 플라톤의 공산주의에서의 피타고라스적 요소들에 대해서는, 앞의 책, 199쪽, 416d22 주를 함께 비교해 보시오.(고귀한 금속에 관해서는 10장 주 24를 참조하시오. 공동식사에 대해서는 6장 주 34를, 그리고 플라톤의 공산주의 원칙과 그의 계승자들에 대해서는 5장 주 29(2)와 거기에 언급된 구절들을 참조하시오.)

31. 인용된 구절은 『국가』, 434b/c에서 온 것이다. 카스트 국가를 요구하면서 플라톤은 오랫동안 머뭇거린다. 이것은 문제의 그 구절(이 구절은

6장에서 다룰 것이다. 6장 주 24와 40 참조.)에 대한 '장황한 서문'과는 동떨어진 문제이다. 왜냐하면 415a 이하의 이런 문제들에 대한 최초 발언에서 그는 만약 낮은 계급에서 "아이가 금과 은의 혼합으로 태어났다면"(415c), 즉 높은 계급의 혈통과 미덕을 가지고 태어났다면, 낮은 계급에서 높은 계급으로의 상승은 허락되는 것처럼 말하기 때문이다. 그러나 434b~d와 547a에서 사실상 이 허가는 철회된다. 그리고 547a에서는 금속들의 어떠한 혼합이라도 국가에 치명적인 명백한 불순물로 표현된다. 8장 주 11~14의 본문 역시 참조하시오.(그리고 본 장 주 27(3) 역시 참조하시오.)

32. 『정치가』, 271e 참조. 원시적 유목민들과 그들의 가부장주의에 대한 『법률』의 구절들은 677e~680e이다. 인용된 구절은 『법률』, 680e이다. 다음에 인용된 구절인 대지 태생의 신화는 『국가』 415d/e에서 가져온 것이다. 문단의 결론적 인용구는 『국가』, 440d에서 가져온 것이다. 이 주가 첨부된 문단의 어떤 언급에 관한 몇 가지 주석들은 필수적으로 추가되어야 한다.

(1) 어떻게 '정착'이 일어났는지가 매우 명료하게 설명되지 않는다고 본문에서는 말한다. 『법률』과 『국가』 둘 다에서 우리는 먼저 어떤 종류의 협정 혹은 사회계약(사회계약에 대해서는 5장 주 29와 6장 주 43~54, 그리고 본문을 참조.)에 대해서 듣고((a)와 (c), 그리고 이하를 참조.), 다음으로 강압적 종속에 대해 듣는다.((b)와 (c), 그리고 이하 참조.)

(a) 『법률』에서 언덕의 목자들의 다양한 부족들은 거대한 군대를 형성하기 위해 모인 후 평지에 정착한다. 군대의 법률들은 왕권이 부여되어 있는 중재자들 간의 합의나 계약에 의해 만들어진다.(681b 그리고 c/d. 681b에서 묘사된 법률의 기원에 관해서는 3장 주 17(2)를 참조하시오.) 그러나 지금 플라톤은 애매한 입장을 취한다. 어떻게 이 군대들이 그리스에 정착했는지, 어떻게 그리스 도시들이 설립되었는지를 묘사하는 대신에, 플라톤은 호메로스의 트로이 설립과 트로이 전쟁에 대한 서사시로 옮겨 간다. 거기서부터 플라톤은 말하기를, 아카이아인들은 도리아인의 이름 아래로 되

돌아왔고, "나머지 이야기는……스파르타 역사의 부분인데"(682e) "왜냐하면 우리가 스파르타에 정착했기 때문이다."(682e/683a)라고 말한다. 지금까지 우리는 이 정착의 방법에 대해서는 아무것도 듣지 못했고, 우리가 본문에서 언급된 '암시'를 궁극적으로(683c/d) 이해하기 전까지는 동시에 논점 이탈이 불가피하다.(플라톤 스스로 '논변의 완곡한 길'을 말한다.) (b)를 참조하시오.

(b) 도리아인들의 펠로폰네소스 '정착'이 사실은 난폭한 정복이라는 암시를 얻게 되는 본문의 주장을 우리는 『법률』(683c/d)에서 확인한다. 여기서 플라톤은 스파르타에 대한 그의 실제적인 첫 번째 고찰이 무엇인지를 보여준다. 그는 펠로폰네소스 전체가 도리아인에 의해서 '실제적으로 정복'되었을 당시부터 이야기를 시작한다. 『메넥세노스』(진본임이 거의 확실하다. 10장 주 35 참조.)의 245c에서는 펠로폰네소스인들이 "외국에서 들어온 이민자들"이라는 사실에 대한 암시가 있다.(그로트의 『플라톤』 3권, 5쪽 참조.)

(c) 『국가』(369b)에서 도시는 계약이론에 따른 노동과 협동의 분배에 유리한 관점에서 노동자들에 의해 세워진다.

(d) 그러나 후에(『국가』, 415d/e. 본 문단에 관해서는 본문의 인용을 참조.) 우리는 약간 신비적인 기원, 즉 '대지에서 태어난' 전사계급의 성공적인 침입에 대한 기술을 얻게 된다. 묘사를 곁들인 이 결정적인 구절은 대지에서 태어난 자는 가장 적합한 지점, (말 그대로) "안에 있는 사람들을 진압하기 위한", 즉 도시에 이미 살고 있는 사람들을 진압하기 위해, 즉 거주자들을 제압하기 위한 진영을 찾기 위해 주위를 둘러봐야만 한다는 것을 말해 준다.

(e) 『정치가』(271a 이하)에서 이 '대지에서 태어난 자들'은 정착 이전 시기의 매우 초기의 유목적인 언덕의 목자들과 동일시된다. 『향연』, 191b에 있는 그 지방의 메뚜기들에 대한 암시를 참조하시오. 3장 주 6(4)와 8장 주 11(2)를 참조하시오.

(f) 요약하자면, 플라톤은 분명한 이유 때문에 베일로 가리길 원했던 도

리아 정복에 관해 명료한 생각을 가지고 있었던 것 같다. 그리고 정복전쟁 무리들이 유목민의 후예들이라는 전승되어 온 이야기가 있었던 것처럼 보인다.

(2) 지배는 양을 치는 것이다라는 사실 —— 예를 들어서 다음의 구절들, 『국가』, 343b에서 그 사상이 소개된다. 345c 이하의 좋은 양치기를 사용한 직유법에서 그것은 가장 중요한 주제가 된다. 375a~376b, 404a, 440d, 451b~e, 459a~460c, 466c~d(5장 주 30에 인용된)에서 보조자들이 양치기 개로 비유되고, 그들의 양육과 교육이 논의된다. 416a 이하에서는 국가의 범위를 넘어서서 그리고 국가 내에서 늑대들의 문제가 소개된다 —— 에 대한 플라톤의 '계속적인 강조'에 관한 본 문단의 본문 마지막 언급에 대해서는, 그 사상이 여러 면에 걸쳐, 특히 261d~276d에서 계속 이어지는 『정치가』를 더 참조하시오. 『법률』에 관해서 나는 플라톤이 키로스가 그의 아들들을 위하여 "소와 양, 그리고 많은 사람의 무리와 기타 동물들"을 취했다는 것을 말하는 구절(694e)을 언급하겠다.(『법률』, 735 그리고 『테아이테토스』, 174d 역시 참조하시오.)

(3) 이 모든 것과 관련해서, 리바이어 A. H. Lybyer의 『오스만제국의 지배 The Government of the Ottoman Empire』 등이 33(n.2), 50~100에 인용되어 있는 토인비의 『역사의 연구 A Study of History』, 특히 3권 32쪽을 참조하시오. "사람을……다루는" 정복자 유목민(22쪽)과 플라톤의 "인간감시견(監視犬)"(94쪽, n.2.)에 관한 그의 언급을 특히 참조하시오. 나는 토인비의 훌륭한 생각에 의해 크게 자극받았고, 그의 많은 고찰들로 인해 고무되었다. 나는 그의 고찰들을 나의 해석을 확인해 주는 자료로 삼았다. 그렇지만 그의 고찰들에 대해 내가 더 높은 가치를 매길수록, 토인비와 나의 근본적인 전제들은 더 많이 서로 불일치하는 것으로 보인다. 나는 또한 내 본문에서 사용되고 있는 많은 용어들, 특히 '인간가축', '인간가축떼', '인간감시견'에서 토인비에게 빚을 지고 있다.

토인비의 『역사의 연구』는 나의 관점에서 볼 때 내가 역사주의라고 부르는 것의 한 원형이다. 그것과 내 의견의 근본적인 불일치를 드러내기 위해서는 더 많이 말할 필요가 없다. 의견이 불일치하는 많은 특별한 점들은 여러 부분들에서(본 장 주 43과 45(2), 10장 주 7과 8, 2권 14장 참조. 2권 14장과 나의 『역사주의의 빈곤』 110쪽 이하에서의 토인비 비판 역시 참조하시오.) 논의될 것이다. 그러나 그것은 수많은 흥미롭고 생산적인 착상들을 품고 있다. 플라톤에 관해서 토인비는 나도 동의할 수 있을 만한 많은 점들을 강조하는데, 특히 플라톤의 최선국가는 그의 사회혁명의 경험과 모든 변화를 억제하려는 그의 소원에 의해 자극받았으며, 그것은 억제된 스파르타(그 자체로 억제된)의 일종이라는 것들을 강조한다. 이러한 의견의 일치점들에도 불구하고, 플라톤에 대한 해석에서조차 토인비와 나의 관점에서는 근본적인 의견 불일치가 있다. 토인비는 플라톤의 최선국가를 하나의 전형적인 (반동적) 유토피아로 간주하는 데 반해, 나는 그것의 주요 부분을 내가 플라톤의 일반 변화 이론이라고 여기는 것과 관련해서 사회의 원시적 형태를 재건축하려는 시도로 해석한다. 나는 토인비가 본 주와 본문에서 약술된 플라톤의 정착 이전 시기의 이야기, 그리고 정착 시기의 이야기에 대한 나의 해석에 동의하지 않을 것이라고 생각한다. 왜냐하면 토인비는 "스파르타 사회는 유목적 기원을 가지고 있지 않다."라고 말하기 때문이다.(앞의 책, 3권, 80.) 토인비는 스파르타 사회의 고유한 특징을 매우 강조하는데, 스파르타 사회는 '인간가축'을 진압하려는 초인적인 노력 때문에 그 발전에서 억제된 것이었다.(앞의 책, 3권, 50 이하.) 그러나 나는 스파르타의 고유한 상황에 대한 이 강조는 플라톤이 매우 중요하게 생각했던 스파르타와 크레타 제도들 사이의 유사성을(『국가』 544c, 『법률』 683a) 이해하기 힘들게 만든다고 본다. 나는 이것들이 2차 메세니아 전쟁에서의 스파르타의 그 노력(기원전 650~620년에 관해서는, 토인비의 앞의 책, 3권 53쪽 참조.)보다 더 이전의 것이 틀림없는 고대 제도들의 억제된 형태로서만 설명이 가능하다고 생각한다. 이런 제도들의 생존 조건들은 두 지역에서 매우 상이하기 때문에, 그들의 유사성은 그것들이 원시적이라는 것은 옹호하지만, 그것들 중의 하나에만 영향을 주는 요인에 의한 설명에는 반대하는 강한 논증이 된다.

* 도리아 정착의 문제들에 관해서는, R. 아이슬러, 『카프카스 *Caucasia*』, 5권(1928)에서 특히 '헬라스인'이 '정착자'로, '그리스인'이 '목축업자', 즉 가축 사육자 혹은 유목민으로 번역된 113쪽, 주 84를 참조하시오. 이 저자는 또한 새로운 양치기의 생각이 오르페우스적임을 보여준다.(*Orphisch-Dionisische Mysteriengedanken*, 1925, 58쪽, 주 2) 동시에 신의 목양견(牧羊犬)이 언급된다. *

33. 플라톤 국가에서의 교육은 계층 특권적이라는 사실을, 경제적 수단으로부터 독립적인 교육이념의 공로를 플라톤에게 돌리는 몇몇 열성적 교육자들은 간과해 왔다. 그들은 악이 이러한 계층특권 그 자체라는 것을 보지 못하고, 이 특권이 돈의 소유에 기초하고 있는지 혹은 통치자 계급의 회원들을 결정하는 다른 기준들에 기초하고 있는지는 비교적 중요하지 않다는 것도 보지 못한다. 7장 주 12와 13, 그리고 본문을 참조하시오. 무기 휴대에 관해서는, 『법률』, 753b를 참조하시오.

34. 『국가』, 460c를 참조하시오.(본 장 주 31 역시 참조하시오.) 유아살해에 대한 플라톤의 권유에 대해서는, 애덤, 앞의 책, 1권, 299쪽, 460c18에 대한 주, 357쪽 이하를 참조하시오. 애덤은 플라톤이 유아살해를 찬성한다고 옳게 주장했음에도 불구하고, 또 플라톤이 무시무시한 행동을 "허가한 것에 대한 책임을 면해 주려는" 모든 시도들을 "부적절한 것으로" 거절함에도 불구하고, "그 행위가 고대 그리스에서 널리 행해졌음을" 지적함으로써 플라톤을 구제하려고 애쓴다. 그러나 아테네에서는 그렇지 않았다. 플라톤은 시종일관 페리클레스의 아테네인들의 계몽보다는 고대 스파르타의 야만주의와 인종주의를 더 좋아하기로 선택한다. 그래서 이 선택에 대해서 그는 책임을 져야만 한다. 스파르타의 관습을 설명하는 가설에 대해서는, 10장 주 7(그리고 본문)을 참조하시오. 그리고 그곳에 있는 앞뒤 참조 역시 참조하시오.

인간을 사육하는 동물법칙들을 적용하는 본 문단의 다음 인용구들은 『국가』, 459b에서 가져온 것이다.(8장 주 39와 본문을 참조하시오.) 개와 전사 사이의 유추 등은 『국가』 404a, 375a, 376a/b, 376b에서 가져온 것이다. 5장 주 40(2) 그리고 다음 주 역시 참조하시오.

35. 주 번호 앞의 두 인용구는 모두 『국가』, 375b에서 가져온 것이다. 다음 인용구는 416a에서 가져온 것이다.(본 장 주 28 참조.) 나머지 하나는 375c∼e에서 가져온 것이다. 반대 '성질들'(혹은 반대되는 형상들, 5장 주 18∼20, 40(2)와 본문, 8장 주 39를 참조하시오.)을 섞는 문제는 플라톤이 좋아하는 주제들 중의 하나이다.(『정치가』의 283e 이하에서, 그리고 후에 아리스토텔레스에게서 그것은 중용의 문제로 나타난다.)

36. 인용구들은 『국가』, 410c, 410d, 410e, 411e/412a, 412b에서 가져온 것이다.

37. 『법률』(680b 이하)에서 플라톤 자신은 크레타를 문학에 대한 야만적인 무지 때문에 약간 빈정대며 대한다. 이 무지는 크레타 대화자가 모르는 호메로스에게까지 확장되고, 크레타인은 호메로스에 대해 "크레타인들은 외국 시인들을 거의 읽지 않는다."고 말한다.("그러나 스파르타에서는 그것들을 읽는다."라고 스파르타 대화자는 응답한다.) 스파르타의 관습에 대한 플라톤의 선호에 대해서는 6장 주 34, 본 장 주 30의 본문 역시 참조하시오.

38. 인간가축에 대한 스파르타의 처우를 바라보는 플라톤의 관점에 대해서는, 본 장 주 29, 『국가』 548e/549a를 참조하시오. 여기서 명예정치를 추구하는 사람은 플라톤의 형제 글라우콘과 비교된다. "그는 (글라우콘보다) 한결 고집스러움에 틀림없으며, 덜 시가적일걸세." 본 구절의 연속은 주 29의 본문에 인용되었다. 투키디데스는 스파르타 노예 2,000명이 터무니없는 이유로 살해되었음을 기록하고 있다.(4권, 80) 그중 최고는 자유에 대한 약속 때문에 죽임을 당했다는 것이다. 플라톤이 투키디데스를 잘 알고 있었던 것은 확실하고, 그가 추가적인 직접적 정보를 더 가지고 있었다고도 확신할 수 있다.

노예들에 대한 아테네의 느슨한 관리를 보는 플라톤의 관점에 대해서는, 본 장 주 18을 참조하시오.

39. 결정적인 반아테네주의와 『국가』의 반문학적 경향을 고려해 보면,

왜 수많은 교육가들이 플라톤의 교육이론에 대해 그렇게도 열광적인지를 설명하기가 약간 힘들다. 나는 단지 세 가지 가능한 설명들을 알 뿐이다. 당시 존재했던 아테네 문학교육에 대한 노골적 적대심에도 불구하고, 그들이 『국가』를 이해하지 못하고 있거나, 혹은 그들이 수많은 철학자들과 심지어 음악가들이(주 41에 대한 본문 참조.) 그러하듯 교육의 정치적 권력에 대한 플라톤의 수사적 강조에 의해 단지 우쭐해진 것이거나, 혹은 둘 다이다.

어떻게 그리스의 예술과 문학을 사랑하는 자들이 모든 시인들과 비극작가들, 특히 호메로스에게(심지어 헤시오도스에게도)까지도 가장 폭력적인 공격을 불러일으켰던 플라톤에게서, 특히 『국가』의 10권에서, 시와 음악에 대한 격려를 찾는지 이해하기가 어렵다. 『국가』, 600a를 보면, 호메로스는 좋은 기술자와 기계공(플라톤은 일반적으로 이들을 단조롭고 타락한 것으로 간주한다. 『국가』, 495e, 590c, 그리고 2권 1장 주 4 참조.)보다 계급이 낮다. 『국가』, 600c에서 호메로스는 소피스트인 프로타고라스와 프로디코스보다 낮은 계급에 있다.(곰페르츠, 『그리스 사상가들』, 독일어판, 2권, 401 참조.) 그리고 『국가』 605a/b에서는 시인들이 잘 다스려지는 어떠한 도시에도 들어가는 것이 난데없이 금지되어 있다.

그러나 플라톤의 태도에 대한 이런 명확한 표현들은 보통 주석가들에 의해 간과되어 왔고, 반면 플라톤이 호메로스를 공격하기 위해 준비작업에 들어가는 부분의 언급들을 길게 설명한다.(예를 들면 "……호메로스에 대한 사랑과 공경이 나로 하여금 내가 말해야만 하는 것을 거의 말하지 못하게 말릴지라도 말일세." 『국가』, 595b). 애덤은 "플라톤은 진실한 감정을 가지고 말한다."라고 주장하며 이 부분을 주해한다. 그러나 나는 플라톤의 언급은 단지 『국가』에서 공정하고도 일반적으로 채택된 한 방법, 즉 인도주의적 생각에 대한 주요한 공격을 시작하기 전에 독자들의 감정을 위해 한 발짝 물러서는 것에 불과하다고 생각한다.(10장, 특히 주 65의 본문을 참조.)

40. 계급교육에 대한 엄격한 검열에 대해서는 『국가』 377e 이하, 그리

고 특히 378c를 참조하시오. "우리 도시의 수호자들이 될 사람들은 다른 사람과 쉽게 싸우는 것을 가장 가악한 범죄로 간주해야만 한다." 플라톤이 이 정치적 원칙을 376e 이하에서 그의 검열 이론을 소개하면서 동시에 이야기하지 않고 단지 진리와 아름다움 등에 대해서만 말한다는 것은 흥미롭다. 검열은 595a 이하, 특히 605a/b에서 더욱 엄격해진다.(앞의 주, 7장 주 18~22, 그리고 본문을 참조하시오.) 『법률』에서의 검열의 역할에 대해서는 801c/d를 참조하시오. 다음 주 역시 참조하시오.

시가(詩歌)는 흉폭함과 반대로 인간의 부드러운 요소를 강화시켜 주어야 한다는 자신의 원칙에 대한 플라톤의 건망증에 대해서는, 특히 399a 이하를 보시오. 여기서는 시가의 양식들이 인간을 부드럽게 만들지 않고 "전사들에게 적합하다"고 나와 있다. 다음 주 (2) 역시 참조하시오. 플라톤이 앞서 언급했던 원칙을 '잊지' 않았고, 단지 그의 토론이 진행될 때만 그 원칙을 잊었다는 것은 명백하다.

41. (1) 시가, 특히 고유 시가에 대한 플라톤의 태도에 대해서는 예를 들어서, 『국가』 397b 이하, 398e 이하, 400a 이하, 410b, 424b 이하, 546d, 그리고 『법률』 657e 이하, 673a, 700b 이하, 798d 이하, 801d 이하, 802b 이하, 816c를 참조하시오. 그의 태도는 근본적으로 "시가의 새로운 형식에 대한 변화를 경계해야 한다는 것이다. 이것은 모든 것을 위험에 빠뜨린다." 왜냐하면 "새로운 형식의 시가로 바꾸는 것은 나라 전반에 걸쳐 위험을 초래하기 때문이다. 다몬도 그렇게 말하고 나도 그렇게 믿는다."(『국가』, 424c.) 플라톤은 평소와 같이 스파르타의 모범을 따른다. 애덤은 "시가적 변화와 정치적 변화의 관계……는 그리스 전체를 통해서 광범위하게 나타나며, 특히 티모데우스가 네 개의 새로운 현을 추가하려 했기 때문에 그의 수금을 몰수당했던 스파르타에서 그러하다."고 말한다.(앞의 책, 1권, 216쪽, 424c20에 대한 주, 강조는 나에 의한 것이다. 그의 참조들 역시 보시오.) 스파르타의 절차가 플라톤에게 영감을 주었다는 것은 확실하다. 그리스 전체에서, 특히 페리클레스적 아테네인들에게서 그것의 광범위한 발견은 거의 있음 직하지 않다.(본 주의 (2)를 참조하시오.)

(2) 본문에서 나는, 시가에 대한 플라톤의 태도를(특히 『국가』, 398e 이하를 참조.) '좀 더 계몽된 현대의 비평'과 비교하자면 미신적이고 퇴행적이라고 말했다. 내가 마음속에 가지고 있는 비평은 아마도 5세기(혹은 4세기 초반)의 음악가이자, 지금은 그렌펠Grenfell과 헌트Hunt의 열세 번째 저작인 『히베의 파피루스 *The Hibeh Papyri*』(1906) 45쪽 이하에서 알려지게 된 한 연설(아마도 올림피아 연설)의 저자인, 익명의 작가의 것이다. 그 작가는 아리스토텔레스가 언급한(아리스토텔레스가 대부분의 플라톤의 주장을 반복하는 동일하게 미신적인 『정치학』, 1342b 구절에서) "소크라테스(즉 플라톤의 『국가』에 나오는 '소크라테스')를 비판한 여러 음악가들 중의 하나"일 것이다. 그러나 익명의 저자의 비평은 아리스토텔레스가 지적하는 것보다 더 나아간다. 플라톤은(그리고 아리스토텔레스는) 어떤 시가 선법들은, 예를 들어서 '느슨한' 이오니아와 리디아 선법은 사람들을 부드럽고 나약하게 만들고, 반면에 다른 것들, 특히 도리아 선법은 사람들을 용맹하게 만든다고 믿었다. 익명의 저자는 이 점을 공격한다. 그는 "몇몇 선법은 절제를, 다른 것은 정의로운 인간을, 다른 것은 다시 영웅을, 그리고 다른 것은 겁쟁이를 만든다고들 한다."고 적고 있다. 그는 그리스 부족들 중 전쟁을 가장 좋아하는 몇몇 부족이 겁쟁이를 만든다고 알려진 선법을 사용하고, 반면에 어떤 전문적인 가수들은 영웅됨의 표시를 전혀 보이지 않는 '영웅적' 선법을 관습적으로 노래한다는 점을 지적하면서 이 관점의 어리석음을 드러낸다. 이 비판은 페리클레스(그는 예술적 비판에 친스파르타적 태도를 관용해 줄 수 있을 만큼 충분히 관대하다.)의 친구이자 플라톤에 의해 권위자로서 자주 인용되는 아테네 음악가인 다몬에 반대되는 것 같다. 그러나 이것은 플라톤 자신에게 반대되는 것 같다. 다몬에 대해서는 D^5를 참조하시오. 익명의 저자에 대한 가설에 대해서는 같은 책, 2권, 334쪽, 주를 참조하시오.

(3) 내가 시가에 대한 '퇴행적' 태도를 공격하고 있다는 사실과 관련해서, 나는 나의 공격이 시가의 '진보'에 대한 내 개인적 성향에 근거한 것이 아니라는 것을 말하려 한다. 사실 나는 옛 음악을 좋아하지(오래되면 될수

록 더 좋다.) 근대 음악(특히 바그너가 곡을 쓰기 시작한 그날 이후 대부분의 작품들)은 매우 싫어한다. 나는 전적으로 '미래주의'에 대해서 예술의 영역이든 도덕의 영역이든 그것에 반대한다.(2권 12장, 2권 15장의 주 19를 참조.) 그러니 나는 또한 무엇을 좋아함과 좋아하지 않음을 강요하는 것, 그리고 이런 문제와 관련된 검열에도 반대한다. 우리는 우리가 증오하는 것을 억압하거나 혹은 우리가 사랑하는 것을 신성시하는 것에 대한 법적 제도를 세울 필요 없이, 특히 예술에서는 사랑할 수 있고 증오할 수도 있다.

42. 『국가』, 537a, 466e~467e를 참조하시오.

근대 전체주의 교육의 특징 묘사는 콜나이 A. Kolnai, 『서양에 대항하는 전쟁 The War against The West』(1938), 318쪽 덕분이다.

43. 국가, 즉 중앙화되고 조직화된 정치권력이 정복(정착 농민들에 대한 유목민 혹은 사냥꾼들의 정복)을 통하여 생겨난다는 플라톤의 주목할 만한 이론은 내가 아는 한 계약이론의 역사적 번안에 대해 비판한 흄에 의해서(마키아벨리의 몇몇 언급들을 무시한다면) 최초로 재발견되었다.(그의 『도덕·정치·문학논고 Essays, Moral, Political, and Literary』, 2권, 1752, 논고 7, 「원초적 계약에 대하여 Of the Original Contract」 참조.) 흄은 쓰기를 "현재 존재하거나 역사에 기록을 남긴 거의 모든 정부들은 근본적으로 강탈이나 정복 혹은 둘 다에 의해서 나타난다."라고 했다. 그리고 그는 "교활하고 대담한 사람들에게 있어서……종종 폭력이나 거짓을 통해 그의 일당들보다 수백 배나 많은 사람들에게 지배권을 세우는 것은……쉬운 일이다……. 이러한 교활함으로 인해 여러 정부들이 설립되어 왔다. 그리고 이것이 그들이 자랑해야만 하는 원초적 계약이다." 이 이론은 다음으로 르낭 Renan의 『국가란 무엇인가 What is a Nation』(1882)에서, 그리고 니체의 『도덕 발생학 Genealogy of Morals』(1887)——1894년 독일어판, 98쪽 참조——에서 되살아났다. 후자는 (흄에 대한 인용 없이) '국가'의 기원에 관해 기술하고 있다. "전쟁을 좋아하는 조직을 가진 정복하는 주인인종인 금발 짐승의 몇몇 무리들이……그들의 무시무시한 발을 숫자가 엄청나게

많은 주민들 위에 육중하게 내려놓는다……. 이것이 '국가'가 땅 위에서 발생하는 방법이다. 나는 '계약'을 가지고 국가의 기원에 대해 설명하는 감상적 생각은 죽은 것이라고 생각한다." 이 이론은 니체의 마음에 드는데 그 이유는 그가 이런 금발의 짐승들을 좋아하기 때문이다. 그런데 이것은 좀 더 최근에 오펜하이머 F. Oppenheimer(『국가 The State』, 기터맨 Gitterman 번역본, 1914, 68쪽), 그리고 마르크스주의자인 카우츠키 K. Kautsky(그의 책 『역사에 대한 유물론자의 해석 The Materialist Interpretation of History』 에서), 그리고 매클라우드 W. C. Macleod(『정치의 기원과 역사 The Origin and History of Politics』, 1931)에 의해 제안되었다. 나는 플라톤, 흄, 그리고 니체에 의해 기술된 종류의 것들이 전부는 아니지만 다양한 사례들로 발생했다고 생각한다. 나는 '국가'를 조직되었고 중앙화된 정치적 권력의 의미로서만 말하고 있다.

나는 아마도 토인비는 매우 다른 이론을 가지고 있다고 언급하고자 한다. 그러나 그것을 논하기 전에, 반역사주의적 관점에서 보자면 이 문제는 크게 중요하지는 않다는 것을 명백히 하겠다. 어떻게 '국가'가 발생했는지를 고려하는 것 자체는 흥미롭지만, 그것은 국가사회학, 즉 내가 이해하기로는 정치공학과는 아무런 관련도 없다.(3장, 9장, 2권 15장 참조.)

토인비의 이론은 조직화되고 중앙화된 정치적 권력의 의미로서 '국가'에 자신을 제한하지 않는다. 그는 오히려 '문명의 기원'을 논의한다. 그러나 여기서 난점이 나타난다. 왜냐하면 그의 '문명들'의 몇몇은 국가이고(여기서 묘사되었듯이), 몇몇은 집단 혹은 국가의 결과이고, 몇몇은 국가가 아닌 에스키모 사회와 같은 것이기 때문이다. 그리고 만약 '국가'가 하나의 계획에 따라서만 발생했는지 아닌지가 의문이라면, 우리가 언제 다양한 사회현상들의 한 계층을 한편으로는 초기 이집트 국가, 메소포타미아 국가, 그리고 그들의 제도들과 기술들로, 다른 편으로는 에스키모의 살아가는 방식으로 고려해야 하는지 더 의문이다.

그러나 우리는 이집트와 메소포타미아 '문명'의 기원에 대한 토인비의 묘사(『역사의 연구』, 1권, 305쪽 이하)에 집중할 수 있을 것이다. 그의 학설은 힘든 밀림지대의 도전이 총명하고 진취적인 지도자들의 반응을 자극시켰다는 것이다. 그들은 그들의 추종자들을, 경작하고 국가를 세울 수 있는 계곡으로 이끌었다. 나에게 이 문화적이고 정치적인 지도자로서의 창조적이고 천재적인 학설(헤겔적이고 베르그송적인)은 감상적으로만 보인다. 이집트를 보자면 우리는 가장 먼저 카스트 제도의 기원부터 찾아야만 한다. 나는 이것이 정복의 결과라고 생각하는데, 바로 인도 같은 곳에서는 정복자들의 모든 새로운 물결이 낡은 것들에 대해 새로운 카스트 제도를 강요했다. 그러나 다른 주장들도 있다. 토인비 자신은 아마도 옳다고 생각한 한 학설을 지지하는데, 즉 동물사육 특히 동물훈련이 나중의 것이고 단순한 농사보다는 더 발전되었고 어려운 단계이며, 그리고 이 발전된 단계는 스텝지역의 유목민에게서 온 것이라는 학설이다. 그러나 이집트에서 우리는 농경과 동물사육을 둘 다 찾을 수 있고, 초기 '국가'의 대부분이 그러하다.(비록 모든 미국의 주들은 그렇지 않을 거라고 추측하지만.) 이 점은 이러한 국가들이 유목적 요소를 가지고 있다는 표시로 보인다. 그리고 이 요소가 자신들의 규칙인 카스트 제도를 원래의 농경 주민들에게 강제로 부여하는 유목 침입자들 때문이라는 가설을 과감히 주장하는 것은 자연스러워 보인다. 이 학설은 유목적이고 건축적인 국가가 보통 빨리 쇠퇴한다는 토인비의 주장(앞의 책, 3권, 23 이하)과 일치하지 않는다. 그러나 초기의 카스트 국가들 중 다수가 동물사육에 손을 댔다는 것은 어떻게든 설명되어야만 한다.

유목민이나 심지어 사냥꾼들이 원초적 상류계급을 구성했다는 생각은 오랜 세월 동안 그리고 여전히 남아 있는 상류계층의 전통에 의해 확증된다. 이 전통에 따르면 전쟁, 사냥, 말 등은 유한계급의 상징이다. 아리스토텔레스의 윤리학과 정치학의 기초를 형성한 전통은, 베블런 Veblen(『유한계급론 The Theory of the Leisure Class』)과 토인비가 보여주듯이 여전히 남아 있다. 그리고 이 증거에 대해서 우리는 동물사육자의 인종주의에 대한 신념을 추가할 수 있는데, 특히 상류계층의 인종적 우수성에 대한 것이 그러하다. 카스트 국가와, 플라톤과 아리스토텔레스에게서 강하게 언급되었던 후자의 신념은 토인비에 의해서 "근대의……우리 죄들……중의 하나"로, 그리고 "그리스 천재에게 걸맞지 않은 무엇"으로 주장된다.(앞의 책, 3권, 93.) 많은 그리스인들이 인종주의를 넘어섰음에도 불구하고, 플라톤과 아리스토텔레스의 학설은 옛 전통, 특히 인종적 이념이 스파르타에서 중요한 역할을 했다는 관점에 기반하고 있는 것처럼 보인다.

44. 『법률』, 694a~698a을 참조하시오.

45. (1) 슈펭글러 Spengler의 『서구의 몰락 Decline of the West』은 내 의견으로는 심각하게 받아들일 만한 것이 아니다. 하지만 그것은 하나의 증상이다. 그것은 실패에 직면한 상류계층을 신봉하는 한 사람의 학설이다. 플라톤처럼 슈펭글러는 '세계'가 쇠퇴와 죽음의 일반적 법칙에 의해 저주받았음을 보여주려고 한다. 그리고 플라톤처럼 그는 (그의 후속편인 『프로이센주의와 사회주의 Prussianism and Socialism』에서) 새로운 질서, 역사의 흐름을 막으려는 절망적 실험을 요구했는데, 이것은 곧 '사회주의'나 공산주의 그리고 경제적 절제(制慾) 등을 채택함으로써 프로이센의 지배 계급이 부활하는 것이었다. 슈펭글러 대해서 나는 넬슨 L. Nelson과 상당 부분 의견을 같이 한다. 그는 "마법 : 오스발트 슈펭글러의 운명을 말하는 기술의 비결 전수와 그의 예언의 반박할 수 없는 진실의 가장 명백한 증거 Witchcraft : Being an Initiation into the Secrets of Oswald Spengler's Art of Fortune Telling, and a Most Evident Proof of the Irrefutable Truth of His Soothsaying"로 서두가 번역될 수 있는, 길고 반어적인 제목으로 그의 비판을 출간했다. 나는 이것이 슈펭글러의 정당한 특징 묘사라고 생각한다. 나는 넬슨이 내가 역사주의라고 부르는 것에 반대한 첫 번째 인물 중 하나라고 생각한다.(헤르더 Herder를 비판하는 칸트를 이어서. 1권 2장, 주 56 참조.)

(2) 슈펭글러의 주장이 마지막으로 '쇠퇴와 몰락'을 주장하는 것이 아니라는 나의 논평은 특별히 토인비에 대한 암시를 의미한다. 토인비의 작업은 슈펭글러에 비해 매우 뛰어나서 나는 그것을 동일한 상황에서 언급하기가 머뭇거려진다. 그러나 그 탁월함은 주로 토인비의 사상의 풍부함과

뛰어난 지식(이는 그가 슈펭글러가 하는 것처럼 동시에 모든 것을 다루지 않는다는 사실 자체에서 명백해진다.) 때문이다. 그러나 연구의 목적과 방법은 비슷했다. 그것은 거의 확실히 역사주의적이다.(『역사주의의 빈곤』, 100쪽 이하에 있는 토인비에 대한 나의 비판을 참조하시오.) 그리고 그것은 근본적으로 헤겔주의적이다.(비록 토인비가 그 사실을 아는지는 내가 알 수 없지만.) '자기결정을 향한 진보'인 그의 '문명의 발전의 기준'은 이 점을 충분히 명확하게 보여준다. 왜냐하면 헤겔의 '자아의식'과 '자유'를 향한 진보의 법칙은 매우 쉽게 인식될 수 있기 때문이다.(토인비의 헤겔주의는 어떻게든 브래들리Bradley를 통해서이다. 예를 들면 앞의 책 3권 223에 있는, 관계에 대한 그의 언급에서 보여진다. "'사물들'이나 '존재하는 것들' 사이의 '관계'라는 바로 그 개념은 논리적 모순을 포함한다.……어떻게 이 모순이 초월되는가?" 나는 여기서 관계의 문제에 대한 논의에 들어설 수 없다. 그러나 나는 관계에 대한 모든 문제들이 근대 논리학의 어떤 단순한 방법에 의해서 속성이나 부류의 문제로 환원될 수 있다고 독단적으로 주장하고자 한다. 다른 말로 하자면, 관계들과 연관된 고유의 철학적 난점들은 존재하지 않는다. 언급된 방법은 위너N. Wiener와 쿠라토프스키K. Kuratowski 덕분에 가능하다. 콰인Quine의 『논리학 체계A System of Logostic』, 1934, 16쪽 이하를 참조하시오.) 나는 이제 어떤 작품을 어떤 학파에 속한 것으로 분류하는 것이 그것을 간단히 처리해 버리는 것이라고 믿지 않는다. 그러나 헤겔주의적 역사주의에 관한 경우는, 이 책의 2권에서 논의되어진 이유 때문에, 그렇다고 생각한다.

토인비의 역사주의에 관해서 나는 문명이 태어나고, 자라고, 쇠락하고, 죽는다는 데 대해 매우 의심이 간다는 것을 특히 명확하게 하고 싶다. 나는 이 점을 강조해야만 하는데 왜냐하면 내가 사회의 '쇠락'과 '억제'를 말하는 한 나는 스스로 토인비가 사용한 용어들 중 몇몇을 사용하기 때문이다. 그러나 내가 사용하는 '쇠락'이라는 용어는 문명의 모든 종류에 대한 것이 아니라 하나의 특별한 현상, 즉 마술적 혹은 부족적인 '닫힌사회'의 부패와 관련된 불안의 기분에 대한 것이라는 것을 명확히 하고 싶다. 따라서 나는 토인비가 믿었던 것처럼 그리스 사회가 펠로폰네소스 전쟁 동안 '그 쇠락'을 겪었다고 생각하지 않는다. 그래서 나는 토인비가 훨씬 더 이전에 묘사하는 쇠락의 징후를 찾는다.(10장 주 6과 8과 본문을 참조하시오.) '억압적' 사회에 대해서 나는 이 용어를 오로지 열린사회의 영향에 대항해 폭력을 통해 스스로 자신을 닫음으로써 마술적 형태를 띠는 사회 혹은 부족적 수용소로 회기하려고 시도하는 사회에만 적용시킨다.

나는 우리의 서구문명만이 인류에게 있는 단 하나의 모습이라고 생각하지 않는다. 나는 모든 종류의 운명을 겪을 수 있는 수많은 닫힌사회들이 존재한다고 생각한다. 그러나 '열린사회'만이, 내가 생각하기에 지속될 수 있고, 그렇지 않으면 억제되거나 강압적으로 수용소로 되돌아갈 수 있다. 즉 금수로 되돌아갈 수 있다.(10장, 특히 마지막 주를 참조.)

(3) 쇠퇴와 몰락 이야기에 관한 한 나는 그것들의 거의 대부분이 헤라클레이토스의 언급, "그들은 금수와 같이 그들의 배를 채운다." 혹은 하급 동물의 본능에 대한 플라톤 학설의 영향을 받은 것이라고 말할 수 있겠다. 나는 그것들(쇠퇴와 몰락에 대한 이야기들) 모두가 쇠퇴는 노동자계급에게 자연적이라고 주장되어 온 그러한 '낮은' 기준들을 (지배계급이) 채택했기 때문이라는 것을 보여주려고 시도한다는 것을 말하고자 한다. 즉 거칠게 말해서 이 학설에 따르면 페르시아나 로마제국과 같은 문명은 지나친 수용(과식) 때문에 쇠퇴한다.(10장 주 19 참조.)

5장

1. '마력의 영역 charmed circle'은 버넷의 『그리스 철학』, 1권, 106쪽에서 온 인용구이며, 거기서 비슷한 문제들이 다루어진다. 그러나 나는 "일찍이 인간 삶의 규칙성은 자연의 규칙적 과정보다 더 명확하게 이해되어졌다."는 버넷의 말에 동의하지 않는다. 이것은 내가 믿기로는 좀 더 후기 시대, 즉 '법률과 관습의 마력적 영역'이 해체되는 시기의 특징인 차별화의

확립을 전제한다. 더군다나 자연의 주기(계절 등을 말한다. 2장 주 6과, 플라톤(?), 『에피노미스 Epinomis』, 978d 이하를 참조하시오.)는 일찍부터 이해되었음에 틀림없다. 자연법과 규범적 법 사이의 구분에 대해서는 본 장주 18(4)를 참조하시오.

2. * 아이슬러의 『점성술의 왕도 The Royal Art of Astrology』를 참조하시오. 아이슬러는 행성 운동의 특수성은 "아슈르바니팔 Assurbanipal 도서관을 생기게 한 바빌로니아의 서기들"에 의해 해석되었다고 말한다.(앞의 책, 288) 또 그는 "바빌로니아의 서기들이 행성 운동의 특징을 '하늘과 땅'을 다스리는 '법칙' 혹은 '결정'에 의해 명령된 것"으로 해석했다고 말한다.(같은 책 232 이하.) 그리고 그는 (자연의) "보편적 법칙"이라는 생각이 "이 '하늘과 땅의 법령'이라는 미신적인……개념……에서 기원한다……."는 것을 지적한다.(같은 책, 288) *

헤라클레이토스의 구절에 대해서는, D^5와 B 29, 그리고 2장 주 7(2)를 참조하시오. 그리고 2장 주 6과 본문 역시 참조하시오. 다른 해석을 제공하는, 앞서 인용되었던 버넷의 책 역시 참조하시오. 그는 "자연의 규칙적인 과정이 관찰되기 시작할 때, 인간의 삶을 인도했던 불변의 관습을 정확하게 의미했던……옳음과 정의보다 더 좋은 이름은 발견될 수 없다."고 생각한다. 나는 그 용어가 처음에는 사회적인 어떤 것을 의미하다 나중에 확장되었다고 생각하지 않고, 사회적인 것과 자연적인 규칙('질서')들은 둘다 원래부터 나뉘지 않았고 마술적으로 해석되었다고 생각한다.

3. 그 반대가 종종 '자연'과 '규칙'(혹은 '규범'과 '관습') 사이의 것으로, 종종 '자연'과 '가정한 것'이나 '입안한 것'(즉 규범적 법칙) 사이의 것으로, 그리고 종종 '자연'과 '기술' 혹은 '자연적'과 '인공적' 사이의 것으로 표현된다.

자연과 관습 사이의 위와 같은 대조는 종종 (디오게네스 라에르티오스, II, 16과 4; Doxogr., 564b를 근거로 하자면) 소크라테스의 선생이라고 알려진 아르켈라오스에 의해 소개되었다고 말해진다. 그러나 나의 생각으로는, 『법률』 690b에서 플라톤은 분명하게 '테베 시인 핀다로스'가 그 대조의 기원자라고 생각했다.(본 장 주 10과 28 참조.) 핀다로스의 단편들과는 별도로(플라톤에 의해 인용된, 헤로도토스, III, 38 역시 참조.) 그리고 헤로도토스의 몇.가지 고찰들을 제외한(같은 곳), 보존되는 가장 초기의 자료들 중의 하나는 소피스트 안티폰의 단편인 『진리에 관하여 On Truth』이다.(본 장 주 11과 12 참조.) 플라톤의 『프로타고라스』에 따르면, 소피스트인 히피아스는 비슷한 관점을 가진 선구자였던 것처럼 보인다.(본 장 주 13) 그러나 이 문제에 대한 가장 영향력 있는 최초의 논고는, 비록 프로타고라스가 다른 용어를 사용했을 수도 있지만, 프로타고라스 그 자신의 것이었던 것 같다.(데모크리토스가 언어와 같은 사회적 '제도'에 적용했었던 대조를 다루었다는 것은 언급할 만하다. 그리고 플라톤은 『크라틸로스』, 예를 들자면 384e에서 동일한 것을 다루었다.)

4. 매우 비슷한 관점이 러셀 Russell의 「자유인의 기도 A Free Man's Worship'」(『신비주의와 논리 Mysticism and Logic』에 들어 있는)와 셰링턴 Sherrington, 『자연 위의 인간 Man on His Nature』의 마지막 장에서 찾을 수 있다.

5. (1) 물론 실증주의자들은 왜 규범이 사실적 가정에서 도출될 수 없는지에 대해, 규범이 의미가 없기 때문이라고 대답할 것이다. 그러나 이것은 그들이 자의적으로 오로지 사실적 명제들만이 '의미가 있다'는 방식으로 '의미'를 규정하는 것(비트겐슈타인의 『논리철학논고』)을 보여준다.(나의 책 『과학적 발견의 논리』, 35쪽 이하와 52쪽 이하 역시 참조하시오.) 다른 한편으로, '심리주의'의 추종자들은 정언명령을 감정의 표현으로, 규범을 습관으로, 그리고 기준을 관점으로 설명할 것이다. 그러나 절도를 하지 않는다는 관습이 확실한 사실이라 할지라도, 본문에서 설명되었던 것처럼 이 사실을 그에 상응하는 규범과 구분하는 것은 필요하다. 규범논리의 문제에 대해서 나는 멩거 K. Menger의 책 『도덕, 의지, 그리고 세계형상 Moral, Wille und Weltgestaltung』(1935)에서 설명된 관점에 대부분 충분히 동의한다. 내가 생각하기로 그는 규범논리의 토대를 발전시킨 최초의 사람이다. 나는 아마도, 규범이 중요하면서 환원 불가능한 무엇이라는 것

을 마지못해 받아들이는 경향이 우리 시대 지식층의 주된 특징이며, '진보'적 집단의 또 다른 약점이라고 표현할 수 있을 것이다.

(2) 규범 혹은 결정을 진술하는 문장을 사실을 진술하는 문장으로부터 끌어내는 것이 불가능하다는 나의 주장에 대해서는, 뒤에서 언급이 있을 것이다. 문장과 사실 간의 관계를 분석하면서, 우리는 타르스키가 의미론이라고 불렀던 논리적 연구 분야로 이동할 것이다.(3장 주 29와 8장 주 23 참조.) 의미론의 근본개념 중의 하나는 진리 개념이다. 타르스키가 보여준 것 같이, 'A는 나폴레옹이 세인트헬레나에서 죽었다고 말했다.'는 진술과, 'A가 말한 것은 참이다.'라는 한발 더 나아간 또 다른 진술을 결합하여, '나폴레옹은 세인트헬레나에서 죽었다.'와 같은 기술적 진술을 끌어내는 것은(카르나프가 의미론적 체계라고 부르는 것 내에서) 가능하다.(그리고 만약 우리가 '사실'이라는 용어를 우리는 문장에 의해 기술된 사실에 관해서 말할 뿐만 아니라 이 진술은 참이다라는 사실에 관해서도 말한다는 넓은 의미로 사용한다면, 우리는 심지어 '나폴레옹은 세인트헬레나에서 죽었다.'라는 것을 그가 그것을 말했고, 그리고 그는 진실을 말했다는 두 개의 '사실들'로부터 끌어내는 것이 가능하다.) 이제 우리는 정확하게 비슷한 양식으로 계속해서 규범 영역으로 나아갈 수 있다. 그래서 우리는, 진리 개념에 상응되게, 규범의 타당성 혹은 진실성 개념을 도입할 수 있다. 이것은 N이 타당하거나 올바르다는 것을 진술하는 문장으로부터 규범 N이 (일종의 규범 의미론으로) 도출될 수 있다는 것을 의미한다. 혹은 다른 말로 하자면, '도적질하지 마라.'라는 규범 혹은 명령은 "규범 '도적질하지 마라.'는 타당하다.(혹은 옳다.)"라는 주장과 동등한 것으로 간주될 수 있다.(그리고 다시, 만약 우리가 '사실'이라는 용어를 우리가 한 규범이 타당하거나 옳다는 사실에 관해 말한다는 넓은 의미로 사용한다면, 우리는 사실로부터 규범을 도출할 수 있다. 그러나 이것이 본문에서 심리학적 혹은 사회학적 혹은 이와 비슷한, 즉 비(非)의미론적 사실로부터 규범을 도출하는 것은 불가능하다는 것만을 다루고 있는 고찰의 정확성을 손상시키지는 않는다.)

＊(3) 이런 문제들에 대한 나의 첫 번째 논의에서, 나는 규범 혹은 결정

에 관해서 말한 것이지 결코 제안에 관해 말하지 않았다. 대신 '제안'에 대해 말하자는 제안은 러셀 덕분이다. ≪제10차 국제철학대회문고 *Library of the Tenth International Congress of Philosophy*≫(Amsterdam, August 11-18, 1948), 1권, 『대회회보 *Proceedings of the congress*』에 실려 있는 그의 논문 「명제와 제안」을 참조하시오. 이 중요한 논문에서, 사실 혹은 '명제'의 진술은 어떤 수행들의 채택을 위한(어떤 정책 혹은 어떤 규범 혹은 어떤 목적과 목표) 제언들과 구별된다. 우리는 후자를 '제안들'이라고 부른다. 모든 사람들이 알듯이 이 용어법의 큰 이점은 결정 혹은 규범에 대해서 우리가 어떤 의미에서 논의할 수 있는지 매우 분명하지 않음에도 불구하고 우리가 제안을 논의할 discuss 수 있다는 것이다. 이와 같이 '규범' 혹은 '결정'에 대해 이야기함으로써 by talking, 우리는 이런 것들이 논의를 넘어서 있다는 것을 (독단적 신학자나 형이상학자들이 말하듯이 논의 이상이거나, 혹은 몇몇 실증주의자들이 말하듯이 논의 이하, 즉 무의미한 것이거나 둘 중의 하나로) 말하는 사람들을 자칫 지지하기는 쉽다.

러셀의 용어를 채택하면, 우리는 제안은 채택되는 반면 명제는 주장되거나 진술될 수 있다고(혹은 수용된 가설이라고) 말할 수 있다. 그리고 우리는 채택된 제안과 그것의 채택 사실을 구분할 것이다.

우리의 이원론적 논제는 그래서 비록 제안은 사실에 속함에도 불구하고 그것은 사실로 (혹은 진술이나 명제로) 환원될 수 없다는 논제가 된다. *

6. 10장 마지막 주 (71) 역시 참조하시오.

나는 내 입장이 본문에서 명확하게 적용되어 있다고 생각하지만, 인도주의적이고 평등주의적인 윤리학의 원칙 중 나에게 가장 중요하게 보이는 것을 간략하게 정식화하겠다.

(1) 편협하지 않으며 편협함을 퍼뜨리지 않는 모든 사람들에 대한 관용.(이 예외에 대해서는, 7장 주 4와 6에서 말한 것을 참조하시오.) 특히 이것은 타자의 도덕적 결정은 그 결정이 관용의 원칙과 부딪히지 않는 한에서 존중되어야 한다는 것을 말한다.

(2) 모든 도덕적 절박함 moral urgency은 그 기초를 고난이나 고통의

절박함에 두고 있다는 것에 대한 인식. 이 이유에 대해서 나는 공리주의의 공식인 '최대 다수의 최대 행복' 혹은 간단히 '행복의 극대화'를 '모든 사람의 피할 수 있는 최소한의 고통' 혹은 간단히 '고통의 최소화'로 바꾸자고 제안한다. 나는 이 간단한 공식이 공공정책의 가장 근본적인 원칙들(물론 오직 이 하나만은 아닐 것이다.) 중의 하나가 될 수 있다고 생각한다.('행복의 극대화'라는 원칙은 반대로 자비로운 절대독재를 만들기 쉬운 것처럼 보인다.) 우리는 도덕적 관점에서 고통과 행복이 대칭적으로 다루어져서는 안 된다는 것을 깨달아야 한다. 다시 말하자면, 행복의 증진은 고통받는 자들과 고통을 제거하려는 시도를 도우려는 것보다 언제나 덜 절박하다. (후자는 '취향의 문제'와 거의 관련이 없고, 전자는 관련이 많다.) 9장 주 2 역시 참조하시오.

(3) 전제정치에 반대하는 투쟁. 다른 말로 하자면, 권력을 가진 자비로운 인간에 의하기보다, 입법의 제도적 수단을 통해서 다른 원칙들을 지키려는 시도.(7장의 II절 참조.)

7. 버넷의 『그리스 철학』, 1권, 117을 참조하시오. 본 문단에서 언급된 프로타고라스의 교설은 플라톤의 대화편 『프로타고라스』, 322a 이하에서 찾을 수 있다. 『테아이테토스』, 특히 172b를 참조하시오.(본 장 주 27 역시 참조.)

플라톤주의와 프로타고라스주의의 차이는 간단히 다음과 같이 말할 수 있다.

플라톤주의 : 세계에는 본래부터 '자연적'인 정의의 질서, 즉 자연을 창조한 원초적인 혹은 최초의 질서가 존재한다. 그래서 과거는 좋으며, 새로운 규범을 향한 어떠한 발전도 나쁘다.

프로타고라스주의 : 인간은 이 세계 속의 도덕적 존재이다. 자연은 도덕적이지도 비도덕적이지도 않다. 그래서 인간이 물질을 진보시키는 것은 가능하다. 프로타고라스는 크세노파네스의 영향을 받은 것 같다. 크세노파네스는 열린사회의 태도를 최초로 언급했고, 헤시오도스의 역사주의적 비판주의를 최초로 비판했던 인물이다. "태초에 신들은 인간에게 인간이 원하

고 있었던 모든 것들을 보여주지 않았다. 그러나 시간의 과정 속에서 인간은 더 나은 것을 찾을 수 있으며, 그것을 찾는다."(D^5, 18 참조.) 플라톤의 조카이자 계승자인 스페우시포스는 이 진보적 관점으로 돌아왔고(아리스토텔레스의 『형이상학』, 1072b30과 2권 1장 주 11 참조.), 아카데메이아는 그와 함께 정치학 분야에서 역시 좀 더 자유주의적인 태도를 채택했던 것처럼 보인다.

종교적 교의에 대해 프로타고라스의 교설이 갖는 관계에 대해서는, 그는 신이 인간을 통해서 일한다는 것을 믿었다고 말할 수 있다. 나는 이 입장이 어떻게 기독교의 그것과 대조가 되는지를 알지 못한다. 예를 들어서 바르트 Karl Barth의 주장(『신경 Credo』, 1936, 188쪽) "성서는 인간적 문서이다."(즉 인간이 신의 도구이다.)를 비교하시오.

8. 윤리학의 자율에 대한 소크라테스의 변호(자연의 문제는 문제가 되지 않는다는 그의 주장과 밀접히 관련하여)는 특히 '덕스러운' 개인의 자기충족성 혹은 자족성 교설에서 표현된다. 이 주장이 플라톤의 개인에 대한 관점과 강하게 대조된다는 것은 나중에 보여질 것이다. 특히 본 장 주 25와 다음 장의 주 36과 본문을 참조하시오.(10장 주 56 역시 참조.)

9. 예를 들어서 우리는, 제도들이 어떻게 '사람들이 임무를 맡는가' 하는 문제와 독립적으로, 그것들을 구성할 수 없다. 이런 문제들에 대해서는, 7장(주 7~8, 22~23에 대한 본문)과 특히 9장을 참조하시오.

10. 핀다로스의 자연주의에 관한 플라톤의 논의에 대해서는, 『고르기아스』 484b, 488b, 『법률』 690b(본 장 아래에 인용된 주 28 참조.), 714e/715a를 특히 참조하시오. 890a/b 역시 참조하시오.(애덤의 『국가』, 359c20에 대한 주 역시 참조하시오.)

11. 안티폰은 파르메니데스와 플라톤과 관련하여 내가 위에서 '기만적 의견'이라고 번역했던 용어를 사용한다.(3장 주 15 참조.) 그리고 나와 마찬가지로 그것을 '진리'에 대조시킨다. 베이커 Baker의 번역, 『그리스 정치론 Greek Political Theory』, 1권, 『플라톤과 그의 선행자들 Plato and His Predecessors』(1918), 83을 역시 참조하시오.

12. 안티폰의 『진리에 관하여』를 참조하시오. 베이커의 앞의 책, 83~85를 참조하시오. 다음 주의 (2) 역시 참조하시오.

13. 히피아스는 플라톤의 『프로타고라스』, 337e에 인용되어 있다. 다음의 네 인용구에 대해서는, (1) 에우리피데스 『이온 *Ion*』 854 이하, (2) 그의 『포에니사이 *Phoenissae*』 538, 곰페르츠의 『그리스 사상가들』(독일어판, 1권, 325), 베이커의 앞의 책 75, 그리고 『국가』 568a~d의 에우리피데스에 대한 플라톤의 가혹한 공격 역시 참조하시오. 그리고 (3) 『아리스토텔레스의 수사학에 대한 설명 *Schol. to Aristoteles's Rhet.*』, I, 13, 1373b18의 알키다마스. (4) 아리스토텔레스의 『단편들 *Fragm.*』, 91(Rose)에 있는 리코프론.(유사-플루타르코스, 『*De Nobil*』., 18.2 역시 참조하시오.) 노예제도에 대한 아테네인들의 저항운동에 대해서는 4장 주 18의 본문과, 같은 장주 29를(그 이상의 인용들과 함께) 참조하시오. 10장 주 18과 부록 III(비판에 대한 답변), 특히 B절 이하를 참조하시오.

(1) 대부분의 플라톤주의자들이 이 인류평등주의 운동에 대해 어떤 동정심도 보여주지 않는다는 것은 눈여겨볼 만하다. 예를 들어서, 베이커는 이것을 '일반적 인습타파'라는 제목하에서 논의한다. 앞의 책, 75를 참조하시오.(6장 주 3의 본문에서 인용된 필드의 『플라톤』에서 가져온 두 번째 인용구 역시 참조.) 이 동정심의 결핍은 의심의 여지 없이 플라톤의 영향 때문이다.

(2) 본문과 다음 문단에서 언급된 플라톤과 아리스토텔레스의 반평등주의에 대해서는, 특히 8장 주 49(와 본문), 2권 1장 주 3~4(그리고 본문)를 참조하시오.

이 반평등주의와 그것의 파괴적인 효과는 타른의 탁월한 논문 「알렉산드로스 대왕과 인류의 통일 *Alexander the Great and the Unity of Mankind*」(*Proc. of the British Acad.* XIX, 1933, 123쪽 이하)에서 명확하게 기술되었다. 타른은 기원전 5세기에 "그리스인과 야만인 간의 매우 엄격한 구별보다 더 나은 어떤 것을 성취하기 위한 운동이 존재했다는 것을 인정한다. 하지만 이것은 역사에서 중요성을 가지지 못했다. 왜냐하면 그런 부류의 어떤 것이라도 관념론적 철학들에 의해 묵살되었기 때문이다. 플라톤과 아리스토텔레스는 그들의 관점에 어떠한 의심도 하지 않았다. 플라톤은 모든 야만인들은 본래적으로 적이라고 했다. 그들에게 전쟁을 수행하는 것과, 심지어 그들을……노예로 만드는 것도 정당하다. 아리스토텔레스는 모든 야만인들은 본래적으로 노예들이라고 했다……."라고 말한다.(124쪽, 강조는 내가 만든 것이다.) 나는 관념주의 철학자들, 즉 플라톤과 아리스토텔레스의 해로운 반인도주의적 영향에 대한 타른의 평가에 충분히 동의한다. 나는 인류평등주의, 즉 인류의 단일성이라는 사상의 엄청난 중요성에 대한 타른의 강조에도 동의한다.(앞의 책, 147쪽 참조.) 내가 충분히 동의하지 못하는 주요 부분은 기원전 5세기 평등지상주의 운동과 초기 견유학파에 대한 타른의 평가이다. 그가 이 역사적 운동들이 알렉산드로스의 그것과 비교해서 약한 것이라고 주장하는 것은 맞을 수도 틀릴 수도 있다. 그러나 나는 그가 만약 세계동포주의와 반노예제도 운동 간의 유사 구조만을 철저히 추적했더라면 그는 이 운동들을 더 높게 평가했었을 것이라고 생각한다. 그리스인 대 야만인, 자유인 대 노예 관계 사이의 유사 구조는 여기에 인용된 타른의 구절에서 명확하게 보여진다. 그리고 만약 우리가 노예제도에 대항하는 이 운동의 부정할 수 없는 힘을 고려한다면(특히 4장의 주 18을 참조.) 그리스인과 야만인 간의 구별에 대항하는, 산재해 있는 언급들은 더 중요성을 얻게 된다. 아리스토텔레스의 『정치학』, III, 5, 7(1278a), IV(VI), 4, 16(1319b), 그리고 III, 2, 2(1275b)를 참조하시오. 8장 주 48과 그 주 마지막에 있는 바디안E. Badian에 대한 인용을 참조하시오.

14. "금수로 돌아가자."라는 주제에 대해서는, 10장 주 71과 본문을 참조하시오.

15. 소크라테스의 영혼론에 대해서는, 10장 주 44의 본문을 참조하시오.

16. 인류평등주의적인 의미에서 '자연적 권리'라는 용어는 스토아학파를 통해서 로마로 들어왔고(고려할 만한 안티스테네스의 영향이 있었다. 8장 주 48 참조.) 로마법에 의해 대중화되었다.(*Institutiones*, II, 1, 2. I, 2, 2

참조.) 이것은 또한 토마스 아퀴나스에 의해서도 사용되었다.(*Summa*, II, 91, 2) 근대 토마스주의자들이 '자연적 권리' 대신 '자연적 법'이라는 용어를 혼란스럽게 사용한 것은, 그들이 인류평등주의에 대해 별로 강조하지 않은 것과 더불어 유감스럽게 생각된다.

17. 처음에 규범을 자연적인 것으로 해석하려는 시도를 야기했던 일원론적 경향이 최근에는 그 반대로 자연법을 인습적인 것으로 해석하는 시도를 이끌어냈다. 협약주의의 이 (물리적) 유형은 푸앵카레 Poincaré에 의해서, 정의(定義)란 언어적 특성이나 협약적 특성을 갖는다는 인식에 기초하게 된다. 푸앵카레와 더불어 좀 더 최근에는 에딩턴 Eddington이 우리는 자연적 실재들을 그것들이 복종하는 법칙에 의해 정의한다는 점을 지적했다. 이것으로부터 다음과 같은 결론이 도출된다. 즉 이 법칙, 곧 자연의 법칙이란 정의, 즉 언어적 협약이다. (『자연 *Nature*』, 148 (1941), 141에 있는 에딩턴의 편지를 참조하시오.) "(물리적 이론의) 요소들은……그것들이 복종하는 법칙에 의해서만……정의될 수 있다. 그래서 우리는 순수한 형식적 체계에서 우리 자신의 꼬리를 쫓고 있는 우리 자신을 발견할 수 있다." 협약주의의 이 형식에 대한 분석과 비판은 나의 『과학적 발견의 논리』 78쪽 이하에서 찾을 수 있다.

18. (1) 내가 믿기로는 우리가 책임을 공유할 수 있는 논증들 혹은 이론들을 얻고자 하는 희망은 '과학적' 윤리학의 기초적인 동기들 중 하나이다. '과학적' 윤리학은 확실히 불모지 속에서 생겨난 가장 놀라운 사회현상들 중의 하나이다. 이것은 무엇을 목적으로 하는가? 그것은 우리가 무엇을 해야 하는지에 대해서, 즉 과학적 기초에 의한 규범의 법전을 구성하는 것, 그래서 우리가 만약 어려운 도덕적 결정에 직면한다면 우리는 단지 그 법전의 차례만 찾아보면 되도록 하자는 것인가? 이것은 분명히 부조리하다. 그것이 달성될 수 있는지 아닌지와는 별도로, 그것은 모든 사람의 개인적 책임을 소멸시킬 것이며 그래서 모든 윤리학을 파괴시킬 것이다. 혹은 그것은 도덕적 판단의 참과 거짓, 즉 '좋음'이나 '나쁨'과 같은 어떤 용어들을 포함하는 판단들에 대한 과학적 기준을 제공해 줄 수 있을 것인

가? 그러나 도덕적 판단들이란 절대적으로 연관이 없음이 분명하다. 오로지 험담꾼만이 사람들을 판단하는 것과 그들의 행동에 관심을 가진다. '남을 심판하지 않음'은 우리들 중 몇몇에게는 인도주의적 윤리학의 근본적이면서도 거의 인정되지 못하는 법칙들 중의 하나로 보인다.(우리는 범죄자가 재범을 하지 않도록 하기 위해 그를 무장해제시키고, 수감시켜야 할 것이다. 그러나 너무 많은 도덕적 판단과 특히 도덕적 분개는 항상 위선과 형식주의를 나타낼 뿐이다.) 그러므로 도덕적 판단의 윤리학은 부적절한 일일 뿐만 아니라 실제로 비도덕적인 일이다. 도덕적 문제의 가장 중요한 것은, 물론 우리가 지적 예견을 가지고 행동할 수 있다는 사실에 의존해 있으며, 그래서 우리는 우리의 목적이 어떠해야 하는지, 즉 우리가 어떻게 행동해야 하는지를 물을 수 있다는 사실에 의존해 있다.

우리가 어떻게 행동해야 하는가의 문제를 다룬 거의 모든 도덕철학자들은(가능하면 칸트를 제외하고) '인간 본성'에 대한 언급(심지어 칸트도 인간 이성을 언급할 때 그랬듯이) 혹은 '좋음'의 본질에 관한 언급을 통해 그 문제에 답하려 했다. 이런 방법들 중 전자는 우리를 혼란에 빠뜨린다. 왜냐하면 우리에게 가능한 모든 행동들은 '인간 본성' 위에서 성립하는 것이며, 그래서 도덕의 문제는 우리가 인간 본성의 어느 요소들을 성장시키고 발전시키며, 어떤 측면들을 억제하고 제어해야 하는가에 대한 물음 위에 놓이는 것이기 때문이다. 그러나 두 번째 방법 역시 우리를 혼란에 빠뜨리는데, 다음과 같은 문장 형식 '좋음은 이러이러한 것이다.'(혹은 '이러이러한 것은 좋은 것이다.')에서 '좋음'의 분석이 주어진다면, 우리는 항상 다음을 질문해야 한다. 그것은 무엇에 관한 것인가? 왜 그것은 나와 관계가 있는가? '좋음'이라는 단어가 오직 윤리적 의미에서, 즉 '나는 어떤 것을 해야 하는가?'라는 것을 의미하는 데만 사용된다면, 나는 'X가 좋다.'는 정보로부터 나는 'X를 해야 한다.'는 결론을 도출해 낼 수 있다. 다른 말로 하자면, '좋음'이라는 단어가 윤리적인 중요성을 정말로 가지고 있다면, '나는(혹은 우리는) 어떤 것을 해야만 하는가?(혹은 촉진시켜야 하는가?)'로 정의되어야만 한다. 그러나 그렇게 정의된다면, 그것의 전체 의미는 정의

하는 구절에 의해 다 드러날 것이며, 그리고 모든 상황 속에서 그것은 이 구절로 교체될 수 있을 것이다. 즉 '좋음'이라는 용어의 두입은 우리의 문제에 실질적으로 공헌할 수 없다.(2권 1장 주 49(3) 역시 참조하시오.)

그러므로 좋음의 정의에 대한 논의나 좋음의 정의 가능성에 대한 모든 논의들은 완전히 쓸모가 없다. 그것들은 단지 '과학적' 윤리학이 도덕적 삶의 절박한 문제에서 얼마나 멀리 떨어져 있는지를 보여줄 뿐이다. 그래서 그것들은 '과학적' 윤리학이 도피의 한 형태, 도덕적 삶의 실재로부터의 도피, 즉 우리의 도덕적 책임으로부터의 도피라는 것을 보여준다.(이러한 고찰 속에서, '과학적' 윤리학이 윤리적 자연주의의 형태로서 개인적 책임의 발견이라 불리는 것과 동시에 발생한다는 사실을 발견하는 것은 놀라운 일이 아니다. 10장, 주 27~38, 55~57의 본문에서 열린사회와 위대한 세대에 대해서 논의되는 것을 참조하시오.)

(2) 이와 연관해서는 여기서 논의된 책임으로부터의 도피의 특정한 형태를 참조해 보는 것이 적합할 것이다. 이것은 긴밀하게 연결되어 정신적 자연주의에 의해서뿐만 아니라 헤겔 학파의 법률적 실증주의에 의해서도 특히 잘 드러난다. 이 문제가 여전히 중요하다는 것은 탁월한 저자 캐틀린 Catlin이 이런 중요한 점(다른 많은 사항들도 마찬가지로)에서 여전히 헤겔에 의존해 있다는 사실로부터 알 수 있다. 그리고 나의 분석은 자연주의를 찬성하고 자연적 법칙과 규범적 법칙 간의 구별에 반대하는 캐틀린의 논증에 대해 비판을 가하는 형태를 취할 것이다.(G. E. G. 캐틀린, 『정치학 원리에 대한 연구 A Study of the Principles of Politics』, 1930, 96~99쪽 이하를 참조하시오.)

캐틀린은 자연법과 "인간 입법자들이 만든……법" 사이를 명확히 구별하면서 시작한다. 그리고 그는, 만약 자연의 법칙이 규범에 적용이 된다면 "자연의 법칙은 일견 분명히 비과학적으로 나타날 것이다. 왜냐하면 강제를 요구하는 인간의 법과 위반할 수 없는 물리적 법칙을 서로 구별할 수 없을 것같이 보이기 때문이다."라는 구절을 받아들인다. 그러나 그는 단지 그것이 그렇게 나타난다는 것을 보여주고자 하며, '자연의 법칙'이라는 용어를 사용하는 이러한 방식에 대한 '우리의 비판'이 '너무 성급하다'는 것을 보여주려고 한다. 그리고 그는 계속해서 정신적 자연주의에 대한 명확한 진술, 즉 '자연에 따르는' '건전한 법'과 다른 법 사이의 구별에 이른다. "건전한 법은 인간적 경향의 정식화를 포함한다. 혹은 간단히 말해서 정치학에 의해 '발견'되어야만 하는 '자연적' 법칙의 모사품이다. 건전한 법은 이런 의미에서 단연코 '발견'되는 것이지 만들어지는 것이 아니다."(내가 '사회학적 법칙'이라고 부르는 것에 대해서는, 본 장 주 8을 참조하시오.) 그리고 그는 법률제도가 점점 더 합리적으로 되는 한, 그것의 규칙들은 "작위적인 성질을 띠지 않게 되고 기초적인 사회적 법칙으로부터의 단순한 연역이 된다."(즉 내가 '사회학적 법칙'이라고 불러야 하는 것으로부터)고 주장하면서 결론짓는다.

(3) 이것은 정신적 자연주의의 매우 강한 진술이다. 그것에 대한 비판은 캐틀린이 그의 교설을 사회공학 이론과 결합시켰기 때문에 좀 더 중요하다. 사회공학이란 아마도 처음 보기에는 여기서 옹호되었던 것과 유사해 보인다.(3장 주 9의 본문과 9장 주 1~3과 8~11의 본문을 참조하시오.) 그것을 논하기 전에, 나는 내가 왜 캐틀린의 관점이 헤겔의 실증주의에 의존해 있다고 보는지를 설명하겠다. 캐틀린이 그의 자연주의를 '건전한' 법과 다른 법을 구별하기 위해 사용하기 때문에, 즉 다른 말로 하자면 그것을 '정의로운' 법과 '부정의한' 법 사이를 구별하기 위해 사용하기 때문에 설명이 필요하다. 이 구별은 명확하게 실증주의적이지 않은 것처럼 보인다. 즉 존재하는 법을 정의의 유일한 표준으로서 인식하지는 않는다. 그럼에도 불구하고 나는 캐틀린의 견해가 상당히 실증주의에 가깝다고 믿는다. 그 이유는 그가 오직 '건전한' 법만이 효과적일 수 있고, 그리고 헤겔적 의미로 '존재하는' 한에서만 그렇다고 믿기 때문이다. 캐틀린은 우리의 법전이 '건전하지' 않을 때, 즉 인간 본성의 법칙과 일치하지 않을 때 "우리의 법규는 종이에 불과하다."고 말한다. 이 진술은 가장 순수한 실증주의이다. 왜냐하면 이것은 우리가 어떤 법전이 단지 '종이'가 아니라 성공적으로 강제된다는 사실로부터 그것은 '건전하다'는 것을 연역할 수 있도록 해주기

때문이다. 혹은 다른 말로 하자면 단지 종이로 판명되지 않는 모든 법령들은 인간 본성의 모사이며 그래서 정의롭다는 것을 연역할 수 있도록 해주기 때문이다.

(4) 나는 이제 캐틀린이 (a) 파괴될 수 없는 자연의 법과 (b) 인간이 만든 규범적 법, 즉 재가에 의해 집행되는 법 사이의 구별, 즉 그 자신이 처음에 매우 명확하게 만들었던 구별에 반대해서 제안한 논증에 대해 간단한 비판들을 계속하겠다. 캐틀린의 주장은 이중적이다. 그는 (a¹) 자연의 법칙 역시 어떤 의미에서는 사람이 만든 것이고, 어떤 의미에서 그것들은 파괴될 수 있고, (b¹) 어떤 의미에서 규범적 법은 파괴될 수 없다고 말한다. 나는 (a¹) "물리학자의 자연법칙은 세계는 원래부터 합리적이고 규칙적이기 때문에 인간에 의해 덧붙여졌건 혹은 정당화되었건 간에 단순한 사실들이 아니라 물리적 세계에 대한 합리화이다."라고 캐틀린이 적은 것에서부터 시작하려고 한다. 그리고 그는 '새로운 사실'이 법칙을 고치도록 우리에게 강요할 때에, 자연의 법칙은 '파기될 수 있음'을 보여주고자 한다. 이 주장에 대한 나의 응답은 다음과 같다. 자연의 법칙에 대한 정식화로서 의도된 진술은 확실히 사람이 만든 것이다. 우리는 어떤 불변하는 규칙성이 존재한다는 가정을 만들 수 있다. 즉 우리는 자연의 법칙이라는 진술의 도움으로 이 가정된 규칙성을 묘사할 수 있다. 그러나 우리는 과학자로서 우리가 틀렸었다는 것을 자연으로부터 배울 각오가 되어 있다. 그리고 우리의 가정과 모순되는 새로운 사실이 우리가 가정했던 법칙이 파기되었기 때문에 그것은 법칙이 아니라는 것을 보여준다면, 우리는 법칙을 고칠 각오가 되어 있다. 다른 말로 하자면, 자연이 무효화시키는 것을 받아들임으로써, 과학자는 그가 가설이 반증되지 않는 한에서 그것을 받아들인다는 것을 보여줄 수 있다. 이것은 다음과 같이 말하는 것과 같다. 즉 그는 그의 규칙이 자연의 법칙을 정식화하지 않았다는 증명으로서 그의 규칙의 파기를 받아들이기 때문에, 자연법칙을 파기될 수 없는 규칙으로 간주한다. 더 나아가 인간이 가설을 만들었다 하더라도 우리는 그것이 반증되는 것을 막을 수는 없다. 이것은 우리가 가설을 창조할 수는 있지만

가설이 기술하고자 하는 규칙성을 창조하지는 못했음을 보여준다.(비록 우리가 문제들의 새로운 집합을 창조했고 새로운 관찰과 해석을 제안했음에도 불구하고.) (b¹) 캐틀린은 "범죄자가 성문법이 '너는 할 수 없다.'를 말하지 않고, '너는 하지 말아야 한다거나 혹은 이 벌이 너에게 부과될 것이다.'를 말하는⋯⋯금지된 행동을 할 때, 그가 법을 '위반한다'는 것은 사실이 아니다."라고 말한다. 계속해서 그는 "명령은 위반될 수도 있지만, 그러나 매우 현실적인 의미에서 그것은 벌이 부과되지 않을 때만 위반될 수 있다.⋯⋯법칙이 완벽하고 그것의 재가가 집행되는 한에서⋯⋯그것은 물리적 법칙에 접근한다."라고 말한다. 이것에 대한 대답은 간단하다. 우리가 법칙의 '위반'을 말하는 그 어떤 의미에서라도 사법적 법은 위반될 수 있다. 어떠한 언어적 수정도 이 사실을 바꿀 수 없다. 범죄자는 법을 '위반'할 수 없고, 단지 범죄자가 법에 의해 규정된 벌을 받지 않을 때에만 법률을 '위반한다'는 캐틀린의 입장을 받아들여 보자. 그러나 이러한 관점에서조차도 법칙은 위반될 수 있다. 예를 들어서, 범죄자 처벌을 거부하는 국가관리에 의해서이다. 모든 재가가 실제로 집행되는 어느 국가에서도 관리는 그가 선택한다면 집행을 거부할 수 있고, 그래서 캐틀린의 의미에서 법칙을 '위반'할 수 있다.(그들이 그 때문에 일반적 의미에서의 법을 '위반'하는 것, 즉 그들이 범죄자가 되는 것과 그들이 궁극적으로 처벌받을 수 있다는 것은 약간 다른 문제이다.) 다른 말로 하자면, 규범적 법은 항상 인간에 의해 그리고 재가에 의해 강제되는 것이고, 따라서 근본적으로 가설과 다르다. 우리는 법으로 살인 금지, 혹은 친절한 행동, 혹은 허위나 참, 정의와 부정의를 강제할 수 있다. 그러나 우리는 태양에게 그 진로를 바꾸도록 강요할 수는 없다. 어떠한 논증도 이 틈을 메울 수 없다.

19. '행복과 불행의 본성'은 『테아이테토스』, 175c에 언급되어 있다. '본성'과 '형상'이나 '이데아' 사이의 긴밀한 관계에 대해서는, 특히 플라톤이 처음 침대의 형상 혹은 이데아를 논의했고, 그것을 "본래 존재하고 신에 의해 만들어진 침대"(597b)로 언급하는 『국가』, 597a~d를 참조하시오. 그리고 거기서, 그는 '인공적인 것'(혹은 '모사물'인 '가공된 것')과 '참된

것' 간의 상응하는 구별을 제안한다.『국가』, 597b10에 대한 애덤의 주(버넷에게서 인용한 구절과 함께)와 476b13, 501b9, 525c15를 참조하시오. 그리고 『테아이테토스』, 174b(그리고 콘퍼드의 『플라톤의 지식론』에 있는 85쪽의 주 1)를 참조하시오. 아리스토텔레스의 『형이상학』, 1015a14 역시 참조하시오.

20. 예술에 대한 플라톤의 공격에 대해서는,『국가』의 마지막 권과 특히 4장 주 39에서 언급된 『국가』, 600a~605b를 참조하시오.

21. 본 장의 주 11, 12, 13, 그리고 본문을 참조하시오. 플라톤이 최소한 부분적으로는 안티폰의 자연주의적 이론에 동의하고 있다는(물론 그가 안티폰의 인류평등주의에는 동의하지 않지만) 나의 주장은 많은 사람들에게, 특히 앞에 인용된 베이커 책의 독자들에게는 이상하게 보일 것이다. 그리고 주요한 의견 불일치는 이론적인 것이 아니라 오히려 도덕적 실천에 관한 것이며, 인류평등주의의 실천적 주제가 관계되는 한에서 안티폰은 도덕적으로 옳고 플라톤은 그렇지 않았다는 것을 듣게 된다면, 그들은 더욱 놀랄 것이다.(자연은 진실하고 옳다는 안티폰의 원칙에 대한 플라톤의 동의에 대해서는, 본 장 주 23, 28, 30의 본문을 참조하시오.)

22. 이 인용구들은 『소피스테스』, 266b, 265e에서 가져온 것이다. 그러나 그 구절은 아마도 안티폰이 주장한 것과 같은, 자연주의의 물리주의적 해석으로서 묘사될 수 있는 것에 대한 비판(265c)도 포함하고 있다.(본 장 주 23, 30에서 인용된 『법률』과 비슷하게.) 나는 "자연은……지성(知性) 없이도 생성한다……라는 신념"을 말하고 있다.

23.『법률』, 892a, c를 참조하시오. 이데아와 영혼의 근친성에 대한 주장에 대해서는, 3장 주 15(8) 역시 참조하시오. '본성'과 '영혼'의 근친성에 대해서는, 아리스토텔레스의 『형이상학』, 1015a14가 인용된 『법률』과 896d/e, "영혼은 모든 움직이는 사물에 거주한다……."를 참조하시오.

'본성'과 '영혼'이 확실히 동의어로 사용되고 있는 다음 구절을 특히 비교하시오.『국가』, 485a/b, 485e/486a와 d, 486b('본성'), 486b와 d('영혼'), 490e/491a(둘 다), 491b(둘 다), 그리고 다른 여러 곳들.(370a6에 대한 애덤의 주 역시 참조.) 그 근친성은 490b(10)에서 직접적으로 진술된다. '본성'과 '영혼'과 '혈통'에 대한 근친성에 대해서는, 비슷한 구절에서 발견되는 '철학적 본성' 혹은 '영혼'이 '철학자 혈통'으로 교체되는 501e를 참조하시오.

'영혼'이나 '본성' 그리고 사회적 계급이나 카스트 제도 사이의 근친성 또한 있다. 예를 들어서, 『국가』 435b를 참조하시오. 카스트 제도와 혈통 간의 관계는 근본적이다. 왜냐하면 태초부터(415a) 카스트 제도는 혈통과 동일시되었기 때문이다.

'자연'은 '재능' 혹은 '영혼의 상태'라는 의미로 『법률』, 648b, 650b, 655e, 710b, 766a, 875c에서 사용된다. 예술에 대한 자연의 우선성과 우월성은 『법률』, 889a 이하에 진술되어 있다. '옳은' 혹은 '진실한'이라는 의미에서의 '자연적'에 대해서는, 686d와 818e를 각각 참조하시오.

24. 4장 주 32(1), (a), (c)에 인용된 구절들을 참조하시오.

25. 소크라테스적 자급자족론은 『국가』, 387d/e에 언급되어 있다.(『변론』, 41c 이하와 『국가』, 387d25에 대한 애덤의 주를 참조하시오.) 이것은 소크라테스적 가르침을 회상시키는 몇 안 되는, 흩어져 있는 구절들 중의 하나일 뿐이다. 그러나 이것은 본문에서 설명되었듯이(6장 주 36과 본문 역시 참조.) 『국가』에 있는 주요 주장과 직접적인 모순 관계에 있다. 이것은 369c 이하에서 인용된 구절과, 그리고 매우 유사한 구절들을 대조해 봄으로써 드러난다.

26. 예를 들어서, 4장 주 29의 본문에 있는 구절을 참조하시오. '드물고 비범한 본성'에 대해서는, 『국가』, 491a/b와 많은 다른 구절들, 예를 들자면 『티마이오스』, 51e의 "이성은 신들과 매우 적은 사람들에 의해서만 공유된다."를 참조하시오. '사회적 거주지'에 대해서는 491d를 참조하시오.(2권 13장 역시 참조.)

플라톤(그리고 아리스토텔레스. 특히 2권 1장 주 4와 본문을 참조.)은 손으로 하는 작업을 창피스러운 것으로 주장한 반면, 소크라테스는 매우 다른 입장을 취한 것처럼 보인다.(크세노폰, 『기억할 만한 일들 Memorabilia』,

2권 7, 7~10, 크세노폰의 이야기는 어느 정도 안티스테네스와 디오게네스의 수작업에 대한 태도에 의해 확증된다. 10장 주 56 역시 참조하시오.)

27. 특히『테아이테토스』, 172b를 참조하시오.(『플라톤의 지식론』에 있는 이 구절에 대한 콘퍼드의 주석 역시 참조하시오.) 본 장 주 7 역시 참조하시오. 플라톤의 가르침에서 협약주의의 요소들은 여전히 프로타고라스의 저작들을 소유하고 있는 몇몇 사람들이 왜『국가』가 이 저작들과 비슷하다고 말하는지를 설명해 줄 것이다.(디오게네스 라에르티오스, III, 37.) 리코프론의 계약이론에 대해서는, 6장 주 43~54(특히 주 46)와 본문을 참조하시오.

28.『법률』, 690b/c를 참조하시오. 본 장 주 10을 참조하시오. 플라톤은 핀다로스의 자연주의를『고르기아스』, 484b, 488b,『법률』, 714c, 890a에서 역시 언급하고 있다. 한편으로는 '외부적 강제'와 다른 편으로는 (a) '자유 행동', (b) '본성' 사이의 대립에 대해서는,『국가』, 603c와『티마이오스』, 64d를 참조하시오.(본 장 주 30에 인용된『국가』, 466c~d 역시 참조.)

29.『국가』, 369b~c를 참조하시오. 이것은 계약이론의 부분이다. 다음 인용구, 즉 최선국가에서의 자연주의적 원칙에 대한 최초의 진술은 370a/b~c이다.(자연주의는 글라우콘에 의해서『국가』, 358e 이하에서 언급되었지만, 이것은 물론 플라톤의 독자적인 자연주의론이 아니다.)

(1) 노동의 구별에 대한 자연주의적 원칙의 더욱 높은 발전과 플라톤 정의론에서 이 원칙에 의해 움직여지는 부분에 대해서는, 특히 6장 주 6, 23, 40의 본문을 참조하시오.

(2) 자연주의적 원칙에 대한 근대의 급진적 개작(改作)에 대해서는, 마르크스의 공산주의 사회에 대한 공식(루이 블랑 Louis Blanc이 채택한)을 참조하시오. "각자의 능력에 따라, 각자의 필요에 따라!"(예를 들어서, 번스의『마르크스 안내서』, 1935, 752쪽, 그리고 2권 3장 주 8, 그리고 2권 3장 주 3과 2권 14장 주 48과 본문을 참조하시오.)

이 '공산주의 원칙'의 역사적 근원에 대해서는, 플라톤의 준칙 "친구들은 그들이 소유하는 모든 것을 공유한다."를 참조하고(6장 주 36과 본문을 참조하시오. 플라톤의 공산주의에 대해서는 6장 주 34와 4장 주 30과 본문을 역시 참조하시오.), 그 구절들을 「사도행전」의 "믿는 사람이 모두 협력하고, 모든 물건을 서로 공유하고……각 사람의 필요를 따라 그것을 나눠주고"(2장 44~45절)와 "그들 중에 결핍한 사람이 없으니 이는……저희가 각 사람의 필요를 따라 나눠줌이다."(4장 34~35절)와 비교하시오.

30. 주 23과 본문을 참조하시오. 본 분단의 인용구들은 모두 『법률』에서 가져온 것이다. (1) 889, a~d(『테아이테토스』, 172b에 있는 매우 유사한 구절 참조.) (2) 896c~e (3) 890e/891a.

본문의 다음 문단에 대해서는(즉 플라톤의 자연주의는 실천적 문제를 해결할 수 없다는 나의 주장에 대해서) 뒤에서 설명될 것이다. 수많은 자연주의자들은 남자와 여자가 육체적으로나 정신적으로나 '본래' 다르고, 그래서 그들은 사회적 삶에서 다른 기능을 수행해야 한다고 주장해 왔다. 그러나 플라톤은 동일한 자연주의적 주장을 그 반대를 증명하기 위해 사용한다. 왜냐하면 그는 암캐, 수캐 둘 다 사냥뿐만 아니라 감시에도 쓸모 있지 않은가라고 주장하기 때문이다. 그는 이렇게 적고 있다.(『국가』 466c~d) "자네는 개들이 그러한 것같이 여자들도……사냥뿐만 아니라 수호에도 참여해야만 하고……그렇게 함으로써 그들은 가장 바람직한 태도가 본성과 어긋나지 않고, 오히려 성별의 자연적 관계와 조화하기 때문에 가장 바람직한 태도를 행할 것이라는 데 동의하는가?"(본 장 주 28의 본문 역시 참조하시오. 이상적 수호자로서의 개에 대해서는 4장 특히 주 32(2)와 본문을 참조하시오.)

31. 국가의 생물학적 이론에 대한 짧은 비판은 10장과 본문을 참조하시오. *이론의 동양적 기원에 대해서는, 아이슬러의 『역사적 종합에 대한 비평 Revue de Synthèse Historique』, 41권, 15쪽을 참조하시오. *

32. 플라톤의 영혼에 대한 정치적 이론의 몇몇 적용과, 그것으로부터 나온 몇몇 추론에 대해서는, 10장 주 58~59와 본문을 참조하시오. 도시와 개인 간의 근본적인 방법론적 유비에 관해서는, 특히 『국가』, 368e, 445c, 577c를 참조하시오. 인간 개체 혹은 인간 생리학에 대한 알크마이온의 정

치적 이론에 관해서는, 6장 주 13을 참조하시오.

33. 『국가』, 423, b와 d를 참조하시오.

34. 다음의 주에 나오는 것뿐만 아니라 여기서의 인용구 역시 그로트의 『플라톤, 그리고 소크라테스의 다른 동료들』(1875), III권, 124에서 가져온 것이다. 『국가』의 핵심 구절은 439c 이하(레온티우스의 이야기), 571c 이하(야만적 부분과 이성적 부분), 588c(묵시적 괴물, 「요한계시록」 13, 17, 18에서 플라톤의 숫자를 소유하고 있는 '짐승'을 참조.), 603d와 604b(자진해서 전쟁에 나간 남자)이다. 『법률』, 689a~b와 10장 주 58~59 역시 참조하시오.

35. 『국가』, 519e 이하를 참조하시오.(8장 주 10 역시 참조하시오.) 다음의 두 구절들은 『법률』, 903c에서 가져온 것이다.(나는 그것들의 순서를 바꾸었다.) 이 두 구절들('pan'과 'holon')에서 언급된 '전체'는 국가가 아니라 세계라고 말할 수 있다. 그러나 이 우주적 전체론의 기본적 경향이 정치적 전체주의라는 것은 의심할 여지가 없다. 『법률』, 903d~e(의사와 장인이 정치가와 연관되어 있는), 그리고 플라톤은 종종 'holon'(특히 복수형으로)을 '세계'뿐만 아니라 '국가'를 의미할 때도 사용했다는 사실을 참조하시오. 더군다나 두 구절 중의 첫 번째 것은(내가 인용한 순서로) 『국가』, 420b~421c의 요약본이고, 두 번째 것은 『국가』, 520b 이하의 요약본이다.("우리는 당신을 당신 자신을 위하여서뿐만 아니라 국가를 위하여 창조하였다.") 더 많은 전체주의와 집단주의에 대한 구절들은 『국가』, 424a, 449e, 462a 이하, 『법률』, 715b, 739c, 875a 이하, 903b, 923b, 942a 이하에 나온다.(6장 주 31/32 역시 참조하시오.) 플라톤이 유기체로서 국가에 대해 말했다는 본문의 언급에 대해서는, 『국가』 462c와, 국가가 인간의 몸과 비교되어 있는 『법률』 964e를 참조하시오.

36. 애덤의 『국가』 번역본, 2권, 303을 참조하시오. 4장 주 3과 본문 역시 참조하시오.

37. 이 점은 애덤에 의해 앞의 책의 주 546a, b7과 288쪽과 307쪽에서 강조되었다. 본 문단의 다음 인용구는 『국가』, 546a이다. 3장 주 26(1)과 8

장 주 33의 본문에서 인용된 『국가』, 485a/b를 참조하시오.

38. 이것이 내가 애덤의 해석으로부터 벗어나야만 하는 핵심 부분이다. 나는 플라톤이 생성되지도 타락하지도 않는 것들에 관심을 가지는(『국가』 485b, 거기에 언급된 마지막 주와 구절을 참조하시오.) 6권과 7권의 철인 통치자가 수학적이고 변증적인 훈련을 통해 순수한 수(數)의 지식을 얻게 되고, 그것을 통해 사회적 쇠퇴와 국가의 부패를 억제하는 수단을 얻게 되는 것을 말하고 있다고 생각한다. 특히 주 39의 본문을 참조하시오.

본 문단에서 잇따르는 인용구, "수호자 종족을 순수하게 유지하며"는 『국가』 460c와 4장 주 34의 본문을 참조하시오. "도시는 이렇게 구성된다." 등은 546a를 참조하시오.

수학, 음향학, 천문학 분야에서의 합리적 지식과, 경험이나 지각을 기반으로 하는 기만적 의견 사이의 플라톤의 구별에 대한 인용은 『국가』, 523a 이하, 525d 이하('계산'이 논의되는 부분. 특히 526a를 참조.), 527d 이하, 529b 이하, 531a 이하(534a와 537d까지 내려가서)에서 가져온 것이다. 509d~511e 역시 참조하시오.

39. *나는 "순수한 합리적 방법을 결여하고 있는"이라는 말들(내가 결코 인용부호 안에 넣은 적이 없는)을 '추가한 것' 때문에 비난받아 왔다. 그러나 『국가』 523a에서 537d까지의 관점에서 보자면, '지각'에 대한 플라톤의 언급은 이러한 대비를 함축하고 있다는 것이 분명해 보인다. * 본 문단의 인용구는 『국가』 546b 이하에서 가져온 것이다. 이 구절 전체에서 '소크라테스'의 입을 빌려 말하고 있는 것이 바로 '뮤즈' 신들이라는 것을 주목하시오.

타락과 수의 이야기에 대한 나의 해석에서, 나는 수의 계산 자체에 대한 어렵고, 결정되지 않으며, 아마 결정될 수 없는 문제는 조심스럽게 피했다.(플라톤이 그 비밀을 모두 드러내지 않기 때문에 그것은 결정할 수 없다.) 나는 내 해석을 수 자체를 묘사하는 구절 바로 앞뒤의 것에 전적으로 제한한다. 나는 이 구절들은 충분히 명확하다고 생각한다. 그럼에도 불구하고 내가 아는 한, 나의 해석은 이전의 시도들에서 벗어난다.

(1) 내가 나의 해석을 근거 지우는 결정적 진술은 (A) 수호자들은 '지각의 도움을 통한 계산'으로 일을 한다는 것이다. 다음으로, (B) 그들은 '좋은 후손을 얻는 데 (올바른 방법을) 우연히 만나지' 않는다, (C) 그들은 '크게 실수하여 틀린 방법으로 아이를 가질 것이다', (D) 그들은 어떤 문제들(즉 수와 같은 문제들)에 대해 '무지'하다는 것들이다.

(A)를 고려할 때, 지각에 대한 언급이 문제의 방법에 대한 비판을 표현하기 위해 의도되었다는 점은 플라톤의 모든 세심한 독자들에게 명확할 것이다. 고찰되고 있는 한 구절(546a 이하)에 대한 관점은 그것이 순수 이성적 지식과 지각에 근거한 의견 사이의 대비가 주요 주제들 중의 하나이고, 특히 '지각'이라는 용어(511c/d 역시 참조.)는 확정적으로 기술적이고 비난적인 의미로 사용되는 반면, '계산'이라는 용어는 합리적 지식과 경험 사이의 대비를 강조하는 상황에서 사용되고 있는 523a~537d(마지막 주의 끝부분 참조.)의 구절들 바로 뒤에 따라 나온다는 사실에 의해 지지된다.(예를 들어서, 이 반대에 대한 플루타르코스의 『마르켈루스의 생애 Life of Marcellus』, 306의 논의에서의 어법 역시 참조하시오.) 그러므로 나는 다음과 같은 의견을 갖는다. 이 의견은 특별히 (B), (C), (D)에 의해서 강화된다. 즉 플라톤의 고찰 (A)는 (a) '지각에 근거한 계산'은 빈약한 방법이며, (b) 더 나은 방법, 이른바 순수 이성적 지식을 낳는 수학과 변증술이 있다는 것을 함축한다. 내가 정교화하려는 점은 사실 너무 평범해서, 애덤이 그것을 놓치지 않았더라면 나는 그것에 대해 이렇게 신경 쓸 필요가 없었다. 546a와 b7에 대한 그의 주에서 애덤은 '계산'을 그들이 허락해야 하는 결혼의 수를 결정하는 통치자의 일에 대한 것으로 해석하고, '지각'을 그들이 '어떤 쌍이 결합해야 하고 어떤 자녀를 길러야 하는지'를 결정하는 도구로 해석한다. 말하자면, 애덤은 플라톤의 언급을 경험적 방법의 약점에 대한 논쟁으로가 아닌 간단한 기술로 이해한다. 따라서 그는 통치자가 '크게 실수한 것'이라는 진술 (C)와 그들은 그들이 경험적 방법을 사용한다는 사실에 '무지'하다는 언급 (D) 모두를 관련지어 생각하지 않는다.(만약 우리가 애덤의 제안을 따른다면 그들은 '우연히' 옳은 방법을 만나

지 않을 것이라는 언급 (B)는 단지 번역 불가능한 것으로 남게 될 것이다.)

구절을 해석할 때, 우리는 8권에 있는 문제의 구절 바로 뒤에서 플라톤이 2권과 4권에 있는 최초의 도시의 문제로 돌아가는 것을 기억해야만 한다.(449a 이하, 543a 이하에 대한 애덤의 주를 참조하시오.) 그러나 이 도시의 수호자들은 수학자도 아니고 변증가도 아니다. 따라서 그들은 7권 525~534에서 매우 강조되는 순수 이성적 방법에 대해 아무것도 모른다. 이것과 연계하여 지각, 즉 경험적 방법의 빈곤에 대한, 그리고 수호자들의 결과적인 무지에 대한 논평을 도입한 것은 의심의 여지가 없다.

통치자들은 '좋은 후손을 얻는 데 (올바른 방법을) 우연히 만나지 않는다. 혹은 전혀 가지지 않는다.'는 진술 (B)는 내 해석에서는 완벽히 명백하다. 통치자들은 단지 경험적 방법만을 마음대로 사용하기 때문에, 만약 그들이 그 결정에서 수학적 혹은 이성적 방법을 필요로 하는 어떤 방법을 알아냈다면, 그것은 단순히 운일 뿐이다. 애덤은 다음의 번역을 제안한다.(546a, b7에 대한 주) 즉 "역시 마찬가지로 그들은 지각과 함께 계산으로 좋은 자식을 얻을 것이다." 그리고 그는 단지 괄호 속에다 "문자 그대로, 우연히 명중하다."를 추가했다. 나는 그가 '우연히 명중하다'에 대한 의미를 살리지 못한 것은 그가 (A)의 함의를 보지 못한 결과라고 생각한다.

여기서 제안된 해석은 (C)와 (D)를 완벽히 이해하도록 해준다. 그리고 수는 '더 좋거나 더 나쁜 탄생을 지배하는 주인'이라는 플라톤의 견해와도 완벽히 들어맞는다. 애덤이 (D), 즉 무지에 대해서는 어떠한 것도 언급하지 않았다는 점은 눈여겨볼 만하다. "수는 혼례의……수가 아니며", 그것은 기술적인 우생학적 의미도 가지고 있지 않다는 그의 주장(546d22에 대한 주)에 대해서는 설명이 필요하지만 말이다.

만약 우리가 수를 포함하고 있는 구절이 우생학적 지식, 혹은 우생학적 지식의 부족에 대한 언급을 포함하는 구절과 붙어서 나온다는 것을 고려해 본다면, 수의 의미가 사실상 기술적이고 우생학적이라는 것은 명백하다고 나는 생각한다. 수 바로 앞에서 (A), (B), (C)가 나오고, 바로 뒤에 신랑과 신부, 그리고 그들의 퇴화한 자녀들에 대한 이야기뿐만 아니라 (D)

가 등장한다. 게다가 수 앞의 (C)와 수 뒤의 (D)는 서로를 언급한다. (C)의 '큰 실수'가 '잘못된 방법으로 아이를 가지다'에 대한 언급과 연결되고, (D)의 '무지'는 정확하게 유사한 언급, 즉 '잘못된 방법으로 신랑과 신부를 결합시킴'과 관련된다.(다음 주 역시 참조하시오.)

따라서 내가 나의 해석을 방어해야만 하는 마지막 요점은 수를 알고 있는 자들은 '더 낫거나 더 안 좋은 탄생'에 대해서 영향력을 행사할 권한을 소유한다는 것이다. 이것은 물론 수는 그 자체로 어떤 힘을 가지고 있다는 플라톤의 진술로부터 나오지는 않는다. 만약 애덤의 해석이 옳다면, 수는 바꿀 수 없는 기간을 결정하게 되는데, 이 기간이 지나면 어쩔 수 없이 타락하도록 설정이 되어 있는 것이다. 그렇기 때문에 수는 탄생을 규제하게 된다. 그러나 나는 우생학적 실수의 일차적 원인으로서 '지각', '큰 실수', 그리고 '무지'를 든 플라톤의 언급은 플라톤 자신이 다음과 같은 것을 의미하고 있지 않다면 무의미하다고 주장한다. 즉 만약 수호자들이 적절히 수학적이고, 순수한 이성적 방법에 대한 충분한 지식을 가지고 있었더라면 큰 실수를 저지르지 않았을 것이라는 의미로 그러한 언급을 하지 않았다면 말이다. 그러나 이것은 수는 기술적인 우생학적 의미를 가지고 있고, 그것의 지식은 퇴화를 억제하는 능력의 핵심이라는 추론을 피할 수 없게 한다.(이 추론은 우리가 미신에 대해 알고 있는 모든 것과 유일하게 양립 가능한 것으로 보인다. 예를 들어서 모든 점성술은 우리의 운명에 대한 지식이 이런 운명에 영향을 미칠 수 있을 것이라는 분명 어느 정도 모순적인 개념을 함축한다.)

비밀스러운 생식의 금기로서의 수에 대한 설명의 거부는 그런 조잡한 생각을 플라톤의 것으로 여기고 싶지 않은 심정에서 나왔다고 나는 생각한다. 아무리 그가 분명하게 그 거부를 표현하고 있을지라도 말이다. 다른 말로 하자면, 그것들은 플라톤을 이상화하려는 경향에서 나온다.

(2) 이와 관련해서, 나는 A. E. 테일러의 논문 「국가 8권에 나오는 국가의 쇠망 *The Decline and Fall of The State in Republic* Ⅷ」,(≪마인드≫, N.S. 48, 1939, 23쪽 이하)을 언급해야만 한다. 본 논문에서, 테일러는 애

덤을 공격하고(내 생각에는, 공정하지 못하게) 그에 반대해서 다음과 같이 주장한다. "물론 546b에서 최선국가의 부패는 지배계급이 '적당한 시기를 놓쳐서 아이들을 낳을' 때 시작된다고 분명하게 표현되어 있는 것은 사실이다.……그러나 내 생각에, 이것은 플라톤이 여기서 스스로 생식의 위생 문제를 고려하고 있다는 것을 의미할 필요도 없고 의미하지도 않는다. 핵심적인 생각은 간단한 것이다. 인간이 생산한 모든 것들처럼, 만약 국가가 자신의 붕괴의 씨앗을 그 속에 심는다면, 물론 그것은 조만간 최고 권력을 행사하는 자들이 그들의 선조들보다 점점 더 열등하게 될 것이라는 것을 의미한다."(25쪽 이하) 이제 나에게 이 해석은 플라톤의 아주 명확한 진술의 관점에서 볼 때 이치에 맞지 않아 보일 뿐만 아니라, 플라톤의 글들로부터 인종주의 혹은 미신과 같은 곤란한 요소들을 제거하려는 시도들의 실례로 보인다. 애덤은 수가 우생학적 중요성을 가지고 있는 것을 부인하고, 그것은 '혼인에 관한 수'가 아니라 단순한 우주적 기간이라는 것을 주장하며 시작한다. 테일러는 이제 플라톤이 여기서 '생식의 위생학적 문제'에 관심이 있다는 것에 대해 계속 거부한다. 그러나 플라톤의 구절은 이 문제들에 대한 암시들로 가득 차 있고, 테일러는 스스로 앞쪽(23쪽)에서 수는 "'더 좋은 것과 더 안 좋은 것의 탄생' 이외의 어떤 것에 대한 결정자라는 것은 어디에서도 제안되지 않았다."라는 것을 인정한다. 게다가 문제의 그 구절뿐만 아니라 『국가』 전체가(그리고 『정치가』, 특히 310b, 310e도 비슷하다.) '생식의 위생적 문제'에 대한 강조로 가득 차 있다. 플라톤이 '인간의 창조물'(혹은 테일러가 적었듯 '인간이 만들어낸 것')을 이야기할 때 국가를 의미했고, 플라톤은 국가가 인간 입법자의 창조물이라는 사실을 암시하길 원한다는 테일러의 주장은, 내가 생각하기에 플라톤의 원본에서는 지지될 수 없는 것이다. 전체 구절은 유전하는 감각적 세계의 물질들, 즉 생성되고 쇠퇴하는 것들, 특히 동물뿐만 아니라 식물과 같은 생물들과 인종적 문제들에 대한 언급과 함께 시작한다. 게다가 플라톤이 이런 상황 속에서 강조했다면, '인간이 만든' 것은 열등한 '인공적인' 것을 의미할 것이다. 왜냐하면 실재로부터 '두 번씩이나 옮겨져 닮은 것이기' 때문이다.(본 장 주 20~23의 본문과 『국가』의 10권의 608b 끝까지를 참조하시오.) 플라톤은 결코 누구도 '인간이 만든 것'이라는 구절을 완벽하고 '본질적인' 도시를 의미하는 것으로 해석하리라 생각하지 않았을 것이다. 오히려 그는 그것들이 매우 열등한 어떤 것으로 여겨지리라 생각했을 것이다.(시와 같이. 4장 주 39를 참조하시오.) 테일러가 '인간이 만들어낸 것'이라고 번역한 구절은 보통 '인간의 창조물'로 번역되므로 모든 난점들은 해결된다.

(3) 문제의 구절에 대한 나의 해석이 옳다고 가정한다면, 종족 발생의 중요성에 대한 플라톤의 신념과 통치자 계급의 수가 유지되어야 한다는 그의 반복되는 충고(사회학자 플라톤이 인구증가의 불안정한 결과를 알았음을 보여주는 충고)를 연결 지어 생각해 보라는 제안도 가능할지 모른다. 이 장의 마지막 부분에서 기술된 플라톤의 사유방식(주 45의 본문과 8장의 주 37 참조.) 특히 그가 일인군주, 소수의 명예정치가들을 폭도나 다름없는 대중과 대비시키는 방식은 그에게 수의 증가가 질의 감소와 같다는 신념을 제공했을 수도 있다.(이런 방향의 어떤 것이 실제로 『법률』 710d에 제안되어 있다.) 만약 이런 가설이 옳다면, 인구의 증가가 종족의 쇠퇴와 상호연관되어 있고 혹은 아마도 종종 쇠퇴의 원인이 되기까지 한다는 결론을 그는 쉽게 내렸을 수도 있다. 실제로 인구증가는 초기 그리스 부족 사회의 불안정과 부패의 주요 원인이었기 때문에(10장 주 6, 7, 63과 본문을 참조하시오.) 이 가설은 왜 플라톤이 ('본성'과 '변화'에 대한 그의 일반적 이론을 유지하면서) '진짜' 원인은 종족의 퇴화라고 믿었는지를 설명해 준다.

40. (1) 혹은 '틀린 시간'. 애덤은 우리가 '틀린 시간'이 아니라 '시기가 나쁨'이라고 번역해야 한다고 주장한다.(546d22의 주) 나의 해석은 이 문제와는 관계가 없다. '시기가 나쁨' 혹은 '틀리게' 혹은 '틀린 시간에' 혹은 '예정된 시기를 벗어나는'은 모두 뜻이 맞다.(문제의 구절은 원래 '알맞은 방책에 반하는' 어떤 것을 의미하고, 보통 '틀린 시간에'를 의미한다.)

 *(2) '섞음'과 '혼합'에 관한 플라톤의 언급에 대해서는, 자녀는 부모의

특성들 혹은 '본성들'의 균형 잡힌 혼합이나 융합이며, 그들의 특성들 혹은 본성들 혹은 '덕성들'(체력, 빠르기 등. 혹은 『국가』, 『정치가』, 『법률』에 따르면, 점잖음, 사나움, 용기, 자기절제 등)은 그런 특성들을 가졌던 선조들(조부모, 증조부모 등)의 수의 비율에 따라 자녀 속에서 혼합된다는, 원시적이지만 유명한 유전 이론(여전히 경주마 사육자들에 의해 사용되는)을 플라톤이 주장했다는 점을 발견할 수 있다. 따라서 사육의 기술은 본성의 분별 있고 과학적이며 수학적인 혹은 화성적 융합 혹은 혼합의 일종이다. 특히 정치가와 양치기의 고귀한 기술이 천 짜는 기술과 관련되어 있고, 왕의 천은 용기와 자기절제를 융합해야 한다는 『정치가』를 참조하시오.(『국가』, 375c~e와 410c 이하. 『법률』, 731b와 4장 주 34 이하, 8장 주 13과 39 이하와 본문을 참조하시오.) *

41. 사회혁명에 관한 플라톤의 법에 대해서는 4장 주 26과 본문을 참조하시오.

42. '상위-생물학'이라는 용어는 쇼G. b. Shaw에 의해 이 의미, 즉 일종의 종교를 의미하는 것으로 사용된다.(『므두셀라로 돌아가라 *Back to Methuselah*』의 서문을 참조하시오. 2권 2장 주 66 역시 참조하시오.)

43. 『국가』, 547a3에 대한 애덤의 주를 참조하시오.

44. 사회학의 방법 중에서 내가 '심리주의'라고 부르는 것에 대한 비판에 대해서는, 밀의 여전히 유명한 방법론적 심리주의가 논의되고 있는 2권 3장 주 19의 본문과 2권 4장을 참조하시오.

45. 플라톤의 사상은 하나의 '체계' 속으로 집어넣어서는 안 된다고 종종 언급된다. 따라서 분명히 피타고라스적인 대조표를 근거로 하는 플라톤 사상의 체계적 통일성을 보여주려는 본 문단에서의(단지 본 문단만이 아니라) 나의 시도는 아마도 비판을 받을 것이다. 그러나 나는 그러한 체계화는 어떤 해석에서도 필수적인 수단이라고 생각한다. 해석이 필요없이 철학자 혹은 그의 작품을 '이해할' 수 있거나, 철학자를 '그 모습 그대로' 혹은 그의 작품을 '그 자체 그대로' 알 수 있다는 사람들은 실수를 하고 있다. 그들은 사람과 그의 작품을 해석하지 않을 수 없지만, 그들은 그들이

해석하고 있다는 사실(그들의 관점은 전통, 기질 등에 의해 채색된다.)을 알지 못하기 때문에, 그들의 해석은 필연적으로 소박하고 무비판적이다.(10장(주 1~5와 56)과 2권 15장 역시 참조하시오.) 그러나 비판적 해석은 합리적 재구성의 형태를 취해야만 하고 체계적이어야 한다. 철학자의 사상을 일관적인 체계로 재구성하도록 시도해야만 한다. 유잉 A. C. Ewing이 칸트에 대해 말한 것(『칸트의 순수이성비판에 대한 짧은 논평 *A Short Commentary on Kant's Critique of Pure Reason*』, 1938, 4쪽) 역시 참조하시오. "……우리는 위대한 철학자는 언제나 스스로 모순되지 않는다는 가정으로부터 시작해야 한다. 그래서 두 개의 해석이 있는 어느 곳에서, 그중 하나가 칸트를 일관적이게 하고 다른 하나가 비일관적이게 할 때, 만약 합리적으로 가능하다면 후자에 비해 전자를 선호해야 한다." 이것은 분명히 플라톤과 일반적 해석에도 적용된다.

6장

1. 4장 주 3과 본문, 특히 그 문단의 마지막, 그리고 그 장 주 2(2)를 참조하시오. '자연으로 돌아가라.'라는 신조에 관해서는, 플라톤이 루소에게 많은 영향을 주었다는 것을 말하고 싶다. 사실 『사회계약론』을 약간만 보아도, 마지막 장에서 다룰 자연주의에 대한 이러한 플라톤적인 구절들과 특히 많은 유사성들이 나타난다. 9장 주 14를 특히 참조하시오. 『국가』, 591a 이하와(그리고 개인주의적 상황에서 비슷한 생각이 드러나는 『고르기아스』, 472e 이하) 루소(그리고 헤겔)의 유명한 처벌론 사이에는 흥미로운 유사성 또한 있다.(베이커, 『그리스 정치론』, I, 388 이하는 루소에 대한 플라톤의 영향을 올바르게 부각시킨다. 그러나 그는 플라톤에게 있는 강한 낭만주의의 요소를 보지는 못했다. 산나차로의 『아르카디아』라는 매개를 통해 프랑스와 셰익스피어가 있는 영국에 영향을 끼쳤던 목가적 낭만주의가 플라톤의 도리아 양치기에 그 기원이 있다는 것은 일반적으로 평가

되지 않는다. 4장 주 11(3), 26과 32, 그리고 9장 주 14를 참조하시오.)

2. R. H. S. 크로스먼의 『오늘날의 플라톤』(1937), 132를 참조하시오. 다음 인용구는 111쪽에서 가져온 것이다. (그로트와 곰페르츠의 작품과 같이) 흥미로운 이 책은 플라톤에 대한 약간 비정통적인 나의 관점들을 발전시키고, 좀 불쾌한 결론에 이르도록 고무시켰다. 요드 C. E. M. Joad의 인용구에 대해서는, 그의 『도덕 및 정치철학 안내서 Guide to the Philosophy of Morals and Politics』(1938), 661과 660을 참조하시오. 나도 역시 여기서 스티븐슨 C. L. Stevenson의 논문 「설득적 정의 Persuasive Definition」(≪마인드≫, N.S., 47권, 1938, 331쪽 이하)에서 전개된, 정의에 관한 플라톤의 관점에 대한 매우 흥미로운 논평을 언급하고자 한다.

3. 크로스먼의 앞의 책, 132 이하를 참조하시오. 다음의 두 인용구는 필드의 『플라톤』, 91에서 가져온 것이다. 베이커의 『그리스 정치론』에 있는 유사한 논평을 참조하시오.(5장 주 13 참조.)

플라톤의 이상화는 그의 이름으로 전해진 수많은 작품들의 진필 여부에 대한 논쟁에서 중요한 부분을 차지했었다. 그것들 중 다수는 몇몇 비판가들에 의해 단지 그것들이 플라톤의 이상적인 관점과 맞지 않는 구절들을 포함하고 있다는 이유로 거절되었다. 이런 태도의 전형적일 뿐만 아니라 다소 소박한 표현은 데이비스 Davies와 본 Vaughan의 「서문」에서 찾아볼 수 있다.(『국가』의 골든 트레제리 Golden Treasury판의 4쪽을 참조하시오.) "초인적인 존경으로부터 플라톤을 끌어내리려는 열의를 가진 그로트는 곧잘 신성한 철학자와는 어울리지 않는 것으로 판명되어 온 문장들이 사실은 플라톤의 것이라고 말한다." 플라톤에 대한 그들의 판단은 플라톤 자신이 쓴 것에 의존해야 하지 그 반대가 되어서는 안 된다는 사실을 저자들은 잘 떠올리지 못한 것 같다. 만약 이런 문장들이 진본이고, 그리고 별다른 가치가 없는 것이라면, 플라톤은 그렇게 신적인(신성한) 철학자가 아닌 것이다.(플라톤의 신성에 대해서는, 아리스토텔레스의 『천체에 관하여』 32b44, 319a15 등에 나오는 심플리키우스를 보시오.)

4. (a)의 정식화는 칸트의 그것에 필적한다. 즉 칸트는 정당한 정체(政

體)를 "각자의 자유가 다른 모든 이들의 자유와 공존할 수 있는 그런 방식으로 법률을 제정함으로써 개인의 가능한 자유를 최대한으로 확보하는 정체"로 묘사하였는데, (a)의 공식화는 이에 비길 만하다.(『순수이성비판^2』, 373) 그가 "권리(혹은 정의)는 자유의 일반적 법칙과 조화를 이루면서, 모든 사람의 자유로운 선택이 다른 모든 사람의 자유로운 선택과 공존하는 데에 필요한 조건들의 전체이다."라고 말한 『권리론 *Theory of Right*』 역시 참조하시오. 칸트는 이것이 『국가』에서 플라톤이 추구했던 목적이라고 생각했다. 이것을 통해 우리는 칸트가 플라톤에게 속았거나 혹은 자신들의 인도주의적 생각을 플라톤에게 부여함으로써 그를 우상화하는 많은 철학자들 중의 하나라는 것을 알 수 있다. 이 관계 속에서 나는 칸트의 열렬한 자유주의가 정치철학에 대한 영미권 작품들에서 거의 평가받지 못하고 있다는 점을 지적한다.(헤이스티 Hastie의 『칸트의 정치학 원리 *Kant's Principles of Politics*』에도 불구하고.) 그는 헤겔의 선구자라고 너무나 자주 주장된다. 그러나 그가 헤르더와 피히테의 낭만주의 속에서 그 자신의 것과 정반대되는 교설들을 인지했다는 사실의 관점에서 보자면, 이 주장은 전체적으로 칸트에게 정당하지 않고, 그는 그것에 대해 강하게 분개했을 것이 틀림없다. 나는 이 지지될 수 없는 주장이 폭넓게 수용된 것은 바로 헤겔주의의 엄청난 영향이라고 생각한다.

5. 5장 주 32/33에 대한 본문을 참조하시오.

6. 5장 주 25~29에 대한 본문을 참조하시오. 본 문단의 인용구는 (1) 『국가』, 433a (2) 『국가』, 434a/b (3) 『국가』, 441d에서 가져온 것이다. 첫 번째 인용구에 있는 플라톤의 진술 '우리는 반복하고 반복했다'에 대해서는, 특히 정의론이 조심스럽게 정리되어 있는 『국가』, 397e는 물론, 5장 주 29의 본문에 인용된 『국가』, 369b~c 역시 참조하시오. 본 장 주 23과 40 역시 참조하시오.

7. 4장에서 지적했던 것처럼(주 18과 본문, 주 29), 플라톤은 『국가』에서, 그가 말하는 것은 충분히 중요하지만, 노예에 대해서 많은 말을 하지는 않는다. 그러나 그는 『법률』에서 그의 태도에 대한 모든 의심들을 없애

준다.(특히 4장 주 29에서 인용되었던, ≪마인드≫에 실린 G. R. 모로의 논문을 참조하시오.)

8. 인용구는 베이커의 『그리스 정치론』, 1권, 180쪽에서 가져온 것이다. 베이커는 '플라톤적 정의'는 '사회 정의'이라고 주장하며(176쪽 이하), 그것의 전체주의적 성향을 올바로 지적한다. 그는 이 공식은 "인간이 일반적으로 정의라고 생각하는 것의 본질, 즉 '의지들의 충돌을 다루는 원칙', 다시 말하자면 개인들과 관계하는 정의를 건드리지……못한다."라는 가능한 비판을 언급한다.(178 이하) 그러나 그는 "이러한 반론은 주변적인 것"이라고 생각한다. 즉 플라톤의 생각은 "법의 문제가 아니라" "사회적 도덕성의 문제"라는 것이다.(179) 그리고 그는 정의에 대한 이러한 취급이 다소 정의에 대한 최근의 그리스적 사고와 상응했다고 주장한다. "이런 의미로 정의를 생각하는 것에서 플라톤은 최근의 그리스적 사고로부터 그렇게 멀리 떨어지지 않았다." 그는 다음 주와 본문에서 논의되는 모순되는 몇몇 증거가 존재한다는 것을 전혀 언급하지 않는다.

9. 『고르기아스』, 488e 이하를 참조하시오. 그 구절은 8장 이하에서 충분히 인용되고 논의된다.(본 장 주 49와 본문 참조.) 아리스토텔레스의 노예이론에 대해서는, 2권 1장 주 3과 본문을 참조하시오. 본 문단에 있는 아리스토텔레스의 인용구 중 (1)과 (2)는 『니코마코스 윤리학』, V, 4, 7, 8에서 가져온 것이고 (3)은 『정치학』, III, 12, 1(128b, 본 장 주 20과 30 역시 참조. 구절은 『니코마코스 윤리학』에 대한 언급을 포함하고 있다.) (4)는 『니코마코스 윤리학』 V, 4, 9에서 가져온 것이고 (5)는 『정치학』, IV(VI), 2, 1, (1317b)에서 가져온 것이다. 『니코마코스 윤리학』 V, 3, 7 (『정치학』, III, 9, 1, 1280a 역시 참조.)에서, 아리스토텔레스는 '정의'의 의미는 민주주의적, 과두정치적, 귀족정치적 국가에서 '공적'에 대한 서로 다른 견해에 따라 분화된다고 역시 언급한다. *(다음에 나오는 것은 1950년 미국판에 처음으로 추가되었다.)

정치적 정의와 평등에 관한 『법률』에 있는 플라톤의 관점에 대해서는, 특히 (1) 아래에 인용된 평등의 두 종류에 관한 구절(『법률』, 757b~d)을 참조하시오. 덕과 교양뿐만 아니라 재산도 명예와 전리품(심지어 크기와 좋은 모양새까지)의 분배에서 고려되어야 하다고 본문에서 언급된 사실에 대해서는, 기타 관련된 구절들 역시 논의되고 있는 본 장 주 20(1)에 인용된 『법률』, 744c를 참조하시오.

(1) 『법률』, 757b~d에서 플라톤은 '평등의 두 종류'에 대하여 논의한다. "이들 중 하나는······분량, 무게 혹은 수(즉 수적인 혹은 산술적 평등)의 평등이다. 그러나 가장 진실하고 최선인 평등은······본성에 따라서······각자에게 적절한 몫을 주는, 즉 위대한 자에게 더 많이, 작은 자들에게는 더 적게 분배하는 것이다. 덕에서 뛰어난 자에게 더 큰 영예를, 덕과 생식에서 열등한 자에게는 적은 영예를 허락함으로써, 최선의 평등은 이 (합리적) 비율의 원칙에 따라 알맞은 것을 각자에게 분배한다. 그리고 이것은 정확히 우리가 '정치적 정의'라고 부를 수 있는 그것이다. 그리고 누구든지 국가를 건설하는 사람은 이것을 그의 입법의 유일한 목적으로 삼아야 한다.······서술되었듯이 이 정의만이 자연적 평등이며, 그래서 상황의 요구에 따라 불평등적으로 분배된다." 플라톤이 여기서 '정치적 정의'라고 하고(아리스토텔레스는 '분배적 정의'라고 부르는), 플라톤(그리고 아리스토텔레스)에 의해 '비율적 평등' —— 가장 진실하고 최선이며 가장 자연적인 평등 —— 이라고 묘사되는 두 평등 중 이 두 번째 것은 나중에 하급이며 민주적인 '산술적' 평등에 반대하여 '기하학적' 평등이라 불리게 된다.(『고르기아스』, 508a, 465b/c와 플루타르코스의 『윤리논집 Moralia』, 719b 이하 역시 참조하시오.) 이 동일시에 대해서는 아래 나오는 (2)에서 밝혀질 것이다.

(2) 전통에 따르면(『아리스토텔레스 그리스 원전 XV에 대한 주석 Comm. in Arist. Graeca, pars XV』, Berlin, 1897, 117쪽, 29와 『XVIII에 대한 주석 pars XVIII』, Berlin, 1900, 118쪽, 18을 참조하시오.) 플라톤의 아카데메이아의 문에는 "기하학을 훈련받지 않은 사람은 누구도 내 집에 들어올 수 없다!"라고 새겨져 있었다고 한다. 나는 이것의 의미가 단지 수학적 학문의 중요성을 강조하는 것이 아니라, '산수(즉 더 정확하게는 피타고라스적 수 이론)는 충분하지 않다. 기하학을 꼭 알아야만 한다.'를 의

미하는 것이 아닌가 한다. 그리고 후자의 구절이 플라톤의 가장 중요한 학문에 대한 기여 중의 하나를 합당하게 요약하고 있다고 내가 믿는 이유를 그려보고자 한다. 부록의 Ⅰ절 역시 참조하시오.

지금 일반적으로 받아들여지듯, 초기의 피타고라스 기하학적 방법은 지금 '산수화(算數化)'라 불리는 것과 약간 비슷한 방법을 채택했다. 기하학은 정수(혹은 '자연적' 수, 즉 단자 혹은 '쪼갤 수 없는 단위'로 구성된 수)와 그들의 'logoi', 즉 그들의 '합리적' 비율에 대한 이론의 일부로 취급되었다. 예를 들면, 피타고라스적 직각삼각형이 합리적 비율의 빗변을 가지고 있는 것이다.(3 : 4 : 5 혹은 5 : 12 : 13.) 피타고라스에 속하는 한 일반적인 공식은 이것이다. $2n+1 : 2n(n+1) : 2n(n+1)+1$. 그러나 'gnomōn'으로부터 온 이 공식은 8 : 15 : 17의 예가 보여주듯이 일반적으로 충분하지 못하다. 피타고라스주의자들이 $m=n+1$을 넣음으로써 얻을 수 있는 일반적 공식은 이것이다. $m^2-n^2 : 2mn : m^2+n^2$($m>n$이 더 클 때). 이 공식은 소위 '피타고라스 정리'라고 불리는 것과 매우 비슷한 결과를 가지며(만약 초기 피타고라스 학파에게 알려진 것처럼 보이는 그런 종류의 대수와 합쳐진다면), 이 공식은 확실히 피타고라스에게만 알려진 것이 아니라 (프로클로스에 따라 다른 비일반적 공식을 제안한) 플라톤에게도 알려졌을 것이기 때문에, '피타고라스 정리'는 그것의 일반적 형식으로 피타고라스와 플라톤에게 알려지지 않았던 것처럼 보인다.(이 문제에 관한 좀 덜 급진적인 관점에 대해서는, 힐스 T. Health, 『그리스 수학의 역사 A History of Greek Mathematics』, 1921, 1권, 80~82쪽을 참조하시오. 내가 '일반적'이라고 묘사한 공식은 본질적으로 유클리드의 것이다. 이것은 먼저 삼각형의 세 변을 취하고, 그것들에 2/mn을 곱한 후, m과 n을 p와 q로 바꾸어줌으로써, 82쪽에 있는 불필요하게도 복잡한 힐스의 공식으로부터 얻을 수 있다.) $\sqrt{2}$란 무리수의 발견은(『대히피아스 Greater Hippias』와 『메논』에서 플라톤이 암시했던 것이다. 8장 주 10, 아리스토텔레스의 『분석론 전서 Analytica Priora』, 41a26 이하를 참조하시오.) 기하학을 '산수화시키는' 피타고라스주의자의 계획을 파괴시켰다. 그리고 이와 함께 피타고라스의 교단 자체를 파괴시킨 듯이 보인다. 이 발견이 처음에는 비밀로 유지되었다는 전통은 플라톤이 여전히 무리수를 'arrhētos', 즉 비밀, 언급할 수 없는 신비라고 부른다는 사실에 의해 지지될 수 있을 것이다. 『대히피아스』 303b/c, 『국가』 546c를 참조하시오.(나중의 단어는 '약분 불가능'이라는 의미이다. 『테아이테토스』 147c와 『법률』 820c를 참조하시오. 'alogos'라는 용어는 『불합리한 선들과 원자들 On Illogical Lines and Atoms』(혹은 『그리고 충만한 물체 and Full Bodies』)이라는 지금은 사라진 두 권의 책을 쓴 데모크리토스에게서 맨 처음 나타나는 것처럼 보인다. 플라톤이 『국가』 534d에서 데모크리토스의 제목에 대해 약간 경멸조의 암시를 하는 대목에서 보듯, 플라톤은 그 용어를 알고 있었지만 'arrhētos'와 동의어로 사용한 적은 없다. 이 의미에 대한 최초의 현존하는 의심할 수 없는 사용은 아리스토텔레스의 『분석론 후서 Analytica Posteriora』, 76b9이다. 힐스의 앞의 책 1권, 84쪽 이하와 156쪽 이하, 그리고 나의 부록 I절을 참조하시오.)

피타고라스의 계획, 즉 기하학을 산술화하려는 방법의 붕괴는 유클리드의 공리적 방법, 말하자면 한편으로는 기하학이 산술로 환원될 수 없음을 받아들이는 새로운 방법의 발전을 가져왔다. 이 모든 것을 가정한다면, 고대 피타고라스주의적 방법을 유클리드의 방법으로 이전시키는 과정에서 플라톤의 역할은 대단히 중요하다. 사실 플라톤은 피타고라스주의의 붕괴로부터 구할 것은 구하고 버릴 것은 버리는 것을 목표로 하는 특별한 기하학적 방법을 발전시킨 최초의 사람이었다. 이것의 대부분은 매우 불확실한 역사적 가설로 간주되고 있음에 틀림없지만, 몇몇 확증이 아리스토텔레스의 『분석론 후서』 76b9(위에서 언급된)에서 나타난다. 특히 만약 이 구절을 『법률』, 818c, 895e(홀수와 짝수), 819e/820a, 820c(약분 불가능한)와 비교해 본다면 더욱 그러하다. 그 구절들은 다음과 같이 말하고 있다. "산수는 '홀수'와 '짝수'의 의미를 가지고, 기하학은 '무리수적'인 의미를 가진다……."(혹은 '약분 불가능', 『분석론 전서』, 41a26 이하, 50a37을 참조하시오. 무리수의 문제가 기하학의 고유한 특성인 것처럼 다루어지는 『형이상학』, 983a20, 1061ba1~3과 『분석론 후서』, 76b40처럼 『테아이테토스』,

147d의 '평방피트' 방법에 대한 암시가 있는 1089a 역시 참조하시오.) 무리수에 관한 플라톤의 대단한 관심은 특히 위에서 언급된, 플라톤이 그리스인들이 약분 불가능한 크기에 대한 중대한 문제에 민감하지 못한 것을 부끄러워하는 내용이 있는 두 구절, 『테아이테토스』 147c~148a와 『법률』 819d~822d에서 잘 나타난다.

이제 나는 '기본 물체론'(『티마이오스』, 53c~62c와 아마도 64a 이하까지 참조, 『국가』, 528b~d 역시 참조)은 어떤 도전에 대한 플라톤의 대답의 일부라는 것을 제안한다. 즉 이것은 한편으론 피타고라스주의자의 원자적 성질 —— 원자론 학파에서도 중요한 역할을 수행하는 분할되지 않는 단위('단자') —— 을 보존하고, 다른 한편으론 세계로의 편입이 불가피했던 무리수($\sqrt{2}$와 $\sqrt{3}$)를 도입한다. 그것은 모든 것을 구성하고 있는 단위들로서 규칙에 어긋나는 직각삼각형 두 개를 취함으로써 —— 하나는 정사각형의 반이며 $\sqrt{2}$가 나오고, 다른 하나는 정삼각형의 반이고 $\sqrt{3}$이 나온다 —— 그렇게 된다. 사실 이 두 무리수 삼각형들이 물체의 모든 요소의 한정[peras](『메논』, 75d~76a를 참조.) 혹은 형상이라는 교설은 『티마이오스』에 있는 중심적인 물리이론 중의 하나다.

상기한 모든 것들은 위에서 언급했던 기하학을 수련받지 못한 사람에 대한 경고(『티마이오스』, 54a에서도 아마 찾을 수 있다.)가 더욱 중요한 의미를 지니고 있으며, 기하학은 산수보다 더 중요한 것(『티마이오스』, 31c 참조.)이라는 신념과 연결된다. 그리고 이것은 이번에는 플라톤 자신에 의해 민주적 산술이나 수적 평등보다 좀 더 귀족적인 어떤 것이라고 말해졌던 '비율적 평등'이 왜 후에 플라톤에 의해 『고르기아스』, 508a(본장 주 48 참조.)에서 언급되는 '기하학적 평등'과 동일시되는지, 그리고 왜 산수와 기하학이 민주주의와 스파르타식 귀족정치와 각각 관계되어졌는지(예를 들어서 플루타르코스의 앞의 책)를 —— 피타고라스주의자들은 플라톤 그 자신만큼이나 귀족적으로 고상했고, 그들의 프로그램은 산수를 강조했으며, 그들의 언어에서 '기하학적'은 수적(즉 산술적) 비율의 어떤 이름이라는 이런 잊혀진 사실에도 불구하고 —— 설명해 줄 것이다.

(3) 『티마이오스』에서, 플라톤은 기본 물체의 구성을 위해서 요소 사각형과 요소 정삼각형을 필요로 한다. 이 두 개는 차례로 두 개의 다른 하위요소 삼각형으로 구성되는데, 그것은 $\sqrt{2}$를 가지는 정사각형 절반과 $\sqrt{3}$을 가지는 정삼각형 절반이다. 왜 그가 사각형과 정삼각형 그 자체가 아닌 이 두 개의 하위요소 삼각형을 선택하는지에 대한 의문은 많이 논의되었었다. 그리고 비슷한 두 번째 의문은 그가 왜 두 개 대신 네 개의 하위요소를 가진 정사각형 절반에서 그의 요소 사각형을 구성했는지, 그리고 두 개 대신 왜 여섯 개의 하위요소 정삼각형 절반으로부터 요소 정삼각형을 구성하는지이다.(세 개 중 먼저의 두 개는 다음의 도형 그림을 참조하시오.)

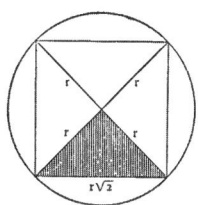

네 개의 하위요소 이등변 직각삼각형으로 구성된 플라톤의 요소 정사각형.

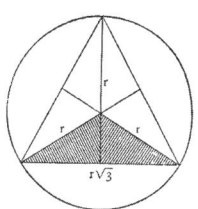

여섯 개의 하위 요소 부등변 직각삼각형으로 구성된 플라톤의 요소
정삼각형.

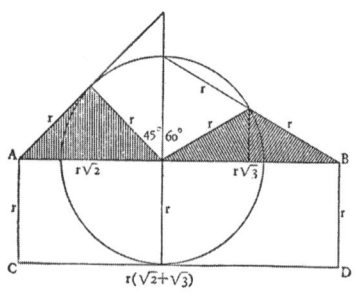

직사각형 ABCD는 원의 면적보다 큰 면적을 갖는데,
그 면적은 $1\frac{1}{2}$ 천분율pro mille보다는 작다.

이런 두 가지 의문 중 첫 번째 것에 관해서는, 플라톤이 이 환원할 수 없
는 요소로서의 무리수를 그의 세계 속으로 도입하기를 열망하지 않았다면,
그가 무리수의 문제에 대한 불타는 관심을 가지고 $\sqrt{2}$와 $\sqrt{3}$을 도입하지 않
았을 것이라는 (그가 54b에서 명확히 언급하는) 사실은 일반적으로 간과되
어 온 것처럼 보인다.(콘퍼드,『플라톤의 우주론』, 214쪽과 231쪽 이하는 이
두 문제에 대해 긴 논의를 하고 있지만, 그가 제공하는 평범한 해결책——
그가 234쪽에서 '가설'로 부르고 있는——을 나는 받아들일 수 없다. 플라
톤이 콘퍼드가 논의한 것처럼 '등급 매기기'를 원했다면——콘퍼드가 'B등
급'이라 부르는 것보다 더 작은 어떤 것이 존재한다는 어떠한 암시도 플라
톤에게는 없다는 것을 주목하라——콘퍼드가 'B등급'이라 부르는 요소 정
사각형과 정삼각형의 변들을, 어떠한 무리수도 포함하지 않은 네 개의 요
소 도형들로부터 그것들 각각을 구성하면서, 두 개로 나누는 것으로 충분
했을 것이다.) 그러나 만약 플라톤이 모든 것을 구성하는 하위요소 삼각형
의 변들로서 이 무리수들이 세계로 도입되는 것을 갈망했다면, 그는 분명
히 이 방법으로 문제를 해결할 수 있으리라 믿었을 것이다. 그리고 이 문
제는 '(약분 가능성과) 약분 불가능성의 본질'의 문제라고 나는 생각한다.
(『법률』, 820c) 이 문제는 원자론적 사상과 같은 것을 사용하는 천문학을
기초로 해서는 해결하기가 특히 힘들다. 왜냐하면 무리수는 유리수를 측정

할 수 있는 어떤 단위의 배수가 아니기 때문이다. 그러나 만약 단위 치수 스스로가 '무리수 비율'을 가진 변을 가진다면, 이 엄청나 역설은 해결될 수 있다. 왜냐하면 그렇다면 그것들은 둘 다를 측정할 수 있게 되고, 무리수의 존재는 더 이상 이해 불가능 혹은 '비합리적'이 아니기 때문이다.

그러나 플라톤이 『테아이테토스』에서 무리수 √의 무수한 발견을 언급하는 것을 보면(그는 또한 148b에서 '입체에 관한 유사한 고찰'을 언급한다. 그러나 이것은 세제곱근을 가리킬 필요는 없고, 입방체의 대각선, 즉 $\sqrt{3}$은 가리킬 수 있다.) 그는 $\sqrt{2}$와 $\sqrt{3}$보다 더 많은 무리수가 존재한다는 것을 알고 있었다. 또한 그는 『대히피아스』에서(303b~c. 힐스의 앞의 책 304쪽을 참조.) 무리수를 더함으로써(혹은 합성함으로써) 다른 무리수들을 얻을 수 있다는 사실을 언급한다.(그러나 또한 유리수도 얻을 수 있다. 이 것은 아마도 $2-\sqrt{2}$는 무리수이고, 이 수에다 $\sqrt{2}$를 더하면 유리수가 된다는 사실을 암시한다.) 이러한 상황에서 만약 플라톤이 무리수의 문제를 그의 요소 삼각형을 도입함으로써 해결하기를 원했다면, 그는 모든 무리수(혹은 최소한 그것의 배들)는 (a) 단위들(r), (b) $\sqrt{2}$, (c) $\sqrt{3}$과 이것들의 배수를 더하는 것을 통해 구성될 수 있다고 생각했을 것이다. 이것은 물론 실수였지만, 그 당시에는 이에 대한 반증이 없었다. 그리고 단지 두 종류의 원자적 무리수가 있다 —— 정사각형과 정육면체의 대각선 —— 는 명제와 모든 다른 무리수들이 (a) 단위, (b) $\sqrt{2}$, (c) $\sqrt{3}$으로 약분 가능하다는 명제는, 만약 우리가 무리수의 상대적 특성을 고려한다면 어느 정도 설득력을 가질 수 있다.(이는 단위 변을 가진 정사각형의 대각선이 무리수이 거나 혹은 단위 대각선을 가진 정사각형의 한 변이 무리수라는 것을, 똑같이 정당하게 말할 수 있다는 사실을 의미한다. 우리는 또한 유클리드가 10권 정의 2에서 여전히 모든 약분 불가능한 √를 "그들의 정사각형에 의해 약분 가능한 것"으로 부르는 것을 기억해야 한다.) 따라서 플라톤은 비록 자신이 이 추측에 대해 타당한 증명을 하지 못했음에도 이 전제를 믿었다.(반증은 유클리드에 의해 처음 이루어졌다.) 그리고 나서 플라톤이 왜 그의 하위요소 삼각형을 채택하였는지에 대한 이유를 설명하는 『티마이오스』의 바로 그 구절에 증명되지 않은 추측에 대한 언급이 분명히 존재한다. 그는 이렇게 쓴다.(『티마이오스』, 53c/d) "모든 삼각형은 두 삼각형으로부터 비롯되는데……그 각각은 하나의 직각을 갖고 있다. 이 삼각형들 중에서, 하나(정사각형의 절반)는 양편에 직각의 절반과 등변을 가지고, 다른 것(부등변 삼각형)은……부등변을 가진다. 우리가 생각하고 있는 이 두 가지가 가능성(혹은 가능한 추측)과 필연성(증명)을 결합시키는 계산에 따르는 가장 기초 원칙들이다. 이것들보다 더 멀리 여전히 떨어져 있는 원칙들은 하늘에 알려져 있고, 인간에게는 하늘의 은혜로 알려지는 것이다." 그리고 나서, '최선의 것'이 그중에서 선택되어야만 하는 무한한 수의 부등변삼각형들이 존재한다는 것을 설명하고, 그가 최선의 것으로 정삼각형 절반을 선택한다는 것을 설명한 뒤, 플라톤은 다음과 같이 말한다.(『티마이오스』 54a/b. 콘퍼드는 그것을 자신의 해석에 맞추기 위해서 수정할 수밖에 없었다. 214쪽에 대한 그의 주 3을 참조하시오.) "이유는 매우 길다. 그러나 누구든지 이 문제를 시험해 보고 그것이 이 속성을 가지고 있음을 증명한다면, 상은 그의 것이며, 우리의 모든 선의도 함께할 것이다." 플라톤은 '이 속성'이 무엇인지 명확하게 이야기하지 않는다. 그것은 $\sqrt{2}$를 만드는 삼각형을 선택하면서 $\sqrt{3}$을 포함하는 선택이 '가장 최선의 것'이라는 것을 정당화해 주는(입증할 수 있거나 논박할 수 있는) 수학적 속성임에 틀림없다. 그리고 앞서 진행한 고찰로부터, 그가 염두에 둔 속성은 다른 무리수들의 추측된 상대적 합리성, 즉 단위에 상대적인 것과 $\sqrt{2}$, $\sqrt{3}$이었다고 생각한다.

(4) 비록 내가 플라톤의 원전에서 더 이상의 증거를 찾지는 않았지만, 우리의 해석에 대한 추가적 근거는 다음의 고찰을 통해 밝혀질 수 있다. $\sqrt{2}+\sqrt{3}$이 π와 매우 비슷하다는 것은 흥미로운 사실이다.(보렐 E. Borel, 『시간과 공간 *Space and Time*』, 1926, 1960, 216쪽을 참조하시오. 나의 관심은 다른 상황 속에서 마리넬리 W. Marinelli에 의해 나타난다.) 이 둘 사이의 차이는 0.0047, 즉 π의 $1\frac{1}{2}$ 천분율 pro mille(1000분의 1)보다 더

작으며, 그때 당시 π에 대한 더 나은 근사치는 거의 알려져 있지 않았다. 이 흥미로운 사실에 대한 설명은 외접된 육각형과 내접된 팔각형의 면적에 대한 산술적 방법이 원의 면적에 대한 최상의 근사치였다는 것이다. 이제 한편으로 브라이슨Bryson이 외접되고 내접된 다각형을 도구로 사용했고(힐스, 앞의 책, 224 참조.) 다른 한편으로 (『대히피아스』에서) 플라톤이 무리수를 더하는 것에 관심을 갖고 $\sqrt{2}+\sqrt{3}$을 도입했던 것처럼 보인다. 따라서 플라톤이 근접한 등식인 $\sqrt{2}+\sqrt{3} \approx \pi$임을 찾아낸 두 가지 방법이 있고, 이 방법들 중 두 번째 것은 거의 불가피한 것으로 보인다. 플라톤이 이 등식을 알긴 했지만 그것이 정확히 동일한지 혹은 단지 근접만 하는지를 증명할 수 없었다는 것은 그럴듯한 가설로 보인다.

그러나 만약 이러하다면, 우리는 (3) 아래 언급된 '두 번째 질문', 즉 왜 플라톤은 두 개 대신 네 개의 하위요소 삼각형들(정사각형의 절반)로 이루어진 그의 요소 삼각형을 구성하는가, 그리고 두 개 대신 왜 여섯 개의 하위요소 삼각형(이등변삼각형의 절반)으로 구성된 그의 요소 이등변삼각형을 구성하는지에 대해 다시 질문할 수 있을 것이다. 만약 우리가 앞에 있는 그림들 중 앞의 두 개를 바라본다면, 우리는 이 구성은 외접된 원과 내접된 원의 중심, 그리고 두 경우 모두 외접된 원의 반지름을 강조하고 있다는 것을 알 수 있다.(등변삼각형의 경우, 내접된 원의 반지름 역시 나타난다. 그러나 플라톤은 외접된 원의 반지름을 생각하고 있었던 것 같다. 왜냐하면 그것을 '대각선'으로 등변삼각형을 구성하는 방법에 대한 묘사에서 언급하고 있기 때문이다. 『티마이오스』, 54d/e 참조. 54b 역시 참조.)

만약 우리가 이제 이 두 외접된 원을 그린다면, 더 정확하게 만약 우리가 요소 정사각형과 등변삼각형을 반지름 r을 가진 원 안으로 내접시킨다면, 우리는 이 두 개 도형의 변들의 합이 rπ에 근접한다는 것을 알 수 있을 것이다. 다른 말로 하자면, 플라톤의 구성은 원을 정사각형으로 만드는 가장 근접한 해결책 중의 하나를 제안하고 있다. 이러한 관점에서 보자면, (3)에서 인용되었던 플라톤의 추측과 그가 '우리의 선의와 포상'을 내걸었던 것이 단지 무리수의 약분 가능성의 일반적 문제만을 포함한 것이 아니라 $\sqrt{2}+\sqrt{3}$인 단위 원을 정사각형화시킬 수 있는가라는 특정한 문제도 포함한다는 사실이 쉽게 드러난다.

나는 다시금 플라톤이 진짜로 이러한 생각을 품고 있었음을 보여주는 어떠한 직접적인 증거도 알지 못한다는 것을 강조한다. 그러나 만약 우리가 여기에 정리된 간접적 증거를 고려해 본다면, 가설이 억지스러워 보이지는 않는다. 나는 이것이 콘퍼드의 가설보다 더 억지스럽다고 생각하지 않는다. 만약 그렇다면, 관련 구절에 대한 더 나은 설명을 제시할 것이다.

(5) 만약 본 주의 (2)에서 논의된 '산수로는 충분하지 않으니, 기하학을 알아야만 한다'를 의미하는 플라톤의 문구와 이러한 강조가 $\sqrt{2}$와 $\sqrt{3}$이라는 무리수의 발견과 관련이 있다는 우리의 주장에 음미해 볼 만한 어떤 것이 조금이라도 있다면, 이것은 이데아 이론과 아리스토텔레스의 연구에 빛을 비추어줄 것이다. 이런 발견의 관점에서, 그것은 피타고라스주의자들이 사물들(형상, 모양)은 수이며, 도덕적 관념은 수의 비율이라고 보는 관점이 왜 사라져야만 했고, 아마도 『티마이오스』에서, 왜 요소 형상 혹은 한정(위에서 언급된 『메논』, 75d~76a의 구절을 참조하시오.) 혹은 모양 혹은 물질의 이데아가 삼각형이라는 이론으로 교체되어야 했는지를 설명해 준다. 그리고 이것은 한 세대 후에 왜 아카데메이아가 다시 파티고라스의 교설로 돌아왔는지 역시 설명해 준다. 무리수의 발견으로 인해 한때 받았던 충격이 점차 약해지자, 수학자들은 그럼에도 불구하고 '무리수가 수임에는 틀림없다'는 생각에 익숙해지게 되었다. 왜냐하면 무리수들도 다른 (유리)수들에 대해 조금 더 크든지 작든지 하는 기초적인 관계 속에 존재하기 때문이다. 형태가 수 혹은 수의 비율이라는 이론은 비록 무리수의 도입 후에 전에 의미하던 것(새 이론의 지지자에 의해 충분히 평가되지 않았던 관점)과는 다른 것을 의미하게 되었음에도 불구하고, 새로 도달된 단계에서는 피타고라스주의에 반대하는 이유가 사라졌다. 부록 I절 이하 역시 참조하시오. *

10. 눈을 가려 탄원자의 신분을 보지 않고 저울을 들고 있는, 즉 평등을 분배하거나 서로 다투고 있는 개인들의 주장과 관심의 균형을 잡아주는

테미스 신의 잘 알려진 표상은 정의에 관한 평등주의적 사상의 상징적 묘사이다. 그러나 이 표상은 여기서 이런 사상이 플라톤 시대에 통용되고 있었다는 주장을 지지하는 논증으로 사용될 수는 없다. 곰브리치 교수가 나에게 친절하게 알려주었듯이, 그것은 르네상스로부터 시작되며 플루타르코스의 『이시스와 오시리스 *De Iside et Osiride*』의 한 구절에서 기인하는 것이지 그리스 고전으로부터가 아니기 때문이다. * 한편 저울을 들고 있는 디케의 표상은 고전적인 것이고(플라톤의 한 세대 후 인물인 티모카레스의 묘사에 대해서는 R. 아이슬러, 『점성술의 왕도』, 1946, 100쪽, 266과 플레이트 5를 참조하시오.) 아마도 처녀좌와 디케를 동일시한(저울과 이웃해 있는 점에서) 헤시오도스로 거슬러 올라가지 않을까 한다. 그리고 여기에 주어진 정의 혹은 디케와 분배적 평등의 연관성을 보여주는 다른 증거들의 관점에서 보자면, 저울은 아마 테미스의 경우에서와 같은 의미인 것 같다. *

11. 『국가』, 440c~d. 본 구절은 특징적인 양치기 개 은유로 결론을 내린다. "마치 개가 양치기에 의해서 진정되듯, 자신에게 있는 이성을 불러들여서 진정되기 전까지는 그가 고귀한 행동을 중단하는 일이 없지 않겠는가?" 4장 주 32(2)를 참조하시오.

12. 실제로 플라톤은 이제 정의를 어디서 구해야 하는지 약간 망설이고 있는 모습의 소크라테스를 두 번 제시할 때 이것을 의미한다.(368b 이하, 432b 이하를 참조하시오.)

13. 애덤은 "정의는 친구에게 선을 행하고 적에게 해를 끼치는 것이다."라는 관점은 당시 유행하던 그리스 도덕의 충실한 반영이라고 바르게 지적한 『국가』, 331e 이하에 대한 그의 주에서 (플라톤의 영향을 받아) 평등주의적 주장을 분명히 간과하고 있다. 그러나 이것이 '거의 보편법'이었다고 덧붙이는 것은 틀렸다. 왜냐하면 그는 법 앞에서의 평등('동권(同權)')이 '민주주의의 자랑스러운 요청이었'음을 보여주는 자신의 증거(561e28에 대한 주)를 잊고 있기 때문이다. 본 장 주 14와 17을 참조하시오.

'동권'에 관한 가장 오래된 언급 중의 하나는(만약 가장 오래되지 않은 것이라고 해도) 의사 알크마이온(5세기 초기, D^5, 24장 단편 4를 참조하시오.)의 단편에서 찾을 수 있다. 그는 동권을 건강의 조건으로 이야기하고 있고, '군주정체', 즉 다수에 대한 한 사람의 지배와 대조시킨다. 여기서 우리는 육체의 혹은 더 정확하게는 인간 생리학의 정치적 이론을 알 수 있다. 5장 주 32와 10장 주 59 역시 참조하시오.

14. 평등에 관한 지나가는 언급은(『고르기아스』, 483c/d에 있는 것과 유사하다. 본 주 이하와 본 장 주 47 역시 참조.) 『국가』, 359c의 글라우콘의 발언에서 나타난다. 그러나 이 주제는 채택되지 않는다.(이 구절에 대해서는 본 장 주 50을 참조하시오.)

민주주의에 대한 플라톤의 독설적인 공격 중에는(4장 주 14~18의 본문을 참조.) 평등주의에 대해 경멸적으로 조소하는 부분이 세 번 나타난다. 첫 번째는 민주주의가 "같은 것과 같지 않은 것에 동일하게 같은 것을 분배한다."는 결과에 대한 언급이다.(558c, 558c16에 대한 애덤의 주 참조. 본 장 주 21 역시 참조.) 이것은 의도된 고의적 비판이다.(평등은 앞에서, 즉 민주주의적 혁명의 묘사에서 민주주의와 연관되었었다. 4장 주 13에 대한 본문에서 인용된 『국가』, 557a를 참조.) 두 번째는 '민주주의적 인간'을 그의 모든 소망들을 좋거나 나쁘거나에 상관없이 '평등하게' 만족시키는 것으로 특징짓는다. 따라서 민주주의적 인간은 "만인에 대한 동음이의(同音異義)적인 평등한 법" 혹은 "법 앞에서의 평등"('동권'. 본 장 주 13과 17을 참조.) 사상에 대한 익살스러운 암시인 '평등주의자'('동권주의자')로 불린다. 이런 익살스러움은 『국가』, 561e에서 나타난다. 그렇게 생각하는 것은 쉽다. 왜냐하면 '평등한'이라는 단어가 이미 모든 소원과 변덕이 '같다'는 태도를 가지고 있는 사람을 특징짓는 것으로 세 번이나 사용되었기 때문이다.(『국가』, 561b/c) 이 저속한 농담들의 세 번째는 독자의 상상력에 대한 호소인데, 오늘날 오히려 전형적인 다음과 같은 선전이다. "그런데 남자들에 대한 여자들 그리고 여자들에 대한 남자들의 관계에서 이런 유명한 '평등한 법'과 '자유'가 어느 정도 큰 역할을 수행하는가에 대해서 언급하는 것을 나는 거의 잊고 있었네……."(『국가』, 563b)

여기서(그리고 본 장 주 9~10의 본문에서) 언급된 평등주의의 중요성에 대한 증거뿐만이 아니라, 우리는 특히 (1) 그가 "군중(즉 여기서는 다수의 사람들)이 정의가 평등이다고……믿지 않는가?"라고 적은『고르기아스』(488e/489a, 본 장 주 47, 48 그리고 50을 역시 참조.)와 (2)『메넥세노스』(238e~239a, 본 장 주 19와 본문 참조.)에 있는 플라톤 자신의 증언을 고려해야만 한다. 평등에 관한『법률』의 구절은『국가』보다 뒤에 나온 것이기 때문에,『국가』저술 당시 플라톤의 생각에 대한 진술로는 사용될 수 없다.

15. 세 번째 언급과 관련하여 플라톤 스스로 "무슨 말이건 방금 입에 오르는 걸 우리가 말해야 하지 않겠는가?"라고 말함으로써, 자신은 농담을 감출 아무 이유도 없음을 알리고 싶어 함을 명확히 드러낸다.

16. 나는 페리클레스의 연설에 대한 투키디데스의 기록(II, 37 이하)이 실제로 믿을 만한 것이라고 생각한다. 아마도 그는 페리클레스의 연설에 참석했을 것이며, 가능한 한 충실하게 그것을 재구성했을 것이다. 당시에 다른 사람의 연설을 외워서 배운다는 것은 특별한 일이 아님을 보여주는 근거들은 많이 있다. 그래서 이런 종류의 연설의 충실한 재구성은 우리가 생각하는 만큼 그렇게 어려운 것이 아니다. 플라톤은 투키디데스의 기록 혹은 이것과 아주 유사함에 틀림없는 다른 것을 통해서 본 연설이 사실이라는 것을 알았다. 10장 주 31과 34/35 역시 참조하시오.(페리클레스는 그의 초기에 대중적인 부족적 본능과, 집단 이기주의에 애매하게 양보했었다는 것을 언급할 수 있겠다. 나는 기원전 451년의 시민권에 관한 입법을 염두에 두고 있다. 그러나 후에 그는 아마도 프로타고라스와 같은 사람들의 영향으로 이 문제들에 대한 태도를 바꾸었다.)

17.『헤로도토스 *Herodotus*』, III, 80과 특히 '동권', 즉 법 앞에서 평등(III, 80, 6)에 대한 칭송을 참조하시오. 본 장 주 13과 14 역시 참조하시오. 다른 방법으로 플라톤에게 역시 영향을 주었던(4장 주 24 참조.)『헤로도토스』의 구절은 플라톤이 페리클레스의 연설을 조소하듯(4장 주 24 참조.) 그가『국가』에서 조소하고 있는 것 중 하나이다. 4장 주 14와 10장 주 34를 참조하시오.

18. 자연주의자인 아리스토텔레스조차 평등주의의 이 자연주의적 견해에 대해서 항상 언급하지 않는다. 예를 들어서, 『정치학』 1317b에 있는 민주주의의 원칙에 대한 그의 서술(본 장 주 9와 본문 참조.)은 이것과 별로 관계가 없다. 그러나 본성과 인습의 대조가 아주 중요한 역할을 수행하는 『고르기아스』에서 플라톤이 평등주의를 만인의 자연적 동등에 대한 모호한 이론이라는 딱지를 붙이지 않고 표현하는 것은 아마 더 흥미로운 점이다.(본 장 주 14에 인용된 488e/489a와, 483d, 484a, 그리고 508a를 참조하시오.)

19. 『메넥세노스』, 238e/239a를 참조하시오. 본 구절은 페리클레스 연설에 대한 명확한 암시 바로 다음에 나온다.(즉 본 장 주 17의 본문에 인용된 두 번째 문장이다.) 구절 속의 '평등한 태생'이라는 용어의 반복이 기원전 429년의 특별법에 의해서 아테네 시민이 된 페리클레스와 아스파시아 사이에서 태어난 아들의 '천한' 태생에 대한 조소적인 암시를 의미한다는 것은 그럴듯해 보인다.(E. 마이어, 『고대사』, 4권, 14쪽, 392쪽에 대한 주, 323쪽, 558번을 참조하시오.)

『메넥세노스』에서 플라톤은 "그 자신의 수사적 담론에서……반어적 기질을 발휘하지 않는다."라고 주장되어 왔다. 즉 본문에 인용된 『메넥세노스』의 중간 부분은 반어적인 의미가 아니라고 주장되어 왔다.(심지어 그로트에 의해서도. 그의 『플라톤』, III, 11쪽을 참조하시오.) 그러나 평등에 관해 인용된 구절의 관점과, 플라톤이 이 점을 다루고 있는 『국가』에 있는 그의 공개적 조소의 관점에서 보자면(본 장 주 14 참조.) 나는 이 의견을 지지할 수 없다. 그리고 플라톤이 아테네에 대해 말하는(238c/d를 참조.) 본문에 인용된 것 바로 앞의 구절의 반어적 성격을 의심하는 것은 똑같이 불가능해 보인다. "오늘날뿐만 아니라 이번에도……우리 정부는 항상 귀족정체였다.……비록 그것은 가끔 민주주의로 불리긴 했지만, 실제로는 귀족정체, 즉 다수의 찬성을 얻은 최선자의 지배였다……" 민주주의를 혐오하는 플라톤의 관점에서, 이 묘사는 더 이상의 설명이 필요하지 않다. * 또 다른 부인할 수 없는 반어적 구절은 '소크라테스'가 아테네의 외국인과 야만인에 대한 혐오를 일관되게 찬양하고 있는 245c~d이다.(8장 주 48 참조.) 민주주의 —— 이것은 아테네 민주주의를 의미한다 —— 를 공격하는 다른 곳에서(8장 주 48에서 인용된 『국가』, 562e 이하) 플라톤은 외국인에 대한 아테네의 자유주의적 대처를 이유로 아테네를 비난하고 있기 때문에, 『메넥세노스』에 있는 그의 찬미는 반어 외에 다른 것이 될 수 없다. 친스파르타파는 아테네의 관용을 다시 조소한다.(이방인들은 리쿠르고스 법에 의해 스파르타에서 거주할 수 없었다. 아리스토파네스의 『새 Birds』, 1012를 참조하시오.) 이와 관련하여, '소크라테스'가 아테네를 공격하는 화자로 등장하는 『메넥세노스』(236a, 10장 주 15(1)을 참조.)에서 플라톤이 '소크라테스'에 대해 그가 과두정치파의 지도자였던 웅변가 안티폰(람누스 Rhamnus의 안티폰. 아테네인 소피스트 안티폰과 혼동하지 말 것.)의 제자라고 말하는 것은 흥미롭다. 특히 실제로 그가 매우 찬양했던, 안티폰의 제자로 보이는 투키디데스에 의해 기록된 연설의 풍자가 '소크라테스'에 의해 말해진다는 관점에서 보면 그러하다. * 『메넥세노스』의 진본 여부에 대해서는 10장 주 35 역시 참조하시오.

20. 『법률』, 757a. 주요 부분들이 위의 본 장 주 9(1)에서 인용된 757a~e 전체를 참조하시오.

(1) 내가 평등주의에 대한 반대 의견의 기준이라고 부르는 것에 대해서는, 『법률』 744b 이하를 참조하시오. "만약 모든 사람들이……모든 것을 평등하게 할 수 있다면 얼마나 좋겠는가. 그러나 그것은 불가능하다……." 등. 본 구절은 특히 『국가』만으로 플라톤을 판단하는 많은 저술가들이 플라톤을 명예정치의 반대자라고 묘사한다는 점에서 보면 흥미롭다. 그러나 『법률』의 중요한 구절(즉 744b 이하)에서, 플라톤은 "분배뿐만 아니라 정치적 직무와 기여 또한 시민의 재산 가치에 따라 비례적이어야 한다고 요구한다. 그리고 그것들은 그의 덕 혹은 그의 선조의 덕 혹은 그의 몸의 크기와 그의 잘생긴 외모만이 아니라, 그의 재산 혹은 그의 가난에 달려 있다. 이런 방법으로 사람들은 가능한 한 평등하게, 즉 비록 불평등한 분배의 원칙에 따르더라도 그의 재산의 비율에 따라서 영예와 직무를 받게 될

것이다." * 우리는 재산과 몸의 크기의 비율에 따르는 영예와 전리품의 불평등한 분배 이론은 아마도 영웅적 정복 시대의 잔여물이 아닌가 생각해 볼 수 있다. 육중한 고가의 무장을 한 부자와 강한 자들은 다른 사람들보다 승리에 더 많은 공헌을 한다.(이 원칙은 호메로스 시대에 받아들여졌고, 아이슬러가 나에게 확신시켜 주듯이 잘 알려진 정복전쟁의 무리들의 경우에서 발견된다.) * 이 입장, 즉 다른 것을 평등하게 대우하는 것이 부정의하다는 것에 대한 기본적 생각은『프로타고라스』, 337a와 같은 초기 작품 속의 지나가는 논평에서 발견되지만(본 장 주 9와 48에서 언급된 『고르기아스』, 508a 이하 역시 참조.) 플라톤은『법률』을 집필하기 전에는 이 생각을 많이 활용하지 않았다.

(2) 이런 생각들에 대한 아리스토텔레스의 상술에 대해서는, 특히 그의 『정치학』, III, 9, I, 1280a를 참조하시오.(1282b~1284b와 1301b29 역시 참조하시오.) 여기서 그는 다음과 같이 적고 있다. "모든 사람들이 어떤 종류의 정의들을 추구하고 있지만, 개념들은 불완전하며 온전한 이데아를 포괄하고 있지 않다. 예를 들어서, (민주주의자들에 의해서) 정의는 평등으로 생각되어진다. 비록 그것이 만인에 대해서가 아니라 같은 사람들에 대해서만 평등한 것임에도 불구하고 그러하다. 그리고 (과두정체자들에 의해서) 정의는 불평등으로 생각되어진다. 비록 그것이 모든 사람이 아닌 동등하지 않은 사람들에게만 불평등한 것임에도 불구하고 그러하다."『니코마코스 윤리학』, 1131b27, 1158b30 이하 역시 참조하시오.

(3) 이 모든 반평등주의에 반대하여, 나는 칸트와 같이 어떠한 사람도 자신을 타인보다 더 가치 있다고 여겨서는 안 된다는 것이 모든 도덕의 원칙이 되어야 함을 주장한다. 그리고 자신을 공정하게 판단하기란 악명 높게도 불가능하다는 점을 고려할 때, 이 원칙만이 우리가 받아들여야 할 유일한 것이라고 나는 주장한다. 그래서 나는 캐틀린과 같은 탁월한 저술가의 다음과 같은 논평(『정치학 원리에 대한 연구』, 314)을 이해하기 어렵다. "모든 인격들을 평등하게 하려고 시도하고……같은 것을 같게, 다른 것을 다르게 하라는 아리스토텔레스적 교훈을 무시하는 칸트의 도덕에는

뭔가 근원적으로 비도덕적인 것이 존재한다. 한 사람은 다른 사람과 사회적으로 똑같은 권리를 가지지 않는다.……필자는 정말로……'피' 속에 뭔가 있다는 것을 부인할 준비가 결코 되어 있지 않다." 여기서 나는 다음과 같은 질문을 하겠다. 만약 '피' 혹은 재능의 동일하지 않음에 뭔가 특별한 것이 있다면, 심지어 그런 차이들을 평가하는 데 시간을 낭비하는 것이 가치 있다면, 혹은 심지어 그것들을 평가하는 것이 가능하다면, 왜 그것들은 더 많은 권리의 토대가 되어야만 하고, 오히려 더 많은 의무의 근거가 되어서는 안 되는가?(4장의 주 31/32에 대한 본문 참조.) 나는 칸트의 평등주의에서 근원적인 비도덕성을 발견하지 못하겠다. 그리고 나는 캐틀린이 그의 도덕적 판단의 기반으로 삼는 것이 무엇인지 알 수 없다. 왜냐하면 그는 도덕을 취향의 문제로 간주하기 때문이다. 왜 칸트의 '취향'이 근본적으로 비도덕적이어야 하는가?(이것 역시 기독교적 '취향'이다.) 내가 생각해 볼 수 있는 이 문제에 대한 유일한 대답은 캐틀린이 그의 실증주의적 관점(5장 주 18(2) 참조.)에서 판단을 하고 있다는 것과, 그가 기독교적인 것과 칸트적인 것은 현대 사회에서 실증주의적으로 강요되는 도덕적 평가와 모순을 일으키기 때문에 비도덕적이라고 생각한다는 것이다.

(4) 이 모든 반평등주의에 대해 할 수 있는 최선의 대답들 중 하나는 루소의 대답이다. 나는 그의 낭만주의가 사회철학의 역사상 가장 유해한 영향 중의 하나였다는 나의 주장(본 장 주 1 참조.)에도 불구하고 이 점을 이야기한다. 그러나 그는 역시 이 분야에서 매우 드문 뛰어난 저술가 중의 하나이다. 나는 『불평등의 기원 Origin of Inequality』에 있는 그의 탁월한 언급들 중 하나를 인용한다.(예를 들어서, 『사회계약론』 174쪽의 범인(凡人)론을 참조하시오. 강조는 내가 한 것이다.) 그리고 나는 본 구절 마지막 문장의 위엄 있는 설명에 독자들의 관심을 끌고자 한다. "나는 인류에게는 두 종류의 불평등이 있다고 생각한다. 하나는, 본질적으로 성립되는 것이기 때문에 내가 자연적 혹은 육체적 불평등이라 부르는 것이다. 이것은 나이, 건강, 체력, 정신 혹은 영혼의 질의 차이로 구성된다. 다른 하나는, 인습에 의존하고, 인간의 동의에 의해 확립되거나 혹은 최소한 권한이

부여되기 때문에 내가 도덕적 혹은 정치적 불평등이라 부르는 것이다. 후자는 부자들, 명예를 가진 자들, 혹은 권력을 가진 자들과 같은……몇몇 사람들이 향유하는 다양한 특권들로 구성된다.……자연적 불평등의 원인이 무엇인지 질문하는 것은 쓸데없는 짓이다. 왜냐하면 이 질문은 그 단어의 단순한 정의로 답해지기 때문이다. 또, 두 불평등 사이에 어떤 본질적 관계가 있는지의 유무를 탐구하는 것은 여전히 쓸모없는 짓이다. 왜냐하면 이것은 다른 말로 하자면 명령하는 자는 필연적으로 복종하는 자보다 나은지, 그리고 육체 혹은 정신 혹은 지혜 혹은 덕의 강도는 항상……인간의 권력 혹은 재산의 비율에 맞게 나타나는지로 질문되어질 수 있기 때문이다. 이 질문은 주인의 말에 복종하는 노예들의 논의에는 어울리겠지만, 진리를 탐구하는 합리적이고 자유로운 사람에게는 전혀 어울리지 않는다."

21. 『국가』, 558c. 본 장 주 14를 참조하시오.(민주주의에 대한 공격에서 제일 처음 나오는 구절이다.)

22. 『국가』, 433b. 본 구절이 논증으로 의도되었다는 것을 역시 인지하고 있는 애덤은 논증을 재구성하려고 시도한다.(433b11에 대한 주.) 그러나 그는 "플라톤은 그의 추론에서 정신적으로 충족시킬 만한 것을 충분히 남겨두지 않았다."라고 고백한다.

23. 『국가』, 433e/434a. 본 구절의 계속에 대해서는, 본 장 주 40을 참조하시오. 『국가』 초반부에 있는 이것에 대한 준비에 대해서는, 본 장 주 6을 참조하시오. 애덤은 내가 '두 번째 논증'이라 부르는 것에 대하여 다음과 같이 설명한다.(433e35에 대한 주.) "플라톤은 정의에 대한 그의 관점과 그 단어의 대중적인 법률적 의미 사이의 접촉점을 찾고 있었다……." (본문에 있는 다음 문단에 인용된 구절을 참조하시오.) 애덤은 매우 명확히는 아니지만 플라톤의 논증에 뭔가 잘못된 것이 있음을 알았던 비판자(크론 Krohn)에 대해서 플라톤의 논증을 방어하려고 시도한다.

24. 본 문단의 인용구는 『국가』, 430d 이하에서 가져온 것이다.

25. 이 고안은 곰페르츠와 같은 날카로운 비판자에게조차 성공적인 것처럼 보인다. 그는 그의 짧은 비판(『그리스 사상가들』, V, II편, 10, 독일어

판, II권, 378~379쪽)에서 이 논증의 약점을 언급하는 데 실패했다. 그리고 심지어 처음 두 권에 대해 주석을 달면서 다음과 같은 이야기를 한다. (V, II, 5, 368쪽) 그는 "불타는 열정을 가진 플라톤의 대화자들인 글라우콘과 아데이만토스가……모든 피상적 해결책들을 내쫓으며 막는다."라고 하면서 "기적 같은 명료성, 정확성, 그리고 참된 과학적 특성을 지닌 해설이 이어진다."라고 덧붙인다.

본문의 다음 문단에 있는 절제에 관한 나의 언급에 관해서는, 데이비스와 본의 '분석'인 다음 구절을 참고하시오.(『국가』의 골든 트레제리판, xviii쪽을 참조하시오. 강조는 내가 한 것이다.) "절제의 본질은 억제이다. 정치적 절제의 본질은 복종하는 자의 충성과 헌신에 대한 통치하는 자의 권리를 인식하는 데 있다." 이것은 플라톤의 생각에 대한 나의 해석이 플라톤의 추종자들과 공유된다는 것을 보여줄 수 있다.(비록 다른 용어법으로 표현되겠지만.) 나는 '절제', 즉 자신의 자리로 만족할 수 있는 것이, 비록 노동자들이 참여할 수 있는 유일한 덕이지만, 모든 세 계급이 공유하는 덕이라고 덧붙여 말할 수 있다. 따라서 노동자나 돈 버는 자들이 가질 수 있는 덕은 절제이다. 보조자들이 가질 수 있는 덕은 절제와 용기이다. 수호자들이 가질 수 있는 것은 절제, 용기, 그리고 지혜이다.

다음 문단에서 역시 인용되는 '장황한 서문'은 『국가』, 432b 이하에서 가져온 것이다.

26. '집단주의'라는 용어에 대해서는, 여기서 용어법적 설명이 가능하다. 웰스G. H. Wells가 '집단주의'라고 부르는 것은 내가 그 이름을 사용하는 것과는 아무 관련이 없다. 웰스는 평등주의적 개인주의의 요구사항들에 대한 인정할 만한 정식화를 가지고 있는 그의 『인간의 권리, 그리고 전쟁과 평화에 대한 인간의 상식 *Rights of Man and His common Sense of War and Peace*』에서 보여진 것처럼, (내가 이 단어를 사용하는 의미 속에서) 개인주의자이다. 하지만 그는 개인의 자유와 복지를 증진시키는 목적을 가진 정치적 제도의 합리적 설립을 옳게 믿고 있다. 이것이 그가 '집단주의'라고 부르는 것이다. 그의 '집단주의'와 동일한 것이라고 내가 믿고 있는

것을 묘사하기 위해서, 나는 '자유를 계획하는 합리적 제도'와 같은 표현을 사용할 것이다. 이 표현은 길고 어색할지 모르지만, '집단주의'가 이 책에서뿐만 아니라 종종 사용되듯이 반개인주의적 의미로 해석되는 위험을 막아준다.

27. 『법률』, 903c. 5장 주 35의 본문을 참조하시오. 본문에서 언급된 '서문'은 『법률』 903b이다.("그러나 그는 자신에게 잘 맞는 조언들이……필요하다." 등.)

28. 플라톤이 난폭한 집단 이기주의에 대해 경고를 하는 장면은 『국가』와 『법률』에 셀 수 없이 많다. 예를 들어서, 『국가』 519e와 본 장 주 41에서 언급된 구절을 참조하시오.

종종 근거 없이 주장되는, 집단주의와 이타주의 사이의 동일성에 대해서, 나는 셰링턴이 『자연 위의 인간』(388쪽)에서 묻고 있는 적절한 질문을 언급할 수 있다. "물고기 떼와 소 떼가 이타주의인가?"

29. 디킨스 Dickens의 의회에 대한 잘못된 경멸에 대해서는, 7장 주 23 역시 참조하시오.

30. 아리스토텔레스의 『정치학』, III, 12, 1(1282b). 본 장 주 9와 2의 본문을 참조하시오.(『정치학』, III, 9, 3, 1280a에 있는 정의는 사물만이 아니라 사람과도 관련이 있다는 결과에 대한 아리스토텔레스의 언급 역시 참조하시오.) 본 문단 후반부에 있는 페리클레스의 인용구에 대해서는, 본 장 주 16의 본문과 10장 주 31을 참조하시오.

31. 이 언급은 5장 주 35의 본문에서 인용된 구절(『국가』, 519e 이하)에서 가져온 것이다.

32. 아래의 문단(1)과 문단(2)에서 인용된 중요한 구절들은 『법률』로부터 가져온 것이다.

(1) 『법률』, 739c 이하. 플라톤은 여기서 『국가』, 더 정확하게는 『국가』, 462a 이하와 424a, 그리고 449e를 언급하고 있다.(집단주의와 전체주의에 대한 구절들의 항목은 5장 주 35에서 찾을 수 있다. 그의 공산주의에 대해서는, 5장 주 29(2)와 거기에 언급된 다른 곳들을 참조하시오.) 여기서

언급된 구절은 피타고라스직 준칙인 "친구들은 소유물을 공동으로 가진다"라는 인용구로 특징을 드러내며 시작된다. 주 36과 본문 역시 참조하시오. 주 34에서 언급되는 '공동식사' 역시 참조하시오.

(2) 『법률』, 942a 이하. 다음 주를 참조하시오. 이 구절들은 모두 곰페르츠에 의해 반개인주의적으로 언급된 것들이다.(앞의 책, II권, 406) 『법률』, 807d/e 역시 참조하시오.

33. 4장 주 42와 본문을 참조하시오. 본 문단 다음의 인용구는 『법률』, 942a 이하이다.(바로 앞의 주를 보시오.)

우리는 『법률』에서 (『국가』에서처럼) 군사교육은 무기를 장만할 수 있는 모든 사람들, 즉 시민들과 시민권과 같은 것을 가진 모든 사람들에게 의무사항임을 잊어서는 안 된다.(『법률』, 753b를 참조.) 다른 모든 사람들은 노예가 아니라면 '기계적인' 인간들이다.(『법률』, 741e와 743d, 그리고 11장 주 4를 참조하시오.)

군국주의를 혐오하는 베이커가 플라톤이 가진 비슷한 관점을 믿는다는 점은 흥미롭다.(『그리스 정치론』, 298~301.) 플라톤이 전쟁을 찬양하지 않으며, 오히려 전쟁에 반대해서 이야기한다는 것은 사실이다. 그러나 많은 군국주의자들이 평화와 연습 전쟁을 이야기해 왔고, 플라톤의 국가는 군인 계급, 즉 전에는 군인이었던 지혜로운 자에 의해 지배된다. 이러한 고찰은 『국가』에서와 같이 『법률』에서도 옳다.(753b 참조.)

34. 식사, 특히 '공동식사'와 음주관습에 대한 엄격한 입법은 플라톤에게서 꽤 중요한 역할을 한다. 예를 들어서, 『국가』, 416e, 458c, 547d/e, 『법률』, 625e, 633a(의무적 공동식사가 전쟁을 예상하고 제도화된 것으로 말해진다.), 762b, 780~783, 806c 이하, 839c, 842b를 참조하시오. 플라톤은 크레타와 스파르타의 관습에 따라 공동식사의 중요성을 언제나 강조한다. 이 문제들에 관해 플라톤의 삼촌인 크리티아스의 편견 또한 흥미롭다. (D^2, 크리티아스, 단편 33을 참조하시오.)

본 인용구 마지막에 있는 '야생 금수'의 무정부 상태에 대한 암시에 대해서는, 『국가』, 563c 역시 참조하시오.

35. E. B. 잉글랜드의 『법률』 번역본, 1권, 51쪽, 739b8 이하에 대한 주를 참조하시오. 베이커로부터의 인용구는 앞의 책과 같은 곳에서 가져왔다.(149쪽과 148쪽) 셀 수 없이 많은 유사한 구절들을 플라톤주의자들의 저작들에서 찾아볼 수 있다. 그러나 물고기 떼와 소 떼가 이타주의에 의해 영감을 받는다고 말하는 것은 옳지 않다는 셰링턴의 언급을 참조하시오.(본 장 주 28 참조.) 집단적 본성과 부족적 이기주의, 그리고 이 본성들에 대한 호소는 이기주의적이지 않은 것과 혼동되어서는 안 된다.

36. 『국가』, 424a, 449c, 『파이드로스』, 279c, 『법률』, 739c를 참조하시오. 주 32(1)을 참조하시오.(『리시스 Lysis』, 207c와 에우리피데스의 『오레스테이아 Orest』, 725 역시 참조하시오.) 초기 기독교와 마르크스주의적 공산주의 원칙의 있음 직한 관계에 대해서는, 5장 주 29(2)를 참조하시오.

『고르기아스』의 정의와 부정의에 대한 개인주의적 주장에 대해서는, 예를 들어서 『고르기아스』, 468b 이하, 508d/e에 있는 예를 참조하시오. 이 구절들은 아마도 여전히 소크라테스적인 영향을 보여주고 있다.(10장 주 56 참조.) 소크라테스의 개인주의는 그의 유명한 선한 사람의 자기충족성 이론에서 가장 명확하게 드러난다. 이 이론은 비록 『국가』의 주요 주제 중의 하나, 즉 국가만이 스스로 자기충족적일 수 있다는 것과 정확하게 모순됨에도 불구하고 플라톤이 『국가』(387d/e)에서 언급하는 것이다.(5장 주 25와 그 본문과 그 다음 주를 참조하시오.)

37. 『국가』, 368b/c.

38. 특히 『국가』, 344a 이하를 참조하시오.

39. 『법률』, 923b를 참조하시오.

40. 『국가』, 434a~c를 참조하시오.(본 장 주 6과 23의 본문과 4장 주 27(3)과 31 역시 참조하시오.)

41. 『국가』, 466b/c. 『법률』, 715b/c와 계급특권의 반전체주의적 오용에 반대하는 다른 많은 구절들 역시 참조하시오. 본 장 주 28과 7장 주 25(4) 역시 참조하시오.

42. 여기서 암시된 문제는 '자유의 역설'의 그것이다. 7장 주 4를 참조

하시오. 교육의 국가통제 문제에 대해서는, 7장 주 13을 보시오.

43. 아리스토텔레스, 『정치학』, III, 9, 6 이하(1280a)를 참조하시오. 버크 Burke, 『프랑스혁명론 *French Revolution*』(1815년판, 5권, 184, 본 구절은 아리스토텔레스의 구절에 대한 자우엣 Jowett의 주에서 적절히 인용되었다. 아리스토텔레스의 『정치학』, 2권, 126에 대한 그의 판본을 참조하시오.)을 참조하시오.

본 문단 다음에 나오는 아리스토텔레스의 인용구는 앞의 책, III, 9, 8, (1280b)이다.

예를 들어서 필드는 (그의 『플라톤과 그의 동시대인들』, 117에서) 유사한 비판을 제기한다. "시민들의 도덕적 성향에 교육적 영향력을 행사하는 도시와 도시의 법률에는 의심의 여지가 없다." 그러나 그린 Green은 (그의 『정치적 의무에 관한 강좌 *Lectures on Political Obligation*』에서) 국가가 법률에 의해 도덕을 강제하는 것은 불가능하다는 것을 명확히 보여준다. 그는 다음의 공식에 충분히 동의할 것이다. "우리는 정치를 도덕화하길 원하지, 도덕을 정치화하길 원하는 것은 아니다."(본문에 있는 본 문단의 마지막을 보시오.) 그린의 관점은 스피노자에 의해 예고된 것이다.(『신학정치론 *Tractatus Theologico-Politicus*』, 20장) "모든 것을 법률로 통제하려는 자는 악을 질식시키기보다 오히려 신장시킬 것이다."

44. 나는 시민사회의 평화와 국제적 평화 사이의 유사점을 고찰하고, 국제범죄를 통제하려는 근본적인 시도로서 일반범죄와 국제범죄 사이의 유사점을 고찰하려 한다. 이런 문제에 대한 역사주의적 방법의 빈곤뿐만 아니라 이런 유추와 한계에 대해서 더 알아보려면 9장 주 7을 참조하시오.

*유토피아적 꿈으로서 국제적 평화의 확립을 위한 합리적 방법을 고찰하는 사람들 중에, 모겐소 H. J. Morgenthau는 언급할 만하다.(그의 책, 『과학적 인간 대 권력정치 *Scientific Man versus Power Politics*』, 영어판, 1947을 참조.) 모겐소의 입장은 실망한 역사주의자의 입장으로 요약될 수 있다. 그는 역사적 예언이 불가능하다는 것을 인지한다. 그러나 그는 이성의(혹은 과학적 방법의) 영역이 예측 가능성의 영역에 한정된다는 것을

가정하기 때문에 (예를 들어서, 마르크스주의자들과 함께) 역사적 사건의 예측 불가능성으로부터, 이성은 국제적 분야에 적용 불가능하다는 결론을 내린다.

과학적 예측과 역사적 예언이라는 의미에서의 예측은 동일하지 않기 때문에 위의 결론은 도출되지 않는다. (유일하게 태양계 이론만 제외하면, 어떠한 자연과학도 실제로 역사적 예언과 비슷한 어떤 것을 시도할 수 없다.) 발전의 '경향' 혹은 '추세'를 예측하는 것은 사회과학의 과제도 아니고 자연과학의 과제도 아니다. "소위 '사회법칙'이라는 것이 할 수 있는 최선은 정확히 소위 '자연법칙'이라는 것이 할 수 있는 최선이다. 즉 어떤 경향을 알려주는 것이다.……어떤 조건이 실제로 일어나서 어떤 한 경향을 구체시킬지는 자연과학도 사회과학도 예고할 수 없다. 그것들은 어떤 조건 하에서 어떤 경향이 구체화될 것이라는 높은 수준의 개연성 이상의 예견을 할 수 없다."고 모겐소가 적었다.(120쪽 이하, 강조는 내가 만든 것이다.) 그러나 자연과학은 경향을 예측하지 않으며, 오로지 역사주의자들만 그들과 사회과학이 그러한 목적을 가질 수 있다고 믿는다. 따라서 이러한 목적들이 실현될 수 없다는 깨달음은 단지 역사주의자들만을 실망시킬 뿐이다. "그러나 많은……정치학자들은……실제로……높은 확실성의 정도를 가지고 사회적 예측을 할 수 있다고 주장한다. 사실 그들은 망상의 희생자들이다."라고 모겐소는 쓰고 있다. 나는 확실히 동의한다. 그러나 이것은 단지 역사주의가 파기될 것이라는 것을 보여줄 뿐이다. 그러나 역사주의의 파기가 정치에서의 합리주의의 파기를 의미한다는 것은 근본적으로 역사주의적인 선입견을 보여준다. 즉 역사주의적 예언이 모든 합리적 정치학의 기초라는 선입견이다.(나는 이런 관점을 역사주의의 특징으로 1장 초반에서 언급했었다.)

모겐소는 권력을 이성의 통제 아래로 가져와서 전쟁을 억제하려는, 합리주의와 본질상 사회에 적용 불가능한 과학주의에서 유래한 모든 시도들을 비웃는다. 그러나 명확하게, 그는 너무 많은 것을 입증한다. 권력을 향한 본질적 욕망이 시민사회의 평화를 막는다는 모겐소의 이론에도 불구하고, 많은 사회에서 평화는 이룩되어 왔다. 물론 그는 그 사실을 인정한다. 그러나 그는 그렇게 하는 것이 자신의 낭만적 주장들의 이론적 토대를 파괴시킨다는 것을 알지 못한다. *

45. 인용구는 아리스토텔레스의 『정치학』, III, 9, 8, (1280)에서 가져온 것이다.

(1) 나는 본문에서 "더 나아가"라고 말하는데, 이유는 본문에 암시된 구절, 즉 『정치학』, III, 9, 6과 III, 9, 12가 리코프론의 관점 역시 보여준다고 생각하기 때문이다. 이것을 믿는 나의 근거들은 다음과 같다. III, 9, 6에서 III, 9, 12까지, 아리스토텔레스는 내가 보호주의라고 부르는 이론의 비판에 참여하고 있다. 본문에서 인용된 III, 9, 8에서, 그는 이 교설에 대한 간단하면서도 완벽하게 명확한 설명을 곧바로 리코프론의 덕으로 돌린다. 리코프론에 대한 아리스토텔레스의 다른 인용들로부터(본 주 (2)를 보시오.) 리코프론의 연대를 미루어 보면 그가 처음은 아니더라도 최소한 보호주의를 구체화한 최초의 사람들 중 하나여야만 한다는 것이 가능하다. 따라서 보호주의에 대한 전체적 공격, 즉 III, 9, 6에서 III, 9, 12는 직접적으로 리코프론에 대한 것이었고, 다양한 상당수의 보호주의에 대한 설명들이 모두 그의 것이라는 가정은 (비록 확실하지는 않지만) 합리적으로 보인다.(플라톤이 보호주의를 『국가』 358c에서 '일반적 관점'이라고 묘사하는 것도 언급할 수 있겠다.)

아리스토텔레스의 반대 논변은 보호주의 이론이 국가의 내부적 통일성뿐만 아니라 국지적 통일성 역시 설명할 수 없다는 것을 모두 보여주기 위한 것이었다. 그는 (III, 9, 6에서) 보호주의 이론이 노예와 금수는 가질 수 없는 좋은 삶을 위해서 국가가 존재한다는 사실을 간과한다고 주장한다.(즉 덕스러운 지주의 좋은 삶을 위해 국가는 존재한다. 왜냐하면 돈벌이에 몰두하는 사람들은 그의 '단조로운' 직업 때문에 시민권을 가질 수 없기 때문이다.) 그리고 그것은 또한 "동일한 장소에서 살고 결혼하는 사람들로 구성된……완전하고 자족적인 삶을 위한 가족이라는 행복 공동체와 가족의 집합"(III, 9, 12)인 '참된' 국가의 부족적 통일성을 간과하고 있다.

(2) 리코프론의 평등주의에 대해서는, 5장 주 13을 보시오. 자우엣은 리코프론을 "애매한 수사학자"로 묘사한다.(『아리스토텔레스의 정치학 Aristoteles's Politics』, II,126) 그러나 아리스토텔레스는 그의 현존하는 저작들 속에서 리코프론을 최소한 여섯 번 언급하고 있기 때문에 다르게 생각했었음에 틀림없다.(『정치학』, 『수사학 Rhetoric』, 『형이상학』, 『자연학』, 『소피스테스』)

리코프론이 고르기아스 학파의 그의 동료인 알키다마스보다 많이 어리지는 않았을 것 같다. 왜냐하면 만약 알키다마스가 고르기아스를 이어 학파의 대표자가 된 이후에 그의 평등주의가 알려졌다면, 그의 평등주의는 거의 주목받지 못했을 것이기 때문이다. 리코프론의 인식론적 관심들 역시 (아리스토텔레스가 『형이상학』 1045b9와 『자연학』 185b27에서 언급했던) 그가 고르기아스 초기의, 즉 고르기아스 자신이 실제로 오로지 수사학에만 관심을 갖기 전의 제자였다는 것을 그럴듯하게 만들기 때문에 적절한 사례이다. 물론 리코프론에 관한 어떠한 의견도 우리가 가지고 있는 정보의 빈약으로 인해 매우 상상적임에 틀림없다.

46. 베이커, 『그리스 정치론』, I, 160쪽. 계약이론의 역사적 견해에 대한 흄의 비판에 대해서는 4장 주 43을 보시오. 사회계약의 정의에 반대되는 플라톤의 정의는 영혼 '외부적인 어떤 것'이 아니라, 오히려 영혼 내부적이라는 베이커의 추가 주장들에 대해서(161쪽), 나는 독자들에게 플라톤이 정의를 실현시키기 위해 가장 심한 처벌을 자주 추천한다는 것을 상기시키고자 한다. 그는 언제나 '설득과 강요'의 사용을 추천한다.(8장 주 5, 10, 그리고 18을 참조.) 다른 한편 몇몇 근대의 민주주의적 국가들은 범죄가 증가하지 않으면서도 자유롭고 관대해질 수 있음을 보여주고 있다.

베이커가 리코프론을 (나도 그러한 것처럼) 계약이론의 창시자로 본다는, 나의 언급에 대해서는 베이커의 앞의 책, 63쪽을 참조하시오. "프로타고라스는 소피스트 리코프론이 계약이론을 세울 것을 예상하지 않았다." (이 점에 대해서는 5장 주 27의 본문을 참조하시오.)

47. 『고르기아스』, 483b 이하를 참조하시오.

48. 『고르기아스』, 488e~489b를 참조하시오. 527b 역시 참조하시오.

소크라테스가 여기서 칼리클레스에게 대답하는 방법을 보면, 역사적 소크라테스는(10장 주 56 참조.) 핀다로스 형태의 생물학적 자연주의를 근거로 하는 논증들을 다음과 같이 주장하면서 반대했던 것 같다. 만약 더 강한 자가 다스려야 하는 것이 자연스러운 것이라면, 평등이 통치해야 한다는 것 역시 자연스럽다. 왜냐하면 자신의 강력함을 그가 지배하고 있다는 사실에 근거하여 보여주는 대중이 평등을 요구하기 때문이다. 다른 말로 하자면, 그는 자연주의적 요구의 공허함과 애매한 특징을 보여주었던 것이다. 그리고 그의 성공은 플라톤이 자연주의에 대한 그 자신만의 견해를 제안하도록 부추겼다.

나는 '기하학적 평등'에 대한 소크라테스의 후반기 언급(508a)이 왜 필연적으로 반평등주의로 해석되어야만 하는지, 즉 왜 그것이 『법률』 744b 이하와 757a~e(본 장 주 9와 20(1)을 참조하시오.)와 동일한 것을 의미하는지를 주장하려는 게 아니다. 이것은 애덤이 『국가』 558c15에 대한 그의 두 번째 주에서 제안한 것이다. 그러나 아마도 그의 제안에는 뭔가가 있다. 『고르기아스』 508a의 '기하학적' 평등은 피타고라스적 문제들을 암시하는 것 같아 보이고(10장 주 56(6)을 참조. 그리고 거기에 있는 『크라틸로스』에 대한 논평을 또한 보시오.), '기하학적 비율'에 대한 좋은 암시가 될 수 있기 때문이다.

49. 『국가』, 358e. 글라우콘은 358c에서 저작자임을 부인한다. 이 구절을 읽으면서, 독자의 관심은 『고르기아스』의 칼리클레스의 연설에서뿐만 아니라 본 구절에서도 중요한 역할을 하는 '자연 대 인습'이라는 주제에 의해 쉽게 분산된다. 그러나 『국가』에서 플라톤의 주요 관심사는 인습주의를 격파하는 것이 아니라 합리적 보호주의적 접근을 이기적이라고 비난하는 것이다.(인습주의적 계약이론이 플라톤의 주적이 아니라는 것은 5장 주 27~28과 본문에서 드러난다.)

50. 만약 우리가 『국가』에서 플라톤이 보호주의를 제시했던 것과 『고르기아스』에서 제시했던 것을 비교해 본다면, 우리는 비록 『국가』에서 평등

이 덜 강조되고 있음에도 불구하고 같은 이론이라는 것을 알 수 있다. 그러나 심지어 평등은『국가』, 359c에서 지나가듯 언급된다. "본성은 ……인습적 법에 의해 일그러지게 되고, 강제로 평등을 존경하게 된다." 이 언급은 칼리클레스의 연설과의 유사성을 더 높여준다.(『고르기아스』, 특히 483c/d를 보시오.) 그러나『고르기아스』와 반대로, 플라톤은 평등을 단번에 버리고(아니면 오히려 그 주제를 취하지도 않고) 결코 다시 거들떠보지 않는다. 이 점은 그가 그 문제를 피하려고 애쓰고 있다는 것을 더 명확하게 해준다. 대신에 플라톤은 그가 보호주의의 유일한 원천이라 생각하는 냉소적 이기주의를 매우 열심히 기술한다.(평등주의에 대한 플라톤의 침묵에 대해서는, 특히 본 장 주 14와 본문을 참조하시오.) A. E. 테일러의 『플라톤: 인간과 그의 작품』(1926) 268쪽은 칼리클레스는 '본성'으로부터 시작하는 반면, 글라우콘은 '인습'에서 시작한다고 주장한다.

51.『국가』, 359a를 참조하시오. 본문에 있는 나의 추가적인 암시들은 359b, 360d 이하에 대한 것이다. 358c 역시 참조하시오. '되풀이하여 말함'에 대해서는, 359a~362c와 367e까지의 상술을 참조하시오. 보호주의의 허무주의적 경향에 대한 플라톤의 묘사는『국가』의 에브리맨 Everyman판에서 모두 아홉 쪽을 차지하는데, 이것은 플라톤이 이것을 중요하게 본다는 것이다.(『법률』, 800a 이하에 유사한 구절이 있다.)

52. 글라우콘이 의견 제시를 끝내자, 아데이만토스가 끼어드는데(소크라테스로 하여금 공리주의를 비판케 만드는 매우 흥미롭고 가장 타당한 도전과 함께), 이때 비로소 소크라테스는 글라우콘의 주장이 탁월한 것이라고 말한다.(362d) 아데이만토스의 주장은 글라우콘 주장의 수정판이며, 그는 내가 보호주의라고 부르는 것이 트라시마코스의 허무주의에서 나왔다는 주장을 반복한다.(특히 367a 이하를 보시오.) 아데이만토스의 말이 끝난 후에 소크라테스는 아데이만토스뿐만 아니라 글라우콘에게도 감탄해 마지않는데, 이유는 그들이 부정의에 대한 사례들을 매우 탁월하게 제시했음에도, 즉 부정의를 저지르고도 '도망칠' 수 있는 한 부정의를 저지르는 것은 옳다는 주장에도 불구하고 정의에 대한 그들의 신념이 흔들리지 않

기 때문이다. 글라우콘과 아데이만토스가 제시한 논증의 탁월함을 강조함으로써, '소크라테스(즉 플라톤)'는 이런 논증들을 논의된 관점들의 공정한 제시라고 넌지시 이야기하고, 글라우콘의 주장에 수정이 필요하다는 것을 보여주기 위해서가 아니라 그가 강조하듯이 보호주의 주장에 반대하여 정의는 좋음이고 부정의는 악이라는 것을 보여주기 위하여, 궁극적으로 자신의 의견을 피력한다.(플라톤의 공격은 계약이론을 향한 것이 아니라 오로지 보호주의만 겨냥한다는 점을 —— 본 장 주 49를 참조하시오 —— 잊어서는 안 된다.) 계약이론은 곧 "모든 사람은 함께 모여 정착함으로써 자신의 이익을 증진시키기를 기대하기" 때문에 "사람들은 함께 모여 정착한다"는 이론 ——『국가』369b~c. 5장 주 29의 본문 참조 —— 을 포함하여 플라톤 자신에 의해서 최소한 부분적으로 채택되기 때문이다.

본 장 주 37의 본문에 인용된 '소크라테스'의 인상적인 논평과 함께 본 구절이 절정에 달한다는 것 역시 언급되어야 한다. 이것은 플라톤이 단지 보호주의를 부도덕하고 이기주의의 부정한 형태라고 제시함으로써 싸우고 있다는 것을 보여준다.

끝으로 플라톤의 진행 과정에 대해 판단을 내리기 전에 우리는 플라톤이 수사학과 궤변에 맞서 논쟁하기를 좋아했다는 것을 잊어서는 안 된다. 사실 그는 '소피스트'에 대해 공격함으로써 이 단어에 대한 나쁜 이미지를 창조했던 바로 그 사람이다. 그러므로 그가 스스로 수사학과 궤변을 논증의 장소에서 사용할 때, 우리는 그를 비판할 수 있는 모든 근거를 갖는다고 나는 생각한다.(8장 주 10 역시 참조하시오.)

53. 우리는 애덤과 베이커를 여기서 언급된 플라톤주의자의 대표자들로 여길 수 있다. 애덤은 글라우콘에 대해서 말하길(358e 이하에 대한 주), 그가 트라시마코스의 주장을 부활시켰다고, 그리고 트라시마코스에 대해서는(373a 이하에 대한 주), 그의 주장이 "글라우콘에 의해 그 후에 (358e 이하에서) 제시된 것과 동일하다."라고 한다. 베이커는 내가 보호주의라고 부르는 것을 '실용주의'라고 부르면서 말하길(앞의 책, 159), 그것은 "트라시마코스와 동일한 정신 속에 있다."라고 한다.

54. 위대한 회의론자 카르네아데스가 플라톤의 견해를 믿었다는 것은 키케로를 통해 알 수 있는데(『공화정에 관하여 De Republica』, III, 8, 13, 23), 여기서 글라우콘의 견해가 카르네아데스에 의해 채택된 이론으로서 실제적인 변화 없이 제시된다.(10장 주 65와 66과 56에 대한 본문 역시 보시오.)

이 관계 속에서, 나는 반인도주의자들이 항상 우리의 인도주의적 감성에 호소하는 것이 필요하다고 생각해 왔다는 사실과, 그들이 종종 그들의 성실성으로 우리를 설득하는 데 성공했다는 사실에서, 큰 위로를 찾을 수 있다고 말하고 싶다. 이것은 그들이 이러한 감정들이 우리 대부분에게 깊이 뿌리박혀 있다는 것과 멸시받는 '대중'은 아주 나쁘기보다 오히려 매우 선하고, 매우 진실하고, 매우 정직하다는 것을 알고 있다는 것을 보여준다. 반면에 그들은 종종 그들의 사악한 '지배자'들에 의해 무가치하고 물질에 마음을 뺏긴 '금수와 같이 배를 채우는' 이기주의자로 불리기까지 한다.

7장

본 장의 표어는 『법률』, 690b에서 가져온 것이다.(5장 주 28을 참조하시오.)

1. 6장 주 2/3의 본문을 참조하시오.

2. 유사한 생각들이 존 스튜어트 밀에 의해 표현되었다. 그는 그의 『논리학 체계』(1판, 557쪽 이하)에서 다음과 같이 적고 있다. "통치자의 행동들은 결코 그들 개인의 사사로운 이익에 의해 결정되지 않음에도 불구하고, 이런 이기주의적 관심에 대한 보호장치로서 헌법적 감독이 필요하다." 그는 『여성의 종속 The Subjection of Women』(에브리맨판 251쪽, 강조는 내가 한 것이다.)에서 비슷하게 적고 있다. "선인(善人)의 절대적 통치하에서 큰 좋음과 큰 행복과 큰 애정이 존재한다는 것을 누가 의심하겠는가? 반면에 법과 제도들은 선인이 아니라 악인에게 적용되기를 요구한다."

강조된 문장에 대해 내가 충분히 동의하면서도, 나는 본 문장의 첫 번째 부분에 포함된 주장이 실제로 요청되는 것은 아니라고 느낀다.(특히 본 장 주 25(3)을 참조하시오.) 유사한 주장을 그의 『대의정부론 Considerations on Representative Government』(1861, 특히 49쪽을 보시오.)의 탁월한 구절에서 찾을 수 있다. 여기서 밀은 철인치자에 대한 플라톤주의적 이상과 싸우는데, 이유는 특별히 그의 통치가 자비롭다고 할지라도, 그것은 정책을 판단하는 일반 시민의 의지와 능력의 '포기'를 포함할 것이기 때문이다.

존 스튜어트 밀의 이 고백은 제임스 밀 James Mill의 『통치론 Essay on Government』과 그것에 대한 '매콜리 Macaulay의 유명한 공격'(존 스튜어트 밀은 이것을 이렇게 부른다. 그의 『자서전 Autobiography』, 5장, 「한 단계 전진 One Stage Onward」, 1판, 1873, 157~161쪽 참조, 매콜리의 비판은 ≪에든버러 리뷰 Edinburgh Review≫에서, 1829년 3월, 1829년 6월, 1829년 10월에 처음 출판되었다.) 사이의 불화를 해결하려는 시도의 일부라는 것이 언급될 수 있겠다. 이 충돌은 존 스튜어트 밀의 발전에 매우 큰 영향을 미쳤다. 이것을 해결하려는 그의 시도는 우리가 그의 『자서전』에서 듣는 것처럼 사실 그의 『논리학 체계』의 궁극적 목적과 특성을 결정했다.

존 스튜어트 밀이 제안한 그의 아버지와 매콜리 사이에 있었던 충돌의 해결법은 이것이다. 그는 그의 아버지가 정치는 연역적 과학이라고 믿는 것에서는 옳았지만, "연역의 유형이……순수 기하학의 것(이다.)"이라고 믿었던 것은 틀렸고, 반면에 매콜리는 그것(정치학)은 이것(기하학)보다 더 실험적이라고 믿는 것에서는 옳았지만, 그것이 "화학의 순수한 실험적 방법"과 같다고 믿는 것에서는 틀렸다고 말한다. 존 스튜어트 밀에 따르면 (『자서전』, 159쪽 이하) 참된 해결책은 이것이다. 정치학에 알맞은 방법은 역학의 연역적 방법, 즉 '힘의 합성의 원칙'에서 예증된 것과 같은 효과들의 합계에 의해 특징지어지는 방법이다.(존 스튜어트 밀의 생각이 여하튼 1937년까지 살아남았다는 것은 나의 『역사주의의 빈곤』 63쪽에서 보여진다.)

나는 이런(다른 것들과 상관없이, 역학과 화학에 대한 잘못된 이해에 기초하고 있는) 분석이 크게 중요하다고 생각하지 않는다. 그러나 꽤 많은 것들이 옹호될 수 있는 것처럼 보인다.

그의 전후 시대 많은 사람들처럼 제임스 밀은 매콜리의 (그의 첫 논문의 결말 부분에서의) 표현대로, "정치학을 인간 본성의 원칙으로부터 연역하려고" 시도하였는데, 나는 매콜리가 이 시도를 '완전히 불가능'하다고 묘사한 것이 옳다고 생각한다. 또한 매콜리의 방법은 그가 제임스 밀의 독단적인 이론들을 논박하는 목적에 역사적 사실들을 충분히 사용하는 한, 좀 더 경험적으로 묘사될 수 있을 것이다. 그러나 그가 행하는 방법은 화학의 그것이나, 혹은 제임스 밀이 화학의 방법이라고 믿었던 것(혹은 제임스 밀의 삼단논법을 자극했고, 매콜리가 찬양했던 베이컨적 귀납법)과는 전혀 상관이 없다. 그것은 관심의 대상이 되는 어떤 것도 논리적으로 증명될 수 없고, 대안적 이론과 대안적 상황에 비추어서 이론과 가능한 상황을 논의하는 어떠한 것도, 그리고 역사적 증거에 관한 어떠한 것도 논리적으로 증명될 수 없는 분야에서는, 논리적 증명을 타당하지 않은 것으로 거부하는 방법이다. 문제가 되는 주요점들 중의 하나는 제임스 밀이 그가 군주정체와 귀족정체가 공포정치를 만든다는 필연성을 증명했다고 믿었다는 것이다. 그러나 이것은 사례들에 의해 쉽게 반박된다. 본 주의 처음에 인용된 존 스튜어트 밀의 두 구절들은 이런 반박의 영향을 보여준다.

매콜리는 단지 밀의 증명을 거부하는 것만을 원했지, 그가 주장한 결론의 참과 거짓을 말하려는 것이 아니라는 것을 항상 강조한다. 이것이 단지 스스로가 찬양했던 귀납적 방법을 실행하려고 하지는 않았다는 점을 명확히 해준다.

3. 예를 들어서, E. 마이어의 "권력은 본질적으로 불가분적이다."라는 언급을 참조하시오.(『고대사』, V, 4쪽)

4. 『국가』, 562b~565e를 참조하시오. 본문에서, 나는 특히 562c를 언급하고 있다. (자유의) "과잉은 사람들이 참주정체를 몹시 원하는 그런 상황을 초래하지 않겠는가?" 추가로 563d/e를 참조하시오. "마침내는 시민들이 법률을, 그게 성문율이든 불문율이든 아랑곳하지 않게 되는데, 이는 그 누구도 자신들에 대해 어떤 식으로도 독재자가 되지 못하게 하려는 의도

라는 사실을 자네는 확실히 알고 있을 것이니 말일세. 그러므로 이것이 참주정치가 시작되는 기원이네."(본 구절의 시작에 대해서는, 4장 주 19를 보시오.)

자유와 민주주의의 역설에 대한 플라톤의 다른 언급은 다음과 같다. 『국가』, 564a. "국가에 있어서뿐만 아니라 개인에게 있어서도 지나친 자유는 지나친 예속 이외의 다른 어떤 것으로도 바뀌지 않을 것 같으이.……그렇다면 참주정체는 아마도 민주정체 이외의 다른 어떤 정체에서도 조성되어 나오지 않을 것이라고, 즉 극단적인 자유에서 가장 심하고 야만스러운 예속이 조성되어 나올 것이라고 나는 생각하네." 『국가』, 565c/d 역시 보시오. "그런데 민중은 언제나 어떤 한 사람을 자신들의 투사나 지도자로 삼아 보살피고 키워주는 버릇이 있지 않은가?"——"그들에겐 그러는 버릇이 있죠."——"그러므로 참주정체가 자라나게 될 때는 언제나 이런 민주주의적 군중 지도력이 그것이 출현하는 기원이라는 것은 명백하이."

소위 자유의 역설이라 불리는 것은, 절제시킬 통제가 없다는 의미에서의 자유란, 약한 자를 괴롭히는 사람에게 온순한 자를 노예화시키도록 자유를 허락해 주기 때문에, 매우 큰 구속을 초래할 수밖에 없다는 논증이다. 플라톤은 이 생각을 매우 다른 경향을 가진 약간 다른 형태로 명확하게 나타내고 있다.

관용의 역설은 좀 덜 알려져 있다. 무제한적인 관용은 관용의 상실을 초래할 것이라는 것이다. 만약 우리가 심지어 관용적이지 않은 사람들에게까지 무제한적 관용을 베푼다면, 만약 우리가 편협한 자들의 맹공격에 대항해 관용적 사회를 지켜낼 각오가 되어 있지 않다면, 관용적인 사람들은 파멸할 것이고, 관용도 그들처럼 소멸할 것이다. 예를 들어, 이 정식화에서 나는 편협한 철학의 발언을 항상 막아야 한다는 것을 함축하지 않는다. 우리가 합리적 논증을 통해 그들과 맞서고, 공중의 의견으로 그들을 감독할 수 있는 한, 억압은 확실히 현명한 일은 아닐 것이다. 그러나 우리는 필요하다면 무력으로라도 그들을 제압할 권리를 주장해야 한다. 왜냐하면 그들은 우리를 합리적 논증의 수준에서 만날 준비를 하지 않고 모든 논증들을 비난하며 시작할 것임이 쉽게 판명될 것이기 때문이다. 그들은 자신들의 추종자들에게 합리적 논증이 현혹적이므로 그것에 귀 기울이는 것을 금지시키고, 대신 주먹과 권총을 사용해서 논증들에 대답하도록 가르친다. 그래서 우리는 관용이라는 이름으로 관용적이지 않은 사람에게는 관용을 베풀지 않을 권리를 주장해야 한다. 우리는 편협함을 가르치는 어떤 운동이 법의 테두리를 넘어선다는 것을 주장해야만 하고, 우리가 살인 혹은 유괴의 선동 혹은 노예무역의 부흥을 범죄로 간주하듯 편협함과 박해를 선동하는 것도 범죄로 간주해야 할 것이다.

덜 알려진 또 다른 역설은 민주주의의 역설 혹은 더 정확히는 다수지배의 역설, 즉 다수가 폭군이 통치하도록 결정할 가능성이 있다는 것이다. 민주주의에 대한 플라톤의 비판이 여기서 개괄된 방식으로 해석될 수 있다는 것과, 다수지배의 원칙이 자기모순을 초래할 수 있다는 것은, 내가 아는 한 L. 넬슨에 의해 최초로 제안되었다.(본 장 주 25(2) 참조.) 그러나 자신의 열정적인 인도주의와 자유를 위한 불타는 항쟁에도 불구하고, 플라톤의 정치적 이론의 다수를 채택했고, 특히 플라톤의 지도자 원칙을 채택한 넬슨은 유사한 논증이 통치권 이론의 모든 다른 특정한 형태에 반대해서 일어날 수 있다는 것을 알았다고 나는 생각하지 않는다.

이 모든 역설들은 만약 우리가 우리의 정치적 요구들을 본 장 2절에서 제안된 방식 혹은 이와 같은 어떤 다른 방법으로 재구성한다면 쉽게 피할 수 있다. 우리는 평등주의와 보호주의 원칙에 따라 통치하는 정부를 원한다. 이 정부는 상호호혜적 준비가 되어 있는, 즉 관용적인 모든 사람들에게 관용을 베풀고, 국민에 의해 통제되며, 국민에게 해명할 의무가 있다. 그리고 우리는 다수 표결의 몇몇 형태가, 국민들에게 충분한 정보를 제공하는 제도와 함께라면, 비록 오류가 절대 없다고 할 수는 없겠지만, 정부를 통제할 수 있는 가장 최선의 수단이라는 것을 덧붙일 수 있다.(오류 없는 수단은 존재하지 않는다.) 6장 주 42 앞의 본문의 마지막 네 문단, 2권 7장 주 20의 본문, 2권 14장 주 7(4)의 본문, 그리고 본 장 주 6의 역시 참조하시오.

5. 이 점에 대한 추가 언급은 2권 9장에서 찾을 수 있다.

6. 7장 주 4에 있는 구절 (7)을 참조하시오.

자유의 역설과 주권의 역설에 대한 다음 논평은 아마 논의를 많이 벗어나게 만드는 것처럼 보일 수도 있다. 그러나 여기서 논의되는 논증들은 어느 정도 형식적인 특징들을 갖기 때문에, 비록 세밀하게 따지는 어떤 것을 포함할지라도 그것들을 좀 더 빈틈없이 만드는 것이 좋을 것이다. 더군다나 이런 종류의 논쟁을 경험해 본 나는 지도자 원칙, 즉 최선자, 최현자(最賢者) 지배 원칙의 옹호자들이 다음과 같은 반대 논증을 실제로 제공할 것임을 예상하게 된다. (a) 만약 '최현자'가 다수가 지배해야 한다고 결정하면, 그는 정말로 지혜로운 자가 아니게 된다. 고찰을 계속해 보면 그들은, 현자는 다수 지배의 원칙과 같은 모순을 초래하는 원칙을 결코 세우지 않을 것이라는 주장 (b)를 가지고 이것을 지지할지도 모른다. (b)에 대한 나의 대답은, 우리는 결정이 모순으로부터 자유로워지는 방식으로 '지혜로운' 자의 이 결정을 바꿀 필요가 있다는 것이다. 예를 들어서, 그는 평등주의와 보호주의의 원칙에 따라 통치하고 다수결에 따라 통제되는 정부에 찬성하여 결정할 수 있으며, 다수 선거에 의해 통제받는다. 현자의 이러한 결정은 통치권원칙의 포기일 것이다. 그리고 그것은 그 포기에 의해 모순으로부터 자유로워질 것이기 때문에, 그것은 '지혜로운' 자에 의해 만들어질 수 있다. 그러나 물론, 이것은 최현자가 통치해야 한다는 원칙을 그것의 모순으로부터 자유롭게 하지는 않을 것이다. 또 다른 논증, 즉 (a)는 다른 문제이다. 그것은 정치가가 자신의 권력을 포기하지 않을 때만 그가 '지혜롭다'거나 혹은 '선하다'고 불린다는 방식으로 정치인의 '지혜' 혹은 '선함'을 정의하는 위험을 범하게 된다. 그리고 사실, 모순으로부터 자유로운 유일한 통치권이론은 자신의 권력을 절대적으로 포기하지 않으려는 사람이 통치해야 한다는 것을 요구하는 이론일 것이다. 지도자원칙을 믿는 사람들은 그들의 신조의 이 논리적 결과와 솔직히 대면해야 할 것이다. 만약 모순으로부터 자유로워진다면, 그것은 최선자 혹은 최현자의 통치를 의미하는 것이 아니라, 강자 혹은 권력자의 통치를 함축하는 것이다.(2권 14장 주 7 역시 참조하시오.)

7. * 나의 강의 「전통에 관한 합리적 이론에 대하여 *Towards a Rational Theory of Tradition*」(《합리주의자 연감 *The Rationalist Yearbook*》, 1949에서 처음 출판되었고, 지금은 나의 『추측과 논박 *Conjectures and Refutations*』에 들어 있다.)를 참조하시오. 여기에서 나는 전통은 사람(그리고 개인적 결정)과 제도 사이의 중간적이고 매개적인 역할을 수행한다는 것을 보이려고 시도한다. *

8. 30인 참주정치 아래에서의 소크라테스의 행동에 대해서는, 『변론』, 32c를 보시오. 30인은 소크라테스를 그들의 범죄에 연루시키려고 했지만, 그는 저항했다. 30인의 통치가 약간 더 지속되었다면 이것은 그에게 죽음을 의미했을 것이다. 10장 주 53과 56 역시 참조하시오.

본 문단 후반부에 있는, 지혜란 지식의 한계를 아는 것을 의미한다는 주장에 대해서는, "너 자신을 알라."의 의미가 이런 방식대로 설명되어 있는 『카르미데스』, 167a, 170a를 보시오. 『변론』(특히 23a~b를 참조하시오.)은 유사한 경향(여전히 『티마이오스』, 72a에 흔적이 남아 있는)을 보인다. 『필레보스』에서 나타나는 "너 자신을 알라."의 해석에 대한 중요한 변화에 대해서는, 본 장 주 26을 보시오.(8장 주 15 역시 참조.)

9. 플라톤의 『파이돈』, 96~99를 참조하시오. 내 생각에 『파이돈』은 여전히 부분적으로는 소크라테스적이지만 매우 넓게 플라톤적이다. 『파이돈』에서 소크라테스에 의해 말해지는 그의 철학적 발전의 이야기는 많은 토론을 야기시킨다. 나는 이것이 소크라테스의 진짜 자서전도 플라톤의 진짜 자서전도 아니라고 생각한다. 나는 이것은 단지 소크라테스의 발전에 대한 플라톤의 해석이라고 제안한다. 학문에 대한 소크라테스의 태도(합리적인 주장에 대한 날카로운 관심과 가장 온전한 유형의 불가지론이 함께 결합된 태도)는 플라톤에게는 이해할 수 없는 것이었다. 그는 학문에 대한 소크라테스의 태도를, 피타고라스주의에 반대되는 것으로, 소크라테스 시대 아테네 학문의 퇴보를 언급함으로써 설명하려고 한다. 이리하여 플라톤은 소크라테스의 이러한 불가지론적 태도를 그가 새로 획득한 피타고라스 학

파의 입장에서는 더 이상 정당화되지 않는다는 식으로 설명한다.(그리고 그는 영혼의 새로운 형이상학적 이론이 얼마나 많이 개인에 대한 소크라테스의 열렬한 관심에 호소하게 될 것인지를 보여주려고 시도한다. 10장 주 44와 56, 그리고 8장 주 58을 참조하시오.)

10. 이것은 $\sqrt{2}$와 무리수 문제를 포함하는 견해이다. 즉 피타고라스주의의 붕괴를 촉진시켰던 바로 그 문제이다. 기하학의 피타고라스적 산술화를 반박함으로써 이것은 우리가 유클리드로부터 알게 되는 특정한 연역-기하학적 방법들에 대해 주목하도록 만든다.(6장 주 9(2) 참조.) 『메논』에서 이 문제의 사용은 이 대화의 어떤 부분들에서 '최근의' 철학적 발전과 방법들에 대한 저자(거의 소크라테스가 아닌)의 지식을 '과시하는' 경향이 있다는 사실과 관련이 있을 수 있다.

11. 『고르기아스』, 521d 이하.

12. 크로스먼, 『오늘날의 플라톤』, 118을 참조하시오. "아테네 민주주의의 이 기본적인 세 가지 과실과 직면하여……" ──크로스먼이 어떻게 참되게 소크라테스를 이해했는지는 앞의 책 93에서 찾을 수 있다──"우리 서구문화에서 옳은 모든 것은, 그것이 과학자 혹은 성직자 혹은 정치가 혹은 단순한 진리보다는 정치적 거짓말을 선호하는 것을 거부하는 일반적인 남자와 여자 누구에 의해 발견되든지 간에, 이런 정신으로부터 연원했다.……결국 그들의 사례는 권력과 탐욕의 독재를 깨뜨릴 수 있는 유일한 힘이다.……소크라테스는 철학은 편견과 불합리에 대한 양심적 반대 이외의 아무것도 아니라는 것을 보여주었다."

13. 크로스먼, 앞의 책, 117 이하를 참조하시오.(첫 문단의 강조는 내가 만든 것이다.) 크로스먼은 잠시 동안 플라톤의 국가에서 교육은 계급 독점이라는 것을 잊었던 것 같다. 『국가』에서 화폐의 소유가 고등교육에 대한 열쇠가 아닌 것은 사실이다. 그러나 이 점은 좀 사소한 것이다. 중요한 점은 통치계급의 회원들만 교육된다는 것이다.(4장 주 33 참조.) 게다가 플라톤은 최소한 그의 후반기 인생에서 결코 명예정치의 반대자가 아니었다. 그는 무계급 혹은 평등주의적 사회에 비해 명예정치를 훨씬 선호했다. 6장

주 21(1)에 인용된 『법률』, 744b 이하의 구절을 참조하시오. 교육에 대한 국가통제의 문제에 대해서는, 6장 주 42와 4장 주 39~41 역시 참조하시오.

14. 버넷은 『국가』가 순수하게 소크라테스적(혹은 심지어 전(前)소크라테스적, 즉 진리에 더 가까운 관점. 특히 윈스피어, 『플라톤 생각의 기원 The Genesis of Plato's Thought』(1940)을 참조하시오.)이라고 생각한다. (『그리스 철학』, I, 178) 그러나 그는 이 의견과 그가 플라톤의 진필이라고 생각하는 『일곱 번째 편지』(326a, 『그리스 철학』 I, 218 참조.)에서 인용하는 중요한 진술을 화해시키려고 진지하게 시도하지 않는다.

15. 6장 주 33의 본문에서 충분히 인용되는 『법률』, 942c.

16. 『국가』, 540c.

17. 8장 주 44의 본문에 인용된 『국가』, 473c~e로부터의 인용구.

18. 『국가』, 48b/c. 『법률』, 634d/e를 참조하시오. 여기서 플라톤은 "젊은이들이 어떤 법이 옳고 어떤 것인 틀린지를 질문하는 것을 금지시키고, 그들 모두가 법이 완전히 옳다고 만장일치로 선언할 수 있도록 만드는 그 법(도리아 법)을 찬양한다." 오직 노인만 법을 비판할 수 있고, 나이 든 작가만이 덧붙일 수 있다. 그것도 어떤 젊은이도 그의 이야기를 들을 수 없을 때에만 그렇게 할 수 있다. 본 장 주 21의 본문, 4장 주 17, 23, 40 역시 참조하시오.

19. 『국가』, 497d.

20. 앞의 책, 537c. 다음 인용구는 537d~e와 539d에서 가져온 것이다. '본 구절의 연속'은 540b~c이다. 다른 흥미로운 언급은 536c~d인데, 여기서 플라톤은 변증법을 위해 선택된 자는(앞 구절에서) 새로운 과목을 배우기에 확실히 충분하게 나이가 들어야 한다고 말한다.

21. *H. 체르니스, 『초기 아카데메이아의 난제』, 79쪽. 그리고 『파르메니데스』, 135c~d를 참조하시오. *

위대한 민주주의자인 그로트는 이 점에 대해(즉 『국가』, 537c~540의 '명백한' 구절들에 대해서) 강하게 비평한다. "젊은이에게 변증적 논쟁을 금지시키라는 견해는……확실히 반소크라테스적이다.……사실 이것은 소크라테스에 반대하는 멜레토스와 아니토스의 비난의 경우에 속한다.……이것은 그가 젊은이를 타락시킨다는 그들의 비난과 동일하다.……그리고 우리가 서른 이전의 나이에서는 모든 담화를 금지시키고 있는 그(플라톤)를 발견할 때, 우리는 이것이 아테네의 30인 참주정치의 짧은 지배 동안 크리티아스와 카리클레스Charicles가 실제로 소크라테스에게 부여한 바로 그 금지라는 것을 우연히 동시에 일어난 한 사건으로 주목한다."(그로트, 『플라톤, 그리고 소크라테스의 다른 동료들』, 1875년판, 3권, 239.)

22. 본문에서 논쟁된, 잘 복종하는 사람이 명령도 잘한다는 생각은 플라톤적이다. 『법률』, 762e를 참조하시오.

토인비는 통치자를 교육하는 플라톤적 제도가 얼마나 성공적으로 억압된 사회에서 작동했는지를 훌륭하게 보여준다. 『역사의 연구』, III, 특히 33 이하. 4장 주 32(3)와 45(2)를 참조하시오.

23. 몇몇 사람들은 아마 어떻게 개인주의자가 어떤 대의에 헌신하는 것, 특히 과학적 탐구로서의 추상적 대의에 헌신하는 것을 요구할 수 있는지 의문을 품을 수 있을 것이다. 그러나 (앞 장에서 논의된) 이러한 의문은 오래된 실수, 즉 개인주의와 이기주의의 동일화를 드러내줄 뿐이다. 개인주의자는 이기적이 될 수도 있고, 그리고 개인들을 도울 뿐만 아니라 다른 사람을 돕는 제도적 도구의 발전을 위해서도 헌신할 수 있다.(이와는 별도로, 나는 헌신은 요구되는 것이 아니라 장려되는 것일 뿐이라고 생각한다.) 나는 어떤 제도에 대한 헌신, 예를 들어서 민주주의 국가의 제도들에 대한, 심지어 어떤 전통에 대한 헌신은 이 제도들의 인도주의적 목적을 잊어버리지 않는 개인주의의 영역에 잘 속할 수 있다고 믿는다. 개인주의가 반제도적 인격주의와 동일화되어서는 안 된다. 개인주의자들은 자주 이런 실수를 저지른다. 그들은 집단주의에 대한 적개심에서는 옳지만, 제도를 집단(그 자체로 목적임을 주장하는)으로 오해하고, 반제도적 인격주의자들이 된다. 이것은 그들을 위험스럽게 지도자원칙으로 몰아간다.(나는 이것이 부분적으로 디킨스의 의회주의에 대한 적대적 태도를 설명한다고 생각한다.) 나의 용어법('개인주의'와 '집단주의')에 대해서는, 6장 주 26~29의

본문을 보시오.

24. 새뮤얼 버틀러 Samuel Butler, 『에레혼 *Erewhon*』(1872, 에브리맨 판), 135쪽을 보시오.

25. 이 사건들에 대해서는, 마이어, 『고대사』, V, 522~525쪽과 488 이하를 참조하시오. 10장 주 69 역시 참조하시오. 아카데메이아는 참주를 길러내는 것으로 악명이 높았다. 플라톤의 제자들 중에서 카이론은 후에 펠레네의 참주가 되고, 에우라스토스와 코리스코스는 스켑시스(아타르네오스 근처)의 참주가, 그리고 헤르메이아스는 아타르네오스와 아소스의 참주가 된다.(*Athen.* XI, 508과 *Strabo*, XIII, 610을 참조하시오.) 헤르메이아스는 어떤 전거에 따르면 플라톤의 직계제자이다. 진위 여부가 의문인 소위 '여섯 번째 플라톤적 편지 Sixth Platonic Letter'에 따르면, 그는 단지 플라톤의 충고를 받아들일 준비가 되어 있던 플라톤의 숭배자였던 것 같다. 헤르메이아스는 아리스토텔레스와, 아카데메이아의 세 번째 지도자인 플라톤의 제자 크세노크라테스의 후원자가 되었다.

페르디카스 3세와 플라톤의 제자 에우파코스에 대한 그의 관계에 대해서는, *athen.*, XI, 508 이하를 보시오. 여기에는 칼리포스 역시 플라톤의 제자로 언급되고 있다.

(1) 교육가로서 플라톤의 실패는 『법률』 1편에서 발전된 교육과 선발의 원칙을 보면 그렇게 놀랄 일도 아니다.(637d부터, 특히 643a에 있는 "교육의 본성과 의미를 정의해 보자."부터 650b 끝까지.) 이 긴 구절에서 그는 교육의 위대한 도구, 혹은 오히려 차라리 우리가 신뢰할 수 있는 사람을 선택하는 위대한 도구가 있다는 것을 보여준다. 포도주와 술 취함, 바로 이것이 그 사람의 입을 열게 하고, 그가 정말 어떠한 사람인지를 알게 할 것이다. "사람의 성향을 시험하고 그를 훈련시키기에 포도주를 사용하는 것보다 더 좋은 것이 있는가?"(649d/e) 지금까지 나는 플라톤을 찬미하는 교육학자 중에 누구도 음주의 방법에 대해서 논의하는 것을 보지 못했다. 이것은 이상한데, 왜냐하면 그 방법은, 비록 더 이상 그렇게 값이 저렴하지는 않지만, 특히 대학에서 여전히 널리 사용되고 있기 때문이다.

(2) 지도자원칙에 대해 공평하게 말하자면, 다른 사람들이 플라톤보다 선택에서 더 운이 좋았다는 사실은 인정되어야 한다. 예를 들어서, L. 넬슨(본 장 주 4 참조.)은 이 원칙을 믿었는데, 가장 참기 힘들고 유혹적인 상황 속에서 자신들의 대의를 계속 고수하는 수많은 남자들과 여자들의 관심을 끌었고 동시에 이들을 선발하는 독특한 힘을 가졌었던 것처럼 보인다. 그러나 그들의 것은 플라톤의 대의보다 더 나은 것이었다. 그것은 자유의 인도주의적 이념과 평등주의적 정의였다. *(넬슨의 몇몇 논의들은 영문번역판으로, 예일대학교 출판부에서 『소크라테스적 방법과 비판적 철학 *Socratic Method and Critical Philosophy*』이라는 제목으로 1949년에 출판되었다. 매우 흥미로운 서문은 율리우스 크라프트 Julius Kraft가 썼다.) *

(3) 이것의 근본적 약점은 자비로운 독재론, 즉 심지어 몇몇 민주주의자들 사이에서도 여전히 번성하고 있는 이 이론에 남아 있다. 나는 신뢰할 만하고 국민을 위해 최선을 다하고자 하는 의도를 지닌 지도적 인격의 이론을 염두에 두고 있다. 비록 이 이론이 타당하다 하여도, 심지어 우리가 인간이 통제되거나 감시됨 없이 그런 태도를 지속할 수 있다고 믿는다 하여도, 어떻게 우리는 그가 비범한 탁월성을 지닌 후계자를 찾을 수 있을 것이라고 장담할 수 있겠는가?(9장 주 3과 4와 10장 주 69참조.)

(4) 본문에서 언급된 권력의 문제에 대해서, 『고르기아스』(525e 이하)와 『국가』(615d 이하)를 비교해 보는 것은 흥미롭다. 두 구절들은 밀접하게 닮은꼴이다. 그러나 『고르기아스』는 중대한 범죄자들은 항상 "권력을 소유하고 있는 계급 출신의 사람들"이라고 주장한다. 즉 평민들이 잘못될 수는 있지만 구제하기 어려운 것은 아니다. 『국가』에서는, 권력의 타락한 영향에 대한 이 명확한 경고가 빠져 있다. 중대한 죄인들의 대부분은 여전히 참주들이다. 그러나 "그들 중에는 평민들도 몇 명 있다."고 한다.(『국가』에서, 플라톤은 이기심에 의존하고 있다. 그는 이기심이 수호자들이 권력을 잘못 사용하는 것을 막아줄 것이라고 믿는다. 6장 주 41의 본문에서 인용된 『국가』 466b/c를 참조하시오. 왜 이기심이 참주가 아닌 수호자들에 대해 유익한 효과를 가지는지는 그렇게 명확하지 않다.)

26. *초기의 (소크라테스적) 대화편에서(예를 들면 『변론』과 『카르미데스』. 본 장 주 8과 8장 주 15, 그리고 10장 주 56(5)를 참조.) "너 자신을 알라."는 격언은 "네가 거의 알지 못한다는 것을 알라."는 말로 해석되어 있다. 그러나 후기의 (플라톤적) 대화편인 『필레보스』는 작지만 매우 중요한 변화를 이끌어낸다. 처음에(48c/d 이하) 격언은 넌지시 같은 방법으로 해석된다. 자신을 모르는 많은 사람들은 "그들이 지혜롭다고…… 주장하며 거짓말을 한다."고 하기 때문이다. 그러나 이 해석은 이제 다음과 같이 발전된다. 플라톤은 인간을 두 계급, 약한 자와 강한 자로 나눈다. 약한 자의 무지와 어리석음은 우스꽝스럽게 묘사되고, 반면에 "강한 자의 무지는 '사악하고' '증오스러운' 것으로 적절하게 명명된다……." 그러나 이것은 (모든 사람이, 특히) 권력을 휘두르는 자는 자신의 무지를 알아야 한다는 소크라테스적 교설과는 반대로 무력을 휘두르는 자는 무지하기보다 지혜롭다(혹은 지혜로운 자는 권력을 휘둘러야 한다)는 플라톤적 교설을 함축한다.(물론 『필레보스』에서 '지혜'는 '자신의 한계를 깨달음'으로 번역되어야 한다는 것에는 재고의 여지가 없다. 반면에, 여기서는 지혜가 피타고라스적 가르침과 『소피스테스』에서 발전된 플라톤적 형상론에 대한 전문가적 지식을 포함한다.) *

8장

『국가』, 540c~d에 인용한 본 장의 표어에 대해서는, 본 장 주 37과 이 구절이 좀 더 충분히 인용되어 있는 9장 주 12를 참조하시오.

1. 『국가』, 475e. 예를 들어서 485c 이하, 501c를 참조하시오.

2. 앞의 책, 389b 이하.

3. 앞의 책, 389c/d. 『법률』, 730b 이하를 참조하시오.

4. 이것과 다음 세 인용구들에 대해서는, 『국가』, 407e와 406c를 참조하시오. 『정치가』, 293a 이하, 295b~296e 등을 참조하시오.

5. 『법률』, 720c를 참조하시오. 본 구절(718c~722b)이 정치가는 강제와 함께(722b) 설득을 사용해야 한다는 생각을 소개한다는 점은 흥미롭다. 그리고 대중의 '설득'으로 플라톤이 의미하는 것은 대부분 거짓 선전이다. 본 장 주 9와 10 그리고 해당 본문에 있는 『국가』, 414b/c에서의 인용구를 참조하시오. 『법률』에서 인용한 구절 속의 플라톤의 사상은, 이런 참신한 관대함에도 불구하고 거짓을 관리하는 의사-정치가의 오랜 연합에 의해 여전히 지배되고 있음이 드러난다. 나중에(『법률』, 857c/d), 플라톤은 치료에 집중하는 대신 자신의 환자에게 철학을 과도하게 이야기하는 의사의 반대 유형에 대해 불평한다. 플라톤은 그가 『법률』을 집필하고 있는 동안 아파 누웠을 때의 자신의 경험을 여기서 말하고 있을 것이다.

6. 『국가』, 389b. 다음의 짧은 인용구에 대해서는, 『국가』 459c를 참조하시오.

7. 칸트, 『영원한 평화에 대하여 On Eternal Peace』, 「부록」을 참조하시오.(Werke, 카시러 Cassirer판, 1914, 6권, 457.) 캠벨 스미스 M. Campbell Smith의 번역(1903), 162쪽 이하를 참조하시오.

8. 크로스먼, 『오늘날의 플라톤』(1937), 130쪽. 바로 앞 쪽 역시 참조하시오. 크로스먼은 거짓 선전은 피통치자에게만 해당되는 것이고, 플라톤이 통치자들에 대해서는 그들의 비판적 능력을 충분히 사용할 수 있도록 교육하려고 했다고 여전히 믿고 있다. 내가 이렇게 믿는 이유는 그가 다음과 같이 적은 것(『경청자 The Listener』, 27권, 750쪽)을 보았기 때문이다. "플라톤은 자유 연설과 자유 토론은 선택된 소수들만을 위한 것이라고 믿었다." 그러나 사실 그는 전혀 이런 것을 믿지 않았다. 『국가』와 『법률』 모두에서(7장 주 18~21에서 인용된 구절과 본문 참조.) 플라톤은 나이가 들지 않은 자들이 자유롭게 생각하거나 말할 수 있게 되어 고정된 교설의 엄밀성과 억제된 사회의 경직성을 위험에 빠뜨리지나 않을까 하는 두려움을 표현한다. 다음 두 개의 주 역시 보시오.

9. 『국가』, 414b/c. 414d에서, 플라톤은 "통치자 자신들과 군인계급, 그리고 도시의 나머지 사람들에게" 그의 거짓말의 진실성을 설득하려는 희

망을 재확인한다. 후에 그는 이 솔직함을 후회하는 것처럼 보인다. 왜냐하면 『정치가』, 269b 이하에서(특히 271b를 참조. 3장 주 6(4) 역시 참조.) 그는 그가 『국가』에서 군주다운 '거짓말'로조차 소개하기를 꺼려했었던(본장 주 11을 보시오.), 대지에서 태어난 자의 그 동일한 신화를 진실이라고 믿고 있는 것처럼 말하기 때문이다.

  * 내가 '군주다운 거짓말'이라고 하는 것은 보통 '고상한 거짓말' 혹은 '고상한 허위' 혹은 심지어 '혼(魂)이 있는 허구'로 번역된다.

지금 내가 '군주다운'이라고 번역한 'gennaios'는 글자 그대로 번역하면 '고귀한 태생의' 혹은 '귀족 혈통의'라는 뜻이다. 따라서 '군주다운 거짓말'은 최소한 '고상한 거짓말'만큼 문자 그대로이다. 그러나 이것은 '고상한 거짓말'이라는 단어가 떠올리게 하는 것들을 연상시키지 않는다. 이 연상들은 상황, 즉 다른 사람을 위험에 빠뜨리는 어떤 것을 그 자신이 책임지는 거짓말 —— 마치 베키의 잘못을 그 자신이 책임지는 톰 소여의 거짓말이나, 재판관 대처가 (35장에서) "고상하고, 관대하고, 아량이 넓은 거짓말"로 묘사하는 것과 같은 상황 —— 에 의해 보증되지 않는다. '군주다운 거짓말'이 이런 뜻으로 간주되어야 하는지에 대해서는 아무런 근거도 없다. 따라서 '고상한 거짓말'이라는 번역은 플라톤을 이상화하려는 전형적 시도 중의 하나일 뿐이다. 콘퍼드는 "꾸며낸 이야기의 대담한 비상……"으로 번역하고, 주에서 '고상한 거짓말'에 반대하여 논증한다. 그는 'gennaios'가 '푸짐한'을 의미한다고 쓴다. 그래서 사실 '큰 거짓말'이나 혹은 '웅장한 거짓말'도 완벽하게 적절한 번역이다. 그러나 콘퍼드는 동시에 '거짓말'이라는 용어의 사용에 대해서 반대한다. 그는 신화를 '플라톤의 무해한 비유'로 묘사하고, 플라톤이 "지금은 선전이라 불리는, 거의 대부분이 비천한 거짓말"을 묵인한다는 견해에 반대하는 논증을 편다. 주에서 그는 다음과 같이 말한다. "수호자들은 스스로 가능하다면 이 비유를 받아들이려고 했다는 것을 주목하라. 그리고 통치자들이 대중을 속인 것은 '선전'이 아니다." 그러나 이상화하려는 이 모든 시도들은 실패한다. 플라톤 자신은 거짓말은 부끄러워해야 하는 것이라고 매우 분명히 말한다. 주 11의 마지막 인용구를 보시오.(이 책의 1판에서, 나는 고귀한 태생을 암시하는 '영감적 거짓말'을 번역해서, 대안으로 '책략이 풍부한 거짓말'을 제안했다. 나의 플라톤주의적 동료들은 이것이 너무 제멋대로이고 편향적이라고 비판했다. 그러나 콘퍼드의 "꾸며낸 이야기의 대담한 비상"은 'gennaios'와 엄밀하게 같은 의미이다.) 본 장 주 10과 18을 보시오. *

10. 5장 주 35의 본문에서 인용된 『국가』, 519e 이하를 참조하시오. 설득과 강요에 대해서는, 본 주 이하에서 논의되는 『국가』 366d와 본 장 주 5와 18에서 언급되는 구절들 역시 참조하시오.

보통 설득으로 번역되는 그리스어 'peithō'(이것의 의인화는 아프로디테의 시종인 유혹하는 여신이다.)는 (a) '공정한 수단에 의한 설득', (b) '부정한 방법', 즉 '위장(僞裝)'에(다음 문단에 나오는 (D), 즉 『국가』 414c를 보시오.) 의한 설득을 의미할 수 있고, 종종 '선물에 의한 설득', 즉 뇌물에 의한 설득을 의미할 수도 있다.((D)에서 언급되는 『국가』, 390e를 보시오.) 특히 '설득과 강요'라는 구절에서, '설득'이라는 용어는 종종 (a)의 의미에서 해석되고(『국가』 548b), 그 구절은 종종(때로는 타당하게) '공정한 수단에 의한 혹은 부정한 수단에 의한'으로 번역된다.(아래에 인용된 『국가』, 365d, 구절 (C)에 대해서는, 데이비스와 본의 "공정한 수단 혹은 부정한 수단"을 참조하시오.) 그러나 나는 플라톤이 '설득과 강요'를 정치적 기술의 도구로 제안할 때 이 단어들을 좀 더 글자 그대로의 의미로 사용하고 있으며, 폭력을 동반한 수사학적 선전의 사용을 추천하고 있다고 생각한다.(『법률』, 661c, 711c, 722b, 753a를 참조하시오.)

다음의 구절들은 (b)의 의미에서의 '설득'이라는 용어에 대한 플라톤의 사용에서 중요하고, 특히 정치적 선전과 관련하여 그러하다. (A) 『고르기아스』 453a에서 466a, 특히 454b~455a, 『파이드로스』 260b 이하, 『테아이테토스』 201a, 『소피스테스』 222c, 『정치가』 296b 이하, 304c/d, 『필레보스』 58a. 이 모든 구절들에서 설득('참된 지식을 전하는 기술'과는 반대되는 '설득의 기술')은 수사학, 위장, 그리고 선전과 관련이 있다. 『국가』 364b 이하, 특히 364e~365d를 주목할 만하다.(『법률』, 909b 참조.) (B)

364e에서('설득', 즉 '개인만이 아니라 도시 전체'가 믿도록 속이는 것) 이 용어는 414b/c(본 장 주 9의 본문에서 인용)의 '군주다운 거짓말'이라는 구절과 같은 의미로 많이 사용된다. (C) 365d는 린제이가 '설득함'을 매우 적당하게 '사기침'이라고 의역을 하고 있기 때문에 흥미롭다.("붙잡히지 않기 위해서라면······우리 뜻대로 되는 설득의 교사도 있으며······이리하여 우리는 설득과 폭력을 행사함으로써 아무런 처벌을 받지 않을 수 있다. 그 렇지만 반대가 있을지도 모른다. 우리가 신들을 속인다거나, 신들에게 폭력을 쓴다는 것은 결코 불가능하다.") 더 나아가 (D) 『국가』 390e 이하에서 '설득'이라는 용어는 뇌물의 의미로 사용된다.(이것은 오래된 용례이다. 아마 헤시오도스에게서 인용한 구절일 것이다. 사람이 신들을 '설득하거나' 매수할 수 있다는 생각에 반대하는 주장을 종종 펴온 플라톤이 다음 구절, 399a/b에서 그것을 양보하는 것은 흥미롭다.) 다음에 우리는 414b/c, '군주다운 거짓말'의 구절을 만난다. 이 구절 바로 뒤, 414c(본 장 다음 주 역시 참조.)에서 '소크라테스'는 냉소적인 논평을 한다. (E) "이 이야기를 곧이 믿도록 하는 데에는 많은 설득이 필요할걸세." 마지막으로 나는 (F) 『국가』 511d와 533e를 언급하고자 한다. 여기서 플라톤은 설득 혹은 믿음 혹은 신념을(그리스어 '설득'에 대한 어원은 우리의 '신념'의 어원과 같다.), 불변하는 형상의 이성적 지식에 반대되는 유전하는 것들에 대한 (기만적) 의견의 형태(3장 주 21과 특히 『티마이오스』 51e에서의 '설득'의 사용을 참조.)에 상응하는, 영혼의 하등한 인지적 능력으로 말한다. '도덕적' 설득의 문제에 대해서는 6장 특히 주 52/54와 본문 그리고 10장 특히 주 56, 65, 69의 본문을 참조하시오.

11. 『국가』, 415a. 다음 인용구는 415c에서 가져온 것이다.(『크라틸로스』, 398a 역시 참조.) 본 장 주 12~14와 본문, 그리고 4장 주 27(3), 29와 31을 참조하시오.

(1) 이 문단 초반부에 있는 플라톤의 불안에 대한 본문의 나의 논평에 대해서는, 『국가』 414c~d와 위의 주 10(E)를 보시오. "이 이야기를 곧이 믿도록 하는 데에는 많은 설득이 필요할걸세."라고 소크라테스가 말하자

"몹시도 말씀하기를 망설이는 분 같아 보이십니다."라고 글라우콘이 응답한다 "하지만 정작 내가 말을 하게 되면, 내가 망설이는 것도 지극히 당연한 것으로 여겨질걸세."라고 소크라테스가 말한다. "두려워 마시고 말씀하세요."라고 글라우콘이 말한다. 이 대화는 내가 (『정치가』에서 플라톤이 참된 이야기로 제안하는, 본 장 주 9와 『법률』 740a를 역시 보시오.) 신화에 대한 최초의 생각이라 부르는 것을 소개한다. 본문에서 언급했듯이, 플라톤은 자신이 머뭇거리는 이유는 바로 이 '최초의 생각' 때문이라고 제안한다. 왜냐하면 글라우콘이 다음과 같은 생각으로 대답을 하기 때문이다. "방금 선생님께서 그 이야기하길 망설이신 것이 공연한 건 아니군요." 소크라테스가 '이 이야기의 나머지', 즉 인종주의의 신화를 말한 후에는 비슷한 수사적 언급이 전혀 나오지 않는다.

  *(2) 토착인 전사들에 대해서, 우리는 아테네 귀족은 '메뚜기와 같이' (플라톤이 『향연』, 191b에서 언급한 것처럼. 본 장 주 52의 마지막 역시 보시오.) 대지에서 태어난 그들 나라의 원주민으로 주장되는 것을(도리아인들과 반대로) 기억해야 한다. 우호적인 비판자들은 소크라테스의 불안과 본 주 (1)에서 언급된 소크라테스가 머뭇거릴 이유가 있다는 글라우콘의 설명이 자신들이 토착인이라는 그들의 주장에도 불구하고 어머니를 지키듯이 자신들의 국가를 지키지 못한 아테네인들에 대한 플라톤의 반어적인 암시로 해석되어야 한다고 나에게 제안했다. 그러나 이 독창적인 제안은 내가 보기에 지지될 것처럼 보이진 않는다. 스파르타에 대해 공개적으로 인정된 선호감을 가지고 있는 플라톤은 애국심이 부족하다고 아테네인들을 비난하는 마지막 사람이 될 것이다. 그리고 이 비난은 공정하지 못하다. 왜냐하면 플라톤의 사랑하는 삼촌인 크리티아스가 펠로폰네소스 전쟁 기간 동안 스파르타에 승복하여 스파르타의 보호 아래서 정부의 꼭두각시 지도자가 된 데 비하여, 아테네 민주주의자들은 스파르타에 결코 승복하지 않았기 때문이다.(10장에서 보여질 것이다.) 만약 플라톤이 아테네의 부적절한 방어를 반어적으로 암시하는 것을 의도했다면, 이것은 단지 펠로폰네소스 전쟁에 대한 암시일 뿐이며, 따라서 플라톤이 이런 식으로 비판한 최

후의 사람인 크리티아스에 대한 비판일 수 있다.

(3) 플라톤은 그의 신화를 '페니키아의 거짓말'로 부른다. 이것을 설명할 수 있는 것은 아이슬러의 제안 덕분이다. 그는 동방에서 에티오피아인, 그리스인, 수단인, 시리아인(다마스커스인)이 금, 은, 동, 그리고 철 종족으로 각각 묘사되었으며, 이 설명은 이집트에서 정치적 선전을 목적으로 사용되었다는 것을 지적한다.(「다니엘」, 2장 31절~45절 역시 참조.) 그리고 그는 이 네 종족에 대한 이야기가 (예상되듯이) 헤시오도스 시대에 페니키아인들에 의해 들어왔고, 플라톤이 이 사실을 암시하고 있다고 제안한다. *

12. 그 구절은 『국가』, 546a 이하에서 가져온 것이다. 5장 주 36~40의 본문을 참조하시오. 종족의 혼합은 434c에서 역시 명백히 금지되고 있다. 4장 주 27(3), 31, 34, 그리고 6장 주 4, 40을 참조하시오.

『법률』(930d~e)에서 따온 구절은 혼합된 결혼으로 태어난 자녀는 더 하등한 부모의 계급을 따른다는 원칙을 포함한다.

13. 『국가』, 547a.(유전의 혼합 이론에 대해서는, 5장 주 39/40의 본문과, 특히 본 장 주 40(2)와 39~43과 52 역시 보시오.)

14. 앞의 책, 415c.

15. 『국가』, 414b 이하에 대한 애덤의 주를 참조하시오. 강조는 내가 만든 것이다. 아주 큰 예외는 그로트인데, 그는 『국가』의 정신과 『변론』의 정신에 대한 『국가』의 반대를 다음과 같이 요약한다. "『변론』……에서 우리는 자신의 무지를 고백하고 있는 소크라테스를 발견한다.……그러나 『국가』는 그를 새로운 주인공으로 제시한다.……그는 스스로 노모스 Nomos 의 왕좌에 앉았다. 이것은 정신적으로나 세속적으로나 오류가 절대로 없는 권위이며, 모든 민심이 여기로부터 나오고, 정통을 결정하는 것이다.……그는 지금 모든 개인들이 이 장소로 와서, 권위에 의해 처방되는 의견들과 계약할 것을 예상하고 있다. 이 의견들 중에는……대지에서 태어난 사람……에 관한 것과 같은 신중한 윤리적, 정치적 허구들이 있다.……『변론』의 소크라테스와 그의 부정적인 변증법 모두 플라톤의 『국가』에서는 존재할 수 없다."(강조는 내가 만든 것이다. 그로트, 앞의 책, 188쪽 참조.)

종교는 민중의 아편이라는 주장은 비록 이 특정한 설명 속에서는 아니지만 플라톤과 플라톤주의자들의 교의 중 하나로 드러난다.(본 장 주 17과 본문과 특히 주 18 역시 참조하시오.) 확실히 이것은 학파의 좀 더 비밀적인 교설들 중의 하나이다. 즉 이것은 높은 계급에서 충분히 나이가 있는 사람들에 의해서만 논의될 수 있다.(7장 주 18 참조.) 그러나 비밀을 누설하도록 한 자들은 이상주의자들에 의해 무신론이라는 명목으로 기소된다.

16. 예를 들어서, 애덤, 베이커, 필드.

17. 딜스, 『소크라테스 이전 철학자들』, 「크리티아스편」 25를 참조하시오.(나는 40개 이상의 것들부터 약 11개의 특징적인 행들을 뽑았다.) 이 구절이 사회계약의 묘사(이는 심지어 리코프론의 평등주의를 어느 정도 닮았다. 6장 주 45 참조.)와 함께 시작된다는 것을 언급할 수 있다. 크리티아스에 대해서는, 특히 10장 주 48을 참조하시오. 버넷은 크리티아스의 이름으로 알려진 시와 희곡 단편들은 30인 지도자의 조부의 것으로 돌려야 한다고 제안하지만, 『카르미데스』 157e에서 플라톤이 시적 재능을 크리티아스의 것으로 돌리고 있다는 점을 주목해야 한다. 그리고 162d에서 그는 크리티아스가 극작가였다는 사실조차 암시하고 있다.(크세노폰의 『기억할 만한 일들』 1권 iv, 18 역시 참조하시오.)

18. 『법률』, 909e를 참조하시오. 크리티아스의 관점은, '선전'에 대한 '설득'의 다른 용례를 동시에 보여주는 아리스토텔레스의 『형이상학』(1074b3)의 구절에서 보여지듯이, 후에 플라톤 학파의 전통적인 부분이 된다.(본 장 주 5와 10 참조.) "나머지는……군중에 대한 설득과 법적이고 일반적(정치적)인 편의의 목적에서 신화 형태로 추가되었다……." 『정치가』, 271a 이하에서 플라톤이 확실히 믿지 않았었던 신화의 진실성에 찬성하는 주장을 하고 있는 그의 시도 역시 참조하시오.(본 장 주 9와 15 역시 보시오.)

19. 『법률』, 908b.

20. 앞의 책, 909a.

21. 선과 악 사이의 불화에 대해서는 앞의 책, 904~906을 참조하시오. 특히 906a/b를 참조하시오.(정의 대 불의. '정의'는 여기서 여전히 『국가』

의 집단주의적 정의를 의미한다.) 바로 다음 구절은 5장 주 35와 6장 주 27의 본문에서 인용된 구절인 903c이다. 본 장 주 32의 본문 역시 보시오.

22. 앞의 책, 905d~907b.

23. 이 주가 추가된 문단은 한 진술은 그것이 묘사하는 사실과 일치할 때 (그리고 그러할 때에만) 참이라는 상식적인 생각과 일치하는 진리의 '절대론적' 이론에 대한 나의 지지를 보여준다. 이 '절대론적' 혹은 '진리의 대응론'은(이것은 아리스토텔레스까지 거슬러 올라간다.) A. 타르스키에 의해 처음으로 명확히 전개되었고(『형식화된 언어에 있는 진리 개념』, 폴란드판, 1933, 독일어 번역판 1936) 그에 의해 의미론이라 불리는 논리학의 기초가 된다.(3장 주 29와 5장 주 5(2)를 참조하시오.) 진리론을 더 자세히 발전시킨 R. 카르나프의 『의미론 서설』(1942) 역시 참조하시오. 28쪽을 인용해 보겠다. "정당하게 설명된 의미에서의 진리의 개념 —— 우리는 이것을 진리의 의미론적 개념이라고 부를 수 있다 —— 은 근본적으로 '믿을 만한', '검증된', '매우 높게 입증된' 등과 같은 개념과 다르다는 것을 특히 주목해야 한다." 비록 발전되지는 않았지만 비슷한 관점을 나의 『과학적 발견의 논리 Logik der Forschung』(1959년에 The Logic of Scientific Discovery로 번역된), 84절에서 찾을 수 있다. 이것은 내가 타르스키의 의미론을 접하기 전에 쓴 것이어서 이론이 아주 미숙하다. 버트런드 러셀은 일찍이 1927년에 절대론적 진리론의 관점에서(헤겔주의로부터 도출되는) 진리 실용주의론을 비판했다. 최근에 그는 상대적 진리론과 파시즘과의 관계를 보여주고 있다. 러셀, 『사람들로 하여금 생각하게 하자 Let the People Think』, 77쪽과 79쪽을 참조하시오.

24. 특히 『국가』 474c~502d. 다음 인용구는 『국가』 475e에서 가져온 것이다.

25. 본 문단에서 다음으로 나오는 7개의 인용구들에 대해서는 (1)과 (2)는 『국가』 476b, (3), (4), (5)는 앞의 책 500d~e, (6)과 (7)은 앞의 책 501a/b, (7)은 병행구절인 앞의 책 484c 역시 참조하시오. 추가로, 『소피스테스』 253d/e, 『법률』 964a~966a(특히 965b/c)를 보시오.

26. 앞의 책, 501c를 참조하시오.

27. 특히 『국가』 509a 이하를 참조하시오. 509b를 보시오. "태양은 보이는 것들이 보일 수 있도록 유발한다네."(비록 그 자체는 생성되는 것이 아니면서.) 비슷하게 "그러므로 인식되는 것들의 임식됨이 가능하게 되는 것도 좋음으로 인해서일 뿐만 아니라, 그것들이 존재하게 되고 그 본질을 갖게 되는 것도 그것에 의해서요, 좋음은 존재가 아니라 지위와 힘에 있어서 존재를 초월하여 있는 것이라고 말하게나."(509b에 대해서는, 아리스토텔레스의 『생성과 소멸에 관하여』, 336a, 15, 31과 『자연학』, 194b 13을 참조하시오.) 510b에서 좋음은 절대적 원천으로 묘사되고 있으며(단지 요청되거나 가정되는 것이 아니라), 511b에서는 '만물의 최초 원인'으로 묘사된다.

28. 특히 『국가』 508b 이하를 참조하시오. 508b/c를 보시오. "좋음이 자기와 닮은 것으로 생기게 한 것"(즉 진리)은 "지성적 세계에서 지성과 그 대상들"(즉 이데아) 사이를 연결하는 고리이고, "똑같은 방식으로 빛은 가시적 세계에서 시각과 그 대상"(즉 보이는 것들) 사이를 연결하는 고리 (즉 태양으로부터 나온 빛)이네."

29. 앞의 책, 505a, 534b 이하를 참조하시오.

30. 앞의 책, 505d를 참조하시오.

31. 『필레보스』, 66a.

32. 『국가』, 506d 이하와 509~511.

여기서 '통일체로 여겨지는 확정된 것(혹은 한정된 것, 혹은 제한된 것)의 부류'로 인용된 좋음의 정의는, 내 생각에는 이해하기가 그렇게 어렵지 않으며, 플라톤의 논평의 다른 것들과 충분히 일치한다. '확정된 것의 부류'는 여성적이고 제한되지 않았거나 불확정적인 공간에 반대되는 남성적인 원칙 혹은 원조로 여겨지는 형상 혹은 이데아의 부류이다.(3장 주 15(2) 참조.) 이런 형상 혹은 원조들은 물론 그것들이 오래되었고 변하지 않는 원천들이며, 그것들 각각이 생산하는, 많은 보이는 것들에 반대되기 때문에 선에 속한다. 만약 우리가 조상들의 계급과 종족들을 다수로 간주한다면, 그것들은 절대적 선이 아니다. 따라서 절대선을 만약 우리가 하나의 통일체로, 하나로, 하나의 원조로 가정해 본다면 그것을 마음속에 그려볼 수 있다.(아리스토텔레스, 『형이상학』, 988a10 역시 참조.)

플라톤의 좋음의 이데아는 실질적으로는 공허하다. 그것은 우리에게 선이 무엇인지에 대해 도덕적 의미에서, 즉 우리가 어떻게 행동해야 하는지에 대해서 어떠한 지시도 줄 수 없다. 특히 본 장 주 27과 28에서 볼 수 있었던 것처럼, 우리가 듣는 모든 것은 선이 형상과 이데아의 영역에서 최고 높은 것, 초이데아의 일종이며, 이데아들이 그것으로부터 생성되며 그들의 존재를 부여받아 오는 것이라고 한다. 우리가 이것으로부터 가져올 수 있는 가능한 모든 것은, 좋음은 불변이며, 이전의 혹은 최초의 것이며 따라서 오래되었으며(4장 주 3 참조.), 하나의 전체이며, 그러므로 변화하지 않는 것들은 이것에 참여하며, 즉 좋음은 지속되는 것이며(4장 주 2와 3 참조.), 오래된 것이며, 특히 오래된 법(4장 주 23과 5장 주 7의 플라톤주의에 대한 문단과 7장 주 18 참조.)이며, 그래서 전체주의는 선이라는 것이다.(본 장 주 21 참조.) 즉 우리는 실제로 다시 전체주의적 도덕성으로 돌아오게 된다는 것이다.(6장 주 40/41의 본문을 참조하시오.)

만약 『일곱 번째 편지』가 진본이라면, 우리는 거기서(314b/c) 좋음에 대한 교설은 정식화될 수 없다는 플라톤의 또 다른 진술을 보게 된다. 그는 이 교설에 대해서 다음과 같이 말하기 때문이다. "이것은 다른 종류의 탐구와 같이 표현될 수 있는 것이 아니다."(10장 주 57 역시 참조.)

좋음의 플라톤적 이데아 혹은 좋음이라는 형상의 공허함을 명확히 보았고 비판한 사람은 역시 그로트이다. 이 좋음이 도대체 무엇인지를 질문한 후에 그는 다음과 같이 말한다.(『플라톤』, III, 241 이하) "이러한 질문이 제기되었다.……그러나 불행하게도 대답되지 않고 있다.……다른 사람들의 정신의 상태를 묘사하면서 —— 그들은 진정한 좋음을 예상하고……그것을 가지기 위해서 모든 것을 할 것이라고……주장하고 있지만, 그들 스스로 그것이 무엇인지를 파악하고 결정하지 못하여 스스로 혼란스러워한다 —— 그(플라톤)는 자신의 상태를 무의식적으로 묘사했다." 현대의 많은 저자들이 플라톤에 대한 그로트의 탁월한 비판을 거의 알지 못한다는 것은 놀랍다.

본문의 다음 문단의 인용구에 대해서는, (1)『국가』500b~c, (2) 앞의 책, 485a/b를 보시오. 이 두 번째 구절은 매우 흥미롭다. 애덤이 재차 확언하듯이(485b9의 주에서) '생성'과 '쇠퇴'가 이 반 정도 기술(技術)적인 의미에서 사용되고 있는 것은 첫 번째 구절이다. 이것은 유전과 파르메니데스의 불변하는 존재를 언급한다. 그리고 이것은 철인통치에 찬성하는 주요 주장을 도입시킨다. 3장 주 26(1)과 4장 주 2(2)를 보시오. 『법률』 689c~d에서, 도리아 왕국의 '쇠퇴'(688c)가 '최악의 무지'(즉 본래 통치자인 사람들에게 어떻게 복종하는지를 모르는 무지. 689b를 보시오.)로 인해 나타났을 때, 플라톤은 지혜를 통해 그가 의미하는 것이 무엇인지를 설명한다. 가장 큰 통일이나 '조화'를 목적으로 하는 지혜만이 인간에게 권위를 부여한다. 그리고 '조화'라는 용어는 『국가』591b와 d에서 정의(즉 자신의 자리를 지키는 것)와 절제(그것으로 만족하는 것)의 이데아의 화합으로 설명된다. 따라서 우리는 다시 출발점으로 돌아오게 되었다.

33. *이 구절에 대해 한 비평가는 플라톤에게서 자주적인 생각에 대한 어떠한 공포의 흔적도 찾을 수 없었다고 주장한다. 그러나 우리는 『국가』에서 검열(4장 주 40과 41)과 50세 이하의 사람들에게 고등급 변증법의 연구를 금지시키는 것(7장 주 19, 21 참조)에 대한 플라톤의 주장을 기억해야만 하고, 『법률』은 말할 것도 없다.(7장 주 18과 많은 다른 구절들.) *

34. 성직자 계급의 문제에 대해서는, 『티마이오스』 24a를 보시오. 『국가』의 최선국가 혹은 '오래된' 국가에 대해 명확히 암시하는 구절에서, 성직자 계급은 『국가』의 '철학적 종족'의 지위를 차지한다. 『정치가』 290c 이하에 있는 성직자(심지어 이집트 성직자에게도), 예언자, 무당에 대한 공격 역시 참조하시오. 8장 주 57(2)와 4장 주 29 역시 보시오.

다음 문단 뒤에 있는 문단의 본문에서 인용된 애덤의 언급은 『국가』, 547a3에 대한 그의 주(5장 주 43의 본문에서 인용된)에서 가져온 것이다.

35. 예를 들어서 『국가』, 484c, 500e 이하를 참조하시오.

36. 『국가』, 535a/b. 애덤이 내가 '공포를 일으키는'으로 번역해 온 용어

에 대해 말하는 모든 것은, 이 용어가 '가혹한' 혹은 '지독한'을 의미하고, 특히 '두려움을 일으키는'이라는 의미의 일반적 관점을 지지해 준다. 우리가 '튼튼한' 혹은 '강건한'으로 번역해야 한다는 애덤의 제안은 플라톤이 말한 것을 제대로 드러내지 못하는 일반적 경향을 초래하고, 그것은 분명히 『티마이오스』 149a와 상충된다. 린제이는 "건전한 도덕의……"로 번역한다.

37. 앞의 책, 540c. 500c~d 역시 보시오. "철인은 스스로……신과 같이 된다." 그리고 540c 이하가 더 충분히 인용되어 있는 9장 주 12 역시 보시오. 플라톤이 귀족적 계급구조를 찬성하며 논증할 때 어떻게 파르메니데스적 일자를 변형시키는지에 주목하는 것은 대단히 흥미롭다. 일대다(一對多)와 같은 대립은 유지되지 않지만, 그것은 계급체제를 야기시킨다. 하나의 이데아, 여기에 접근하는 소수들, 그리고 그들의 조수들인 더 많은 자들인 다수, 즉 대중.(이 구분은 『정치가』에서 근본적이다.) 이에 반하여, 안티스테네스의 일신론은 일자(신)와 다수(그가 아마도 형제들이라고 간주하는 것인데, 이유는 그들이 신으로부터 평등하게 떨어져 있기 때문이다.) 사이의 본래적인 엘레아 학파식 대립를 유지한다. 안티스테네스는 고르기아스에 대한 제논의 영향을 통해 파르메니데스로부터 영향을 받았다. 아마 데모크리토스의 영향도 있었을 것인데, 그는 "현자는 모든 국가에 똑같이 속해 있다. 왜냐하면 위대한 영혼의 고향은 세계 전체이기 때문이다."를 가르친 인물이다.

38. 『국가』 500d.

39. 인용구들은 『국가』 459b와 그 이하에서 가져온 것이다. 4장 주 34 이하와 5장 주 특히 40(2) 역시 참조하시오. 통치자가 (1) 양치기, (2) 의사, (3) 능숙한 번식에 의해 특성들을 섞는 기술을 가진 사람으로 설명되는 직공과 비교되고 있는 『정치가』의 세 직유 역시 참조하시오.(310 b, f.)

40. 앞의 책, 460a. 플라톤이 이 법을 매우 중요하게 간주한다는 나의 진술은 플라톤이 『티마이오스』, 18d/e에 있는 『국가』를 요약하는 부분에서 그것을 언급한다는 사실에 근거한다.

41. 앞의 책, 460b. '선택된 제의'는 468c의 것이다. 다음 주를 참조하시오.

42. 앞의 책, 468c. 나의 비판자들은 이것을 거부해 왔지만, 나의 번역은 옳고, '나중의 이익'에 대한 나의 논평도 옳다. 쇼리Shorey는 그 구절을 '통탄할'로 부른다.

43. 수와 타락 이야기에 대해서는, 본 장 주 13, 52, 5장 주 39/40과 본문을 참조하시오.

44. 『국가』 473c∼e. (신적인) 안정과 악 —— 즉 부패나 쇠락의 형태로 진행되는 변화 —— 의 대립을 주목하라. 여기서 '과두정치'로 번역되는 용어에 대해서는, 아래 주 57의 마지막을 참조하시오. 이것은 '세습적 귀족정체'와 같은 것이다.

문체상의 이유로 내가 괄호 속에 넣었던 구절은 중요하다. 왜냐하면 그 구절 속에서 플라톤은 모든 '순수' 철학자들(그리고 비철학적인 정치인들)의 억압을 요구하기 때문이다. 이 구절을 좀 더 문자 그대로로 번역하면 다음과 같을 것이다. "반면에 줏대 없이 살 (성향이 있거나 적성이 있는) 본성들을 (가진) 많은 사람들이, 오늘날 이 둘 중 단지 하나만 가지고 있어도, 강제로 제거된다." 애덤은 플라톤의 구절이 의미하는 것을 '플라톤은 지식의 배타적 추구를 허용하는 것을 거부한다'로 받아들인다. 그러나 우리가 그 구절의 마지막 말을 "배타적 추구 역시 강제로 금지되며……"(강조는 내가 만든 것이다. 그의 번역본 『국가』, 473d24, 1권, 330의 주 참조.)로 번역함으로써 그 의미를 약하게 한다는 그의 추측은, 원문에서는 근거가 없고, 단지 플라톤을 이상화하려는 그의 경향에서만 근거를 가진다. 같은 의견이 린제이의 번역에도 적용된다.("이런 행동은 강제로 금지되며.") 플라톤은 누구를 억압하길 원하는가? 나는 플라톤이 여기서 비난하는 제한적이고 불완전한 재능들 혹은 '본성들'을 가진 '다수'가 『국가』, 495d에서 언급되는 "불완전한 본성들을 가진 다수"와 동일하며(철학자들이 관련되는 한), 또한 489e(490e/491a 역시 참조.)에서 언급되는 "피할 수 없는 사악함"을 지닌 '다수'(자칭 철학자들)와 동일하다고 믿는다. 본 장 주 47, 56, 59(그리고 5장 주 23)를 참조하시오. 그러므로 이 공격은 한편으로는 직접적으로 '교육받지 못한' 민주주의적 정치인들에 대한 것이고, 다른 편으로는 아마도 주로 '교육받지 못한 사생아'이자 평등주의 철학자이며 반쯤 트라키아인인 안티스테네스에 대한 것이다. 아래 주 47을 참조하시오.

45. 칸트, 『영원한 평화에 대하여』, 두 번째 부록.(*Werke*, 카시러판, 1914, 6권, 456.) 강조는 내가 만든 것이다. 나는 이 구절 역시 생략했다. ('권력의 소유'는 프리드리히 대왕을 암시할 것이다.)

46. 예를 들어서, 곰페르츠, 『그리스 사상가들』, V, 12, 2(독일어판, 2권^2, 382), 혹은 린제이의 『국가』 번역본을 참조하시오.(이 해석의 비판에 대해서는, 아래 주 50을 참조하시오.)

47. 안티스테네스에 대한 플라톤의 태도가 매우 불확실한 문제를 제기한다는 것은 인정되어야 한다. 물론 이는 안티스테네스에 대한 믿을 만한 자료들로부터 알 수 있는 것이 거의 없다는 사실과 관련이 있다. 견유학파나 관련 운동이 안티스테네스로 거슬러 올라갈 수 있다는 오래된 스토아 전통조차도, 비록 충분한 근거들에 의존하는 것은 아니지만(≪마인드≫, 47권, 390쪽에 있는 마지막에 언급된 책에 대한 프리츠Fritz의 비평을 참조.) 현재 의문시되고 있다.(예를 들어서, G. C. 필드의 『플라톤』, 1930, 혹은 더들리D. R. Dudley, 『견유주의의 역사 *A History of Cynicism*』, 1937.) 안티스테네스에 대해 우리가 특히 아리스토텔레스를 통해 알고 있다는 점에서 보면, 플라톤의 저작에서 그에 관한 암시들이 많다는 것은 매우 그럴듯해 보인다. 그리고 플라톤과 상관없이 안티스테네스가 아테네에서 철학을 가르쳤던 소크라테스의 측근 중 한 사람이라는 사실은, 플라톤의 작품에서 그런 암시에 대한 추구를 충분히 정당화해 줄 것이다. 이제 뒴러Duemmler에 의해 처음으로 지적된 플라톤의 저작에 있는 일련의 공격(특히 본 장 주 56 이하에서 언급된 『국가』 495d/e. 『국가』 535e 이하, 『소피스테스』 251b~e)이 이 암시들을 표현하고 있다는 것은 나에게 꽤 타당하게 보인다. 이 구절들과 안티스테네스에 대한 아리스토텔레스의 경멸적 공격 사이에는 매우 큰 유사성이 있다.(혹은 최소한 나한테는 그렇

게 보인다.) 안티스테네스의 이름을 언급하면서 아리스토텔레스는 그를 얼간이로 부르며 "안티스테네스와 같은 교육받지 못한 사람들"이라고도 말한다.(2권 1장 주 54 참조.) 언급된 구절에서 플라톤은 비슷하게 말하지만, 좀 더 날카롭다. 내가 기억하고 있는 첫 번째 구절은 『소피스테스』 251b 이하인데, 아리스토텔레스의 첫 구절과 매우 밀접하게 일치한다. 『국가』의 두 구절을 고려하면서, 우리는 전통에 따라 안티스테네스가 '사생아'이며 (그의 어머니는 미개한 트라키아 출신이다.) '사생아'를 위한 아테네 연무장(演武場)에서 선생으로 있었다는 것을 기억해야 한다. 이제 우리는 『국가』, 535e 이하에서(본 장 주 51의 마지막 참조.) 너무 구체적으로 의도된 개인에 대한 공격을 찾을 수 있다. 플라톤은 "스스로의 무가치함을 깨달아 절제되지 않고 철학을 장난삼아 하고 있는 사람들"에 대해서 이야기면서, "천한 태생은" 그렇게 할 수 "없도록 해야 한다"고 주장한다. 그는 일과 휴식에 대한 사랑에서 "균형을 맞추지 못하는"(혹은 '비뚤어지'거나 '서투른') 사람들에 대해서 이야기하며, 좀 더 개인적으로 폭을 좁혀서 "뒤틀린 영혼"을 가진 누군가를 암시하는데, 그는 진리를 사랑하지만(소크라테스가 그랬던 것처럼) "무지에 빠져 있기 때문에"(아마도 형상 이론을 받아들이지 않기 때문에) 그것을 소유할 수 없다. 그리고 플라톤은 모든 시민들에게 이런 절뚝거리는 '사생아'를 신뢰하지 말라고 경고한다. 나는 안티스테네스가 이 숨길 수 없는 개인적 공격의 대상일 거라고 생각한다. 적이 진리를 사랑한다는 데 대한 인정은, 과격하게 폭력적인 공격에서 유발된 듯한 특히 강한 논증으로 보인다. 그러나 만약 이 구절이 안티스테네스를 언급하는 것이라면, 매우 유사한 구절들 역시 그를 언급하는 것이 될 것이다. 즉 『국가』, 495d/e에서 플라톤은 자신의 희생자를 흠이 있고 절름발이인 육체와 영혼을 소유한 자로 다시 묘사한다. 그는 이 구절에서 경멸의 대상이 철학자가 되려는 꿈을 가지고 있지만 너무나 타락해서 품위 없는 ('단조로운'. 2권 1장 주 4 참조.) 손으로 하는 노동을 부끄러워하지도 않는다고 주장한다. 지금 우리는 안티스테네스가 손으로 하는 노동을 아주 존중하며 추천했고(소크라테스의 태도에 대해서. 크세노폰의 『기억할 만한 일들』, II, 7, 10 참조.), 가르침을 행했다는 것도 안다. 절름발이 영혼을 가진 남자가 안티스테네스라는 더 강력한 논증이다.

이제『국가』 495d의 동일한 구절에는, "불완전한 본성들을 가졌음"에도 불구하고 철학에 꿈을 가진 '다수'에 관한 언급 역시 있다. 이것은 본 장 주 44에서 논의되는『국가』 473c~e의, 억압이 요구되는 "많은 본성들"을 가진 동일한 집단(아리스토텔레스의 '안티스테네스주의자들')을 언급하고 있다. 본 장 주 59, 56에서 언급된『국가』 489e 역시 참조하시오.

48. 우리는 (키케로,『신의 본성에 관하여 De Natura Deorum』와 필로데모스 Philodemos,『피에타 De Pietate』로부터) 안티스테네스가 일신론자였음을 알 수 있다. 그리고 그가 일신론을 표현한 형태는('인습에 따르자면' 많은 신이 존재하지만, '자연에 따르자면' 즉 진리에 따르자면 유일신만이 존재한다.) 그가 자연과 인습의 대립을 마음속에 가지고 있다는 것을 보여주며, 고르기아스 학파의 이전 회원이자 알키다마스와 리코프론의 동시대인의 마음속에서(5장 주 13 참조.) 이 대립은 평등주의와 연관이 있음이 틀림없다.

이것 자체가 물론 반쯤 야만인인 안티스테네스가 그리스와 야만인의 형제애를 믿었다는 결론을 성립시키지는 않는다. 그러나 나에게는 그가 확실히 그랬었을 것 같아 보인다.

W. W. 타른(『알렉산드로스 대왕과 인류의 통일』, 5장 주 13(2) 참조.)은 인류의 통일에 대한 이념은 최소한 알렉산드로스 대왕으로 거슬러 올라갈 수 있다는 것을 —— 한때 내가 성공적으로 생각했었던 —— 보여주려고 시도해 왔다. 나는 아주 비슷한 추론 과정을 통해서 디오게네스, 안티스테네스, 심지어 소크라테스와 페리클레스의 '위대한 세대'까지 좀 더 거슬러서 올라갈 수 있다고 생각한다.(10장 주 27과 본문 참조.) 좀 더 구체적인 증거를 고려하지 않고도 이것은 충분히 그럴듯해 보인다. 왜냐하면 사해동포주의 이념이 페리클레스 시대의 경향처럼 제국주의적 경향의 결과로 일어났을 것이라고 예측할 수 있기 때문이다.(본 장 주 50(5)에서 언급된『국가』, 494c/d와『알키비아데스1 First Alcibiades』, 105b 이하를 참조하시

오. 10장 주 9~22, 36, 47의 본문 역시 참조하시오.) 또 다른 평등주의적 경향이 존재한다면, 이것은 특히 더욱 그럴듯하다. 나는 알렉산드로스의 업적의 중요성을 축소하려는 것이 아니다. 타른이 그의 업적이라고 한 이념이 다소간 나에게는 기원전 5세기 아테네 제국주의의 최고의 이념 중 어떤 것의 부활로 보인다. 이 책의 부록 III, B 이하 역시 보시오.

구체적으로 들어가기에 앞서서, 나는 먼저 최소한 플라톤 그리고 아리스토텔레스 시대에서는 평등주의의 문제가 매우 유사한 구별들, 한편으로는 그리스인과 야만인 사이의 구별, 다른 편으로는 주인(혹은 자유인)과 노예의 구별과 관련이 있다는 확실한 증거가 있다고 말할 수 있다. 여기에 대해서는, 5장 주 13을 참조하시오. 이제 우리는 기원전 5세기 노예제도에 반대하는 아테네인들의 운동이 에우리피데스, 알키다마스, 리코프론, 안티폰, 히피아스 등과 같은 소수의 지성인들에게 제한된 것이 아니며, 상당한 실제적인 성공을 거두었다는 강력한 증거를 가지고 있다. 이 증거는 아테네 민주주의의 적들(특히 '원로과두정치 지배자', 플라톤, 아리스토텔레스. 4장 주 17, 18, 29와 10장 주 36을 참조.)에 대한 만장일치의 보고서에 포함되어 있다.

만약 우리가 이제 이런 관점에서 사해동포주의의 존재에 대한 약간은 부족하지만 인정할 만한 증거를 고려해 본다면, 우리가 이 운동의 적에 의한 이 공격들을 증거 속에 포함시킬 경우, 사해동포주의는 합리적으로 강력하게 드러난다고 나는 생각한다. 다른 말로 하자면, 만약 우리가 이것의 실제 중요성을 측정하기를 원한다면, 우리는 인도주의적 운동에 대항하는 원로과두정치 지배자, 플라톤, 아리스토텔레스의 공격을 충분히 활용해야 한다. 따라서 원로과두정치 지배자(2, 7)는 아테네인들의 폭넓은 사해동포주의적 삶을 공격한다. 사해동포주의와 유사한 경향들에 대한 플라톤의 공격은 비록 자주는 아니지만 매우 유용하다.(나는 『국가』, 562e/ 563a의 "시민은 거류민과 같아지고, 외국인 또한 마찬가지로 되는걸세."와 같은 구절들을 염두에 두고 있다. 이 구절은 플라톤이 아테네인들의 야만인에 대한 지속적인 증오를 빈정대며 찬양하는 『메넥세노스』, 245c~d의 반어적 기술과 비교되어야 하고, 물론 『국가』 494c/d, 469b~471c 역시 이 상황에서 고려되어야만 한다. 6장 주 10의 후반부 역시 보시오.) 알렉산드로스에 대해서 타른이 맞는지와 상관없이, 그는 이 기원전 5세기 운동의 다양한 현존하는 진술들, 예를 들어서 안티폰(그의 논문 주 6, 149쪽 참조.), 에우리피데스, 히피아스 혹은 데모크리토스(10장 주 29 참조.) 혹은 디오게네스(주 12, 150쪽)와 안티스테네스를 충분히 공정하게 평가하지 않는다. 나는 안티폰이 단지 사람들 사이의 생물학적 혈족관계를 강조하길 원했다고는 생각하지 않는다. 왜냐하면 그는 확실히 사회개혁자였기 때문이며, 그 당시 '자연적으로'는 '진실로'를 의미했기 때문이다. 따라서 그가 그리스와 야만인 사이의 구별이 허구임을 공격했다는 것은 나에게 실제로 확실히 드러난다. 타른은 "에우리피데스는 독수리가 영구적 주거지, 즉 바위를 가진다는 것을 알았다."는 것을 언급함으로써, 귀족은 독수리가 공중을 날아다니는 것처럼 세계를 돌아다닐 수 있다고 말하는 그의 단편에 대해 설명한다. 그러나 이 논평은 그 단편을 충분히 공정하게 다루지 않는다. 왜냐하면 사해동포주의자가 되기 위해서는 영구적 고향을 포기할 필요가 없기 때문이다. 이 모든 관점에서, 디오게네스가 "당신의 출신은 어디인가?"라는 질문에 대해 자신은 사해동포주의자이며 전체 세계의 시민이라고 대답했을 때, 나는 왜 그 의미가 완전히 '부정적인' 것인지 이유를 알수가 없다. 특히 비슷한 답("나는 세계의 사람이오.")이 소크라테스("지혜로운 자는 모든 나라에 속해 있다. 왜냐하면 위대한 영혼의 고향은 세계 전체이기 때문이다." D^5, 단편 247 참조. 타른과 딜스는 진필을 의문시한다.)와 데모크리토스에게서 나타난다는 것을 우리가 고려한다면 더욱 그러하다.

안티스테네스의 일신론 역시 이런 증거를 토대로 고려되어야만 한다. 이 일신론이 유대교의, 즉 부족적이고 배타적인 형태의 것이 아니라는 것은 의심의 여지가 없다.(안티스테네스가 '혼혈아'를 위한 연무장인 키노사르게 Cynosarges에서 가르쳤다는 디오게네스 라에르티오스, VI, 13의 이야기가 진실이라면, 그는 분명히 자신의 혼합적이고 야만인적 혈통을 일부러 강조했을 것이다.) 타른은 알렉산드로스의 일신론이 그의 인류의 통일 이념과 관련 있다고 지적한 점에서 확실히 옳다. 그러나 내가 생각하기에 안티스테네스(바로 위의 주 참조)와 이런 식으로 소크라테스의 영향을 받았던 견유학파에 대해서도 동일하게 말해야 한다.(특히 키케로의 증거인 『투스쿨라눔 Tuscul』, V, 37과 에픽테토스의 I, 9, 그리고 디오게네스 라에르티오스, VI, 2, 63~71, 그리고 『고르기아스』, 492e와 디오게네스 라에르티오스, VI, 105를 참조하시오. 에픽테토스, III, 22와 24 역시 참조하시오.)

이것은 모두 알렉산드로스가 전통적으로 알려진 대로 디오게네스의 생각과, 따라서 평등주의적 전통에 정말로 영감을 받았다는 것을 다시 한번 거의 그럴듯하게 나타내준다. 그러나 타른에 대한 E. 바디안의 비판의 관점에서, 나는 지금 타른의 주장을 거부하고 싶다.(『히스토리아 Historia』, 7, 1958, 425쪽 이하.) 그러나 물론 기원전 5세기 운동에 대한 나의 견해를 거부하는 것은 아니다.

49. 『국가』 469b~471c, 특히 470b~d와 469b/c를 참조하시오. 여기서 사실 우리는 도시보다 더 넓은 새로운 윤리적 전체, 즉 그리스적 우월성의 통일 the unity of Hellenic superiority의 도입과 같은 어떤 흔적을 가지게 된다. 예상되었던 것처럼(다음 주 (1)(b) 참조.) 플라톤은 이 관점을 좀 구체적으로 설명한다. *(콘퍼드는 플라톤은 "그리스 접경을 넘어서는 어떠한 인도주의적 동정심도 보이지 않는다."고 말하며 본 구절을 공평하게 요약한다. 『플라톤의 국가』, 1941, 165쪽 참조.) *

50. 본 주에는, 『국가』 473e의 해석과 플라톤의 인도주의에 대한 문제와 관련이 있는 추가 논증들이 있다. 나는 동료인 브로드헤드 H. D. Broadhead 교수에게 감사를 표하고 싶은데, 그의 비판은 내가 나의 논증을 마무리하고 명료화할 수 있도록 도와주었다.

(1) 플라톤의 표준적 주제들 중의 하나(방법론적 언급들인 『국가』, 368e, 445c, 577c와 5장 주 32를 참조.)는 개인과 전체, 즉 도시와의 대립과 비교이다. 새로운 전체, 도시보다 좀 더 포괄적인, 즉 인류의 도입은 전체주의자가 내디딜 중요한 단계일 것이다. 이를 위해선 (a) 준비와 (b) 구

체화가 필요할 것이다. (a) 대신에 우리는 그리스인과 야만인의 대립에 대한 위에서 언급된 구절을 얻는다.(『국가』, 469b~471c) (b) 대신에 우리는 오히려 '인류'라는 모호한 표현이 철회되는 것을 발견한다. 고려 중인 핵심 구절, 즉 철인에 대한 구절의 바로 연속선에서(『국가』 473d/e) 전체 연설의 요약 혹은 결말 맺음의 형태로 의문시되는 표현의 바꿔 쓰기가 나타난다. 그리고 플라톤의 표준적인 국가와 개인의 대립은 국가와 인류의 대립을 대체한다. 바꿔 쓰기는 다음과 같다. "다른 어떤 체제로도 사적으로건 공적으로건 시민들을 행복하게 하지는 못할걸세." 두 번째로, 우리가 고려 중인 핵심 구절(즉 『국가』 473d/e)에 대한 여섯 개의 반복 혹은 변형들(즉 아래 주 52에서 논의되는 487e, 499b, 500e, 501e, 536a~b, 540d/e의 요약과 그 보족인 541b)을 분석해 본다면, 유사한 결과를 찾을 수 있다. 그중 두 곳(487e, 500e)에서는 도시만 언급된다. 다른 것들에서는, 플라톤의 표준적 대립인 도시와 개인이 다시 국가와 인류의 대립을 대체한다. 철인정치만이 고통받는 국가들뿐만 아니라 모든 고통받는 인류를 구할 수 있다는 이른바 플라톤적 이념에 대한 더 이상의 암시는 어디에도 없다. 바로 이런 점에서, 이 모든 곳들에서 철인정치만이 어떤 국가의 안정과 행복——신적 안정——뿐만 아니라 그 국가의 개개 시민들과 그들의 후손들의 것까지 달성할 수 있다는 의미에서(그렇지 않으면 악이 자라난다. 쇠퇴의 악.) 플라톤의 마음에 그의 표준적 대립이 남아 있다는 것은 명백히 드러난다.

(2) 플라톤은 '인간적인'('anthrōpinos')이라는 용어를 일반적으로 '신적인'에 반대해서(그리고 따라서, 가끔은 약간 얕잡아 보는 듯한 의미로 특히 인간 지성 혹은 인간 기술의 한계를 강조할 때 쓴다. 『티마이오스』 29c/d, 77a 혹은 『소피스테스』 266c, 268d, 혹은 『법률』 691e 이하, 혹은 854a를 참조.) 혹은 동물학적 의미로서 혹은 동물과 관련하여(예를 들어 독수리) 사용한다. 나는 초기 소크라테스적 대화편(또 하나의 예외에 대해서는 본 주의 아래 (6) 참조.)을 제외하고서, 그 어디에서도 이 용어(혹은 '인간'이라는 용어)가 인도주의적 의미, 즉 국가, 인종 혹은 계급의 구별을

초월하는 어떤 것을 지시하는 것으로 사용되는 것을 찾을 수가 없다. 심지어 '인간적'이라는 용어의 '정신적'인 면의 사용조차 드물다.(나는 『법률』 737b의 다음과 같은 것을 염두에 두고 있다. "인간적으로 불가능한 어리석은 행위의 부분.") 사실 2권 2장 본문과 주 79에서 인용되는 피히테와 슈펭글러의 극단적인 국가주의적 관점은 도덕적 범주보다는 오히려 동물학적 범주를 의미하는 '인간적'이라는 용어의 플라톤적 사용에 대한 적절한 표현이다. 이것 외에도 유사한 용례들을 나타내는 수많은 플라톤적 구절들은 다음에서 찾을 수 있다. 『국가』 365d, 486a, 459b/c, 514b, 522c, 606e 이하(여기서 호메로스는 인간사의 인도자로서 신에 대한 찬송가의 작곡자와 대조된다.), 620b. 『파이돈』 82b. 『크라틸로스』 392b. 『파르메니데스』 134e. 『테아이테토스』 107b. 『크리톤』 46e. 『프로타고라스』 344c. 『정치가』 274d.(인간 무리의 목자는 신이지 인간이 아니다.) 『법률』 673d, 688d, 737b.(890b는 아마 얕잡아 보는 또 다른 용례이다. 여기서 '인간들'은 '다수'와 거의 같다.)

(3) 플라톤이 인간의 형상이나 이데아를 전제한다는 것은 물론 사실이다. 그러나 플라톤이 그것을 모든 인간이 공통으로 가지고 있는 것으로서 나타낸다고 생각하는 것은 잘못이다. 오히려 그것은 자랑스러운 초-그리스인Super-Greek의 귀족주의적 이상이다. 그리고 여기에서 어떤 신념이 인간의 형제애에 기반하고 있는 것이 아니라 인류의 원형, 고대 시조에 더 비슷하거나 덜 비슷한가에 따라 귀족이나 노예가 되는 '본성들'의 계층구조에 기반하고 있다.(그리스인들은 다른 인종보다 더 시조에 가깝다.) 따라서 "신들과 매우 소수만이 지성을 공유한다."(『티마이오스』 51e. 2권 1장 주 3의 본문에 있는 아리스토텔레스를 참조하시오.)

(4) '천상의 도시'(『국가』 592b)와 그 시민들은 애덤이 바르게 지적하는 것처럼 그리스인들이 아니다. 그러나 이것은 그들이 그가 생각하는 것처럼(470e30에 대한 주와 다른 곳들) '인류'에 속한다는 것을 의미하지 않는다. 그들은 오히려 초-배타적이고 초-그리스적이며(그들은 470e 이하에서 그리스 도시 '위에' 있다.) 어떤 것보다 야만인들로부터 멀리 떨어져 있다.

(이 논평이 천상의 도시에 대한 생각이, 예컨대 천상의 사자좌와 다른 별자리처럼, 동양적 oriental 기원을 갖지 않는다는 것을 의미하지는 않는다.)

(5) 마지막으로, 499c/d 구절은 과거, 현재, 미래 사이의 구별처럼 그리스인과 야만인의 구별을 폐기하지 않는다는 것을 언급할 수 있겠다. 플라톤은 여기서 시간과 공간의 포괄적인 일반화에 대한 극적인 표현을 시도한다. 그는 다만 이렇게 말하길 원한다. "언제라도 혹은 어디서라도"(우리는 다음을 추가할 수 있겠다. '야만인 국가와 같은 아주 변변치 못한 장소조차도') "어떤 일이 발생했다면……그것은…….." 『국가』 494c/d의 논의는 강하지는 않지만 뭔가 불경한 부조리와 직면하게 되는 것과 비슷한 느낌, 즉 그리스인과 외국인으로 이루어진 보편적 제국에 대한 알키비아데스의 희망에 의해 여기서 제기된 느낌을 표현한다.(나는 필드의 『플라톤과 그의 동시대인들』, 130, 주 1과 타른이 제시한 관점에 동의한다. 5장 주 13(2)를 참조하시오.)

요약하자면 나는 인종과 계급을 초월하는 인류 통일의 인도주의적 이념에 대한 적개심 이외의 것을 발견할 수 없으며, 그 반대를 찾는 사람들은 플라톤을 이상화하지만 그의 귀족주의적이고 반인도주의적인 배타성과 그의 이데아론 사이의 관계를 보지 못하고 있다고 생각한다. 본 장 주 51, 52, 57 이하 역시 보시오.

*(6) 내가 알기로는 이것과 명백히 대조를 이루는 오직 하나의 예외가 한 구절 있다. 철학자의 관대함과 보편적 조망을 설명하기 위해 계획된 한 구절에서(『테아이테토스』, 174e 이하) 우리는 다음을 읽을 수 있다. "모든 사람은 셀 수 없을 만큼 많은 조상들을 가지고 있고, 어떤 경우에라도 그들 중에는 부자와 가난한 자, 왕과 노예, 야만인과 그리스인이 있게 된다." 나는 이 흥미롭고도 명확히 인도주의적인 구절——주인 대 노예와 그리스인 대 야만인이라는 평행에 대한 강조는 플라톤이 반대하는 모든 이론들을 떠오르게 한다——을 플라톤의 다른 관점과 화해시킬 수 있을지 모르겠다. 아마도 이것은 『고르기아스』와 매우 흡사하게도 소크라테스적이고, 『테아이테토스』는 아마도 (일반적 가정과는 달리) 『국가』보다 이전일 것이다. 나의

부록 Ⅱ 이하 역시 보시오. *

51. 내가 생각하기에 이 암시는 플라톤이 ('너의 종족'을 이야기하면서) 인종을 언급하고 있는 숫자 이야기의 두 곳에 대한 것이다. "너의 종족에 대하여"(546a/b. 5장 주 39와 본문 참조.)와 "너의 종족 속에 있는 금속을 시험함"(546d/e 이하. 5장 주 39와 40, 그리고 다음 구절을 참조.) 두 구절들, 즉 철인왕의 핵심 구절과 숫자 이야기 사이의 '다리'에 대한 본 장 주 52의 논증 역시 참조하시오.

52. 『국가』, 546d/e 이하. 여기에 인용된 구절은 숫자 이야기와 5장 주 39/40의 본문에 인용된 인간의 타락, 546a~547a의 일부이다. 본 장 주 13, 43 역시 참조하시오. 숫자 이야기가 『국가』, 473e에 나오는 철인왕의 핵심 구절을 언급(본 장 주 44와 50 참조.)하는 데 전조가 된다는 나의 주장은 두 구절 사이에 말하자면 다리가 존재한다는 관찰에 의해 강화된다. 숫자 이야기는 의심할 여지없이 『국가』, 536a/b에서 징조를 보이고 있으며, 이 구절을 다른 편으로 보자면 철인왕 구절의 역(逆)명제로(그리고 변형으로) 묘사될 수 있다. 왜냐하면 이것은 만약 그릇된 사람이 통치자로 선택되면 최악의 사태가 일어날 것이라는 것을 효과적으로 말하고 있을 뿐 아니라 심지어 큰 변동에 대한 직접적 회상으로 끝내고 있기 때문이다. "만약 우리가 다른 종류의 사람을 선택한다면……철학은 또 다른 엄청난 비웃음을 받게 될 것이다." 이 선명한 회상은 내가 생각하기론 플라톤이 철인왕 구절에서 내린 충고가 무시되면 어떤 일이 발생할 것이라는 것을 보여주는 이 구절(즉 473c~e 마지막부터 다시 처음으로 거슬러 올라가는)의 특성을 의식했었다는 것을 말해준다. 이제 이 '역' 구절(536a/b)은 '핵심 구절'(473e)과 '숫자 구절'(546a 이하)의 다리로 설명될 수 있겠다. 왜냐하면 이것은 본 주가 쓰이는 동일한 주제에 대한 구절(546d 이하)을 예고하는 인종주의와 명확한 관련이 있기 때문이다.(이것은 플라톤이 철인왕 구절을 적었을 때 아마도 인종주의가 플라톤의 생각 속에 있었을 것을 암시하는 추가적 증거로 해석될 수 있다.) 나는 이제 '역' 구절(536a/b)의 시작을 인용하겠다. "우리는 서자와 적자를 적잖이 감시해야만 하네. 개인

이든 나라든 이런 것들을 모든 면에서 살필 줄 모를 때에는, 무슨 일이고 당면하게 되는 일과 관련해서 부지중에 이런 불안정한 자(혹은 절름발이들)와 서자들을 친구들이나 통치자들로 삼게 되네."(본 장 주 47 역시 참조하시오.)

인종적 쇠퇴와 인종 양육의 문제에 대한 플라톤의 선입견에 대한 설명은 10장 주 6, 7과 63의 본문, 그리고 이와 연계해서 5장 주 39(3)과 40(2)를 참조하시오.

＊본문의 다음 문단에서 인용된 순교자 코드로스에 관한 구절에 대해서는, 3장 주 4에서 좀 더 충분히 인용된 『향연』, 208d를 참조하시오. 아이슬러는 '코드로스 Codrus'가 '왕'에 대한 옛 그리스어라고 주장한다.(『카프카스』, 5, 1928, 129쪽, 주 237.) 이것은 아테네의 귀족은 토착민이었다는 전통에 약간의 추가적 색채를 부여한다.(본 장 주 11(2), 8장 주 52, 그리고 『국가』 368a와 580b/c를 참조하시오.) ＊

53. A. E. 테일러, 『플라톤』(1908, 1914), 122쪽 이하. 나는 이 흥미로운 구절에 대해 본문에 인용할 만큼 동의한다. 그러나 "아테네의" 다음에 있는 "애국자"라는 단어는 생략했었는데, 그 이유는 내가 테일러가 이 단어를 사용하고 있는 의미처럼 플라톤의 성격을 묘사하는 것에 동의하지 않기 때문이다. 플라톤의 '애국주의'에 대해서는, 4장 주 14~18의 본문을 참조하시오. '애국주의'와 '아버지 국가'라는 용어에 대해서는, 10장 주 23~26과 45를 참조하시오.

54. 『국가』, 494b. "그렇다면 그런 사람은 어릴 적부터 아이들 사이에서 모든 점에서 으뜸갈 게 아니겠는가?"

55. 앞의 책, 496c. "내 경우 영적인 알림은 언급할 만한 것이 못 된다네."

56. 애덤이 그의 『국가』 번역본, 495d23과 495e31의 주에서 말하는 것과 본 장 주 47을 참조하시오.(본 장 주 59 역시 보시오.)

57. 『국가』, 496c~d와 『일곱 번째 편지』, 325d를 참조하시오.(베이커가 『그리스 정치론』, I, 107, n.2에서 자신이 인용된 구절을 이야기하며 "플라

톤이 견유학파를 생각하고 있었다는 것은……가능하다."고 말하는 것은 좋은 추측이 아니라고 나는 생각한다. 이 구절은 명백히 아티스테네스에 관한 것이 아니다. 그리고 베이커가 염두에 두었어야만 하는 디오게네스는 그 글의 집필 당시에는, 이런 식으로 플라톤이 그를 언급하지 않았을 것이라는 사실과는 상관없이, 거의 알려지지 않았었다.)

(1) 『국가』의 같은 구절의 초반부에, 플라톤 자신과 관련한 또 다른 논평이 있다. 가치 있는 자들로 이루어진 소집단과 그에 속한 사람들에 대해 말하면서, 그는 "망명에 의해 살아난, 귀족 태생이며 잘 교육받은 인물"(혹은 '추방으로 인해', 즉 아첨과 버림받은 소크라테스 철학의 희생자가 되었던 알키비아데스의 운명으로부터 구출된)을 언급한다. 애덤은 "플라톤은 국외추방을 거의 당하지 않았다."고 생각한다.(496b9에 대한 주.) 그러나 소크라테스의 제자들이 스승의 죽음 이후에 당했던 메가라로의 추방은 플라톤 인생의 전환점으로 그의 기억 속에 남아 있었을 것이다. 그 구절이 디온을 언급한다는 것은 거의 불가능한데, 이유는 디온은 그가 추방당했을 때 약 40세였고, 따라서 비판적인 젊은이의 나이를 넘어섰기 때문이다. 그리고 (플라톤의 경우와 같은) 소크라테스주의자 동료인 알키비아데스와의 비교점도 없다.(플라톤이 디온의 추방을 저지했다는 것과 무효화하려고 노력했다는 사실과 상관없이.) 우리가 만약 그 구절이 플라톤을 지시한다고 가정한다면, 우리는 502a의 "군왕들이나 최고 권력자들의 자손들이 철인의 성향을 갖고 태어날 가능성을 누가 의심할까?"도 같은 것으로 가정해야 할 것이다. 왜냐하면 이 구절의 연속은 앞의 것과 매우 유사하므로 그것들이 동일한 '귀족 태생의 인물'을 언급하는 것처럼 보이기 때문이다. 502a에 대한 이 해석은 그 자체로 매우 그럴듯하다. 왜냐하면 우리는 플라톤이 항상 그의 가족의 자긍심, 예를 들어서 그가 '신성한'이라고 부르는 아버지와 형제들을 찬미하는 자긍심을 보여준다는 것을 잊지 말아야 하기 때문이다.(『국가』, 368a. 나는 애덤에 동의할 수 없는데, 그는 이 언급을 반어로 생각하기 때문이다. 『향연』, 208d에서의 플라톤이 자신의 선조가 코드로스라고 주장하는 논평과, 그의 혈통이 아티카의 부족 왕으로부터 이

어진다는 주장 역시 참조하시오.) 만약 이 해석이 받아들여진다면, '통치자, 왕, 혹은 그들의 아들들'에 대한 499b~c의 언급은, 즉 플라톤에게 완벽히 들어맞는 이 언급은(그는 코드로스의 후손일 뿐만 아니라 지배자 드로피데스의 후손이었다.) 동일한 식으로, 즉 502a에 대한 준비로 고려되어야 할 것이다. 그러나 이것은 다른 수수께끼를 풀게 해준다. 나는 499b와 502a를 염두에 두고 있다. 불가능한 것은 아니지만, 이 구절들을 청년 디오니시오스에게 아첨하려는 시도들로 해석하기는 힘들다. 왜냐하면 그런 해석은 완전한 폭력과, 노년의 디오니시오스를 향한 플라톤의 공격(572~580)의 일반적으로 인정된(576a) 개인적 배경과 거의 일치할 수 없기 때문이다. 플라톤이 세 구절들(473d, 499b, 502a) 모두에서 (그가 참주와 매우 반대되는 것으로 제시하는) 세습왕국과 '왕조들'에 관해 이야기하고 있다는 것을 주목하는 것은 중요하다. 그러나 우리는 아리스토텔레스의 『정치학』, 1292b2(마이어, 『고대사』 V, 56쪽)와 1293a11로부터, '왕조들'은 세습적 과두정치 가문이며 따라서 디오니시오스와 같은 참주 가문이 아니라 우리가 현대 귀족적 가문이라고 부르는 것, 즉 플라톤 가문과 같은 것임을 알 수 있다. 아리스토텔레스의 진술은 투키디데스, IV, 78과 크세노폰의 『헬레니카 Hellenica』 V, 4, 46에 의해 지지된다.(이 논증들은 애덤의 499b13에 대한 두 번째 주와 직접적으로 상충된다.) 3장 주 4 역시 참조하시오.

  *(2) 자기 자신에 관해 드러내고 있는 또 다른 중요한 구절을 『정치가』에서 찾을 수 있다. 여기서 왕족 정치가의 본질적 특성은 지식 혹은 학문으로 상정된다.(258b, 292c) 그리고 결론은 철인지배에 대한 또 다른 청원이다. "유일하게 올바른 정부는 학문의 진정한 대가인 지배자가 있는 곳이네."(293c) 그리고 플라톤은 "왕도의 학문을 소유한 사람은 그가 통치하든 통치하지 않든, 우리의 논증이 보여주는 것처럼, 왕족으로 선포되어야 한다는 것"을 증명한다.(292e/293a) 플라톤은 물론 왕도의 학문을 소유하고 있다고 주장했다. 따라서 이 구절은 그가 스스로를 '왕족으로 선포되어야만 하는 사람'으로 간주하고 있음을 명백하게 암시한다. 이렇게 분명히

드러나는 구절은 『국가』를 해석하려는 시도가 어떤 것이든 간에 무시되어
선 안 된다.(물론 왕도익 학문은 289c 이하에서 논의된 노예, 노동자, 서기
등의 다른 계급들을 보호하고 유지하기 위한 구조를 제공해야만 하는 낭
만적 교육자와 주인계급의 양육자의 것이다. 왕도 학문의 임무는 따라서
"절제 있는 사람들과 용기 있는 사람들의 특성들을 융합"(섞음, 혼합)시킴
으로써, "그들을 왕도에 의해 만장일치와 우정의 공동체적 삶으로 불러들
이는 것이다." 5장 주 40(2), 4장 주 29와 본 장 주 34를 참조하시오.) *

58. 『파이돈』(89d)의 한 유명한 구절에서, 소크라테스는 인간 불신과
증오에 대해 경고한다.(그는 이것을 합리적 논증에 대한 불신이나 이론 혐
오증과 비교한다.) 10장 주 28과 56, 7장 주 9 역시 참조하시오.

본 문단의 다음 인용구는 『국가』, 489b/c에서 가져온 것이다. 이전 구절
과의 관계는, 만약 488과 489 전체가 고려된다면, 특히 피할 수 없는 사악
함을 갖고 있는 '다수' 철학자들, 즉 본 장 주 44와 47에서 그의 억압이 논
의된 동일한 '다수'와 '불완전한 본성들'에 대한 489e의 공격을 고려한다면,
명백해질 것이다.

나는 플라톤이 한때 철인왕이 되어 아테네의 구세주가 되길 꿈꾸었다는
것을 그가 바다와 항해, 무역, 제국주의의 도덕적 위험을 지적하려고 시도
하는 『법률』, 704a~707c에서 찾을 수 있다고 생각한다.(아리스토텔레스,
『정치학』, 1326b~1327a, 그리고 10장 주 9~22와 36과 본문을 참조하시오.)

특히 『법률』, 704d를 참조하시오. "만약 도시가 해안에 건설되어서 자
연적 항구에 의해 잘 공급받는다면……그것은 아마 도시를 변화와 쇠퇴에
서 구출해 줄 강력한 구원자와 초인 입법가를 필요로 하게 될 것이다." 이
것은 마치 플라톤이 아테네에서의 그의 실패의 원인이 지리적 위치에 의
해 생긴 초인적 어려움 때문이라는 것을 보여주길 원하는 것처럼 보이지
않는가?(그러나 이 모든 실망에도 불구하고(7장 주 25 참조.) 플라톤은 여
전히 참주를 이기는 방법을 믿는다. 4장 주 24의 본문에서 인용된 『법률』,
710c/d를 참조하시오.)

59. 그들이 일단 참 철인과 사이비 철인을 구별하는 것을 배웠다면 '다수'

는 마음을 바꾸고 철인을 통치자로 받아들일 것이라는 희망을 플라톤이 표현하기까지 하는 구절이 있다.(『국가』, 498d/e의 초반부. 9장 주 12 참조.)

본문의 마지막 두 줄에 대해서는, 『국가』, 473e~474a, 그리고 517a/b를 참조하시오.

60. 가끔 그런 꿈들은 숨김없이 고백되곤 한다. F. 니체의 『권력에의 의지 *The Will to Power*』(1911년판, 4편, 「잠언 *Aphor*」. 958의 인용구는 『테아게스』 125e/126a이다.)를 보라. "플라톤의 『테아게스』에는 이렇게 적혀 있다. '만약 가능하기만 하다면, 우리 모든 각자는 모든 사람의 주인이 되고 싶어 한다. 그리고 무엇보다 그는 스스로 제왕적 신이 되고 싶어 한다.' 이 정신은 다시 한번 실현되어야 한다." 여기서 니체의 정치적 견해를 설명하지는 않겠다. 그러나 어떤 플라톤주의자가 운 좋게도 근대 국가에서 권력을 쥔다면, 그가 플라톤적 이상을 향해 움직일 것이고, 최소한 모든 사물을 그가 알게 된 것보다 완벽에 매우 가깝게 만들 것이라고 소박하게 암시하는 또 다른 플라톤주의 철학자들이 있다. "플라톤적 이상을 가지고 있으며 그것을 찾아가는……'과두정체' 혹은 '민주정체'에서 태어나는 사람이"(이것은 1939년 영국에 대한 암시이다.) "운 좋은 상황의 전환으로 인해 최고의 정치적 권력을 소유한다면, 그는 분명히 플라톤적 국가를 실현하기 위해 노력할 것이다. 비록 그들이 완전히 성공은 못할지라도, 공화국을 그들이 알고 있었던 것보다 모델에 더 가깝도록 할 것이다."(A. E. 테일러, 「국가 8권에 나오는 국가의 쇠망」, ≪마인드≫, N.S.48, 1939, 31쪽에서 인용.) 다음 장에서는 낭만적 꿈에 대한 직접적인 반대 논증을 펼 것이다.

*권력에 대한 플라톤적 욕망에 대한 연구 분석은 H. 켈젠의 탁월한 논문인 「플라톤적 사랑」(『아메리칸 이마고』, 3권, 1942, 1쪽 이하)에서 찾을 수 있다. *

61. 앞의 책, 520a~521c. 인용구는 520d에서 가져온 것이다.

62. 스턴G. B. Stern, 『못난 닥스훈트 *The Ugly Dachshund*』(1938)를 참조하시오.

9장

로제 마르탱 뒤 가르Roger Martin du Gard의 『티보가의 사람들 Les Thibaults』에서 가져온 문구는 영국판 575쪽(Summer 1914, London, 1940)에서 인용했다.

1. 유토피아적 사회공학에 대한 나의 묘사는 M. 이스트먼이 『마르크스주의, 과학인가』에서 변호한 사회공학의 종류와 일치한다. 특히 22쪽 이하를 보시오. 나는 이스트먼의 견해가 역사주의로부터 유토피아적 공학으로의 진자 운동을 나타낸다는 인상을 받는다. 그러나 내가 착각할 수도 있으며, 이스트먼이 정말 마음속에서 원하는 것은 내가 점진적 사회공학이라고 부르는 것에 좀 더 가까울 수 있다. 로스코 파운드의 '사회공학'에 대한 개념은 명백히 '점진적'이다. 3장 주 9를 참조하시오. 5장 주 18(3) 역시 참조하시오.

2. 나는 윤리적 관점에서 괴로움과 행복, 혹은 고통과 쾌락 사이에는 대칭구조가 없다고 생각한다. 공리주의자들의 최대행복론의 원칙과 칸트의 "타자의 행복을 신장시켜라……."는 원칙은 둘 다, 내가 합리적 논증을 통해 완벽히 결론을 내릴 수는 없지만, 이런 점에서(최소한 그들의 정식화에 있어서는) 틀린 것 같다.(윤리적 신념의 비합리적 측면에 대해서는, 본 장 주 11을 보고, 합리적 측면에 대해서는 2권 14장의 2절과 특히 3절을 보시오.) 내 생각에(5장 주 6(2)를 참조.) 인간의 고통은 직접적인 도덕적 호소, 즉 도움을 요청하는 것 같다. 반면에 어쨌든 안락하게 지내는 사람의 행복을 증가시키기 위한 이와 비슷한 요청은 없다.("쾌락을 극대화하라."는 공리주의적 공식에 대한 추가적 비판은 그것이 원칙적으로 고통의 정도를 행복의 반대편의 정도로 다루도록 하는 쾌락과 고통의 연속적인 비례를 가정한다는 것이다. 그러나 도덕적 관점에서 볼 때 고통은 쾌락으로 측정될 수 없으며, 특히 한 사람의 고통은 다른 사람의 쾌락으로 측정될 수 없다. 최대 다수의 최대 행복 대신 좀 더 겸손하게 만인에 대한 피할 수 있는 고통의 최소화를 요구해야 한다. 더 나아가 피할 수 없는 고통은——

불가피한 식량 부족으로 인한 굶주림과 같은——가능한 한 평등하게 분배되어야 한다.) 이러한 윤리학적 관점과 내가 나의 『과학적 발견의 논리』에서 변호했던 과학적 방법론의 관점 사이에는 몇 가지 유사점들이 있다. 만약 우리가 우리의 요구를 부정적으로 정식화한다면, 즉 우리가 행복을 신장시키기보다 고통을 제거하기를 요구한다면 그것은 윤리학 분야에 명료성을 줄 것이다. 이와 유사하게, 과학적 방법의 작업을 확정된 진리의 획득보다는 오히려 거짓 이론의(시험적으로 제안되고 있는 여러 이론들로부터) 제거로 정식화하는 것이 유익하다.

3. 이런 종류의 점진적 사회공학 혹은 아마 이와 유사한 점진적 기술공학에 대한 매우 좋은 예시는 오스트레일리아의 ≪경제기록 Economic Record≫(1941, 192쪽 이하와 1942, 16쪽 이하)에 실려 있는 '예산개혁'에 관한 C. G. F. 심킨의 두 논문이다. 나는 이 두 논문을 언급할 수 있어서 기쁘다. 왜냐하면 이 두 논문들은 내가 주장하는 방법론적 원칙을 의식적으로 사용하고 있기 때문이다. 따라서 이것들은 이 원칙들이 기술공학적 연구의 실제에서 유용하다는 것을 보여준다.

나는 점진적 사회공학이 큰 일에 사용될 수 없고, '작은' 문제에만 한정되어야 한다고 제안하지 않는다. 그러나 나는 우리가 다룰 수 있는 복잡성의 정도는 의식적이고 체계적인 점진적 공학에서 얻어진 우리의 경험의 정도에 의해 제어되어야 한다고 생각한다.

4. 이 관점은 최근에 하예크가 쓴 다양한 논문들을 통해 강조되고 있다.(예를 들어서, 「자유와 경제체제 Freedom and the Economic System」, 공공정책 소책자, Chicago, 1939) 나는 내가 '유토피아적 공학'이라고 부르는 것이 하예크가 '중앙집권화된' 혹은 '집단적' 계획으로 부르는 것과 대부분 일치한다고 생각한다. 하예크는 스스로 '자유를 위한 계획'이라고 부르는 것을 추천한다. 따라서 '점진적 공학'의 특징이 될 수 있다는 것에 그가 동의하리라고 나는 생각한다. 나는 집단적 계획에 대한 하예크의 반대를 어느 정도 이와 같이 정식화해 볼 수 있다고 생각한다. 만약 우리가 청사진에 맞게 사회 재구성을 시도할 때, 우리 스스로는 개인적 자유를 우리

의 청사진 속에 짜 넣을 수 없다는 것을 알게 될 것이다. 그러나 만약 우리가 그렇게 한다면, 우리는 그것을 알 수 없을 것이다. 그 이유는 중앙집권화된 경제계획은 경제적 생활로부터 가장 중요한 개인의 기능들 중의 하나, 즉 상품의 선택자이자 자유로운 소비자로서의 기능을 제거하는 것이기 때문이다. 다른 말로 하자면, 하예크의 비판은 사회적 기술공학의 영역에 속하는 것이다. 그는 어떤 기술공학적 불가능성, 즉 경제적으로 중앙집권화이면서 동시에 개인주의적인 사회를 향한 청사진을 그리는 것이 불가능함을 지적하는 것이다.

　＊하예크의 『예종에의 길 *The Road to Serfdom*』(1944)의 독자들은 아마 이 주를 이상하게 느낄 것이다. 위 책에서 하예크의 태도가 매우 명확하기 때문에 내가 주에서 말한 다소 애매한 설명이 들어갈 틈이 전혀 없기 때문이다. 그러나 나의 주는 하예크의 책이 나오기 이전에 출판되었다. 그리고 그의 앞서 가는 생각들 중의 다수가 그의 초기 저작들에서 나타나기는 했지만, 그것들이 『예종에의 길』에서만큼 명확하지는 않았다. 그리고 나는 지금 하예크의 이름과 당연히 관련을 맺는 많은 생각들을 내가 주를 쓸 때에는 알지 못했다.

　현재 내가 하예크의 입장에 대해 알게 된 것에 비추어 볼 때, 그것에 대한 나의 요약은, 물론 그의 입장에 대해 아주 조심스럽게 표현한 것이지만, 실수로 보이지는 않는다. 다음의 수정이 아마 문제를 바로잡을 것이다.

　(a) 하예크 스스로는 아마 그가 변호할 각오가 되어 있는 어떤 정치적 활동을 위해서 '사회공학'이라는 말을 사용하지는 않을 것이다. 이것이 그가 '과학주의', 즉 자연과학의 방법(혹은 다수의 사람들이 자연과학의 방법일 것이라고 믿는 것)이 틀림없이 사회학 영역에서도 비슷하게 인상적인 결과를 제공할 것이라는 소박한 믿음이라고 불러왔던 일반적 경향과 관련이 있기 때문에 나는 이 용어를 거부한다.(하예크의 잇따른 두 논문, 「과학주의와 사회연구 *Scientism and the Study of Society*」, ≪이코노미카≫, Ⅸ~Ⅺ 1942~1944와 「과학의 반혁명」, 같은 책, Ⅷ, 1941을 참조하시오.)

　우리가 '과학주의'를 자연과학의 방법으로 생각되는 것을 사회과학의 영역에서 흉내 내려는 경향으로 생각해 본다면, 역사주의는 과학주의의 한 형태로 기술될 수 있다. 역사주의에 찬성하는 전형적이고 영향력 있는 과학적 논증은 간단히 말해 다음과 같다. "우리는 월식을 예측할 수 있다. 그런데 왜 혁명을 예측할 수 없어야 하는가?" 혹은 좀 더 구체적인 형태로 "과학이 할 일은 예측하는 것이다. 따라서 사회과학이 할 일은 사회적 예측, 즉 역사적 예측이다." 나는 이런 종류의 주장을 반박하려고 시도해 왔다.(나의 『역사주의의 빈곤』, 「예측과 예언, 그리고 사회이론에 대한 그들의 의미」, 제10회 세계철학학술 대회 회보, 암스테르담, 1948을 참조하시오. 후자는 지금은 나의 『추측과 논박』에 들어 있다.) 그리고 이런 의미에서 나는 과학주의에 반대한다.

그러나 만약 우리가 '과학주의'를 통해 사회과학이 상당 부분 자연과학의 방법과 동일하다는 것을 의미한다면, 나는 '과학주의'의 지지자가 되는 것은 '잘못된' 것이라고 인정해야 할 것 같다. 사실 자연과학이 일반적으로 생각하는 것보다 훨씬 사회과학에 유사하다는 것을 보여줌으로써 자연과학에 대한 잘못된 생각들을 고칠 수 있다고 생각한다.

내가 아는 한 내가 거부해야 하는 '과학주의'에서 자유로운, 로스크 파운드의 용어 '사회공학'을 내가 로스코 파운드가 사용하는 의미에서 계속 사용하는 것은 바로 이 이유 때문이다.

용어법과 상관없이, 나는 여전히 하예크의 견해는 내가 '점진적 공학'이라고 부르는 것에 호의적으로 해석될 수 있다고 생각한다. 다른 한편으로, 하예크는 나의 오래된 개요가 지시하는 것보다 확실히 더 명확하고 구체적인 설명을 해준다. 내가 '사회공학'이라고 부르는(파운드의 의미에서) 것에 상응하는 그의 관점 중 일부는, 자유사회에서는 그가 그것의 '법률적 뼈대'로 묘사하는 것을 재구성할 급박한 요구가 있다는 제안이다. *

5. 브라이언 매기가 자신의 책 『앙시앵레짐 *L'ancien régime*』에서 "훌륭하게 제안된 토크빌 de Tocqueville의 주장"이라고 올바르게 부르는 것에 나는 주목한다.

6. 선한 목적은 부정한 수단을 정당화시키는가에 대한 문제는 환자의

안정을 위해 거짓말을 해야 하는지의 문제, 혹은 대중을 행복하게 만들기 위해 그들을 무지의 상태로 유지시켜야 하는지의 문제, 혹은 평화롭고 아름다운 세계를 수립하기 위해 장기간의 유혈 시민전쟁을 시작해야 하는지의 문제 같은 것으로 나타날 수 있다.

이 모든 경우에서 계획된 행동은 선으로 간주되는 두 번째 결과('목적'이라 불리는)를 위해서, 악으로 간주되는 좀 더 즉각적인 결과('도구'로 불리는)를 가져올 것이다.

나는 이 모든 경우에서 세 가지 다른 종류의 물음이 나타난다고 생각한다.

(a) 우리는 수단이 실제로 예상하는 결과에 이를 것이라고 가정할 수 있는 권리를 얼마나 가질 수 있는가? 수단들은 좀 더 즉각적인 결과들이기 때문에, 대부분의 경우에 계획된 행동의 확실한 결과가 될 것이며, 좀 멀리 떨어져 있는 목적은 덜 확실할 것이다.

여기서 나타나는 물음은 도덕적 평가의 하나라기보다는 사실적 문제이다. 사실상 이것은 가정된 수단과 목적 간의 인과적 관계에 의존하는 문제이다. 그래서 만약 가정된 인과적 관계가 유지되지 않으면, 사실 이것은 수단과 목적의 문제가 아니라고 말할 수 있다.

이것은 아마 맞을 수도 있을 것이다. 그러나 실제적으로 여기서 간주되는 점은 가장 중요한 도덕적 주제를 포함한다. 이 문제가(계획된 수단이 계획된 목적을 가져오는지) 사실적 문제임에도 불구하고, 여기에 대한 우리의 태도는 가장 근원적인 도덕적 문제를 발생시킨다. 그것은 우리가 그런 경우에 인과적 관계가 작동한다는 우리의 믿음에 의존해야 하는지, 혹은 다른 말로 하자면 독단적으로 인과론에 의존해야 하는지, 혹은 특히 우리 행동의 즉각적인 결과가 그 자체로 악으로 간주되는 곳에서, 인과론에 대해 회의적 태도를 취해야 하는지의 문제들이다.

이 질문은 아마 세 개의 예들 중 첫 번째에서는 크게 중요하지 않겠지만, 나머지 두 예에서는 매우 중요하다. 어떤 사람들은 이 두 경우에서 가정되는 인과적 관계가 확실하다고 느끼는 것 같다. 그러나 그 관계는 매우 멀다. 그리고 그들이 가지고 있는 신념의 감정적 확실성조차도 그들의 의심을 잠재우기 위한 노력의 결과일 수 있다.(다른 말로 하자면, 이 주제는 광신자와 스스로의 지적 한계를 알려고 노력하는 사람인 소크라테스적 의미에서의 합리주의자 사이의 문제이다.) 이 주제는 '수단'의 악이 더 클수록 더 중요해질 것이다. 그러나 인과론에 대해 회의론적 태도와 지적 겸손을 가지도록 교육하는 것은 의심의 여지없이 도덕적 의무 중 하나일 것이다.

그러나 가정된 인과적 관계가 작동한다고, 혹은 다른 말로 수단과 목적에 대해 올바르게 말할 수 있는 상황이 존재한다고 가정해 보자. 그렇다면 우리는 다음 두 가지 질문, (b)와 (c)를 구별해야만 한다.

(b) 인과적 관계가 작동하며 우리가 합리적으로 그것을 확신할 수 있다고 가정한다면, 핵심 문제는 두 개의 악들 중에 덜한 것을 고르는 것이 될 것이다. 계획된 수단의 악과 수단이 채택되지 않을 때 발생하는 악. 다른 말로 하자면, 목적의 최선이 나쁜 수단을 정당화해 줄 수는 없지만, 결과를 피하기 위한 시도는 나쁜 결과를 그 자체로 산출하는 행동을 정당화해 줄 수도 있다.(우리 대부분은 사람의 생명을 살리기 위해 사지를 절단하는 것이 옳다는 것을 전혀 의심하지 않는다.)

이와 연관해서, 우리는 문제의 악을 실제로 측정할 수 없다는 것이 매우 중요하다. 예를 들어서 몇몇 마르크스주의자들(2권 9장 주 9 참조.)은 그들이 '자본주의'라고 부르는 체제에 내재해 있는 고질적인 악보다 폭력적인 사회혁명이 고통과 덜 관련되어 있다고 생각한다. 하지만 이 혁명이 더 좋은 생활을 가져다준다고 가정한다 하더라도, 그들은 어떻게 한 상황과 다른 상황의 고통을 평가할 수 있는가? 여기서 다시 하나의 실제적인 문제가 나타나고, 다시금 우리의 의무는 우리의 사실적 지식을 과대평가하지 말아야 하는 것이 된다. 게다가 계획된 수단이 결국 상황을 개선시킬 것이라고 가정한다면, 우리는 다른 수단이 더 적은 값으로 더 나은 결과를 성취하지 못할 것이라는 점을 확인했는가?

그러나 이 예는 또 다른 매우 중요한 의문이 들게 한다. 다시 한번 '자본주의' 아래서의 고통의 총합이 만약 몇 세대 동안 지속되어서 시민전쟁의 고통을 능가할 것이라고 가정해 볼 때, 우리는 다음 세대를 위해서 한 세대가 고통을 받으라고 선언할 수 있는가?(타자를 위해 자신을 희생하는 것과 어떤 목적을 위해 타자 —— 혹은 자신과 타자 —— 를 희생시키는 것 사이에는 큰 차이점이 있다.)

(c) 세 번째 중요한 지적은 우리는 최후의 결과로 소위 '목적'이라 불리는 것이 '수단'인 중간 결과보다 더 중요하다고 생각할 수 없다는 것이다. "끝이 좋을 때 모든 것이 좋다."라는 격언에서 나오는 이 생각은 대부분 오도된 것이다. 우선, 소위 '목적'이라는 것은 거의 실제로 끝이 아니다. 다음으로, 수단은 말하자면 목적이 성취되어도 폐기되지 않는다. 예를 들어, 승리를 위해 전쟁에서 사용된 강력한 신무기와 같은 '나쁜' 수단은 그것의 '목적'이 성취된 후에 새로운 문제를 야기할 수 있다. 즉 어떤 것이 목적에 대한 수단으로 바르게 묘사된다고 하여도, 그것은 아주 빈번하게, 묘사된 것을 훨씬 넘어선 그 이상의 역할을 한다. 그것은 문제의 목적과 상관없이 다른 결과들을 산출한다. 그리고 우리가 균형을 취해야 하는 것은 (미래의) 목적에 대한 (과거 혹은 현재의) 수단이 아니라 우리가 예상할 수 있는 한도 내에서 한 행동의 과정에 대한 다른 과정의 모든 결과이다. 이러한 결과들은 중간 결과들을 포함하는 시간대에 걸쳐 있다. 그러므로 계획된 '목적'은 고려되는 마지막 것이 아니게 된다.

7. (1) 나는 시민의 평화와 국제평화의 제도적 문제 사이의 평행이 가장 중요하다고 믿는다. 행동할 준비가 되어 있는 무장된 행정부뿐만 아니라 입법, 행정, 사법제도를 가지고 있는 국제기구는 국제평화를 유지하는 데 있어서 국가 내의 유사 기구들이 성공한 만큼 성공적일 수 있을 것이다. 그러나 그 이상을 기대하지 않아야 하는 것이 중요하다. 우리는 국가 내의 범죄를 비교적 중요하지 않은 수준까지 줄일 수는 있었지만, 완전히 박멸할 수는 없었다. 그러므로 우리는 이후에도 공격할 준비가 되어 있고, 때때로 실제로 공격할 경찰력을 필요로 할 것이다. 이와 비슷하게, 나는 우리가 국제범죄를 종식시킬 수 없을 가능성에 대해서 준비해야만 한다고 생각한다. 만약 우리가 우리의 목적이 전쟁을 영원히 불가능하도록 만드는 것이라고 천명한다면 우리는 너무 많은 것을 떠맡게 될 것이다. 즉 이 희

망이 실현되지 않았을 때, 공격 가능한 경찰력을 가지고 있지 않다는 치명적 결과를 감당할 수 없게 된다.(침략자에 대해 행동을 취하지 못하는 국제연맹의 실패는, 최소한 만주국의 경우에서는, 연맹이 모든 전쟁을 종식시키고 전쟁이 일어나지 못하도록 하기 위해 설립된 것으로 이해하는 일반적 감정이 주된 원인이다. 이것은 모든 전쟁의 종식을 위한 선전이 자기 파괴적임을 보여준다.) 우리는 국제적 무정부 상태를 종식시켜야만 하고, 국제범죄에 대한 전쟁을 준비해야 한다.(특히 H. 만하임, 『전쟁과 범죄 War and Crime』(1941)와 A. D. 린제이의 『원인과 결말 Background and Issues』(1940)의 「전쟁의 종식을 위한 전쟁 War to End War」을 참조하시오.)

그러나 시민평화와 국제평화 간의 비유에 있는 약점, 말하자면 유사성이 무너지는 지점을 찾는 것 역시 중요하다. 국가에 의해 세워진 시민평화의 경우에, 국가에 의해 보호되는 개인 시민이 있다. 시민은 말하자면 '자연적' 단위 혹은 원자이다.(시민권의 조건에는 어떤 '인습적' 요소가 있음에도.) 다른 한편, 국제질서의 회원 혹은 단위 혹은 원자는 국가들이다. 그러나 국가는 시민과 같은 '자연적' 단위는 결코 될 수 없다. 한 국가에 대한 자연적 경계가 없기 때문이다. 국가의 경계는 변하고, 단지 현상유지의 원칙을 적용함으로써만 규정지을 수 있다. 그리고 모든 현상유지는 독단적으로 선택된 날짜와 관련하기 때문에, 국가 경계의 결정은 순전히 인습적이다.

국가에 대한 '자연적' 경계를 찾으려는 시도는 따라서 국가를 '자연적' 단위로 보려는 것이며, 민족국가의 원칙과 민족주의, 인종주의, 부족주의의 낭만적 허구를 초래한다. 그러나 이 원칙은 '자연적'이지 않으며, 그래서 민족과 같은 자연적 단위나 혹은 언어적 집단이나 인종적 집단이 존재한다는 생각은 완전히 허구적이다. 여기서, 아무튼 우리는 역사로부터 배워야만 한다. 왜냐하면 역사의 미명 때부터 인간은 계속적으로 섞였고, 통합되었고, 나누어졌고, 다시 섞였기 때문이다. 이것은 설령 원하더라도 원상태로 돌릴 수 없다.

시민평화와 국제평화 간의 유사성이 무너지는 두 번째 지점이 있다. 국가는 개인 시민, 즉 국가의 단위 혹은 원자를 보호해야만 한다. 그러나 국제기구는 궁극적으로 인간 개인들을 보호해야 하는 것이지, 그것의 단위 혹은 원자, 즉 국가들이나 나라들을 보호해야 하는 것이 아니다.

민족국가 원칙(부족적 본능에 호소하고, 아무것도 제공할 수 없는 정치인이 출세할 수 있는 가장 싸고도 확실한 방법이라는 사실에 오로지 그 대중성의 근거를 두고 있는 원칙)의 완전한 포기와, 모든 국가에게 필연적으로 인습적인 경계의 인식과, 국가 혹은 민족이 아닌 인간 개체들이 국제기구의 궁극적 관심사여야만 한다는 추가적 통찰은 근본적 유사성이 무너짐으로써 나타나는 문제점들을 명료하게 인식하고 극복하도록 도와줄 것이다.(2권 2장 주 51~64와 본문, 그리고 2권 3장 주 2를 참조하시오.)

(2) 인간 개체들이 국제기구뿐만 아니라 모든 정치의, 즉 '국내적' 혹은 지역적뿐만 아니라 국제적인 정치의 궁극적 관심사로 인식되어야 한다는 주장은 중요한 실용성을 갖는 것처럼 보인다. 우리는 비록 개인들이 속해 있는 침략적 국가의 권력조직 혹은 '민족'을 해체하길 결정했다 하더라도 개인은 공정하게 다룰 수 있다는 것을 인식해야 한다. 국가 혹은 '민족'의 군사적, 정치적, 심지어 경제적 권력의 파괴와 통제가 개인 시민들의 불행 혹은 종속을 의미한다는 것이 일반적 선입견이다. 그러나 이런 선입견은 위험할 만큼 근거 없는 것이다.

국제기구가 시민들의 정치적, 군사적 약점의 이용에 대항해서 이렇게 약해진 국가의 시민들을 보호한다는 것은 근거 없는 가정이다. 개인 시민들이 피할 수 없는 유일한 손상은 그의 국민적 자부심에 대한 손상이다. 그리고 만약 한 사람이 침략 국가의 시민이었고, 침략이 격퇴되었다면, 이 것은 어떤 경우라도 피할 수 없는 손상일 것이다.

우리가 국가의 처우방법과 국가에 있는 개인의 처우방법을 구별할 수 없다는 선입견 역시 매우 위험한 것이다. 왜냐하면 침략국을 다루는 문제에 직면했을 때, 이 문제는 승전국들 사이에서 두 종류의 파, 즉 강력한 처우를 요구하는 사람들과 자비로움을 요구하는 사람들로 나뉘어 분파를 형성한다. 일반적으로 양쪽 모두는 국가는 강력하게 다루면서 동시에 국민들은 자비롭게 다룰 수 있는 가능성을 간과한다.

　그러나 만약 이 가능성이 간과된다면 다음과 같은 일이 발생할 것이다. 승리 직후에 침략국과 그 국가의 국민들은 상당히 가혹하게 취급될 것이다. 그러나 죄 없는 개인을 가혹하게 처우하는 것에 대한 거리낌 때문에, 다시 말하자면 자비를 주장하는 분파의 영향이 어느 정도 나타날 것이기 때문에 아마 국가, 즉 권력기구는 합리적으로 취급될 때 만큼 가혹하게 취급되지 못할 것이다. 이런 거리낌에도 불구하고 개인들은 그들이 받을 만큼 이상의 고통을 받게 될 것이다. 그러므로 얼마 후 승전국에서는 반작용이 나타나게 된다. 평등주의적이고 인도주의적인 경향들은 가혹한 정책이 철회될 때까지 자비파를 강화시킬 것이다. 그러나 승전국들이 자신들이 잘못을 저지르고 있을지도 모른다고 느끼는 사람들의 망설임 때문에 고민하고 있는 사이, 이런 발전은 침략국에게 새로운 침략의 기회를 줄 뿐만 아니라 악한 짓을 저질렀던 자의 도덕적 분개라는 무기까지 제공해 주는 것이 된다.

　매우 바람직하지 않은 이러한 발전은 결국 새로운 침략을 초래할 것임에 틀림없다. 이것은 처음부터 침략국(그 행동에 책임 있는 자들도)과 그 국가 국민들 사이의 명확한 구별이 있을 경우에만 막을 수 있다. 침략국에 대한 가혹함과 그 권력기구의 근본적 파괴는, 만약 이것이 개인적 시민들에 대한 공정한 정책과 함께한다면, 승전국들의 인도주의적 감정의 도덕적 반작용을 야기하지 않을 것이다.

　그러나 시민들에게 무차별적인 상처를 입히지 않고 국가의 정치적 권력을 붕괴시키는 것이 가능한가? 이것이 가능함을 증명하기 위해서 나는 개인적 시민들의 이해를 위배하지 않으면서 침략국의 정치적 군사적 권력을 붕괴시키는 정책 사례를 구성하겠다.

　침략국의 해안을 포함하는 경계지역과 수력, 석탄, 철과 같은 주 자원(모든 것이 아닌)은 그 국가에서 분리시킬 수 있고, 반환 불가능한 국제영토에서 관리될 수 있다. 그 국가의 시민들은 합법적인 경제활동을 위해서 천연자원들뿐만 아니라, 적합한 사용을 통제받기 위해 국제기구를 요청한다는 조건하에서 어떠한 불리함도 없이 항구들에 접근할 수 있다. 하지만 잠재적인 새로운 전쟁을 일으키는 데 쓰이는 어떠한 이용도 금지된다. 만약 국제화된 시설들과 천연자원들이 그렇게 사용되고 있다는 의심의 근거가 있다면 그 사용은 즉시 금지되어야 한다. 그런 다음 혐의를 받은 당사자는 철저한 사찰을 요청하여 진행시키고, 그 자원들의 적합한 사용에 대한 만족스러운 보증을 제공해야 한다.

이런 과정은, 새로운 공격 가능성을 제거하지는 못하겠지만, 침략국이 잠재적인 새 전쟁을 일으키기에 앞서 먼저 국제화된 영토를 공격하도록 만들 것이다. 그래서 만약 다른 국가들이 그들의 잠재적인 전쟁을 보유하고 발전시킬 수 있다면, 그런 공격은 가능성 없는 것이 될 것이다. 이런 상황에 부딪친 이전 침략국은 태도를 바꿀 수밖에 없고, 협력을 채택하게 될 것이다. (다른 나라들을 차단하는 대신) 자신들의 산업에 대한 국제적 통제를 요청하고, 국제적 통제기구의 사찰을 진행시키게 될 것이다. 왜냐하면 그러한 태도만이 그의 산업에 필요한 시설들의 사용을 보장해 줄 것이며, 그러한 진전은 국내 정치에 대한 추가적인 간섭 없이 일어날 수 있기 때문이다.

이런 시설들의 국제화가 패전국 주민들을 착취하고 굴욕적으로 만들 목적으로 잘못 사용될 수 있는 위험은 항소법원 등을 위해 제공되는 국제적 사법 조치를 통해 제거할 수 있다.

이 사례는 국가를 가혹하게 취급하되 시민을 자비롭게 취급하는 것이 불가능하지 않다는 것을 보여준다.

＊(본 주 (1)과 (2)는 1942년에 쓰인 것 그대로이다. 주요 관심사가 아닌 (3)에서만 처음 두 문단 뒤에 추가하였다.) ＊

(3) 그러나 평화 문제에 대한 이러한 공학적 접근이 과학적인가? 나는 많은 사람들이 전쟁과 평화 문제에 대한 참으로 과학적인 태도는 다르다고 주장할 것을 확신한다. 그들은 먼저 전쟁의 원인을 연구해야 한다고 말할 것이다. 우리는 전쟁을 초래하는 권력을 연구해야만 하고, 평화를 초래하는 것들 역시 연구해야 한다. 예를 들어서, 전쟁과 평화를 만들 수 있는

사회의 '근원적인 역동적 힘들'을 충분히 고려할 때에만 오직 '지속적 평화'가 도래한다는 것이 최근 주장되었다. 이 힘들을 찾기 위해서 우리는 물론 역사를 연구해야 한다. 다른 말로 하면, 우리는 평화의 문제를 기술공학적 방법이 아닌 역사주의적 방법을 통해 접근해야만 한다. 이것이 유일한 과학적 접근이다.

역사주의자는 역사의 도움을 통해 전쟁의 원인이 경제적 이해의 충돌, 계급의 충돌, 이데올로기의 충돌(예를 들어서 자유 대 전제정치), 인종의 충돌, 민족의 충돌, 제국주의의 충돌, 군사제도의 충돌, 증오, 두려움, 시기, 복수심, 이 모든 것들이 함께, 그리고 셀 수 없이 많은 다른 것들 속에서 밝혀질 수 있음을 보여준다. 그리고 이러한 요인들을 제거하는 작업이 매우 힘들다는 것 역시 보여줄 것이다. 그리고 우리가 전쟁의 요소들, 예를 들어서 경제적 원인 등을 제거하지 않는 한, 국제기구 구성은 아무런 의미가 없다는 것을 보여줄 것이다.

이와 유사하게, 심리주의는 전쟁의 원인을 '인간 본성', 좀 더 구체적으로 인간의 공격성에서 발견할 것이고, 평화로 가는 방법은 침략을 위한 다른 배출구를 마련하는 것이라고 논증할 것이다.(우리의 최근 독재자들이 스릴러물에 중독되어 있다는 사실에도 불구하고, 스릴러물의 독서가 진지하게 제안되었다.)

나는 위의 방법들이 이런 중요한 문제를 다루는 데 그다지 유익하다고 생각하지 않는다. 특히 나는 평화를 세우기 위해 우리가 전쟁의 원인이나 혹은 원인들을 확인해야만 한다는 그럴듯한 주장을 믿지 않는다.

틀림없이, 몇몇 악을 조사하고 그것을 제거하는 방법이 성공적일 수 있는 사례들이 있을 것이다. 만약 내가 발에서 통증을 느낀다면, 나는 그것이 자갈 때문이라는 것을 알 수 있고 자갈을 제거할 수 있다. 그러나 우리는 이것을 일반화시켜서는 안 된다. 자갈을 제거하는 방법이 내 발의 모든 통증에 관한 사례를 포괄할 수조차 없다. 어떤 경우에 나는 '원인'을 발견할 수 없을 것이고, 또 어떤 경우엔 그것을 제거할 수 없을 것이다.

일반적으로 오직 우리가 짧은 필요조건들의 목차(즉 문제의 사건이 본 목차에 있는 조건 중에서 최소한 하나라도 맞지 않으면 발생하지 않는 조건의 목차)를 알 때에만, 그리고 이 조건들이 모두 통제될 때에만, 좀 더 정확하게 말해서 방지될 때만 몇몇 원하지 않는 사건의 원인들을 제거하는 방법이 적용 가능하다.(필요조건들은 애매한 용어인 '원인'으로 묘사되지 않는다. 오히려 그것들은 '기여 원인'이라고 불린다. 일반적으로, 우리가 '원인들'을 말할 때, 우리는 충분조건들의 집합을 의미한다.) 그러나 나는 우리가 전쟁의 필요조건 목록을 구성하는 것이 가능하다고 생각하지 않는다. 전쟁은 매우 다양한 상황하에서 발생해 왔다. 전쟁은 마치 천둥과 같은 그런 단순한 현상이 아니다. 우리는 매우 폭넓은 현상들을 '전쟁'이라고 부르기 때문에, 그것들이 모두 동일한 방법으로 '발생한다'고 확신할 아무런 이유가 없다.

이것은 겉으로 보기에는 공평하고 신빙성 있는 과학적 접근인 '전쟁 원인' 연구가 사실은 공평하지 않을 뿐만 아니라, 합리적 해결 방법을 막을 수 있다는 것을 보여준다. 사실 이것은 사이비 과학이다.

법과 경찰력을 도입하는 일 대신에 우리가 얼마나 범죄 문제에 '과학적으로' 접근하고 있는지, 즉 무엇이 정확하게 범죄의 원인인지를 밝히려고 하면서 접근하고 있는지 알 수 있는가? 내 말은, 우리가 어디서도 범죄나 전쟁에 기여하는 주요 요소들을 발견할 수 없고, 이 방법으로 많은 피해를 피할 수 없다는 것을 의미하는 것이 아니다. 그러나 이것은 우리가 범죄를 통제 아래 둔 이후에, 즉 우리가 경찰력을 도입한 후에나 가능할 것이다. 다른 말로 하자면 경제적, 심리학적, 유전적, 도덕적 등의 범죄 '원인' 연구와 이 원인들을 제거하려는 시도는 (원인들을 제거하지 않는) 경찰력이 범죄를 통제할 수 있다는 사실을 우리에게 알려주지 않을 것이다. '전쟁의 원인'이라는 문구의 애매함과 상관없이, 전체적 접근은 과학적이라고 할 수 없다. 이것은 마치 추울 때 외투를 입는 것이 비과학적이고, 오히려 추운 날씨의 원인을 연구해서 그것을 제거해야 한다고 주장하는 것과 같다. 혹은 아마 기름칠이 비과학적이기 때문에 마찰의 원인을 알아내고 그것들을 제거해야 한다는 것과 같다. 나는 이 후자의 예가 다음과 같은 외관상과학적인 비판의 부조리를 보여준다고 생각한다. 마치 기름칠이 마찰의 '원인'을 확실히 제거하는 것처럼, 국제 경찰력(혹은 이런 종류의 또 다른 무장기구)은 전쟁의 중요한 '원인'을 줄여줄 수 있을 것이다. 말하자면 '전쟁을 잘 치를 수 있다'는 희망을 줄여줄 것이다.

8. 나는 이것을 나의 『과학적 발견의 논리』에서 보여주려고 시도했다. 나는 약술된 방법론에 따라, 체계적인 점진적 공학이 시행착오법에 의해 도달되는 경험적인 사회기술공학의 수립을 도와준다고 생각한다. 나는 오직 이 방법으로만 우리가 경험적 사회과학을 성립시킬 수 있다고 믿는다. 이런 사회과학이 지금까지 거의 존재하지 않았고, 역사적 방법이 그것을 더 진행시킬 수 없다는 사실은 대규모 혹은 유토피아적 사회공학의 가능성에 반대하는 강한 논증 중의 하나이다. 나의 『역사주의의 빈곤』 역시 보시오.

9. 매우 유사한 설명에 대해서, 존 캐루더스 John Carruthers의 강의 『사회주의와 급진주의 Socialism & Radicalism』(해머스미스 사회주의자 단체 Hammersmith Socialist Society의 소책자로 출판되었다. London, 1894)를 보시오. 그는 점진적 개혁에 반대하는 전형적 방법으로 "모든 완화책은 그것과 함께 그 자신의 악을 초래하고, 그 악은 보통 그것이 치료하려 했던 것보다 더 크다. 우리가 만약 완전히 새로운 옷을 입겠다고 결정하지 않는다면, 우리는 누더기를 입을 각오를 해야 할 것이다. 헝겊 덧대기로는 오래된 옷을 나아지게 할 수 없기 때문이다."(캐루더스는 강의 제목에서 사용한 '급진주의'를 통해 여기서 의미하는 것과는 반대되는 것을 의미했음에 주목해야 한다. 캐루더스는 화포 청소라는 비타협적 계획을 주장하고, '급진주의', 즉 '급진적 자유주의자'가 주장하는 '점진적 개혁' 계획을 공격한다. '급진적'이라는 용어의 이러한 사용은 물론 나의 것보다 통례적이다. 그럼에도 불구하고, 이 용어는 원래 '뿌리까지 가다' —— 예를 들어서 악의 뿌리 —— 혹은 '악을 뿌리째 뽑다'를 의미한다. 이것에 대한 적합한 대체어는 없다.)

본문의 다음 장 인용구들에 대해서는(예술-정치가들이 '모방'해야만 하는

'신적인 원본')『국가』 500e/501a를 보시오. 8장 주 25와 26 역시 보시오.

플라톤의 형상 이론에는 예술을 이해하는 데 매우 중요할 뿐 아니라 예술 이론에서도 매우 중요한 요소들이 있다고 생각한다. 플라톤주의의 이 측면은 스튜어트J. A. Stewrt에 의해 그의 책『플라톤의 이데아 교설 *Plato's Doctrine of Ideas*』(1909), 128쪽 이하에서 다루어진다. 그러나 나는 그가 순수한 관조의 대상(화가가 시각화하여 화포에 재생산하고자 노력하는 '모형'에 반대되는 대상)을 너무 많이 강조했다고 생각한다.

10.『국가』, 520c. '왕도의 예술'에 대해서는, 특히『정치가』를 참조하시오. 8장 주 57(2)를 보시오.

11. 윤리학적 문제가 궁극적으로 취향의 문제이기 때문에 윤리학은 단지 미학의 일부라고 종종 언급되었다.(예를 들어서, G. E. G. 캐틀린,『과학과 정치학의 방법 *The Science and Methods of Politics*』, 315 이하를 참조하시오.) 만약 이렇게 말한다면, 윤리적 문제는 합리적 과학 방법론으로 풀 수 없다는 것을 의미할 뿐이다. 그러나 우리는 도덕적 '취향의 문제'와 미학에서의 취향의 문제가 갖는 큰 차이점을 간과해서는 안 된다. 만약 내가 소설이나 음악 혹은 그림을 싫어한다면, 나는 그것을 읽거나 듣거나 볼 필요가 없다. 미학적 문제는(건축은 되도록 제외하고) 대부분 사적인 성질의 것이고, 윤리적 문제는 인간과 그들의 삶에 관한 것이다. 이 거리만큼, 이들 사이에는 근본적인 차이점이 존재한다.

12. 이것과 앞의 인용구에 대해서는『국가』, 500d~501a를 참조하시오.(강조는 내가 만든 것이다.) 4장 주 29(결말)와 8장 주 25, 26, 37, 38 (특히 25와 38)을 참조하시오.

다음 본문의 두 인용구는『국가』541a와『정치가』293c~e에서 가져온 것이다.

『국가』의 두 구절——500d 이하의 화포 청소와 541a의 깨끗하게 함——이 철학자의 신성함에 대한 언급 다음에 나온다는 것은 흥미롭다.(나는 그것이 오만함, 즉 신성함이라는 야심적 거만을 가진 낭만적 급진주의의 히스테리적인 특징이라고 생각하기 때문이다.) 500c~d를 참조하시오.

"철학자는……스스로 신과 같은 사람이 되네." 그리고 540c~d "한편 나라는 이들을 위해 기념물을 만들고 공적인 행사로 제물을 올리는 의식을 행할 것이며, 이들을 수호신으로 모시되……적어도 우아하게 축복되고 신과도 같은 분들로서 모시도록 해야만 할걸세."(8장의 주 37과 본문 참조.)

이 구절들 중의 첫 번째가 철학자는 통치자로서 '다수'에게 받아들여져야 한다는 플라톤의 희망을 표현한 구절(498d/e 이하. 8장 주 59 참조.) 뒤에 나온다는 것은 흥미롭다.

* '청산하다'라는 용어에 대해서는, 다음과 같이 쏟아져 나오는 현대적 급진주의를 인용할 수 있다. "우리가 사회주의 —— 실질적이고 영구적인 사회주의 ——를 실현한다면, 모든 근본적인 반대파가 '청산'(즉 권리박탈로 인해 그리고 필요하다면 교도소에 수감함으로써 정치적인 활동을 못하게 한다는 것)되어야 한다는 것은 명백하지 않은가?" 이 주목할 만한 웅변적 질문은 브래드퍼드 주교가 서문을 적고 길버트 코프가 저술한 더욱 주목할 만한 소책자의 『계급투쟁하는 기독교도들』의 18쪽에 인쇄되어 있다.(1942, 이 소책자의 역사주의에 대해서는, 1장 주 3을 보시오.) 서문에서 주교는 "우리의 현재 경제체계는 비도덕적이며 비기독교적이다."라고 비난한다. 그리고 그는 "어떤 것이 확실히 악마의 역사(役事)일 때……교회의 성직자는 그것을 파괴해야 한다." 따라서 그는 이 소책자를 "명석하고 꿰뚫는 듯한 분석의 하나로서" 추천한다.

이 작은 책자에서 몇 문장을 더 인용할 수 있다. "두 개의 정당은 부분적 민주주의를 보장해 줄 것이지만, 완전한 민주주의는 오직 하나의 정당에 의해서만 성립된다……."(17쪽) "전환기에……노동자들은……근본적으로 반대되는 다른 정당의 존재를 허용하지 않는 유일한 정당에 의해 인도되고 조직될 것이다……."(19쪽) "사회주의 국가의 자유는 누구도 공동소유의 원칙을 공격할 수 없고, 모든 사람이 그것의 효과적인 실현과 집행을 위해 일하도록 격려받는다.……어떻게 반대파를 제거할 것인가라는 중요한 문제는 반대파가 사용하는 방법 자체에 달려 있다."(18쪽)

이 중에서도 가장 흥미로운 것은 아마도 조심스럽게 읽을 가치가 있는 다음의 논증이다.(역시 18쪽에서 찾을 수 있다.) "만약 사회주의 국가에서 자본주의 정당을 가지는 것이 불가능하다면, 어떻게 자본주의 국가에서 사회주의 정당을 가지는 것이 가능한가? 답은 간단하다. 하나는 소수자에 대항하는 큰 다수의 생산적 힘을 모두 포함하는 운동이고, 다른 하나는 다수의 새로운 착취에 의해 권력과 특권의 지위를 회복하려는 소수의 시도이기 때문이다." 다른 말로 하자면, 통치하는 '적은 소수'는 관용적일 수 있지만, '큰 다수'는 '적은 소수'에게 관용을 베풀 수 없다. 이 간단한 대답은 사실 주교가 적었듯이 "명석하고 꿰뚫는 듯한 분석"의 모범이다. *

13. 이런 발전에 대해서는 2권 3장, 특히 주 7과 본문을 참조하시오.

14. 철학뿐만 아니라 문학에서도 낭만주의는 플라톤으로 거슬러 올라갈 수 있다. 루소가 그에게 직접 영향을 받았다고 잘 알려져 있다.(6장 주 1 참조.) 루소 역시 플라톤의 초기 언덕의 목자들에 대한 칭송이 있는 『정치가』를 알았다.(『사회계약론』, 2편, 7장과 3편, 6장을 참조.) 그러나 이 직접적 영향과는 상관없이 루소는 그의 목가적 낭만주의와 원시성에 대한 사랑을 간접적으로 플라톤에게서 가져왔다. 왜냐하면 그는 플라톤, 특히 그의 자연주의와 원시 목자들의 완벽한 사회에 대한 꿈을 재발견한 이탈리아 르네상스의 영향을 받았기 때문이다.(4장 주 11(3)과 32와 6장 주 1을 참조하시오.) 볼테르가 한번에 루소의 낭만적 반계몽주의의 위험을 알아차렸다는 것은 흥미롭다. 칸트는 헤르더의 '이념들'에서 낭만적 반계몽주의와 마주쳤을 때만큼, 루소에 대한 찬탄 때문에 이 위험을 인식하지 못했다.(2권 2장 주 56과 본문 역시 참조하시오.)

10장

본 장의 표어는 『향연』, 193d에서 인용한 것이다.

1. 『국가』, 419a 이하, 421b, 465c 이하, 519e, 그리고 6장, 특히 2절과 4절도 참조하시오.

2. 나는 사회를 억압하려는 중세적 시도, 즉 피통치자들의 영혼과 정신적 복지에 대한 책임이 통치자에게 있다는 플라톤 이론에 근거한 시도들만 생각하고 있는 것이 아니라 (『국가』와 『법률』에서 플라톤이 개발한 많은 실제적 장치들에 근거하고 있는) 그 후의 많은 발전들 역시 생각하고 있다.

3. 다른 말로 하자면, 나는 내가 『과학적 발견의 논리』에서 기술했던 방법론을 가능한 한 적용시키려고 노력했다.

4. 특히 『국가』, 566e를 참조하시오. 본 장 주 63 역시 참조하시오.

5. 나의 이야기에는 "악인은 없다.……범죄는 흥미롭지 않다.……우리가 정말로 관심을 기울이는 것은……인간이 최선의 상태에서 선한 의도를 가지고 무엇을 하는가이다." 나는 이 방법론적 원칙을 가능한 한 나의 플라톤 해석에 적용하려고 노력했다.(내가 G. B. 쇼의 『세인트 조앤 Saint Joan』 서문에서 가져온 본 주에서 인용된 원칙의 명확한 표현은 「비극, 멜로드라마가 아닌 Tragedy, not Melodrama」 절의 첫 번째 문장들을 보시오.)

6. 헤라클레이토스에 대해서는 2장을 보시오. 알크마이온과 헤로도토스의 권리평등 이론에 대해서는 6장 주 13, 14, 17을 보시오. 칼케돈 출신의 팔레아스의 경제적 평등주의에 대해서는, 아리스토텔레스의 『정치학』, 1266a와 D^5, 39장을 보시오.(히포다모스에 대해서도 역시 참조.) 밀레토스 출신의 히포다모스에 대해서는 아리스토텔레스의 『정치학』, 1267b22와 3장 주 9를 보시오. 최초의 정치이론가들 중에서 우리는 물론 소피스트들인 프로타고라스, 안티폰, 히피아스, 알키다마스, 리코프론을 들 수 있고, 그리고 크리티아스(D^5, 단편 6, 30~38과 8장 주 17을 참조.)와 원로과두정치 지배자(만약 이들이 두 사람이라면), 그리고 데모크리토스를 들 수 있다.

'닫힌사회'와 '열린사회'라는 용어와, 이 용어들이 베르그송에 의해서는 얼마만큼 비슷하게 사용되었는지에 대해서는 서론에 대한 주를 보시오. 닫힌사회를 마술적으로, 열린사회를 합리적이면서 비판적이라고 묘사하는 나의 특성화는 이 용어들을 해당 사회를 이상화하지 않고서는 사용할 수 없도록 한다. 마법적 태도는 우리 삶에서 결코 사라지지 않았고, 심지어 지금껏 실현된 최고로 '열린' 사회에서조차도 그러하다. 그래서 나는 그것이 완전히 사라질 수 있으리라고 생각하지 않는다. 이러함에도 불구하고, 닫힌사회에서 열린사회로의 이행에 대한 어떤 유용한 기준은 제시할 수 있을 것 같다. 이행은 인간이 사회제도들을 만들었다는 것이 먼저 인식되고, 그것들의 의식적 변경이 인간 목적이나 목표의 성취와 얼마나 적합한가 하는 관점에서 논의될 때 일어난다. 좀 덜 추상적으로 말하자면, 닫힌사회는 사회질서와 함께 고려되는 초자연적 경외심이 적극적 간섭과 개인 혹은 집단의 의식적인 이해 추구에 길을 내어줄 때 붕괴된다. 문명화를 통한 문화적 접촉은 그런 붕괴를 유발시키고 심지어 가난하게 된, 즉 땅이 없는 지배계급의 분파를 발전시킬 것이 분명하다.

나는 여기서 일반적인 의미에서의 '사회 몰락'를 말하려는 것이 아니다. 여기서 묘사된 닫힌사회의 몰락은 매우 분명한 사건이지만, 일반적 의미에서 '사회 몰락'은 관찰자가 그가 서술하는 발전 과정을 좋아하지 않는다는 정도를 전달하는 것처럼 보인다. 나는 이 용어가 아주 잘못 사용되고 있다고 생각한다. 그러나 나는 이유 여하를 막론하고 혹은 그 이유를 알고 모르고와 상관없이 어떤 사회의 구성원이 '모든 것이 몰락하고 있다'는 감정을 가질 수 있음을 인정한다. 구체제의 구성원들 혹은 러시아 귀족의 구성원들에게, 프랑스혁명이나 러시아혁명이 완전한 사회 몰락으로 나타났으리라는 것에는 의심의 여지가 없다. 그러나 새로운 통치자들에게는 매우 다르게 나타났을 것이다.

토인비(『역사의 연구』, V, 23~35, 338 참조.)는 '사회체제에서의 분열의 등장'을 몰락하는 사회의 기준으로 묘사한다. 분열은 펠로폰네소스 전쟁 훨씬 전에 계급 불화 형태로 그리스 사회에서 명백히 일어났기 때문에, 왜 그가 이 전쟁을 (부족주의의 몰락이 아닌) 자신이 그리스 문명의 몰락으로 묘사한 것을 특징짓는다고 주장하는지는 그렇게 명확하지 않다.(4장 주 45(2)와 본 장 주 8 역시 참조하시오.)

그리스와 마오리족의 유사성에 대한 몇몇 언급들은 버넷의 『초기 그리스 철학[2]』, 특히 2쪽과 9쪽에서 찾을 수 있다.

7. 나는 국가 유기체론에 대한 이 비판에서 많은 다른 제안들과 함께 포퍼린케우스J. PopperLynkeus에 빚을 지고 있다. 그는 다음과 같이 적었다.(*Die allgemeine Nährpflicht*, 2판, 1923, 71쪽 이하) "메네니우스 아그리파 각하는……반란을 일으킨 평민들에게, 배에게 반란을 일으킨 몸의 부분들에 대한 비유를 말함으로써" (로마로) "돌아가도록 설득했다.……왜 그들 중의 누군가 '옳소, 아그리파! 만약 배가 존재한다면, 우리 평민들은 지금부터 배가 되고 싶소. 그리고 당신이……몸의 부분들의 역할을 하시오!'라고 말하지 않았는가."(이 비유에 대해서는, 『리비우스론』 II, 32쪽과 셰익스피어의 「코리올리누스*Coriolanus*」 1막 1장을 보시오.) 현대적이고 명확히 진보적으로 보이는 '여론조사'와 같은 운동이 사회 유기체론을 위해 선전한다는 것에 주목한다면(「첫해의 일*First Year's Work*」, 1937~1938의 표지에 있는 것처럼) 흥미로울 것이다. 5장 주 31을 참조하시오.

다른 한편 부족적 '닫힌사회'가 단지 사회적 긴장의 부재로 인하여 '유기체적' 특성과 같은 어떤 것을 가지고 있다는 것은 인정되어야 한다. 어떤 사회가 노예제도에 근거한다는 사실은 (그리스에서처럼) 노예들이 종종 가축보다도 더 못한 사회의 구성요소로 취급받기 때문에 그 자체로는 사회적 긴장을 만들지 않는다. 노예들의 열망과 문제는 통치자들이 사회 내의 문제로 간주하는 어떤 것을 필연적으로 만들지는 않는다. 그러나 인구성장은 그런 문제를 만든다. 식민지를 개척하지 않았던 스파르타에서는 먼저 더 넓은 영토를 차지하기 위한 이웃 부족의 정복이 일어났고, 그다음 유아살해, 출생 통제, 동성애를 통한 인구증가 통제를 포함하는 장치들로 모든 변화를 억제하려는 의식적 노력이 잇따랐다. 이 모든 것은 플라톤에 의해 아주 분명히 드러난다. 플라톤은 언제나 고정된 시민 인구가 필요함을 주장했고(아마 히포다모스의 영향하에서), 인구를 그대로 유지하기 위한 수단으로 동성애를 이미 추천했던 것처럼(아리스토텔레스의 『정치학』, 1272a23에서도 동일하게 설명된다.), 『법률』에서는 식민지 건설과 산아제한을 추천했다. 『법률』, 740d~741a, 838e를 보시오.(『국가』에 있는 유아살해, 그리고 이와 비슷한 문제들에 대한 플라톤의 추천에 대해서는 특히

4장 주 34, 그리고 10장 주 22, 63, 그리고 5장 주 39(3)을 보시오.)

문론 이 모든 실천들은 합리적으로 완전히 설명되지는 못한다. 그리고 좀 더 구체적으로 도리아의 동성애는 전쟁의 수행과 밀접하게 관련이 있으며, 부족주의의 몰락에 의해 거의 파괴되었던 정서적 만족감을 전쟁집단의 삶 속에서 되찾으려는 시도와 관련이 있다. 특히 『향연』, 178e에서 플라톤이 찬양하고 있는 "연인들로 구성된 전쟁집단"을 보시오. 『법률』, 636b 이하, 836b/c에서 플라톤은 동성애를 비난한다.(그러나 838e를 참조하시오.)

8. 내가 '문명의 긴장'이라고 부르는 것은 프로이트가 『문명과 그에 대한 불만들 Civilization and its Discontents』을 쓸 때 염두에 두었던 것과 비슷하다고 생각한다. 토인비는 '표류의 느낌'에 대해서 이야기하지만(『역사의 연구』, V, 412 이하), 그는 그것을 '해체의 시대'에만 한정한다. 반면에 나는 나의 긴장이, 토인비에 따르면 그의 '그리스 사회'가 '해체되기' 시작한 시점 훨씬 이전에, 헤라클레이토스에 의해 명확하게 표현되었음을 확인한다.(사실 헤시오도스에서 찾을 수 있다.) 마이어는 "모든 사람의 인생에서의 위치와 시민적, 사회적 권리와 의무를 생계 보장과 함께 결정했었던 출생의 지위"의 사라짐에 대해 말한다.(『고대사』, III, 542쪽) 이것은 기원전 5세기 그리스 사회의 긴장에 대해 적절한 묘사를 해준다.

9. 비교적 지적 독립을 가능하게 한 이런 종류의 또 다른 직업은 방랑 시인의 직업이다. 나는 여기서 진보주의자 크세노파네스를 주로 생각하고 있다. 5장 주 7에 있는 '프로타고라스주의'에 대한 문단을 참조하시오.(호메로스 역시 적절한 사례이다.) 이 직업에 매우 소수만이 접근할 수 있었다는 것은 명백하다.

나는 상업의 문제나 혹은 상업적인 마음을 가진 사람들에 대해 개인적으로는 관심이 없다. 그러나 상업적 주도권의 영향은 나에게도 매우 중요하게 보인다. 우리가 알고 있는 한 가장 오래된 문화인 수메르 문화가 강력한 민주적 특징을 지닌 상업적 문명이었다는 것은 우연이 아니다. 그리고 글쓰기와 산수의 기술, 그리고 과학의 출발은 수메르의 상업적 삶과 밀접하게 관련이 있다.(본 장 주 24의 본문 역시 참조하시오.)

10. 『투키디데스』, I, 93.(나는 대부분 자우엣의 번역을 따른다.) 투키디데스의 편견에 대해서는, 본 장 주 15(1)을 참조하시오.

11. 이 인용구와 다음 것은 앞의 책, I, 107에서 가져온 것이다. 배반적 과두정치가들에 대한 투키디데스의 이야기는, 마이어가 더 나은 자료들을 가지고 있지 않다는 사실에도 불구하고, 그의 변론적 판본에서는 거의 인지될 수 없다.(『고대사』, III, 594) 이것은 인정할 수 없을 정도로 왜곡되어 있다.(마이어의 편파성에 대해서는, 본 장 주 15(2)를 참조하시오.) 유사한 배반(기원전 479년, 플라타이아 사건 전야에 일어난 배반)에 대해서는, 플루타르코스의 『아리스티데스 Aristides』, 13을 보시오.

12. 『투키디데스』, III, 82~84. 그 구절의 다음과 같은 결론은 위대한 세대의 일원이며(아래와 본 장 주 27을 보시오.) 앞에서 언급되었던 바와 같이 온건주의자인 투키디데스에게 있는 개인주의와 인도주의적 요소의 특성을 나타내고 있다. "복수할 때 사람들은 앞뒤를 가리지 않지. 그들은 미래를 생각해 보지도 않고, 심지어 재앙이 닥쳤을 때 모든 개인들이 자신의 구출을 위해 의존해야 할 인류의 일반법을 무효화시키는 것에도 머뭇거리지 않지. 그들은 도움이 필요해질 때 자신들이 일반법을 헛되이 찾게 될 것이라는 것을 잊고 있다네." 투키디데스의 편견에 대한 추가 논의는 본 장 주 15(1)을 보시오.

13. 아리스토텔레스, 『정치학』, VIII, (V), 9, 10/11, 1310a. 아리스토텔레스는 이런 열린 적개심에 동의하지 않는다. 그는 다음과 같은 것이 더욱 현명하다고 생각한다. "참된 과두정치 지도자는 민중의 주장을 변호하는 자인 척해야 한다." 그리고 그는 그들에게 좋은 충고를 주고자 한다. "그들은 자신들이 민중에게 어떠한 해악도 끼치지 않겠다는 서약을 맹세함으로써 반대편을 수용하거나 혹은 최소한 수용하는 척해야 한다."

14. 『투키디데스』, II, 9.

15. E. 마이어, 『고대사』 IV(1915), 368.

(1) 투키디데스의 근거 없이 주장된 공평무사나 본의 아닌 편견을 판단

하기 위해서, 우리는 펠로폰네소스 전쟁 첫 번째 시기의 발발을 언급한 가장 중요한 플라타이아 사건에 대한 그의 언급과(마이어는 리시아스를 따라 이 부분을 아르키다모스의 전쟁이라 부른다. 마이어, 『고대사』, IV, 307과 V, 7쪽 참조.), 두 번째 시기(알키비아데스의 전쟁)에 속한 아테네 최초의 공격적 행동인 밀로스 사건에 대한 언급을 비교해 봐야 한다. 아르키다모스 전쟁은 민주주의적인 플라타이아를 공격함으로써 발발했다. 그것은 전체주의적인 스파르타의 협동자인 테베에 의해 전쟁선포도 없이 일어난 전격적인 공격이었다. 플라타이아에 있는 스파르타 친구들은 과두정치의 제5열로서, 밤에 적들에게 플라타이아의 문을 열어주었다. 이 사건은 전쟁의 직접적 요인으로 가장 중요함에도 불구하고, 투키디데스는 이 사건을 비교적 간단하게 관련시킨다.(II, 1~7) 그는 "플라타이아 사건을 30년 휴전협정의 명백한 위반"이라고 부르는 것과는 별도로 도덕적 측면에 대해서는 해석을 달지 않는다. 그러나 침략자에 대한 플라타이아 민주주의자들의 가혹한 취급에 대해서는 비난하고(II, 5), 심지어 그들이 맹세를 어겼는지 아닌지를 의심한다. 이러한 설명 방법은 투키디데스가 아테네 제국주의에 누명을 씌우고자 하는, 비록 허구이지만 유명하고 매우 공들인 밀로스 대화(『투키디데스』, V, 85~113)와 매우 강하게 모순을 일으킨다. 밀로스 사건이 충격적인 것 같아 보일지라도(알키비아데스도 책임이 있을 것이다. 플루타르코스, 「알키비아데스」, 16 참조.) 아테네인들은 경고 없이 공격하지도 않았고, 무력을 사용하기 전에 협상을 시도했다.

투키디데스의 태도를 보여주는 또 다른 적절한 사례는 과두정치 지도자인 웅변가 안티폰(플라톤의 『메넥세노스』, 236a에서 소크라테스의 선생으로 언급되었던 인물. 6장 주 19 마지막 참조.)에 대한 그의 찬양(VIII, 68)이다.

(2) E. 마이어는 이 시기에 대한 가장 위대한 현대의 권위자들 중 한 사람이다. 그러나 그의 관점을 올바로 인식하기 위해서는 민주주의 정부에 대한 다음의 경멸적 논평을 읽어야 한다.(이런 종류의 구절들은 매우 많다.) "훨씬 중요한 것은"(즉 무장하는 것보다) "유쾌한 당쟁 놀이를 계속

하고, 각자의 특정한 이해관계에 따라 해석되는 무제한적 자유를 확보하는 것이다."(V, 61) 그러나 마이어가 "민주주의와 그 지도자들의 경이적인 자유는 비능률을 명백히 드러내었다."(V, 69)고 적었을 때, 이것은 '각자의 특정한 이해관계에 따른 해석'보다 더 나은지를 나는 묻고 있다. 기원전 403년에 스파르타의 정복을 거부했던 아테네의 민주주의 지도자들에 대해서(그리고 그들의 거부는 후에 성공함으로써 정당화되었다. 비록 그런 정당화가 필요하지는 않았지만.) 마이어는 다음과 같이 말한다. "이 지도자들 중의 상당수는 순진한 광신자였을 것이다.……그들은 건전한 판단을 전혀 내릴 수 없었기 때문에" (그들이 말했던 것, 즉) "아테네가 결코 항복하지 않을 것이라고 믿었다."(IV, 659) 마이어는 매우 강한 어조로 다른 역사가들이 편견에 사로잡혀 있다고 비난한다.(예를 들어서, 이른바 편견에 치우친 공격에 대항해 원로 참주 디오니시오스를 방어하고 있는 V, 89와 102의 주, 그리고 그가 몇몇 반디오니시오스적 "앵무새 역사가들" 때문에 격분하고 있는 113 아래와 114 상단을 참조하시오.) 그래서 그는 그로트를 "영국의 급진적 지도자"로, 그의 작업을 "역사가 아닌 아테네인들을 위한 변호"로 부르며, 이런 사람들과 자신을 자랑스럽게 대조한다. "우리가 정치적 문제에 있어서 좀 더 공평했다는 것과, 따라서 우리가 좀 더 옳고 좀 더 이해할 수 있는 역사적 판단에 도달했다는 것을 부인하는 것은 거의 불가능할 것이다."(III, 239)

마이어의 관점 뒤에는 헤겔이 서 있다. 이것이 모든 것을 설명해 준다. (이 점은 2권 2장에서 명백해질 것이다.) 마이어의 헤겔주의는, 의식적이지는 않지만 거의 헤겔에게서 문자 그대로 인용한 다음의 논평에서 명확해진다. 마이어가 "국가와 역사적 책임의 더욱 심도 있고 더욱 참된 도덕적 요소들을 무시하면서"(헤겔은 "사적 덕성에 대한 장황한 설명"을 했다.) "시민의 도덕성의 잣대로 거대한 정치적 작업을 판단하는 무미건조하고 도덕적인 관점에서 내리는 평가"에 대해서 말하는 것은 III, 256에 있다.(이것은 2권 2장에서 인용된 헤겔의 구절과 정확히 일치한다. 2권 2장 주 75를 참조.) 나는 이 기회를 이용하여 내 자신이 역사적 판단에 있어서 공정한 척하지 않는다는 것을 한번 더 명백히 하고 싶다. 물론 나는 관련 요소들을 확인하기 위해 내가 할 수 있는 것을 모두 한다. 그러나 나는 (다른 모든 사람들과 같이) 나의 평가가 모두 내 관점에 의존해야 하는 것을 알고 있다. 비록 내가 내 자신의 관점, 즉 나의 평가가 옳다는 것을 확실히 믿고 있지만 그럼에도 불구하고 나는 이 점을 인정한다.

16. 마이어, 앞의 책, IV, 367을 참조하시오.

17. 마이어, 앞의 책, IV, 464를 참조하시오.

18. 그러나 반동주의자들이 불평하듯이 아테네의 노예제도는 붕괴 직전에 있었다는 것을 기억해야 한다. 4장 주 17, 18, 29에서 언급된 증거를 참조하시오. 추가로 5장 주 13과 8장 주 48, 그리고 본 장 주 27~37을 참조하시오.

19. 마이어, 앞의 책, IV, 659를 참조하시오.

마이어는 아테네 민주주의자들의 이런 행동에 대해서 설명한다. "너무 늦게, 그들은……후에 로마가……그 위대함의 초석을 놓을 수 있도록 도왔던 정치적 체제를 향해 나아갔다." 다른 말로 하자면, 그는 일류급 정체의 발명을 아테네인들의 공으로 돌리는 대신, 그들을 비난하고, 그 공은 마이어의 취향에 좀 더 맞는 보수주의적 성향의 로마로 넘어간다.

마이어가 암시하고 있는 로마 역사상 우연적 사건은 가비 Gabii와 로마의 동맹 혹은 연합이다. 그러나 바로 직전, 마이어가 이 연합을 묘사하는 바로 그 장에서(V, 135) 우리는 다음을 또한 읽을 수 있다. "로마와 합병되었을 때, 이 도시들 전체는 아티카의 '데메스 demes'와 같은 정치조직을 가지지도 못하고, 그 존재를 상실했다……." 조금 뒤 V, 147에서, 가비는 다시 언급되고, '아량 있는 관대함'을 가진 로마는 다시 아테네인들과 대조된다. 그러나 동일한 장에서 마이어는 로마의 약탈과 에트루리아 문명의 종말을 의미하는 베이 Veii의 완전한 파괴를 비판 없이 보고한다.

이러한 로마인의 파괴들 중 가장 최악인 것은 아마도 카르타고의 파괴일 것이다. 그것은 카르타고가 로마에게 더 이상 위험한 존재가 아닐 때 발생했다. 로마인의 파괴 때문에 카르타고가 문명에 기여할 수 있었던 가치 있는 공헌의 대부분을 로마와 우리는 잃게 되었다. 나는 거기서 파괴된 지리학적 정보의 위대한 보물만을 언급하겠다.(카르타고 몰락 이야기는 본 장 아래에서 논의되는 기원전 404년 아테네의 몰락 이야기와 비슷하다. 주 48을 보시오. 카르타고의 과두정치가들은 민주주의의 승리보다 도시의 멸망을 원했다.)

이후에, 안티스테네스로부터 간접적으로 받은 스토아철학의 영향하에서 로마는 매우 자유적이고 인도주의적인 견해를 발전시키기 시작했다. 아우구스투스 이후 평화의 시기에서 이 발전은 절정에 달했지만(예를 들어서, 토인비, 『역사의 연구』, V, 343~346쪽 참조.) 상당수의 낭만적 역사가들은 로마 몰락의 시작을 여기로 본다.

이 몰락의 요인이 오래 지속된 평화가 발생시킨 퇴보 혹은 풍속문란 혹은 젊은 미개인들의 우수성 등 간단히 말해서 지나친 수용(과식)이라고 믿는 것은, 여전히 많은 사람들이 그러하듯, 물론 순진하고 낭만적이다.(4장 주 45(3)을 참조하시오.) 극심한 전염병의 파괴적 결과(진서 H. Zinsser의 『쥐, 이 그리고 역사 Rats, Lice, and History』(1937), 131쪽 이하 참조.)와 통제되지 않고 계속되는 땅의 고갈, 그리고 로마 경제제도의 농업적 기반의 붕괴(『예수를 이해하기 위하여 Towards the Understanding of Jesus』(1927)에 있는 심호비치 V. G. Simkhovitch, 「건초와 역사 Hay and History」, 그리고 「다시 보는 로마의 몰락 Rome's Fall Reconsidered」 참조.)가 몇몇 중요한 원인이었던 것 같아 보인다. 헤게만 W. Hegemann의 『역사의 폭로 Entlarvte Geschichte』(1934) 역시 참조하시오.

20. 『투키디데스』, VII, 28. 마이어, 앞의 책, IV, 535를 참조하시오. "이것은 더 많은 것을 산출할지도 모른다."라는 중요한 논평은 물론 전에 부과된 세금과 무역량 사이의 비율에 대한 대략의 상한선을 고정할 수 있도록 해준다.

21. 이것은 내가 밀퍼드 P. Milford에게서 가져온, 소름 끼치는 작은 곁말에 대한 암시이다. "명예정치가 약탈정치보다는 낫다."

22. 플라톤, 『국가』, 423b. 인구 규모를 일정하게 유지하려는 문제에 관

해서는 앞에 나온 주 7을 참조하시오.

23. 마이어, 『고대사』, IV, 577.

24. 앞의 책, V, 27. 본 장 주 9와 4장 주 30의 본문 역시 참조하시오.
*『법률』에서 인용한 구절에 대해서는 742a~c를 보시오. 플라톤은 여기서 스파르타적 태도를 구체적으로 설명한다. 그는 다음과 같이 주장한다. "시민 개인이 금이나 은을 소유하는 것을 금지하는 법.……우리 시민들은 우리 사이에서만 법화(法貨)이며 다른 곳에서는 가치가 없는 주화만을 가지도록 허용된다.……원정군 혹은 대사 혹은 다른 필요한 사절단과 같은 외국 공식 방문을 위해서……국가가 그리스 (금)화를 언제나 소유할 필요가 있다. 만약 시민 개인이 외국에 가야 한다면 행정관으로부터 합법적으로 허락을 받았을 때에 그렇게 할 수 있다. 그리고 만약 돌아오는 길에 외환이 남았다면, 그는 그것을 국가에 넘겨주고 같은 양의 국내 통화를 받아야 한다. 만약 그 돈을 숨기면, 모두 몰수당한 후, 그것을 들고 들어온 자와 그에게 이런 사실을 알리지 않은 자는 저주와 비난을 받고, 추가로 관련된 돈의 양보다 더 많은 벌금을 물어야 한다." 이 구절을 읽으면서 우리가 플라톤을 스파르타의 전체주의적 도시의 법을 모방한 반동주의자로 오해하고 있는 것은 아닌지 의문을 가질 수 있다. 왜냐하면 여기서 그는 요즘에는 대부분의 진보적 서구유럽의 민주주의 정부들(플라톤처럼 몇몇 다른 정부들이 '보편적 그리스 금화'에 관심을 가지기를 희망하는)이 거의 보편적으로 건전한 정책으로 받아들이고 있는 원칙과 관례를 이천 년도 전에 예상하고 있기 때문이다.

그러나 다음 구절들(『법률』, 950d)은 서구의 자유주의적 울림을 적게 갖고 있다. "먼저 40세 이하의 어느 누구도 무슨 일을 하든지 상관없이 외국으로 나갈 수 없다. 두 번째, 개인적인 일로는 외국으로 나가는 것을 결코 허락받을 수 없고, 공적인 일, 즉 연락관, 대사관, 혹은 어떤 조사자만이 이 허락을 받을 수 있다.……그리고 이런 자들은 귀환 시에 타국의 정치체제가 그들 자신의 것보다 열등하다는 것을 젊은이들에게 가르쳐야 할 것이다."

비슷한 법이 외국인 접대에 관해서도 정해져 있다. "국가 간의 상호통신은 필연적으로 특성을 혼합시키고……새로운 관습이 들어오도록 한다. 그리고 이것은……올바른 법률을 즐기고 있는 민중에게 치명적인 해악을 일으킬 것임에 틀림없다."(949e/950a) *

25. 매우 흥미로운 구절에서 두 정당에 대해 이야기하는 마이어는 이것을 받아들인다.(앞의 책, IV, 433 이하.) "그들 각각은 그것이 '아버지의 나라'를 지키고……반대자는 이기적이고 반동적인 폭력의 현대 정신에 오염되었다고 주장한다. 실제로는 두 쪽 다 오염되어 있다.……전통적인 관습과 종교는 민주주의적 정당에 깊이 뿌리내리고 있다. 고대의 회복이라는 깃발 아래서 싸우고 있는 귀족주의적 적들은……거의 현대화되었다." 앞의 책, V, 4 이하, 14, 그리고 다음 주 역시 참조하시오.

26. 아리스토텔레스의 『아테네 정체』, 34장, 3절에서, 우리는 30인 참주들이 처음에는 아리스토텔레스가 '온건한' 강령, 즉 '아버지의 나라'의 강령으로 생각했던 것을 내세웠다는 것을 알 수 있다. 크리티아스의 허무주의와 근대성에 대해서는 8장(특히 그 장의 주 17을 참조.)에서 논의된 그의 종교론과 본 장 주 48을 참조하시오.

27. 새로 나타난 신앙에 대한 소포클레스의 태도와 에우리피데스의 신앙을 대조하는 것은 상당히 흥미롭다. 소포클레스는 다음과 같이 불만을 토로한다.(마이어, 앞의 책, IV, III 참조.) "천한 태생이 번성하는 반면, 용감하고 고귀한 태생이 불운하다는 것은……잘못된 것이다." 에우리피데스는 귀족 태생과 천한 태생(특히 노예)의 구별은 단지 언어상의 구별이라고 대답한다.(안티폰과 함께. 5장 주 13 참조.) "이름만이 노예를 부끄럽게 한다." 투키디데스에게 있는 인도주의적 요소에 대해서는, 본 장 주 12의 인용구를 참조하시오. 위대한 세대가 얼마나 세계 시민적인 경향과 관련이 있는지는 8장 주 48에서 나열된 증거를 참조하시오. 특히 적대적 증인들, 즉 원로과두정치 지배자, 플라톤, 그리고 아리스토텔레스를 보시오.

28. 소크라테스는 '이론 혐오자' 혹은 합리적 논증 혐오자를 '염세주의자' 혹은 인간 혐오자와 비교한다. 『파이돈』, 89c를 참조하시오. 반대로,

『국가』, 496c~d에 있는 플라톤의 인간 혐오적 논평을 참조하시오.(8장 주 57과 58을 참조.)

29. 본 장의 인용구들은 데모크리토스의 단편들, 딜스, 『소크라테스 이전 철학자들』, 단편 41, 179, 34, 261, 62, 55, 251, 247(딜스와 타른은 247의 진본 여부를 의심한다. 8장 주 48 참조.), 118에서 가져온 것이다.

30. 6장 주 16의 본문을 참조하시오.

31. 『투키디데스』, II, 37~41을 참조하시오. 6장 주 16의 언급 역시 참조하시오.

32. T. 곰페르츠, 『그리스 사상가들』, 5편, 13장, 3(독일어판, II, 407)을 참조하시오.

33. 페리클레스의 연설 후 약 일이 년 다음에 헤로도토스의 글(예를 들자면, III, 80 참조)에서 친민주주의적 경향이 나타났다.(마이어, 『고대사』, IV, 369를 참조.)

34. 이것은 예를 들자면 T. 곰페르츠, 『그리스 사상가들』, V, 13, 2(독일어판, II, 406 이하)에서 지적되었다. 그가 관심을 가지는 『국가』의 구절들은 557d와 561c 이하이다. 그 유사성은 의심의 여지없이 의도적이다. 애덤의 『국가』 번역본, 2권, 235, 557d26에 대한 주 역시 참조하시오. 『법률』, 699d/e 이하와 704d~707d 역시 보시오. 헤로도토스 III, 80에 관한 비슷한 관찰에 대해서는 6장 주 17을 보시오.

35. 어떤 사람은 『메넥세노스』가 위조라고 주장하지만, 나는 그것은 단지 플라톤을 이상화하려는 그들의 경향을 보여주는 것일 뿐이라고 생각한다. 『메넥세노스』는 아리스토텔레스가 보증하는데, 그는 그것으로부터 '장례식 대화의 소크라테스'에 기인하는 것과 같은 언급을 인용한다.(『수사학』, I, 9, 30 = 1367b8과 III, 14, II = 1415b30.) 특히 6장 주 19 마지막과 8장 주 48과 본 장 주 15(1)과 61 역시 참조하시오.

36. 원로과두정치 지배자(혹은 사이비 크세노폰)의 『아테네의 정체 Constitution of Athens』는 기원전 424년에 출판되었다.(곰페르츠, 『그리스 사상가들』, 독일어판, I, 477에서 인용된 키르히호프 Kirchhoff에 따르면.)

이것이 크리티아스에게 미친 영향에 대해서는, 샌디스 J. E. Sandys의 『아리스토텔레스의 아테네의 정체 Aristoteles's Constitution of Athens』, 서론 IX, 특히 주 3을 참조하시오. 본 장 주 18과 48 역시 보시오. 투키디데스에게 미친 영향은 본 장 주 10과 11에서 인용된 구절들에서 두드러지게 나타난다고 나는 생각한다. 이것이 플라톤에게 준 영향에 대해서는, 특히 8장 주 59와 『법률』, 704a~707d를 보시오.(아리스토텔레스의 『정치학』, 1326b~1327a, 키케로의 『공화국에 관하여』, II, 3, 4를 참조하시오.)

37. 나는 파시즘에 대한 탁월한 비판인 래더 M. M. Rader의 책 『두 세계의 충돌에 타협은 없다 No Compromise —— The Conflict between Two Worlds』(1939)를 암시하고 있다.

인간 혐오주의와 이론 혐오주의에 대한 소크라테스의 경고에 대한 이 문단 후반의 언급은 위의 주 28을 참조하시오.

38. *(1) '비판적 사고의 발명'이라 불릴 수 있는 이론이 새로운 전통, 즉 전통적 신화와 이론들을 비판적으로 논의하는 전통의 토대를 구성한다는 주장에 대해서는, 나의 「전통에 관한 합리적 이론을 향하여」, ≪합리주의자 연감≫(1949)를 보시오. 지금은 『추측과 논박』에 실려 있다.(이 새로운 전통만이 이오니아 학파에서 처음의 세 세대들이 세 개의 다른 철학을 만들었다는 사실을 설명할 수 있다.) *

(2) 학교들(특히 대학들)은 여전히 어떤 부족주의의 측면들을 지금까지 계속 유지하고 있다. 그러나 우리는 그들의 상징 혹은 계급제도의 사회적 함축과 고대 학교와의 연결만이 아니라, 많은 학교들의 족장적이고 권위적인 성향에 대해서도 생각해야만 한다. 플라톤이 부족주의를 재설립하는 데 실패했을 때, 그가 대신 학교를 세운 것은 우연이 아니다. 그리고 학교들이 종종 반동의 요새이며, 학교 교사들이 작은 독재자라는 것도 우연이 아니다.

이 초기 학교들의 부족주의적 성격에 대한 묘사로, 나는 초기 피타고라스 학파의 몇몇 금기 목록을 제시한다.(이 목록은 딜스, 『소크라테스 이전 철학자들』, 1권, I, 97쪽 이하에서 인용한 버넷의 『초기 그리스 철학²』, 106

에서 재인용한 것이다. 앞의 책 101쪽에 있는 아리스토크세노스의 증거 역시 보시오.) 버넷은 "아주 원시적인 형태의 진정한 금기"에 대해서 말한다. 콩을 먹지 마라. 떨어진 것을 줍지 마라. 흰 수탉을 만지지 마라. 빵을 부수지 마라. 빗장을 넘어가지 마라. 쇠로 불을 휘젓지 마라. 빵 덩어리를 통째로 먹지 마라. 화환을 뜯지 마라. 쿼터 계량기 위에 앉지 마라. 심장을 먹지 마라. 큰 길로 걷지 마라. 제비와 지붕을 같이 쓰지 마라. 냄비를 불에서 꺼내고 난 뒤에는 잿더미 위의 흔적을 지워라. 빛 옆에서 거울을 보지 마라. 이부자리에서 일어난 후, 침구들을 같이 개고, 몸의 흔적으로 남은 주름을 펴.

39. 페르시아 정복을 통한 부족주의의 붕괴는 흥미롭게도 이 발전과 유사하다. 이 사회혁명은 마이어가 지적하듯이(앞의 책, 3권, 167 이하) 많은 예언자들, 즉 우리 용어로 하자면 역사주의자, 운명, 타락, 구원의 종교의 등장, 그중에는 유대인들의 '선민' 종교의 등장도 가능하게 했다.(1장 참조.)

이 종교들의 상당수는, 세계의 창조는 끝나지 않았고 계속 진행 중이라는 교의로 특징화된다. 이것은 세계를 건축물로 본 초기 그리스적 개념과, 2장에서 묘사된 이 개념의 헤라클레이토스적 붕괴와 비교되어야만 한다.(2장 주 1 참조.) 건축물에 대해서는 아낙시만드로스조차도 거북하게 여겼다는 것을 언급할 수 있겠다. 건축물의 끝이 없고, 혹은 비결정적이고, 혹은 애매한 특성에 대한 그의 강조는 건축이 확실한 뼈대를 가질 수 없고 유전한다는 감정의 표현일 것이다.(다음 주 참조.)

그리스에서 디오니소스주의자와 오르페우스적 신비의 발전은 동방의 종교적 발전에 의존한다.(『헤로도토스』, II, 81 참조.) 잘 알려져 있듯, 피타고라스주의는 오르페우스의 가르침, 특히 영혼론과 많은 공통점을 가지고 있다.(아래 주 44 역시 참조.) 그러나 피타고라스주의는 이런 운동의 '프롤레타리아'적 변형의 일종을 보여주는, 오르페우스적 가르침에 반대되는 '귀족주의적' 정취를 확실히 가지고 있다. 마이어(앞의 책, III, 428, §246)가 철학의 시작을 신비적 운동에 대항하는 합리적 역류로 묘사하는 것은 옳다. 이런 문제들에 대한 헤라클레이토스의 태도를 참조하시오.(단편, 5, 14,

15와 40, 129, D^5, 124~129, 그리고 16~17, 바이워터판). 헤라클레이토스는 신비와 피타고라스를 싫어했다. 그러나 피타고라스주의자 플라톤은 신비를 경멸했다.(『국가』, 364e 이하, 그러나 애덤의 『국가』, 2권, 378 이하에 대한 부록 4~9를 참조하시오.)

40. 아낙시만드로스에 대해서는(앞의 주 참조.), D^5, 단편 9를 참조하시오. "물질들의 근원은……몇몇 비결정적인(혹은 무한한) 자연이다.…… 존재하는 것들은 이들로부터 생성되어 나오고, 필연적으로 다시 이들 속으로 용해된다. 그들은 자신들의 위반(혹은 부정의)에 대해서 시간의 질서에 따라 다른 것에게 속죄해야 하기 때문이다." 아낙시만드로스가 개체적 존재를 부정의로 생각했다는 것은 곰페르츠의 해석이다.(『그리스 사상가들』, 독일어판, 1권 46쪽. 정의에 대한 플라톤 이론과의 유사성을 주목하시오.) 그러나 이 해석은 심각하게 비판받았다.

41. 파르메니데스는 억제된 세계에 대한 그의 꿈을 참된 실재의 계시로 해석하고, 그가 살고 있는 유전하는 세계를 꿈으로 해석함으로써, 이런 긴장에서 구원을 추구했던 최초의 사람이다. "실제 존재는 분할할 수 없다. 그것은 언제나 통합적인 전체이며, 질서로부터 벗어나지 않는다. 그것은 분산되지 않기 때문에 재결합할 필요도 없다."(D^5, 단편 4) 파르메니데스에 대해서는 3장 주 22와 본문 역시 참조하시오.

42. 본 장 주 9를 참조하시오.(그리고 5장 주 7 참조.)

43. 마이어, 『고대사』, 3권 443과 4권 120 이하를 참조하시오.

44. J. 버넷, 「영혼에 대한 소크라테스의 교설 The Socratic Doctrine of the Soul」, ≪영국학회 회보 Proceedings of the British Academy≫, VIII (1915/16), 235 이하. 나는 버넷의 다른 이론들, 특히 플라톤과 소크라테스의 관계에 관한 이론들에 동의하지 않기 때문에 이 부분적 동의를 좀 더 강조하고 싶다. 나는 특히 소크라테스가 플라톤보다 더 반동주의자라는 그의 의견(『그리스 철학』, I, 210)이 지지될 수 없다고 생각한다. 본 장 주 56을 참조하시오.

소크라테스의 영혼론을 보자면, 나는 버넷이 "너의 영혼을 보살펴라."라는 격언이 소크라테스적이라고 하는 것은 옳다고 생각한다. 왜냐하면 이 격언은 소크라테스의 도덕적 관심을 나타내기 때문이다. 그러나 나는 소크라테스가 형이상학적 영혼론을 주장했다는 것은 거의 있을 법하지 않다고 생각한다. 『파이돈』, 『국가』 등의 주장들은 나에게 의심의 여지없이 피타고라스적인 것으로 보인다.(육체는 영혼의 무덤이라는 오르페우스와 피타고라스적 주장에 대해서는, 애덤의 『국가』 9권에 대한 부록 IV를 참조하시오. 본 장 주 39 역시 보시오.) 그리고 『변론』, 19c에 있는 "이것을(즉 자연에 관한 사색. 본 장 주 56(5)를 보시오.) 가지고 할 것이 아무것도 없다."라는 소크라테스의 분명한 진술에 근거하여, 나는 소크라테스가 피타고라스주의자였다는 버넷의 의견에 강력히 반대한다. 그리고 소크라테스가 영혼의 '본성'에 관한 확실하게 형이상학적인 교설을 주장했다는 버넷의 의견에 대해서도 반대한다.

나는 소크라테스의 격언 "너의 영혼을 보살펴라."가 그의 도덕적(혹은 지적) 개인주의의 표현이라고 생각한다. 그의 교설들은 덕 있는 사람의 도덕적 자족성에 대한 개인주의적 이론으로 거의 인정되지 못하는 것 같다.(5장 주 25와 6장 주 36에 언급된 증거를 보시오.) 그러나 이것은 "너의 영혼을 보살펴라."라는 문장에서 표현된 생각과 매우 밀접히 연결되어 있다. 자족성에 대해 강조하면서 소크라테스는 다음과 같은 것을 말하기를 원했다. '그들이 너의 육체를 망가뜨릴 순 있어도, 너의 도덕적 고결함을 파괴할 수는 없다. 만약 네가 주로 걱정하는 것이 후자라면, 그들은 너에게 어떠한 해악도 끼칠 수 없을 것이다.'

플라톤이 피타고라스주의적인 형이상학적 영혼론을 알게 되었을 때, 그는 소크라테스의 도덕적 태도가 형이상학적 토대, 특히 존속 이론a theory of survival을 필요로 한다고 느꼈던 것 같다. 그래서 그는 '그들이 너의 도덕적 성실함을 파괴할 수 없다' 대신에 영혼의 불멸성에 대한 생각으로 대체했다.(7장 주 9 이하 역시 참조하시오.)

나의 해석에 반대하여, 형이상학자와 실증주의자는 둘 다 내가 소크라테스에게 속한다고 생각하는 영혼에 대한 그런 도덕적이고 비형이상학적 이념은, 영혼에 대한 어떠한 주장도 형이상학적이어야만 하기 때문에, 존재할 수 없다고 항변할지도 모른다. 나는 플라톤적 형이상학자들을 설득할 수 있다고는 생각하지 않는다. 그러나 나는 실증주의자들(혹은 물질주의자들)에게 그들이 내가 소크라테스에게 부여하는 것과 매우 유사한 의미에서 '영혼'을 생각하고 있고, 그들 중의 대부분이 '영혼'이 육체보다 더 가치 있다고 여긴다는 것을 보여주려고 한다.

먼저 실증주의자들조차도 우리가 '신체적' 질병과 '마음의' 질병 사이의 구분을, 비록 약간 엄밀하지 못한 점이 있더라도 완벽히 경험적이고 '의미 있게' 알 수 있다고 인정할 것이다. 사실 이 구별은 병원 같은 기관에게 매우 실제적으로 중요한 것이다.(언젠가 좀 더 엄밀한 구분으로 대체될 것이라는 것은 상당히 타당하긴 하다. 하지만 이것은 다른 문제이다.) 한데 우리들 대다수, 심지어 실증주의자들도 만약 선택해야 한다면 가벼운 정신병보다 가벼운 신체적 질병을 선호할 것이다. 실증주의자들은 더군다나 장기간의 불치의 정신병보다, 심지어는 치료 가능한 장기간의 정신병보다 아마도 결국은 장기간의 불치의 신체적 병(만약 그것이 매우 고통스럽지 않다면)을 선호할 것이다. 나는 이것을 통해 우리가 형이상학적 용어를 사용하지 않고도 그들이 '육체'보다 '영혼'에 더 신경을 쓰고 있다고 말할 수 있다고 생각한다.(『파이돈』, 82d 참조. 그들은 "자신들의 영혼을 보살피며, 그들은 육체의 종이 아니다." 『변론』, 29d~30b 역시 참조하시오.) 그리고 이런 식의 대화 방식은 그들이 '영혼'에 대해 가졌을 법한 어떠한 이론과도 전혀 상관이 없을 것이다. 심지어 그들이 최후 분석에서 영혼은 육체의 일부분이며, 그래서 모든 정신병은 단지 신체적 질병이라고 주장한다 할지라도 우리의 결론은 여전히 유지된다.(이때는 다음과 같이 될 것이다. '그들은 자신들의 뇌를 몸의 다른 부분들보다 소중히 여긴다.')

우리는 이제 소크라테스적 생각에 좀 더 근접한 '영혼'에 대한 유사한 고찰로 넘어갈 수 있게 되었다. 우리 중의 다수는 순수한 지적 목적을 위하여 상당한 육체적 고통을 받을 각오가 되어 있다. 예를 들어서, 우리는 과학적 지식의 진보와 우리의 지적 발전의 진전, 즉 '지혜'를 얻기 위하여 고통받을 준비가 되어 있다.(소크라테스의 지성주의에 대해서는, 『크리톤』, 44d/e와 47b를 참조하시오.) 예를 들어서, 도덕적 목적, 평등주의적 정의, 평화 등을 진전시키기 위해서도 역시 그럴 수 있겠다.(소크라테스가 '영혼' 을, "정의에 의해 향상되고 부정의에 의해 타락되는" 우리의 부분으로 의미하고 있는 『크리톤』, 47e/48a를 참조하시오.) 그리고 우리 중 다수는 소크라테스처럼 우리가 아무리 건강을 원한다고 하더라도 이런 것들이 건강 같은 것들보다 더 중요하다고 말할 수 있을 것이다. 그리고 많은 사람들이 이러한 태도를 취할 수 있는 가능성이, 우리로 하여금 동물이 아니라 사람 이라는 것을 자랑스럽게 만든다는 소크라테스의 생각에 동의할 것이다.

나는 이 모든 것이 '영혼의 본성'에 대한 형이상학적 언급 없이 말해질 수 있다고 생각한다. 그리고 나는 우리가 이러한 주장을, 소크라테스가 이런 종류의 고찰과는 아무런 상관이 없다고 분명하게 말하고 있음에도 불구하고, 그의 것으로 돌릴 아무런 이유도 없다고 생각한다.

45. 내가 부분적으로 소크라테스적이라고 생각하는 『고르기아스』에서 (곰페르츠가 주목한 피타고라스적 요소들이 상당히 플라톤적임을 보여주더라도. 본 장 주 56 참조.) 플라톤은 소크라테스의 입을 빌려 아테네의 '항구와 조선소, 성벽'과 아테네의 동맹국들에게 부과된 공물과 세금에 대해서 공격한다. 이런 공격은 실제로 확실히 플라톤의 것이며, 왜 그것들이 과두정치가들의 공격과 매우 비슷해 보이는지를 설명해 줄 것이다. 그러나 나는 소크라테스가 그의 견해에서 가장 문제가 되는 것들을 강조하고 싶은 생각에 비슷한 논평을 했을 가능성이 약간은 있다고 생각한다. 그러나 그가 그의 도덕적 비판이 열린사회, 특히 그것의 대표격인 아테네에 대한 믿을 수 없는 과두정체적 선전으로 변할 수 있다는 생각을 매우 싫어했을 것이라고 나는 믿는다.(소크라테스의 충성에 대한 문제에 대해서는, 특히 본 장 주 53과 본문을 참조하시오.)

46. 플라톤의 작품들에서 전형적 인물들은 칼리클레스 Callicles와 트라시마코스이다. 역사적으로 가장 가까운 실제 인물들은 아마도 테라메네스와 크리티아스, 그리고 성격과 행동을 판단하기 매우 힘든 알키비아데스이다.

47. 다음의 논평은 매우 사변적이어서 나의 논증과는 관계가 없다.

나는 『알키비아데스 1』의 기초는 소크라테스에 의한 플라톤 자신의 전향이라고, 즉 플라톤이 이 대화편에서 자신을 감추기 위해 알키비아데스를 선택했을 가능성이 있다고 생각한다. 그에게는 그의 전향을 이야기할 만한 강력한 동기가 있었다. 왜냐하면 소크라테스가 알키비아데스, 크리티아스, 카르미데스의 악행에 대한 책임으로 고발당했을 때(이하를 보시오.) 그는 법정의 변론에서 플라톤을 그의 교육적 영향의 살아 있는 실례와 증인으로 언급하기 때문이다. 플라톤은 그의 문학적 증언에 대한 열망과 함께 자신과 소크라테스와의 관계, 즉 그가 법정에서 말하지 못했던 바로 그 이야기를 해야만 한다고 느꼈을 것으로 보인다.(테일러, 『소크라테스 *Socrates*』, 105쪽에 대한 주 1 참조.) 알키비아데스의 이름과 그를 둘러싼 특별한 상황(예를 들어서, 전향 이전의 플라톤의 꿈과 흡사했던 알키비아데스의 야심찬 정치적 꿈)을 이용함으로써 플라톤은 소크라테스의 일반적인 도덕적 영향과 알키비아데스에 대한 특별한 영향이 그의 기소자들이 주장했던 것과는 매우 다르다는 것을 보여주면서 그의 변론적 목적을 달성한다. 나는 『카르미데스』 역시 대부분 자화상일 것이라 본다.(플라톤 자신이, 다른 방법으로 우리가 판단할 수 있는 한, 선의 이데아에 대한 변증법적 직관의 필수요건으로서 직접적인 개인의 도덕적 호소에 의해서가 아니라 오히려 피타고라스주의 수학의 제도적 가르침에 의해 비슷한 전향을 했다는 것은 흥미롭다. 젊은 디오니시오스를 전향하려 했던 그의 이야기를 참조하시오.) 『알키비아데스 1』과 관련된 문제에 대해서는, 그로트의 『플라톤』, 1권 특히 351~355쪽을 보시오.

48. 마이어, 『고대사』, V, 38(그리고 크세노폰의 『헬레니카』, II, 4, 22)을 참조하시오. 같은 책, 19~23쪽과 36~44쪽(특히 36쪽)에서 본문에 있는 해석을 정당화하는 데 필요한 모든 증거들을 찾을 수 있다. 『캠브리지 고대역사 *Cambridge Ancient History*』(1927, 5권. 특히 369쪽 이하를 참조.)는 사건들에 대한 매우 유사한 해석을 제시한다.

공포의 8개월 동안 30인 참주정치에 의해 희생된 시민의 수는 거의

1,500명에 달하며, 우리가 아는 한 이것은 전쟁 후에 남은 전체 시민 수의 거의 1/10이다 (거의 8퍼센트) 혹은 1개월에 1퍼센트로 이것은 요즘에도 거의 능가하기 힘든 기록이다.

테일러는 30인 참주정치에 대해서 다음과 같이 적었다.(『소크라테스, 축약사 *Short Biographies*』, 1937, 100쪽, 주 1) "이 사람들이 상황에 의한 유혹 때문에 아마도 '냉정을 잃었다'는 것을 기억하는 것이 아주 공정하다. 크리티아스는 단연코 민주주의적인 정치적 성향을 가진 폭넓은 교양의 소유자로 이미 알려져 왔다." 나는 꼭두각시 정부의 책임, 특히 플라톤의 사랑을 받는 그의 삼촌의 책임을 최소화하려는 이 시도는 실패라고 생각한다. 우리는 젊은 귀족주의자들이, 그 당시 적절한 경우에 공언했던 단명한 민주주의적 취지에 대해서 무엇을 생각해야 하는지를 충분히 알고 있다. 게다가 크리티아스의 아버지(마이어, 4권 579쪽과 『리시스』, 12, 43과 12, 66을 참조.)와 아마 크리티아스 자신이 400명의 과두정체에 속했었다. 그리고 크리티아스의 현존하는 저작들은 그의 불성실한 친스파르타적 성향을 그의 과두정치적 조망과 함께(예컨대 D^5 45 참조.), 그리고 그의 둔감한 허무주의(8장 주 17을 참조.)와 그의 야망(D^5, 15 참조. 크세노폰의 『기억할 만한 일들』, 1권 2, 24와 『헬레니카』 2권 3, 36, 47 참조.)과 함께 보여준다. 그러나 결정적인 점은 그가 '원로과두정치 지배자'의 강령과 사이비 크세노폰적인 『아테네 정체』(본 장 주 36 참조.)의 저자에게 단지 지속적인 영향을 주고자 했다는 것이다. 민주주의를 박멸하기 위해, 그리고 스파르타인의 도움으로 그렇게 하고자 하는 단호한 시도에 의해 아테네는 패망되어야만 했다. 사용된 폭력의 정도는 상황의 논리적 결과이다. 이것은 크리티아스가 당황했다는 것을 말하는 것이 아니라 오히려 그가 어려움들, 즉 민주주의자의 여전히 무서운 저항력을 매우 잘 알고 있었다는 것을 말해 준다.

최소한 참주들에 반대하는 선입견이 없었다고 내가 증명한 디오니시오스에 대해 큰 동정심을 가지고 있는 마이어는, 크리티아스의 놀라운 기회주의적인 정치적 이력을 소개한 후 스파르타인 정복자이며 따라서 리산드로스의 괴뢰정부에 어울리는 지도자인 "그는 리산드로스만큼이나 파렴치하다."(앞의 책, V, 17쪽)고 말한다.

군인이자 탐미주의자이며 시인이자 소크라테스의 회의적 동료인 크리티아스의 특성들과, 군인이자 탐미주의자이며 시인이고 볼테르의 회의적인 제자이며 근대 역사에서 최악의 참주이자 가장 난폭한 압제자였던 프로이센의 '대왕' 프리드리히 2세의 특성 사이에는 엄청난 유사성이 있어 보인다.(프리드리히에 대해서는, W. 헤게모스의 『역사의 폭로』(1934)를 참조하시오. 크리티아스의 태도를 생각나게 하는, 종교에 대한 프리드리히의 태도에 대해서는 특히 90쪽을 보시오.)

49. 이 점은 테일러, 『소크라테스 축약사』(1937) 103쪽에 잘 설명되어 있다. 여기서 그는 플라톤의 『에우티프론』, 4c, 4에 대한 버넷의 주를 따른다. 내가 소크라테스의 재판에 대한 테일러의 탁월한 견해(앞의 책, 103, 120)로부터 아주 약간 벗어나고 싶은 점은 고발의 경향, 특히 '새로운 종교적 실천'(앞의 책, 109와 111 이하)의 소개에 관계되는 고발의 경향에 대한 해석 때문이다.

50. 이것을 보여주는 증거는 테일러의 『소크라테스』, 113~115에서 찾을 수 있다. 특히 『아이스키네스 *Aeschines*』, I, 173이 인용되어 있는 115의 주 1을 참조하시오. "소피스트인 소크라테스를 죽이도록 하라. 왜냐하면 그는 크리티아스를 교육한 것으로 보이기 때문이다."

51. 할 수 있는 한 많은 사람들을 공포정치에 몰아넣는 것이 30인 참주의 정책이었다. 『소크라테스』, 101 이하(특히 101쪽에 대한 주 3)에 있는 테일러의 탁월한 논평을 참조하시오. 카이레폰에 대해서는, 본 장 주 56(5)e₆을 보시오.

52. 크로스먼과 다른 사람들도 그러하다. 크로스먼, 『오늘날의 플라톤』, 91/92를 참조하시오. 나는 이 점에 있어서 테일러, 『소크라테스』, 116에 동의한다. 그 장 주 1과 2 역시 보시오.

기소 계획이 소크라테스의 순교를 만든 것은 아니다. 재판은 피할 수 있었거나 다르게 진행될 수 있었다. 만약 소크라테스가 타협할 준비를 했디면, 즉 아테네를 떠나가나 혹은 조용히 지낼 깃을 맹세했다면 밀이다. 그것은 『크리톤』뿐만 아니라 『변론』에 있는 플라톤의 어급에서 분명하게 드러난다.(소크라테스 자신이 재판에서 그렇게 했다면 이주할 수 있었다고 말하고 있는 『크리톤』 45e와 특히 52b/c를 참조하시오.)

53. 특히 『크리톤』, 53b/c를 참조하시오. 여기서 소크라테스는, 법률을 타락시킨 자는 젊은이를 타락시키기도 하기 때문에, 소크라테스 자신이 탈출의 기회를 받아들인다면, 그것은 재판관의 신념을 확인해 주는 것이라고 설명한다.

『변론』과 『크리톤』은 아마 소크라테스의 죽음 이후 오래지 않아 쓰인 것 같다. 『크리톤』(아마도 둘 중 먼저인)은 아마도 탈출을 거부하는 그의 동기가 알려져야 한다는 소크라테스 자신의 요구로 인해 쓰인 것 같다. 사실 이런 소망이 소크라테스 대화편의 최초의 영감이 되어왔다. T. 곰페르츠(『그리스 사상가들』, V, 11, 1, 독일어판, II, 358)는 『크리톤』이 더 늦은 저작이라고 생각하며, 소크라테스의 충성심을 강조하길 원하는 자는 바로 플라톤이라는 것을 가정함으로써 그의 의도를 설명한다. 곰페르츠는 "우리는 이 작은 대화편이 존재하게 된 직접적 상황을 알지 못한다. 그러나 플라톤이 여기서 혁명적 견해를 숨기고 있다는 혐의에 대하여 자신과 자신의 집단을 방어하는 데 가장 큰 관심이 있다는 인상을 무시하기는 힘들다."라고 적고 있다. 비록 곰페르츠의 제언이 플라톤의 견해에 대한 나의 일반적 해석과 쉽게 들어맞는다 하더라도, 나는 『크리톤』은 플라톤보다 소크라테스를 훨씬 더 변호해 주고 있다고 느낀다. 그러나 나는 그런 의도를 가진 곰페르츠의 해석에 동의한다. 소크라테스는 그의 삶의 작업들을 위험에 처하게 만드는 의심에 대항해서 자신을 변호하는 데 가장 큰 관심을 가졌었다. 『크리톤』의 내용에 관한 이런 해석에 대해서 나는 다시 테일러에 완전히 동의한다.(『소크라테스』 124 이하) 그러나 『크리톤』의 충성과 아주 공개적으로 아테네를 반대하고 스파르타 편을 들고 있는 『국가』의 명백한 불충과의 대비는, 『국가』가 소크라테스적이며, 소크라테스는 플라톤보다 더 강력하게 민주주의에 반대했다는 버넷과 테일러의 견해를 반박한다.(본 장 주 56 참조.)

민주주의에 대한 소크라테스의 충성심의 확언은, 특히 『크리톤』의 다음 구절들을 참조하시오. 51d/e에는 법률의 민주주의적 특징이, 즉 시민이 폭력 없이 합리적 논증을 통해(소크라테스가 그러했던 것처럼, 시민은 법률을 납득시키려고 할 수 있다.) 법률을 바꿀 수 있다는 가능성이 강조되어 있다. 52b 이하에서 소크라테스는 아테네 정체에 전혀 반대하지 않았다고 주장한다. 53c/d에서 그는 덕과 정의뿐만 아니라 특히 제도와 법률(아테네의 법률)을 인간이 만든 최고의 것으로 묘사한다. 54c에서 그는 자신이 인간의 피해자이지만 법률의 피해자는 아니라고 주장하고 있다.

이 모든 구절들의 관점에서(그리고 특히 『변론』 32c. 7장 주 8 참조.) 매우 다르게 보이는 한 구절, 즉 소크라테스가 함축적으로 스파르타와 크레타의 정체를 찬양하고 있는 52e를 도외시해야 한다고 나는 생각한다. 특히 소크라테스 자신이 다른 국가나 그들의 법률을 알고 싶어 하지 않는다고 말하는 52b/c를 고려하면, 우리는 52e의 스파르타와 크레타에 대한 논평이 『크리톤』과 후기작, 특히 『국가』와 모순적이지 않게 만들려고 시도하는 누군가에 의해 삽입된 것이라고 제안될 수도 있다. 그것이 사실이든 아니든 혹은 그 구절이 플라톤의 추가이든 아니든, 소크라테스적인 것은 확실히 아니다. 우리는 크세노폰의 『소아시아 원정기 Anabasis』, III, 1, 5로부터 알 수 있는, 친스파르타적으로 해석될 수 있는 어떤 것도 하고 싶지 않다는 소크라테스의 열망만을 기억하면 된다. 거기서 우리는 "소크라테스는 그가"(즉 그의 친구인 젊은 크세노폰 혹은 또 다른 젊은 말썽꾼) "충성스럽지 않다고 비난받는 것을 두려워했는데, 그 이유는 키로스가 아테네와의 전쟁에서 스파르타인들을 도왔다고 알려져 있기 때문이다."라는 것을 읽을 수 있다.(이 구절은 확실히 『기억할 만한 것들』보다 덜 의심스럽다. 여기에는 플라톤의 영향이 전혀 없고, 크세노폰은 실제로 조국을 위한 의무를 너무 가볍게 생각한 데 대해 암시적으로 자신을 꾸짖고 있으며 앞의 책, V, 3, 7과 VII, 7, 57에서 언급된 추방을 당연시한다.)

54. 『변론』, 30e/31a.

55. 물론 플라톤주의자들은 테일러의 『소크라테스』의 마지막 문장에 대해 완전히 동의할 것이다. "소크라테스는 단 한 사람의 '후계자' 플라톤을 가졌었다." 단지 그로트만이 본문에서 진술된 것들과 비슷한 견해를 가끔 주장한 듯 보인다. 예를 들어서 7장 주 21(8장 주 15 역시 참조.)의 인용된 구절에서 그가 말하는 것은 최소한 플라톤이 소크라테스를 배반하지 않았는지에 대한 의심의 표현으로 해석될 수 있다. 그로트는 『국가』(『법률』뿐만 아니라)가 『변론』의 소크라테스를 비난하기 위한 이론적 기초를 재공해 주며, 이런 소크라테스는 플라톤의 최선국가에서 용인되지 못했다는 점을 명백히 한다. 그리고 그는 심지어 플라톤의 주장이 30인 참주에 의해 소크라테스에게 내려진 실질적 대우와 일치한다는 것을 지적한다.(스승이 여전히 살아 있고, 유명하고, 공공연히 주장하고 있는데도 불구하고, 스승의 가르침이 제자에 의해 왜곡될 수 있다는 것을 보여주는 사례를 2권 2장 주 58에서 찾을 수 있다.)

이 문단 후반부에 있는 『법률』에 대한 논평들에 대해서는, 특히 8장 주 19~23에서 언급된 『법률』의 구절들을 보시오. 이 문제들에 대해 여기서(다음 주 역시 보시오.) 제시된 것들과는 정면으로 반대하는 의견을 가진 테일러조차도 다음을 인정한다. "『법률』의 10권에서 신학적으로 틀린 의견들을 국가에 대한 위반이라고 제안했던 사람은 플라톤 자신이다."(테일러, 앞의 책, 108, 주 1)

나는 본문에서 특히 플라톤의 『변론』과 『크리톤』을 『법률』과 대조시키고 있다. 이렇게 선택한 이유는 거의 모든 사람들, 심지어 버넷과 테일러까지도(다음 주 참조.) 『변론』과 『크리톤』은 소크라테스적 교설을 나타내고, 『법률』은 플라톤적으로 묘사될 수 있다는 것에 동의하기 때문이다. 그러므로 버넷과 테일러가, 민주주의에 대한 소크라테스의 태도가 플라톤보다 더 적대적이었다는 자신들의 의견을 어떻게 방어할 것인지를 이해하는 것은 매우 어려워 보인다.(이 의견은 버넷의 『그리스 철학』, I, 209 이하와 테일러의 『소크라테스』, 150 이하와 170 이하에서 표현된다.) 나는 자유를 위해 싸웠고, 그것을 위해 죽었던 소크라테스에 관한 이런 견해들, 그리고

『법률』을 쓴 플라톤에 관한 이런 견해를 옹호하려는 어떠한 시도도 보지 못했다.(특히 본 장 주 53 참조.)

버넷과 테일러는, 『국가』가 소크라테스적이지 플라톤적이지 않으며, 『국가』가 플라톤적인 『정치가』와 『법률』보다는 좀 덜 반민주주의적이라고 말해질 수 있다는 입장을 취하기 때문에, 이런 이상한 견해를 주장한다. 그러나 『국가』와 『법률』 및 『정치가』 사이의 차이점은, 특히 『법률』의 첫째 권뿐만 아니라 마지막 권도 고려한다면, 매우 적다. 사실상 최소한 10년, 그리고 아마도 30년이나 그 이상 차이가 나는 두 책들의 교설은 우리가 예상할 수 있는 것보다 더 근접하고, 기질과 스타일에서는 대부분 다르다.(4장 주 6과 『법률』과 『국가』의 주장들을, 같지는 않아도 그 유사성이 나타나는 이 책의 다른 여러 장소들을 보시오.) 『국가』와 『법률』이 플라톤적이라는 것을 전제하는 데는 내부적 어려움이 거의 없다. 그러나 소크라테스가 민주주의의 적일 뿐만 아니라 플라톤보다 더한 적대자라는 결론을 추론시킨 버넷과 테일러의 이론은, 비록 『변론』과 『크리톤』만 소크라테스적일 뿐 아니라 『국가』 또한 그렇다는 그들 주장의 불합리함을 보여주지는 않지만, 난점을 보여준다. 이 모든 의문들에 대해서는, 다음 주와 부록 III, B(2) 역시 보시오.

56. 이 문장이 플라톤의 정의론의(30인 참주의 도덕적 실패에 대해서는 크세노폰의 『헬레니카』, II, 4, 40~42 참조.) 역사적 역할과 그리고 특히 『국가』의 핵심적인 정치적 주장들에 대한 나의 해석을 요약하려는 것임은 거의 말할 필요가 없다. 이 해석은 초기 대화편들 특히 『고르기아스』와 『국가』에서의 모순점, 소크라테스의 견해와 후기 플라톤의 견해들 사이의 근본적 차이점으로부터 제기되는 모순점들을 설명하려는 시도이다. 소크라테스의 문제라고 보통 말하는 문제의 기본적인 중요성 때문에 나는 길고도 부분적으로 방법론적인 논쟁으로 들어가지 않을 수 없다.

(1) 소크라테스의 문제에 대한 아주 오래된 해결책은 플라톤적 대화편들, 특히 『변론』과 『크리톤』은 소크라테스적이지만(즉 역사적으로 대체로 옳고, 그렇게 생각된), 반면에 소크라테스가 주요 화자로 나오는, 예를 들

자면 『파이돈』과 『국가』를 포함하는 대화편들의 다수는 플라톤적이리는 것을 전제했다. 아주 오래된 권위자들은 '독립적 증인'인 크세노폰을 자주 언급하고, 크세노폰적 소크라테스와 '소크라테스적' 대화편들의 소크라테스 사이의 유사성을 지적하고, 크세노폰적 '소크라테스'와 플라톤적 대화편들의 '소크라테스' 사이의 차이점을 지적함으로써 이런 의견을 정당화했다. 형상과 이데아에 대한 형이상학적 이론은 특히 플라톤적으로 고려되었다.

(2) 이 견해에 반대하여, A. E. 테일러의 지지를 받는 J. 버넷이 공격을 시작했다. 버넷은 '더욱 오래된 해결책'(내가 부르는 것처럼)이 순환적이며 설득력이 없는 논증에 기초한다고 비난했다. 그는 단지 대화편들 속에서 형상 이론이 덜 중요하다는 이유 때문에 대화편을 분류하고, 그것들을 소크라테스적이라 부르며, 그래서 형상 이론이 소크라테스적이지 않고 플라톤의 발명이라고 말하는 것은 확실하지 못하다고 주장했다. 그리고 크세노폰을 독립적 증인으로 주장하는 것은 확실하지 못하다. 왜냐하면 우리는 그의 독립성을 믿을 어떠한 이유도 없으며, 그가 『기억할 만한 것들』을 쓸 당시 플라톤의 수많은 대화편들을 틀림없이 알고 있었다는 것을 믿을 그럴 듯한 이유가 없기 때문이다. 버넷은 다음과 같이 주장한다. '우리는 플라톤이 그가 말했던 것을 실제로 의미했다는 가정으로부터 출발해서, 그가 소크라테스가 어떤 교설을 말하도록 했을 때, 독자들이 이 교설이 소크라테스의 가르침이라는 것을 믿을 것이라 생각했으며, 그것을 원했다.'

(3) 소크라테스의 문제에 대한 버넷의 견해들은 지지될 수 없는 것으로 보임에도 불구하고, 그것들은 매우 가치 있고 나를 자극한다. 비록 틀리더라도 이런 종류의 대담한 주장은 언제나 발전을 의미한다. 그리고 버넷의 책들은 그의 주제에 대해 매우 대담하고 인습을 따르지 않는다. 역사적 주제가 진부해지는 경향을 항상 보여주는데도 불구하고 이것은 그 이상으로 평가받을 만하다. 그러나 나는 버넷의 탁월하고 대담한 이론들과 유익한 효과들을 높이 평가하지만, 이용할 수 있는 증거들을 고려한다면, 이 이론들이 지지될 수 있다고 확신할 수 없다. 버넷은 매우 귀중한 열정에 빠져 자신의 생각에 대해 항상 충분히 비판적이지 않다고 나는 생각한다. 이것

이 다른 사람들이 오히려 이 생각들을 비판하는 것이 필요하다고 생각하는 이유이다.

소크라테스의 문제를 고려하면서, 나는 내가 '아주 오래된 해결책'이라고 묘사했던 견해가 근본적으로 옳다는 것을 다른 여러 사람들과 함께 믿고 있다. 이 견해는 최근 버넷과 테일러에 대항해서 특히 G. C. 필드(『플라톤과 그의 동시대인들』, 1930)와 A. K. 로저스(『소크라테스의 문제 The Socratic Problem』, 1933)에 의해 잘 변호되고 있다. 그리고 다른 여러 학자들도 여기에 찬성하는 것처럼 보인다. 지금까지 제시되었던 논증들이 설득력 있게 보임에도, 나는 이 책의 몇몇 결과들을 사용하여 그 논증들에 대해 부언할 수 있을 것이다. 그러나 버넷을 비판하기 전에, 나는 다음의 방법적 원칙에 대한 통찰력을 제시해 준 사람이 바로 버넷이라는 것을 말하고자 한다. 플라톤의 증거만이 우리가 이용할 수 있는 최고의 증거들이다. 모든 다른 증거들은 부차적이다.(버넷은 이 원칙을 크세노폰에 적용했지만, 우리는 이것을 아리스토파네스에게도 적용하지 않으면 안 된다. 소크라테스 자신은 『변론』에서 아리스토파네스의 증거를 거절했다. 다음에 나오는 (5)를 보시오.)

(4) 버넷은 '플라톤이 말했던 것은 그가 실제로 의미했던 것이다'라고 가정하는 것이 그의 방법이라고 설명한다. 이 방법론적 원칙에 따르면, 플라톤의 '소크라테스'는 역사적 소크라테스의 모습이다.(『그리스 철학』, I, 128, 212 이하와 349/350쪽의 주를 참조하시오. 테일러의 『소크라테스』, 14 이하, 32 이하, 153을 참조하시오.) 나는 버넷의 방법론적 원칙이 건전한 출발점이라는 것을 인정한다. 그러나 곧 나는 다음에 나올 (5)에서 버넷과 테일러를 포함하는 모든 사람들이 이 원칙을 포기해야만 함을 보여줄 것이다. 그들은 다른 사람들이 그러하듯, 플라톤이 말하는 것을 해석해야 한다. 그러나 다른 사람들이 이 사실을 알고, 그들의 해석에 대해 조심하고 비판적인 반면에, 플라톤을 해석하지 않고 말한 그대로 받아들인다는 신념에 끌리는 사람들은 스스로 그들의 해석을 비판적으로 시험하지 못하게 된다.

(5) 버넷의 방법론을 적용 불가능하게 하고, 그와 다른 사람들이 플라톤

의 말을 해석하도록 만드는 것은, 물론 소크라테스에 대해 플라톤이 주장한 모습들 속의 모순들 때문이다. 심지어 우리가 플라톤이 말한 것보다 더 좋은 증거들은 없다는 원칙을 받아들인다 하더라도, 우리는 그의 저작들의 내부적 모순 때문에 그의 말을 믿을 수 없게 되고, 그는 '자신이 말했던 것을 실제로 의미했다'라는 가정을 포기해야만 한다. 마치 증인 스스로가 모순을 가지게 되면, 비록 그 증인이 가장 유용한 증인이라 할지라도, 해석하지 않고 그의 증언을 받아들일 수 없는 것과 같다. 나는 먼저 이런 내부적 모순 중에 단지 세 가지 사례만을 제시하겠다.

(a) 『변론』의 소크라테스는 매우 인상적으로 자신이 자연철학에 관심이 없다고 (그러므로 피타고라스주의자가 아니라고) 세 번 반복한다.(18b~c, 19c~d, 23d) "나는 이런 것들에 대해서 정말 아무것도 모른다."라고 그는 말한다.(19c) "아테네인으로서 나는 그런 것들(즉 자연에 대한 성찰들)과 관련 있는 어떤 것도 가지고 있지 않다." 소크라테스는 재판에 참석한 많은 사람들이 이 진술의 진실성을 증명할 수 있다고 주장한다. 그들은 그가 말하는 것을 들었지만, 자연철학의 문제에 관해서 그가 말하는 것은 어느 누구도 거의 듣지 못했다.(『변론』, 19, c~d) 다른 한편, 우리는 (a') 『파이돈』(특히 108d 이하와 그것에 대해 언급하고 있는 『변론』의 구절)과 『국가』를 가지고 있다. 이 대화편들에서 소크라테스는 매우 피타고라스적인 '자연'철학자로 나타나기 때문에 버넷과 테일러는 사실 소크라테스가 피타고라스 학파의 지도적 인물이었다고 말할 수 있었던 것이다.(피타고라스주의자들에 대하여 "그들의 토론은……모두 자연에 관한 것들이다……"라고 말한 아리스토텔레스를 참조하시오. 『형이상학』, 989b 마지막을 보시오.)

이제 나는 (a)와 (a')가 정확하게 서로 모순된다는 것을 주장하겠다. 그리고 이 상황은 『국가』 각본의 날짜가 『변론』보다 더 이르고, 『파이돈』의 것이 『변론』의 것보다 더 후라는 사실에 의해 더 심각해진다. 이것은 소크라테스가 『국가』와 『변론』 사이의 인생 후반기에 피타고라스주의를 포기했고, 혹은 인생 후반기에 피타고라스주의로 전환했다는 것을 전제함으로써 (a)와 (a')를 조화롭게 만들려는 것을 불가능하게 한다.

나는 이 모순을 제거할 수 있는 전제 혹은 해석이 전혀 없다는 것을 주장하는 것이 아니다. 버넷과 테일러는 근거를 가지고 있다. 아마도 『변론』보다 『파이돈』과 『국가』를 더 신뢰할 수 있다는 좋은 근거까지 가지고 있다.(그러나 그들은, 플라톤의 묘사가 정확하다고 전제한다면 『변론』에 있는 소크라테스의 진실성에 대한 의심은 그를 목숨을 건지기 위해 거짓말을 하는 사람으로 만든다는 점을 알아야 한다.) 그러나 이런 문제들은 지금 나와 관련이 있지는 않다. 오히려 나의 핵심은 (a)에 반대하는 것으로 (a′)를 받아들이면, 버넷과 테일러는 그들의 근본적인 방법론적 전제인 '플라톤은 그가 말했던 것을 실제로 의미했다'를 거부해야 하고, 해석해야만 한다는 것이다.

그러나 뜻밖에 이루어진 해석은 무비판적일 수밖에 없다. 이것은 버넷과 테일러가 아리스토파네스의 증거를 사용함으로써 드러난다. 그들은 만약 소크라테스가 자연철학자가 아니었다면, 아리스토파네스의 조롱은 무의미한 것이라고 주장했다. 그러나 마침 소크라테스가 바로 이 논증을 예견했다.(나는 언제나 버넷과 테일러같이 『변론』을 역사적인 것으로 전제한다.) 『변론』에서, 그는 아리스토파네스의 정확히 바로 이 해석에 반대하여, 매우 정직하게 그는 자연철학자가 정말 아니라는 것을 주장하면서, 재판관들에게 경고한다.(『변론』 19c 이하. 20c~e 역시 참조하시오.) 소크라테스는 이 문제에 있어서 마치 과거의 그림자들(『변론』 18d~e)과 싸우고 있는 듯이 느낀다. 그러나 우리는 지금, 그가 미래의 그림자와도 싸우고 있었다는 것을 알 수 있다. 왜냐하면 그가 그의 동료 시민들——아리스토파네스를 믿고 감히 소크라테스를 거짓말쟁이로 부르는——에게 앞으로 나서도록 요구했을 때, 아무도 나오지 않았기 때문이다. 상당수의 플라톤주의자들이 그의 요구에 대답하기로 결정한 것은 이삼백 년 후이다.

이와 관련해서, 온건한 반민주주의자인 아리스토파네스가 소크라테스를 '소피스트'로서 공격했던 것과 대부분의 소피스트들이 민주주의자였다는 것은 언급되어도 좋을 것이다.

(b) 『변론』(40c 이하)에서, 소크라테스는 살아남음의 문제에 대한 불가

지론적 입장을 취한다. (b′) 『파이돈』은 주로 영혼의 불멸성에 대한 정교한 증명들로 이루어져 있다. 이 난점을 버넷우(그의 『파이돈』 번역본, 1911, xlviii 이하) 전혀 설득력 없는 방법으로 논의했다.(7장 주 9와 본장 주 44를 참조.) 그러나 그가 옳고 틀린 것과 상관없이, 그의 논의는 그가 자신의 방법론적 원칙을 포기해야 하고 플라톤이 말한 것을 해석해야 한다는 것을 증명한다.

(c) 『변론』의 소크라테스는 가장 현명한 자의 지혜조차도 자신이 얼마나 조금 알고 있는지를 인식하는 것에 있다고 주장하고, 따라서 델피의 격언인 "너 자신을 알라."는 "너의 한계를 알라."로 해석되어야만 한다고 주장한다. 그리고 그는 다른 누구보다 통치자들이 그들의 한계를 알아야만 한다고 넌지시 비친다. 비슷한 견해들을 다른 초기의 대화편들에서 찾을 수 있다. 그러나 『정치가』와 『법률』의 주요 화자들은 권력자는 현명해야 한다는 교설을 제의한다. 그리고 그들에게 있어서 지혜는 더 이상 인간의 한계를 아는 것을 의미하는 것이 아니라, 변증적 철학, 즉 형상 혹은 이데아의 세계에 대한 직관 혹은 왕도 정치학 훈련의 더 깊은 신비 속으로 들어가는 시작을 의미한다. 동일한 교설이 『필레보스』에서, 심지어 델피 격언에 대한 논의의 부분으로 상세히 설명된다.(7장 주 26 참조.)

(d) 이 세 가지 악명 높은 모순들과 상관없이, 비록 『일곱 번째 편지』가 진본이라는 것을 믿지 않는 자들에 의해 쉽게 무시되지만, 『일곱 번째 편지』가 믿을 만하다고 생각하는 버넷에게는 치명적으로 보이는 두 개의 추가적인 모순들을 언급하겠다. 플라톤이 아니라 소크라테스가 형상 이론을 주장했다는 버넷의 견해(심지어 우리가 이 편지를 무시하더라도 지지될 수 없는 견해. 전체 질문에 대해서는 3장 주 26(5) 참조.)는 이 편지 342a 이하와 모순된다. 그리고 『국가』는 특히 소크라테스적이라는 그의 견해는 326a와 모순된다.(7장 주 14 참조.) 물론 이 모든 난점들은 해석을 통해서 해결될 수 있다.

(e) 비록 좀 더 미묘하고 좀 더 중요한 모순들이 앞 장들, 특히 6장, 7장, 8장에서 논의되고 있지만, 동시에 매우 많은 유사성들도 있다. 나는 이

것들 중 가장 중요한 것을 요약한다.

(e₁) 남자에 대한, 특히 젊은이에 대한 태도는, 소크라테스의 발전이라고 할 수 없는 방식으로 플라톤의 묘사에서 변화한다. 소크라테스는 그가 사랑했던 젊은이에게 자유롭게 말할 권리를 주기 위해 죽었다. 그러나 『국가』에서 우리는 그가, 『법률』에 있는 아테네 이방인들(명백하게 플라톤 자신)의 불만스러운 태도와 닮은, 생색내는 듯한 태도와 불신의 태도를 취하고 있으며, 인류의 일반적 불신이 이 저작에서 자주 표현된다는 것을 알 수 있다.(4장 주 17~18의 본문 참조, 7장 주 18~21 참조, 8장 주 57~58 참조.)

(e₂) 진리와 자유 연설에 대한 소크라테스의 태도에 관해서도 동일한 주장을 할 수 있다. 그는 그것들을 위해 죽었다. 그러나 『국가』에서 '소크라테스'는 거짓말을 옹호한다. 명확히 플라톤적인 『정치가』에서 거짓말은 진리로 제안되고, 『법률』에서 자유로운 사상은 재판소의 설립에 의해 억제된다.(앞의 것과 같은 곳을 참조하시오. 추가적으로 8장 주 1~23, 40~41, 본 장 주 55를 참조하시오.)

(e₃) 『변론』의 소크라테스와 다른 대화자들은 지적으로 겸손하다. 『파이돈』에서 그는 자신의 형이상학적 사변의 진리를 확신하는 사람으로 변한다. 『국가』에서 그는 『정치가』와 『법률』의 경직된 권위주의와 가까운 태도를 받아들이는 독단주의자이다.(7장 주 8~14와 26, 8장 주 15와 33, 그리고 현재의 주 (c)를 참조하시오.)

(e₄) 『변론』의 소크라테스는 개인주의자이다. 그는 인간 개인의 자족성을 믿는다. 『고르기아스』에서 그는 여전히 개인주의자이다. 『국가』에서 그는 『법률』의 플라톤 입장과 매우 유사한 급진적 집단주의자이다.(5장 주 25와 35 참조, 6장 주 26, 32, 36, 48~54에 대한 본문, 이 장 주 45 참조.)

(e₅) 다시 우리는 소크라테스의 평등주의에 대해서 비슷한 것들을 말할 수 있다. 『메논』에서 그는 노예가 모든 인간의 일반적 지성에 관여하며, 그에게 심지어 순수수학을 가르칠 수 있다는 것을 인정한다. 『고르기아스』에서 그는 정의에 대한 평등주의적 이론을 방어한다. 그러나 『국가』에서 그는 노동자와 노예를 경멸하고, 플라톤이 『티마이오스』와 『법률』에서 평

등주의에 반대하는 만큼 반대한다. ((e₄)에서 언급된 구절, 4장 주 18, 29, 7장 주 10, 그리고 『티마이오스』 51e가 인용되어 있는 8장 주 50(3)을 참조하시오.)

(e₆) 『변론』과 『크리톤』의 소크라테스는 아테네 민주주의에 충성을 다한다. 『메논』과 『고르기아스』(본 장 주 45 참조.)에는 적대적 비판의 암시들이 있다. 『국가』에서(그리고 나는 『메넥세노스』에서도 마찬가지라고 생각한다.) 그는 민주주의의 공공연한 적이다. 플라톤은 『정치가』와 『법률』 초반부에서 좀 더 조심스럽게 자신을 드러내고 있음에도 불구하고, 『법률』 후반부에서 보이는 그의 정치적 경향들은(6장 주 32의 본문 참조.) 확실히 『국가』의 '소크라테스'의 경향들과 동일하다.(이 장 주 53과 55, 4장 주 7과 14~18을 참조하시오.)

마지막 것은 다음에 의해 더 지지될 수 있다. 『변론』의 소크라테스는 단지 아테네 민주주의에 충성하는 것만이 아니라, 그의 제자들 중 가장 열렬한 애국자인 저 카이레폰이 그들과 같은 정파에 속한다는 것을 지적함으로써 민주주의 정파에 직접 호소하고 있는 듯이 보인다. 카이레폰은 『변론』에서 결정적인 역할을 맡고 있다. 왜냐하면 신탁과 교섭함으로써, 그는 소크라테스의 인생의 사명에 대한 인식에서, 그것에 의해 궁극적으로 민중 the Demos과 타협하기를 거부하는 소크라테스의 결심에서, 도움이 되기 때문이다. 소크라테스는 이 중요한 인물을, 단지 그의 친구일 뿐만 아니라 그와 함께 국외추방을 당했고 함께 귀환했던(아마도 그는 30인 참주에 항거하는 전쟁에 참여했을 것이다.) 사람들의 친구라는 사실(『변론』, 20e/21a)을 강조하면서 소개하고 있다. 말하자면 소크라테스는 그의 변론을 위한 가장 주요 증인으로서 열렬한 민주주의자를 선택했다.(카이레폰의 동정심에 대해서는 아리스토파네스의 『구름들 Clouds』, 104, 501 이하와 같은 몇몇 독립적인 증거가 있다. 『카르미데스』에 나오는 카이레폰의 등장은 일종의 균형을 위해 의도되어졌을 것이다. 만약 그렇지 않으면 크리티아스와 카르미데스의 두드러짐은 30인 참주정치 선언을 옹호하는 인상을 만들었을 것이다.) 왜 소크라테스는 민주주의적 정파 군인들과의 친밀감을 강조하는가? 우리는 이것이 단지 재판관들을 좀 더 자비롭게 하기 위한 특별한 호소라고 가정할 수 없다. 왜냐하면 그의 변론의 전체적인 정신이 이 가정과 모순되기 때문이다. 소크라테스는 자신에게 민주주의적 진영에 속한 제자들이 있다는 점을 지적하면서, 함축적으로 그가 귀족주의 정파의 추종자이며 참주의 교사라는 비난(역시 단지 함축적이기만 한)을 부정하려고 했다는 것이 가장 타당한 가설로 보인다. 『변론』의 정신은 소크라테스가 민주주의의 이념에 진실로 동감하지 않고서 민주주의적 지도자와 우정을 맺었다는 것을 배제하고 있다. 그리고 동일한 결론이 그가 민주주의적 정당성에 대한 신념을 강조하고, 확실하게 30인 참주를 비난하는 구절(『변론』, 32b~d)로부터 역시 추론된다.

(6) 이것은 플라톤 대화편들의 내부적 증거인데, 이 증거는 우리로 하여금 그 대화편들이 완전히 역사적인 것은 아니라는 가정을 하도록 한다. 따라서 우리는 시행착오의 방법을 사용하면서 이 증거와 비판적으로 비교할 수 있는 이론들을 제안함으로써, 이 증거를 해석하려고 시도해야 한다. 이제 우리는 『변론』이 대체로 역사적이라는 것을 믿을 강력한 증거를 가지게 되었다. 왜냐하면 이것은 상당히 중요한 대중적 사건을 묘사하고 있고 매우 많은 사람들에게 알려진 유일한 대화편이기 때문이다. 다른 한편, 『법률』은 플라톤의 최후작이며(의심스러운 『에피노미스』와는 상관없이), 솔직히 말하면 '플라톤적'이라는 것을 우리는 안다. 그러므로 이 대화편들은 그것들이 『변론』의 경향들과 일치하는 한 역사적이거나 혹은 소크라테스적이며, 이 경향들과 모순을 보이는 곳은 플라톤적이라는 가장 단순한 가정을 가질 수 있다.(이 가정은 내가 위에서 소크라테스 문제의 '오래된 해결책'으로 묘사한 입장으로 다시 돌아가게 만든다.)

만약 우리가 (e₁)부터 (e₆)까지에서 언급했던 경향들을 고려해서 가장 중요한 대화편들을 이 경향들과 비교해 본다면 소크라테스적 『변론』과의 유사성은 줄어들고, 플라톤적 『법률』과의 유사성은 늘어나는 방향으로 순서를 정할 수 있다. 다음과 같은 순서이다.

『변론』과 『크리톤』──『메논』──『고르기아스』──『파이돈』──『국가』

――『징치가』――『티마이오스』――『법률』.

이제 (e₁)부터 (e₆)까지의 모든 경향들에 따라 대화편들이 순서대로 만들어진다는 사실은, 그 자체로 우리가 여기서 플라톤 사상의 발전을 만나게 된다는 이론을 확인해 준다. 그러나 우리는 좀 독립적인 증거를 가질 수 있다. '문체측정' 탐구는 우리의 순서들이 플라톤이 대화편을 쓴 연대기적 순서와 일치함을 보여준다. 마지막으로 최소한『티마이오스』까지의 연결들은 점점 증가하는 피타고라스주의(그리고 엘레아학파주의)에 대한 관심 역시 보여준다. 그러므로 이것은 플라톤 사상의 발전에서 또 하나의 경향임에 틀림없다.

매우 다른 주장이 하나 있는데 이것이다. 우리는『파이돈』에 있는 플라톤의 증언으로부터 안티스테네스가 소크라테스와 가까운 친구 중의 한 사람이었으며, 안티스테네스가 참된 소크라테스적 신조를 유기하기를 주장했었다는 것을 안다. 안티스테네스가『국가』에 나오는 소크라테스의 친구였었다는 것을 믿기는 힘들다. 따라서 우리는 안티스테네스와 플라톤의 가르침에서 공통 출발점을 찾아야만 한다. 그리고 우리가『변론』과『크리톤』, 그리고 몇몇 교설들 속에서 찾은 이 공통점은『메논』,『고르기아스』,『파이돈』에서 '소크라테스'의 입을 통해 나타난다.

이 논증들은 (『알키비아데스 1』혹은『테아게스』혹은『편지들』과 같이) 지금까지 심각하게 의심받아 온 플라톤의 작품들과는 완전히 독립적이다. 그것들은 크세노폰의 증언과도 상관이 없다. 이 논증들은 오직 아주 유명한 플라톤 대화편들의 몇몇 내부적 증거들에만 기초하고 있다. 그러나 그것들은 이런 이차 증거물, 특히『일곱 번째 편지』와 일치한다. 이곳에서 플라톤은 그의 정신적 발전 과정을 개괄하면서(325f) 명백하게 그 자신의 중심적 발견으로 간주되는『국가』의 핵심 구절을 언급하기까지 한다. "참되고 진정한 철학자 종족이 정치적 권력을 갖거나, 혹은 도시의 통치자들이 신의 은총으로 진정한 철학자가 되기 전에는, 인류는 곤경에서 결코 구원받지 못할 것이다……라고……말하지 않을 수 없다."(326a. 7장 주 14와 본 주 (d)를 참조하시오.) 나는 버넷이 어떻게『국가』의 중심 교설이 소크라테스의 것이 아니라 플라톤의 것이라는 점을 인정하지 않고서, 즉 『국가』에 있는 플라톤에 의한 소크라테스의 모습이 역사적이라는 허구를 포기하지 않고 이 편지를 진본으로 받아들이는 것이 가능하다고 여기는지 이해할 수가 없다.(추가적 증거를 위해서는, 아리스토텔레스, 『소크라테스 논박 Sophist. El.』, 183b7을 참조하시오. "소크라테스는 문제를 제기했다. 그러나 해답을 주지는 않았다. 왜냐하면 그는 알지 못한다고 고백했기 때문이다." 이것은 『변론』과 일치하지만, 『고르기아스』와 거의 일치하지 않고, 『파이돈』 혹은 『국가』와는 확실히 일치하지 않는다. 참고로 필드의 앞의 책에서 칭송되며 논의되었던, 이데아론에 대한 아리스토텔레스의 유명한 보고서에 대해서는, 3장 주 26 역시 참조하시오.)

(7) 이런 성격의 증거에 반대해서 버넷과 테일러가 사용한 유형의 증거는 중요할 수 없다. 다음이 그 사례이다. 플라톤이 정치적으로 소크라테스보다 더 온건했고, 플라톤의 가족이 오히려 '민권주의자'였다는 그의 주장의 증거로, 버넷은 플라톤의 가족 중 한 명이 '데모스 Demos'로 불렸다는 주장을 사용한다.(『고르기아스』, 481d, 513b 참조. 그러나 여기서 언급된 데모스의 아버지 피릴람페스가 사실 플라톤의 삼촌이자 『카르미데스』 158a, 『파르메니데스』 126b에서 언급되는 의붓아버지와 동일하다는 것, 즉 데모스가 플라톤의 친족이라는 것은 개연성은 있지만 확실하지는 않다.) 나는 이것이 플라톤의 두 참주 삼촌에 대한 역사적 기록과, 크리티아스의 현존하는 정치적 단편들과(버넷이 제대로 크리티아스의 정치적 단편들을 크리티아스의 것이 아니라 그의 할아버지 작품으로 돌렸다고 할지라도 가문에 남아 있는 단편들과, 『그리스 철학』, I, 338, 주 1, 그리고 참주 크리티아스의 시적인 재능이 언급되어 있는 『카르미데스』, 157e, 162d 참조.) 크리티아스의 아버지가 400명 과두정치(『리시스』, 12, 66)에 속했다는 것과, 가족의 자부심을 반민주주의적일 뿐만 아니라 반아테네적 경향들과 결합시킨 플라톤 자신의 작품들과 비교하여, 어떤 중요성을 가질 수 있는가라고 묻고자 한다.(『티마이오스』, 20a에 있는 나이 많은 디오니시오스의 장인인 시실리의 헤르모크라테스와 같은, 아테네인의 적에 대한 칭송을

참조하시오.) 버넷의 논증에 숨겨진 목적은 물론『국가』가 소크라테스적이라는 주장을 강화하려는 것이다. 또 다른 나쁜 방법은『파이돈』이 소크라테스적이라고(7장 주 9 참조.) 주장하는(『소크라테스』, 148쪽 이하에 대한 주 2. 163쪽 역시 참조하시오.) 테일러가 사용한 방법이다. "『파이돈』(72e)에서……심미아스가 분명하게 '배움은 다름 아닌 상기(想起)이다'라는 교설은 '당신이 계속 지속적으로 반복하고 있는 교설이다'라고 소크라테스에게 말하고 있다."(이것은 테일러의 작은 실수이다. 화자는 케베스이다.) "우리가 만약『파이돈』을 거대하고 용납할 수 없는 속임수로 간주하려고 하지 않는다면, 이것은 나에게 이 주장이 실제로 소크라테스에게 속한다는 것을 증명해 주는 것 같아 보인다."(유사한 주장에 대해서는, 버넷의『파이돈』번역본, xii쪽, ii장 마지막을 보시오.) 이 점에 관하여 나는 다음을 지적하고 싶다. (a) 여기에는 플라톤이 이 구절을 적었을 때 자신을 역사가로 간주했었다는 것이 가정되어 있다. 그렇지 않으면 그의 진술은 "거대하고 용납할 수 없는 속임수"가 아닐 것이기 때문이다. 다른 말로 하자면, 가장 의문스럽고 가장 중요한 이 이론의 핵심은 전제된 것이다. (b) 그러나 심지어 플라톤이 자신을 역사가로 생각했다 하더라도(나는 그가 그렇게 했다고 생각하지 않는다.) "거대하고……"의 표현은 너무 강하게 보인다. 플라톤이 아니라 테일러는 '당신'을 강조하여 썼다. 플라톤은 단지 대화편의 독자들이 이 이론을 알고 있다고 가정하려는 것을 말해 주고자 했던 것 같다. 아니면 그는『메논』을, 그리고 그리하여 자신을 언급하려고 했다.(이 마지막 설명은 내가 생각하기에 도표에 대한 암시와 함께,『파이돈』, 73a의 관점에서 보면 거의 확실히 옳다.) 아니라면 그의 펜이 이런저런 이유로 실수한 것이다. 예를 들어서 버넷은 소크라테스의 피타고라스주의를 설명해야만 한다. 이것을 하기 위해서 그는 파르메니데스를 크세노파네스의 제자라기보다 오히려 피타고라스주의자로 만든다. 그는 이렇게 쓴다.(『그리스 철학』, I, 64) "그가 엘레아 학파를 찾았다는 이야기는 호메로스가 헤라클레이토스주의자라는 것을 증명하고자 한 플라톤의 장난스러운 논평으로부터 나온 것 같다." 이에 관하여 버넷은 주를 첨가한다. "플라톤,

『소피스테스』, 242d. 『초기 그리스 철학²』, 140쪽을 보시오." 이제 나는 이 역사주의자에 대한 진술이 분명히 네 가지를 함축한다고 믿는다. (1) 크세노파네스에 대해 언급하는 플라톤의 구절은 장난스러운 짓거리이다. 즉 진지한 것이 아니다. (2) 이 농담은 호메로스와 관련하여 나타난다. 즉 (3) 호메로스는 헤라클레이토스보다 이전에 살았기 때문에 그가 헤라클레이토스주의자라는 것을 주장하는 것은 물론 농담일 것이다. (4) 그리고 크세노파네스와 엘레아 학파를 연결하는 다른 진지한 증거들이 없다. 그러나 이 네 개의 함축들 중 어떤 것도 지지될 수 없다. 왜냐하면 (1) 크세노파네스에 대해 언급하는 『소피스테스』(242d)의 구절은 농담적인 것이 아니라, 버넷이 그의 『초기 그리스 철학』에 대한 방법론적 부록에서, 그 자신이 중요하고 역사적으로 아주 가치 있는 정보로서 추천하고 있기 때문이다. 그리고 (2) 그것은 호메로스에 대한 어떠한 참조도 없기 때문이다. (3) 버넷이 『그리스 철학』, I에서 실수(이 실수는 그의 『초기 그리스 철학²』에서 나타나지 않는다.)로 『소피스테스』 242d와 동일시했던 이 언급(『테아이테토스』 179d/e. 152a/e와 160d도 참조.)을 포함하고 있는 다른 구절은 크세노파네스를 언급하지 않기 때문이다. 혹은 그것은 호메로스를 헤라클레이토스주의자로 부르지 않기 때문이다. 그러나 이것은 반대로, 즉 헤라클레이토스의 생각들 중 상당수는 호메로스(물론 전혀 농담이 아닌)만큼 오래된 것이라는 것을 말해 준다. 그리고 (4) 우리가 알기로 파르메니데스가 그와 공유했다는 많은 주장들을 크세노파네스에게 돌리며, 그와 파르메니데스를 연결 짓는 명백하고 중요한 구절이 테오프라스토스(『자연철학자들의 이론들 Phys. op.』, 단편 8 = 심플리키오스 Simplicius, 『자연학 주석 Phys.』, 28, 4)에 있다. 이런 잘못된 이해, 잘못된 해석, 잘못된 인용, 오해하기 쉬운 생략의 더미는(만들어진 신화에 대해서는, 커크 Kirk와 레이븐 Raven, 265쪽을 보시오.) 버넷과 같은 참으로 대단한 역사가의 하나의 단일한 역사주의적 논평에서 찾을 수 있다. 이것으로부터 우리는 이런 일들이 최고의 역사가들에게도 일어날 수 있다는 것을 배워야 한다. 모든 인간은 실수할 수 있다.(이러한 실수에 관한 좀 더 심각한 예제는 3장 주

26(5)에서 논의되었다.)

(8) 이런 논평들 속에서 일정 역할을 하는 플라톤 대화편들의 연대기적 순서는 루토슬라프스키 Lutoslawski의 문체측정 목록과 거의 흡사하다. (『플라톤 논리의 기원과 발전 The Origin of Growth of Plato's Logic』, 1897) 이 책의 본문에 등장하는 대화편들의 목록은 3장 주 5에서 찾을 수 있다. 그 목록은 대화편 집단들 사이의 날짜보다 각 대화편 집단 내부의 날짜가 더욱 부정확하다는 방식에 근거해서 작성된 것이다. 이 문체측정 목록으로부터 약간 이탈한 것이 내용적인 면에서(본 장 주 60의 본문에서 논의되었다.) 『크리톤』보다 이후의 것으로 나에게 보이는 『에우티프론』의 위치이다. 그러나 이 점은 그렇게 중요하지 않다.(본 장 주 47 역시 참조.)

57. 『두 번째 편지 Second Letter』(314c)에는 약간 이해하기 힘든 유명한 구절이 있다. "플라톤이 쓴 것은 하나도 없으며, 앞으로도 없을 것이다. 그의 이름으로 진행되는 것은 사실 젊고 용모 준수하게 바뀐 소크라테스에게 속한다." 이 문제를 풀 수 있는 가장 가능한 해결책은, 만약 전체 편지가 가짜가 아니라면, 그 구절이 위조라는 것이다.(필드가 이 편지, 특히 "312d~313c와 가능하면 314c까지"를 의심하는 이유를 잘 요약해 놓은 『플라톤과 그의 동시대인들』, 200 이하를 참조하시오. 314c에 관한 또 다른 이유는 아마도 위조자가 8장 주 32에서 인용된 『일곱 번째 편지』, 341b/c와 유사한 논평을 암시하거나 혹은 그것을 해석했다는 것이다.) 그러나 우리가 만약 버넷과 같이 그 구절이 진짜라고 가정해 본다면, "젊고 용모 준수하게 바뀐"이라는 구절이 확실히 문제가 된다. 왜냐하면 소크라테스는 모든 플라톤 대화편들에서 늙고 못생긴 사람으로 등장하기 때문에 (단 하나의 예외는 젊지만 여전히 잘생기지는 않게 등장하는 『파르메니데스』이다.) 이는 문자 그대로 이해할 수 없다. 만약 그것이 진본이라면, 이 이해할 수 없는 논평은 플라톤이 의도적으로 소크라테스에 대해 이상화되면서도 역사적이지 않은 설명을 주려고 했다는 것을 의미할 것이다. 그리고 이것은 플라톤이 소크라테스를 젊고 용모 준수한 귀족정치주의자로 재해석하려 했다는 우리의 해석에도 아주 잘 부합한다. 물론 이 소크라테스는 플

라톤 자신이다.(4장 주 11(2), 6장 주 20(1), 8장 주 50(3)을 참조하시오.)

58. 나는 데이비스와 본의 『국가』 번역본의 첫 번째 문단에서 인용하고 있다. 크로스먼, 『오늘날의 플라톤』, 96을 참조하시오.

59. (1) 플라톤의 영혼에서 '구분'이나 '분할'은 그의 작품, 특히 『국가』에서 가장 두드러진 인상 중의 하나이다. 자기통제나 혹은 동물적 본능을 억제하는 이성의 지배를 유지하기 위해 고군분투하는 사람만이 플라톤이 한 것만큼 이 점을 강조할 수 있을 것이다. 5장 주 34에서 언급된 구절, 특히 아마도 오르페우스적 기원을 가지고 있는 사람 속의 금수(『국가』 588c)와, 심리분석적 교설과의 놀랄 만한 유사성뿐만 아니라 억압충동의 강한 증상을 보여주기도 하는 3장 주 15(1)~(4), 17, 19에서 언급된 구절을 참조하시오.(마치 오이디푸스 콤플렉스 교설의 설명처럼 보이는 9권의 초반부, 571d와 575a 역시 보시오. 플라톤의 어머니에 대한 그의 태도에 대해서는, 『국가』, 548~549d를 통해 어느 정도 알 수 있으며, 특히 548e에서 그의 형제인 글라우콘이 문제의 아들과 동일시된다는 점에서 그러하다.) * 플라톤 속의 투쟁에 대한 탁월한 진술과 그의 권력에의 의지에 대한 심리학적 분석의 시도는 H. 켈젠의 『아메리칸 이마고』, 3권(1942), 1~110쪽과 파이트의 『플라톤적 신화』(1939)에서 찾아볼 수 있다. *

통일, 조화, 화합을 향한 플라톤의 열망과 요구로부터 플라톤 자신은 분열되어 있었고 조화롭지 못했다고 결론 내릴 수 있다는 것을 받아드릴 각오가 안 된 플라톤주의자들은, 이러한 논증 방법이 플라톤에 의해 고안된 것이라는 점을 상기해 볼 수 있을 것이다.(소크라테스가, 사랑하고 동경하는 자는 그가 사랑하고 동경하는 것을 가지고 있지 않다는 것은 필연적이며, 우연적 추론이 아니라고 주장하고 있는 『향연』, 200a 이하를 참조하시오.)

내가 플라톤의 영혼의 정치철학이라고 부르는 것(5장 주 32의 본문 역시 보시오.) 즉 계급으로 나누어진 사회에 따른 영혼의 구분은 오랫동안 대부분의 심리학의 기초가 되어왔다. 이것은 심리분석의 기초이기도 하다. 프로이트의 이론에 따르면, 플라톤이 지배부분인 영혼이라 불렀던 것은 '검열'을 통해 전제정치를 하려고 시도하는 반면, 사회적으로는 하층사회에 상응하는 반역적 프롤레타리아적인 동물본능은 실제로 숨겨진 독재를 행사한다. 왜냐하면 동물본능이 겉으로 나타난 통치자의 정책을 결정하기 때문이다. 헤라클레이토스의 '유전'과 '전쟁' 이후로, 사회경험의 영역은, 우리가 우리(우리 자신) 주변의 물리적 세계를 해석하는 이론, 은유, 상징들에 강력한 영향을 미쳤다. 나는 맬서스의 영향하에 다윈이 사회경쟁이론을 채택했다는 사실만을 언급하겠다.

(2) 닫힌사회와 열린사회, 그리고 문명의 긴장과 관련해서 신비주의에 대한 추가적 언급을 하겠다.

맥타가트 McTaggart가 그의 탁월한 연구인 「신비주의 Mysticism」(그의 『철학적 연구 Philosophical Studies』, 킬링 S. V. Keeling판, 1934, 특히 47쪽 이하 참조.)에서 보여주었듯이, 신비주의의 기본적인 사상은 두 가지이다. (a) 신비적 결합의 교설, 즉 우리가 일반적인 경험에서 인식하는 것보다 더 큰 실재 세계의 통일이 있다는 주장. (b) 신비적 직관의 교설, 즉 일반적 경험에서 이루어지는 인식주관과 인식객관 사이의 관계보다 '더 밀접하고 직접적인 관계를 인식주관과 인식대상 사이에 맺게 하는 앎의 방식이 있다'는 주장. 맥타가트는 "이 두 가지 특징들 중에서 신비적 통일이 더 근본적인 것이다."라고 옳게 주장한다.(48쪽) 왜냐하면 신비적 직관은 '신비적 통일의 한 실례'이기 때문이다. 우리는 또한 좀 덜 기본적이지만 (c) 신비적 통일과 신비적 직관의 사례인 신비적 사랑이라는 세 번째 특징을 추가할 수 있다.

그리스 철학의 역사에서 신비적 통일의 교설이 맨 처음 일자에 대한 파르메니데스의 전체주의적 교설에서 명확하게 주장되었다는 것(본 장 주 41 참조.)은 흥미롭다.(그리고 맥타가트는 이것을 알지 못한다.) 다음으로 플라톤이 파르메니데스에서 시초가 발견될 수 있는 교설에다 신비적 직관과 신적인 것과의 교통(交通)에 대한 정교한 교설을 추가했다.(8장 참조.) 다음은 아리스토텔레스로, 예를 들자면 『영혼에 관하여 De Anima』, 425b30 이하이다. "실제로 듣는 것과 실제 소리는 하나가 된다."『국가』507c 이하, 430a20과 431a1을 참조하시오. "실제적인 지식은 그것의 대상과 일치한다."(『영혼에 관하여』의 404b16과 『형이상학』의 1072b20, 1075a2 역시 보시오. 그리고 플라톤의 『티마이오스』, 45b~c, 47a~d 그리고 『메논』, 81a 이하, 『파이돈』, 79d 참조.) 그다음으로 신플라톤주의자들은 플라톤에서 단지 시초가 보이는(예를 들자면, 『국가』 475 이하의, 철학자는 진리를 사랑하며, 그것은 전체주의의 교설과 철학자의 신적인 것과의 교통에 대한 교설과 밀접하게 관계가 있다는 그의 교설에서) 신비적 사랑에 대한 교설을 정교화시켰다.

이러한 사실들과 우리의 역사적 분석의 관점에서, 우리는 신비주의를 닫힌사회의 몰락에 대한 전형적 반발의 하나로 해석할 수 있다. 이 반발은 그 기원에서, 열린사회에 저항하는 반발이며, 부족적 통일 자체가 불변하는 실재로서 드러나는 낙원에의 꿈으로 도피하는 것이라 할 수 있다.

이 해석은 베르그송의 『도덕과 종교의 두 원천』과 직접적으로 상충된다. 왜냐하면 베르그송은 닫힌사회에서 열린사회로의 비약을 만드는 것이 신비주의라고 주장하기 때문이다.

그러나 신비주의가 어떠한 정치적 방향에서도 쓰일 수 있을 만큼 충분히 융통성이 있다는 것은 당연히 받아들여져야 한다.(제이콥 바이너 Jacob Viner가 나에게 쓴 한 편지에서 친절히 지적했던 것처럼.) 심지어 열린사회의 주창자들 중에서도 신비와 신비주의의 대변자들이 있다. 더 나은 세상과 덜 분열된 세계에 대한 신비적 영감은 플라톤뿐만 아니라 의심의 여지없이 소크라테스에게도 감흥을 주었다.

19세기에 특히 헤겔과 베르그송에게서 변화를 찬양함으로써, 파르메니데스와 플라톤의 변화에 대한 혐오에 직접적으로 반대되는 듯이 보이는 진화론적 신비주의를 찾을 수 있다는 것을 언급할 수 있겠다. 그러나 이 두 형태의 신비주의의 기초를 이루는 경험은, 변화에 대한 지나친 강조가 양쪽 모두에게 공통된다는 사실이 보여주듯이, 동일하다. 둘 다 사회적 변화의 불안한 경험에 대한 반발들이다. 하나는 변화는 억제될 수 있다는 희망과 결합되었고, 다른 하나는 변화를 실제적이고 본질적이며 받아들일 만한 것으로 환영해야 한다는, 약간 히스테리적인 (그리고 분명히 양면적인)

수용과 결합되었다. 2권 1장 주 32~33, 2권 2장 주 36, 그리고 2권 14장 주 4, 6, 29, 32, 58 역시 참조하시오.

60. 초기 대화편인『에우티프론』은 보통 경건함을 정의하려는 소크라테스의 실패한 시도로 해석된다. 에우티프론 자신은 신들이 무엇을 원하는지를 정확히 알고 있는 대중적인 '경건주의자'의 모습을 하고 있다. "무엇이 경건함이고, 무엇이 불경함인가?"라는 소크라테스의 질문에 그는 다음과 같이 답한다. "경건함이란 내가 하는 것과 같은 행위이다! 말하자면 살인과 관련해서건 성물 절취와 관련해서건 올바르지 못한 짓을 저지른 자에 대해서, 또는 이런 유의 다른 어떤 잘못을 저지른 자에 대해서, 그가 아버지이건 어머니이건……기소하는 것이다. 반면에 그들을 기소하지 않는 것은 경건하지 못한 것이다."(5, d/e) 에우티프론은 농노를 살해한 아버지를 기소하는 자로 등장한다.(그로트,『플라톤』, I, 312쪽의 주에서 인용한 증거에 따르면, 모든 시민들은 아테네 법률에 의해 그런 경우에 기소하도록 되어 있다.)

61.『메넥세노스』, 235b. 본 장 주 35와 6장 주 19의 마지막을 참조하시오.

62. 안전을 원한다면 자유를 포기해야 한다는 주장은 자유에 대한 반란의 버팀목이 되어왔다. 그러나 어떤 것도 덜 중요한 것이 아니다. 물론 인생에서 절대적인 안전은 존재하지 않는다. 그러나 어떤 안전을 확보할 수 있는가 하는 것은 우리 자신의 주의함에 달려 있는데, 이 주의함은 우리가 감시하도록 돕는 제도들에 의해서, (플라톤적 언어를 사용하자면) 가축 떼가 그들의 감시견을 감시하고 재판할 수 있도록 하기 위해 고안된 민주주의적 제도들에 의해 실행된다.

63. '변종'과 '불규칙'에 관해서는, 5장 주 39와 40의 본문에서 인용된『국가』, 547a를 참조하시오. 생식과 산아제한의 문제에 대한 플라톤의 강박관념은 아마도 부분적으로는 그가 인구성장의 함축을 이해했다는 사실로 설명될 수 있을 것이다. 사실(본 장 주 7의 본문을 참조) 부족적 낙원의 상실인 '몰락'은 인간의 '자연적' 혹은 '근원적' 결함으로 인해, 말하자면

생식의 자연적 비율을 잘 조절하지 못함으로 인해 발생한다. 5장 주 39(3)과 4장 주 34 역시 참조하시오. 본 문단 아래에 있는 다음 인용구에 관해서는, 『국가』, 566e와 4장 주 20의 본문을 참조하시오. 그리스 역사상의 참주정체 기간을 탁월하게 다루고 있는 크로스먼은 다음과 같이 적었다. (『오늘날의 플라톤』, 27~30 참조.) "따라서 그리스 국가를 실제로 창건한 자들은 바로 참주들이었다. 그들은 원시적인 귀족정체의 오래된 부족적 조직을 붕괴시켰다……."(앞의 책, 29) 이것은 왜 플라톤이 참주정체를 혐오했는지, 아마도 자유보다 더 혐오했는지를 설명해 준다. 『국가』, 577c를 참조하시오.(그러나 본 장 주 69 역시 보시오.) 특히 565~568에 있는 참주정체에 대한 그의 고찰들은 일관된 권력정치에 대한 탁월한 사회학적 분석이다. 나는 이것을 힘의 논리에 대한 최초의 시도라고 부르고 싶다. (나는 이 용어를 F. A. 하예크가 순수경제학 이론에서 사용하는 선택의 논리 logic of choice와의 유사성을 고려하며 선택한다.) 힘의 논리는 매우 단순하며, 종종 교묘한 방법으로 적용되어 왔다. 반대되는 종류의 정치는 더욱 어렵다. 부분적으로 그 이유는 반(反)힘의 정치, 즉 자유의 논리 logic of freedom가 아직 거의 이해되지 않았기 때문이다.

64. 여성과 아이들에 관해 제안된 공산주의를 포함하여, 플라톤의 정치적 제안들의 대부분이 페리클레스 시대에 '현실성이 없었다'는 것은 잘 알려져 있다. 애덤의 번역본에 있는 『국가』, 1권, 354쪽 이하의 탁월한 요약과 *A. D. 윈스피어, 『플라톤 사상의 기원』(1940)*을 참조하시오.

65. 파레토 V. Pareto, 『일반사회학개론 Trattato di sociologia generale』, §1843(영어 번역본, 『The Mind and Society』(1935) 3권, 1281쪽)을 참조하시오. 이 구절이 좀 더 충분히 인용되어 있는 2권 3장 주 1 역시 참조하시오.

66. 글라우콘이 리코프론의 주장을 소개함으로써 카르네아데스(6장 주 54 참조.)에게 준 영향을, 그리고 후에 홉스에게 준 영향을 참조하시오. 수많은 마르크스주의자들의 공공연한 '무(無)도덕성' 역시 적절한 사례이다. 좌파들은 흔히 그들 자신의 비도덕성을 믿는다.(아주 적절한 것은 아니지

만 이것은 때때로 많은 반동적 도덕주의자들의 독단적인 독선보다 더 겸손하고 더 호감이 간다.)

67. 돈은 열린사회의 어려움들 중의 하나일 뿐만 아니라 상징이다. 우리는 아직까지 돈의 사용에 대한 합리적 통제를 정복하지 못했다. 그것의 가장 큰 오용은 돈이 정치권력을 살 수 있다는 것이다.(이 오용의 가장 직접적인 형태는 노예시장 제도이다. 그러나 이 제도는 『국가』, 563b에서 정당화된다. 4장 주 17 참조. 그리고 『법률』에서 플라톤은 재산의 정치적 영향에 반대하지 않는다. 6장 주 20(1)을 참조.) 개인주의적 사회의 관점에서 보자면 돈은 상당히 중요하다. 그것은 소비자에게 생산에 대한 조절장치를 제공하는 (부분적) 자유시장의 제도이기 때문이다. 이러한 제도들이 없다면, 생산자는 소비를 위해서 생산을 중단하는 정도로 시장을 조절할 수 있을지도 모르지만, 반면에 소비자들은 주로 생산을 위해서 소비한다. 가끔 돈의 명백한 오용은 우리를 꽤 예민하게 만들었고, 플라톤이 만든 돈과 우정의 대립은 이 감정을 정치적 선전의 목적을 위해 사용하는 많은 의식적 혹은 무의식적 시도들 중의 최초의 것이다.

68. 물론 부족주의의 집단정신은 완전히 사라지지 않았다. 예를 들자면, 이것은 보이스카우트(혹은 '독일청년운동')와 같은 젊은이들의 부족주의적 운동과, 싱클레이 루이스Sinclair Lewis의 『배빗 Babbit』에서 묘사된 클럽이나 성인모임에서의 우정과 동료의식이라는 가장 가치 있는 경험에서 나타난다. 모든 정서적 경험과 미적 경험 중에서 아마도 가장 보편적인 이런 정서와 미적 경험들의 중요성은 결코 과소평가되어서는 안 된다. 대부분 인도주의적일 뿐만 아니라 전체주의적인 사회운동들은 이것으로부터 영향을 받는다. 이것은 전쟁에서 중요한 역할을 하며, 자유에 대해 반대하는 가장 강력한 무기 중의 하나이다. 물론 평화 시에서도 중요한 역할을 수행하며, 참주에 대한 저항에서도 그러하다. 그러나 이런 경우들에서 인도주의는 집단정신의 낭만적 경향에 의해서 위협을 받는다. 억제된 사회와 불멸하는 계급통치라는 목적을 위해, 부족주의의 집단정신을 부활시키려는 의식적이고 성공적인 시도는 영국 공립학교 제도라고 보여진다.("어릴 적

부터 고상한 놀이를 하지 않는다면 결코 훌륭한 사람이 될 수 없다."가 『국가』, 558b로부터 인용한 공립학교의 표어이다.)

부족주의적 집단정신의 상실로 인해 나타난 또 다른 결과와 증상은, 물론 정치와 의술의 비교에 대한 플라톤의 강조(8장, 특히 주 4 참조.)이다. 이 강조는 사회라는 몸이 아프다는 느낌, 즉 긴장과 표류의 느낌을 표현한다. "플라톤 시대부터 정치철학자들의 마음은 의술과 정치의 비교로 되돌아갔다."라고 G. E. G. 캐틀린은 말한다.(그의 진술을 지지하기 위해 토마스 아퀴나스, G. 산타야나, 윌리엄 잉 수석사제가 인용되어 있는 『정치학 원리에 대한 연구』(1930) 458에 대한 주를 참조하시오. 밀의 『논리학 체계』로부터 인용한 앞의 책 37에 대한 주 역시 참조하시오.) 캐틀린은 또한 "조화"와 "어머니 혹은 사회에 의한 보호에 대한 갈망"을(앞의 책, 459) 아주 특징적으로 설명한다.(5장 주 18 역시 참조하시오.)

69. 플라톤의 아홉 제자들의 이름(젊은 디오니시오스와 디온을 포함하여)에 대해서는 7장을 참조하시오. 나는 폭력뿐만 아니라 '설득과 폭력'의 사용에 대한 플라톤의 반복적 주장이 매우 원시적인 선전을 했던 30인 참주정치의 전략에 대한 비판이라고 생각한다. 그러나 이것은 플라톤이 감정과 싸우기보다 그것을 이용하는 파레토의 비법을 잘 알고 있었다는 것을 함축한다. 플라톤의 친구 디온이 폭군으로서 시라쿠사를 통치했다는 것은 (7장 주 25 참조.) 디온에 대한 마이어의 변호에서조차 인정된다. 마이어는 디온의 운명을 "정치인으로서 플라톤을 찬미하면서도 (플라톤적) 이론과 실천 사이의 깊은 틈"(앞의 책, V, 999)을 지적함으로써 설명한다. 마이어는 디온에 대해서 다음과 같이 말한다.(앞과 같은 구절) "이상적 왕과 비열한 참주를 외견상으로 구분할 수는 없다." 그러나 그는 말하자면, 디온은 내부적으로 이상주의자이며, 정치적 필요에 의해 살인(특히 그의 동맹자인 헤라클리데스의 살인)과 그 비슷한 방책을 사용해야만 했을 때 디온이 매우 괴로웠다고 생각한다. 그러나 나는 디온이 플라톤의 이론, 즉 플라톤이 『법률』에서 힘의 논리에 따라서 참주정체까지도 선하다고 인정한 이론에 따라 행동했을 것이라고 생각한다.(709e 이하. 같은 곳에서, 30

인의 붕괴는 그들의 많은 수 때문이었다는 암시 역시 있을지도 모른다. '크리티아스 혼자 좋았을 것이다.')

70. 부족적 낙원은 물론 신화이다.(에스키모인들과 같은 몇몇 원시인들은 충분히 행복하게 보이지만.) 닫힌사회에는 표류의 느낌은 존재하지 않지만, 자연 뒤에 있는 악마의 힘에 대한 두려움과 같은, 다른 형태의 두려움에 대한 충분한 증거가 있다. 이 두려움을 부활시키고, 지식인과 과학자 등에 반대해서 이것을 사용하려는 시도는 자유에 대한 최근의 반대 시위들의 특징이다. 플라톤이 결코 자신의 적을 어둠의 사악한 악마들의 후예로 제시하려고 하지 않았던 것은 소크라테스의 제자인 플라톤의 공로이다. 이런 점에서 그는 계몽되었다. 그는 악을 이상화하려는 의도가 거의 없었다. 그에게 악은 단지 품질이 떨어지고, 타락하고, 빈약해진 선이었다.(단지 『법률』, 896e, 898c의 구절에서만 악의 추상적 이상화의 제안으로 볼 수 있는 부분이 있다.)

71. 마지막 주는 금수로 돌아가라에 대한 나의 논평과 관련하여 덧붙일 수 있겠다. 다윈주의가 인간 문제의 영역에 침입한 이후로(이 침입은 다윈의 잘못이 아니다.) 인류는 육체적으로 쇠퇴하게 된다는 것을 증명한 많은 '사회동물학자'들이 있어왔다. 왜냐하면 불충분한 육체적 경쟁과 육체를 보호하고자 하는 정신적 노력은 자연선택을 육체에 작용하지 못하게 할 것이기 때문이다. 이 생각을 구체화한 최초의 사람은(그가 그것을 믿었던 것은 아니다.) 새뮤얼 버틀러이다. 그는 다음과 같이 썼다. "이 작가"(『에레혼』의 작가)가 "이해한 심각한 하나의 위험은 기계들이"(문명 일반을 추가할 수 있겠다.) "경쟁의 혹독함을 매우 경감시켜서, 수많은 열등한 육체를 가진 사람들이 생겨나는 것은 물론 그들의 후손들에게까지 열등함을 전달할 것이다."(『에레혼』(1872) 161쪽 참조.) 이 주제에 대해 두꺼운 책을 쓴 최초의 작가는, 내가 아는 한, 근대 인종주의의 창시자 중 한 명인 샬메이어 W. Schallmayer(2권 2장 주 65 참조.)이다. 사실 버틀러의 주장은 지속적으로 재발견되었다.(특히 5장에서 나온 '생물학적 자연주의'라의 의미로.) 몇몇 근대 작가들에 따르자면(예를 들어서, 이스타브룩스 G. H.

Estabrooks, 『인간 : 기계적인 부적합 Man : The Mechanical Misfit』, 1941
을 참조.) 인간은 문명화되었을 때 그리고 특히 약한 자를 돕기 시작했을
때 결정적 실수를 하게 되었다. 이전에 인간은 거의 완벽한 인간금수였지
만, 문명화는 약한 자를 돕는 인위적 방법과 함께 인간을 쇠퇴로 이끌었
고, 인간은 결국 자멸할 것임에 틀림없다. 이런 논증들에 대한 응답으로, 인
간은 이 세상에서 언젠가 사라지게 될 것임을 우리가 받아들여야 한다고
나는 생각한다. 그러나 '거의 완벽한' 사람들은 말할 것조차 없고, 완벽한
금수들 또한 그렇게 될 것이라고 덧붙여야 할 것이다. 약한 자를 돕는 치명
적 실수를 하지 않았다면, 인류가 좀 더 오래 생존할 것이라는 이론은 상당
히 의문스럽다. 비록 그것이 사실이라 할지라도, 단지 인류의 생존 기간만
이 우리가 실제로 원하는 전부인가? 혹은 거의 완벽한 인간금수들이 매우
특출하게 가치 있어서 우리는 약한 자를 돕는 실험보다 그의 존재를 연장
시키는 것(어쨌건 그는 상당히 오랫동안 존재했다.)을 선호해야 하는가?
　나는 인류가 그렇게 나쁘게 지내오지는 않았다고 생각한다. 몇몇 지적
지도자들의 반역에도 불구하고, 플라톤적 교육방법의 마취적인 영향과 선
전의 파괴적인 결과에도 불구하고, 놀랄 만한 성공들이 있어왔다. 수많은
약자들은 도움을 받아왔고, 거의 백 년 동안에 노예제도는 실질적으로 폐
지되었다. 혹자는 그것이 곧 재도입될 것이라고 말한다. 그러나 나는 좀
더 긍정적으로 생각한다. 그리고 그것은 결국 우리 자신들에게 달려 있다.
비록 이 모든 것들이 사라진다 하여도, 심지어 우리가 거의 완전한 인간금
수로 돌아가야만 한다 하더라도 한때(비록 그 시간이 짧다 하더라도) 노
예제도가 지구상에서 폐지되었었다는 사실을 바꾸지는 못할 것이다. 나는
이 성과와 그것에 대한 기억이 기계적으로든 혹은 다른 방식으로든 우리
들 몇몇에게 우리 모두의 부적합함을 보상해 줄 것이며, 심지어 우리 선조
들이 모든 변화를 억제시키고 닫힌사회라는 새장 속으로 돌아가서 거의
완벽한 원숭이들을 위한 영원히 완벽한 동물원을 세우려는 절호의 기회를
아쉬워할 때, 그들이 저질렀던 치명적 실수조차 우리들 몇몇에게 보상해
줄 것이라 믿는다.

보완과 비판에 대한 답변

Ⅰ 플라톤과 기하학(1957)

나는 이 책의 재판에서 6장 주 9에 긴 내용을 추가했다. 이 주에서 제
의했던 역사적 가설은 이후에 나의 논문 「철학적 문제들의 본성과 그 과
학적 뿌리 *The Nature of Philosophical Problems and Their Roots in Science*」
(≪과학철학 영국저널 *British Journal for the Philosophy of Science*≫, 3, 1952,
124쪽 이하, 지금은 나의 『추측과 논박』에도 실려 있다.)에서 더욱 상세히
논의되었다. 그것은 다음과 같이 재진술될 수 있다. (1) 기하학과 우주론
(아마도 모든 지식)을 산수로 환원시키려던 피타고라스적 계획을 붕괴시
킨 무리수 √2의 발견은 그리스 수학의 위기를 초래했다. (2) 유클리드의
『기하학원본 *Elements*』은 기하학 교본이 아니라, 이 위기를 해소하기 위
한 플라톤 학파의 최후 시도이다. 이때 사용한 방법은 수학과 우주론 전
체를 기하학적 기초 위에 재구성하여 무리수의 문제를 임시변통식 ad hoc
이 아니라 체계적으로 다루어서 피타고라스적 산술화 계획을 전환시키는
것이다. (3) 나중에 유클리드에 의해서 수행된 계획을 처음 생각한 사람
은 바로 플라톤이었다. 재구성의 필요를 처음 인식한 사람도 플라톤이었
다. 그는 기하학을 새로운 기초로, 기하학적 비례법을 새로운 방법으로

선택했고, 산수, 천문학, 우주론을 포함하여 수학의 기하학화를 위한 계획을 초안했다. 그리고 그는 기하학적 세계상의 창시자가 되었으며, 그렇게 해서 코페르니쿠스, 갈릴레오, 케플러, 그리고 뉴턴의 과학인 근대 과학의 창시자가 되었다.

나는 플라톤의 아카데메이아 입구 위에 새겨진 유명한 경구가 바로 이 기하학화 계획을 암시하는 것이라고(6장 주 9(2)) 제안했었다.(이것이 피타고라스적 계획의 전환을 표현하기 위해 의도되었다는 것은 딜스-크란츠의 단편 A에 있는 아르키타스 Archytas의 관점에서도 그럴듯해 보인다.)

나는 6장 주 9의 네 번째 문단 중간 부분에서 "플라톤은 피타고라스주의의 붕괴로부터 구할 것은 구하……는 것을 목표로 하는 특별한 기하학적인 방법을 발전시킨 최초의 사람이다."라고 제안했었다. 그리고 이 제안을 "매우 불확실한 역사적 가설"로 묘사했었다. 나는 더 이상 이 가설이 매우 불확실하다고 생각하지 않는다. 반대로 지금 이 가설에 비추어서 플라톤, 아리스토텔레스, 유클리드, 프로클로스를 다시 읽는다면, 그것은 우리가 기대하는 만큼 많은 확증적 증거를 제공해 줄 것이라고 생각하고 있다. 인용된 문단에서 언급되었던 입증적 증거에 더하여, 지금 나는 『고르기아스』(451a/b, c, 453e)가 이미 산수의 특징으로서 '홀수'와 '짝수'에 대한 논의를 하고 있으며, 그러므로 산수를 피타고라스적 수 이론과 명백히 동일화하고 있으며, 반면에 기하학자를 비례법을 채택한 사람으로 묘사하고(465b/c) 있다는 것을 덧붙이고 싶다. 더군다나 『고르기아스』(508a)의 한 구절에서 플라톤은 기하학적 평등 geometrical equality에 대해서만 말하는 것이 아니라(8장 주 48 참조.) 그가 후에 『티마이오스』에서 충분하게 발전시킨 우주의 질서는 기하학적 질서라는 원칙을 함축적으로 진술하고 있다. 덧붙여 말하자면, 『고르기아스』 역시 'alogos'라는 단어가 플라톤의 마음속에서 무리수를 연상시키지 않았다는 것을 증명한다. 왜냐하면 465a에서 기술 technique 혹은 예술 art조차도 alogos일

수가 없다고 말하고 있기 때문인데, 이 점은 기하학과 같은 학문에는 더욱 유력하게 적용될 것이다. 나는 'alogos'를 간단히 '불합리한alogical'으로 번역할 수 있다고 생각한다.(『고르기아스』496a/b, 522e 역시 참조.) 이 점은 앞서 6장 주 9(2)에서 언급되었던 데모크리토스의 소실된 책 제목의 번역에서 중요하다.

'철학적 문제들의 본성'에 대한 나의 논문에는 플라톤의 산수와 우주론 일반의 기하학화(그의 피타고라스적 계획의 전환)와 그의 형상론에 관한 추가적 제안들이 실려 있다. 다음 문단은 1961년에 추가되었다.

이 부록이 1957년 이 책의 3판에서 처음 발표된 이후로, 나는 거의 우연히 (2) 이하의 첫 문단에서 위에서 정식화한 역사적 가설에 대한 몇몇 흥미로운 확인 증거를 발견했다. 그것은 『기하학원본』(Friedlein 편집, 1873, Prologus ii, 71쪽, 2~5) 1권에 대한 프로클로스의 주석 중 한 구절인데, 이것으로부터 어떤 전통이 존재했다는 것이 명백해진다. 이 전통에 따르면, 유클리드의 원리들은 플라톤의 우주론이었으며, 『티마이오스』의 문제들을 다룬 것이었다.

II 『테아이테토스』의 저작 연대(1961)

8장 주 50(6)에 "『테아이테토스』는 아마도 (일반적 가정과는 달리)『국가』보다 이전일 것이다."라는 암시가 있다. 이 제안은 로버트 아이슬러 박사가, 사망하기 얼마 전인 1942년에 이루어진 대화에서 나에게 말해 준 것이었다. 그러나 그는 자신의 추측에 대해서 그것이 부분적으로 『테아이테토스』 174e 이하──『국가』보다 늦게 제작되었다는 그 결정적 구절은 나의 이론과는 부합하지 않는 것처럼 보였다──에 근거해 있다는 것 이상은 말하지 않았다. 나는 그것에 대한 충분한 증거가 없고, 너무

임기응변적이기 때문에 공개적으로 아이슬러에게 그것에 대한 책임을 지울 수 없다고 느꼈었다.

그러나 『테아이테토스』의 이른 저작 연대를 지지하는 꽤 많은 독립적 주장들을 발견했기 때문에, 이제 나는 아이슬러의 원래 제안을 알리고 싶다.

에바 작스 Eva Sachs(『소크라테스』, 5, 1917년, 531 이하 참조)가 『테아이테토스』의 서문이 우리가 아는 바와 같이 기원전 369년 이후에 쓰였다는 것을 확정했기 때문에, 소크라테스적 핵심과 이른 저작 연대에 대한 추측은 다른 것, 즉 테아이테토스 사후에 플라톤에 의해 개정된, 더 이전에 소실된 판본에 대한 추측과 연관된다. 두 번째 추측은 『테아이테토스에 대한 논평 Commentary to the Theaetetus』의 일부를 포함하고 있으며 두 개의 다른 판본을 언급하고 있는 파피루스(딜스판, 베를린, Klassikerhefte, 2, 1905) 발견 이전부터, 여러 학자들에 의해 독립적으로 제안되어 왔다. 다음의 논증들은 두 가지 추측 모두를 지지하는 것 같다.

(1) 아리스토텔레스의 어떤 구절들은 『테아이테토스』를 암시하고 있는 것 같다. 그것들은 『테아이테토스』의 본문과 완벽하게 일치하고, 동시에 거기서 표현된 생각들이 플라톤의 것이 아닌 소크라테스의 것이라고 주장하고 있다. 내가 염두에 두고 있는 구절들은 귀납법의 발명을 소크라테스의 것으로 돌리는 부분이며(『형이상학』, 1078b17~33. 987b1과 1086b3을 참조.) 나는 이것을 제자로 하여금 마음속의 잘못된 선입견을 제거함으로써 사물의 참된 본질을 지각할 수 있도록 돕는 방법인, (『테아이테토스』에서 자세하게 전개된) 소크라테스의 산파술에 대한 언급이라고 생각한다. 또 다른 구절은 『테아이테토스』에서 매우 강하게 반복적으로 나타나는 태도를 소크라테스의 것으로 돌리는 부분이다. "소크라테스는 통상 질문만 하고 대답을 하지는 않았지. 왜냐하면 그는 아는 것이 없다고 고백하곤 했기 때문이지."(『소피스테스 논박』, 183b7)(이 구절들은 다른 맥락

에서 나의 강의 「지식과 무지의 원천에 관하여 *On the Sources of Knowledge and of Ignorance*」, ≪영국학회 회보≫, 46, 1960(특히 50쪽을 보시오.)에서 논의되고 있다. 이 강의는 옥스퍼드 대학 출판부가 독립적으로 출판했고, 지금은 나의 『추측과 논박』에 포함되어 있다.)

(2) 『테아이테토스』가 거의 처음부터 아주 계획적이었고 준비된 것이라는 점을 보여주고 있음에도, 그것은 의외로 결론에 이르지 못하고 끝난다.(사실상 이 아름다운 대화편은 명시적으로 노력했던 인식의 문제를 해결하기 위한 시도로 보자면 완전한 실패이다.) 그러나 비슷하게 결론에 이르지 못한 종결은 수많은 초기 대화편들의 특징으로 알려져 있다.

(3) "너 자신을 알라."는 『변론』에서처럼 "너 자신이 얼마나 조금밖에 알지 못하는지를 알라."로 해석된다. 소크라테스는 그의 마지막 담화에서 "이 후에 테아이테토스……그대는 동료들에게 덜 난폭하게 굴고 온화하게 대할 것이다. 왜냐하면 그대는 자신이 모르는 것을 안다고 생각하지 말아야 한다는 지혜를 가질 것이기 때문이지. 나의 방법(산파술)은 많은 것을 해낼 수 있다네. 그러나 나는 다른 사람들이 알고 있는 그 어떤 것에 대해서도 아는 것이 없다네……."

(4) 우리가 가지고 있는 것이 플라톤에 의해 개정된 2판이라는 사실은, 아마도 한 위대한 인물을 기리기 위해 추가된 이 대화편의 도입(142a에서 143c의 끝까지) 부분이 본 대화편의 이전 판본에 대한 개정 속에서도 살아남은 한 구절과 사실상 모순된다는 관점에서 보면, 그럴듯해 보인다. 나는, 수많은 다른 초기 대화편들에서처럼, 소크라테스의 재판을 절박한 것으로 언급하는 바로 그 대화편의 결말을 의미하고 있다. 이 모순은 도입 부분에 등장해서 이 대화편이 어떻게 저술되었는지를 소개해 주는 인물인 유클리드가(142c/d, 143a) 여러 차례 아테네로 와서(아마도 메가라에서 왔을 것이다.) 그의 초고 notes를 소크라테스와 함께 검토하고, 여기저기를 '수정'할 기회를 항상 가졌다고 말하고 있는 사실에 있다. 이것은

이 대화편이 최소한 소크라테스의 재판과 죽음 몇 달 전에 일어났어야만 했다는 것을 명료하게 밝히고 있다. 그러나 이것은 이 대화편의 결말과 일치하지 않는다.(나는 이 점에 대한 어떠한 언급도 본 적이 없지만, 플라톤주의자들이 이것을 논의하지 않았을 것이라고는 상상할 수 없다.) 143a의 '수정'에 대한 언급과, 많이 논의된 143b-c의 '새로운 문체'에 대한 설명 (예를 들어서 리터 C. Ritter의 『플라톤』, 1권, 1910, 220쪽 이하를 보시오.) 역시 원본에 대한 개정본의 일탈을 설명하기 위해 소개되었을지도 모른다.(이것은 심지어 개정본을 『소피스테스』 뒤에 위치시킬 수도 있다.)

III 비판에 대한 답변(1961)

나는 본서에 대한 비판들에 대해 답변으로 무언가 말하라는 요청을 받아왔다. 그러나 그렇게 하기에 앞서, 나는 여러 방면에서 본서가 개선되도록 비판하며 나를 도와준 이들에게 거듭 감사드리고 싶다.

다른 사람들 ── 내가 뜻밖에 만난 사람들 ── 에 대해서는 많은 말을 하고 싶지 않다. 플라톤을 공격하면서 나는 많은 플라톤주의자들을 화나게 했고 그들에게 상처 주었다는 것을 이제 알게 되었다. 이 점에 대해서는 미안하다. 여전히, 나는 몇몇 격렬한 반응들 때문에 놀라고 있다.

나는 대부분의 플라톤 옹호자들이 내가 보기에는 정말로 거부할 수 없는 사실들을 거부해 왔다고 생각한다. 심지어 이 점에서는 그들 중 최고라고 할 수 있는 레빈슨 B. Levinson 교수의 (면밀하게 저술된 645쪽 분량의) 기념비적 저서 『플라톤 옹호 In Defense of Plato』도 마찬가지이다.

레빈슨 교수에게 답변하기 위해서는 그 중요성이 매우 다른 두 가지 작업이 필요했다. 먼저 덜 중요한 작업 ── 수많은 비난에 대한 내 자신의 변호(A) ── 을 다룰 것이다. 그렇지만 내 개인적 변호 때문에 더 중

요한 작업 —— 레빈슨 교수의 플라톤 옹호에 대한 답변(B) —— 이 크게
가려지지는 않을 것이다.

A

레빈슨 교수가 묘사한 나의 모습은 내가 가지고 있는 플라톤의 모습
의 진실성을 의심하게 만들었다. 살아 있는 작가의 저서에서 매우 왜곡
된 모습으로 그의 교설과 의도를 이끌어낼 수 있다면, 거의 2400년 전에
태어났던 작가에 대해서는 진실된 모습 비슷한 것이라도 제시할 수 있는
희망이 있을 수 있겠는가?

그렇다면 나는 어떻게 레빈슨 교수가 묘사한 상상된 창작물과 동일시
되는 것에 대항해서 나 자신을 변호할 수 있을까? 레빈슨 교수가 비난한
부분인 나의 플라톤에 대한 잘못된 해석, 잘못된 설명, 왜곡 중 최소한
몇 개는 사실 존재하지 않는 것임을 보여주는 수밖에 없다. 그리고 나는
이것을 수행하기 위해 수백 개 중에서 무차별적으로 선정된 대표적 사례
들 두세 가지를 분석해 보기만 하면 될 것이다. 그 책에는 이와 같은 비
난들이 여기에 있는 것들보다 훨씬 많다. 그러므로 나는 나에게 퍼부어
진 대부분의 난폭한 비난들 중 최소한 몇 개가 근거 없다는 것을 보여줄
수밖에 없다.

나는 틀린 인용 등에 대해 어떠한 맞비난도 하지 않고 이 작업을 하
려고 했었다. 그러나 그것은 불가능함이 드러났기 때문에, 나는 다음과
같은 사실을 분명히 해두고 싶다. 즉 다른 플라톤주의자들처럼 레빈슨
교수가 나의 책에 대해 매우 화를 냈을 뿐만 아니라, 거의 신성모독이라
고 생각했음에 틀림없다는 것을 이제 알게 되었다. 그리고 내가 바로 무
례를 저지른 사람이기 때문에, 심하게 비난받는다 해도 불평해서는 안
된다.

그러면 관련된 몇 개의 구절들을 조사해 보자.

레빈슨 교수는 나에 대해서 다음과 같이 쓰고 있다.(273쪽, 주 72) "포퍼는 다른 사람들에게 불만을 나타내는 것처럼, 여기서는 크리티아스에게 불만을 드러내며 매우 과장해서 그의 인격에 누명을 씌우고 있다. 왜냐하면 인용된 구절은 거짓말이긴 하지만 교활한 거짓말쟁이 자신만의 이익을 위한 것이 아니라 사회의 일반적 선을 목적으로 하는 종교를 보여주기 때문이다."

지금 이것이 의미 있기 위해서는, 레빈슨 교수에 의해 인용된 구절에서(이것은 A의 179쪽과 140쪽이며, E에서는 183~184쪽과 142~143쪽에 상응한다.[1]) 내가 인용했던 크리티아스의 구절이 거짓말 종교일 뿐만 아니라, "교활한 거짓말쟁이 자신만의 이익을……위한" 거짓말을 나타낸다고 내가 주장했거나, 최소한 암시했어야만 한다.

나는 그런 유의 것은 주장하지도 암시하지도 않았다. 반대로, 나의 관심은 "사회의 일반적 선"이 플라톤에게 무엇보다 중요한 주도적 일들 중의 하나이며, 이러한 점에서 그의 태도는 '실제적으로 크리티아스의 것과 동일하다'는 것을 지적했다. 나의 비판의 근거는 8장 시작 부분(두 번째 문단)에서 다음과 같이 명확히 언급된다. "플라톤은 '사회의 이익을 위하여'라고 말한다. 다시 한번 우리는 집단적 공리의 원칙 the principle of collective utility에 대한 호소가 궁극적인 윤리적 고려 사항임을 알 수 있다."

내가 주장하는 바는 '사회의 일반적 선'을 도덕적 목표로 두고 있는 이 도덕 원칙이 윤리의 기초로서는 충분하지 않다는 것이다. 예를 들어서, 이 원칙은 '사회의 일반적 선' 혹은 '국가의 이익을 위하여' 거짓말을 허용한다. 다른 말로 하자면, 나는 윤리적 집단주의가 해악적이며 타락한다는 것을 보여주고자 한다. 그러나 나는 어느 곳에서도 레빈슨 교수가

---

1 'A'는 1950년과 1956년 미국판 부록을 의미하고, 'E'는 본판과 1952년 이후의 영국판을 의미한다.

주장한 뜻으로 크리티아스의 구절을 해석하지 않았다. 내 공격의 통렬함이 레빈슨 교수의 비난의 구실이 되는 자극이었다는 것을 몰랐다면, 나는 "누가 누구의 인격을 과장해서 누명을 씌우고 있는가?"라고 묻고 싶었을 것이다. 하지만 이 사실이 그의 비난을 진실로 만들어주진 않는다.

두 번째 사례는 다음과 같다. 레빈슨 교수는 다음과 같이 적고 있다.(354쪽 이하) "포퍼의 가장 지나친 주장들 중 하나는 플라톤이 30인 참주들과 그 불손한 정부를 유지시키도록 돕기 위해 소환된 스파르타 군대의 아테네 진주를 '호의적 상황'으로 봤다는 것과, 아테네가 스파르타의 지배하에 있어야 된다는 생각에 찬성하는 것 이외에는 어떠한 감정도 느끼지 않았다고 보는 것이다. 만약 그들의 진주가 그의 새로운 과두정치적 혁명을 이룩하는 데 그를 도울 수 있었다면, 우리는 그가 그들을 다시 소환할 준비가 되어 있었을 것이라는 결론에 이를 수 있다. 그러나 포퍼가 이 비난을 지지하며 인용할 수 있는 본문은 전혀 없다. 이것은 단지 포퍼가 창조한, 두 개의 머리를 가진 소위 '원로과두정치 지배자와 크리티아스'라는 괴물의 세 번째 머리로서 플라톤을 묘사하는 데서 기인한다. 이것은 연합에 의한 범죄행위이며, 마녀사냥 기술의 결정적 사례이다."

이 점에 대한 나의 답변은 다음과 같다. 이것이 나의 "가장 지나친 주장들" 중의 하나라면, 나는 어떠한 지나친 주장도 했을 리가 없다. 왜냐하면 이 주장은 결코 내가 만든 것이 아니며, 플라톤에 대해서 내가 가지고 있고 전달하려고 애쓰는 —— 완전히 성공적이지는 않아 보이지만 —— 모습과도 맞지 않기 때문이다.

나는 플라톤이 대중에 대한 그의 불신과 윤리적 집단주의로 인해 폭력에 찬성하게 되었다고 믿는다. 그러나 나는 레빈슨 교수가 여기서 내가 플라톤에 대해서 그렇게 했다고 주장한 것처럼은 결코 하지 않았다. 그러므로 레빈슨 교수가 내가 이런 주장을 했다는 그의 비난을 지지하기 위해서 인용할 수 있는 본문은 하나도 없다. 이것은 단지 레빈슨 교수가 창조한, 오토 노이라트 Otto Neurath와 로워리스 J. A. Lauwerys라는 두 개의 머리를 가진 괴물의 세 번째 머리로서 포퍼를 묘사하는 데서 기인한다. "연합에 의한 유죄행위"에 관해서, 나는 레빈슨 교수의 441쪽을 바로 지적할 수 있다. 거기서 그는 "이 문제, 포퍼가 장기간 동안 이런 음흉한 상상에 빠지도록 이끈 경향적 요인"의 문제에 답하기 위해서 나를 "포퍼의 오래된 동료이며 다재다능한 최근의 오스트리아 철학자이자 사회학자인 오토 노이라트"와 연관시키며 도움을 받고 있다.(사실 노이라트와 나의 저작들에서 명백히 드러나듯이 노이라트와 나는 다른 사람의 철학에 대한 어떠한 공감도 가지고 있지 않았다. 예를 들어서, 노이라트는 헤겔을 변호했고, 내가 찬양한 칸트와 칸트주의를 공격했다. 플라톤에 대한 노이라트의 공격에 대해서는 사실 레빈슨 교수의 책에서 그가 쓴 것을 통해 처음 들었다. 그리고 나는 이와 관련된 노이라트의 논문을 지금까지 본 적이 없다.)

그러나 다시 증거 없이 주장된 나의 "지나친 주장"으로 돌아가자면, 내가 플라톤의 감정에 대해 실제로 말했던 것은(195E쪽=190A) 거의 레빈슨 교수가 보고한 것(354쪽)과 반대이다. 나는 플라톤이 스파르타 군대의 아테네 진주를 "호의적 상황"으로 봤다는 것과, 아테네가 "스파르타 지배하에 있어야 된다는 생각에 찬성하는 것 이외에는 어떠한 감정도 느끼지 않았다."는 것 중 결코 어느 것도 제안하지 않았다. 내가 전하고자 했던 것, 즉 내가 말했던 것은 30인 참주들이 '의기양양한 스파르타로부터 강력한 지원을 받고 있는 호의적 상황에도 불구하고' 실패했다는 것이다. 그리고 나는 플라톤이 30인 참주들의 실패 원인으로 그들의 도덕적 실패를 생각했다——마치 나와 같이——는 것을 제안했다. 나는 다음과 같이 적었다. "플라톤은 계획의 완전한 재구성이 필요하다는 것을 느꼈다. 30인 참주들은 시민들의 정의감을 공격했기 때문에 권력 정치의 영역에서 완전히 패배했다. 이 패배는 주로 도덕적 패배였다."

이것이 내가 여기서 플라톤의 감정에 대해서 말하고자 하는 점이다. (나는 "플라톤이 느꼈다."라고 두 번 말한다.) 나는 30인 참주들의 실패가 플라톤에게 부분적인 도덕적 전환을 야기시켰다——비록 충분한 영향은 아니지만——고 제안한다. 여기에는 레빈슨 교수가 내가 플라톤의 것으로 주장한다고 만들어버린 감정에 대한 어떠한 제안도 없다. 그리고 나는 누군가 이것을 나의 본문에서 읽을 수 있을 것이라고는 꿈꾸어 보지도 않았다.

나는 30인 참주들과 특히 그들의 친스파르타적 목적에 대한 다소간의 공감을 플라톤에게 확실히 귀속시킨 바 있다. 그러나 이것은 물론 레빈슨 교수가 나에게 귀속시킨 "지나친 주장들"과는 완전히 다른 것들이다. 나는 그가 자신의 삼촌이자 30인의 지도자인 크리티아스를 존경했다는 점을 제시했다는 것만을 말할 수 있을 따름이다. 나는 그가 크리티아스의 목적과 견해에 동감했다고 주장했다. 그러나 나는 또한 그가 30인 과두정체를 도덕적 실패로 간주했고, 이것이 그로 하여금 집단적 도덕성을 재구성하도록 한 것이라고도 말했다.

레빈슨 교수의 두 비난에 대한 나의 응답이 거의 그 비난들만큼이나 많은 공간을 차지한 것으로 보이리라. 이것은 불가피하다. 그러므로 나는 두 가지 추가적 사례만(수백 개 중에서) 제시하겠다. 이 두 가지는 모두 플라톤의 본문에 대한 나의 소위 잘못된 번역과 관련이 있다.

첫 번째는 내가 플라톤의 본문을 악화시켰거나 혹은 과장시켰다는 레빈슨 교수의 진술이다. 레빈슨 교수는 "그러나 앞서와 같이 포퍼는 그의 번역에서 비호의적 단어인 '추방하다 deport'를 '밖으로 보내다 send out' 대신 사용한다."라고 349쪽, 주 244에서 적고 있다. 그러나 이것은 정말로 실수이다. 레빈슨 교수의 실수이다. 왜냐하면 그가 만약 그 구절을 다시 본다면, 그는 내가 그의 번역에서 혹은 파울러 Fowler의 번역에서 '내쫓다 banish'로 쓰인 것 대신 '추방하다 deport'를 사용한 것을 알게 될 것이기 때문이다.(파울러의 번역에서 '밖으로 내보내다 send out'가 사용된 구절의 부분은 나의 인용에서는 나타나지 않고 점들로 생략되어 있다.)

이 실수의 결과로 레빈슨 교수의 "앞서와 같이"라는 언급은 이 상황에서 매우 적합하다는 것이 드러난다. 왜냐하면 막 논의된 구절 앞에서 그는 나에 대해 다음과 적고 있기 때문이다.(348쪽, 주 243) "포퍼는 더욱 강한 경멸이나 폭력의 인상을 플라톤의 태도에 부여하면서, 번역상의 약간의 부정확성에 의해 플라톤의 구절(『국가』540e/541a)에 대한 그의 해석(166E쪽=162A쪽)을 강화시킨다. 그러므로 그는 '멀리 보내다 send away'(apopempō)를 '쫓아내다 expel'와 '추방하다 deport'로 번역한다……." 여기에, 레빈슨 교수의 실수들(두 가지를 두 개의 연속적 주로 만들어주는) 중 또 다른 하나가 있다. 왜냐하면 플라톤은 여기서 'apopempō'가 아니라 'ekpempō'라는 단어를 사용하기 때문이다. 사실 큰 차이가 있는 것은 아니다. 그러나 'ekpempō'는 어느 정도 'expel'의 'ex'를 가지고 있다. 그리고 이것의 사전적 의미 중 하나는 '멀리 몰아내다 to drive away'이며, 다른 하나는 '불명예스럽게 내쫓다 to send away in disgrace'(혹은 리들 Lidell과 스콧 Scott판이 그러한 것처럼 '불명예와 같은 생각으로 내쫓다')이다. 이 단어는 'pempō', 즉 '쫓아내다 to send off', '처치하다 to dispatch'——하데스와 관련하여 사용할 때('하데스로 보내기 to send to Hades')는 '통상적으로 살아 있는 사람을 하데스로 보내는 것, 즉 그 사람을 죽인다는 것을 의미한다'——의 좀 더 강한 형태이다.(나는 리들과 스콧을 인용하고 있다. 오늘날은 '보통' '그를 처치하다 to dispatch him'라고 말할 수도 있다.) 파이드로스가 플라톤의 『향연』 179e——레빈슨 교수가 348쪽에서 언급했던 구절——에서 신들이 파트로클로스에 대한 아킬레스의 용기와 사랑 때문에 아킬레스를 구원하여——호메로스는 그를 하데스로 보냈지만——찬양하며 "그를 은총 받은 자의 섬으로 보냈다"고 했을 때, 의도된 의미가 밀접하게 관련 있다. '쫓아내다 expel' 혹은 '추방하다 deport'란 번역

570

중 그 어느 것도 여기서는 학적 근거 위에서 비판의 여지 없이 명백해 보인다. 그러나 레빈슨 교수는 나를 '쫓아내고 추방하다 expel and deport' 라고 쓴 것으로 인용하기 때문에 비판이 가능하다. 왜냐하면 나는 이 단어들을 그런 식으로 사용하지 않기 때문이다.(그가 만약 '내쫓기고……추방되지 않으면 안 된다.'로 내 글을 인용했었다면 최소한 기술적으로는 옳을 수 있었다. 여기서 말줄임표는 상당한 차이점을 만드는데, 이유는 '쫓아내고 추방하다'라고 쓰는 것은 하나의 표현을 다른 표현으로 '재강화'시키는 방법을 통해 과장하려는 시도일 수 있기 때문이다. 그러므로 이 약간의 부정확성은 주장된 나의 잘못, 즉 플라톤의 이 구절에 대한 약간의 번역상의 부정확성을 통해 해석을 재강화시킨 것을 재강화시키는 경향이 있다.)

여하튼 이 경우는 수포로 돌아간다. 쇼리 Shorey가 번역한 구절을 보자.(레빈슨 교수는 당연히 쇼리를 권위자로 인정한다.) 쇼리는 "그들('국가의 주인들'이 된 '철학자들')은 10세 이상의 모든 거주민들을 들판으로 내보내고, 어린이들을 떠맡아서, 그들 부모들의 태도와 습관을 없앤 후, 우리가 묘사했던 것과 같은 우리 고유의 관습과 법률로 그들을 기를 것이다."로 번역한다. 여기서 이것은 내가 말했던 것을 정확히 말하고 있지 않은가?(비록 내가 166E쪽＝162A에서 했던 것만큼 명확하지는 않을 수 있지만.) "10세 이상의 모든 주민들"의 "내보냄"이 결코 폭력적 추방과 퇴거 이외의 어떤 것이라고 누가 믿을 수 있겠는가? 만약 "국가의 주인들"이 된 "철학자들"이 위협도 하지 않고, 강제도 하지 않았다면, 과연 "보냈을 때" 그들이 자신의 자녀들을 남겨두고 순수히 떠났을까?(그들은 "완전히 도시 밖의 그들의……시골땅"으로 보내졌다는 레빈슨 교수의 제안 (349쪽)은 아주 반어적이게도 그에 의해서, 『향연』 179e와 신들, 좀 더 자세하게는 아폴론 혹은 파리스의 화살이 아킬레스를 보낸 장소인 "은총 받은 자의 섬"에 대한 참조와 함께, 지지된다. 『고르기아스』, 526c는 더욱 적합한 참조가 될 것이다.)

이 모든 것에 관련된 하나의 중요한 원칙이 있다. 나는 문자 그대로의 번역과 같은 것은 없다는 원칙을 의미하고 있다. 즉 모든 번역은 해석이다. 그리고 우리는 항상 맥락을 고려해야만 하고, 병행 구절도 참조해야 한다.

방금 인용되었던 구절과 내가 관련지었던 구절들(166E쪽=162A)이 실제로 그렇게 관련지어질 수 있다는 것은 쇼리의 주들에 의해 입증된다. 특히 그는 내가 '화포 청소canvas-cleaning'라고 부른 것과 『정치가』, 293c~e의 '죽이고 추방하다 kill-and-banish'라는 구절을 언급한다. "그들이 법으로 통치하든지 법 없이 통치하든지 간에, 자발적 국민을 통치하든 비자발적 국민을 통치하든지 간에……그리고 그들이 국가의 선을 위하여 국가를 청소할 때 시민들 중의 몇 명을 죽여서 하든지 국외로 퇴거시키든지 간에(혹은 파울러와 같이 레빈슨이 번역하듯이 '죽이거나 혹은 추방하거나'로 하든지. 앞을 보시오.)……이 형태의 정부는 유일무이하게 올바른 것으로 선언되어야만 한다."(나의 본문 166E쪽=162A쪽을 참조하시오.)

레빈슨 교수는 이 구절의 부분(349쪽)을 나보다 더 많이 인용한다. 그러나 그는 내가 인용했던 그것의 시작 부분 "그들이 법으로 통치하든지 법 없이 통치하든지 간에, 자발적 국민을 통치하든 혹은 비자발적 국민을 통치하든지 간에"를 인용하는 것을 생략한다. 이 점은 흥미로운데, 왜냐하면 이것은 죽이고 추방하다는 구절을 전혀 악의가 없는 견해로 드러나게 하려는 레빈슨 교수의 시도에 부합하기 때문이다. 레빈슨 교수는 이 구절을 인용한 직후에 다음과 같이 쓰고 있다. "이렇게 진술된 원칙에 대한(국가의 이익을 위한 것이라면 모든 것이 허용된다는 것 외에 내가 찾을 수 있는 '원칙'이란 여기에 없다.) 공정한 해석은 최소한 대화의 일반적 유형에 대한 간단한 지시를 필요로 한다." 우리는 플라톤의 목적과 경향에 관한 이 "간단한 지시"에서 "자발적 국민이든 혹은 비자발적 국민이든 간에, 법에 따르든지 혹은 법에 따르지 않고 이들을 통치하든 간에와 같이 전통저이면서도 처근에 반아들여지고 있는 다른 규범들은, 부적절하거나 비본질적인 것으로 거부된다."고 듣고 있다. 내가 고딕체로 쓴 레빈슨 교수의 구절의 단어들은 플라톤의 죽이고 추방하다라는 구절에서 내가 인용한 것의 시작 부분(레빈슨 교수는 인용하지 않았던)과 매우 비슷한 인용으로 보일 것이다. 그러나 이 시작 부분은 이제 매우 무해한 견해에 의해 드러나게 된다. 내가 지적했던 것처럼 통치자들은 더 이상 '법을 가지고 혹은 법 없이 with or without law' 죽이고 추방한다라고 언급되지 않는다. 그리고 레빈슨 교수의 독자들은 이 문제가 부가적 문제이며, 풀어야 할 문제에 대한 '부적절한' 논점으로 간단히 처리되어 버린다는 인상을 받는다.

그러나 플라톤의 독자들은, 그리고 심지어 그의 대화편의 참여자들도 그와 다른 인상을 받고 있다. 심지어 방금 막 "탁월하다!"라고 말하며 끼어들었던(내가 인용했던 구절의 시작 부분 뒤에서) '젊은 소크라테스' 조차도 제안된 죽이기의 무법성에 충격을 받는다. 왜냐하면 죽이고 추방하다라는 원칙을 선언한 직후에(어쨌든 아마 이것은 실제로 '원칙'이다.) 파울러의 번역에서, "네가 말한 그 외의 모든 것이 도리에 맞아 보인다. 그러나 통치가(강한 조치 역시 포함된다.) 법 없이 집행되어야 한다는 것은 매우 어려운 말이다."라고 그는 말한다.

나는 이 논평이 플라톤이 내가 인용한 시작 부분 ——"법으로 혹은 법 없이" ——을 그의 죽이고 추방하다 원칙의 일부로 생각했다는 것을 증명하고, 내가 시작한 부분에서 인용구를 시작한 것이 옳으며, 그리고 레빈슨 교수가 "법으로 혹은 법 없이"가 단지 여기서 처리할 문제의 본질에 "부적절한 것으로서 거부된다"는 것을 의미한다고 제안한 것이 매우 큰 실수라는 것을 증명해 준다고 생각한다.

죽이고 추방하다는 구절을 해석할 때, 레빈슨 교수는 분명히 매우 혼란스럽다. 플라톤의 실행과 우리의 것을 비교하면서 플라톤을 옹호하려는 레빈슨 교수의 구체적 시도의 마지막 부분에서 그는 다음과 같은 관점에 다다른다. "이런 맥락에서 보자면, 플라톤의 정치가는 분명 죽이고, 추방하고, 노예화할 준비가 되어 있는 것처럼 겉으로 보이지만, 우리가 한편으로는 징계로, 다른 한편으로는 정신 치료적 사회봉사로 이것을 규정해야 하기 때문에, 피비린내 나는 색깔을 많이 잃게 된다."

지금 나는 레빈슨 교수가 진정한 인도주의자, 즉 민주주의자이며 자유주의자인 것을 의심하는 것이 아니다. 그러나 그가 플라톤을 방어하는 열정을 볼 때, 진정한 인도주의자가 이런 식으로 우리의 매우 불완전한 형벌과 마찬가지로 불완전한 사회봉사를 "참 정치가, 즉 선하고 지혜로운 사람"이 "국가의 이익을 위해서" 명백히 무법적으로 시민을 살해하고 추방(그리고 노예화)하는 것과 비교할 수 있다고 보는 것은 혼란스럽지 않은가? 이것은 플라톤이 많은 그의 독자들에게 던졌던 주문 가운데 하나의 무서운 사례이며, 플라톤주의가 가지고 있는 위험함의 한 무서운 사례가 아닌가?

나로서는 이 점 ── 상당히 가상적인 포퍼에 대한 비난들과 뒤섞여 있는 모든 것 ── 에 대해서 다루어야 할 것이 너무나 많다. 그러나 나는 레빈슨 교수의 책을 플라톤을 방어하기 위한 매우 진지한 저서로서뿐만 아니라, 플라톤을 새로운 견해에서 보고자 하는 시도로 간주한다고 말하고 싶다. 그리고 나는 내가 이곳에서 플라톤의 본문을 (비록 그의 뜻은 아니지만) 다소 지나치게 자유로이 해석했다고 생각하게 만든 구절 ── 그렇게 중요하지 않은 것 ── 을 오직 하나밖에 발견하지 못했음에도 불구하고, 나는 레빈슨 교수의 것이 매우 훌륭하고 흥미로운 저서가 아니라는 점을 ── 특히 '포퍼'가 인용되거나 혹은 (내가 보여준 것 같이) 약간 잘못 인용되거나, 그리고 매우 가끔 근본적으로 잘못 이해된 여러 곳들에 관한 모든 것을 우리가 다 잊는다면 ── 강조하고 싶지는 않다.

그러나 이러한 사적인 물음들보다 더 중요한 것은 바로 다음 물음이다. 레빈슨 교수의 플라톤 방어는 얼마나 성공적인가?

B

나는 내 책에 대한 플라톤 방어자의 새로운 공격에 직면했을 때, 중요하지 않은 점들을 무시하고 다음의 다섯 가지 중요한 점들에 대한 답을 찾는 것이 최선이라는 것을 알았다.

(1) 『국가』와 『법률』이 『변론』의 소크라테스를 비난한다는 나의 주장은 얼마나 만족스러운가?(10장 6절 두 번째 문단에서 지적했듯이.) 주에서 설명했듯이(10장 주 55) 이 주장은 실제로는 그로트가 한 것이었고, 테일러가 지지한 것이다. 만약 이 사실이 옳다면, 나는 그렇다고 생각하는데, 이것은 다음의 (2)에서 언급된 나의 주장 역시 지지해 주는 것이 된다.

(2) 플라톤의 반자유주의적이고 반인도주의적인 태도가, 그는 더 나은 사상을 알지 못했거나 혹은 당시에는 그가 비교적 자유주의적이고 인도주의적이었다는 근거 없는 사실에 의해 설명될 수 없다는, 나의 주장은 얼마나 만족스러운가?

(3) 플라톤이 그의 통치자들로 하여금 '국가의 이익을 위하여'(예를 들어서, 『국가』의 화포 청소 구절과 『정치가』의 죽이고 추방하다 구절에서) 무자비한 폭력을 사용하도록 권장했다는, 나의 주장은 얼마나 만족스러운가?

(4) 플라톤은 국가의 이익을 위해, 특히 인종 생식과 관련해서, 거짓말과 사기를 사용할 수 있는 의무와 특권을 그의 철인왕에게 부여했으므로 그가 인종주의의 창시자 중의 한 사람이라는 나의 주장은 얼마나 만족스러운가?

(5) 내가 이 책 1권을 시작하며 표어로 인용한(주 시작 부분에서 언급되었듯이 "6장 주 33과 34에서 자세하게 논의된") 『법률』의 구절에 대한 답변은 무엇인가?

나는 종종 학생들에게 내가 플라톤에 대해서 말한 것은 물론 단지 하나의 해석이며, 그렇기 때문에 만약 플라톤이(그의 망령을 만나야 하겠지만) 그것은 그릇된 설명이라고 나에게 말하며 내가 만족할 만큼 그것을 입증시킨다 하더라도, 나는 놀랄 필요가 없다고 말하곤 한다. 그러나 나는 그가 자신이 말했던 수많은 것들에 대해서 설명해 주어야 할 과제를 가질 것이라고도 보통 덧붙이곤 한다.

앞서 언급된 다섯 가지 점과 관련된 이 과제에 대해 레빈슨 교수는 플라톤을 대변하는 데 성공적이었나?

나는 그가 성공했다고는 정말로 생각하지 않는다.

(1´) 첫 번째 점에 대해 나는 의심하는 누구에게라도 『법률』 10권(907d에서 909d)에 있는 아테네 이방인의 마지막 연설 본문을 주의하여 읽어보라고 요청한다. 거기서 논의된 법률은 소크라테스가 고소당했던 범죄 유형과 관련이 있다. 나의 주장은 설혹 소크라테스가 도망간다 하더라도(대부분의 비평가들은 『변론』의 증거에 근거해서, 그가 추방을 기꺼이 받아들였다면 죽음을 피했을 것이라고 생각한다.) 플라톤의 『법률』은 그런 조항을 생각하지 않는다는 것이다. 나는 베리 Bury의 번역에서(레빈슨 교수가 받아들일 것 같아 보이는) 매우 긴 이 연설 중의 한 구절을 인용하겠다. 아테네 이방인은 그의 "범죄자들"(베리의 번역 908c을 참조하면, "불경죄" 혹은 "무신론을 퍼뜨린 죄 the disease of atheism"에 대해서 유죄인 사람들)을 분류한 후에, "신들의 존재를 전혀 믿지 않음에도 정의로운 인격을 본래적으로 가지고 있고……그리고……부정한 행위를 못하는 사람들"에 관해서 먼저 논의한다.(908b~c. 이것은 비록 불경과 비정통적 관행으로 고소당했지만 그가 무신론자로 보이지 않는다는 중요한 사실과 상관없이, 물론 무의식적이겠지만 거의 소크라테스에 대한 묘사이다.) 이 점에 대해서 플라톤은 다음과 같이 말한다.

"……악한 성향과 성격을 전혀 가지고 있지 않은……범죄자들은 법에 따라 재판관에 의해 적어도 오 년 동안 교도소에 수감될 것이다. 이 기간 동안 시민 중 누구도 그들과 관계할 수 없고, 다만 심야회의에 참여하는 사람들만이 예외이다. 그들은 그들과 사귀어서(나는 '그들을 보살핀다attend to them'로 번역하고자 한다.) 그들의 영혼을 훈계함으로써 구제한다……." 그러므로 불경한 사람들 중 '선한' 자는 최소한 오 년간 독방에서 감금당하고, 오로지 심야의회 의원들이 그들의 병든 영혼을 '보살필' 때에 구제된다. "……그리고 그들의 감금 기간이 끝났을 때, 교정된 자는 교정된 자들과 함께 살게 되고, 그렇지 않거나, 동일 범죄로 다시 유죄로 판결 받을 때에는 죽음으로 처벌을 받게 된다."

나는 여기에 더 첨가할 것이 아무것도 없다.

(2′) 두 번째 것은 레빈슨 교수의 관점에서 아마도 가장 중요한 것이다. 왜냐하면 이것은 내가 '위대한 세대'라고 부르는 사람들 중에는 플라톤보다 더 나은 인도주의자들이 있었다는 나의 주장이 실수라는 그의 핵심 주장들 중의 하나이기 때문이다.

그는 특히 플라톤과 매우 다른 사람으로서의 소크라테스에 대한 나의 묘사를 이 점에 있어서 아주 허구라고 주장한다.

나는 이 문제 ── 소크라테스의 문제 ── 에 대해서 매우 긴 주(10장 주 56), 사실상 거의 하나의 소론을 썼는데, 지금 나는 그것에 대한 나의 관점을 바꿀 어떠한 이유도 알지 못한다. 그러나 나는 여기서 소크라테스의 문제에 대한 나의 이 역사적인 추측에 대한 지지를 저명한 플라톤 학자인 리처드 로빈슨Richard Robinson으로부터 받았다는 것을 말하고 싶다. 이 지지는 로빈슨이 플라톤에 대한 나의 공격의 어조에 대해 심하게(그리고 공정하게) 혹평한 것보다 더 의미심장하다. 내 책에 대한 그의 비평(「철학적 리뷰 The Philosophical Review」, 60, 1951)을 읽어보지 않은 사람은 그 누구도 그가 나에게 부당하게 편파적이라고 비난할 수 없을 것이다. 그리고 레빈슨 교수는 내가 플라톤에게 "격노에 찬 비난"을 하는 점에 대해 그가 말한 부분을 만족스럽게 인용한다. 그러나 레빈슨 교수는 (20쪽의 주에서) 로빈슨이 "열린사회에 대한 그의 광범위한 비평에는 찬사와 비난이 뒤섞여 있다."라고 언급함에도 불구하고, 그리고 (61쪽의 다른 주에서) 그가 로빈슨을 "소크라테스적 초기부터 중간 시기를 거치는 플라톤 논리의 발전에 대한 권위자"로 올바르게 언급하고 있음에도 불구하고, 그는 그의 독자들에게 로빈슨 교수가 플라톤에 대한 나의 핵심적인 비난만이 아니라 특히 소크라테스의 문제에 대한 나의 추측적 해결에도 동의한다는 것을 전혀 말하고 있지 않다.(덧붙여 말하자면, 로빈슨은 (5)에서 언급된 나의 인용구에도 역시 동의하고 있다. 이하를 보시오.)

로빈슨이, 우리가 들었던 바와 같이, "찬사와 비난이 뒤섞여 있기 때문에" 그의 몇몇 독자들은 (나에 대한 "격노에 찬 비난"의 확증을 찾고자 열망하는) 그의 서평으로부터 다음과 같은 설득력 있는 구절의 놀라운 마지막 문장에(494쪽) 포함되어 있는 찬사를 간과해 온 것 같다.

"포퍼 박사는 플라톤이 소크라테스의 가르침을 곡해했다고 주장한다.……그에게 플라톤은 정치에서 매우 해로운 인물이지만 소크라테스는 매우 유익한 인물이다. 소크라테스는 젊은이들의 자유롭게 말할 권리를 위해 죽었다. 그러나 『국가』에서 플라톤은 소크라테스로 하여금 젊은이들에 대해 짐짓 생색내게 하고 불신의 태도를 취하게 만든다. 소크라테스는 진리와 자유로운 담론을 위해 죽었다. 그러나 『국가』에서 '소크라테스'는 거짓말을 변호한다. 소크라테스는 지적으로 겸손했다. 그러나 『국가』에서 그는 독단주의자이다. 소크라테스는 개인주의자였다. 그러나 『국가』에서 그는 급진적인 집단주의자이다." 기타 등등.

"소크라테스의 실제 견해에 대한 포퍼의 증거는 무엇인가? 그것은 오로지 플라톤 자신으로부터, 초기 대화편들로부터, 주로 『변론』으로부터 취해진 것이다. 그러므로 우리는 그가 악마 플라톤과 대조시키는 빛의 천사를 오직 악마 자신의 설명에 의해서만 알게 된다! 이것이 불합리한가?"

"내 의견으로 이것은 불합리하지 않고, 오히려 완전히 옳다."

이 구절은, 레빈슨 교수가 플라톤 권위자로 인정하는, 최소한 한 명의 학자가 소크라테스의 문제에 대한 나의 견해가 불합리하지 않다고 생각한다는 것을 보여준다.

그러나 소크라테스의 문제에 대한 나의 추측적 해결이 실수라고 하더라도, 이 시기에 인도주의적 경향들이 존재했다는 것에 대한 풍부한 증거가 남아 있다.

플라톤의 『프로타고라스』, 337e에서 발견할 수 있는 히피아스의 연설에 관해서(5장 5절을 보라. 레빈슨 교수는 이번만은 나의 번역에 반대하지 않는 것 같아 보인다. 그의 144쪽을 보시오.) 레빈슨 교수는 다음과 같이 쓰고 있다.(147쪽) "우리는 플라톤이 여기서 히피아스의 잘 알려진 감정을 충실하게 반영하고 있다고 여기며 시작해야만 한다." 여기까지는 레빈슨 교수와 나는 뜻을 같이 한다. 그러나 히피아스의 연설의 타당성에 있어서는 우리는 완전히 뜻을 달리한다. 이 점에 대해 나는 이제 내가 본서의 본문에서 표현했던 것들보다 더 강한 견해까지 가지고 있다.(덧붙여 말하자면, 나는 히피아스가 노예제도의 적이라는 증거가 있다고 주장했었다고 생각하지 않는다. 내가 그에 대해서 말한 것은 "이 인물은 노예제도에 반대하는 아테네 운동과 밀접한 관련이 있다."이다. 그러므로 내가 "그(히피아스)를 노예제도의 반대자들 중에 포함시키는 것"은 정당하지 못하다는, 레빈슨 교수의 공들인 논증은 적절하지 못하다.)

나는 이제 히피아스의 연설을 계몽주의와 프랑스혁명에 대한 사상을 고무시킨 인도주의 신념의 선언 —— 아마도 최초의 것 —— 으로 보고자 한다. 이 사상은, 모든 사람은 형제인데, 이들을 분리시키며 피할 수 있는 많은 불행의 원천은 관습적이고, 인간이 만든 법과 관습이라는 것이다. 그러므로 사람들이 법을 바꿈으로써 법률 개혁을 통해 좀 더 나아지는 것은 불가능하지 않다. 이 사상들은 또한 칸트를 고무시켰다. 그리고 쉴러는 관습적인 법을 인류를 '가혹하게'('streng') —— 베토벤은 '오만하게'('frech')라고 —— 분리시키는 '풍조'라고 말했다.

노예제도에 관한 나의 중심 주장은 『국가』가 노예제도에 반대되는 것으로 묘사될 수 있는 아테네의 경향들의 존재 증거를 가지고 있다는 것이다. 그러므로 『국가』(563b)의 '소크라테스'는 아테네 민주주의를 풍자하며 이렇게 연설한다.(나는 이것을 4장, ii, 43E쪽=44A쪽에서 인용했다. 그러나 나는 여기서 쇼리의 번역을 사용할 것이다.) "이런 나라에서 생길 수 있는……극단적인 대중의 자유는 사들인 남녀 노예들이 이들을 사 온 사람들 못지않게 자유로울 경우의 것이네."

쇼리는 본 구절에 대한 많은 교차 참조를 가지고 있다.(다음에 나오는 주를 참조.) 그러나 이 구절은 스스로 명백하다. 레빈슨은 본 구절에 대해서 다른 곳에서도 말하고 있다.(176쪽) "플라톤의 사회적 범죄에 관한 온당한 목록 명세서를 채울 수 있도록 방금 인용했던 구절을 활용하자. 그리고 다음 장에서 그는 '다른 플라톤의 오만함'의 사례에 대해서 말할 때, 이것을 언급한다." 그러나 이것은, 나의 본문(43E쪽=44A쪽)에서 인용되었던 『국가』의 두 번째 구절과 함께 이 첫 번째 구절이 반노예제도 운동의 증거를 제공한다는 내 주장에 대한 답변이 전혀 아니다. 두 번째 구절은(플라톤에서는 첫 번째 구절에 대한 구체적 설명 바로 뒤에 있고, 여기서는 앞 문단 마지막에서 인용되었던) 쇼리의 번역에서는 다음과 같다.(『국가』 563d. 이전의 구절은 『국가』 563b였다.) "이 모든 걸 요약할진대, 그 요점은 이것들이 시민들의 혼을 민감하게 만들어서, 그들은 노예상태의(나는 노예제도로 번역했다.) 가장 가벼운 제안도 못마땅해하며 참지를 못한다는 것임을 자네는 알아차렸는가?"

레빈슨 교수는 이 증거를 어떻게 다루는가? 우선 두 구절을 나누어보자. 그는 첫 번째를, 내가 반노예제도 운동에 대해 주장한 증거를 산산이 부수고 나서(153쪽)부터 한참 후인 176쪽까지 논의하지 않는다. 그는 두 번째를 153쪽에서 나의 우스꽝스러운 오역으로 간단히 처리해 버린다. 그는 거기서 다음과 같이 적고 있다. "그러나 이것은 완전히 실수이다. 플라톤이 douleia(노예제도 혹은 노예상태)라는 단어를 사용하고는 있지만, 그것은 단지 일반적 의미의 노예제도에 대한 비유적인 암시일 뿐이다."(강조는 내가 만든 것이다.)

이것은 이 구절이 그것 바로 앞에 있었던 것(레빈슨 교수가 스무 쪽도 더 지난 곳에서 언급하는데, 그곳에서 그는 그것을 플라톤의 오만함으로 설명한다.)과 분리되었을 때는 그럴듯해 보인다. 그러나 그 맥락에서 ─ 노예의(그리고 심지어는 동물들의) 방탕한 행동에 관한 플라톤의 불만과 관련하여 ─ 레빈슨 교수가 이 구절의 것으로 옳게 여기고 있는 의미에 더하여, 이 구절은 또한 'douleia'를 매우 문자적으로 사용하고 있는 두 번째 의미 역시 나타낸다는 것에는 의문의 여지가 있을 수 없다. 왜냐하면 그것은 다음과 같이 말하고, 또 의미하기 때문이다. 자유로운 민주 시민은 어떤 형태의 노예제도도 참을 수 없다. 그들은 스스로 어떤 형태의 노예상태에도 예속되지 않을 뿐만 아니라(플라톤이 『법률』에서조차 말하고 있듯이), 매우 다정다감해져서 "노예상태의 가벼운 제안조차" ─ 남녀 노예들을 구입하는 노예소유제도와 같은 ─ 참을 수 없을 것이다.

레빈슨 교수는 다음과 같이 질문한다.(플라톤의 두 번째 구절에 대해서 논의하고 난 후인 153쪽) "이 증거에 비추어 볼 때……그렇다면 포퍼의 입장을 여전히 지지하고 있다고 공정하게 말해질 수 있는 것은 무엇인가? 만약 단어들이 그것들의 문자적 의미로 사용되었다면, 가장 단순한 답변은 '아무것도 없다.'이다." 그러나 그 자신의 입장은 자신이 바로 몇 줄 앞에서 주장했던 바와 같이, 'douleia'를 명백히 노예제도에 대해서 언급하고 있는 맥락에서도 문자 그대로의 의미가 아니라 단지 "비유적 암시일 뿐"이라고 여기고 있다.[2]

그런데도 그는 내가 'douleia'를 문자적으로 번역한 것을 우스꽝스러운

'실수'로 말하고 있다. "이 오독은 셔우드 앤더슨의 희곡 「아테네에서 맨발로 *Barefoot in Athens*」의 서문에서 열매를 맺었다.……거기서 포퍼를 따르는"(레빈슨 교수는 24쪽에서 플라톤에 대한 앤더슨의 해석본은 명백히 포퍼에 대한 자세하고 다루기 쉬운 독해를 보여준다고 주장하고 있지만, 그는 이 이상한 비난에 대한 어떠한 증거도 제시하지 않는다.) "순진한 극작가는 이번에는 그의 독자들에게 그 암시를 전달하고……플라톤 자신의 권위에 의거한 것과 같이, 아테네인들은……'모든 노예의 해방을 옹호한다.(했다.)'라고 명확하게 선언한다……."

맥스웰 앤더슨 Maxwell Anderson의(셔우드 앤더슨이 아니다.) 지금 이 논평은 매우 과장된 것일 것이다. 그러나 내가 이와 비슷한 어떤 것을 어디에서 말한 적이 있는가? 그리고 그 방어에서, 방어자가 상대방의 관

---

2 다음은 1965년에 추가되었다. 문제의 구절에서(『국가』 563d) 'douleia'라는 단어가 문자적 의미를 나타낸다(레빈슨 교수가 비교적 옳게 제시한 비유적 의미뿐만 아니라)는 것은 가장 위대한 플라톤주의자이자이며 민주주의의 공개된 적이요, 레빈슨 교수가 플라톤 본문의 권위자로 간주하는 쇼리에 의해 확증되었다.(나는 종종 쇼리의 플라톤 번역에 동의하는데, 왜냐하면 그는 플라톤의 본문을 거의 인도주의화시키거나 자유주의화시키지 않기 때문이다.) 왜냐하면 '굴종(douleia)'이라는 단어를 사용한 쇼리의 『국가』 563d의 번역주에서, 그는 두 개의 병행 구절들을 언급하고 있기 때문이다. 『고르기아스』 491e와 『법률』 890a. 둘 중 첫 번째 것에 대해 램 W. R. M. Lamb의 번역(로엡 Loeb판)은 다음과 같이 말하고 있다. "한 사람이 어떤 이에게 완전한 노예라면, 그는 어떻게 행복할 수 있는가?" 여기서 '노예가 되는 것'이라는 구절은 『국가』에 있는 것처럼 '자신을 복종시키는 것'이라는 비유적 의미뿐만 아니라, 문자적 의미 역시 가지고 있다. 실제로, 있는 그대로의 사실로 보자면 두 가지 의미가 섞여 있다. 『법률』 890a의 구절(위대한 세대의 어떤 소피스트에 대한 정교한 공격)은 베리의 번역에서(로엡판) 다음과 같이 적고 있다. "이 교사들(젊은이들을 타락시키는)은 그들을……실제로(alētheia), 법적 관습에 따라 다른 사람의 노예가 되는 것 대신 나머지의 주인이 되는, '본성 nature에 따른' 삶으로 유인한다." 플라톤은 사람이 '본성적으로 by nature' 혹은 '실제로 in truth' 노예가 될 수 없고, 오직 '법적 관습'(법적 가상 fiction에 의해서만 노예가 될 수 있다고 가르쳤던 소피스트들(70E쪽=70A쪽과 5장 주 13)을 여럿 가운데서 몇 명 여기서 명백히 언급하고 있다. 그러므로 쇼리는 『국가』의 핵심 구절을 최소한 간접적으로 이 참조를 통해 위대한 고전적 노예제도론과(문자적 의미의 '노예제도') 연결시킨다.

점을 과장하거나 혹은 그 견해들을 '유순한' 독자의 (소위) 죄와 관련지으면서 누명을 씌우는 것이 어떤 가치가 있는가?(본서 색인의 '노예제 slavery' 역시 보시오.)

(3´) 플라톤이 그의 통치자들로 하여금 무자비하고 무법적인 폭력을 사용하도록 조장했다는 나의 주장을, 레빈슨 교수의 공격을 받았음에도 불구하고 본 부록에서 언급된 『정치가』의 '죽이고 추방하다' 구절에 대한 논의로부터 A절의 마지막까지에서 보여진 바와 같이, 그는 어느 곳에서도 실제로 부정하지 못한다. 그는 쇼리와 내가 생각하고 있는 『국가』의 많은 다른 구절들——화포 청소 구절들——이 유사하다는 점을 부인한다. 이와 상관없이, 그는 현대의 몇몇 폭력적인 실행가들로부터 위안과 도덕적 지지를 끌어내려고 시도한다. 만약 그가 『정치가』의 그 구절을 레빈슨 교수에 의해 처음에는 삭제되었고 후에는 관련 없는 것으로 간단히 처리되었던, 내가 인용한 시작 부분과 함께 다시 읽는다면, 이 위안이 사라질까 봐 두렵다.

(4´) 플라톤의 인종주의, 그리고 국가의 이익을 위해 거짓말과 사기를 사용하도록 조장한 그의 훈령에 대해서, 나는 레빈슨 교수와의 토론에 들어가기에 앞서, 나의 독자들로 하여금 "정직함이 최선의 정책이다 Truthfulness is the best policy."라는 것은 의문의 여지가 있지만, "정직함이 정책보다 낫다 Truthfulness is better than policy."는 의문의 여지가 없다는 칸트의 격언(139E쪽=137A쪽 참조.)을 상기시키고 싶다.

레빈슨 교수는 매우 공정하게 다음과 같이 적는다.(434쪽. 나의 138쪽 이하E=136쪽 이하A, 그리고 특히 150E쪽=148A쪽을 언급하며.) "먼저, 우리는 『국가』에서 정부의 목적을 위해 어떤 상황에서 거짓말의 사용이 옹호된다는 것을 인정하지 않으면 안 된다……."(강조는 내가 만든 것이다.) 결국 이것이 나의 핵심이다. 어떠한 시도도 이것의 중요성을 경시하거나 깎아내릴 수 없으며, 나의 소위 과장들에 대한 어떠한 반대 공격도 이

승인을 흐리게 해서는 안 된다.

레빈슨 교수 역시 같은 장소에서 "보조자들이 제비뽑기가 그들의 결혼을 결정했다고 말할 때(150E쪽=148A쪽) —— 이것은 실제로는 통치자들이 우생학적 이유 때문에 교묘하게 계획한 것이지만 —— '통치자를 나무라는 것이 아니라 운을 욕하도록' 하기 위해 설득적 담론술의 사용이 요청되었을 것이라는 것은 의심의 여지가 없다."라고 인정한다.

이것이 나의 두 번째 핵심이다.

레빈슨 교수는 이어서 다음과 같이 적고 있다.(434쪽 이하. 강조는 내가 만든 것이다.) "이 사례에서 우리는 플라톤이 철저하게 실용적 거짓말[3]을 —— 물론 자선의 이유를 가진(그리고 플라톤은 이런 목적들만을 위하여 거짓말을 허가한다.) —— 유일하게 허가하는 것을 볼 수 있지만, 이것역시 거짓말일 뿐이다. 포퍼처럼 우리도 이런 정책이 혐오스럽다고 생각한다. 이런 거짓말과 그리고 플라톤의 보다 일반적인 허가가 정당화해 줄 수 있는 그와 같은 다른 것들은, 플라톤이 그의 국가에서 '거짓 선전'을 사용하도록 제안했다는 포퍼의 비난을 가능하게 한 것과 같은 기반을 제공한다."

이 점으로도 부족한가? 내가 다른 점들에서 틀렸다고 가정하더라도(물론 나는 그것을 부인하지만) 최소한 이 점은 플라톤이 그의 '거짓말 사용'에 대한 '좀 더 일반적인 허가'를 예사로 사용했을 것이라는 나의 의심을 없애주지는 못하지 않는가? 특히 그가 '거짓말의 사용'을, 레빈슨 교수가 말했듯이, 실제로 '옹호했다'는 사실의 관점에서 보면 그렇지 않

---

3 이것은 내가 8장에서, 보여주었듯이 유일한 사례가 아니다. 예를 들어서(『국가』 389b) 주 2에 대한 본문에서 인용된 구절은 레빈슨 교수가 염두에 두고 있는 구절(『국가』 460a)에서 나온 또 다른 사례이다. 또 다른 여러 구절들이 있다. 『국가』 415d와 특히 플라톤이 그의 거짓말에 대한 교육이 『국가』에 대한 매우 짧은 요약에 포함될 만큼 충분히 중요하다고 생각하고 있음을 증명하는 『티마이오스』 18e를 참조하시오.(『법률』 663d에서 664b 역시 참조하시오.)

은가?

더구나 거짓말하기는 여기서 '우생학', 좀 더 정확하게는 주인종족 ——수호자 종족——의 양육과 관련되어 있다.

플라톤이 인종주의자였다는 나의 비난에 대해서 플라톤을 방어함에 있어서 레빈슨 교수는, 플라톤을, 내가 그들의 이름을 내 책에서 거론하지 않으려고 하는(그리고 나는 계속 그렇게 할 것이다.) 몇몇 '악명 높은' 현대 전체주의적 인종주의자들과 호의적으로 비교하고 있다. 그는 이들에 대하여 말하길(541쪽, 강조는 내가 만든 것이다.), 그들의 "생식 계획"은 "근본적으로 지배자 인종의 순수성을 보존하기 위해 의도되었으며, 우리는 플라톤이 이 목적을 공유하고 있지 않았다는 것을 보여주려고 애써왔다."

그가 그것을 공유하지 않았는가? 『국가』(460c)에 있는 주요 우생학적 논의들 중의 하나에서 내가 인용한 것은 혹시 잘못된 번역이었나? 나는 다음과 같이 적었다.(51E쪽=52A쪽. 강조는 나에 의한 것이다.) "플라톤은 '수호자 종족은 순수하게 지켜져야 한다.'라고, 우리 자신의 종족은 소홀히 하면서도 동물들의 생식에는 큰 관심을 가진다는, 그 후 반복된 인종주의적 논증을 개진하며(유아살해를 변호하며) 말한다."

나의 번역이 틀리는가? 아니면 플라톤 이후로 이것이 인종주의자와 지배자 종족 양육자의 주요 논증이 되어왔다는 나의 주장이 틀린가? 아니면 플라톤의 최선국가의 지배자들이 수호자들이 아닌가?

나의 번역에 관해서 쇼리는 약간 다르게 주장한다. 그래서 나는 그의 번역으로부터(강조는 나에 의한 것이다.) (유아살해를 언급하고 있는) 앞 문장 역시 인용하겠다. "……그들은(통치자들은) 열등한 자의 자손, 그리고 결함을 가지고 태어난 다른 종류의 자손들을 비밀리에 처치할 것이며, 그리하여 어느 누구도 그들이 어떻게 되었는지 알지 못할 것이다. '이것이 수호자 혈통의 순수성을 보전하는 조건이다.'라고 그는 말한다."

쇼리와 마지막 문장은 내 것보다는 좀 약하게 보일 것이다. 그러나 그 차이는 매우 사소해서 나의 주장에 영향을 주지 못한다. 어쨌든 나는 내 번역을 고수한다. "하여간 수호자의 혈통은 순수하게 보전되어야만 한다." 혹은 "하여간 (우리가 동의하듯) 수호자 혈통의 순수성은 보전되어야만 한다."가 쇼리의 몇몇 단어들을 사용하는 번역이 될 것인데, 이것은 내 책의 본문(51E쪽=52A쪽)과 여기서 반복하고 있는 내 번역과 정확하게 같은 의미를 가지고 있다.

그러므로 나는 레빈슨 교수의 전체주의자들의 "악명 높은……생식 계획"에 대한 서술과 플라톤 자신의 생식 목적에 대한 정식화의 차이를 알지 못하겠다. 사소하게 다른 점이 있긴 하지만 그것은 중심 문제와는 관계가 없다.

플라톤이 매우 예외적으로 종족을 섞었는지(하급 종족의 구성원을 승급시키는 결과를 낳을) 아닌지에 관한 문제에 대해서는 의견이 분분하다. 나는 여전히 내가 말한 것이 옳다고 믿는다. 그러나 나는 만약 예외가 허락되었다 하더라도 무슨 차이가 나는지 모르겠다.(심지어 레빈슨 교수가 언급한 현대 전체주의자들도 예외를 허용했다.)

(5′) 나는 내가 이 책 1권을 시작하며 인용한 두 표어 중 하나인(대조되는 또 다른 구절은 페리클레스의 장례식 연설 중 일부이다.)『법률』의 구절 때문에 ── 혹은 그 구절을 잘못 인용한 것 때문에 ── 자주 그리고 심하게 공격을 받아왔다. 이 표어들은 본서의 미국 출판사에 의해 미국판 표지에 인쇄되었다. 영국판에는 이런 홍보문구가 전혀 없다. 커버에 관해서는 원래 그러하듯, 나는 그것들에 대해서 출판사와 상의하지 않았다. (그러나 나는 미국 출판사의 선택에 전혀 반대하지 않는다. 내가 왜 나의 표어를 ── 혹은 내가 책에 적은 다른 어떤 것이라도 ── 커버에 인쇄하지 말아야 하는가?)

이 구절에 대한 나의 번역과 해석은 주지한 바와 같이 리처드 로빈슨에 의해 옳다고 밝혀졌다. 그러나 다른 사람들은 지금까지 나에게 내가 그 본문을 독자들로 하여금 확인할 수 없도록 하기 위하여 의도적으로 그것의 정체를 숨기려고 한 것이 아닌지 묻고 있다! 그러나 나는 나의 독자들로 하여금 내가 인용하거나 언급한 어떤 구절이라도 확인할 수 있도록 하기 위해 대다수의 저자들보다 더 많은 수고를 아끼지 않았다고 생각한다. 그래서 나는 내 주 시작 부분에서 내 표어에 대해, 표어에 설명을 덧붙이는 것이 흔하지 않음에도 불구하고 설명을 해놓았다.

내가 이 구절을 사용한 것에 대한 핵심적인 비난은 그것이 군사적 문제들을 언급한다는 것을 내가 말하지 않았거나 혹은 충분히 강조하지 않았다는 것이다. 그러나 나는 여기서 레빈슨 교수 스스로 나에게 찬성하는 증언을 적고 있음을 보이겠다.(531쪽 주. 강조는 내가 만든 것이다.)

"포퍼는 그의 본문 102쪽(103E쪽)에서 본 구절을 인용하면서 그것이 군사적 문제들에 관한 것이라는 점을 알맞게 강조하고 있다."

그러므로 이 비난은 답변이 되었다. 그러나 레빈슨 교수는 이어서 다음과 같이 말한다. "……그러나 동시에 (포퍼는) 플라톤이 '군사적 원칙들'이 전쟁뿐만 아니라 평화 시에도 동일하게 고수된다는 것을 의미했으며, 그것들은 단지 군사 훈련 계획에 적용되기보다 평화적 생활방식의 모든 영역에 적용되었다고 단언한다. 그리하여 그는 그것의 군사적 관련성을 희미하게 할 수 있는 잘못된 오역과 함께 그 구절을 인용한다……" 등등.

지금 여기서 첫 번째 비난은 플라톤이 이 군사적 원칙들을 전쟁뿐만 아니라 평화 시에도 고수했다고 내가 "동시에 단언한다"는 점이다. 실제로 나는 플라톤을 인용하면서 그렇게 말했다. 그러나 그렇게 말한 것은 플라톤이다. 내가 이것을 숨겼어야 했는가? 레빈슨 교수가 인증하는 베리의 번역에서(비록 나는 내 것을 더 선호하지만. 나는 독자들에게 그것들이 명료함에 있어서 의미의 차이가 있는지 묻겠다.) 플라톤은 다음과 같이 말한다. "……누구도 일할 때나 놀 때에 혼자 행동하거나 스스로 주도권을 쥐고 행동하는 것을 마음속에 가지고 자라서는 안 되고, 전쟁과 평화시 둘 다 그의 눈은 지휘관을 계속해서 바라보며 항상 살아가야 할 것이다……."(『법률』, 로엡 도서관, 2권, 477쪽. 강조는 내가 만든 것이다.)

그리고 조금 뒤에서 다음과 같이 적고 있다.(479쪽)

"다른 사람을 통치하거나 다른 사람에 의해 통치당하는 이런 일은 어린 시절부터 평화 시에 연습되어야만 한다……."

오역에 관해서 나는 내 번역과 베리의 것 사이에 실제적으로 차이점이 전혀 없다는 것밖에 말할 수 없다. 단지 다른 점이 있다면 그것은 내가 플라톤의 문장이 따라가기에 꽤 어렵고 너무 길어서 두 개의 긴 문장을 나눈 것뿐이다. 레빈슨 교수는 내가 이 구절을 "매우 변칙적으로 사용"했다고 말한다.(531쪽) 그리고 그는 이어서 다음과 같이 말한다. "덮개 커버의 인용문을"(출판사 홍보문구를 말한다. 앞쪽을 보시오.) "그의 책 1권 속표지와 저널에 악용한 것은 우리 주에서 해부될 것이며, 우리 역시 그 구절 전체를 우리 주에 옮겨놓았다."

그 주에서 나의 '저널의 악용'에 대한 해부는, 내 번역에 대한 근거 없이 주장된 '교정'과 상관없이 ── 나는 이것을 수용하지 않는다 ── 주로 내가 그 구절은 커버 표지와 다른 중요한 장소들에 인쇄했다는 동일한 비난을 중심으로 이루어진다. 레빈슨 교수는 다음과 같이 적고 있다.(532쪽. 강조는 내가 만든 것이다)

"그러나 이 작은 불공정함은, 포퍼가 다른 곳에서 이 구절을 연관 지었기 때문에, 완전히 은폐되었다. 1권 속표지뿐만 아니라 덮개 커버에"(누가 누구에게 불공정한가?) "그는 매우 신중하게 선택해서 발췌한 것을 인쇄했고, 게다가 그것의 정반대 명제로서, 페리클레스의 장례 연설도 인쇄했다.……이것은 하나의 정치적 이상과 하나의 제안된 군사적 규정을 병렬적으로 인쇄한 것이다. 그런데도 포퍼는 독자들에게 이 발췌 부분의 군사적 관련성을 평가하도록 하지 않았을 뿐만 아니라, 동일한 오역을 사용했고, 사실을 밝혀줄 그 구절의 모든 부분들을 완전히 삭제했다."

여기에 대한 나의 답변은 매우 간단하다. (a) 오역은 존재하지 않는다. (b) 나는 군사적 관련성에도 불구하고, 그 구절이 페리클레스의 구절(우연적이게도 좀 약하지만 군사적 연관성을 역시 가지고 있는)과 같이 정치적 이상 —— 즉 플라톤의 정치적 이상 —— 을 정식화하고 있는 것을 충분히 보여주려고 노력했다.

나는 이 구절이 플라톤의 정치적 이상을 정식화하고 있다 ——『법률』에 있는 수많은 비슷한 구절들처럼 —— 고 주장하는 것이 옳다는 내 신념을 바꿀 만한 어떤 정당한 이유도 보지 못했다. 그러나 나의 이 신념이 진실이건 아니건 간에, 나는 확실히 강력한 근거들(레빈슨 교수가 훼손시키려다 실패한 근거들)을 제시했다. 내가 그렇게 했고, 그리고 레빈슨 교수가 내가 그렇게 했다는 것을 의문의 여지 없이 믿고 있다. 그러므로 내가 그 구절을 내가 그럴 것이라고 믿고 있는 대로 —— 그것이 플라톤의 정치적 이상, 그의 전체주의적이고 군사적인 이상적 국가에 대한 기술이라는 것 —— 보여준다면, 그것은 '작은 불공정함'도 큰 불공정함도 가지고 있지 않을 것이다.

나의 오역에 대해선, 레빈슨 교수가 자신의 본문에서(그의 주와 별개로) 논의할 만큼 충분히 중요하다고 생각한 것에만 한정하겠다. 그는 533쪽에서 다음과 같이 적고 있다. "또 다른 반론은 '지도자 leader'라는 단어에 대한 포퍼의 사용에 관한 것이다. 플라톤은 'archōn'을 그가 국가 공무원과 군사 지휘관에 사용한 것과 동일한 단어로 사용하고 있다. 그런데 그가 여기서 염두에 두고 있는 것은 명백히 후자, 혹은 체육대회의 관리자이다."

명백히, 내가 답변할 문제는 하나도 없다.(내가 '관리자 director'로 번역했어야 했나?) 그리스어 사전을 찾을 줄 아는 누구라도 'archōn'이 가장 기초적인 의미에서 아마도 그리고 정확하게 영어 단어 'leader'(혹은 라틴어는 'dux', 이탈리아어로는 'il duce')를 말하는 것을 확인할 수 있다. 리들과 스콧은 이 단어를 동사 'archō'의 분사로 묘사한다. 이 권위자들에 따르면 이것의 기초적 의미는 '시간in point of Time'이나 '장소 혹은 위치in point Place or Station'에 있어서 '첫째 됨to be first'이다. 이 두 번째 뜻에서 첫 번째 의미들이 주어진다. '지도하다, 통치하다, 다스리다, 명령하다, 지도자나 지휘관이 되다to lead, rule, govern, command, be leader or commander.' 그러므로 우리는 archōn에서 '통치자, 지휘관, 우두머리'를 생각하고, 뿐만 아니라 아테네라는 측면에서 보자면 9명의 '아테네 최고 행정관들'임을 안다. 이것은 '지도자'가 오역이 아니라 본문에 적합하게 제공되었다는 것을 보여주기에 족하다. 베리의 번역본에서도 이 구절은 다음과 같이 사용되고 있음을 기억할 것이다. "그러나 그는 전쟁에서나 평화 시에나 그의 눈은 계속해서 자신의 지휘관을 바라보고, 그의 지휘를 따르며 항상 살아야 한다." 사실, '지도자'는 너무나도 본문에 적합하다. 이것은 레빈슨 교수의 반대를 불러온 단어의 소름 끼치는 적합함이다. 그는 플라톤을 전체주의적 지도력의 옹호자로 볼 수 없기 때문에, 이것을 그 구절이 불러일으키는 소름 끼치는 연상들에 책임이 있는 "잘못된 오역"(531쪽)임에 틀림없다고 느낄 것이다.

그러나 나는 소름 끼치는 것은 플라톤의 본문이며, 플라톤의 생각이라고 주장한다. 나는 레빈슨 교수처럼 '지도자'와 이 단어가 내포하는 모든 것 때문에 충격을 받는다. 그러나 우리가 플라톤적 이상국가의 질겁할 만한 함축을 이해하길 원한다면 이 내포들을 무시해서는 안 된다. 이것들을 나는 할 수 있는 만큼 충분히 납득시키며 설명하고자 한다.

그 구절이 군사적 원정을 언급하고 있음에도 불구하고, 플라톤이 그 원칙은 그의 군인시민들의 전체 인생에 적용된다는 것에 어떠한 의심도 남기지 않는다는 사실을 나의 논평에서 내가 강조했다는 것은 완전히 진실이다. 그리스 시민들은 군인이었어야만 했고, 군인이었다고 말하는 점에 대해서는 어떠한 답변도 없다. 왜냐하면 이것은 플라톤과 그의 『법률』 시기만큼이나 페리클레스와 그의 장례식 연설(전투에서 죽은 군인들을 위한) 시기에 최소한 참이기 때문이다.

이것이 바로 나의 표어들이 가능한 한 명료하게 드러내고자 의도했던 점이다. 이것이 다루기 힘든 긴 구절에서 한 절을 잘라낼 필요가 있게 만들었고, 그러므로 나의 요지를 불명료하게 할 군사적 문제들에 대한 몇몇 관련성들을 생략하게 만들었다.(말줄임표로 표시되었다.) 나는 이 구절이 전쟁과 평화 시에 일반적으로 적용되고, 많은 플라톤주의자들이 이것을 오독해 왔으며, 그 구절의 길이와 모호한 서술 때문에 그리고 플라톤을 이상화해야 하는 그들의 염원 때문에 요지를 놓쳐왔다는 사실을 말하고 있다. 사연이 이러한 것이다. 그러나 레빈슨 교수는 이 맥락 속에서 "객관성과 공정함의 궤도로부터 포퍼가 얼마나 벗어났는지를 밝히기 위해" "플라톤의 본문에서 포퍼가 인용한 모든 것들을 무자비하게 자세히 점검하는 것이 필요하도록 만든" "술책"을 내가 사용한다고 비난했다.(532쪽)

이런 비난들과 충분한 증거 없는 주장들, 그리고 나에게 던져진 의심들에 직면해서, 나는 다만 내 자신을 변호하는 것밖에 할 수 있는 것이 없다. 그러나 나는 어떤 사람도 자신을 스스로 판정해서는 안 된다는 원칙을 알고 있다. 이것이 바로 내가 여기서 리처드 로빈슨이 이 플라톤적 구절과 그것에 대한 나의 번역에 대해서 말한 것(「철학적 리뷰」, 60, 491쪽)을 인용하고자 하는 이유이다. 로빈슨은 내 책에 대한 비평에서 "찬사와 비난을 함께 하고 있으며", 그 비난이 플라톤에 대한 나의 번역이 편향적이라는 주장으로 구성되어 있다는 것은 기억되어야 한다. 그러나 그는 다음과 같이 쓰고 있다.

"그것들이 비록 편향적이긴 하지만, 확실히 무시되어서는 안 된다. 그것들은 보통 간과되는 플라톤 사상의 실재적이고 중요한 특징에 관심을 환기시킨다. 특히, 포퍼 박사가 보여주는 부분인 스스로 어떤 것도 행하지 말라는 것에 관한 『법률』 942의 소름 끼치는 구절은 올바르게 번역되었다.(플라톤은 이 점을 단지 그의 시민들의 군사적 삶에만 적용하도록 의도했다고 주장될 수도 있다. 그리고 그 구절이 군사 훈련에 대한 규정들로 시작하는 것은 사실이다. 그러나 마지막에서 플라톤은 명백히 그것을 삶 전체로 확장시키길 원하고 있다. '무정부주의는 모든 사람들의 모든 삶으로부터 제거되어야만 한다.'(『법률』, 942d I))"

나는 로빈슨의 진술에 더 이상 덧붙일 것이 없다고 느낀다.

요약하겠다. 나는 레빈슨 교수가 나에게 던졌던 비난들에 대해 어떤 것도 가능하게 답변할 수 없다. 나는 그중 몇 개라도 가능한 한 대답하고자 했다. 그러나 나는 누가 누구에게 불공정한가에 대한 문제보다 더 중요한 것은 플라톤에 대한 나의 주장들이 반박되는지 아닌지라고 생각한다. 나는 그것들이 반박되지 않았다는 내 신념에 대한 이유들을 제시하고자 했다. 그러나 나는 어떤 사람도 자신을 스스로 판정해서는 안 된다는 원칙을 되풀이한다. 그래서 나는 독자들로 하여금 결정하도록 해야만 한다.

그러나 나는 플라톤의 압도적인 지성적 업적에 대한 나의 확신을 재확인하지 않고 이 긴 논의를 끝내고 싶지는 않다. 그가 철학자들 중에 가장 위대한 자라는 나의 견해는 변함이 없다. 그의 도덕철학과 정치철학까지도, 비록 도덕적으로 불쾌하고 소름 끼치지만, 지성적 업적으로서는 유례없는 것이다. 그의 물리적 우주론에 대해서는 나는 이 책의 초판과 재판 사이에(좀 더 엄밀히 말하자면, 영국 초판과 미국 초판 사이에) 내 마음을 바꾸었다. 그리고 나는 왜 지금 내가 그를 세계에 대한 기하학적 이론, 오랜 세월 동안 중요성이 점점 증가해 온 이론의 창시자라고 생각하는지에 대한 이유들을 제시했다. 그의 문필력을 내가 찬양하는 것은 주제넘은 것이라 생각한다. 나의 비판이 보여준 것은, 플라톤의 위대함 때문에 그의 도덕철학과 정치철학과 싸우는 것이 그리고 그의 마법적 주문에 빠질 수 있는 사람들에게 경고하는 것이 더 중요하게 되었다는 것

592

이라고 생각한다.

IV(1965)

3장 주 31에서 나는 플라톤의 정치학에 대한 나의 견해들을 예견하는 것처럼 보이는 많은 작품들을 언급하였다. 본 주를 쓴 후에 나는 달래는 자와 독재자에 대한 굉장한 공격인 다이애나 스퍼먼 Diana Sperman의 『현대 독재 *Modern Dictatorship*』(1939)를 읽었다. 그녀의 「독재정치론」 장은 플라톤의 정치이론에 대해 내가 본 것 중에 가장 깊이 있고, 가장 통찰력 있으며, 그리고 동시에 가장 간결한 분석의 하나를 담고 있다.

해설
포퍼의 생애와 철학

I 포퍼의 생애

칼 포퍼는 1902년 7월 28일 오스트리아의 빈에서 유대인의 아들로 태어났다. 빈 대학교에서 법학박사 학위를 받고 변호사업을 하고 있던 아버지 시몬 포퍼Simon Sigmund Carl Popper의 영향으로 포퍼는 어린 시절부터 완전한 지적 분위기 속에서 성장했다. 아버지는 변호사라기보다는 오히려 학자였다. 특히 철학과 사회문제에 관심이 깊었던 아버지의 서재에는 플라톤에서부터 베이컨, 데카르트, 스피노자, 로크, 칸트를 위시하여 밀, 니체, 다윈 등에 이르기까지의 수많은 고전적 철학서뿐만 아니라, 마르크스, 엥겔스, 카우츠키, 베른슈타인 등의 저서가 모두 구비되어 있었다. 포퍼는 이런 저서들을 탐독하면서 어린 시절을 보냈다.

포퍼는 매우 조숙한 천재였다. 그는 이미 8세경에 언어 사용의 잘못에서 발생하는 단순한 수수께끼가 아닌 진정한 철학적 문제가 있음을 생각했다고 한다. 그것은 바로 무한infinity의 문제였다. 그 후 본질주의와 귀납논리의 문제 등이 그의 철학적 탐구의 중요한 과제로 등장한다. 포퍼는 1919년에서 1928년까지 빈 대학교에서 수학, 물리학, 철학 등을 전공하면서 수학했고, 1928년 「사유심리학의 방법론 문제 *Zur Methodenfrage der*

Denkpsychologie」라는 논문으로 철학박사 학위를 취득했다.

그의 사상적 형성과 발전은 빈 학단 Vienna Circle과의 밀접한 연관 속에서 이루어진다. 왜냐하면 그는 빈 학단이 한창 활동을 전개하던 1920년대를 거의 이 학단의 본거지인 빈 대학교에서 보냈기 때문이다. 특히 그는 이 학단의 핵심 인물인 슐리크에게서 직접 배웠고, 이 학단의 주요 인물들인 카르나프, 바이스만, 멩거, 괴델 등과도 친교를 맺었다. 그러나 그는 이 학단에 직접 가입하지는 않았다. 이것은 그가 흄의 전통에 서는 빈 학단의 검증이론에 동조하지 않고, 오히려 지식의 합리적 구성이론을 통해 경험론의 한계를 밝힌 칸트의 입장에 동의했기 때문이다.

포퍼의 중요 관심사는 과학철학이었다. 1934년에 그는 그의 처녀작이자 과학철학 분야에서 그의 존재를 확인시킨 『탐구의 논리 *Logik der Forschung*』를 출간했다. 이 덕분에 1935년부터 1936년에 걸쳐 영국의 여러 대학에 초빙되어 강의를 하게 되었고, 1937년에는 뉴질랜드의 캔터베리 대학교에 철학강사로 초빙되었으며 얼마 있다가 그곳에서 철학교수로 임명되었다. 그의 뉴질랜드 이민은 히틀러에 의한 오스트리아 합병과 유대인 박해 때문이기도 했다. 2차대전 후 그는 영국으로 이주하여 런던 대학교 교수로서 논리학과 과학방법론을 강의해 오다가 1969년 퇴직했다. 퇴직 후에도 그의 정력적인 활동은 1994년 타계할 때까지 계속되었다.

포퍼는 과학철학자로서는 특이하다 할 만큼 사회적 문제나 정치적 문제에 민감했고, 이 방면에 커다란 사상적 업적을 남겼다. 그러므로 그는 현대의 사회철학에서도 독특한 위치를 차지한다. 이것은 아마도 사회문제에 관심이 깊었던 아버지의 영향과, 1차대전 말기부터 러시아, 독일, 오스트리아 등을 휩쓴 공산주의 혁명 및 이에 대항하는 파시즘의 등장 등으로 극히 혼란했던 상황 속에서 그가 성장했기 때문으로 추측된다. 한때 그는 사회주의 중등학생연맹 sozialistische Mittelschüler의 열성적인 회원이기도 했다. 그러나 곧 사회주의나 공산주의 등의 전체주의 사상이 갖는 비인간성에 환멸을 느끼고 진보적 자유주의의 열렬한 대변자가 된다. 그의 사회철학을 대변하는 『열린사회와 그 적들 The Open Society and Its Enemies』, 『역사주의의 빈곤 The Poverty of Historicism』 등은 이러한 상황 속에서 저술된 것이다.

II 사상의 핵심적 교설

과학철학의 영역에서뿐만 아니라 사회철학이나 역사철학의 분야에서도 널리 알려진 포퍼의 비판적 합리주의 철학은, 논리실증주의자들이 주장한 검증원리 verifiability principle라는 의미 기준 대신에 진정한 과학과 사이비 과학을 구별하는 구획의 기준으로 그가 제기한 반증원리 falsifiability principle에서부터 시작된다. 경험을 초월한 형이상학의 명제는 완전히 허튼소리에 불과할 뿐으로 전혀 어떠한 주장도 아니라는 것이 빈 학단을 중심으로 한 논리실증주의자들의 핵심적인 사상이었다. 그들은 근본적으로 의미 있는 언어의 문법적 규칙은 관찰될 수 있는 경험적 사실에 관한 진술에만 적용된다고 생각했다. 왜냐하면 그들은 한 단어가 지시하는 것은 항상 경험적 대상이며, 한 문장의 의미는 검증가능한 경험적 사실에 기초하고 있다고 믿었기 때문이다.

포퍼는 두 가지 논점에서 논리실증주의자들의 검증원리에 비판을 가한다. 하나는 우리가 그 이론을 그대로 받아들인다면 우리는 형이상학뿐만 아니라 자연과학의 이론까지도 부정하게 된다는 것이며, 다른 하나는 철학과 과학의 한계를 분명히 긋는 것이 불가능하다는 점이다. 포퍼는 실증주의자들의 유의미성의 기준에는 반형이상학적 책략이 숨어 있음을 다음과 같이 비판한다.

실증주의자들은 형이상학을 전멸시키려고 열망하지만 이와 함께 자연과학도 전멸시키게 된다. 왜냐하면 과학적 법칙들도 경험의 기초적 언명에로 논리적으로 환원될 수는 없기 때문이다. 만약 우리가 비트겐슈타인의 유의미성의 기준을 철저히 적용한다면, 자연법칙들도 무의미한 것으로 배격하게 된다. 그러나 이러한 법칙의 탐구야말로 아인슈타인이 말하는 바와 같이 물리학자의 최고의 과제인 것이다.[1]

이와 아울러 포퍼에게 철학은 단순히 언어의 분석일 수가 없는 것이다. 논리실증주의자들에게 철학은 어떤 이론이 아니라 언어를 분석하고 명료화하는 활동이었고 따라서 전통적인 철학적 제문제는 해결될 문제가 아니라 해소되어 버릴 문제였다. 그러나 포퍼에 의하면 철학도 과학과 마찬가지로 언어가 지시하는 세계를 그 연구대상으로 삼는다. "우리는 우리의 감관을 통해서 사물들을 인식하는가?", "우리는 우리의 지식을 귀납을 통해서 획득하는가?", "가능적이거나 현실적인 무한이란 존재하는 것인가?"와 같은 인식론 및 형이상학적인 여러 문제와 도덕적 규범의 타당성에 관한 윤리적 문제는 단순한 철학적 수수께끼가 아니라 진정한 철학적 문제인 것이다.[2] 그러므로 일상언어의 분석과 이상언어의 구성은 어떤 철학적 문제에 대한 접근에 도움을 주는 것은 사실이지만 이것이 철학적 진리에의 보편적 관건이 되는 것은 아니다.

이러한 비판을 통해 도달한 포퍼의 반증가능성의 기준은 진정한 과학과 사이비 과학을 구획지어 줌으로써 한 이론의 과학적 성격이나 자격을 규명해 주는 척도였다. 포퍼에 의하면 과학적 이론은 먼저 가설의 형태

---

1) Karl Popper, *The Logic of Scientific Discovery*(New York and Evanston: Harper & Row, 1968), p.36.
2) Karl Popper, *Unended Quest: An Intellectual Autobiography*(Illinois: Open Court, 1976), p.123.

로 제시된다. 그는 과학의 방법적 본질이 귀납법에 있다고 하는 베이컨 이후 발달되어 온 일체의 귀납주의적 견해에 반대하고 과학의 방법을 가설연역적 방법으로 규정짓는다. 과학의 임무는 보편적 법칙의 수립에 있고, 이런 보편적 법칙은 전칭명제의 형태로 표현된다. 그러므로 귀납을 통한 단칭명제의 집합으로는 저 전칭명제가 참이라는 주장을 정당화할 수가 없는 것이다. 그렇다고 모든 이론이 가설의 성격을 가지는 것은 아니다. 포퍼에 의하면, 모든 현상을 포괄적으로 설명할 수 있다고 주장하는 마르크스의 역사이론, 아들러의 개인심리학, 프로이트의 정신분석이론 등은 실제로는 과학이 아닌 원시적 신화요, 천문학보다는 점성술과 유사한 것이다. 왜냐하면 이들은 어떠한 경우에도 반박될 수가 없기 때문이다. "한 이론의 과학적 자격의 기준은 그 이론의 반증가능성, 반박가능성, 테스트가능성이다."[3] 즉 한 이론이 과학적인 것으로 분류될 수 있는 경우란, 그 이론에 모순되는 관찰을 생각할 수 있는 경우이다. 그러므로 한 이론의 과학적 성격이란 그 이론이 언제나 경험에 의하여 반증될 위험을 내포하고 있다는 점에 있는 것이다. 이것이 바로 『탐구의 논리』를 중심으로 해서 전개된 그의 반증가능성의 이론이다.

포퍼의 두 번째 사상은 그의 비결정론indeterminism에서 찾아볼 수 있다. 결정론은 보통 형이상학적 결정론과 과학적 결정론으로 나뉘지만, 포퍼는 그 어느 결정론에도 동의하지 않는다.

형이상학적 결정론은 무한히 먼 과거로부터 모든 사물의 운명은 필연적으로 이미 정해졌다고 보는 사상이다. 일찍이 데모크리토스에 의해서 잘 표명된 이 이론에 의하면, 과거만이 아니라 미래까지도 그리고 사물의 아주 작은 부분까지도 이미 오래전에 결정되어 있다는 것이다. 과학적 결정론은 형이상학적 결정론에다, 세계에 관한 과학적 지식에는 원칙

---

3) Karl Popper, *Conjectures and Refutations: the Growth of Scientific Knowledge* (New York and Evanston: Harper & Row, 1968), p.37.

적으로 어떤 한계가 없다는 인식론적 주장을 첨가한다. 다시 말해서 현재의 조건들과 자연의 법칙에 관한 지식으로부터 이미 확정된 세계가 과학적으로 정확하게 예측될 수 있다는 것이다.

포퍼는 이런 결정론적 자연관은 하이젠베르크의 불확정성 원리에 의해서도 이미 부정된 것으로 믿는다. 따라서 그는 물리적 세계를 완전히 폐쇄적 체계로 생각하지는 않으며, 동시에 우리의 심리적 세계가 물리적 세계의 단순한 반영이라는 이론이나 물리적 세계에서 심리적 세계에로의 작용만이 가능하다고 보는 부산현상주의 이론 등을 모두 거부한다. 칸트 인식론의 영향을 강력히 받은 포퍼의 인식이론은, 정신은 물질의 수동적 반영이 아니라 능동적으로 활동한다는 것이며, 새로운 지식이란 일정한 법칙 안에서 이루어지는 것이 아니라 정신의 자유로운 창조에 의해서 형성된다는 것이다.

포퍼 사상의 세 번째 특징은 그의 방법론적 개체주의methodological individualism[4]에 있다. 그리고 이 방법론적 개체주의야말로 포퍼 사회철학의 방법론적 핵심을 이루는 것이다.

사회현상의 연구방법에는 전통적으로 두 개의 접근법이 있어왔다. 하나는 사회를 구성하는 원자들 하나하나의 관점에서 고찰하는 개체주의의 방법이요, 다른 하나는 사회 전체라는 관점에서 고찰하는 방법이다. 전체론holism이라고 보통 불리는 이 후자의 이론에 의하면, 사회는 하나의 거대한 유기체와 같아서 그것을 구성하고 있는 개개인으로 환원되어서 이해될 수는 없고, 살아 있는 전체로서 이해되어야 한다는 것이다. 그러나 포퍼에 의하면 사회 전체란 한갓 이론적 구성물에 불과한 것이며 이러한 이론적 구성물은 어떤 경험을 설명하기 위해 구성된 모형에 불과한 것이다. 우리가 흔히 이런 이론적 구성물을 사물로 오인하는 이유는, 모

---

4) Karl Popper, *The Poverty of Historicism*(New York and Evanston: Harper & Row, 1964), p.136.(이후부터 *P.H.*로 표기.)

형이 성격상 추상적이거나 이론적이어서 변화하는 사물의 내부나 또는 영구적인 본질로 생각되기 쉽기 때문이다.

이러한 전체론은 포퍼가 열린사회의 적으로 규정한 역사주의의 기초가 된다. 『열린사회와 그 적들』, 『역사주의의 빈곤』 등은 이러한 잘못된 방법론적 전체론이 전체적 통제와 계획을 주장하는 정치적 전체주의 totalitarianism와 어떻게 연결되어 있는지를 분석함으로써 전체의 미명 아래 수많은 개인을 제물로 요구한 정치적 전체주의가 얼마나 허구이며 미신인지를 폭로하고자 한 것이다.

III 열린사회의 성격

포퍼에 의하면 역사는 열린사회와 닫힌사회의 투쟁과정으로 볼 수 있다. 물론 이것은 역사를 해석하는 유일한 관점은 아니지만, 인류가 지향해 왔고 지금도 추구하고 있는 가치 있는 사회를 제시하는 매우 편리한 하나의 범형 paradigm이 된다.

포퍼는 열린사회 the open society를 닫힌사회 the closed society와 대립적인 성격으로 규정하며, 우리가 인간으로 살아남을 수 있는 유일한 사회라고 정의한다. 그리고 이 열린사회만이 참다운 과학적 이론의 기초 위에 서 있는 사회이다. 말하자면 그의 열린사회란 전체주의에 대립되는 개인주의의 사회이며, 사회 전체의 급진적인 개혁보다는 점진적이고 부분적인 개혁을 시도하는 점진주의의 사회이다. 여기에서 우리는 포퍼의 열린사회의 이념이 고전적 자유주의의 흐름 위에 서 있음을 쉽게 간파할 수 있다.

포퍼가 정의한 닫힌사회는 불변적인 금기와 마술 속에 살아가는 원시적인 부족사회이다. 소위 국가 유기체 이론이나 생물학적 이론은 상당한 범위까지 이 닫힌사회에 적용될 수 있다. 이 사회는 구성원들이 혈족관계에 있고 공동으로 노력하며 기쁨과 고통을 공동으로 나누는 반(半)생물학적 결속으로 함께 묶여 있는 사회이며, 서로 만져보고 냄새 맡고 바라보고 하는 육체적 관계에 의해 맺어진 개인들의 구체적인 집단이다.[5] 대다수의 구성원들이 사회적으로 높아지기 위해 그리고 다른 사람의 지위를 차지하기 위해 투쟁하는 열린사회에 반해, 닫힌사회란 계급투쟁과 같은 것은 존재하지 않는 사회이다. 유기체 속의 세포나 조직은 영양분을 얻기 위해 서로 경쟁할는지는 모르나, 다리가 머리가 되고자 한다든가, 몸의 어느 부분이 위(胃)가 되고자 하는 선천적인 경향은 없을 것이기 때문이다. 이와 아울러 닫힌사회는 그 사회의 법률과 관습을 계절의 순환이나 자연의 규칙성과 같이 불가피한 것으로 받아들이는 사회이다. 닫힌사회는 과학적 태도에 의해서가 아니라 마술적 태도에 의해서 그 성격이 드러난다. 그 사회의 구성원들에겐 그들의 행위를 규제하는 규범을 바꾼다는 것은 감히 생각조차 할 수 없는 일이다.

닫힌사회의 두 번째 특징은 국가가 크든 작든 시민생활의 전체를 규제하려 드는 점이다. 이것은 개인의 책임을 종족적 터부와 개인에 대한 전체적 무책임으로 대체하고자 하는 것이다.[6] 이리하여 모든 규범이 자연의 법칙과 같이 불변적인 것으로 간주되는 닫힌사회에서는 개인은 무엇이 옳고 그른지에 관해 전혀 독자적인 판단을 내릴 수가 없는 반면에, 국가만이 개인들의 판단에 대해 대답을 제시할 권리를 갖게 된다.

이에 대립되는 열린사회는 정반대의 특징을 갖는다. 첫째로 열린사회에서는 행위의 규범들이 고정불변한 것으로 간주되지 않고 필요에 의해서 얼마든지 변경될 수 있는 약속의 체계에 불과한 것으로 간주된다. 둘

---

5) Karl Popper, *The Open Society and Its Enemies*, vol. 1(Princeton University Press, 1971), p.173.(이후부터 *O.S.* 1로 표기.)
6) *O.S.* 1, p.113.

째로 열린사회는 개인들이 스스로 판단을 내리고 독자적인 결단을 내릴 수 있는 사회이다.[7]

포퍼는 열린사회와 닫힌사회의 상반되는 두 성격을, 역사상 가장 먼저 열린사회의 이념을 제시한 페리클레스와 최초로 가장 완벽하게 열린사회를 봉쇄코자 한 플라톤의 말을 함께 인용함으로써 대비하고 있다.[8]

비록 소수의 사람만이 정책을 발의할 수 있다 해도, 우리들 모두는 그 것을 비판할 수 있다.

무엇보다 가장 으뜸가는 원칙은 여자든 남자든 아무도 지도자 없이는 안 된다는 것이다. 어느 누구의 마음도 전적으로 자기 스스로 무언가를 하게끔 습관화되어서는 안 된다. 그것은 열성적으로 하는 것이든 장난삼아 하는 것이든 마찬가지이다. 오히려 사람들은 전쟁 때나 한창 평화로운 때에 그의 지도자에게 눈을 돌려 그를 따라야 한다. 그리고 사소한 일까지도 지휘를 받아야 할 것이다. 예컨대 그렇게 하라는 명령이 떨어졌을 때만 잠자리에서 일어나거나 움직이거나 씻거나 먹거나 해야 할 것이다. 간단히 말하면 사람들은 오랜 습관에 의해 결코 독립적 행동을 꿈꾸지 않고 전혀 그런 짓을 할 수 없게 되도록 자신의 영혼을 길들여야만 한다.

여기서 열린사회와 닫힌사회의 성격이 분명히 드러난다. 열린사회란 사회 구성원 개개인들이 자신의 행위에 대해서 책임을 질 뿐만 아니라, 자신의 독자적인 판단을 내릴 수 있는 사회이다. 따라서 어떤 불변의 규범이나 습관 같은 것이 개인들에게 부과되는 강제적 사태라는 것은 열린사회 속에서는 존재할 수가 없다. 열린사회는 불변의 규칙이나 전통적

---

7) *O.S.* 1, p.173.
8) *O.S.* 1, p.7.

권위에 의존하는 것이 아니라, 이성과 자유 및 인간에 대한 박애의 신념에 의존한다. 즉 열린사회는 각자가 자신의 이성을 사용하여 판단을 내리며, 다른 사람의 자유를 인정하고 형제애 속에 살 것을 동의할 때만 존재하는 사회이다.

열린사회의 이런 핵심적 원리는 사실과 가치를 엄격히 구별하는 포퍼의 가치철학에 의해서 더욱 뒷받침된다. 그는 사실로부터 윤리적 규범이나 결단을 이끌어낼 수 없다고 보는 이원론에 전적으로 동의한다.

> 비판적 이원론은 규범과 규범적 규칙이 인간에 의해서, 더 정확하게 말한다면 그것들을 관찰하고 바꾸고자 하는 인간적 결단이나 협약에 의해서 만들어질 수 있고, 바꾸어질 수 있으며, 그러므로 규범들에 대해서 책임을 질 자는 바로 인간이라는 것을 주장한다. 규범들은 인간에 의해서 만들어진 것이다. 이것은 우리 자신 이외의 누구에 대해서도 규범에 대한 책임을 전가시킬 수 없다는 것을 의미한다. 우리는 결코 자연이나 신에 대해서도 규범에 대한 책임을 물을 수가 없는 것이다. 그것들이 못마땅하다면 할 수 있는 한 그것들을 개선시키는 것이 우리의 과제이다.[9]

그러나 우리가 좋아하는 규범의 체계를 어떤 것이든 우리 마음대로 선택할 수 있다면, 한 체계가 다른 체계보다 우월하다는 사실을 어떻게 보장하겠는가? 포퍼에 의하면 모든 규범은 물론 인위적인 것이다. 그러나 인위성이 결코 자의성을 의미하지는 않는다. 예컨대 수학적 계산법이나 교향곡, 연극 등은 매우 인위적인 것들이다. 그러나 그것은 하나의 계산법이나 교향곡, 연극이 다른 것과 꼭 같다는 것을 의미하지는 않는다.[10]

포퍼에게서 윤리의 자율성에 대한 주장은 지배자와 사회제도를 비판

---

9) *O.S.* 1, p.61.
10) *O.S.* 1, p.65.

할 수 있는 개인의 권리에 대한 신념과 연결되며, 이것은 "정의란 최상의 국가 이익과 같은 것이다."라는 플라톤의 전체주의적 정의에 대한 철저한 반대 입장으로 나타난다. 이리하여 포퍼는 플라톤이 그의 『국가』에서 그토록 장황하게 다룬 "누가 지배해야 하는가?" 하는 물음을 "사악하거나 무능한 지배자들이 지나친 피해를 끼치지 않게끔 정치적 제도들을 어떻게 조직할 수 있는가?" 하는 물음으로 바꾼다.[11]

"누가 지배해야 하는가?"라는 물음이 근본적인 것으로 간주된다면, 지배자와 피지배자 사이에 장벽을 쌓고 영원한 정치적 지배계급을 형성하기 위하여 지혜를 전수하는 플라톤적인 교육체제가 찬양받게 될 것이다. 그러나 논의와 비판을 통해 합리적인 제도적 장치를 구축하는 데 더욱 신경을 쓴다면, 페리클레스의 연설에서 나타난 인도주의적이고 민주주의적인 사상이 더욱 가치 있게 생각될 것이다.

> 우리 정부는 소수보다 다수를 좋아한다. 이것이 민주주의라 불리는 이유이다.……우리는 토론을 정치적 행위에서의 장애로 간주하는 것이 아니라, 현명하게 행위하기 위한 불가피한 전제로 간주한다.[12]

이리하여 포퍼의 열린사회는 개인의 자유와 권리가 확보된 사회이며, 개인이 그의 이성에 입각해서 스스로 판단을 내리고 자신의 행위에 대한 책임을 지는 사회이다. 이때 자유란 다수와 의견을 달리하고 자기 자신의 길을 갈 수 있는 인간 진보의 원천으로서의 자유이며, 권리란 자신의 지배자를 비판할 수 있는 권리로서 규정된다.[13]

---

11) *O.S.* 1, p.121.
12) *O.S.* 1, p.186.
13) *O.S.* 1, p.186.

IV 열린사회의 적들

열린사회를 파괴하고 그 발전을 저해하는 최대의 적은 역사주의his-toricism라 불리는 신탁의 철학이라고 포퍼는 주장한다. 이것은 점성술과 비슷하다는 의미에서 신탁의 철학이다. 포퍼의 『열린사회와 그 적들』이 역사주의의 기원과 발전에 관한 비판적 음미로 계속되고 있는 것은 이 때문이다.

포퍼에게 역사주의란 "역사적 예측을 사회과학의 기본적 목적이라고 생각하고, 이러한 목적은 역사 진전의 밑바닥에 깔려 있는 율동이나 유형, 법칙이나 경향을 발견함으로써 달성될 수 있다고 보는 사회과학에의 한 접근법"[14]을 의미한다. 그러므로 이러한 역사주의는 본질적으로 방법론적 원리로서 규정될 수 있는바, 방법론적 개체주의에 대립되는 방법론적 전체주의methodological holism가 그것이다. 이런 규정에 따라 플라톤, 헤겔, 마르크스 등이 대표적인 역사주의자들로서 등장하며, 이들에겐 전체주의적 방법론이 지닌 다음 몇 가지가 공통된 것으로 간주된다. 첫째로 사회 구성원인 개인들로 환원될 수 없는 사회 전체가 존재하며, 이것은 개체주의적 방법으로는 파악될 수 없다. 둘째로 이런 사회 전체의 발전 법칙들이 존재하며, 이런 법칙들에 의해서 미래에 일어날 사건의 방향에 대한 예측이 가능하다. 셋째로 이러한 방법론적 원리에 따라 사회 전체를 통제하거나 변혁하는 유토피아적 사회공학이 가능하다. 그러므로 포퍼에게 역사주의란 전체론, 역사적 법칙론historical law, 유토피아주의 utopianism, 이 세 사상을 합쳐놓은 형태의 사상이다.[15] 따라서 그의 역사주의에 대한 비판은 주로 이 세 사상에 대한 비판이라 할 수 있다.

---

14) *P.H.*, p.3.
15) *P.H.*, p.71. 포퍼에 의하면 유토피아주의가 역사주의의 본질적인 속성은 아니지만, 이들은 모두 전체론에 기초를 둠으로써 거의 언제나 세속적인 동맹관계를 수립한다.

전체론에 대한 비판

　　사회적 집단은 그 성원들 간의 한갓된 총계 이상의 것이요, 또한 어떤
시기에 그 성원들 사이에 성립하는 단지 개인적인 관계의 한갓된 총계 이
상의 것이다.[16]

　　이러한 전체론에 따르면 한 집단은 그다지 중요하지 않은 성원 중의
약간을 잃어도 용이하게 그 성격을 그대로 유지할 수 있다. 뿐만 아니라
그 원래의 성원 모두가 다른 성원으로 대체된다 해도, 한 집단은 그 원
래의 성격을 대부분 간직할 수 있다. 이것은 한 집단이 그 집단을 구성
하는 성원을 떠나서 그 자신의 성격과 전통을 갖고 있음을 의미한다. 이
리하여 전체론은 만일 우리가 어떤 집단을 이해하고 설명하고자 한다면,
또한 그 집단의 미래 발전을 이해하고 예지하고자 한다면, 그 집단의 역
사나 전통을 연구하지 않으면 안 된다고 주장한다.
　　살아 있는 대상을 다루는 생물학과 마찬가지로 사회학의 연구대상이
사회 전체라는 이 이론은 사회적 구조에 관한 생물학적 이론이나 유기체
이론과 밀접한 연관이 있음을 강력히 시사한다. 사실상 전체론은 생물학
에서 처음 사용된 개념이다. 그러므로 역사주의의 전체론은 사회적 집단
과 유기체 사이의 유사성을 전제하는 이론이다. 같은 논리로 집단 전통
의 담지자로서의 집단정신이 존재한다는 이론 역시 전체론과 밀접한 관
련을 갖고 있다.
　　포퍼에 의하면 이러한 전체론은 완전한 오류이며, 역사주의 허구성
은 기본적으로 이 전체론의 오류와 관련되어 있다. '전체'라는 말은 보통
두 가지 의미로 사용되는바, 하나는 (a) 한 사물의 모든 성질이나 양상의

---

16) *P.H.*, p.17.

총체 및 특히 그 사물의 구성 부분 사이에 성립하는 모든 관계의 총체를 지시하는 경우와, 다른 하나는 (b) 문제되는 사물의 어떤 특수한 성질이나 양상, 즉 그 사물로 하여금 단순한 집적(集積)보다는 오히려 유기적 구조로 보이게 하는 성질이나 양상을 지시하기 위하여 사용되는 경우이다.[17] 여기서 포퍼는 (b)의 경우는 형태심리학 Gestalt psychologie에서 보는 바와 같이 학적 탐구의 대상이 되는 전체이며, (a)의 경우는 전혀 학적 탐구의 대상이 될 수 없는 전체임을 규명한 후, 역사주의자들이 사용하는 전체의 의미가 (a)의 경우에 해당되는 전체라는 것을 논증하고자 한다. 예컨대 우리가 멜로디를 단일한 음들의 한갓된 모임이나 연속 이상의 것이라고 정의할 때, 우리는 어떤 전체를 의미한다. 그러나 이때 고려되는 것은 이러한 음들의 연속이 나타내는 여러 양상 중의 하나인 것이다. 즉 그것은 이러한 음들의 첫 번째 음의 절대적 음조나 또는 그 음들의 평균적인 절대적 강도와 같은 다른 양상과는 분명히 구별된다. 더욱이 '멜로디의 리듬'과 같이 멜로디라는 양상보다 더 추상적인 형태 양상도 있다.

이와 같이 과학적 연구의 대상이 되는 의미에서의 전체에 관한 연구는 언제나 선택적이다.

> 우리가 하나의 사물을 연구코자 한다면, 우리는 그 사물의 어떤 양상을 선택하지 않을 수 없다. 세계에 관한 단편 전체, 또는 자연의 단편 전체를 관찰하고 기술한다는 것은 우리에게 불가능한 일이다.[18]

제아무리 작은 단편이라 할지라도 그것의 전 국면을 기술할 수는 없다. 모든 기술은 필연적으로 선택적이기 때문이다. 따라서 한 사물의 모

---

17) *P.H.*, p.76.
18) *P.H.*, p.77.

든 성질이나 모든 국민의 총체라는 의미에서의 전체는 결코 과학적 탐구의 대상이 될 수 없는 것이다.

포퍼에 의하면 전체론의 오류는 바로 형태심리학에서 이야기하는 어떤 양상으로서의 형태 Gestalt와 총체 totality라는 의미에서의 전체 whole가 같다고 생각하는 데에 기인한다. 그러나 형태와 전체는 근본적으로 구분하지 않으면 안 된다. 형태는 총체라는 의미에서의 전체와는 아무 관계도 없으며, 모든 지식은 반드시 선택적 양상을 띨 수밖에 없다. 따라서 사회 전체의 구체적 구조는 결코 파악될 수 없는 것이며, 전체론적 방법은 필연적으로 단순한 프로그램에 그치고 만다. 그럼에도 불구하고 전체주의자들은 하나의 불가능한 방법에 의해서 사회 전체를 연구하려고 시도할 뿐 아니라, 우리 사회를 하나의 전체로서 통제하고 개조하고 계획하기도 하는 것이다.[19]

역사적 법칙론에 대한 비판

역사주의는 간단히 말해서 역사 진행의 과정을 예측 가능하게 해주는 역사의 법칙을 발견할 수 있다는 견해이다. 이 이론에 따르면 인류 역사는 하나의 계획을 갖고 있고, 그래서 우리가 이 계획의 정체를 밝혀내기만 한다면, 우리는 과거의 역사를 완전히 해석할 수 있을 뿐만 아니라 미래의 역사까지도 예측할 수 있게 된다.

그러나 이 역사적 법칙은 우리가 보통 이야기하는 사회적인 여러 법칙과는 구별되는 법칙이다. 역사주의의 반자연주의적 원리에 따르면, 자연과학적인 일반화의 방법은 사회과학에는 적용될 수 없다. 왜냐하면 사회생활에서의 제일성(齊一性)은 보통 일정한 문화적 또는 역사적 시기에만 적용되므로, 우리는 그 제일성이 시공을 넘어서서 무조건으로 타당하

---

19) *P.H.*, p.79.

다고 가정해서는 안 되기 때문이다. 그러므로 사회에 관해서 보편적으로 타당한 유일한 법칙은 계기가 되는 시기들을 연결하는 법칙이 아니면 안 된다.[20] 즉 한 시기로부터 다른 시기에로의 이행을 규정하는 역사적 발전의 법칙이 아니면 안 된다.

포퍼는 이런 역사의 발전 법칙을 탐구하는 대표적인 역사의 형이상학자로서 헤겔과 마르크스를 든다. 헤겔은 세계사를 '자유의식의 진보 과정'으로 파악하고 그의 변증법적 방법에 따라 한 사람만이 자유를 인식했던 동양적 사회, 소수의 사람만이 자유를 인식했던 그리스 로마 사회, 만인이 인간으로서의 자유를 인식했던 기독교적 게르만 사회로 구분했고, 마르크스는 그의 유물사관의 이론 위에서 역사는 생산력과 생산관계의 경제적 모순에 의해 다섯 단계를 거쳐 발전한다고 주장했다.

포퍼에 의하면 역사가 하나의 필연적 법칙에 의해서 지배된다는 역사주의의 역사법칙론이란 법칙에 대한 잘못된 이해에서 연유한다. 따라서 포퍼는 역사법칙론을 진화론의 한 변형된 형태에 불과하다고 간주하며, 고대와 현대의 모든 유기체를 연결하는 원인과 결과의 거대한 연쇄의 법칙인 진화의 법칙이란 생물학에서나 사회학에서나 도저히 과학적 탐구의 범위 안에 들어갈 수가 없는 것으로 규정한다.[21] 왜냐하면 지구상의 생명의 진화나 인간 사회의 진화는 하나의 특이한 역사적 과정인 것이며, 그 과정의 서술은 법칙이 아니라 하나의 단칭적인 역사적 언명에 지나지 않기 때문이다. 보편적 법칙은 어떤 불변의 질서에 관해서, 즉 일정한 부류의 과정에 관해서 주장하는 것이 아니면 안 되며, 무엇보다 먼저 새로운 사례에 의해서 검증되지 않으면 안 된다. 그러나 우리가 어떤 특이한 과정의 관찰에만 국한되어 있다면 보편적 가설을 검증하는 것은 바랄 수도 없으며, 따라서 과학이 받아들일 수 있는 법칙을 발견할 수도 없을 것이다.

---

20) *P.H.*, p.41.
21) *P.H.*, p.108.

발육해 가는 한 마리의 모충을 아무리 주의 깊게 관찰한다 할지라도, 그 관찰은 모충이 나비로 변태한다는 것을 예측하는 데 아무런 도움도 주지 못할 것이다.[22]

진화의 법칙을 믿는 사람들은 대략 다음의 두 유형으로 구분될 수 있다. 하나는 진화의 과정이 역사 과정만의 특이한 현상이 아니라 보편적 현상이라는 것을 주장하는 입장이며, 다른 하나는 설사 진화의 과정이 역사의 특이한 현상이라 할지라도 우리는 그 과정에서 하나의 추세나 경향이나 방향을 인지할 수 있으며, 이러한 추세를 진술하는 가설을 정식화하고 이 가설을 미래의 경험에 의해서 검증할 수 있다고 보는 입장이다.

마키아벨리, 비코, 슈펭글러, 토인비 등이 비슷하게 사용한 '진화의 원리'[23]라는 관념은 탄생에서부터 유년기, 청년기, 노년기를 거쳐 죽음에 이르는 생명의 주기가 개개의 동물과 식물에만 적용되는 것이 아니라 사회나 민족, 어쩌면 세계 전체에까지 적용될 수 있다는 이론이다. 이 원리에 따르면, 역사는 반복적인 것이며, 그러므로 문명의 생명을 지배하는 주기의 법칙은 일정한 동물 종의 생명주기를 연구하는 것과 꼭 같은 방법으로 연구할 수 있게 된다. 그러나 과연 이런 유추의 방법이 과학적 타당성을 가질 수 있겠는가? 포퍼에 의하면 역사가 어떤 점에서는 종종 반복된다 할지라도 반복의 이런 사례들은 분명히 매우 다른 상황들을 내포하며, 그 상황들은 앞으로의 발전에 중요한 영향을 미칠 수도 있으므로, 역사에서 어떤 원형 prototype이 반복된다고 추정할 근거는 없는 것이다.[24]

콩트, 밀, 헤겔, 마르크스 등이 가정한, 진화적 운동의 추세나 방향을

---

22) *P.H.*, p.109.
23) *P.H.*, p.110.
24) *P.H.*, p.110.

추정할 수 있다는 신념 역시 비판을 면할 수 없다. 물론 포퍼도 사회적 변화에 추세나 경향이 있다는 것은 인정한다. "추세는 존재한다. 혹은 더 정확히 말하면 추세를 가정함은 유용한 통계적 방안인 경우가 많다. 그러나 추세가 곧 법칙은 아니다."[25] 일정한 시간과 장소에서의 어떤 추세의 존재를 주장하는 것은 존재 언명이요, 하나의 단칭적 역사적 언명이지, 보편적 언명 내지 보편적 법칙은 아니다. 우리는 과학적 예측의 기반을 법칙 위에 둘 수는 있지만 수천 년 동안 계속되어 온 것이라 할지라도 십 년 안에 변할 수 있는 추세의 존재 위에 둘 수는 없는 것이다. 추세의 존속 여부는 일정한 특수적 초기 조건에 달려 있기 때문이다. 그러나 역사주의자들이 말하는 역사발전의 법칙이란 다름 아닌 절대적 추세이니, 이것은 선행조건에 의존하는 것이 아니라 우리를 저항할 수 없는 미래의 어떤 방향으로 무조건적으로 이끌어가는 것이다. 조건부의 과학적 예측과는 대립되는 이러한 절대적 추세가 점성술과 유사한 역사적 예언의 기초가 되며, 이것이 역사주의의 중심적인 과오가 된다.

유토피아주의에 대한 비판

포퍼에 의하면, 역사주의와 유토피아주의가 동맹을 맺을 수 있는 강력한 요소는 양자가 공유하고 있는 전체론적 접근법에 있다. 역사주의가 관심을 갖는 것은 사회생활의 여러 국면의 발전이 아니라 '전체로서의 사회'의 발전이며, 유토피아적 사회공학도 마찬가지로 전체론적이다. 양자는 모두 '단편적 수선 piecemeal tinkering'과 '그럭저럭 미봉해 나가는 것 muddling through'에는 만족하지 않고 보다 더 철저한 방법을 취하려고 한다.[26] 뿐만 아니라 양자는 모두 그들의 목표나 목적이 선택의 문제나 도덕적 결단의 문제가 아니라, 탐구의 분야 안에서 과학적으로 발견

---

25) *P.H.*, p.115.
26) *P.H.*, p.74.

될 수 있을 것이라고 믿는다. 그들은 모두 사회의 역사적 방향을 규정함으로써, 또는 그 시대의 필요를 진단함으로써 사회의 참된 목표나 목적을 찾아낼 수 있다고 믿으며, 낡은 사고와 습관을 타파하고 변화하는 새로운 세계를 이해하기 위한 새로운 관건을 발견하는 것이 그들의 중요한 임무라고 믿는다.

이런 유토피아적 접근법은 합리적 행위는 어떤 구체적 목적을 가져야 한다는 데서부터 출발한다. 합리적 행위는 그것의 목적을 의식적이고 지속적으로 추구하는 것만큼 합리적이다. 우리는 우리의 중간 목적과 궁극적 목적을 주의 깊게 구분해야만 한다. 우리가 이런 구분에 실패한다면 합리적으로 행위한다고 할 수 없다. 이런 원리가 정치적 행위의 영역에 적용된다면 우리는 먼저 우리의 궁극적인 정치적 목적이나 이상국가를 설정해 놓은 후에 어떤 정치적 행위를 취할 수 있다. 즉 우리가 추구하는 사회의 청사진 같은 것을 소유한 연후에라야 그것의 실현을 위한 수단을 생각해 볼 수 있고 실천의 계획을 세울 수 있게 된다. 이것이 유토피아주의라고 불릴 수 있는 사회공학이다.[27] 포퍼에 의하면 얼핏 보기에 매우 설득력 있고 매력적인 이 유토피아적 사회공학 utopian social engineering은 진정한 과학적 방법의 기초 위에 서 있는 자신의 점진적 사회공학 piecemeal social engineering과 완전히 대립적인 위치에 선다. 그러므로 이것은 환상적인 탐미주의나 완전주의로 불릴 수 있다.

포퍼는 이러한 유토피아주의의 오류를 다음 두 가지로 규정한다. 첫째로 그것은 소수의 강력한 중앙집권적 지배를 요구하기 때문에 독재로 흐르기 쉬우며 둘째로 최초의 청사진을 설계한 사람들에게는 이상 상태로 보였던 것이 그들의 후계자에게는 그렇게 보이지 않을 수도 있다는 것이다.[28] 만약 이것이 용인된다면 전체적 접근법은 부정되고 말 것이다. 궁

---

27) *O.S.* 1, p.157.
28) *O.S.* 1, p.159.

극적인 정치 목적을 설정하고 그것을 향하여 나아가는 방법은 목적이 그것의 실현 과정에서 변한다면 무용한 것이 되고 말 것이다. 어떤 순간에는 여태껏 애써 밟아온 과정이 새로운 목적의 실현과는 멀리 빗나가 있을지도 모른다. 지금껏 경주해 온 온갖 노력에도 불구하고 우리는 전혀 아무것도 얻지 못할지도 모른다. 그러므로 유토피아적 접근법은 다만 하나의 불변적이고 절대적인 이상에 대한 플라톤적 믿음과 이 이상 및 이것을 실현하는 최상의 방법을 절대적으로 확실히 규정할 수 있다는 전제에 의해서만 정당화될 수 있다. 그러나 플라톤 자신뿐 아니라 가장 열렬한 플라톤주의자들까지도 이상 상태를 절대적으로 규정하는 합리적 방법이 있다고는 보지 않는다. 궁극적 목적이나 이상을 정하는 어떤 것이 있다면 그것은 다만 어떤 종류의 직관일 것임에 틀림없다. 그러므로 결국 유토피아주의자들 사이의 어떤 의견 차이는 이성 대신에 힘의 사용에 의해서만 해결될 것이다.

포퍼에 의하면 이것은 비타협적인 급진주의 radicalism이다.[29] 플라톤적 급진주의는 그의 탐미주의, 말하자면 우리가 사는 세계보다 좀 더 좋고 좀 더 합리적인 세계만이 아니라, 온갖 악으로부터 해방된 세계를 건설코자 하는 욕망과 연결되어 있다. 이것은 완전에 대한 꿈이며 우리 모두가 이러한 꿈 때문에 어느 정도 고통을 받는 것도 사실이다. 그렇지만 이런 탐미적 열광이란 이성과 책임감에 의해서 견제되지 않는다면 신경증이나 병적 흥분의 상태로 발전하기 쉽다. 그러므로 유토피아주의는 비합리주의의 오류에서 출발한다. 결국 우리는 모든 일을 오직 시행착오에 의해서만 배울 수 있고 실수에 의해서만 개선될 수 있을 뿐, 어떤 영감에 의존할 수는 없는 것이다. 따라서 우리 사회의 완전한 재구성이 즉시 움직일 수 있는 체계로 될 것이라고 가정함은 합리적이 아니다. 우리는

---

29) *O.S.* 1, p.164.

차라리 경험의 부족 때문에 많은 잘못이 일어날 것이며, 이것은 작은 조정들의 길고 힘든 과정에 의해서만 제거될 수 있다고 기대해야 한다. 점진적 공학의 합리적 방법을 불충분하다고 배격하는 사람들은 새로이 건설된 사회를 계속해서 말살해야만 할 것이다. 왜냐하면 여러 가지 이유 때문에 새로운 출발은 결코 완전함에는 이르지 못할 것이기 때문이다.

포퍼는 이런 오류의 사상인 역사주의의 기원을 '선민사상'에 기반을 둔 고대의 유신론적 역사주의에서 찾는다. 선민사상 the doctrine of the chosen people은 하느님이 어떤 민족을 그의 뜻을 실현하기 위한 도구로 택했으며, 이 택함을 받은 민족이 지상을 다스려갈 것이라는 가정이다.[30] 이러한 선민사상에 기반을 둔 유신론적 역사주의의 특징은 근대의 가장 중요한 두 역사주의에 의해서 전승된다. 하나는 인종주의의 철학인 우파의 파시즘이요, 다른 하나는 좌파인 마르크스의 역사철학이다.[31] 선민의 자리에 인종주의는 선택된 인종 the chosen race을, 마르크스주의는 선택된 계급 the chosen class을 대체시킨다. 두 이론 모두 그들의 역사적 예언을 역사법칙의 발견으로 인도하는 역사 해석에 의존하고 있다. 인종주의의 경우, 역사발전의 법칙은 자연의 법칙과 같은 것으로 간주된다. 선택된 인종의 생물학적 피의 우수성이 역사 과정의 과거, 현재, 미래를 설명하기 때문이다. 마르크스주의의 경우 역사발전의 법칙은 경제적 법칙이다. 모든 역사는 경제적 패권을 위한 계급 사이의 투쟁으로 해석되기 때문이다.

포퍼에 의하면 현대 세계에 절대적 영향을 미친 이 두 역사주의는 헤겔의 철학에 연원을 두고 있으며, 헤겔 철학은 다시 헤라클레이토스, 플라톤, 아리스토텔레스의 철학에 기초하고 있다. 그러므로 역사주의는 고대의 선민사상에서부터 출발하여 헤라클레이토스, 플라톤, 아리스토텔레

---

30) *O.S.* 1, p.8.
31) *O.S.* 1, p.9.

스, 헤겔, 콩트, 밀, 마르크스 등으로 이어지는 뿌리 깊은 오류의 사상이다. 이것은 인간의 전체 역사가 냉혹한 역사적 법칙에 의해 필연적으로 결정된다는 운명의 실화이며, 수많은 선남선녀들을 전체의 미명하에 제물로 요구하는 전체주의의 미신이다.

V 열린사회로의 길

우리는 금수로 돌아갈 수 있다. 그러나 만약 인간으로 남기를 원한다면 오직 하나의 길이 있을 뿐이다. 그것은 열린사회로의 길이다.[32]

인류 역사를 닫힌사회와 열린사회의 투쟁으로 보는 포퍼에 의하면 닫힌사회에서 열린사회로의 이행은 인류가 수행한 가장 위대한 혁명 중의 하나이다. 이 혁명은 고대 아테네의 민주주의에서부터 시작되었다. 그곳에서 비로소 열린사회의 기본 신념인 이성과 자유 및 박애의 사상이 싹텄기 때문이다. 그러므로 포퍼에 의하면, 우리가 서구문화의 기원을 고대 그리스에서 찾는 이유는 그리스가 우리를 위해 아직도 시작 단계에 있는 것으로 보이는 위대한 혁명, 즉 닫힌사회에서 열린사회로의 전환을 시작했기 때문이다.

닫힌사회에서 열린사회에로의 이행은 사회제도가 인간들에게 절대적으로 부과된 것이 아니라 인간이 만든 것으로 인식되었을 때, 그리고 그것을 의식적으로 변경시키는 문제가 유용성의 각도에서 검토되기 시작되었을 때 비로소 시작되었다. 더 구체적으로 말하면 닫힌사회에서 열린사회로의 이행은 기술과 상업의 발달에서 연유한다.

---

32) *O.S.* 1, p.201.

"아마도 닫힌사회를 붕괴시킨 가장 큰 원인은 해상교통의 발달과 상업이 발달일 것이다."[33] 기술이 발달되지 못한 사회에서는 어느 곳에서나 불변의 금기로 치장된 부족주의가 계속되었다는 사실이 이를 증명한다. 기술적 혁신은 부족사회에서 신성불가침한 것으로 유지되어 온 법률이나 도덕과 양립할 수 없었다. 이러한 상황은 부족적 질서를 떠받쳐 온 미신적 공포를 파괴하게 되었고, 새로운 기술의 사용과 노동의 분업은 단일의 부족적 이익과는 구별되는 개인적 이익이나 집단 이익을 의식적으로 추구하게끔 만들었다. 그러므로 포퍼에게 열린사회란 자본주의 사회의 다른 이름에 불과하다고도 할 수 있다. 왜냐하면 자본주의 제도 안에서는 수많은 개인 이익과 집단 이익들이 존재해 있고, 사람들은 누구든지 그것을 자유로이 추구할 수 있으며 어떠한 제도도 신성불가침한 것으로 간주되지 않고 모든 사람들이 그것의 유지나 변경에 대해서 자유로이 토의할 수 있기 때문이다. 그런 의미에서 그것은 닫혀 있는 사회가 아니라 열려 있는 사회이다.

그러나 열린사회로의 이행이 기술의 발달만으로 자동적으로 이루어지는 것은 아니다. 열린사회를 향한 효과적인 행위는 이성의 기초 위에서만 가능하다고 포퍼는 여러 번 강조한다. 즉 우리의 행위는 비판과 논증의 기초 위에서 결정되어야만 한다. 이성은 사람들이 의견을 달리할 때, 그들로 하여금 서로의 잘못을 발견하게 함으로써 일치에 도달시킨다. 왜냐하면 이성은 사람들로 하여금 그들의 전제들을 검증해 볼 수 있게 하고, 타당한 결론을 이끌어낼 수 있게 하고, 그들의 노력을 상호 협조하게 하기 때문이다. "합리주의란 비판적 태도에 귀를 기울일 수 있는 태도요, 경험으로부터 배우고자 하는 태도이다."[34] 그러므로 열린사회와 닫힌사회

---

33) *O.S.* 1, p.177.
34) Karl Popper, *The Open Society and Its Enemies*, vol. 2(Princeton University Press, 1971), p.225.(이후부터 *O.S.* 2로 표기.)

의 대립은 합리주의와 비합리주의의 대립으로도 표현될 수 있으며, 이 두 주장의 대립이야말로 우리 세대가 해결해야 할 최대의 지적 과제이기도 하다.

이성과 합리주의란 원래 좀 애매한 개념이다. 합리주의는 넓은 의미로는 비합리주의의 반대 개념으로 지성적 활동뿐만 아니라 관찰과 실험을 중시하는 입장을 가리키며, 좁은 의미로는 경험주의의 반대로 지성을 관찰과 실험보다 높은 차원으로 간주하는 주지주의를 뜻한다. 포퍼는 합리주의를 경험주의와 주지주의를 포괄하는 넓은 뜻으로 사용한다. 그러므로 그는 가능한 한 많은 문제들을 이성에 호소함으로써, 즉 감정과 정열에 호소하기보다는 분명한 사고와 경험에 호소함으로써 해결하고자 한다. 이것은 근본적으로 "내가 틀리고 당신이 옳을지도 모르며 노력에 의해서 우리는 진리에 보다 가까이 접근할 수 있다."[35]는 것을 인정하는 태도이다. 또한 합리주의란 논증과 주의 깊은 관찰에 의해서 중요한 많은 문제들에 의견의 일치를 볼 수 있다는 희망을 쉽게 포기하지 않는 태도이며, 서로의 주장과 이해관계가 상치할 때에도 여러 주장과 제안에 대한 논증이 가능하며, 대다수가 받아들일 수 있는 어떤 타협에 도달할 수 있다고 믿는 태도이다. 이러한 합리주의의 태도는 진리의 추구에 있어서 우리는 상호 협력할 필요가 있고 논증의 도움으로 우리가 언젠가는 객관적 진리에 도달할 수 있다고 믿는 과학적 태도이다.

포퍼는 진정한 합리주의를 사이비 합리주의에서 구별하려 한다. 진정한 합리주의란 자신의 한계를 인식하고 우리가 얼마나 자주 오류를 범하며 우리가 지식에서 다른 사람에게 얼마나 많이 의존하고 있는지를 인지하고 있는 지적 겸손의 태도이다. 이것은 소크라테스의 합리주의이다. 이것은 우리가 이성에 너무 많은 것을 기대하지 않는 태도이며, 논증이 배

---

35) *O.S.* 2, p.225.

움의 유일한 수단이라는 것은 인정하지만, 논증이 문제를 해결하지 못할 수도 있다는 것을 용인하는 태도이다. 사이비 합리주의란 한 민족이나 국가와 같은 전체론적 관점에서 이성을 고찰하려는 헤겔이나 헤겔주의의 합리주의 및 플라톤의 지적 직관으로 뒷받침되는 합리주의이다. 이것은 사물을 확실히 그리고 절대적으로 인식할 수 있다고 보는 지적 오만의 태도이며 권위주의적인 태도이다. 플라톤에 따르면 억측은 모든 사람이 소유하고 있는 것이지만, 이성은 신들과 오직 소수의 사람들에 의해서만 소유되는 특성이다. 이성은 신비적인 어떤 능력으로서 오류를 범하지 않는다고 보는 이러한 권위주의적 주지주의는 오히려 합리주의의 탈을 쓴 비합리주의다.[36]

비합리주의자들은 이성보다는 감정과 정열이 인간 행위의 가장 중요한 원천이라고 주장한다. 포퍼에 의하면 감정과 정열에 대한 강조는 우리로 하여금 궁극적으로 논쟁의 조정자로서 폭력과 동물적인 힘에 의존할 수밖에 없게 한다. 왜냐하면 논쟁이 발생했을 때 감정과 정열은 문제를 해결할 능력이 없기 때문이다.

열린사회의 지주가 되는 비판적 합리주의 critical rationalism는 어떠한 사람도 그 자신의 심판자일 수 없다는 공평의 사상에 기초해 있다. 이것은 과학적 객관성의 사상과도 밀접히 연결된다. 이성에 대한 신뢰는 그 자신의 이성에 대한 신뢰만이 아니라 다른 사람의 이성에 대한 신뢰도 포함한다. 그러므로 합리주의는 다른 사람도 말할 권리를 가지고 있고 그의 주장을 변론할 권리를 가진다는 사상이다. 이런 의미에서 포퍼는 황금의 도덕률인 이성의 법칙을 제시한 칸트를 대표적인 합리주의자로 간주한다.[37]

---

36) O.S. 2, p.227.
37) O.S. 2, p.238. 칸트가 말한 실천이성의 법칙은 "네 의지의 준칙이 항상 동시에 보편적 입법의 원리로서 타당하도록 행위하라."는 것이다.

공평의 이념은 책임과 의무의 이념으로 우리를 인도한다. 우리는 논증에 귀를 기울여야 할 뿐만 아니라 우리의 행동이 영향을 미치는 곳에서 대답해야 할 의무도 가진다. 이리하여 궁극적으로 "합리주의는 비판의 자유, 사상의 자유 및 인간의 자유를 보장할 사회제도의 필요성에 대한 인식과 연결된다."[38] 그리고 이것은 이러한 제도를 지지해야 하는 도덕적 의무와 같은 것을 우리에게 부과한다. 이것이 합리주의가 점진적 사회공학과 같은 정치적 요구와 연결되며, 사회의 합리화를 위한 요구, 즉 자유를 위한 계획과 이성에 의한 사회 지배의 요구와 결합되는 이유이다. 그러므로 열린사회로 향한 우리의 길은 우리가 우리의 이성을 얼마나 참된 삶의 안내자로 간주하는가에 달려 있다.

VI 열린사회의 문제

포퍼의 『열린사회』에서 가장 강렬하게 눈에 띄는 것은 그의 인도주의적인 색조이다. 그에게서 인도주의보다 더 높은 위치를 차지하는 것은 아무것도 없다. 이런 점에서 그의 사회사상은 밀이나 러셀의 인도주의적 전통에 서 있다고 할 수 있다.

그의 『열린사회와 그 적들』은 인간에 대한 사랑과 합리성을 바탕으로, 자유의 가치와 인간이 지닌 비판적 힘의 가치를 제시해 준 저서이다. 말하자면 그의 열린사회는 과학의 비판적이고 합리적인 방법을 사회문제에 어떻게 적용해야 할 것인가 하는 문제를 우리에게 가르쳐주며, 민주적인 사회 발전의 건전한 원리들을 어떻게 수립할 것인가 하는 문제들에 관한 해답을 제시해 준다.

---

38) *O.S.* 2, p.238.

그러나 그의 열린사회의 원리는 그깃의 긍정적인 측면에도 불구하고 몇 가지 문제점을 안고 있다. 제한된 지면은 전체론이나 역사적 방법의 비판에서 드러난 여러 문제점들에 관한 논의를 허용하지 않지만 가장 핵심적인 문제 하나만 여기서 지적해 두고자 한다. 그것은 바로 그의 사회 사상 전반을 꿰뚫고 있는 점진주의의 이념이다. 그는 정강(政綱)이나 이념을 거부하며 명확한 계획에 따라 사회 전체를 개선하고자 하는 유토피아주의에 반대해서 점진적 사회공학을 주장한다. 그러므로 그가 합법적 개혁이나 소득의 균등화 등을 주장한다 할지라도 이것은 어디까지나 기존의 체제 속에서 이루어지는 '미봉책'이며 '단편적인 수선'에 불과한 것이라고 비판받을 수도 있다.

그렇지만 과학이나 사회, 어느 분야를 막론하고 인간 세계의 참다운 진보라는 것이 인간이 모두 자기 자신을 현존 방식의 단편적 개량에만 국한시키는 태도하에서 과연 성취될 수 있겠는가? 우리가 알고 있는 인간 세계의 거대한 진보란 대체로 기존의 제도와 그 토대를 이루고 있는 전제들에 대한 유토피아적 구상과 도전을 통해서 이룩되었다고 할 수 있지 않은가? 포퍼 자신이 하예크와 더불어 열린사회로서 지지하는 근대 자본주의사회 역시 이러한 근본적 도전을 통해서 성취된 사회가 아닌가? 여기서 E. H. 카와 같은 비판도 나올 수 있다.

> 포퍼에게서 이성의 지위란 현정부의 정책을 집행할 권한이 있고, 또 그 정책을 더욱 잘 시행하기 위한 개선책을 제안할 권한도 있으나, 그 정책의 기본적 전제나 목적을 문제 삼을 수는 없는 영국 관리의 지위와 같다.[39]

하버마스, 마르쿠제 등을 중심으로 한 현대의 비판이론가들도 비슷한

---

39) E.H. Carr, *What is History*(London: Penguin Books, 1970), p.155.

이유에서 포퍼의 보수성을 비판한다. 이러한 비판들은 열린사회에 대한 지나치게 보수적인 해석에서 연유하는 것이지만, 포퍼의 '점진적 사회공학'의 방법과 반유토피아주의가 실제로 모든 사회에 무차별적으로 타당한 것으로 판단되지는 않는다. 특히 기본 골격을 새로이 정초할 수밖에 없는 사회에서는 점진주의에 대해 심각한 의문을 제기할 수도 있을 것이다.

---

* 페이지 숫자 뒤에 붙어 있는 문자 t는 술어를 나타내며, 문제되는 술어의 의미가 그곳
에서 논의되고 있음을 가리킨다.

인격주의 personalism 136, 212, 221, 226, 463
인류의 단일성 unity of mankind 253, 402
인종주의 racialism 14, 15, 85, 86
(양육 참조)
: 플라톤의 ~ 85-88, 127, 128, 136-140, 236-238, 249-252
일원론 monism 126t
(소박한 일원론 참조)

ㅈ

자급자족 self-sufficiency
: 개인의 ~에 대한 소크라테스 이론과 플라톤 이론의 대비 129
: 국가의 ~에 대한 플라톤의 이론 129, 150
자연주의 naturalism 119t, 5장 V절, 122, 124-126, 131-133, 162, 163, 239, 405, 406, 411, 421, 451, 557
: ~의 불모성 121, 122, 132
: 소박한 ~ 106, 107t
: 칸트의 ~ 125, 126
: ~에 대한 소크라테스의 견해 191
: 플라톤의 ~ 121, 122t, 5장 VI절, 162, 163
자유 freedom
: ~의 제한 181, 182
(자유의 역설 참조)
자유방임 laissez faire 183, 218, 219
: 교육의 ~ 218, 219
자유에 대한 반역 revolt against freedom 312, 328
자유주의 liberalism 151, 183, 207, 423

: 칸트의 ~ 171, 172
전쟁 war → 국제관계 참조
: ~에 대한 헤라클레이토스의 견해 30
(명성과 운명 참조)
전체주의 holism 135, 169 (개인과 사회, 신비주의, 직관주의 참조)
전체주의 totalitarianism 2, 3, 5, 6, 178-180, 186, 194, 195, 288-290, 304-306, 314, 315
전통 tradition 209, 210
: 합리적 ~ 313
정부 government 209, 210 (국가 참조)
정언명법 categorical imperative → 황금률 참조
정의 definition 55-58, 3장 VI절
정의 justice 153, 6장 I절, 186
: 그리스의 ~관 6장 II, III, IV절
: 인도주의적 ~ 153, 160 (윤리, 평등 참조)
: ~에 대한 소크라테스의 견해 175, 191
: 두 종류의 ~ 156
: 전체주의적 ~ 155, 160, 177-179, 194, 195
정치 politics 183, 184, 186, 224 (정치적 제도, 윤리 참조)
: ~에 대한 칸트의 견해 235
: ~에 대한 원로과두정치가의 견해 312
: ~에 대한 페리클레스의 견해 309-311
: ~에 대한 소크라테스의 견해 217, 218
제국주의 imperialism 303-306
: 아테네의 ~ 297-306
: 로마의 ~ 303-305
제도 institutions
: 정치~ 181, 204, 210, 211

ㅎ

638

이한구

서울대학교에서 철학 박사학위를 받고 성균관대학교 철학과 교수를 거쳐 현재 경희대학교 석좌교수로 재직하고 있다. 뮌헨대학, 도쿄여자대학, 브라운대학 및 위스콘신 매디슨대학의 연구교수를 지냈으며 열암학술상, 서우철학상, 대한민국학술원상 및 3·1문화상을 수상했다. 한국분석철학회와 철학연구회 및 한국철학회의 회장을 역임했고 대한민국 학술원 회원이다. 사회철학, 역사철학, 과학철학 등의 분야에서 비판적 합리주의의 철학을 발전시키면서, '객관적 지식', '문명의 융합', '인류 문명의 새로운 패러다임' 등의 주제를 연구하고 있다.

주요 저서로는 『역사학의 철학』, 『역사주의와 반역사주의』, 『지식의 성장』 등이 있고, 주요 역서로는 『열린사회와 그 적들 1』, 『추측과 논박 1, 2』, 『파르메니데스의 세계』, 『칸트의 역사철학』 등이 있다.

현대사상의 모험 16

열린사회와 그 적들 I

1판 1쇄 펴냄 1997년 3월 1일
1판 14쇄 펴냄 2005년 2월 15일
2판 1쇄 펴냄 2006년 4월 18일
2판 24쇄 펴냄 2025년 2월 13일

지은이   칼 R. 포퍼
옮긴이   이한구
발행인   박근섭·박상준
펴낸곳   ㈜민음사

출판등록 1966. 5. 19. 제16-490호
주소   서울특별시 강남구 도산대로 1길 62 (신사동)
          강남출판문화센터 5층 (06027)
대표전화 02-515-2000/팩시밀리 02-515-2007
홈페이지 www.minumsa.com

한국어 판 ⓒ ㈜민음사, 1997, 2006. Printed in Seoul, Korea

ISBN   978-89-374-1617-0 (94160)
          978-89-374-1600-2 (세트)

* 잘못 만들어진 책은 구입처에서 교환해 드립니다.